내 영혼의 BEST 700 찬양

Contents

원제목 가나다순

가

A 가서 제자 삼으라 565
E♭ 가시관을 쓰신 예수 302
G 갈급한 내 맘 386
A 갈릴리 마을 그 숲속에서 565
D 갈릴리 바닷가에서 101
F 갈릴리 오신 주님 313
F 갈보리 340
F 갈보리 십자가의 주님을 314
Gm 감당 못 할 고난이 닥쳐와도 700
D 감사로 제사 드리는 자가 102
D 감사로 제사를 102
A 감사하신 하나님 에벤에셀 하나님 566
E 감사함으로 258
E 감사함으로 그 문에 들어가며 213
G 감사해 시험이 닥쳐 올 때에 385
D 감사해요 깨닫지 못했었는데 103
D 감사해요 주님의 사랑 104
A 강하고 담대하라 567
G 거룩 거룩 거룩하신 주 388
A♭ 거룩하고 아름다운 680
C 거룩하신 성령이여 1
A 거룩하신 주님께 나오라 597
F 거룩하신 하나님 315
C 거룩하신 하나님 (온 세상 찬양하네) 3
A 거룩한 성전에 거하시며 568
G 거룩한 주님의 성전에 387
C 거리마다 기쁨으로 2
B♭ 거절할 수 없는 주의 부르심 속에 691
G 겟세마네 동산에서 389
G 경배하리 내 온 맘 다해 390
G 경배하리 주 하나님 391
A 고개 들어 569
D 고백 (어느날 다가온 주님의) 147
D 고백 (내가 주님을 사랑합니다) 117
D 고요히 주님 앞에 와 105
C 광대하신 주 4
G 광대하신 주님 398
A 괴로울 때 주님의 얼굴 보라 570
A 교회를 부흥시키소서 616
A 교회여 일어나라 571
F 구원의 기쁨 321
D 귀하신 나의 주 200
G 그가 오신 이유 500
Em 그가 찔림은 우리의 허물을 555
A 그날 610
A 그날이 도적 같이 572
D 그는 나를 만졌네 106
Em 그는 여호와 창조의 하나님 556
F 그때 그 무리들이 316
G 그럼에도 불구하고 430
A 그리스도의 계절 606
G 그리 아니하실지라도 392
G 그 사랑 (아버지 그 사랑 내가 노래해) 464
E 그 사랑 (당신은 알고 있나요) 243
G 그 사랑 얼마나 426
F 그의 생각*요엘에게 374
D 그 이름 149
Em 글로리아 562
G 금 보다도 귀하다 457
C 기대 78
E 기도 247
D 기도하세요 지금 107
G 기도하자 우리 마음 합하여 393
G 기도할 수 있는데 394
G 기름 부으심 527

Contents

E 기뻐하며 승리의 노래 부르리 214
G 기뻐하며 왕께 노래 부르리 395
G 기쁨의 노래 509
A♭ 기쁨의 옷을 입은 680
E 기적이 일어나네 266
C 기회로다 37
Bm 길 210
D 길 잃은 청지기 119
E 깨끗이 씻겨야 하리 248
G 깨끗한 손 주옵소서 435
E 깨뜨릴 옥합이 내게 없으며 223
F 깨어라 성도여 317

나

A 나 가진 재물 없으나 573
G 나 기뻐하리 396
F 나 기쁨의 노래하리 319
C 나는 가리라 33
E♭ 나는 길 잃은 나그네였네 303
F 나는 만족하겠네 333
D 나는 믿음으로 108
C 나는 순례자 6
F 나는 시온성을 향해 가겠네 318
C 나는 아네 내가 살아가는 이유 5
G 나는 주님을 찬양하리라 397
D 나는 주를 나의 피난처로 109
D 나는 주를 부르리 110
G 나는 주를 작게 보았네 398
G 나는 주만 높이리 399
E 나는 주의 친구 283
A 나는 찬양하리라 574
A 나는 행복해요 656
C 나로부터 시작되리 66
B♭ 나를 기가 막힐 웅덩이와 692
D 나를 받으옵소서 174
D 나를 세상의 빛으로 113
C 나를 위해 오신 주님 7
D 나를 지으신 이가 112
E 나를 지으신 주님 215
E 나를 향한 주님의 사랑 216
E 나를 향한 주의 사랑 217
D 나 무엇과도 주님을 111
C 나 실패 거듭해 다시 넘어져도 8
G 나 약해 있을 때에도 400
C 나에게 건강있는 것 9
D 나에겐 알 수 없는 힘 114
G 나의 가는 길 402
A 나의 가장 낮은 마음 575
D 나의 갈망은 115
A 나의 구원의 하나님 경배해 576
A 나의 기도하는 것보다 578
E 나의 등 뒤에서 218
E 나의 마음을 219
C 나의 만족과 유익을 위해 10
A 나의 모든 기도가 579
A 나의 모든 행실을 580
F 나의 모습 나의 소유 320
A 나의 믿음 주께 있네 577
A 나의 반석이신 하나님 581
E 나의 발은 춤을 추며 220
A 나의 백성이 582
E 나의 부르심 221
G 나의 사랑 나의 생명 401
E 나의 사랑 나의 어여쁜자야 222
A 나의 사랑이 587
E 나의 사랑하는 자의 목소리 222

Contents

C 나의 생활 나의 문제 11
G 나의 슬픔을 주가 기쁨으로 403
A 나의 안에 거하라 583
A 나의 영혼이 잠잠히 584
D 나의 예수 116
G 나의 예수님 401
D 나의 예수 온 맘 다해 116
G 나의 왕께 찬양해 405
D 나의 왕 앞에서 203
C 나의 입술의 모든 말과 12
E 나의 주 나의 하나님이여 223
E 나의 주님께 귀한 것 225
C 나의 찬미 47
D 나의 참 친구 148
C 나의 하나님 나의 하나님 13
A 나의 힘이 되신 여호와여 585
F 나 이제 주님을 알았으니 321
A 나 자유 얻었네 586
F 나 주님의 기쁨되기 원하네 322
E 나 주 앞에 서서 224
A 나 주와 함께 걷기 원해요 587
F 나 주의 믿음 갖고 323
C 나 지치고 내 영혼 14
G 난 가리라 468
A 난 예수가 좋다오 598
A 날 구원하신 주 감사 588
B 날마다 687
E 날마다 숨쉬는 순간마다 226
G 날 사랑하신 주님의 그 큰 사랑 404
G 날 새롭게 하소서 510
C 날 세우시네 14
G 날 향한 계획 418
Cm 낮에나 밤에나 310
G 낮엔 해처럼 밤엔 달처럼 406
D 낮은 데로 임하소서 106
A 낮은 자의 하나님 575
C 내가 걷는 이 길이 혹 굽어 15
F 내가 고난 중에도 326
D 내가 그리스도와 함께 118
E♭ 내가 너를 도우리라 306
D 내가 너를 믿고 맡긴 사명 119
A 내가 만민 중에 589
G 내가 먼저 손 내밀지 못하고 408
G 내가 무엇을 자랑하고 409
C 내가 산을 향하여 16
C 내가 산 향해 눈을 들리라 17
Gm 내가 승리 하리라 700
E 내가 어둠 속에서 227
C 내가 영으로 18
D 내가 주님을 사랑합니다 117
G 내가 주를 위하여 407
G 내가 주인 삼은 410
E 내가 지금 사는 것 228
C 내가 처음 주를 만났을 때 19
E 내 갈급함 229
F 내 감은 눈 안에 325
G 내게 강 같은 평화 411
B♭ 내게 능력 주시는 자 안에서 693
E 내게로 부터 눈을 들어 230
G 내게로 와서 마셔라 424
C 내게 오라 69
D 내게 있는 향유 옥합 120
B♭ 내 구주 예수님 694
G 내 눈 주의 영광을 보네 412
A 내 마음 다해 590
A 내 마음에 주를 향한 사랑이 591

Contents

E 내 마음을 가득 채운 231
E 내 맘의 눈을 여소서 232
A 내 모든 것 나의 생명까지 592
G 내 모든 삶의 행동 414
G 내 사랑하는 그 이름 415
A 내 삶 드리리 615
B 내 삶에 소망 686
G 내 손을 주께 높이 듭니다 416
E 내 아버지 그 품 안에서 234
E 내 아버지 품 233
C 내 안에 사는 이 20
A♭ 내 안에 주를 향한 이 노래 682
C 내 안의 중심이 주를 찬양 8
G 내 앞에 주어진 418
E 내 영이 주를 찬양합니다 235
C 내 영혼아 여호와를 송축하라 22
A♭ 내 영혼에 빛 681
A♭ 내 영혼에 주의 빛 681
E 내 영혼은 안전합니다 234
G 내 영혼의 구세주 417
E 내 이름 아시죠 215
G 내 인생 여정 끝내어 420
B♭ 내일 일은 난 몰라요 695
C 내 입술로 하나님의 이름을 21
C 내 입술의 말과 23
E 내 주 같은 분 없네 236
A 내 주는 구원의 주 603
E 내 주는 반석이시니 237
F 내 주의 은혜 강가로 324
D 내 평생 사는 동안 121
D 내 평생 살아온 길 122
E 내 한 가지 소원 284
E 너 근심 걱정와도 238
D 너는 그리스도의 향기라 123
E 너는 내게 부르짖으라 239
C 너는 내 아들이라 94
C 너는 담장 너머로 뻗은 나무 25
G 너는 무엇을 보았길래 421
E 너는 시냇가에 240
C 너무나도 아름답도다 24
D 너 어디 가든지 순종하라 124
Bm 너의 가는 길에 211
Bm 너의 푸른 가슴 속에 212
A 너의 하나님 여호와가 593
G 너 주님의 가시관 써 보라 422
A 너희는 가만히 있어 672
E 너희는 세상의 빛이요 242
E♭ 넘지 못 할 산이 있거든 304
G 네 마음에 근심 있느냐 423
D 놀라우신 주의 은혜 125
D 놀라운 십자가 184
D 놀라운 주의 사랑 126
G 누구든지 목마르거든 424
F 누구를 위함인가 329
G 누군가 널 위해 기도하네 428
F 눈물 없는 곳 357
F 눈물의 참회록 371
D 눈으로 사랑을 그리지 말아요 127
D 눈을 들어 128
C 눈을 들어 주를 보라 26
G 눈을 주님께 돌려 423
D 늘 노래해 208
C 능력의 이름 예수 27

다

E 다시 한번 259

Contents

G 다 와서 찬양해 425
G 다 표현 못해도 426
G 달리다굼 545
Dm 담대하라 381
D 당신은 사랑받기 위해 129
E 당신은 알고 있나요 243
G 당신은 영광의 왕 427
A 당신은 지금 어디로 가나요 595
E 당신은 하나님의 언약안에 241
C 당신을 향한 노래 44
A 당신의 그 섬김이 594
D 당신의 뜻이라면 188
G 당신이 지쳐서 428
Cm 더러운 이 그릇을 311
E 더욱 크신 은혜 228
D 덮으소서 195
C 돌아서지 않으리 75
A 돌아온 탕자 600
E 두려운 마음 가진 자여 244
E 두렵지 않아 300
E 두 손 들고 찬양합니다 245
E 들어라 주님 음성 242
A 들어오라 지성소로 오라 597
F 들풀에 깃든 사랑 345
F 따스한 성령님 328
D 땅 끝에서 168
D 때가 차매 130
G 때로는 너의 앞에 429
D 또 하나의 열매를 바라시며 103
A 똑바로 보고 싶어요 596

라

G 로마서 16:19 452

마

G 마음속에 어려움이 있을 때 430
D 마음을 다하고 131
D 마음의 예배 201
F 마음이 상한 자를 327
E 마음이 어둡고 247
G 마지막 날에 431
A 만세 반석 644
A 많은 사람들 598
D 말씀하시면 176
C 매일 스치는 사람들 28
E 매일 주와 함께 246
A 머리들라 문들아 599
F 머리에 가시 면류관 329
C 먼저 그 나라와 의를 구하라 29
A 멀고 험한 이 세상 길 600
G 멈출 수 없네 511
G 메마른 뼈들에 생기를 504
C 메마른 우리 마음 31
C 모든 것 가능해 68
A 모든 능력과 모든 권세 604
F 모든 만물 다스리시는 330
A 모든 민족과 방언들 가운데 601
G 모든 민족에게 432
A 모든 상황 속에서 602
G 모든 열방 주 볼 때까지 412
G 모든 영광을 하나님께 433
G 모든 영혼 깨어 일어날 때 432
A 모든이들 필요해 603
D 모든 이름 위에 뛰어난 이름 132
G 모든 지각에 뛰어나신 419
D 목마른 사슴 133
G 목마른 사슴이 시냇물 찾 듯 434

Contents

G 목자의 심정 434
B♭ 목적도 없이 696
F 무덤 이기신 예수 331
G 무릎 꿇고 엎드리니 435
C 무엇이 변치 않아 30
A 무화과 나뭇잎이 마르고 605
G 문들아 머리 들어라 436
E 물가로 나오라 289
G 물이 바다 덮음 같이 454
A 민족의 가슴마다 606
A 믿음따라 607
G 믿음의 눈으로 보라 421
G 믿음의 형제들이여 437
F 밀알 338

바

G 바다 같은 주의 사랑 438
Dm 반드시 내가 너를 축복하리라 378
B 받아주소서 688
B♭ 발걸음 691
F 방황하는 나에게 332
Am 벙어리가 되어도 98
D 베드로의 고백 137
G 보라 너희는 두려워 말고 439
G 보라 새 일을 440
G 보라 하나님은 441
A 보리라 633
G 보소서 주님 나의 마음을 443
A 보혈 세상의 모든 608
G 보혈을 지나 442
G 복된 예수 415
C 복음 들고 산을 32
C 부럽지 않네 39
F 부르신 곳에서 328
E 부서져야 하리 248
G 부어 주소서 주님의 성령 444
A 부족함없네 654
A 부흥 638
D 부흥 2000 155
C 부흥의 세대 58
G 부흥 있으리라 445
D 불 같은 성령 임하셔서 156
F 불 속에라도 들어가서 359
C 불을 내려주소서 5
B♭ 불의 제단 697
Cm 불이야 성령의 불 312
C 비바람이 갈 길을 막아도 33
A 비전 632
A 비추소서 648
G 빈들에 마른 풀 같이 446
A 빛나는 왕의 왕 609
E 빛 되신 주 249
E 빛이 없어도 250

사

B♭ 사나 죽으나 698
F 사람을 보며 세상을 볼 땐 333
D 사랑은 더 가지지 않는 것 135
D 사랑은 언제나 오래 참고 134
D 사랑은 참으로 버리는 것 135
G 사랑의 노래 드리네 447
C 사랑의 손길 7
D 사랑의 송가 202
E 사랑의 종소리 276
D 사랑의 주님이 136
C 사랑하는 나의 아버지 34

Contents

D 사랑하는 주님 137
D 사랑합니다 나를 자녀 삼으신 주 138
G 사랑합니다 나의 예수님 448
E 사랑해요 목소리 높여 251
Dm 사막에 샘이 넘쳐 흐르리라 379
A 사망의 그늘에 앉아 610
Am 사명 97
G 사모합니다 413
E 산과 바다를 넘어서 217
C 산과 시내와 붉은 노을과 35
C 살아 계신 성령님 36
G 살아계신 하나님 449
F 삶의 작은 일에도 335
G 새 노래로 387
G 새롭게 하소서 552
A 새벽 이슬 같은 620
A 새 힘 얻으리 611
G 생명 주께 있네 450
G 생수의 강이 내게서 흐르네 451
E 선물 225
A 선포하라 612
D 선하신 목자 139
G 선한데는 지혜롭고 452
C 성도들아 이 시간은 37
G 성령님이 임하시면 453
F 성령 받으라 334
F 성령의 불길 373
E 성령의 불로 (예수님 목마릅니다) 261
A 성령의 불로 (주의 도를 버리고) 661
G 성령의 불타는 교회 453
Am 성령의 비가 내리네 95
G 성령의 열매 476
A 성령이여 내 영혼에 613
D 성령이여 내 영혼을 140
B♭ 성령이 오셨네 699
F 성령 충만으로 337
C 성령 충만을 받고서 38
F 세 개의 못 316
D 세상 권세 멸하시러 142
D 세상 때문에 눈물 흘려도 141
G 세상 모든 민족이 454
D 세상 부귀 안일함과 143
C 세상 사람 날 부러워 39
E♭ 세상에는 눈물 뿐이고 305
C 세상에서 방황할 때 40
F 세상을 구원하기 위해 338
A 세상의 빛으로 오신 주 614
G 세상의 유혹 시험이 455
E♭ 세상 일에 실패 했어도 306
E 세상 향락에 젖어서 252
G 세상 향한 발걸음들 456
F 세상 흔들리고 339
A 소망없는 내 삶에 615
A 소망 없는 세대가운데 616
F 소원 335
G 손에 있는 부귀보다 457
E 손을 높이 들고 253
G 수 많은 무리들 줄지어 458
Em 수 없는 날들이 557
G 순례자의 노래 505
A 스바냐 3장17절 593
F 슬픔 걱정 가득 차고 340
G 승리는 내 것일세 459
G 승리하였네 460
E 시선 230
A 시작됐네 617

Contents

C 시편 121편 17
C 시편 19편 23
C 시편 40편 89
G 시편 57편 488
C 시편 8편 50
G 시편 92편 466
E 신령과 진정으로 286
D 신 사도행전 164
D 신실하게 진실하게 144
A 신실하신 하나님 649
C 실로암 48
C 심령이 가난한 자는 41
C 십자가 30
G 십자가 그 사랑 461
Em 십자가의 길 564
A 십자가의 길 순교자의 삶 591

아

A♭ 아름다우신 682
C 아름다운 마음들이 모여서 42
G 아름다운 이야기가 있네 462
D 아름다웠던 지난 추억들 145
A 아름답고 놀라운 주 예수 618
F 아름답다 예수여 341
C 아무 것도 두려워 말라 43
G 아무것도 염려치 말고 419
A 아무도 예배하지 않는 619
E 아바 아버지 254
G 아버지 기다립니다 463
C 아버지 당신의 마음이 45
G 아버지 사랑 내가 노래해 464
F 아버지 사랑합니다 336
F 아버지여 구하오니 342
A 아버지여 당신의 의로 620
A♭ 아버지의 마음 684
G 아버지 주 나의 기업 되시네 465
C 아주 먼 옛날 44
D 아침 안개 눈 앞 가리 듯 146
G 아침에 주의 인자하심을 466
A 안개가 날 가리워 621
D 알 수 없는 힘 114
Dm 알았네 나는 알았네 380
C 야곱의 축복 25
C 약한 나로 강하게 46
G 약할 때 강함 되시네 467
D 어느날 다가온 주님의 147
G 어느 좋은 그 날 아침에 468
C 어두운 밤에 캄캄한 밤에 48
E 어두워진 세상 길을 255
G 어린 양 찬양 469
G 어찌 날 위함이온지 525
C 어찌하여야 47
C 언제나 내 모습 49
D 언제나 주님께 감사해 146
Em 얼마나 아프셨나 558
E 에바다 255
A 에벤에셀 하나님 566
G 여기에 모인 우리 470
Em 여호수아의 군대 561
G 여호와 나의 목자 471
D 여호와를 사랑하라 131
E 여호와를 즐거이 불러 258
C 여호와 우리 주여 50
D 여호와의 산에 올라 154
G 여호와의 영광을 인정하는 것이 472
F 여호와의 유월절 370

Contents

G 여호와 이레 515
Em 여호와 이레 채우시네 559
G 열방이여 노래하라 549
G 영광 높이 계신 주께 473
G 영광을 돌리세 474
F 영광의 길 너 걷기전에 343
C 영광의 나라 24
A 영광의 주 622
A 영광의 주님 찬양하세 622
G 영광 주님께 475
A♭ 영원 전에 나를 향한 683
D 영원한 사랑 127
G 영원한 생명의 주님 477
E♭ 영원한 왕 예수 308
D 영혼의 노래 152
A 예배자 619
F 예배합니다 347
E 예수 가장 귀한 그 이름 256
C 예수 감사하리 주의 보혈 51
A 예수 결박 푸셨도다 623
E 예수 귀한 그 이름 256
D 예수 그 이름 149
F 예수께 가면 372
A 예수 나의 좋은 치료자 624
A 예수 나의 첫사랑 되시네 625
A 예수 나의 치료자 624
G 예수 내 영혼의 사랑 478
G 예수는 왕 예수는 주 479
E 예수님 그의 희생 기억할 때 259
C 예수님 날 위해 죽으셨네 52
G 예수님만을 더욱 사랑 480
E 예수님 목 마릅니다 261
E 예수님의 보혈로 260
G 예수님이 말씀하시니 481
E 예수님이 좋은 걸 262
A 예수님 찬양 626
G 예수님 품으로 501
B 예수 닮기를 686
A 예수 만물의 주 650
A 예수 믿으세요 595
D 예수보다 더 좋은 친구 148
E 예수 사랑 나의 사랑 257
C 예수 사랑해요 53
C 예수 안에 생명 70
G 예수 안에서 482
E♭ 예수 안에 소망있네 307
G 예수 안에 있는 나에게 483
A 예수 열방의 소망 627
A 예수 우리 왕이여 628
G 예수의 이름으로 484
G 예수 이름 높이세 458
F 예수 이름으로 344
D 예수 이름이 온 땅에 150
E 예수 이름 찬양 263
G 예수 인도하셨네 420
C 예수 좋은 내 친구 56
G 예수 주 승리하심 찬양해 486
E 예수 피를 힘입어 290
A 예수 피밖에 608
D 예수 하나님의 공의 151
D 오 나의 자비로운 주여 152
B 오 나의 주님 687
G 오늘 나는 408
Am 오늘 내게 한 영혼 96
Bm 오늘도 하룻길 210
D 오늘 집을 나서기 전 153

Contents

F 오늘 피었다 지는 345
D 오라 우리가 154
C 오셔서 다스리소서 35
F 오소서 성령이여 353
D 오소서 진리의 성령님 155
D 오순절 거룩한 성령께서 156
C 오 신실하신 주 90
G 오 예수님 내가 옵니다 485
G 오 이 기쁨 주님 주신 것 487
D 오 주님께서 나를 살리셨네 157
E 오 주 안에 내 믿음이 있네 264
G 오 주여 나의 마음이 488
F 오직 믿음으로 339
G 오직 성령의 열매는 476
B 오직 예수 (주 발 앞에 나 엎드려) 689
D 오직 예수 다른 이름은 없네 158
G 오직 주님만 489
A 오직 주만이 584
D 오직 주의 사랑에 매여 159
D 오직 주의 은혜로 160
C 오 하나님 받으소서 54
D 옥합을 깨뜨려 120
C 온 땅과 만민들아 55
Em 온 땅이여 주를 찬양 560
F 온 맘 다해 362
F 온 맘 다해 주 사랑하라 346
G 온 세계 위에 490
C 온 세상 찬양하네 3
A 온전케 되리 659
F 완전하신 나의 주 347
C 완전한 사랑 보여주신 56
C 왕국과 소명 60
C 왕께 드리는 제사 54
G 왕 되신 주께 감사하세 491
A 왕 되신 주 사랑합니다 629
F 왕 되신 주 앞에 나 나아갑니다 376
G 왕의 왕 주의 주 492
F 왕이신 나의 하나님 348
F 왕이신 하나님 높임을 받으소서 349
C 왜 나만 겪는 고난이냐고 57
C 왜 날 사랑하나 52
G 왜 슬퍼하느냐 493
G 외로움도 견뎌나가겠소 494
D 외롭지 않아 141
F 요한의 아들 시몬아 350
C 용서하소서 73
G 우리 (외로움도 견뎌나가겠소) 494
D 우리가 걷는 이 길 161
C 우리가 악한 길에서 떠나 58
Em 우리가 주님의 음성을 561
A 우리가 지나온 날들은 630
A 우리가 하나된 이유 630
F 우리는 주의 백성이오니 351
F 우리들의 무기는 육체가 352
A 우리를 구원하신 631
E 우리 모두 함께 298
D 우리 모일 때 주 성령 임하리 162
A 우리 보좌 앞에 모였네 632
B♭ 우리에게 한 제단이 있으니 697
E 우리에게 향하신 265
C 우리에겐 소원이 하나있네 59
A 우리 오늘 눈물로 633
C 우리의 만남은 주님의 은혜라오 60
G 우리의 소원은 495
E 우리의 찬송 중에 임하신 주님 266
G 우리 이 땅에 496

Contents

A 우리 죄 위해 죽으신 주 634
Em 우리 주의 성령이 563
G 우리 함께 547
E 우리 함께 기도해 267
E 우리 함께 기뻐해 268
G 우리 함께 모여 497
F 우리 함께 일어나 353
F 우린 쉬지 않으리 354
A 우린 이 세상에서 할 일 많은 635
A 우린 할 일 많은 사람들 635
C 우릴 사용하소서 59
A 우물가의 여인처럼 636
E 위대하고 강하신 주님 269
A 위대하신 주 609
A 유월절 어린양의 피로 637
G 은밀한 곳 조용한 곳에 498
A 은혜로다 617
C 은혜로만 들어가네 61
F 은혜의 강가로 324
F 은혜의 힘입니다 326
Dm 이것을 너희에게 381
Cm 이 그릇을 주님 쓰시려고 311
E 이 날은 이 날은 270
E 이 날은 주가 지으신 날 271
F 이 땅에 오직 주 밖에 없네 355
D 이 땅 위에 (신 사도행전) 164
G 이 땅 위에 오신 499
C 이 땅의 동과 서 남과 북 62
A 이 땅의 황무함을 보소서 638
G 이 믿음 더욱 굳세라 470
A 이 산지를 내게 주소서 653
G 이 세상 가장 아름다운 500
G 이 세상은 내 집 아니네 507
A♭ 이 세상의 부요함보다 685
D 이와 같은 때엔 163
B♭ 이제 내가 살아도 698
D 이제는 내가 없고 165
C 이제라도 11
C 이 험한 세상 64
G 인생길 험하고 마음지쳐 501
F 일사각오 317
E 일어나 걸어라 218
G 일어나라 주의 백성 502
G 일어나라 찬양을 드리라 503
A 일어나 새벽을 깨우리라 665
G 일어나 찬양 503
F 잃어버린 나의 눈물을 356
B 잃은 영혼 구원 얻으며 688
C 임마누엘 65
A 임재 676
D 임하소서 180
C 있는 모습 그대로 63

자

D 작은 불꽃 하나가 166
C 저 높은 하늘 위로 밝은 태양 66
G 저 멀리 뵈는 나의 시온성 505
Dm 저 성벽을 향해 382
G 저 죽어가는 내 형제에게 504
F 저 하늘에는 눈물이 없네 357
E 전능의 주 다스리네 296
C 전능하신 나의 구주 68
A 전능하신 나의 주 하나님은 639
F 전부 325
D 전심으로 178
E 전심으로 주 찬양 272

Contents

G 정결한 맘 주시옵소서 506
E 존귀 오 존귀하신 주 273
G 존귀한 어린양 514
E 좋으신 하나님 277
F 좋으신 하나님 너무도 내게 358
E 좋으신 하나님 인자와 자비 274
E 좋은 일이 있으리라 295
G 죄 많은 이 세상은 507
F 죄악된 세상을 방황하다가 359
G 죄악에 썩은 내 육신을 508
C 죄악의 사슬에서 67
D 죄 없으신 주 독생자 167
C 죄에 빠져 헤매이다가 69
C 죄인들을 위하여 70
A 주가 보이신 생명의 길 640
G 주가 지으신 주의 날에 509
C 주가 필요해 28
G 주 계신 곳 나 찾으리 510
A 주기도문 674
A 주께 가까이 날 이끄소서 641
A 주께 가오니 642
C 주께 감사하세 71
C 주께 경배해 84
E 주께 두 손 모아 276
A 주께 드리는 나의 시 579
F 주께서 내 길 예비하시네 360
E 주께서 높은 보좌에 275
F 주께서 왕 위에 오르신다 361
F 주께서 왕이시라 361
Dm 주께서 전진해 온다 383
D 주께서 주신 동산에 168
C 주께 와 엎드려 72
D 주께 힘을 얻고 169
G 주 나의 모든 것 467
E 주 나의 왕 281
D 주 나의 하나님 170
A 주 날개 그늘 아래 643
G 주 날 구원했으니 511
E 주 너를 지키리 238
A 주는 나의 힘이요 675
E 주는 평화 278
G 주님 가신 길 512
A 주님 같은 반석은 없도다 644
C 주님 것을 내 것이라고 73
A 주님 곁으로 날 이끄소서 645
E 주님 계신 곳에 나가리 279
Cm 주님 고대가 310
A 주님과 같이 646
Dm 주님과 담대히 나아가 384
E♭ 주님과 못 바꾸네 305
F 주님과 함께하는 362
E 주님께 감사 드리라 280
G 주님께 감사해 514
D 주님께 경배 드리세 171
D 주님께 알렐루야 172
D 주님께 영광을 172
G 주님께 찬양하는 513
A 주님 나라 임하시네 647
D 주님 나를 부르셨으니 173
E 주님 날 위해 버림 받으심 281
D 주님 내가 여기 있사오니 174
D 주님 내게 선하신 분 175
D 주님 내게 오시면 143
G 주님 내 길 예비하시니 515
G 주님 내 길을 402
E 주님 내 아버지 282

Contents

C 주님 내 안에 49
C 주님 다시 오실 때까지 74
A 주님 당신은 사랑의 빛 648
C 주님 뜻대로 82
C 주님 뜻대로 살기로 했네 75
G 주님 마음 내게 주소서 443
F 주님만 사랑하리 363
E 주님만으로 233
G 주님 만이 400
F 주님만 주님만 주님만 사랑하리 363
D 주님 말씀하시면 176
A 주님 보좌 앞에 나아가 649
F 주님 사랑 온누리에 364
A 주님 사랑해요 631
D 주님 손에 맡겨 드리리 178
C 주님 손 잡고 일어서세요 57
D 주님 안에 살겠어요 179
E 주님 앞에 간구 했었던 284
D 주님 앞에 무릎 꿇고 105
D 주님 앞에 섭니다 170
E 주님 어찌 날 생각하시는지 283
G 주님여 이 손을 516
D 주님 예수 나의 동산 177
D 주님 예수 나의 생명 179
A 주님은 내 삶에 650
A 주님은 내 호흡 651
D 주님은 너를 사랑해 182
A 주님은 산 같아서 621
G 주님은 신실하고 517
A 주님은 아시네 652
E 주님을 따르리라 252
G 주님을 찬양하라 422
G 주님의 강이 523
A 주님의 그 모든 것이 654
D 주님의 마음으로 나 춤추리 181
G 주님의 빚진 자 508
G 주님의 사랑 놀랍네 462
F 주님의 사랑이 이 곳에 364
D 주님의 성령 지금 이곳에 180
E 주님의 손길 285
G 주님의 손으로 518
C 주님의 시간에 76
G 주님의 영광 474
G 주님의 영광 나타나셨네 519
F 주님의 영광이 임하여서 365
G 주님의 은혜 넘치네 526
D 주님의 춤추리 181
D 주님 이곳에 197
C 주님이 주시는 파도 같은 사랑 77
C 주님이 주신 기쁨 79
A 주님이 주신 땅으로 653
Am 주님이 홀로 가신 97
E 주님 찬양해 264
A 주님 큰 영광 받으소서 655
G 주님 품에 새 생활 하네 520
F 주님 한 분 만으로 (아름답다 예수여) 341
G 주님 한 분 만으로 521
A 주님 한 분 밖에는 656
D 주 다스리네 183
D 주 달려 죽은 십자가 184
G 주를 높이기 원합니다 522
D 주를 위한 이곳에 187
G 주를 찬양 455
F 주를 찬양하며 366
E 주를 찬양해 286
C 주를 처음 만난 날 19

Contents

E 주를 향한 나의 사랑을 287
A 주만 바라 볼찌라 673
C 주만 위해 살리 81
G 주 말씀 향하여 550
B 주 발 앞에 나 엎드려 689
A 주 발 앞에 무릎 꿇고 657
G 주 보좌로부터 523
A 주 보혈 날 씻었네 658
G 주 보혈 날 정결케 하고 524
G 주 보혈로 날 사심은 525
D 주 사랑이 나를 숨쉬게 해 185
G 주 사랑해요 386
G 주 신실하심 놀라워 526
G 주안에 새 생활 520
C 주 안에 우린 하나 78
G 주 알기 원해 498
A 주 앞에 나와 제사를 드리네 659
E 주 앞에 엎드려 288
D 주여 나에게 세상은 188
Am 주여 우리의 죄를 용서하여 98
C 주여 이 죄인이 40
G 주여 인도하소서 539
D 주여 진실하게 하소서 186
A 주 여호와는 광대하시도다 660
G 주 여호와의 신이 527
F 주 예수 기뻐 찬양해 367
E 주 예수 나의 당신이여 250
C 주 예수 사랑 기쁨 79
E 주 예수 오셔서 289
G 주 예수의 이름 높이세 528
E 주 오셔서 구하시리 244
C 주와 함께라면 가난해도 80
G 주 우리 아버지 529
C 주 위해 나 노래하리라 81
C 주의 강가로 가게 하소서 83
C 주의 거룩하심 생각할 때 84
F 주의 능력 보이소서 330
A 주의 도를 버리고 661
F 주의 말씀 앞에 선 368
E 주의 보좌로 나아 갈때에 290
Am 주의 사랑 온누리에 96
D 주의 사랑을 주의 선하심을 189
G 주의 손에 나의 손을 포개고 524
C 주의 신을 내가 떠나 85
G 주의 영광 위하여 407
G 주의 영이 계신 곳에 530
A 주의 옷자락 만지며 657
E 주의 위엄 이곳에 279
G 주의 이름 높이며 531
G 주의 이름 높이세 532
G 주의 이름 송축하리 533
D 주의 이름 안에서 190
D 주의 인자는 끝이 없고 191
G 주의 인자하신 535
G 주의 인자하심이 생명보다 536
D 주의 임재 앞에 잠잠해 192
D 주의 자비가 내려와 193
D 주의 집에 거하는 자 194
A 주의 집에 나 살리라 663
A 주의 집에 영광이 가득해 662
E 주의 찬송 세계 끝까지 272
G 주의 횃불 들고 456
D 주 이름 온 세상에 195
B 주 이름 찬양 690
D 주 이름 큰 능력 있도다 198
A 주 임재 안에서 592

Contents

F	주 임재하시는 곳에	369
D	주 자비 춤추게 하네	196
D	주 찬양합니다	199
A	주 크신 사랑 세상 가득히	663
C	주 품에 품으소서	86
A	주 하나님 독생자 예수	664
G	죽임 당하신 어린 양	537
F	지극히 높은 주님의	370
F	지금껏 내가 한 일이	371
A	지금 우리는 마음을 합하여	665
A	지금은 엘리야 때처럼	666
G	지존하신 주님 이름 앞에	538
G	지치고 상한 내 영혼을	539
F	짐이 무거우냐	372

차

D	찬바람 부는 갈보리산	200
G	찬송을 부르세요	534
G	찬송의 옷을 주셨네	416
E	찬송하라 여호와의 종들아	291
C	찬양을 드리며	87
D	찬양의 열기 모두 끝나면	201
D	찬양의 제사 드리며	190
A	찬양이 언제나 넘치면	667
G	찬양 중에 눈을 들어	541
G	찬양하라 내 영혼아	540
C	찬양하며 살리라	64
A	찬양하세	668
E♭	참 사랑 우리 맘에	309
F	참참참 피 흘리신	373
Em	참회록	557
G	창조의 아버지	542
Em	창조의 하나님	556
G	천년이 두 번 지나도	544
D	천사의 말을 하는 사람도	202
G	축복송	429
D	축복의 사람	169
E	축복의 통로	241
G	축복하소서 우리에게	543
E	축복합니다 주님의 이름으로	292
D	춤추는 세대	196
D	춤추며 찬양해	203
D	친구의 고백	145

카

G	캄캄한 인생길	545
E	크신 주께 영광돌리세	293

타

E♭	탕자의 눈물	302
D	탕자처럼 방황할 때	204

파

C	파도 같은 사랑	77
Bm	파송의 노래	211
A	평강의 왕이요	669
D	평안을 너에게 주노라	205
E	평화 하나님의 평강이	297
A	풀은 마르고	670
D	피난처	109

하

G	하나님께로 더 가까이	546
G	하나님께서는 우리의 만남을	547
G	하나님께서 당신을 통해	548
C	하나님께서 세상을 사랑하사	91

Contents

C 하나님 아버지의 마음 45
A 하나님 어린 양 671
Am 하나님 우리와 함께 하시오니 99
F 하나님은 너를 만드신 분 374
E 하나님은 너를 지키시는 자 294
C 하나님은 사랑이요 88
C 하나님은 실수하지 않으신다네 15
A 하나님은 우리의 피난처가 되시며 672
E 하나님을 아버지라 부르는 295
C 하나님을 위하여 9
A♭ 하나님의 꿈 683
A 하나님의 독생자 664
A 하나님의 사랑을 사모하는 자 673
F 하나님의 사랑 주님의 눈물 375
A 하나님의 어린 양 677
G 하나님의 열심 409
D 하나님의 은혜 112
C 하나님의 음성을 듣고자 89
B♭ 하나님의 조건없는 사랑 692
C 하나님 한번도 나를 90
G 하늘과 땅 가득한 549
G 하늘문 여소서 446
C 하늘보다 높으신 주 사랑 91
A 하늘에 계신 아버지 674
A 하늘 위에 주님밖에 675
G 하늘의 나는 새도 550
A 하늘의 문을 여소서 676
D 하늘의 해와 달들아 206
Em 한걸음 또 한걸음 무거운 564
C 한라에서 백두까지
백두에서 땅 끝까지 62
F 할렐루야 (무덤 이기신 예수) 331
E 할렐루야 전능의 주 296
G 할렐루야 주가 다스리네 551
E 할렐루야 할렐루야 298
A 할렐루야 할렐루야 전능하신 주 677
D 할 수 있다 하면 된다 207
C 할 수 있다 하신 이는 92
D 할 수 있다 해 보자 207
C 항상 진실케 93
A 해 같이 빛나리 594
E 해 뜨는 데부터 299
G 해 아래 새 것이 없나니 552
F 해피송 319
A 햇빛보다 더 밝은 곳 678
F 햇살보다 밝게 빛나는 376
B♭ 허무한 시절 지날 때 699
D 험하고 어두운 길 헤매일 때 208
E 험한 세상길 나 홀로 가도 300
D 험한 세상 나그네 길 209
B♭ 험한 십자가 능력있네 696
A 형제여 우리 모두 다 함께 679
F 형제의 모습 속에 보이는 377
Am 호렙산 떨기나무에 100
G 호산나 553
G 호산나 (찬양 중에 눈을 들어) 541
D 호흡이 있는 자마다 206
E 호흡 있는 모든 만물 301
G 홍해 앞에 선 모세처럼 554
F 회복시키소서 356
C 힘들고 지쳐 낙망하고 94

거룩하신 성령이여 1

(Holy Spirit we welcome You)

Chris Bowater

C

C D m/C C M7 1. D m/C 2. B♭/C C 7

거 룩 하 신 - 성 령 이 여 - - -
우 리 에 게 - 임 하 소 서 -

F M7 G/F E m7 A m7

성 령 의 - 불 - 로 오 셔 서 -

D m7 G 7 C M7 B♭/C C 7

세 상 헛 된 마 음 태 우 소 서 -

F M7 G/F E m7 A m7

손 들 고 - 주 를 바 랄 때 -

F C/E

성 령 이 여 - - 성 령 이 여 - -

D m7 F/G G sus4 C

성 령 이 여 - - 임 하 소 서 -

메들리 곡 4/ 광대하신 주 21/ 내 입술로 32/ 복음 들고 산을

2 거리마다 기쁨으로

(Hear our praise)
Reuben Morgan
C Csus4 C G/B
거 리 마 - 다 기 - 뿜 으 - 로 -
십 자 가 - 앞 에 - 행 할 - 때 -
Am F Gsus4 G
춤 을 추 - 게 하 - 시 고 -
주 의 빛 - 비 추 - 시 고 -
C Csus4 C G/B
주 의 백 - 성 기 - 도 할 - 때 -
물 이 바 - 다 덮 - 음 같 - 이 -
C F Gsus4 G
이 땅 회 - 복 하 - 소 서 - 산 위
주 영 광 - 채 우 - 소 서 -
C G/B F/A
에 서 - 계 곡 까 지 - 우 리
Am7 Em7 F Gsus4 Csus4/G
찬 양 - 울 리 네 하 늘

C G/B F/A
에 서 - 열 방 까 지 - 우 리
A m7 E m7 F 1. last time G sus4 C
노 래 - 가 득 하 네 -
C sus4 C C sus4 D.C. 2. G sus4
- 산 위
3. G sus4 C C sus4 C C sus4
- 할 렐
F D m7 A m7 E m7
루 야 - 할 렐 루 - 야 - 할 렐
F D m7 G sus4 1, 2, 3. G 4. G G sus4
D.S.
루 야 - 할 렐 루 야 - - 할 렐 - 산 위

3 거룩하신 하나님

(온 세상 찬양하네 / All the heavens)

Reuben Morgan

광대하신 주 4

(Mighty is our God)

Eugene Greco/Gerrit Fustafson &
Don Moen

C C/E F F/G G C C/E F Fmaj7 G

광 대 하 - 신 주 - 전 능 하 - 신 왕 -

C C/E Am G/A Am Dm F/G G C F/G

전 능 하 - 신 주 - 만 물 의 주 - 관 자 -

C C/E F F/G G C C/E F F/G G

하 나 님 께 - 영 광 - 우 리 왕 께 - 영 광 -

C C/E Am G/A Am Dm F/G G C

Fine

주 님 께 - 영 광 - 만 물 의 주 - 관 자 온 세 상

B♭ F F/C C F/C C

위 - 에 - 가 장 높 으 - 신 그 - 이 름 - 그 능 력

B♭ F/A Fmaj7 G F/G

D.C.

크 도 다 - 만 물 을 창 조 - 하 셨 - - 네

5 나는 아네 내가 살아가는 이유

(불을 내려 주소서)

미가엘 2274

천관웅

나는 아네 내가 살아가는 이유

6 나는 순례자

JOYCE. LEE

1. 나는순 례 자 - 이세상 에 서 - 언젠가
2. 나는순 례 자 - 방황하 지 만 - 예수내
3. 나는순 례 자 - 피곤한 몸 을 - 하늘나

집에 - 돌아가 리 - 어두운 세 상 - 방황치
구주 - 이끄시 네 - 영광의 나 팔 - 소리들
라에 - 누이시 네 - 주볼때 마 다 - 영광나

않고 - 예수와 함 께 - 돌아가 리 -
릴때 - 천사날 위 해 - 찾아오 리 -
타나 - 승리를 위 해 - 찬양하 리 -

나는순 례 자 - 돌아가 리 - 날기다

리는 - 밝은곳 에 - 곧돌아 가 리 - 기쁨의

나라 - 예수와 함 께 - 길이살 리 -

7/ 나를 위해 오신 주님 11/ 나의 생활 나의 문제 15/ 내가 걷는 이 길이

나를 위해 오신 주님 7

(사랑의 손길)

C

문찬호

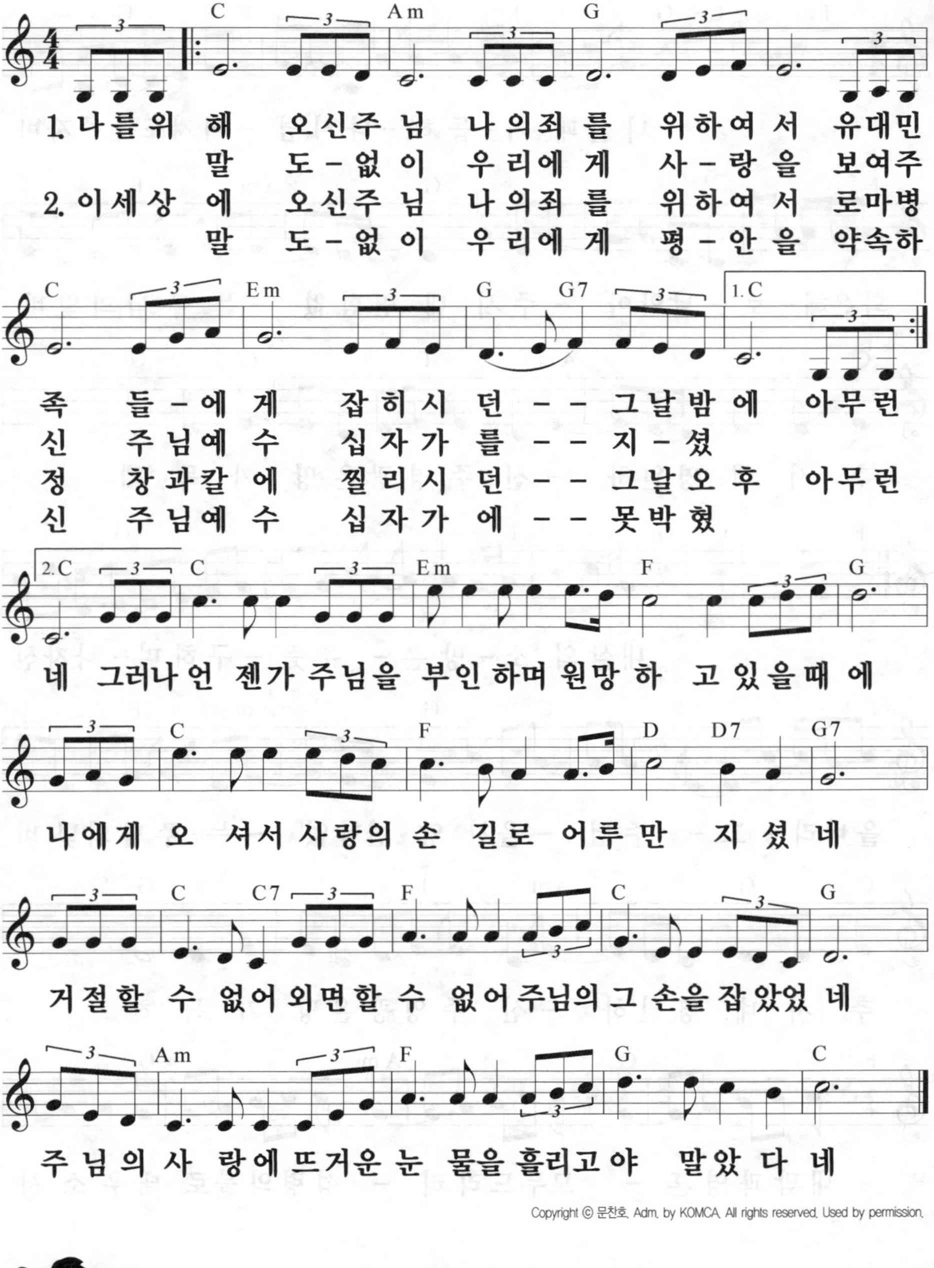

1. 나를위 해 오신주 님 나의죄 를 위하여 서 유대민
말 도 - 없 이 우리에 게 사 - 랑 을 보여주
2. 이세상 에 오신주 님 나의죄 를 위하여 서 로마병
말 도 - 없 이 우리에 게 평 - 안 을 약속하

족 들 - 에 게 잡 히 시 던 - - 그날밤 에 아무런
신 주님예 수 십 자 가 를 - - 지 - 셨
정 창과칼 에 찔 리 시 던 - - 그날오 후 아무런
신 주님예 수 십 자 가 에 - - 못박혔

네 그러나 언 젠가 주님을 부인하며 원망 하 고 있을때 에

나에게 오 셔서 사랑의 손 길로 어루만 지 셨네

거절할 수 없어 외면할 수 없어 주님의 그 손을 잡았었 네

주님의 사 랑에 뜨거운 눈 물을 흘리고 야 말았 다 네

6/ 나는 순례자 9/ 나에게 건강있는 것 40/ 세상에서 방황할 때

8 나 실패 거듭해

(내 안의 중심이 주를 찬양 / From The Inside Out)

Joel Huston

F C G F C G

나실패 거-듭 해-다시넘 -어져도- 주자비

F C G Am F

와은혜-로-날안아 -주시 네 변함없 -는 주님의빛비

C G Am F C G

추 시 네 영원하 -신 주영광온땅 가 득 해

F C G F C G

내삶의 소-망은- 주뜻 -구하며-나자신

F C G Am F

을버리-고- 주님 -을찬 양 변함없 -는 주님의빛비

C G Am F C G

추 시 네 영원하 -신 주영광온땅 가 득 해

F C Am G

내맘과영혼 - 모두드리리 - 성령의불로 태우소서

나 실패 거듭해

F
Am
G
1. Dm
주님의의로 - 날감싸소서 - 주를더사랑 하도록
2, 3. Dm
Am
F
C
G
하도록 변함없 -는 주님의빛비 추시네 영원하
Am
F
C
G
C
F
C
Am
-신주영광온땅 가득 해내맘의 -소망은- 주님을 - 찬양내안의
F
G
1. F
G
D.S.
2. F
G
F
- 중 심이주를 - 찬양 변함없 -찬양해 -

9 나에게 건강있는 것

(하나님을 위하여)

미가엘 1673

김석균

나의 만족과 유익을 위해 10

C

(Knowing You)

Graham Kendrick

나 의 만 족 과 유 익 을 위 - 해 가 지 려 했 던 세
의 능 력 체 험 하 면 - 서 주 의 고 난 에 동

상 일들 이 젠 모 두 다 해 로 여 기 - 고 주 님
참 하 고 주 의 죽 으 심 본 을 받 아 - 서 그 의

을 위 해 다 버 리 네 내 안 에 가 장
생 명 에 참 예 하 네

귀 한 것 주 님 을 앎 이 라 모 든

것 되 시 며 - 의 와 기 쁨 되 신 주 사 랑 합 니 다

- 부 활 합 니 다 - 나 의 주 -

11 나의 생활 나의 문제

(이제라도)

박장호

1. 나의생 활 나의문 제 내 맘대로 안되 요
2. 없는것 이 죄인가 요 나 를멀리 하여 도
3. 나의소 망 나의기 도 주 님이루 십니 다

나의연 단 나의시 험 아 무 도모 릅니 다
가-진 것 없-어 도 영생 복 락있 잖아 요
때가되 면 나에게 도 주 실 줄믿 습니 다

만가지 가 내것인 줄 내맘 대 로살 아왔 네
받은사 랑 많았는 데 베풀 줄 도몰 랐었 네
받은말 씀 많았는 데 실행 할 줄몰 랐었 네

이제라 도 주님앞 에 크게 한 번 울고싶어 라
이제라 도 주님앞 에 감사 하 며 살아가야 지
이제라 도 주님앞 에 말씀 대 로 살아가야 지

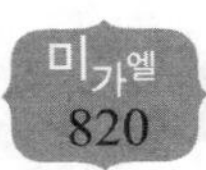

미가엘
820

나의 입술의 모든 말과

12

C

(Let the words of my mouth)

Joe Mackey

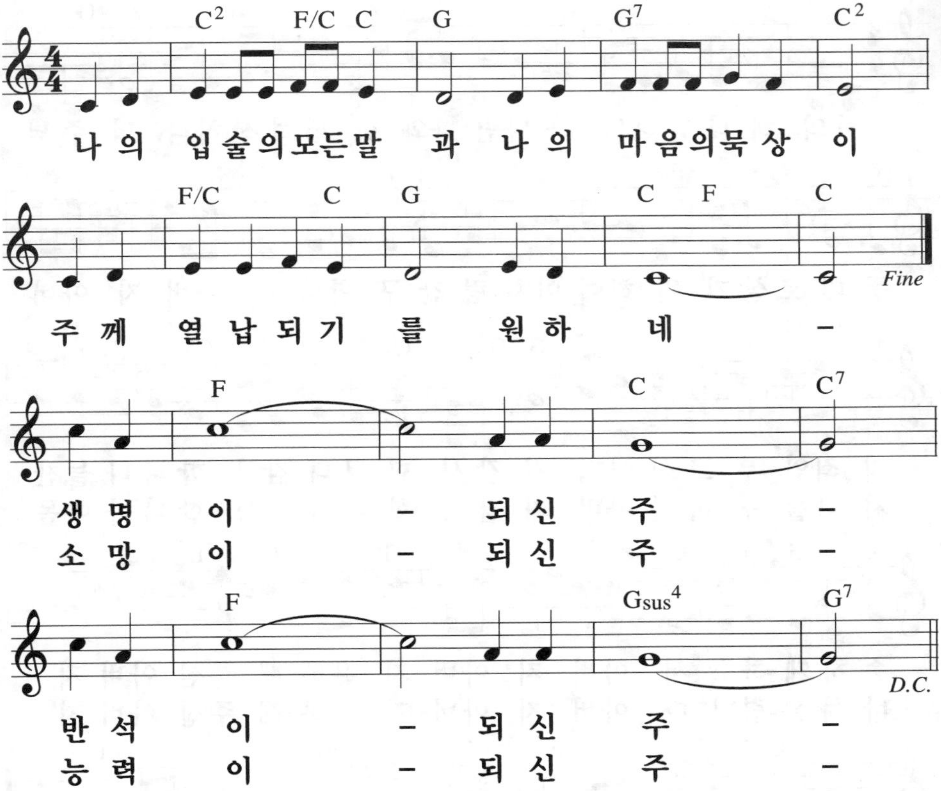
C2 F/C C G G7 C2
나 의 입 술 의 모 든 말 과 나 의 마 음 의 묵 상 이
F/C C G C F C
주 께 열 납 되 기 를 원 하 네 –
Fine
F C C7
생 명 이 – 되 신 주 –
소 망 이 – 되 신 주 –
F Gsus4 G7
반 석 이 – 되 신 주 –
능 력 이 – 되 신 주 –
D.C.

13 나의 하나님 나의 하나님

미가엘 923

강태원

나 지치고 내 영혼

(날 세우시네 / You raise me up)

Brendan Graham & Rolf Loyland

C F/C C

나 지 치 고 내 영 혼 연 약 - 할 - 때 - 근 심 속
열 망 없 는 그 런 삶 은 없 - 으 - 리 - 끊 임 없

C/E F 3 G F/A G/B

에 내 마 음 - 무 거 워 주 오 셔 서 함 께 하 실 - - 때
이 고 동 치 - 는 가 슴 주 오 셔 서 경 이 로 날 - - 채

C/E F C/G G C

까 지 - 나 잠 - 잠 히 주 님 - 을 기 - 다 려 날 세 우
우 고 - 영 원 - 한 삶 나 에 - 계 주 - 시 네

Am F C/E G/B

사 - 저 산 에 우 - 뚝 서 리 - 날 세 - 우

Am F C/E G C/E F

사 - 풍 랑 가 운 - 데 도 함 께 하 - 심 나 강 하 - 게

C/G F/A C/G G C

하 네 날 세 우 사 모 든 것 할 수 - 있 네

46/ 약한 나로 강하게 47/ 어찌하여야 52/ 예수님 날 위해 죽으셨네

15 내가 걷는 이 길이

(하나님은 실수하지 않으신다네)

미가엘 2031

A.M.오버톤 & 최용덕

님께 모든것 -맡기리니 - 하나님을-내가 믿-음일 세 - 지금
은 내가 볼수없는것 너무 많아서 - 너무 멀리 - 가물가물 -
어른거려도 - 운명이여 - 오라 - 나 두려워-아니 하리 - 만-
사를 주님께 - 내어 맡기리 - 차츰 차츰 - 안개는걷히고 - 하나
님 지으신 - 빛이 뚜렷이 보이리라 - 가는 길이 온통 - 어-
둡게만 보여도 - 하나 님은 - 실수하지 않으신 -다네 - 차츰
님은 - 실수하지 않으신 - 다 - 네 -
D.S.

16 내가 산을 향하여

김영기

내 가 산 을 향 하 여 – 눈 을 들 리 라
내 가 손 을 들 고 서 – 기 도 하 리 라

나 의 도 움 이 어 디 서 올 – 꼬
나 의 응 답 이 어 디 서 올 – 꼬

천 지 지 으 신 여 호 와 – 나 의 왕 이 여
전 지 전 능 한 하 나 님 – 나 의 주 시 여

영 원 무 궁 히 지 키 시 리 로 다
나 의 출 입 을 지 키 시 리 로 다

메들리 곡 17/ 내가 산 향해 32/ 복음들고 산을 48/ 어두운 밤에

내가 산향해 눈을 들리라 17

C

(시편121편 / I Lift My Eyes Up)

Brian Doerksen

내가산향해 눈을들리라 도움어디서올 꼬

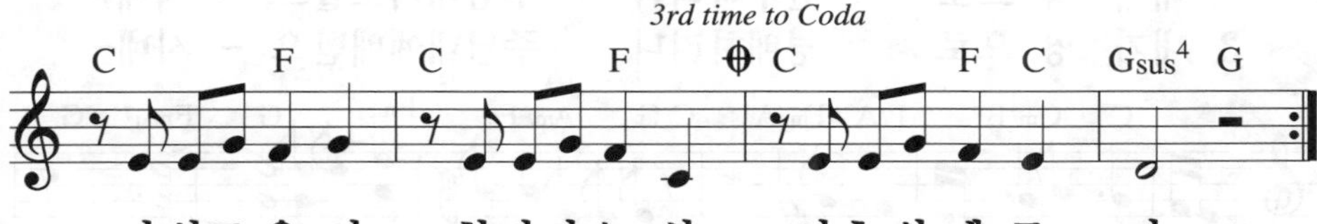

나의도움이 천지지으신 여호와께로 다

주님필요해요 주님만내 소망 – 나의참 기 도

주를기다 리니 날구원하 소서 – 생명주 소 서

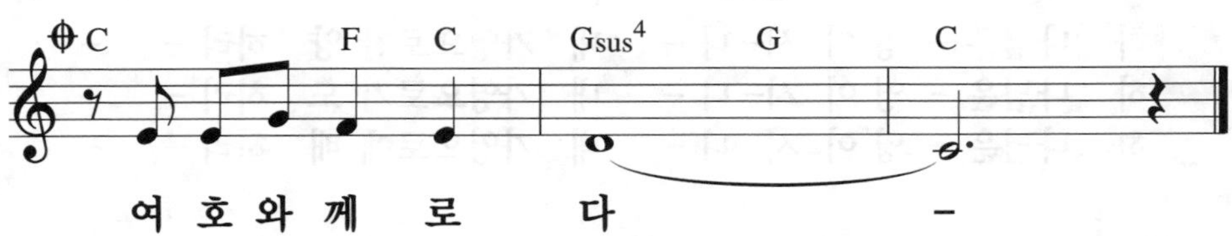

여 호 와 께 로 다 –

내가 영으로

미가엘 1311

최덕신

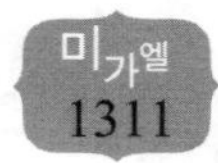

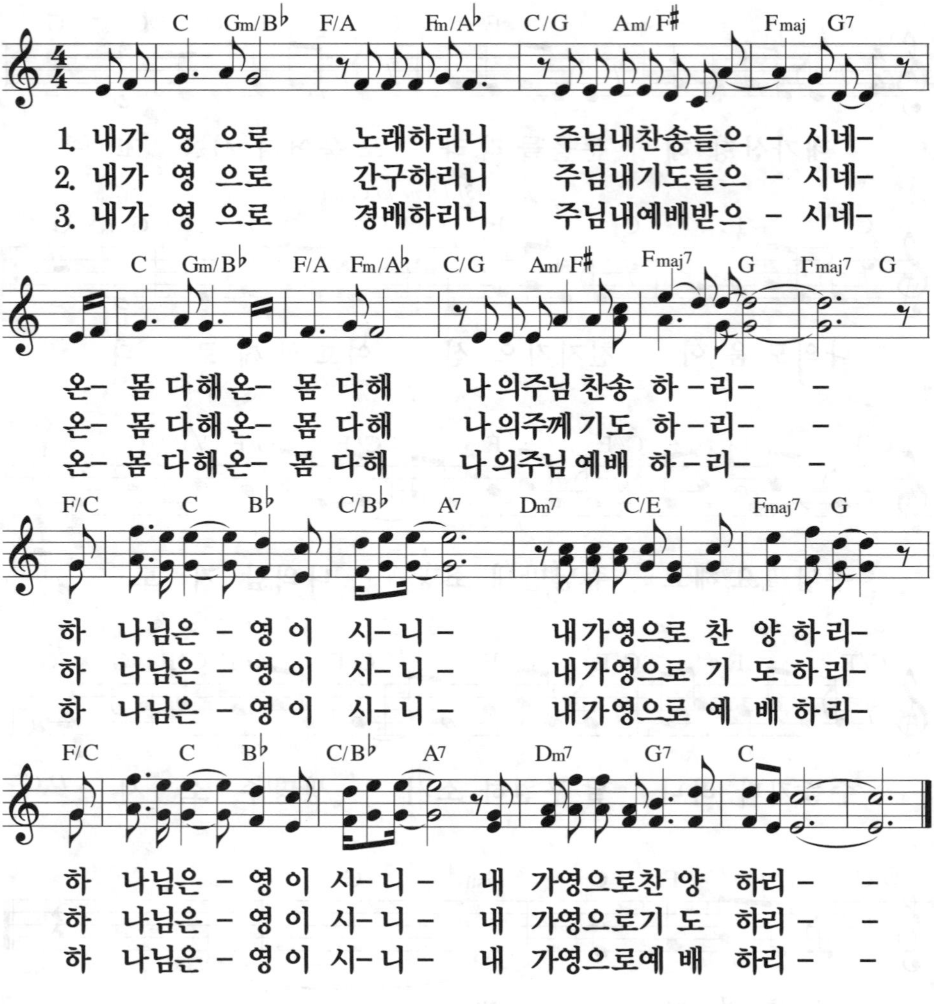
C Gm/B♭ F/A Fm/A♭ C/G Am/F♯ Fmaj G7
1. 내가 영 으로 노래하리니 주님내찬송들으 - 시네-
2. 내가 영 으로 간구하리니 주님내기도들으 - 시네-
3. 내가 영 으로 경배하리니 주님내예배받으 - 시네-
C Gm/B♭ F/A Fm/A♭ C/G Am/F♯ Fmaj7 G Fmaj7 G
온- 몸 다해온- 몸 다해 나 의주님 찬송 하 - 리- -
온- 몸 다해온- 몸 다해 나 의주께 기도 하 - 리- -
온- 몸 다해온- 몸 다해 나 의주님 예배 하 - 리- -
F/C C B♭ C/B♭ A7 Dm7 C/E Fmaj7 G
하 나님은 - 영 이 시- 니 - 내가영으로 찬 양 하 리-
하 나님은 - 영 이 시- 니 - 내가영으로 기 도 하 리-
하 나님은 - 영 이 시- 니 - 내가영으로 예 배 하 리-
F/C C B♭ C/B♭ A7 Dm7 G7 C
하 나님은 - 영 이 시- 니 - 내 가영으로찬 양 하리 - -
하 나님은 - 영 이 시- 니 - 내 가영으로기 도 하리 - -
하 나님은 - 영 이 시- 니 - 내 가영으로예 배 하리 - -

메들리 곡 31/ 메마른 우리 마음 50/ 여호와 우리 주여 55/ 온 땅과 만민들아

내가 처음 주를 만났을 때 19

(주를 처음 만난 날)

김석균

1. 내가 처음 주를 만났을 때 외롭고 도쓸쓸한모습 –
2. 내가 다시 주를 만났을 때 죄악으로몹쓸병든몸 –
3. 내가 이제 주를 만남으로 죽음의 길벗어나려네 –

말없이 홀로걸어가신 길 은영–광을 다– 버린나그네 –
조용히 내손잡아이끄시 며병–든자 여– 일어나거라 –
변찮는 은혜와사랑베푸 신그–분만 이– 나의구세주 –

정녕 그 분이내형제구원했 나 나의영 혼도 구원하려나 –
눈물 흘 리며참– 회하였었 네 나의믿 음이 뜨거웠었네 –
주예 수 따라항– 상살리로 다 십자가 지고 따라가리라 –

의심 많은도 마처럼 물었네 내가 주를 처 음만난 날 –
그러나 죄악 이나를 삼키고 내영혼갈 길 을잃었 네 –
할렐루야주 를만난 이기쁨 영광의찬 송 을돌리리 –

메들리 곡 7/ 나를 위해 오신 주님 40/ 세상에서 방황할 때 73/ 주님 것을 내 것이라고

20 내 안에 사는 이

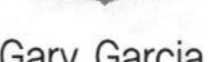

(Christ in me)

미가엘 752

Gary Garcia

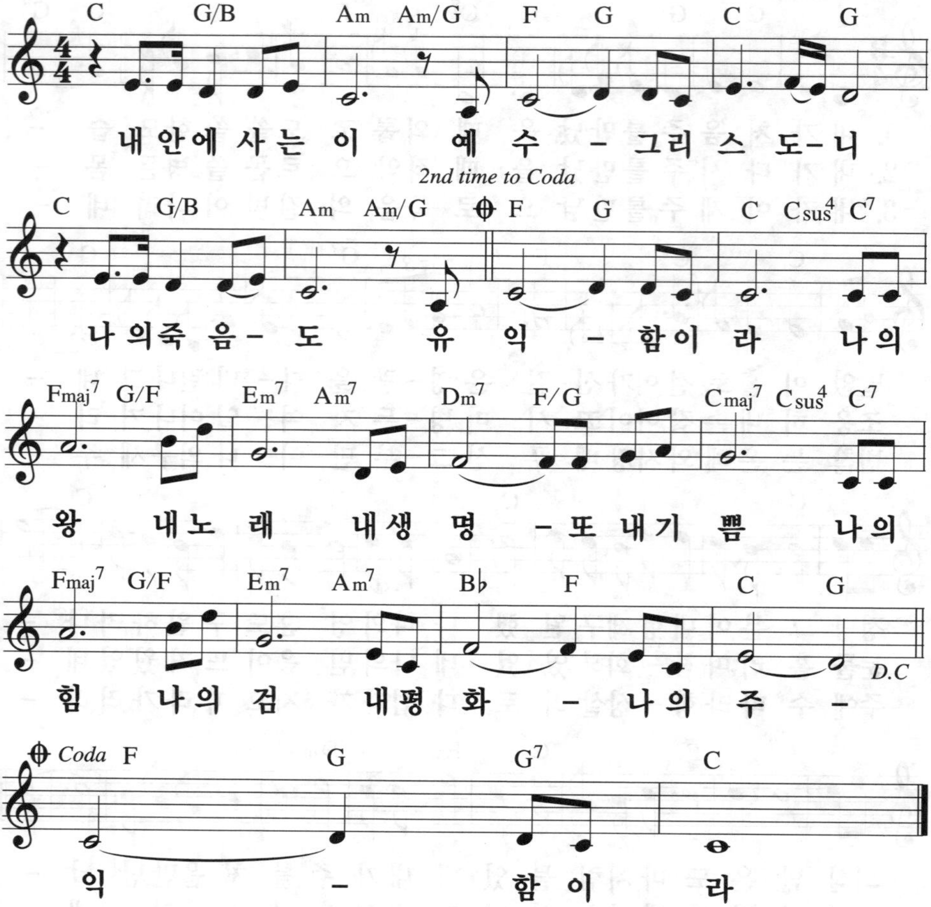

C G/B Am Am/G F G C G
내안에사는이 예수 - 그리스도-니
2nd time to Coda
C G/B Am Am/G F G C Csus4 C7
나의죽음- 도 유익 - 함이라 나의
Fmaj7 G/F Em7 Am7 Dm7 F/G Cmaj7 Csus4 C7
왕 내노래 내생명 -또내기쁨 나의
Fmaj7 G/F Em7 Am7 B♭ F C G
힘 나의검 내평화 -나의주 -
D.C
Coda F G G7 C
익 - 함이라

내 입술로 하나님의 이름을

21

C

정종원

C G Am G F Dm Gsus4 G7

내입술로- 하나님의- 이 름을 -찬송하며 -

황소를드림-보다 진정한예배를 기 쁘게받-아주시는-주 님-

C G Am G F G C G7

내맘으로- 하나님을- 즐 겁게 -찬양하네 -

찬송을부르며- 영원히섬기리주 님께 영-광 돌리 -리-

C G Am G F Dm Gsus4 G7

할 렐루-야- 할 렐루-야-할 렐루 -할렐루야 -

C G Am G F G C F/C C

할렐루-야- 할 렐루-야-할 렐루 -할렐루야 -

메들리 곡

55/ 온 땅과 만민들아 65/ 임마누엘 87/ 찬양을 드리며

22 내영혼아 여호와를 송축하라

(Bless the Lord O my soul)

Pete Sanchez Jr.

내영혼 아 - 여호와 를 - 송축하 라 - 내영혼

아 - 거룩하 신 - 주-이 름 찬 양 내맘과

정 성다 해주 -찬양 해 송축하라

송축하 라 -내 영

내영혼 아 송축하라 내-영혼 아

혼 아 - 송축하 라 -내-영 혼 아 - 송축하

송축하 라 내 영혼 송 축 하

라 - 내-영 혼 아 - 송 축 하

C/G
Dm/G
Em/G
F/G
라 내영혼아 송축하라 내영혼아 내맘과
C/G
Am7
Dm7
G7
C
정 성다 해찬 양 해 –

23 내 입술의 말과

(시편 19편 / Psalm 19)

Terry Butler

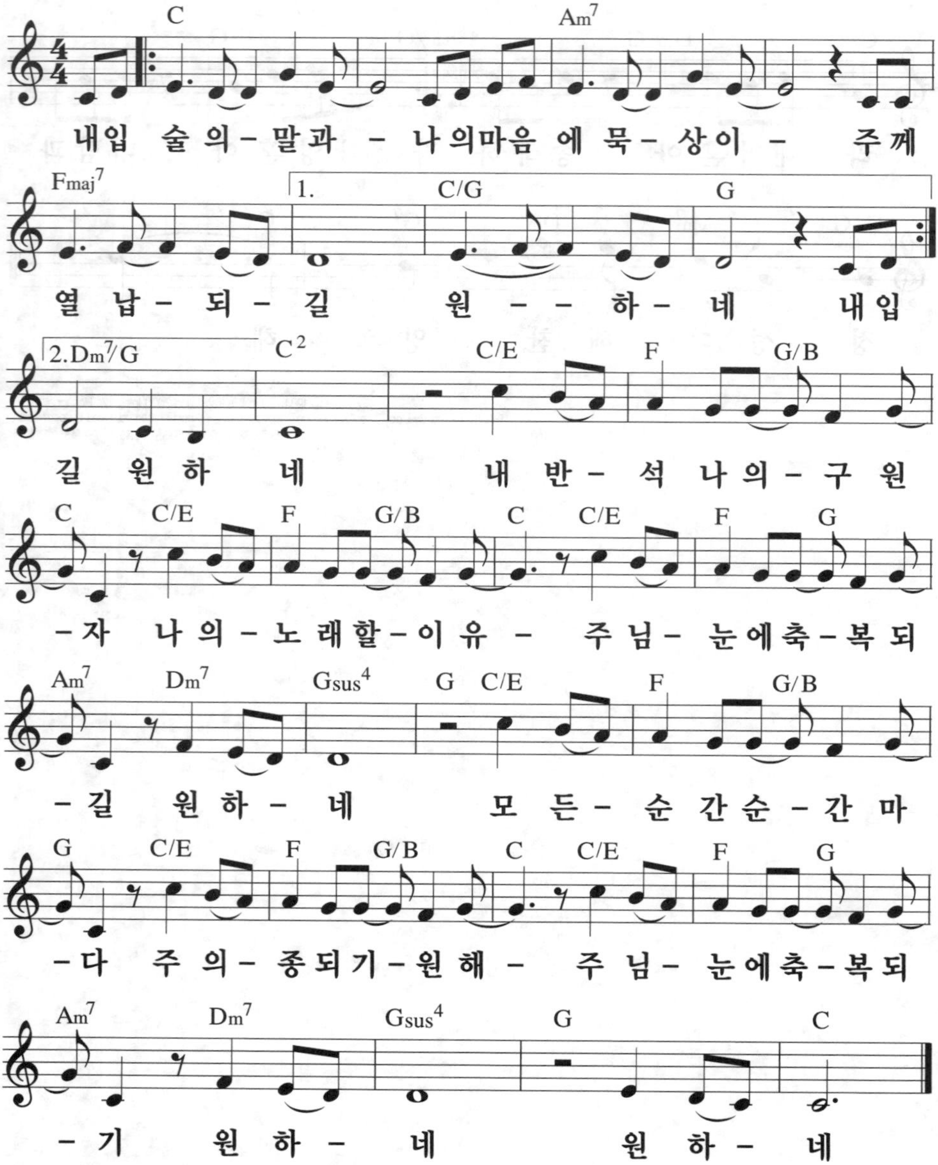

C Am7

내입 술의－말과 － 나의마음 에 묵－상이 － 주께

Fmaj7 1. C/G G

열 납－되－길 원－－하－네 내입

2.Dm7/G C2 C/E F G/B

길 원하 네 내 반－석 나의－구 원

C C/E F G/B C C/E F G

－자 나의－노 래할－이 유 － 주님－ 눈에축－복 되

Am7 Dm7 Gsus4 G C/E F G/B

－길 원하－ 네 모 든－ 순 간순 －간 마

G C/E F G/B C C/E F G

－다 주 의－ 종되기－원 해－ 주 님－ 눈에축－복 되

Am7 Dm7 Gsus4 G C

－기 원 하－ 네 원 하－ 네

25/ 너는 담장 너머로 44/ 아주 먼 옛날 79/ 주 예수 사랑 기쁨

너무나도 아름답도다

(영광의 나라)

라종섭

1. 너 무 나 도 아 름 답 도 다 주 님 계 신 영 광 의 나 라
2. 금 은 보 화 다 준 다 해 도 나 는 나 는 기 쁘 지 않 아
3. 사 랑 하 는 형 제 들 이 여 기 름 등 불 준 비 합 시 다

너 무 나 도 귀 - 하 도 다 주 님 계 신 영 광 의 보 좌
내 주 님 만 바 - 라 보 니 세 상 영 화 부 럽 지 않 아
주 님 나 라 곧 임 하 리 니 깨 어 있 어 기 도 합 시 다

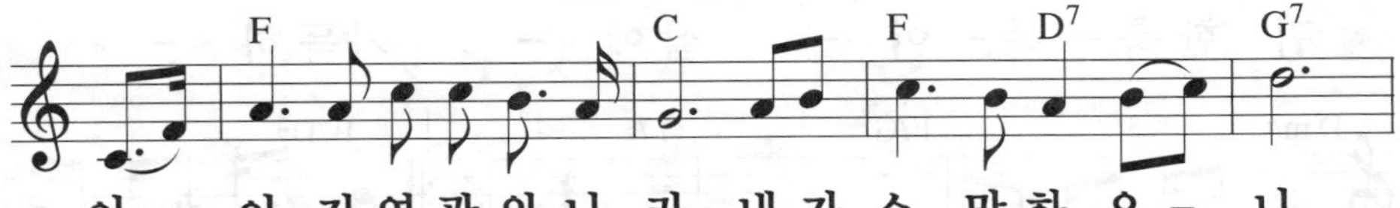

아 - 아 저 영 광 의 나 라 내 가 소 망 하 오 - 니
아 - 아 저 영 광 의 나 라 내 가 사 모 하 오 - 니
아 - 아 저 영 광 의 나 라 나 를 기 다 리 오 - 니

죄 가 지 곤 갈 - 수 없 어 주 님 계 신 영 광 의 나 라
거 듭 난 자 갈 - 수 있 어 주 님 계 신 영 광 의 나 라
할 렐 루 야 나 는 가 리 라 주 님 계 신 영 광 의 나 라

25 너는 담장 너머로 뻗은 나무

(야곱의 축복)

미가엘 1733

김인식

C G/B A/C♯

너 는 담 장 너 머 로 뻗 은 - 나 무 가 지

는 어 떤 시 련 이 와 도 - 능 히 이 겨

Dm Dm7(♭5) C C7 F

에 푸 른 - 열 매 처 럼 - 하 나 님 의 -

낼 강 한 - 팔 이 있 어 - 전 능 하 신 -

1. B/D♯ Em Am Dm

귀 한 축 - 복 - 이 - 삶 에 - 가 득 히 -

Dm/C F/G G7 2. B/D♯

넘 쳐 날 - 거 - 야 - 너 하 나 님 - 께 - 서

Em Am Dm Dm7 G

- 너 와 - 언 제 나 - 함 께 하 - 시 - 니 -

G7 C G/B Am7

- 너 는 하 나 님 의 - 사 - 람 - 아 름 다 운 하 나

Em/G F C/E

- 님 의 - 사 - 람 - 나 는 널 위 - 해 - 기 - 도 하 며

너는 담장 너머로 뻗은 나무

26 눈을 들어 주를 보라

(See His glory)

Chris Bowater

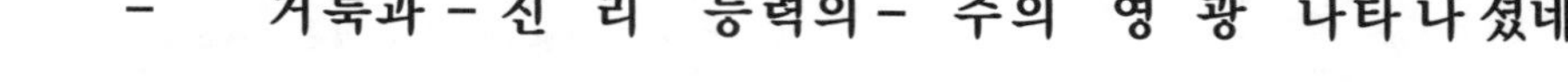

28/ 매일 스치는 사람들 47/ 어찌하여야 84/ 주의 거룩하심 생각할 때

능력의 이름 예수

(Jesus Your Name)

27

C

Claire Cloninger & Morris Chapman

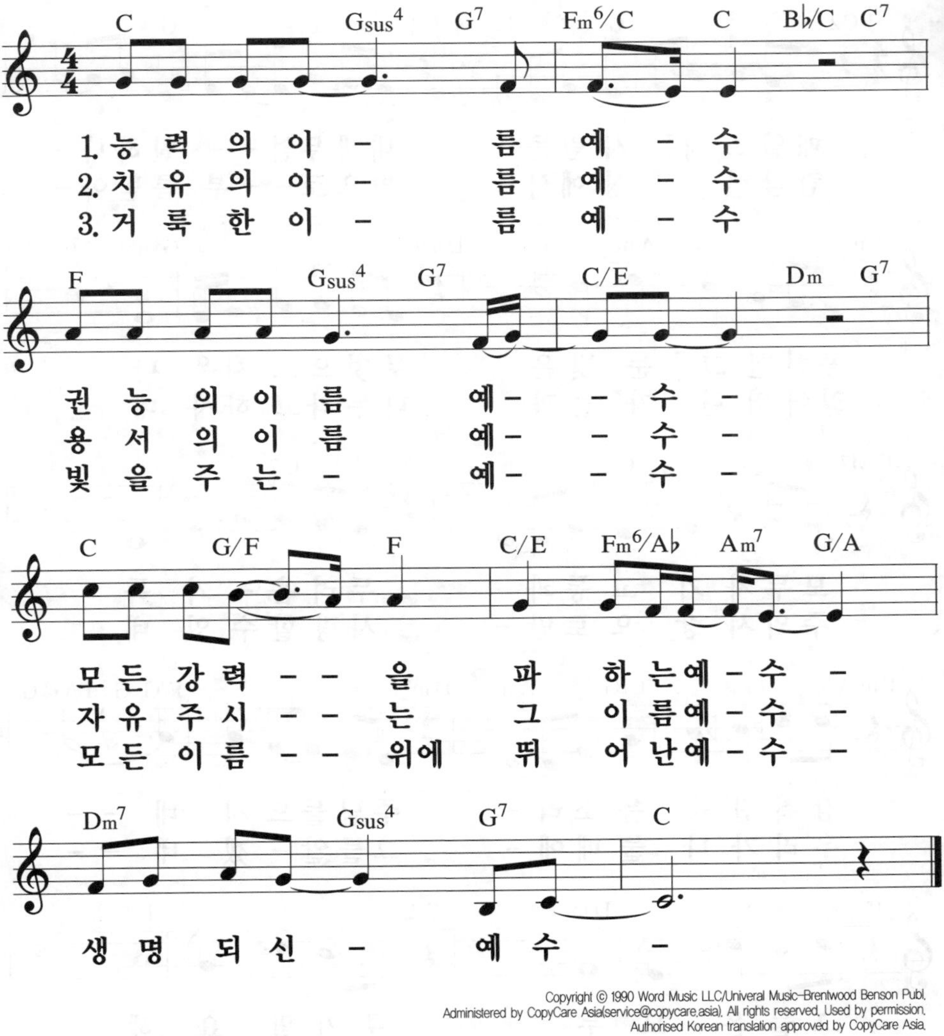

C Gsus4 G7 | Fm6/C C B♭/C C7

1. 능 력 의 이 – 름 예 – 수
2. 치 유 의 이 – 름 예 – 수
3. 거 룩 한 이 – 름 예 – 수

F Gsus4 G7 | C/E Dm G7

권 능 의 이 름 예– – 수 –
용 서 의 이 름 예– – 수 –
빛 을 주 는 – 예– – 수 –

C G/F F | C/E Fm6/A♭ Am7 G/A

모 든 강 력 – – 을 파 하 는 예 – 수 –
자 유 주 시 – – 는 그 이 름 예 – 수 –
모 든 이 름 – – 위에 뛰 어 난 예 – 수 –

Dm7 Gsus4 G7 | C

생 명 되 신 – 예 수 –

28 매일 스치는 사람들

(주가 필요해 / People Need The Lord)

Phil McHugh & Greg Nelson

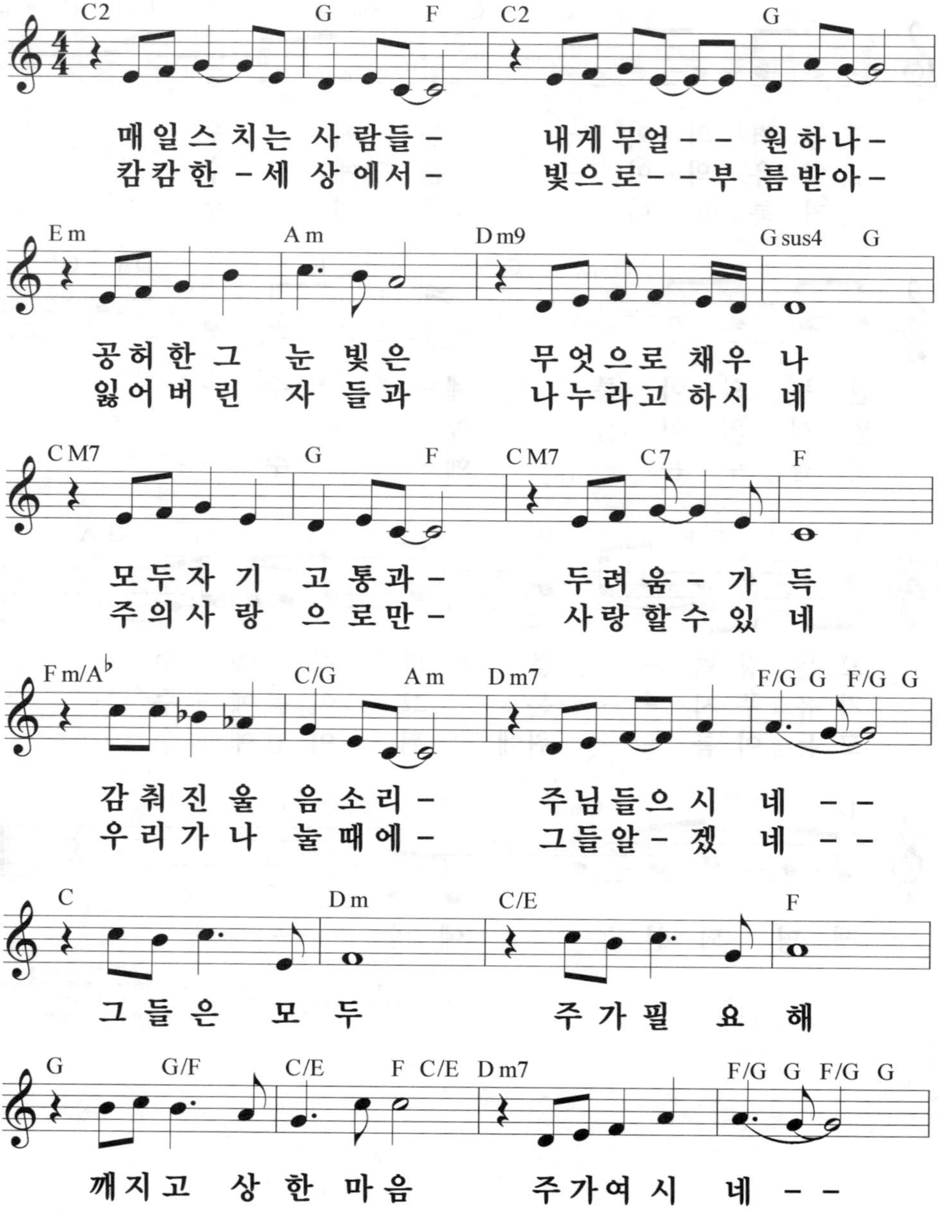

C2 G F C2 G

매일스 치는 사 람들- 내게무얼- - 원하나-
캄캄한 -세 상 에서- 빛으로- -부 름받아-

Em Am Dm9 Gsus4 G

공허한그 눈 빛은 무엇으로 채우 나
잃어버린 자 들과 나누라고 하시 네

CM7 G F CM7 C7 F

모두자 기 고 통과- 두려움- 가 득
주의사 랑 으 로만- 사랑할수 있 네

Fm/A♭ C/G Am Dm7 F/G G F/G G

감춰진 울 음소리- 주님들으 시 네 - -
우리가 나 눌때에- 그들알- 겠 네 - -

C Dm C/E F

그들은 모 두 주가필 요 해

G G/F C/E F C/E Dm7 F/G G F/G G

깨지고 상 한 마음 주가여 시 네 - -

C
Dm
C/E
F
그들은 모 두
주가필 요 해
G
G/F
C/E
F
F/E
Dm7
G
C
모 두 알 게 되리
사랑의 주 님

29 먼저 그 나라와 의를 구하라

미가엘 1098

(Seek ye first)

Karen Lafferty

1. 먼 저그나-라와 의를구하라 그 나라와 그의 를
2. 사 람이떡으로만 살것아니오 하 나님말 씀으 로
3. 구 하라너희에게 주실 것이요 찾 으면찾 으리 라

그 리하면이- 모-든것을 너희에게더 하시 리 라
그 리하면이- 모-든것을 너희에게더 하시 리 라
문 두드리면- 열릴것이라 할-렐-루 할렐 루 야

메들리 곡 27/ 능력의 이름 예수 65/ 임마누엘 133/ 목마른 사슴

무엇이 변치 않아 30

C

(십자가)

조은아

Word and Music by 조은아.

31 메마른 우리 마음

(Send Your Rain)

Don Dalton & Valerie Dalton

C2 Csus4/D

메 마른우- 리마 -음- 황 폐 한이- 땅에 - 강물

C2 Fmaj7 Em7 Dm7 F/G

같 은주- 의은 -혜 부 어 주 소 서

C2 Csus4/D

성 령의- 비내 -려- 우 리를씻- 으 소 -서-

C2/E B♭ F/A G7sus

우리 마 음을 - 새 롭 게 하 소 서

G7 Gsus4 Em7 𝄋 Am Em7

- 성 령 의 - 단 비 를 - - - 온

F Dm7 F/G C2 C G Am

세 계 위 에 부 어주- 소서 - - 성 령 의

Em7 F

- 단 비 로 - - - 주의 빛 과 능 력

Dm7 Gsus4 G C
넘쳐나- 도록 - - 하소 서 -
Fine
C2 Csus4/D
주성령-부으-사 우릴 온유케-하시-고 주의
C2/E Fmaj7 Em7 Dm7 F/G
생수샘물같-이 넘치 소 - 서
C2 Csus4/D
성령을- 부으 -사 모든 민 족 모든- 방언
Csus4/D C2/E
- 모 든 나 라 주 께 무 릎 을
B♭ F/A G7sus4 G7 Gsus4 Em7
꿇 게 하 소 서 - 성 령
D.S.

32 복음 들고 산을

(Our God Reigns)

미가엘 1170

Leonard E Jnr. Smith

C F G7 Cmaj7 C/B

복 음 들 고 산 을 넘 는 자 들 의 발 길

Am7 Dm G7 C

- 아 름 답 고 도 - 아 름 답 도 다

C7 F G7 Cmaj7 C/B

평 화 전 하 며 복 된 소 식 을 외 치 네

Am7 Dm7 G7 C F

- 주 다 스 - 리 시 네

C C7 F Fmaj7 C C/B

- 주 다 스 - 리 시 네

Am Em F G7 1. C F/C 2. C

- 주 다 스 - - - - 리 시 네 네

42/ 아름다운 마음들이 48/ 어두운 밤에 79/ 주 예수 사랑 기쁨

비바람이 갈 길을 막아도 33

(나는 가리라)

김석균

C C

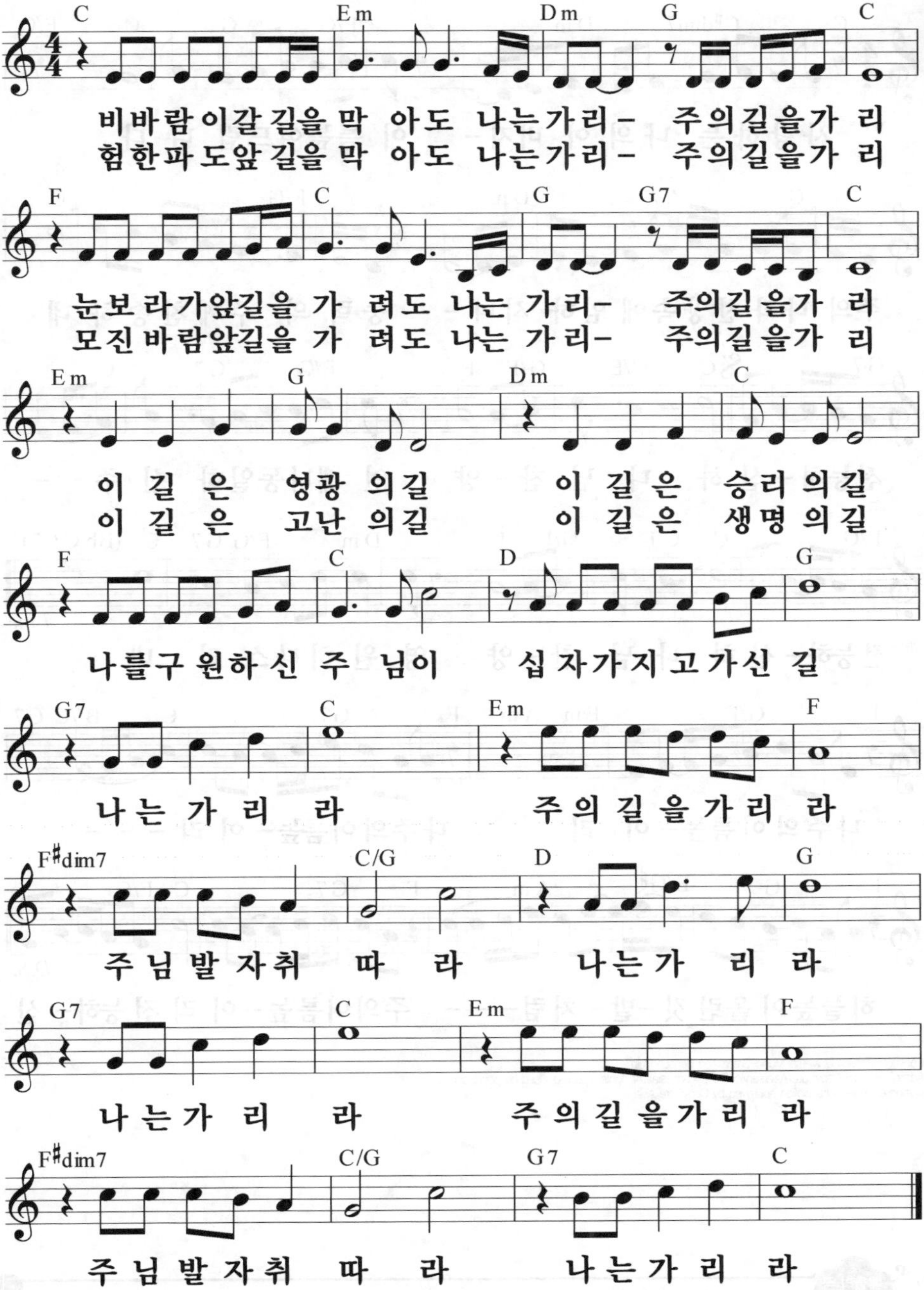

C Em Dm G C

비바람이갈길을막 아도 나는가리- 주의길을가 리

험한파도앞길을막 아도 나는가리- 주의길을가 리

F C G G7 C

눈보라가앞길을 가 려도 나는 가리- 주의길을가 리

모진바람앞길을 가 려도 나는 가리- 주의길을가 리

Em G Dm C

이 길 은 영광 의길 이 길 은 승리 의길

이 길 은 고난 의길 이 길 은 생명 의길

F C D G

나를구 원하 신 주 님이 십 자가지고가신 길

G7 C Em F

나는 가 리 라 주 의 길 을 가 리 라

F#dim7 C/G D G

주 님 발 자 취 따 라 나는가 리 라

G7 C Em F

나 는 가 리 라 주 의 길 을 가 리 라

F#dim7 C/G G7 C

주 님 발 자 취 따 라 나 는 가 리 라

34 사랑하는 나의 아버지

(Blessed be the Lord God Almighty)

Bob Fitts

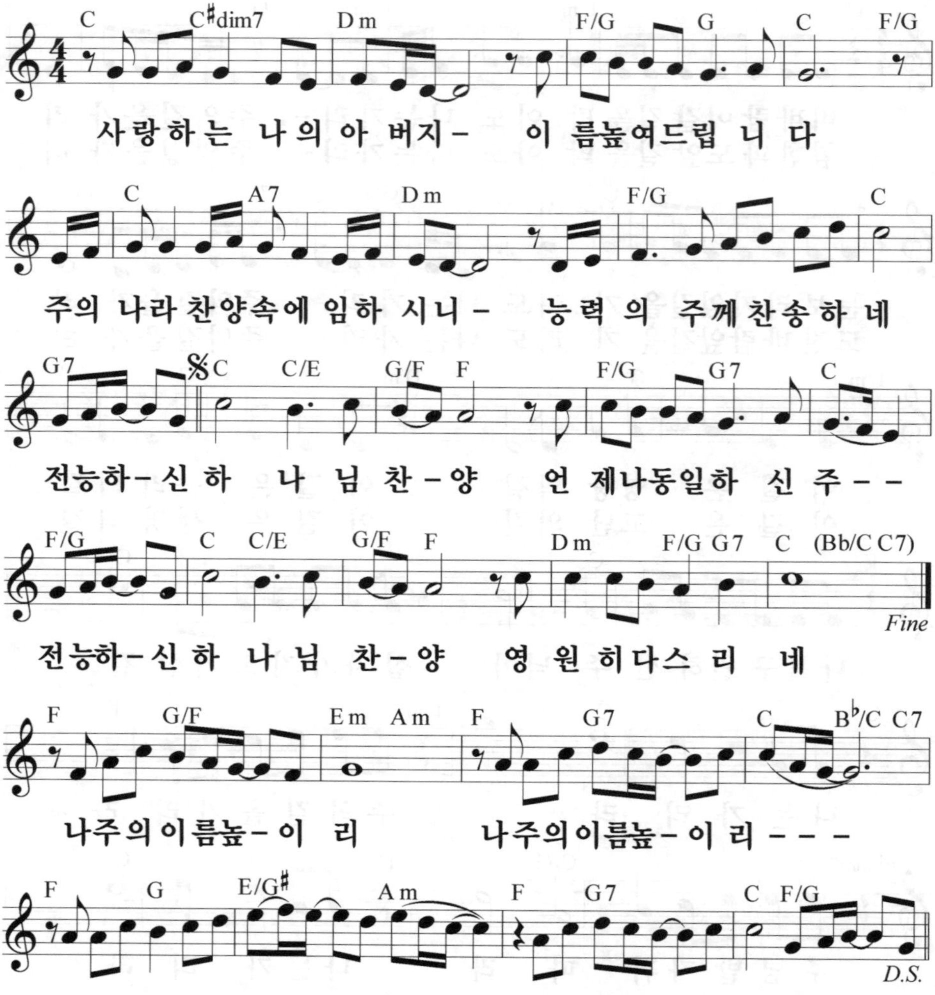

C C#dim7 Dm F/G G C F/G

사랑하는 나의 아 버지- 이 름높여드립 니 다

C A7 Dm F/G C

주의 나라 찬양속에 임하 시니- 능력 의 주께찬송하 네

G7 𝄋C C/E G/F F F/G G7 C

전능하-신 하 나 님 찬-양 언 제나동일하 신 주--

F/G C C/E G/F F Dm F/G G7 C (Bb/C C7)

전능하-신 하 나 님 찬-양 영 원 히다스 리 네

Fine

F G/F Em Am F G7 C B♭/C C7

나주의이름높-이 리 나주의이름높-이 리---

F G E/G# Am F G7 C F/G

하늘높이 올린 깃-발- 처럼--- 주의이름높-이 리 전 능하- 신

D.S.

53/ 예수 사랑해요 77/ 주님이 주시는 79/ 주 예수 사랑 기쁨

산과 시내와 붉은 노을과 35

(오셔서 다스리소서 / Lord Reign in me)

Brenton Brown

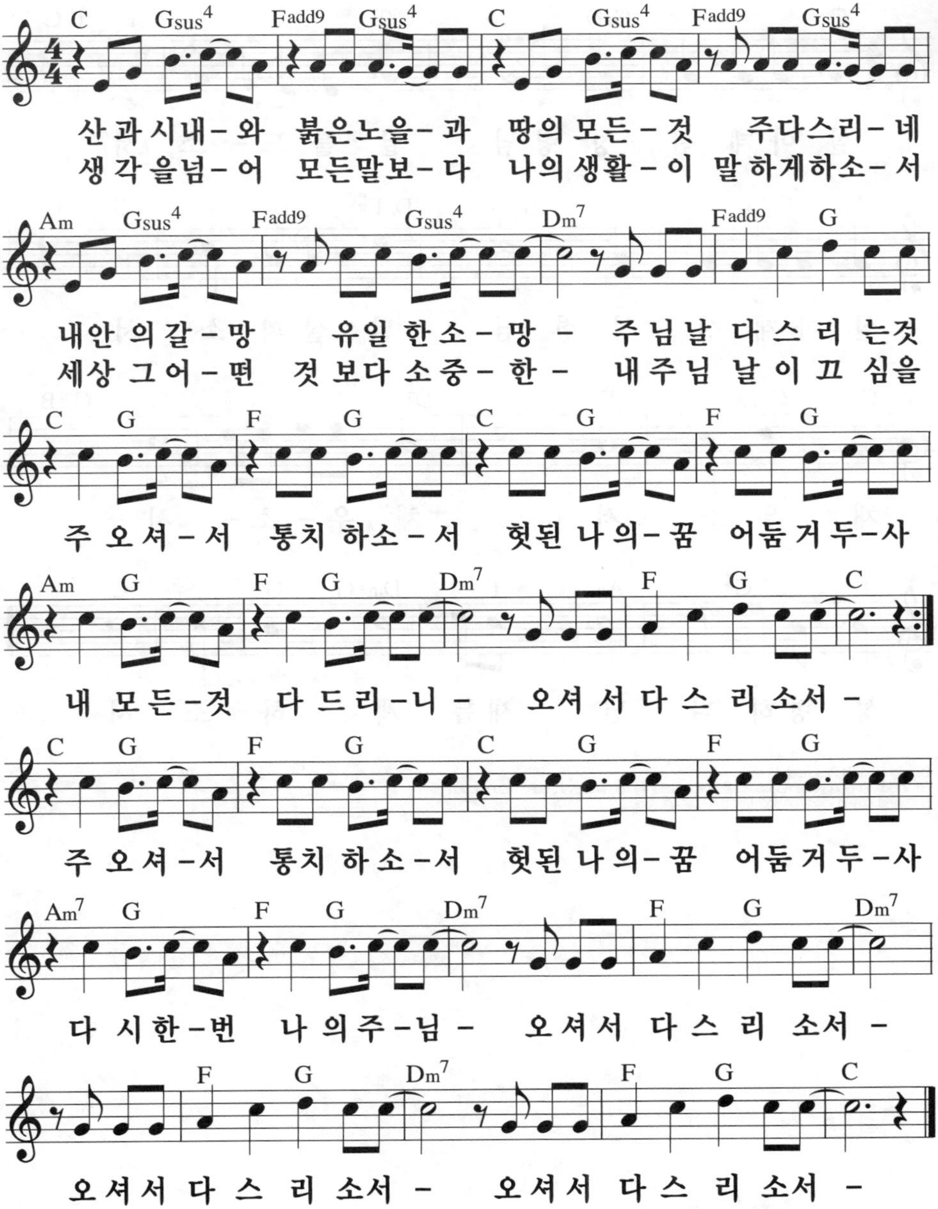

C Gsus4 Fadd9 Gsus4 C Gsus4 Fadd9 Gsus4

산과시내-와 붉은노을-과 땅의모든-것 주다스리-네
생각을넘-어 모든말보-다 나의생활-이 말하게하소-서

Am Gsus4 Fadd9 Gsus4 Dm7 Fadd9 G

내안의갈-망 유일한소-망- 주님날 다스리 는것
세상 그어-떤 것보다 소중-한- 내주님 날이끄 심을

C G F G C G F G

주 오셔-서 통치하소-서 헛된나의-꿈 어둠거두-사

Am G F G Dm7 F G C

내 모든-것 다 드리-니- 오셔서다스 리소서-

C G F G C G F G

주 오셔-서 통치 하소-서 헛된나의-꿈 어둠거두-사

Am7 G F G Dm7 F G Dm7

다 시한-번 나의주-님- 오셔서 다스리 소서-

F G Dm7 F G C

오셔서 다 스 리 소서- 오셔서 다스 리 소서-

1/ 거룩하신 성령이여 31/ 메마른 우리 마음 56/ 완전한 사랑 보여주신

36 살아계신 성령님

(Spirit of the living God)

Paul Armstrong

C G/D C/E

살 아 계 신 성 령 님 날 붙 드 - 소 서

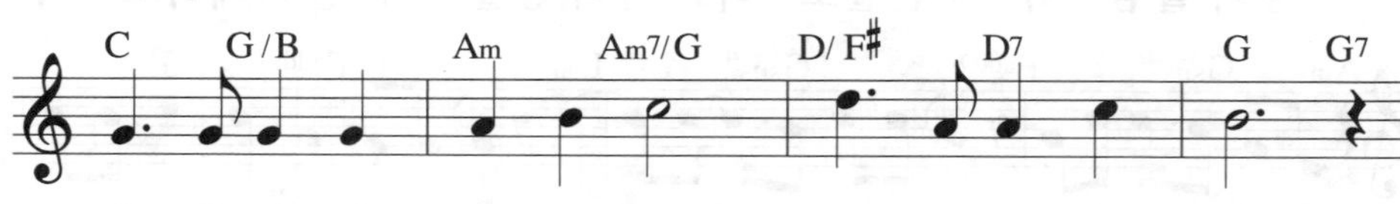

살 아 계 신 성 령 님 날 살 피 소 서

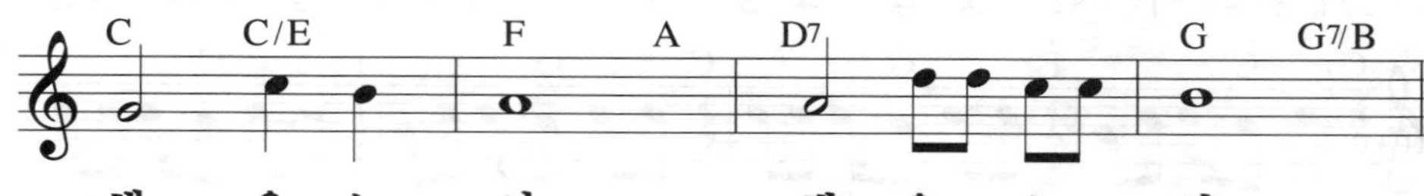

채 우 소 서 채 우 - 소 - 서

성 령 하 나 님 새 롭 게 하 소 서

미가엘 878

성도들아 이 시간은

37

C

(기회로다)

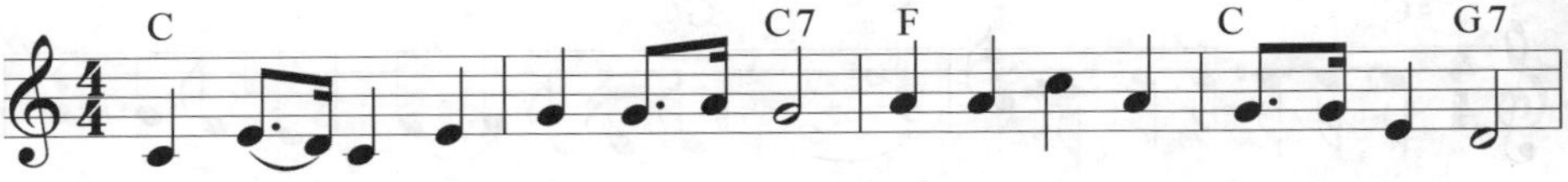
C
C7
F
C
G7

1. 성 도 -들 아 이 시 간 은 은혜받을 기 회 로 다
2. 마 음 -문 을 활 짝 열 고 찬송하며 기 도 하 세
3. 타 오 -르 는 제 단 위 에 모든죄짐 던 지 어 라
4. 구 하 -여 라 사 모 하 라 겸손하고 순 종 하 라
5. 내 일 -아 침 있 다 해 도 인명생사 모 르 나 니

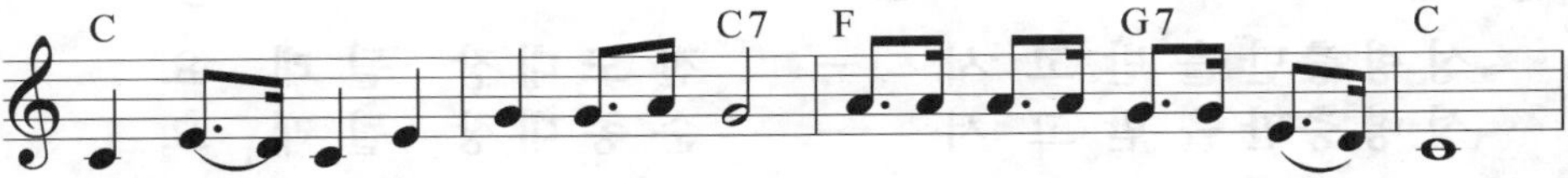
C
C7
F
G7
C

성 령 -님 의 은 혜 역 사 우 리 위 에 임 하 셨 - 네
하 나 -님 의 은 혜 말 씀 왜 못 받 아 드 리 느 - 뇨
성 령 -불 에 못 태 운 죄 주 님 가 슴 태 우 누 - 나
은 혜 -깊 은 하 나 님 이 우 리 더 욱 사 랑 하 - 리
내 일 -생 에 은 혜 기 회 늘 있 는 줄 생 각 마 - 라

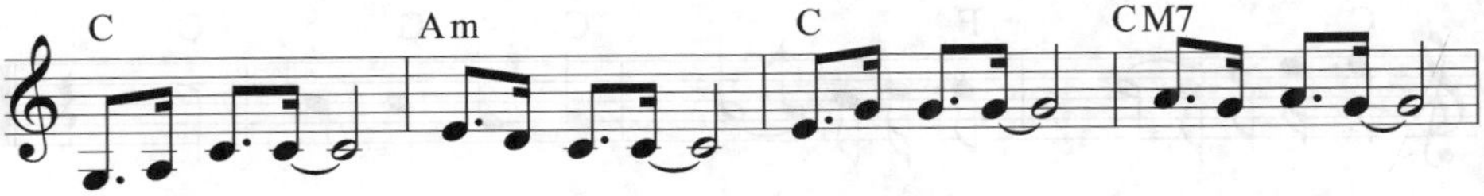
C
Am
C
CM7

기회로다- 이시간은- 은혜받을- 기회로다-

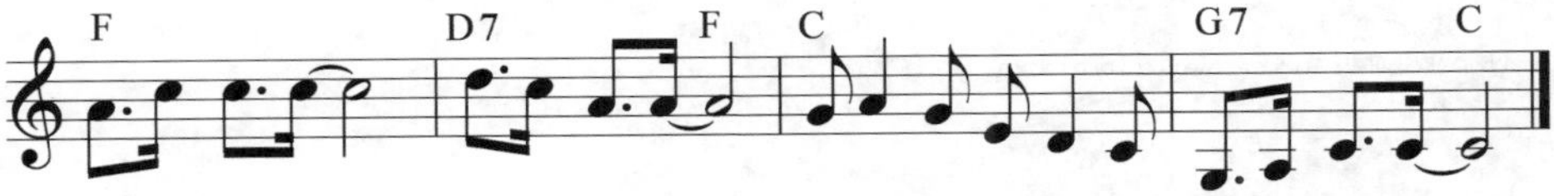
F
D7
F
C
G7
C

믿읍시다- 받읍시다- 이후에기회를 믿지마라-

메들리 곡 38/ 성령충만을 받고서 39/ 세상 사람 날 부러워 67/ 죄악의 사슬에서

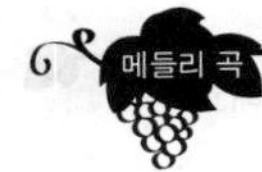

38 성령충만을 받고서

신정의 & 이계자

세상 사람 날 부러워

(부럽지 않네)

C Am D G7

1. 세 상 사 람 날 부 러 워 아 니 하 여 도
2. 세 상 사 람 날 부 러 워 아 니 하 여 도
3. 세 상 사 람 날 부 러 워 아 니 하 여 도
4. 세 상 사 람 날 부 러 워 아 니 하 여 도

C F C G C

나 도 역 시 세 상 사 람 부 럽 지 않 네
이 세 상 의 권 세 자 들 날 부 러 워 해
나 도 역 시 부 귀 영 화 부 럽 지 않 네
하 늘 나 라 천 군 천 사 날 부 러 워 해

C G C F

하 나 님 의 크 신 은 혜 생 각 할 때 에
성 령 충 만 받 을 것 을 생 각 할 때 에
예 수 님 의 신 부 될 것 생 각 할 때 에
영 원 토 록 누 릴 영 화 생 각 할 때 에

C F C G C

할 렐 루 야 찬 송 이 저 절 로 나 네

메들리 곡
24/ 너무나도 아름답도다 37/ 성도들아 이 시간은 48/ 어두운 밤에

40 세상에서 방황할 때

(주여 이 죄인이)

미가엘 898

안철호

1. 세 상 에 서 방 황 할 때 나 - 주 님 을 몰 랐 네
2. 많 은 사 람 찾 아 와 서 나 의 친 구 가 되 어 도
3. 이 죄 인 의 애 통 함 을 예 수 께 서 들 으 셨 네
4. 내 모 든 죄 무 거 운 짐 이 젠 모 두 다 벗 었 네

내 맘 대 로 고 집 하 며 온 갖 죄 를 저 질 렀 네
병 든 몸 과 상 한 마 음 위 로 받 지 못 했 다 오
못 자 국 난 사 랑 의 손 나 를 어 루 만 지 셨 네
우 리 주 님 예 수 께 서 나 와 함 께 계 신 다 오

예 수 여 이 죄 인 도 용 서 받 을 수 있 - 나 요
예 수 여 이 죄 인 을 불 쌍 히 여 겨 주 - 소 서
내 주 여 이 죄 인 이 다 시 눈 물 흘 립 - 니 다
내 주 여 이 죄 인 이 무 한 감 사 드 립 - 니 다

벌 레 만 도 못 한 내 가 용 서 받 을 수 있 나 요
의 지 할 것 없 는 이 몸 위 로 받 기 원 합 니 다
오 내 주 여 나 이 제 는 아 무 걱 정 없 습 니 다
나 의 몸 과 영 혼 까 지 주 를 위 해 바 칩 니 다

7/ 나를 위해 오신 주님 64/ 이 험한 세상 70/ 죄인들을 위하여

미가엘 826

심령이 가난한 자는

여명현

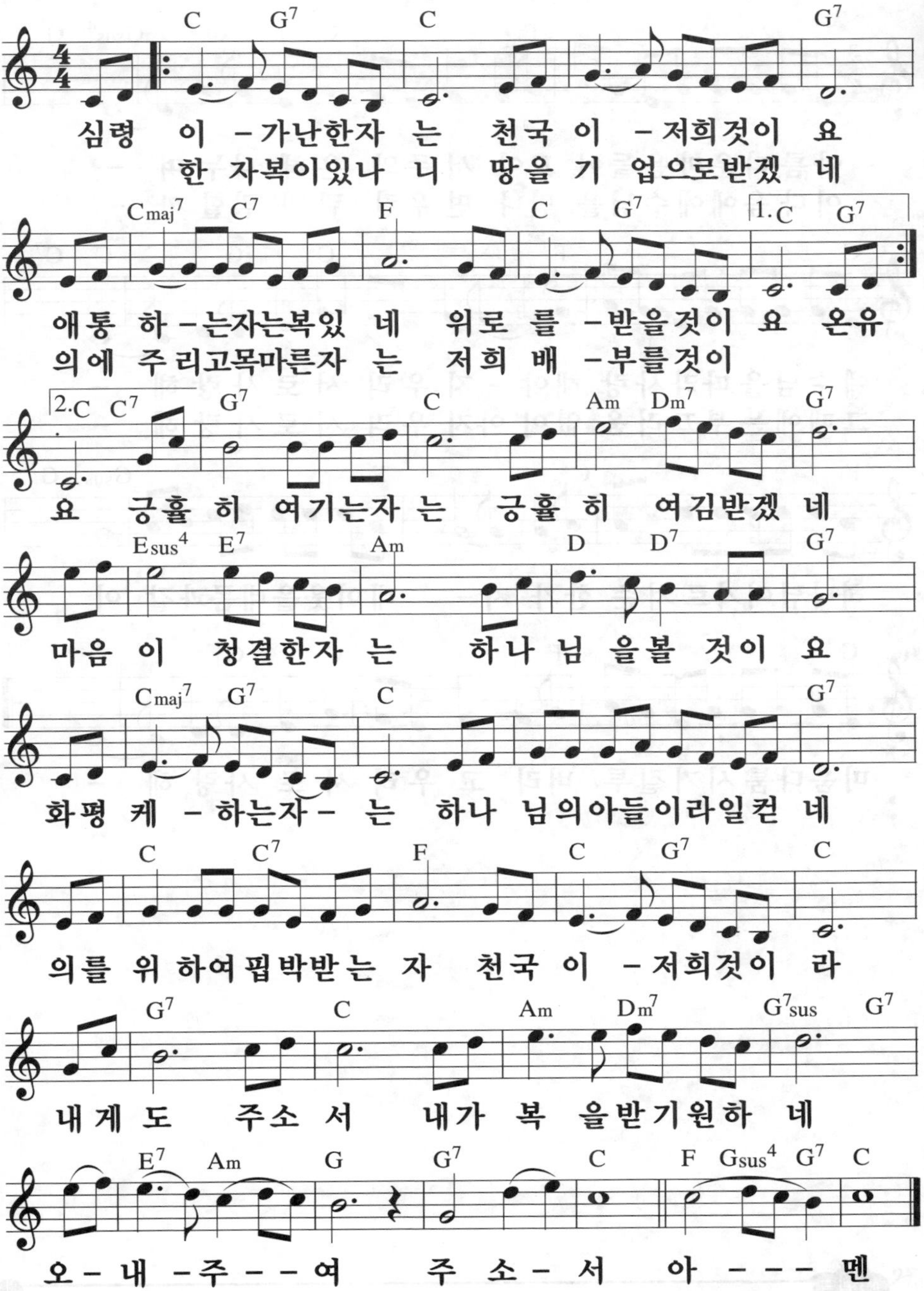
심령 이 –가난한자 는 천국 이 –저희것이 요
한 자복이있나 니 땅을 기 업으로받겠 네
애통 하 –는자는복있 네 위로 를 –받을것이 요 온유
의에 주리고목마른자 는 저희 배 –부를것이
요 긍휼 히 여기는자 는 긍휼 히 여김받겠 네
마음 이 청결한자 는 하나 님 을볼 것이 요
화평 케 –하는자– 는 하나 님의아들이라일컫 네
의를 위 하여핍박받는 자 천국 이 –저희것이 라
내게 도 주소 서 내가 복 을받기원하 네
오–내 –주––여 주 소– 서 아 ––– 멘

42 아름다운 마음들이 모여서

아름다운마음들이 모여 서 주의 은혜 나누며 –
이다음에예수님을 만나 면 우린 뭐라 말할까 –

예수님을따라사랑 해야 –지 우리 서로사랑해 –
그때에는부끄러움 없어 야지 우리 서로사랑해 –

하나님이가르쳐준 한가 지– 네이웃을네몸과같 이

미움다툼시기질투 버리 고 우리 서 로 사랑해 –

아무것도 두려워 말라 43

(Don't Be Afraid)

현석주

C G/B Am Cmaj7/G F C/E Dm Gsus4 G7

아 무 - 것 도 두 려 워말라 주 나의하나님이 지켜주시네-

Dm G Em Am Dm G7 1. C F/G 2. C B♭/C C7

놀라지마라- 겁내지마라- 주님나를지켜주시 네 - -

F G/F Em Am Dm G7 C B♭/C C7

내 맘이힘에겨워 지칠지라 도 주님 나를지켜 주시 네

F G/F Em Am F D7 F/G G7

세 상의험한 풍파 몰아 칠때도 주님나를지켜 주시 네 -

C Em/B Am A7 Dm D7 F/G G7

주 님은 나의 산 성 주 님은 나의 요 새

C Em/B Am A7 Dm G7 C

주 님은 나의 소 망 나의 힘이 되신 여호 와

44 아주 먼 옛날

(당신을 향한 노래)

미가엘 1201

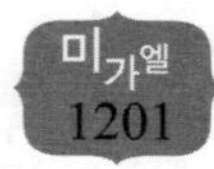

천태혁 & 진경

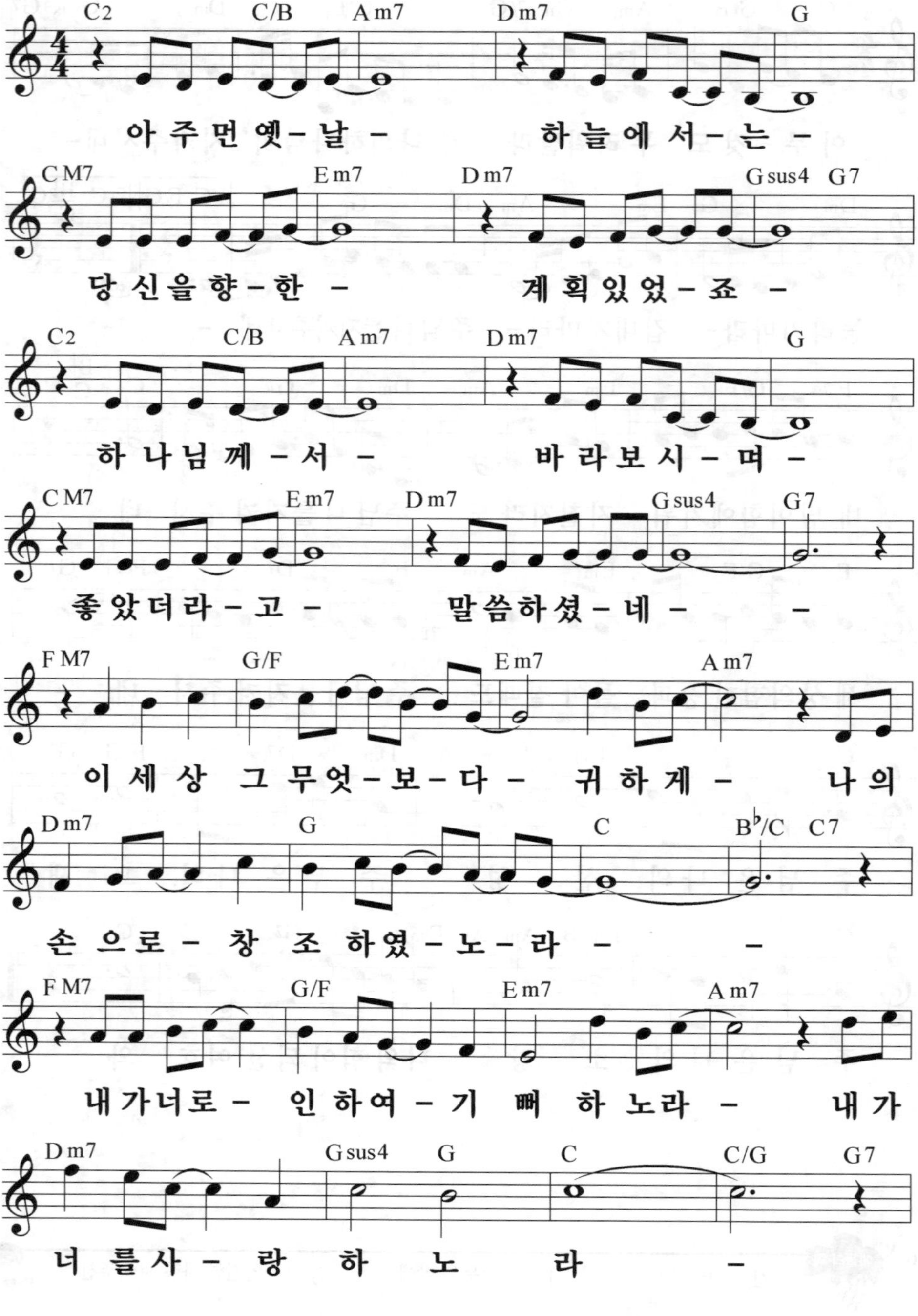
C2 C/B Am7 Dm7 G
아 주 먼 옛 – 날 – 하 늘 에 서 – 는 –
CM7 Em7 Dm7 Gsus4 G7
당 신 을 향 – 한 – 계 획 있 었 – 죠 –
C2 C/B Am7 Dm7 G
하 나 님 께 – 서 – 바 라 보 시 – 며 –
CM7 Em7 Dm7 Gsus4 G7
좋 았 더 라 – 고 – 말 씀 하 셨 – 네 – –
FM7 G/F Em7 Am7
이 세 상 그 무 엇 – 보 – 다 – 귀 하 게 – 나 의
Dm7 G C B♭/C C7
손 으 로 – 창 조 하 였 – 노 – 라 – –
FM7 G/F Em7 Am7
내 가 너 로 – 인 하 여 – 기 뻐 하 노 라 – 내 가
Dm7 Gsus4 G C C/G G7
너 를 사 – 랑 하 노 라 –

아주 먼 옛날

C G/B Am B♭2/G C7
사 랑 해 요 –
F C/E Dm7 Dm7/G G7
축 복 해 요 –
C E7/B Am7 C/G
당 신 의 마 음 에 우 리 의– –
Dm7 G7 C
사 랑 을 드 려 요 –

45 아버지 당신의 마음이

(하나님 아버지의 마음)

미가엘 1918

설경욱

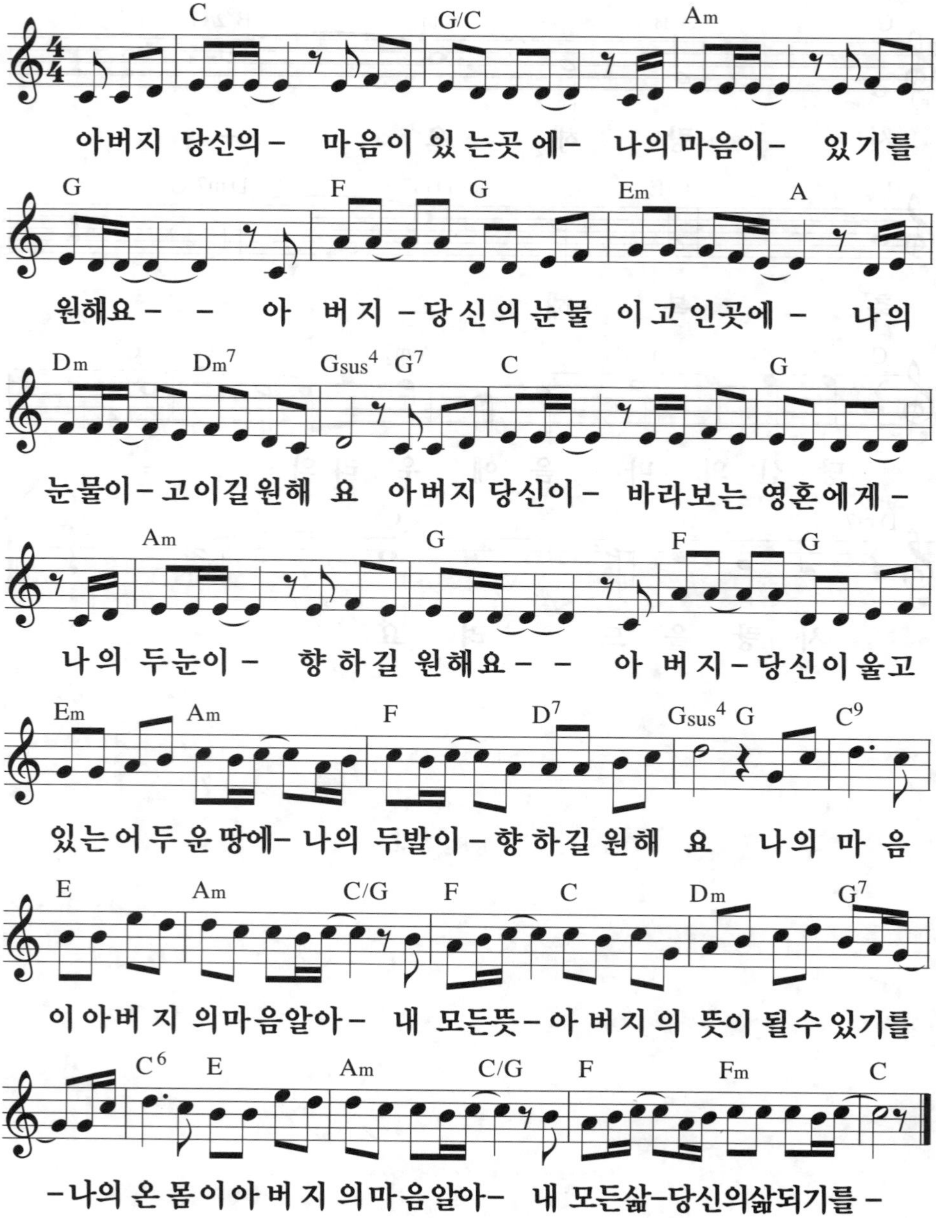

아버지 당신의- 마음이 있는곳에- 나의마음이- 있기를

원해요- - 아 버지 -당신의눈물 이고인곳에 - 나의

눈물이-고이길원해 요 아버지 당신이- 바라보는 영혼에게 -

나의 두눈이 - 향하길 원해요- - 아 버 지 -당신이울고

있는어두운땅에- 나의 두발이 -향하길 원해 요 나의 마 음

이아버 지 의마음알아- 내 모든뜻- 아 버 지 의 뜻이 될수 있기를

-나의 온 몸이아 버 지 의마음알아- 내 모든삶-당신의삶되기를 -

15/ 내가 걷는 이 길이 28/ 매일 스치는 사람들 29/ 먼저 그 나라와

약한 나로 강하게 46

(What the Lord has done in me)

C

Reuben Morgan

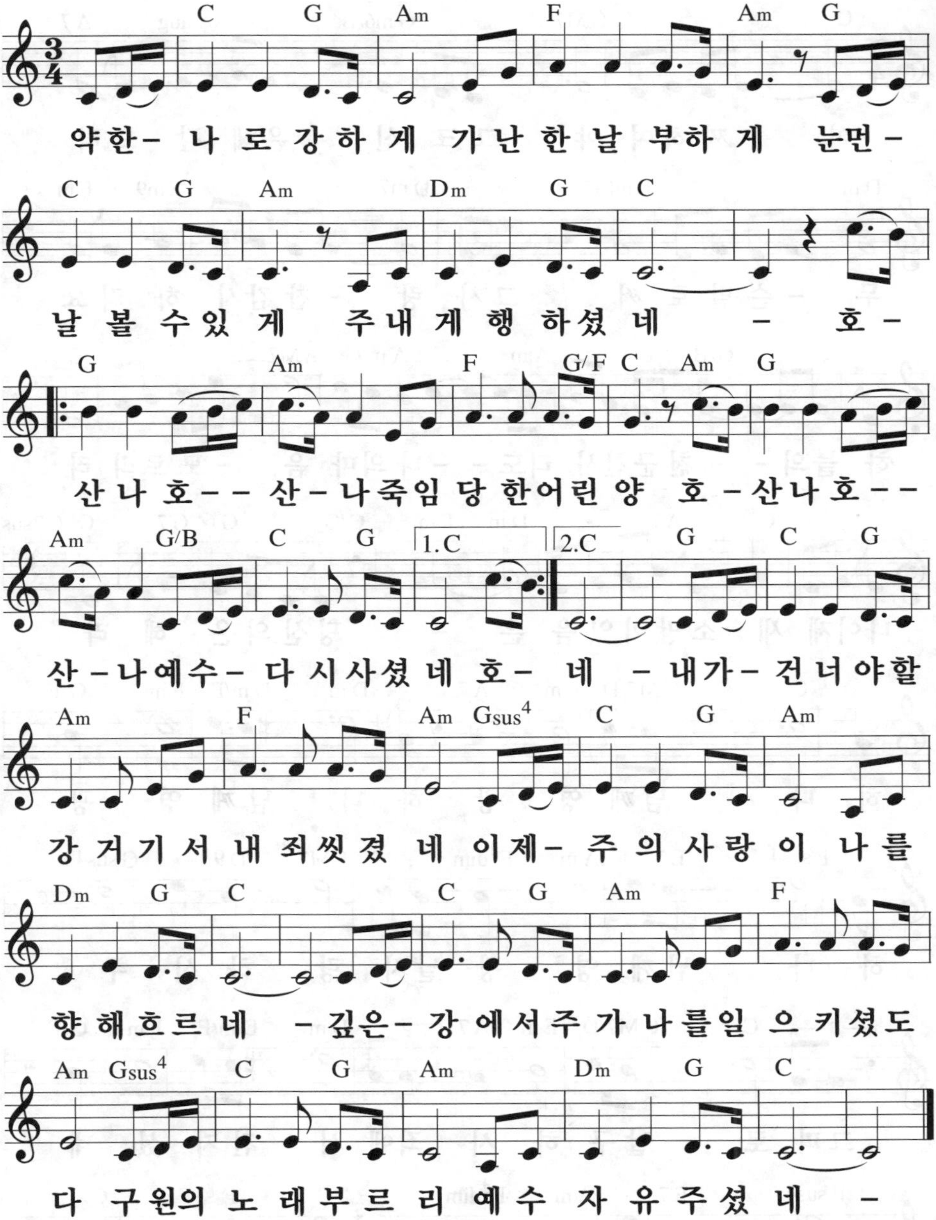

C G Am F Am G

약한– 나 로 강 하 게 가 난 한 날 부 하 게 눈먼–

C G Am Dm G C

날 볼 수 있 게 주 내 게 행 하 셨 네 – 호–

G Am F G/F C Am G

산 나 호– – 산 – 나 죽 임 당 한 어 린 양 호 – 산 나 호– –

Am G/B C G 1.C 2.C G C G

산 – 나 예 수– 다 시 사 셨 네 호– 네 – 내 가– 건 너 야 할

Am F Am Gsus4 C G Am

강 거 기 서 내 죄 씻 겼 네 이 제– 주 의 사 랑 이 나 를

Dm G C C G Am F

향 해 흐 르 네 – 깊 은– 강 에 서 주 가 나 를 일 으 키 셨 도

Am Gsus4 C G Am Dm G C

다 구 원 의 노 래 부 르 리 예 수 자 유 주 셨 네 –

8/ 나 실패 거듭해 14/ 나 지치고 내 영혼 114/ 나에겐 알 수 없는 힘

47

어찌하여야

(나의 찬미 / My tribute)

Andrae Crouch

C CM7 Gm6/B♭ A aug A7

어 -찌하여 야 그크 신 은혜 갚 으리

Dm DmM7 Dm7 Fm9 Fm

무 -슨말로 써 그사 랑 -참감사 하 리요

C G/B Am Am/G FM7 E

하 늘의- -천군천사 라도- -나의마 음 -모르리 라

C A7 Dm Fm C/G G6 G7 C G7sus

나이제 새 소망이있음 은 - 당신의은 혜 라

C CM7/D Em A7 Dm Dm/E Fm G/F

하 나 님께 영 광 하 나 님께 영 광

E sus4 E7 Am F♯dim FM7 D9 G sus4

하 나 님께 영 광 날사 랑 하 신 주

C CM7/D Em A7 Dm Dm/E Fm G/F

그피 로 날구 하 사 죄에 서 건 지 셨 네

E sus4 E7 Am F♯dim C F Fm C

하 나 님께 영 광 날사 랑 하 신 주

E sus4
E7
A m
A m/G
바 치 리 라 모 두 나 의 일 생 을 당 신 께
F
D m7
A m
F M7
D 9
G sus4
G7
세 상 영 광 명 예 도 갈 보 리 로 돌 -려 보 내 리
C
C M7/D
E m
A7
D m
D m/E
F m
G/F
그 피 로 날 구 하 사 죄 에 서 건 지 셨 네
E sus4
E7
A m
F♯dim
C
F
F m
C
하 나 님 께 영 광 날 사 랑 하 신 주

48 어두운 밤에 캄캄한 밤에

미가엘 930

(실로암)

신상근

어 두 운 밤 에 캄 캄 한 밤 에 새 벽 을 찾
가 처 음 만 난 그 때 는 차 가 운 새

아 떠난 다 – 종 이 울 리 고 닭 이 울 어 도
벽 이었 소 – 당 신 눈 속 에 여 명 있 음 을

내 눈 에 는 오 직 밤 이 었 소 – 우 리 –
나 는 느 낄 수 – 가 있 었 소

오 주 여 당 신 께 감 사 하 리 라 실 로 암 내

게 주 심 을 – 나 에 게 영 원 한 이 꿈

속 에 서 깨 이 지 않 게 하 소 서 –

43/ 아무 것도 두려워말라 51/ 예수 감사하리 주의 보혈 79/ 주 예수 사랑 기쁨

미가엘 827

언제나 내 모습

49

(주님 내 안에)

임미정 & 이정림

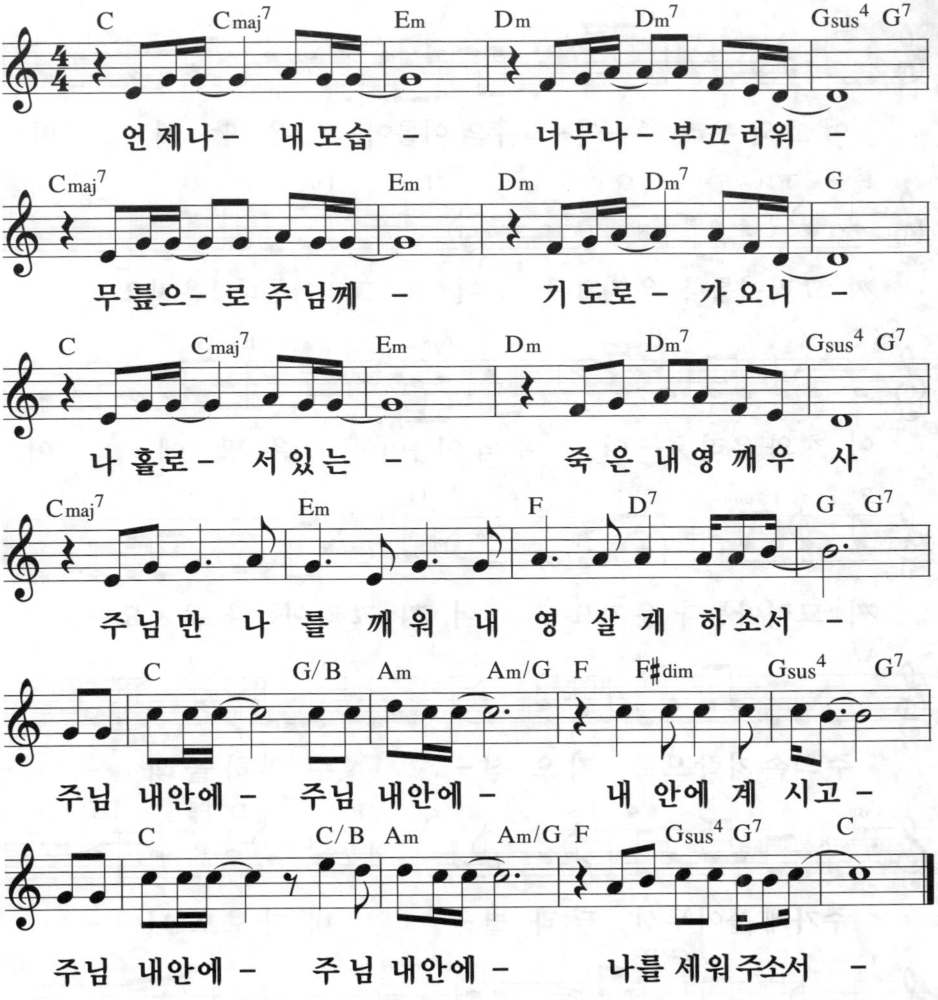
C Cmaj7 Em Dm Dm7 Gsus4 G7
언제나- 내모습 - 너무나-부끄러워 -
Cmaj7 Em Dm Dm7 G
무릎으-로 주님께 - 기도로- 가오니 -
C Cmaj7 Em Dm Dm7 Gsus4 G7
나 홀로- 서있는 - 죽은 내영 깨우 사
Cmaj7 Em F D7 G G7
주님만 나 를 깨워 내 영 살 게 하소서 -
C G/B Am Am/G F F♯dim Gsus4 G7
주님 내안에- 주님 내안에- 내 안에 계 시고 -
C C/B Am Am/G F Gsus4 G7 C
주님 내안에 - 주 님 내안에 - 나를 세워주소서 -

메들리 곡 18/ 내가 영으로 52/ 예수님 날 위해 죽으셨네 63/ 있는 모습 그대로

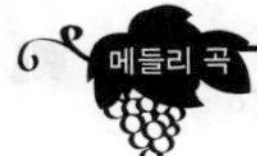

50 여호와 우리 주여

미가엘 577

(시편 8편)

최덕신

메들리 곡 47/ 어찌하여야 53/ 예수 사랑해요 84/ 주의 거룩하심 생각할 때

예수 감사하리 주의 보혈 51

(Thank You For The Blood)

C

Matt Redman

C Em Am F

예 수 감사하리 주의보혈 – 축복속에 우린자유
예 수 감사하리 주의보혈 – 승리안에 우린구원

C Em 1. F 2. F C Em F

–를 노 – 래해 – – 구원 –을 노 – 래 – 해 –
–를 노 – 래해 –

G C Em F

새롭 고 산길이되신 예수 길과 진 리생명되셨 네 우릴

C Em Am7 D/F♯ G

주의자녀 삼으 셨 네 자 유를 – 노 래 – 할 – 때 –

F/G C F D/F♯

주 행한일 – 찬 양 – 주 행한일 – 찬 양

G E/G♯ Am7 Am/G

– 승 리하 시 – 고 – 구 – 속하신 – 주님찬

1. F F/G 2. F C

– 양해 주 – 양 해 – – – –

8/ 나 실패 거듭해 16/ 내가 산을 향하여 79/ 주 예수 사랑 기쁨

52 예수님 날 위해 죽으셨네

(왜 날 사랑하나)

Robert Harkness

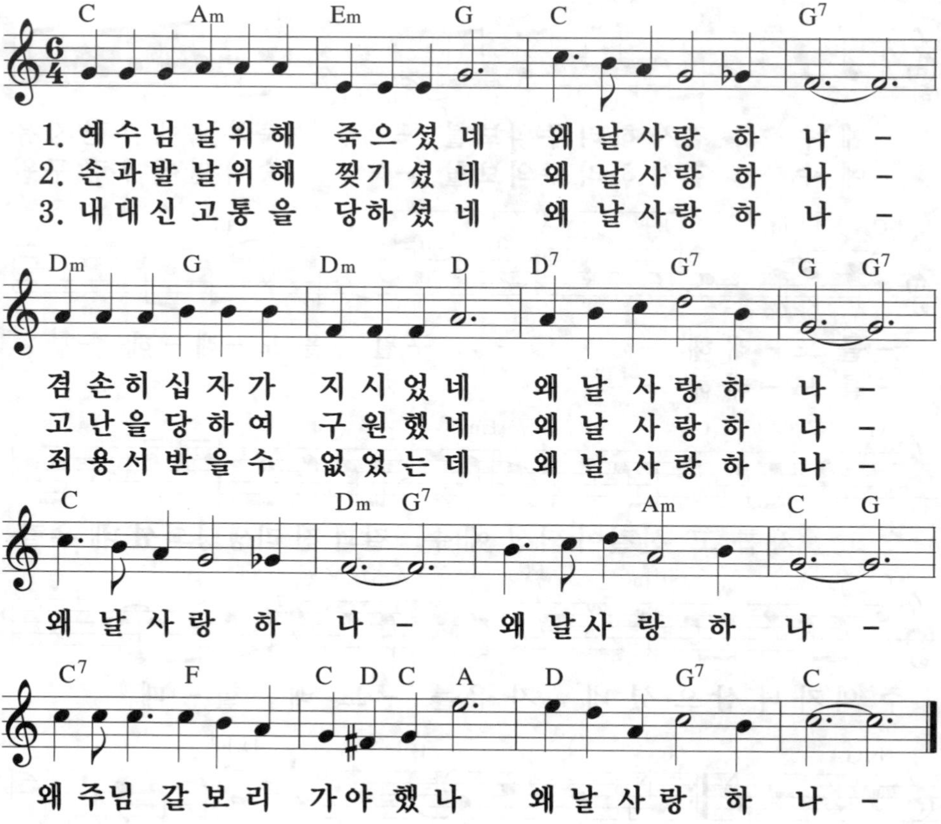

C Am Em G C G7

1. 예수님날위해 죽으셨네 왜날사랑 하 나 –
2. 손과발날위해 찢기셨네 왜 날사랑 하 나 –
3. 내대신고통을 당하셨네 왜 날사랑 하 나 –

Dm G Dm D D7 G7 G G7

겸손히십자가 지시었네 왜날 사랑하 나 –
고난을당하여 구원했네 왜날 사랑하 나 –
죄용서받을수 없었는데 왜날 사랑하 나 –

C Dm G7 Am C G

왜 날 사 랑 하 나 – 왜 날사 랑 하 나 –

C7 F C D C A D G7 C

왜 주님 갈 보 리 가 야 했 나 왜 날 사 랑 하 나 –

미가엘 561

예수 사랑해요 53

C

(Alleluia)

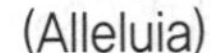

Jude Del Hierro

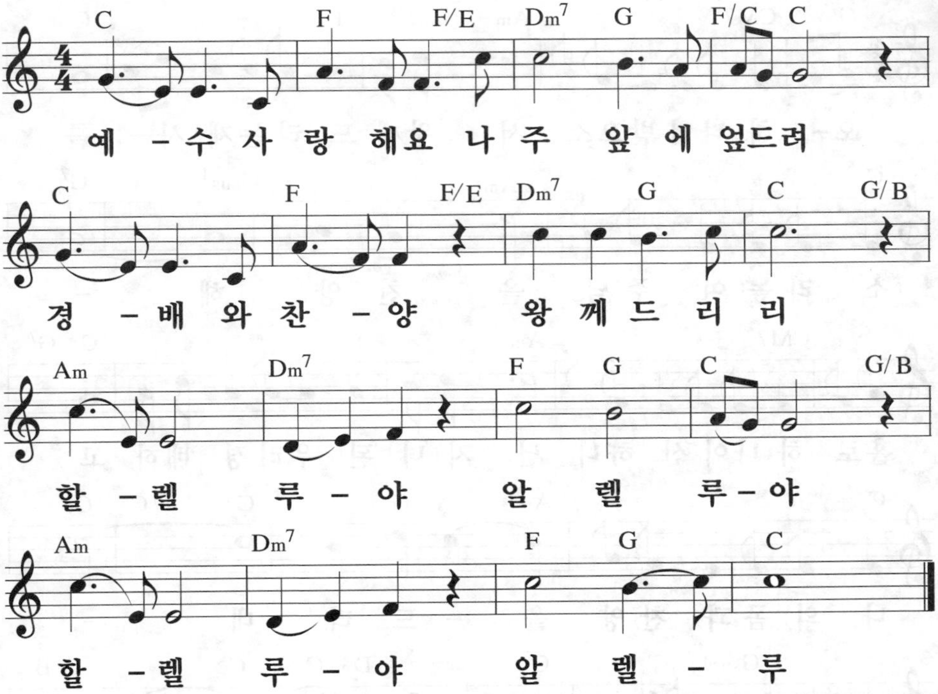
C F F/E Dm7 G F/C C
예 -수 사 랑 해요 나 주 앞 에 엎드려
C F F/E Dm7 G C G/B
경 -배 와 찬 -양 왕 께 드 리 리
Am Dm7 F G C G/B
할 -렐 루 - 야 알 렐 루 - 야
Am Dm7 F G C
할 -렐 루 - 야 알 렐 - 루

메들리 곡 34/ 사랑하는 나의 아버지 50/ 여호와 우리 주여 81/ 주 위해 나 노래하리라

54 오 하나님 받으소서

(왕께 드리는 제사 / Song of offering)

미가엘 559

Brent Chambers

G7 CM7 Am F C

오- 하나님받으소 서 왕께 드 리는제사- 를

C Am Gsus4 G7

소 리높여 주님 을 찬 양 해 -

CM7 Am F C G7

홀로 하나이신 하나 님 자 녀 된 우리경 배하 고

C Am G C F/C C

나 의몸과 찬양 을 -드 리 네 -

Gsus4 G7 Dm/C C G/B

할 렐 루 -야 - 할 렐 루 -야 -

Am D D/F# G G7

입 술 의열 매 주 께 드 리 니 -

C2 Em/B Am7/G F C

오- 하나님받으소서 왕께드 리는제 사- 를

C Em Am G7 C F/C C

소 리 높여 주님 을 -찬 양 해 -

온 땅과 만민들아 55

(Let all the earth hear his voice)

Graham Kendrick

C G/B Am Am/G D/F♯ Gsus4 G7

1. 온땅과만민들 아 주의음성듣 고 모두기뻐하 라
2. 땅들아기뻐하 라 죄인구하시 러 주님오신다 네
3. 모두다소리높 여 주님찬-양 해 힘있게찬양 해

C G/B Am Am/G D/F♯ Gsus4 G7

산들과나무들 도 즐겁게춤추 며 함께 손뼉쳐 라
십자가구원으 로 우린물리쳤 네 어둠 의세력 을
외치세온세상 에 열방과만민 을 주가 통치하 네

F G E7 Am F G C E7

사랑과 정의를 주시는 주 영 원한그 의 나 라

F G E7 Am Fmaj7 Gsus4

좌우에날이선 검과같은 진리의 그분말 씀

G7 C F C

– 승 리 해 –

메들리 곡 18/ 내가 영으로 21/ 내 입술로 42/ 아름다운 마음들이

56 완전한 사랑 보여주신

(예수 좋은 내 친구 / My Best Friend)

Joel Houston & Marty sampson

8/ 나 실패 거듭해 148/ 예수 보다 더 좋은 친구 없네 175/ 주님 내게 선하신 분

왜 나만 겪는 고난이냐고 57

(주님 손 잡고 일어서세요)

김석균

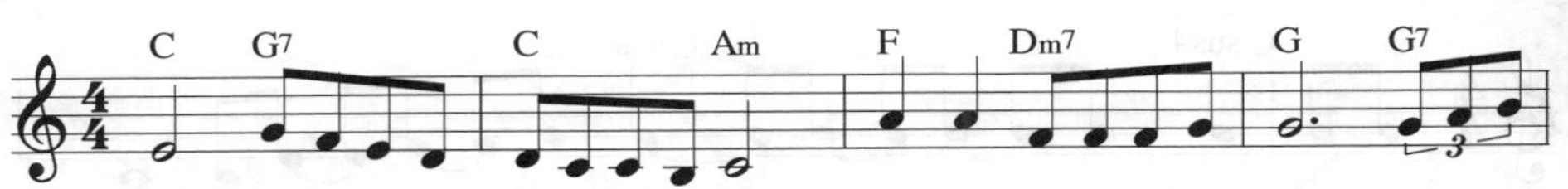

왜 나만겪는 고난이냐고 불 평 하지마 세 요 고난의
왜 이 런슬픔 찾아왔는지 원 망 하지마 세 요 당신이

뒤 편에 있는 주님이주실축복 미리 보 면서감사하세 요 너무
잃 은것 보다 주님께받은은혜 더욱 많 음에감사하세 요 너무

견 디기 힘든 지금이순간에도 주님 이 일하고계시 잖 아요 남들

은 지쳐 앉아 있을지라도 당신 만 은 일어서세 요 힘을

내 세요 힘을 내 세요 주님이 손 잡고계시잖아 요 주님

이 나와함께함을 믿는다면 어떤 역경도 이길수있잖아 요
고난도 견딜수있잖아 요

14/ 나 지치고 33/ 비 바람이 갈길을 막아도 80/ 주와 함께라면

58 우리가 악한길에서 떠나

(부흥의 세대 / Revival Generation)

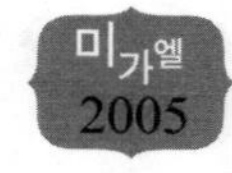

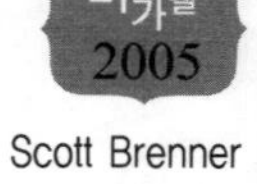

미가엘 2005

Scott Brenner

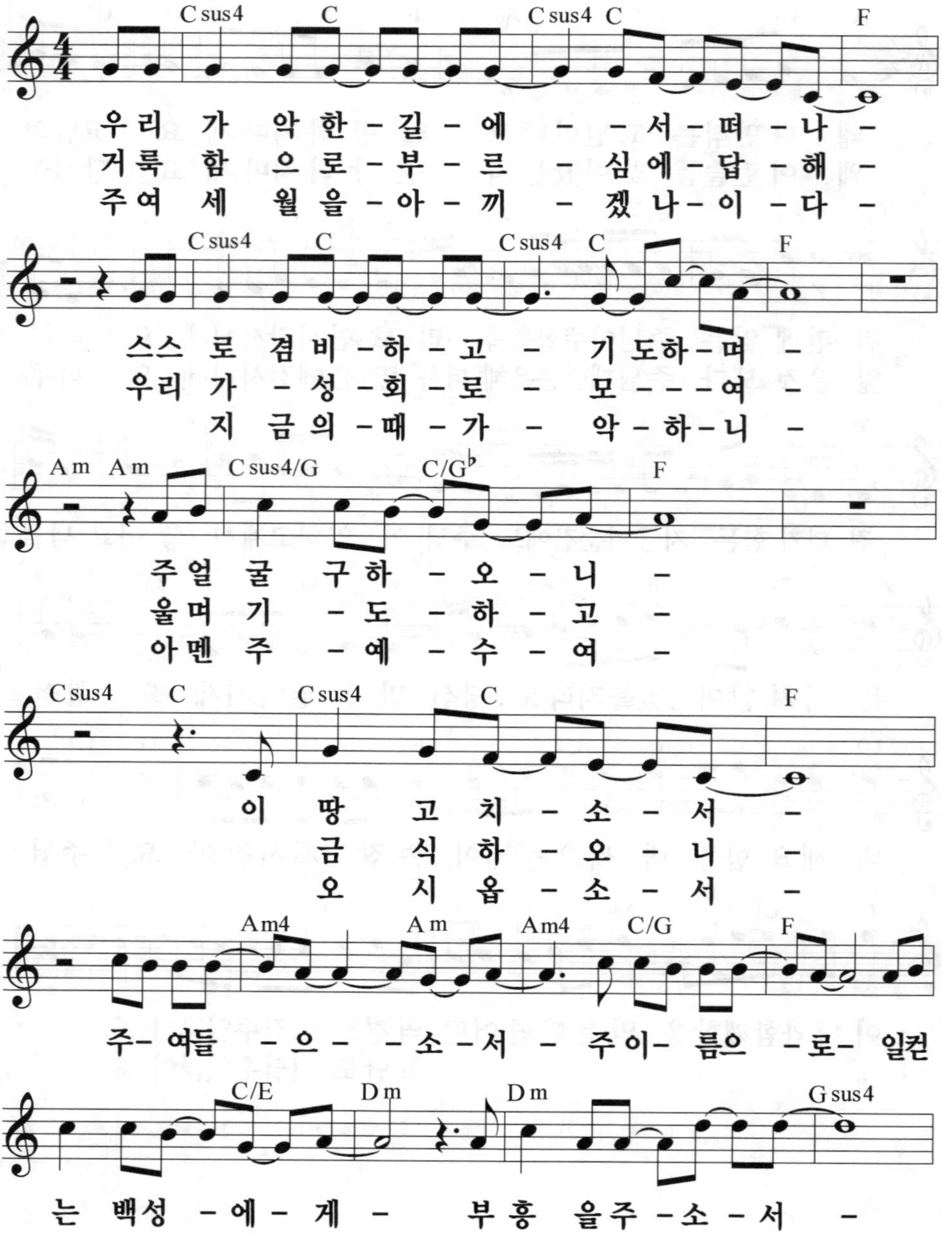
C sus4 C C sus4 C F
우리 가 악한 - 길 - 에 - - 서 - 떠 - 나 -
거룩 함 으로 - 부 - 르 - 심 에 - 답 - 해 -
주여 세 월을 - 아 - 끼 - 겠 나 - 이 - 다 -
C sus4 C C sus4 C F
스스 로 겸비 - 하 - 고 - 기 도하 - 며 -
우리 가 - 성 - 회 - 로 - 모 - - - 여 -
지 금의 - 때 - 가 - 악 - 하 - 니 -
Am Am C sus4/G C/G♭ F
주얼 굴 구하 - 오 - 니 -
울며 기 - 도 - 하 - 고 -
아멘 주 - 예 - 수 - 여 -
C sus4 C C sus4 C F
이 땅 고 치 - 소 - 서 -
금 식 하 - 오 - 니 -
오 시 옵 - 소 - 서 -
Am4 Am Am4 C/G F
주- 여들 - 으 - - 소 - 서 - 주이- 름으 - 로- 일컫
C/E Dm Dm G sus4
는 백성 - 에 - 게 - 부 흥 을주 - 소 - 서 -

우리가 악한길에서 떠나

G C C/E F
하나 님 얼굴 -구 -하 -는 -세 -대 -되 -게 -하
Gsus4 G Am C/G F
-소 -서- 온땅 덮 는주 -의 -영 -광 -보 - - -게- 하
G C C/E F
-소 -서 - 모든 나 라족 -속 -가 -운 -데 -부 -흥 - -임
Gsus4 G Am C/G
-하 기까 - 지 - 밤낮 울 부짖 -는 -부 - 흥 -의
F Gsus4 Csus4 C
-세 -대 - 로 - 세 -우 -소 -서 - -

59 우리에겐 소원이 하나있네

(우릴 사용하소서)

김영표

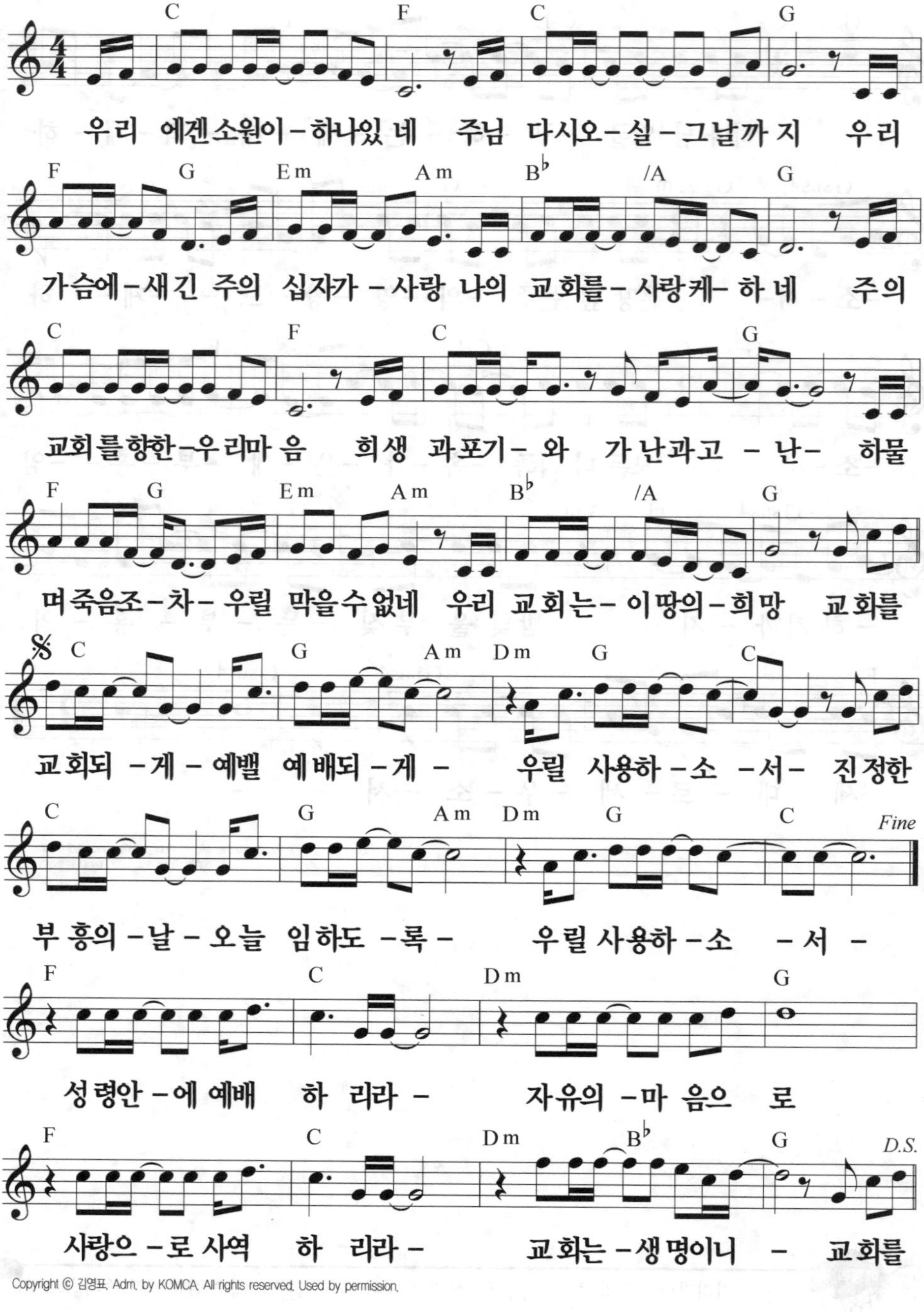
우리 에겐소원이-하나있네 주님 다시오-실-그날까지 우리
가슴에-새긴 주의 십자가-사랑 나의 교회를-사랑케-하네 주의
교회를향한-우리마음 희생 과포기-와 가난과고-난- 하물
며죽음조-차-우릴 막을수없네 우리 교회는-이땅의-희망 교회를
교회되-게-예밸 예배되-게- 우릴 사용하-소-서- 진정한
부흥의-날-오늘 임하도-록- 우릴사용하-소 -서-
Fine
성령안-에 예배 하 리라- 자유의-마 음으 로
사랑으-로 사역 하 리라- 교회는-생명이니 - 교회를
D.S.

우리의 만남은 주님의 은혜 60

(왕국과 소명)

윤건선

C

C Em F Gsus4 G7

우 리의 만남 은 주 님의은혜라 오
우 리의 모든 것 주 여인도하소 서

C F F/E D7 Gsus4 G7

우 리의 모임 은 주 님의축복이라 오 우 리는
우 리의 모든 것 주 님께바치옵니 다 오나의

C A7 Dm Gsus4 G7

하 나님 영광 위 해 지 음받았으 니 우리를
하 나님 아버 지 여 당 신의뜻대 로 오나의

C A7 D D7 G G7

하 나님 나라 위 해 충 성되게 하소 서 오
하 나님 아버 지 여 따 라살게 하소 서

C E7/B Am Dm Gsus4 G7

주 여 나의 소 명 항 상인도하소 서 오

C A7 Dm Dm7 Gsus4 G7 C

주 여 나의 소 명 항 상 인도 하소 서

7/ 나를 위해 오신 주님 54/ 오 하나님 받으소서 96/ 오늘 내게 한 영혼

61 은혜로만 들어가네

(Only By Grace)

미가엘 1532

Gerrit Gustafson

Coda
Dm7
F/ G
C
Am7
Dm7
F/ G
주님의그 - 은 혜 - 주님의그 - 은 혜
C
Am7
Dm7
F/G
C
- 주 님 의 그 - 은 혜 -

62 이 땅의 동과 서 남과 북

(한라에서 백두까지 백두에서 땅 끝까지)

고형원

이땅의동과서 남과북– –가 득한– 죄악 용서 하소서– –모
한라에서– 백 두까지– –백 두– –에서 땅의 끝까지– –주

든우상들은무 너 지고 주님 만 높 이는나라 되게하–소서
님오실길을예 비 하며 주님 만 섬 기는나라 되게하–소서

이땅의지 친모 든영혼– –주 예수–사랑 알게 하소서– –저
이땅의주 님교 회위에– –하 늘의–생기 부어 주소서– –열

들 의아픔과눈 물 씻는주님 의보혈이 땅치유 하소서–
방 을치유하는 주 백성주님 의군대를 일으켜 주소서–

성령의– 새바람 – –이 땅 에불어오–소 서

주의영–그 생기로 – –우 리 를다시살 –리 사 이땅

29/ 먼저 그나라와 의를 35/ 산과 시내와 74/ 주님 다시 오실 때까지

이 땅의 동과 서 남과 북

미가엘 1258

있는 모습 그대로 63

오정훈

Cmaj7 Dm Dmmaj7 Dm7 G7 Em
있는모 습 그 대로- 있는모 습 그 대로-

A7 A/C# Dm7 G7sus G7 Cmaj7
있는 모 습 그 대로- 오 시 오

A7 A/C# Dm Dmmaj7 Dm7 G7 Em
하나 님 은 당 신이- 있는모 습 그대로-

A7 A/C# Dm7 F/G G7 C
있는모 습 그 대로 오시길 원 하십 니 다

메들리 곡 72/ 주께와 엎드려 76/ 주님의 시간에 93/ 항상 진실케

64 이 험한 세상

(찬양하며 살리라)

미가엘 1211

정석진

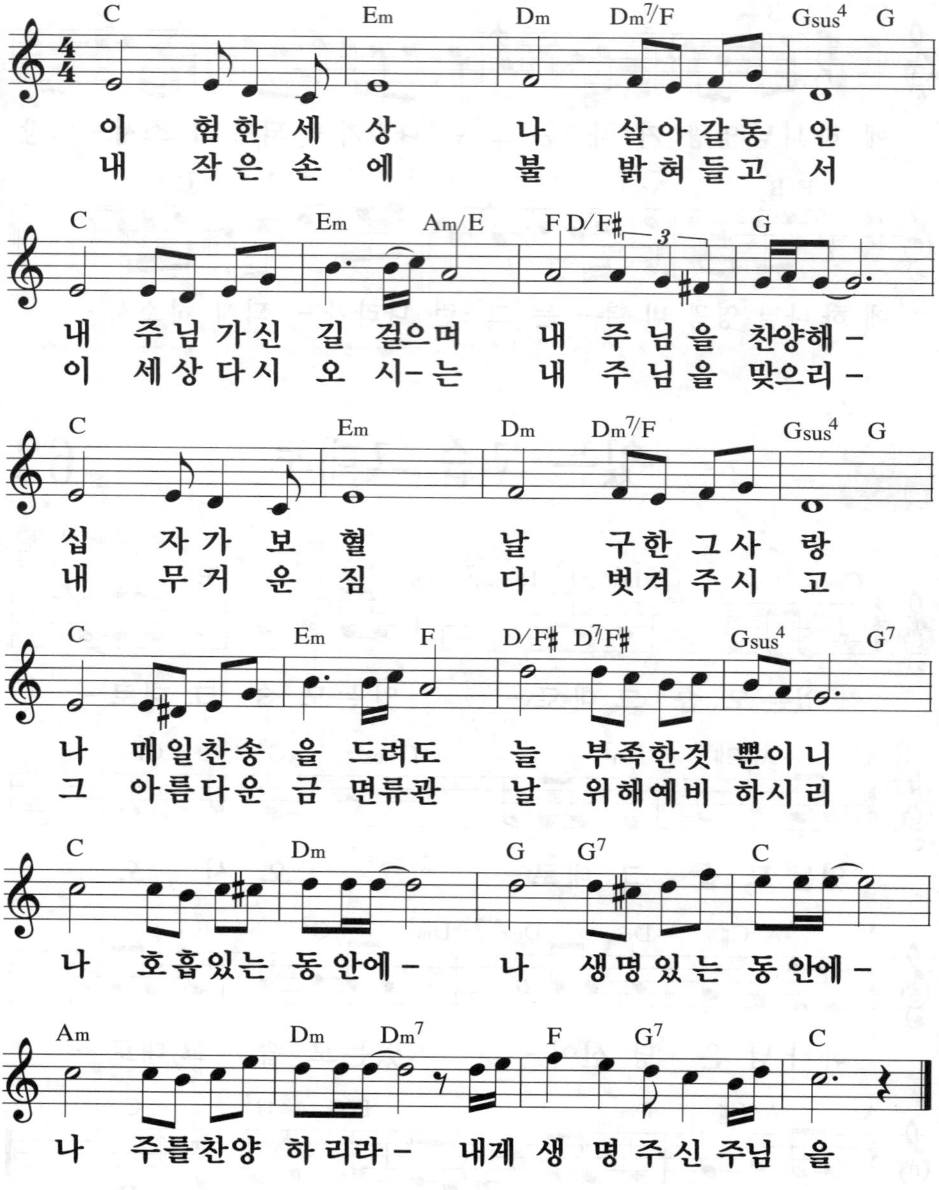
C Em Dm Dm7/F Gsus4 G
이 험한 세 상 나 살아갈동 안
내 작은 손 에 불 밝혀들고 서
C Em Am/E F D/F# 3 G
내 주님가신 길 걸으며 내 주 님 을 찬양해 –
이 세상다시 오 시 – 는 내 주 님 을 맞으리 –
C Em Dm Dm7/F Gsus4 G
십 자가 보 혈 날 구한 그 사 랑
내 무거 운 짐 다 벗겨 주 시 고
C Em F D/F# D7/F# Gsus4 G7
나 매일찬송 을 드려도 늘 부족한것 뿐이 니
그 아름다운 금 면류관 날 위해예비 하시 리
C Dm G G7 C
나 호흡있는 동 안에 – 나 생명 있는 동 안에 –
Am Dm Dm7 F G7 C
나 주를찬양 하 리라 – 내게 생 명 주 신 주님 을

메들리 곡
50/ 여호와 우리주여 87/ 찬양을 드리며 698/ 이제 내가 살아도

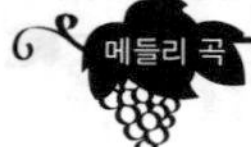

임마누엘

(Emmanuel)

Bob McGee

66 저 높은 하늘 위로 밝은 태양

미가엘 2137

(나로부터 시작되리)

이천

메들리 곡

4/ 광대하신 주　32/ 복음들고 산을　172/ 주님께 영광을

죄악의 사슬에서 67

C

배성현 & 서해원

1. 죄악 의 - 사 슬 에 - 서 괴 로 움 에 눈 물 흘 릴 때 말씀
2. 첫사 랑 의 뜨 거 움 - 에 식 어 져 서 눈 물 흘 릴 때 십자
3. 광야 의 - 세 상 에 - 서 외 로 움 에 눈 물 흘 릴 때 골고

으 로 찾 아 오 신 주 님 영 생 을 약 속 하 네 주 님
가 를 지 고 가 신 주 님 평 안 을 약 속 하 네 주 님
다 로 걸 어 가 신 주 님 천 국 을 약 속 하 네 주 님

의 은 혜 사 모 하 는 곳 에 주 의 응 답 임 하 니 간 절
의 사 랑 사 모 하 는 곳 에 주 의 응 답 임 하 니 간 절
의 재 림 사 모 하 는 곳 에 주 의 응 답 임 하 니 간 절

히 기 다 리 는 마 음 주 여 내 게 자 유 주 소 서
히 기 다 리 는 마 음 주 여 내 게 승 리 주 소 서
히 기 다 리 는 마 음 주 여 내 게 오 시 옵 소 서

68 전능하신 나의 구주

(모든 것 가능해 / All Things are Possible)

Darlene Zschech

전능하신 나의 구주

G A D/A A 1.G A D/A A
새노 - 래 로 - 주 찬양하리 - - 내 영 - 혼 송 - 축해 -
C2 Am7 C Am7 2. G A D/A A A G
- - 내 영 - 혼 송 - 축해 약할때나 가난 - 할 때
D/F# G 3 Bm7 A Bm7 A G
- 주님 의 - 그 능력 의 이름이 언 제나 - 내겐 -
A G A G
모 든 것가 - 능 해 - 모 든 것가 - 능 해 -
A G A
모 든 것가 - 능 해 - 모 든 것가 - 능 해 -

69 죄에 빠져 헤매이다가

(내게 오라)

미가엘 1207

권희석

죄에 빠 져헤매이다 가 지쳐 버린 나의 모습 은
수많 은 사람 - 중에 서 주님 이날 부르 실때 에

못견 디는 아픔 속에 서 그렇 게 쓰러 졌을 때
설레 이는 나의 마음 은 그렇 게 기쁠 수없 네

아무 도 오는사람이없 어 정말 로난 외로 웠- 네
이제 나 도-주님위하 여 내모 든것 다드 리- 리

그때 주님내게 찾아 와 사랑 으로 함께 하셨 네
내가 가진모든 것을 을 아낌 없이 주께 드리 리

병 든자여내 게오 라 가난 한자 내 게오 라
슬 픈자여내 게오 라 괴로 운자 내 게오 라

죄에 빠진많은 사 람 들아 모두 다 내 게오 라
삶에 지친많은 사 람 들아 모두 다 내 게오 라

죄인들을 위하여 70

(예수 안에 생명)

죄인 들 을위하 여 주님 찾 아오셨네 주안 에
주님 영 접하는 자 하나 님 의자녀 요 주안 에

생명 이 있 네 – 죄인 들 을위하 여
생명 이 있 네 – 주님 앞 에오시 오

주님 찾 아왔으 나 사람 들 영접 안 했 네 –
어서 빨 리오시 오 주안 에 생명 이 있 네 –

예 수 안 에 생 명 있 네 주님 이

빛이 되 시 네 – 예 수 안 에

생 명 있 네 주님 이 빛이 되 시 네 –

71 주께 감사하세

(O Give thanks to the Lord)

Brent Chambers

G7sus G7 C Am G Em/G Am

주 께 감 사 하 세 그 는 선 하 시

Em F C/E Dm B♭/F Gsus4 G7

며 인 자 하 심 이 영 원 함 이 라 주 께

C Am G Em/G Am Em

감 사 하 세 그 는 선 하 시 며 인 자

F C/E Dm F/G G7 F/C C

하 심 이 영 원 함 이 라

메들리 곡 22/ 내 영혼아 여호와를 76/ 주님의 시간에 199/ 주 찬양합니다

주께 와 엎드려 72

(I Will Come And Bow Down)

Martin Nystrom

F/G C Am7sus Am Dm7 F/G G G/F

주께 와 엎드려 경배드립니다 주계

Em7 A7 A/C♯ Dm Gsus4 G7

신 곳엔 기쁨가 득 – 무엇

Am Bsus4 B7 Em Asus4 A7

과도 – 누구 와도 – 바꿀 수 없네 예배

Dm7 Gsus4 G7 F/C C

드림이 기쁨됩니다 –

73 주님 것을 내 것이라고

(용서하소서)

김석균

1. 주님것 을 내것이 라고 – 고집 하며 – 살아 왔 네
2. 천한이 몸 내것이 라고 – 주의 일을 – 멀리 했 네
3. 주님사 랑 받기만 하고 – 감사 할줄 – 몰랐 었 네

금은보 화 자녀들 까지 – 주님 것을 내 것이 라
주신이 도 주님이 시요 – 쓰신 이도 주 님이 라
주님말 씀 듣기만 하고 – 실행 하지 못 했었 네

아버 지여 – 철없는 종을 – 용서 하 여주 옵소 서
아버 지여 – 불충한 종을 – 용서 하 여주 옵소 서
아버 지여 – 연약한 종을 – 용서 하 여주 옵소 서

맡긴 사명 – 맡긴재 물을 – 주를 위 해쓰 렵니 다
세상 유혹 – 다멀리 하고 – 주의 일 만하 렵니 다
주님 명령 – 순종하 면서 – 주를 위 해살 렵니 다

7/ 나를 위해 오신 주님 67/ 죄악의 사슬에서 98/ 주여 우리의 죄를

미가엘 1994

주님 다시 오실때까지 74

고형원

75 주님 뜻대로 살기로 했네

(돌아서지 않으리 / No turning back)

김영범

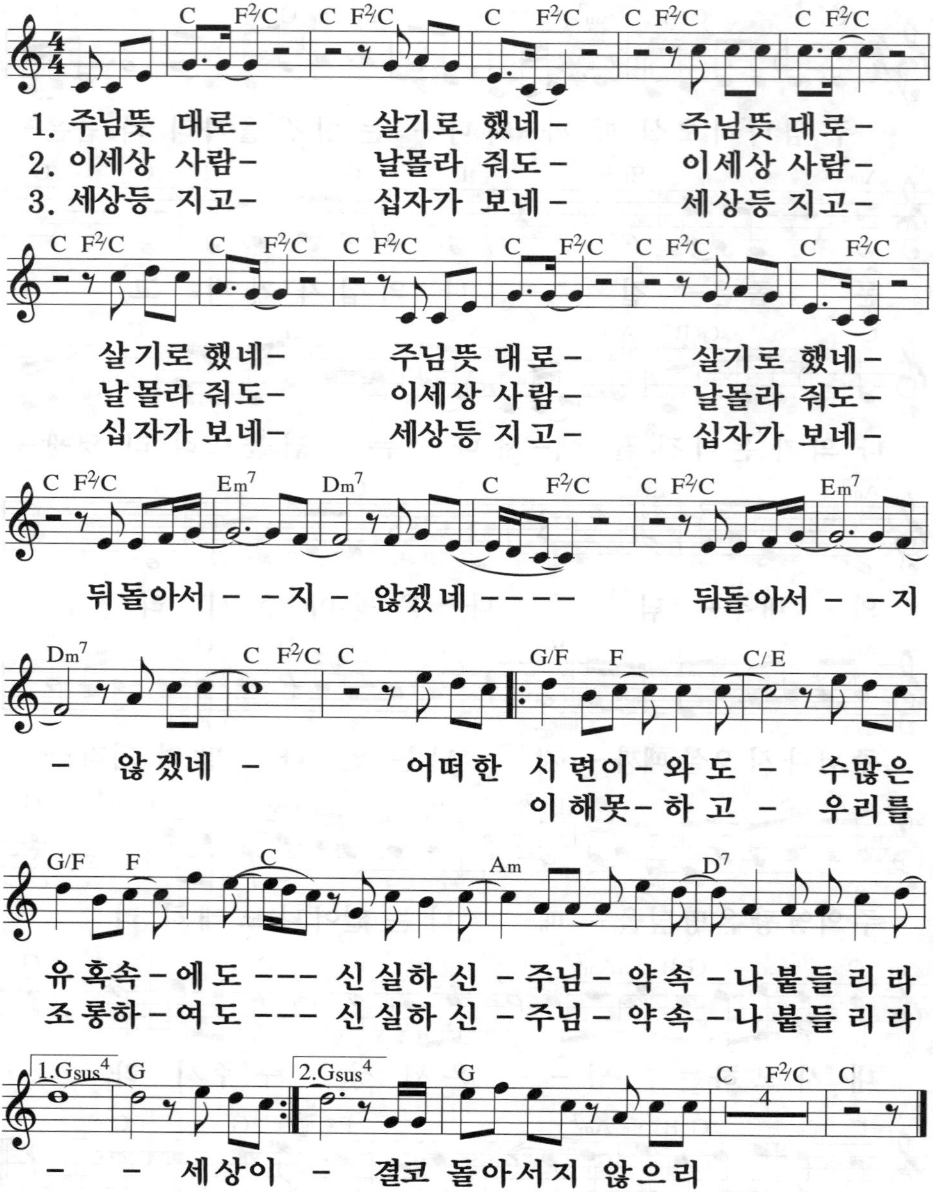

1. 주님뜻 대로- 살기로 했네- 주님뜻 대로- 살기로 했네- 주님뜻 대로- 살기로 했네-
2. 이세상 사람- 날몰라 줘도- 이세상 사람- 날몰라 줘도- 이세상 사람- 날몰라 줘도-
3. 세상등 지고- 십자가 보네- 세상등 지고- 십자가 보네- 세상등 지고- 십자가 보네-

뒤돌아서 - -지 - 않겠네 - - - - 뒤돌아서 - -지 - 않겠네 -

어떠한 시련이-와도 - 수많은 유혹속-에도 --- 신실하신 -주님- 약속 -나붙들리라

이해못-하고 - 우리를 조롱하-여도 --- 신실하신 -주님- 약속 -나붙들리라

- - 세상이 - 결코 돌아서지 않으리

Word and Music by 김영범.

29/ 먼저 그나라와 의를 66/ 저 높은 하늘 위로 155/ 오소서 진리의 성령님

주님의 시간에

(In His time)

Diane Ball

Cmaj7 Dm7 Gsus4 G7 C C/B Am Am/G F F/E

주 님 의 - 시 간 에 - 그 의 뜻 이 뤄 지
기 다 려 - 그 때 를 - 그 의 뜻 이 뤄 지

Dm7 G7 Cmaj7 C7 Fmaj7 Gsus4 G7

리 기 다 려 - 하 루 하 루 살 동 안 주 님
리 기 다 려 - 주 의 뜻 이 뤄 질 때 우 리

Em Am Dm Dm7 G7sus G7 C F/C C

인 도 하 시 니 주 뜻 이 룰 때 까 지 기 다 려 -
들 의 모 든 것 아 름 답 게 변 하 리 기 다 려 -

메들리 곡

63/ 있는 모습 그대로 71/ 주께 감사하세 86/ 주 품에

77 주님이 주시는 파도같은 사랑은

(파도 같은 사랑)

미가엘 927

메들리 곡

71/ 주께 감사하세 88/ 하나님은 사랑이요 104/ 감사해요 주님의 사랑

주 안에 우린 하나

(기대)

천강수

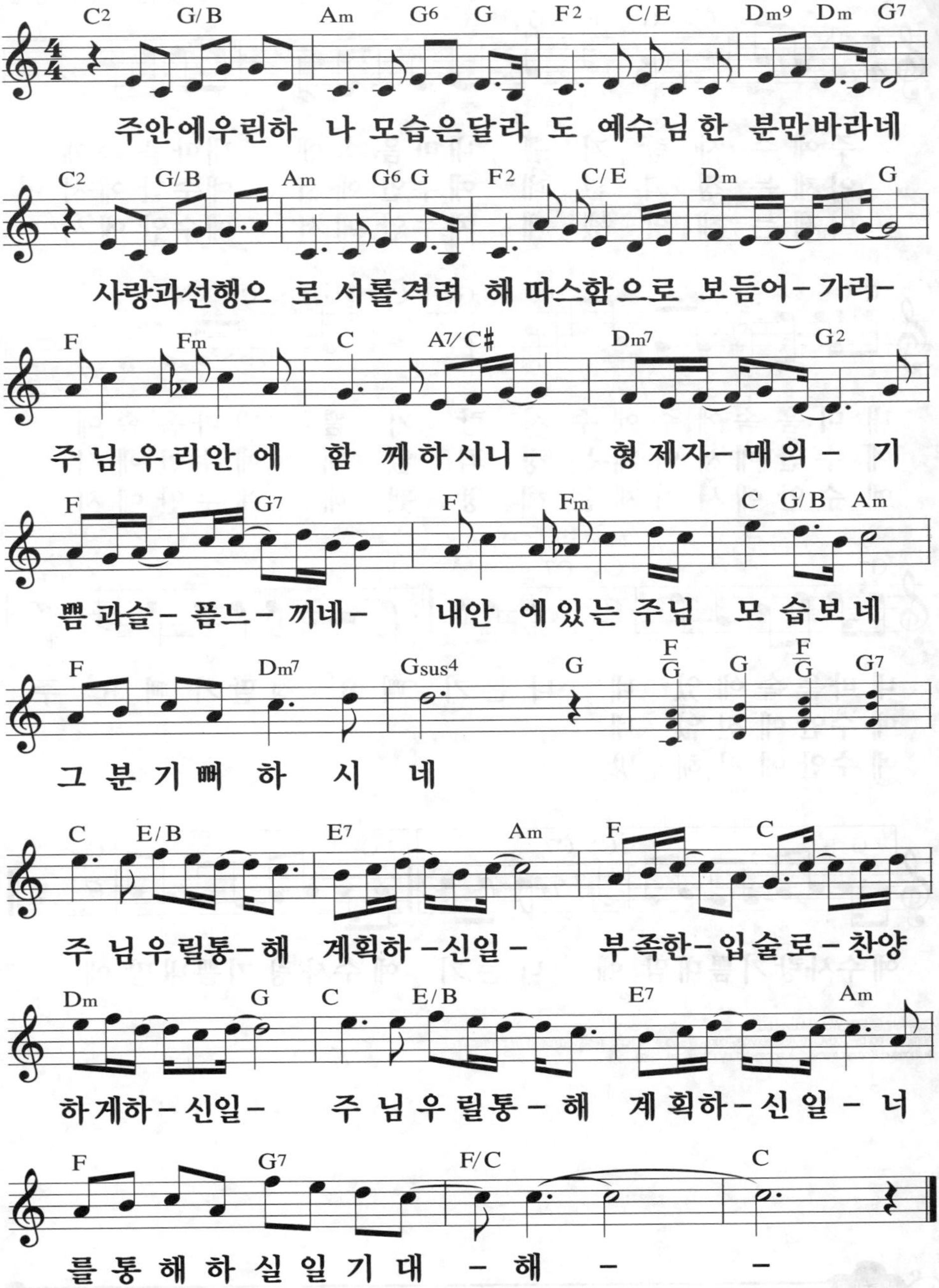

주안에우린하 나 모습은달라 도 예수님한 분만바라네

사랑과선행으 로 서롤격려 해 따스함으로 보듬어–가리–

주 님 우 리 안 에 함 께 하 시 니– 형 제 자–매 의 – 기

뻠 과 슬 – 픔 느 – 끼 네 – 내 안 에 있 는 주 님 모 습 보 네

그 분 기 뻐 하 시 네

주 님 우 릴 통 – 해 계 획 하 – 신 일 – 부 족 한 – 입 술 로 – 찬 양

하 게 하 – 신 일 – 주 님 우 릴 통 – 해 계 획 하 – 신 일 – 너

를 통 해 하 실 일 기 대 – 해 – –

79 주 예수 사랑 기쁨

미가엘 931

(주님이 주신 기쁨 / Joy Joy Down In My Heart)

David Clydesdale &
DP. George W.Cooke

주예수 사 랑 기 쁨 내마음속에 내마음속에
이제는 정 죄 없 네 예수안에서 예수안에서
이제는 해 방 됐 네 예수안에서 예수안에서

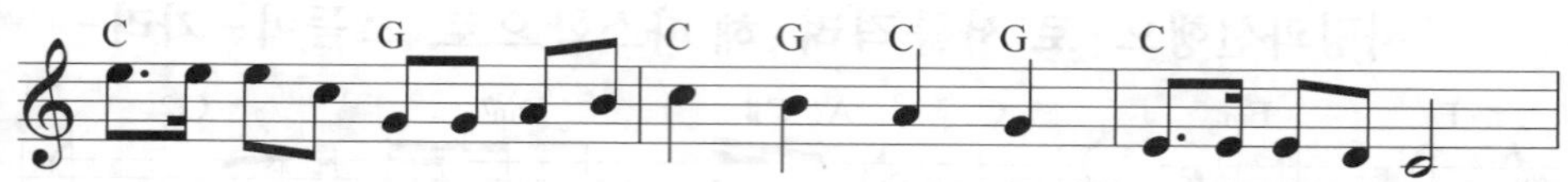

내 마음속에 주예수 사 랑 기 쁨 내마음속에
예 수안에서 이제는 정 죄 없 네 예수안에서
예 수안에서 이제는 해 방 됐 네 예수안에서

내마음속에 있 네 나는기 뻐 요 정말기 뻐 요 주
예수안에 선 없 네
예수안에서 해 방

예수사랑기쁨내맘 에 나는기 예수사랑기쁨내맘 에

12/ 나의 입술의 모든 말과 42/ 아름다운 마음들이 150/ 예수 이름이 온 땅에

주와 함께라면

김민식

C Dm G7 C

1. 주 와 함 께 라 면 가 난 해 도 좋 아
2. 주 와 함 께 라 면 병 들 어 도 좋 아
3. 내 맘 아 시 는 주 항 상 함 께 계 셔

F C G7 C C7

참 된 부 요 함 이 내 맘 에 가 득 하 니 까 때 로 는
참 된 강 건 함 이 내 맘 에 가 득 하 니 까 때 로 는
약 한 내 영 혼 에 위 로 와 능 력 주 시 네 가 난 해

F C G7 C C7

날 유 혹 하 려 고 세 상 바 람 휘 몰 아 쳐 와 도 나 는
날 넘 어 뜨 리 려 거 친 파 도 휘 몰 아 쳐 와 도 나 는
도 병 이 들 어 도 시 련 의 밤 어 둡 고 깊 어 도 나 는

F C 1.2.G7 C

결 코 잊 을 수 없 어 자 비 로 운 주 의 음 성 을
결 코 잊 을 수 없 어 따 사 로 운 주 의 손 길 을
결 코 떠 날 수 없 어 아 름

3.G7 C G7 C

다 운 주 의 나 라 를 주 의 나 라 를

33/ 비 바람이 갈길을 39/ 세상 사람 날 부러워 143/ 세상 부귀 안일함과

81 주 위해 나 노래하리라

(주만 위해 살리 / I simply live for You)

Russell Fragar

C G/B Em7

주위- 해 - 나노 래하 리 - 라- 깊은바다라 도- 주-를

F G Am E7/G♯

따 르리- 하늘 에별들도 - - 부는 바 람도 - 내안

Am7 Dm7 F Gsus4

에주님을 - 모두 - 노 래할수 없네 주를위해 -

F Gsus4 1.C 2.C F G

주 만위 해 - 살 리 - 주위 - 주의

C/E Dm C/E

임재안 - 에영광이 가 - 득해 - 예 배안에 - 서 주얼굴보네

F Am Em7

- - - - 세 상 무 엇과 - 도 비교할수 없 - 으리 -

F Dm G C/E

영광과찬 - 양 받 - 으 소 서 - 상 한맘고 - 치시고눈물

33/ 비 바람이 갈길을 막아도 85/ 주의 신을 내가 떠나 111/ 나 무엇과도 주님을

주님 뜻대로 82

Norman Johnson

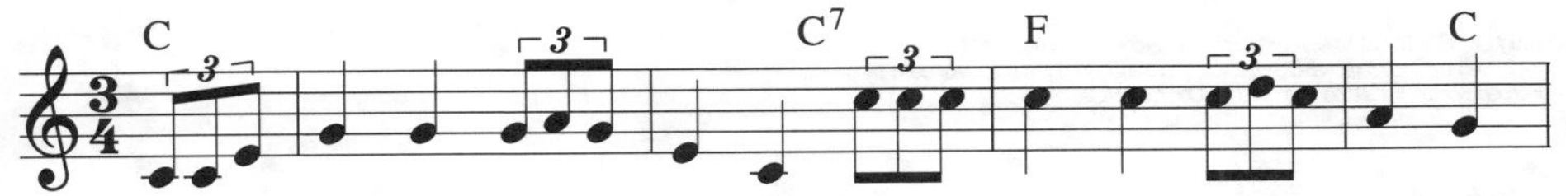

1. 주님뜻 대 로 살기로 했 네 주님뜻 대 로 살기로 했 네
2. 이세상 사 람 날몰라 줘 도 이세상 사 람 날몰라 줘 도
3. 세상등 지 고 십자가 보 네 세상등 지 고 십자가 보 네

주님뜻 대 로 살기로 했 네 뒤돌아 서 지않겠 네
이세상 사 람 날몰라 줘 도 뒤돌아 서 지않겠 네
세상등 지 고 십자가 보 네 뒤돌아 서 지않겠 네

83 주의 강가로 가게 하소서

(Cause me to come)

Edward R Miller

주의 거룩하심 생각할 때 84

(주께 경배해 / When I look into Your holiness)

Wayne & Cathy Perrin

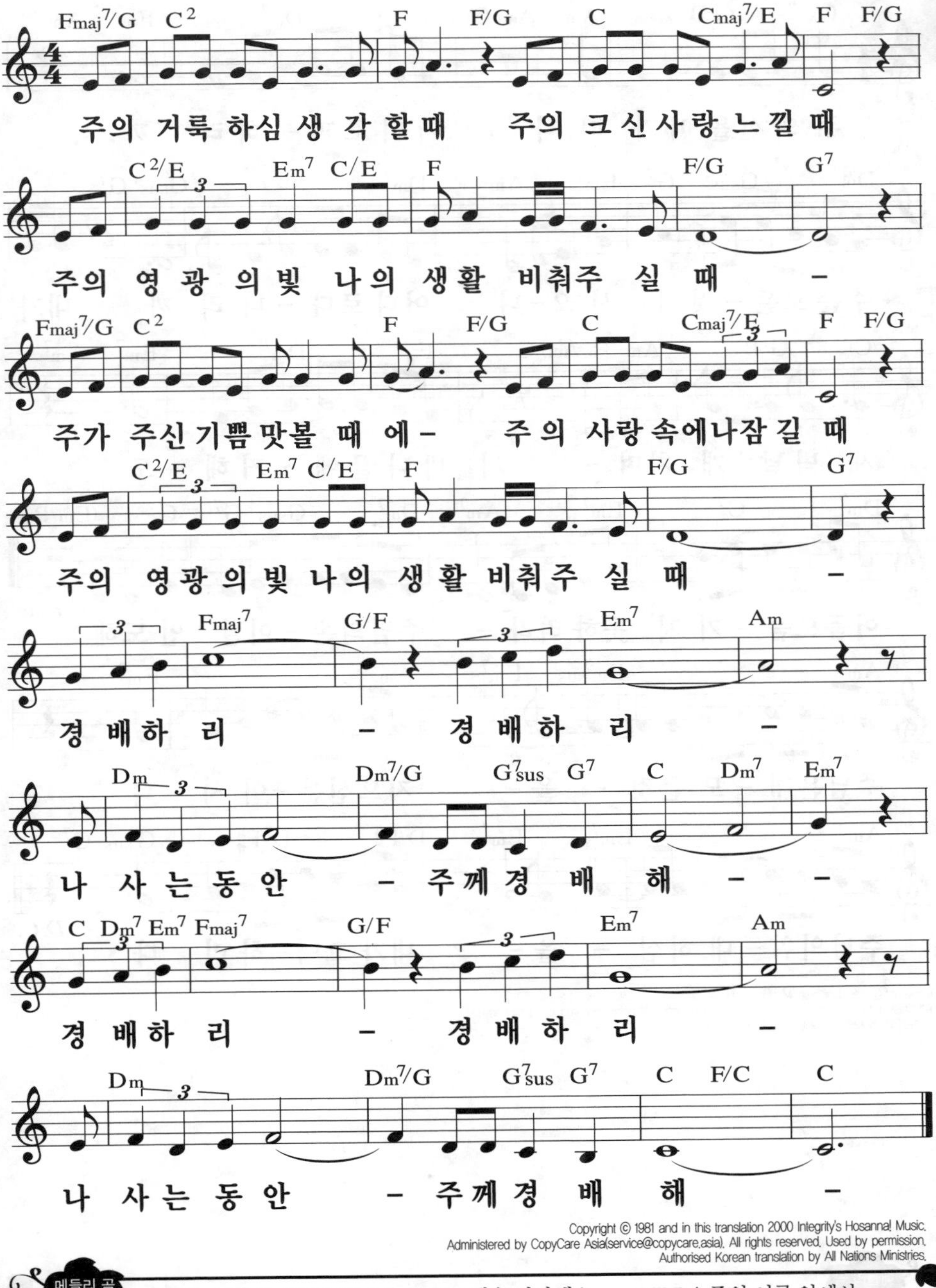

주의 거룩하심 생 각 할때 주의 크신사랑느낄 때

주의 영 광 의빛 나의 생활 비춰주 실 때 –

주가 주신기쁨맛볼 때 에– 주의 사랑속에나잠길 때

주의 영광의빛 나의 생활 비춰주 실 때 –

경 배하 리 – 경 배하 리 –

나 사는동안 –주께경 배 해 – –

경 배하 리 – 경 배하 리 –

나 사는 동 안 – 주 께 경 배 해 –

50/ 여호와 우리주여 53/ 예수 사랑해요 190/ 주의 이름 안에서

85 주의 신을 내가 떠나

(Psalm 139:7-14)

Kelly Willard

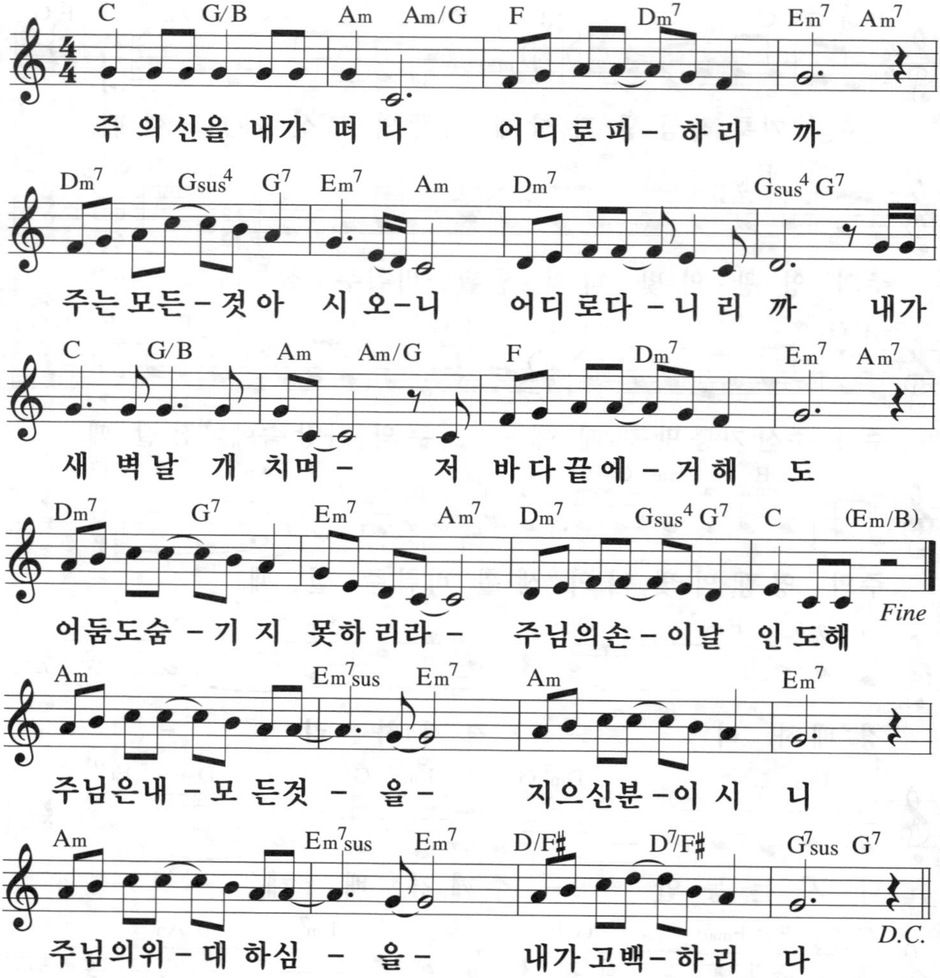

C G/B Am Am/G F Dm7 Em7 Am7

주 의 신을 내가 떠 나 어 디 로 피 - 하 리 까

Dm7 Gsus4 G7 Em7 Am Dm7 Gsus4 G7

주는 모든 - 것 아 시 오 - 니 어 디 로 다 - 니 리 까 내가

C G/B Am Am/G F Dm7 Em7 Am7

새 벽 날 개 치 며 - 저 바 다 끝 에 - 거 해 도

Dm7 G7 Em7 Am7 Dm7 Gsus4 G7 C (Em/B)

어둠도 숨 - 기 지 못 하 리 라 - 주 님 의 손 - 이 날 인 도 해

Fine

Am Em7sus Em7 Am Em7

주님은 내 - 모 든 것 - 을 - 지 으 신 분 - 이 시 니

Am Em7sus Em7 D/F# D7/F# G7sus G7

주님의 위 - 대 하 심 - 을 - 내 가 고 백 - 하 리 다

D.C.

주 품에 품으소서

86

C

(Still)

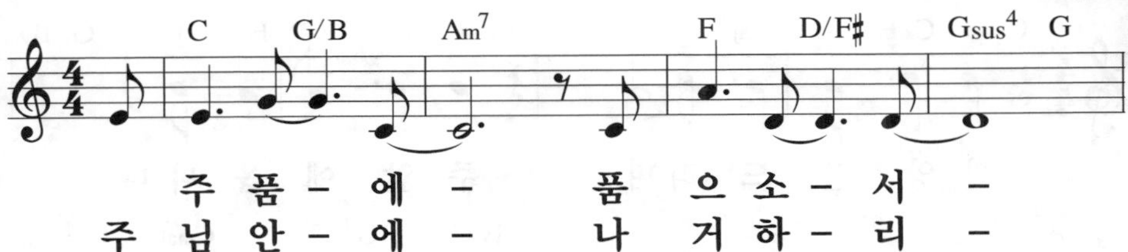

87 찬양을 드리며

(Into Your Presence Lord)

미가엘 1695

Richard Oddie

65/ 임마누엘 71/ 주께 감사하세 199/ 주 찬양합니다

C

하나님은 사랑이요

88

강뿔라

89 하나님의 음성을 듣고자

(시편 40편)

김지면

Cmaj7 Em F G7 C C7

하 나님의음성 을 듣고 자 -기-도하 면 귀-
주 를의지하- 고 교만 하 지않-으- 며 거짓

Fmaj7 G Em A Dm Dm7 B♭ Gsus4 G7

를 기울이고나 의 기도를 들 어주신다- 네
에 치우치지아 니 하-면 복 이있으리- 라

Cmaj7 Em F G7 C C7

깊 은웅덩이- 와 수렁 에 서끌어주시 고 나의
여 호와나의주 는 크신 권 능의-주- 라 그의

Fmaj7 G Em Am F G7sus G7 C B♭/C C7

발 을반석위에 세 우시사 나 를 튼튼히하셨 네 -새
크 신권능으로 우 리들을 사 랑 하여-주시 네 -

F G Em Am F G C B♭/C C7

노 래로-부르 자 라라라 하나 님 께올릴찬송 을 -새

F G C E7/B Am F G7sus G7 C D.S.

노 래로 --부 르- 자 하 나 - 님 - 사랑 을

Fine

90/ 하나님 한번도 나를 112/ 나를 지으신 이가 174/ 주님 내가 여기 있사오니

미가엘 995

하나님 한번도 나를 90

(오 신실하신 주)

C

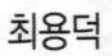

최용덕

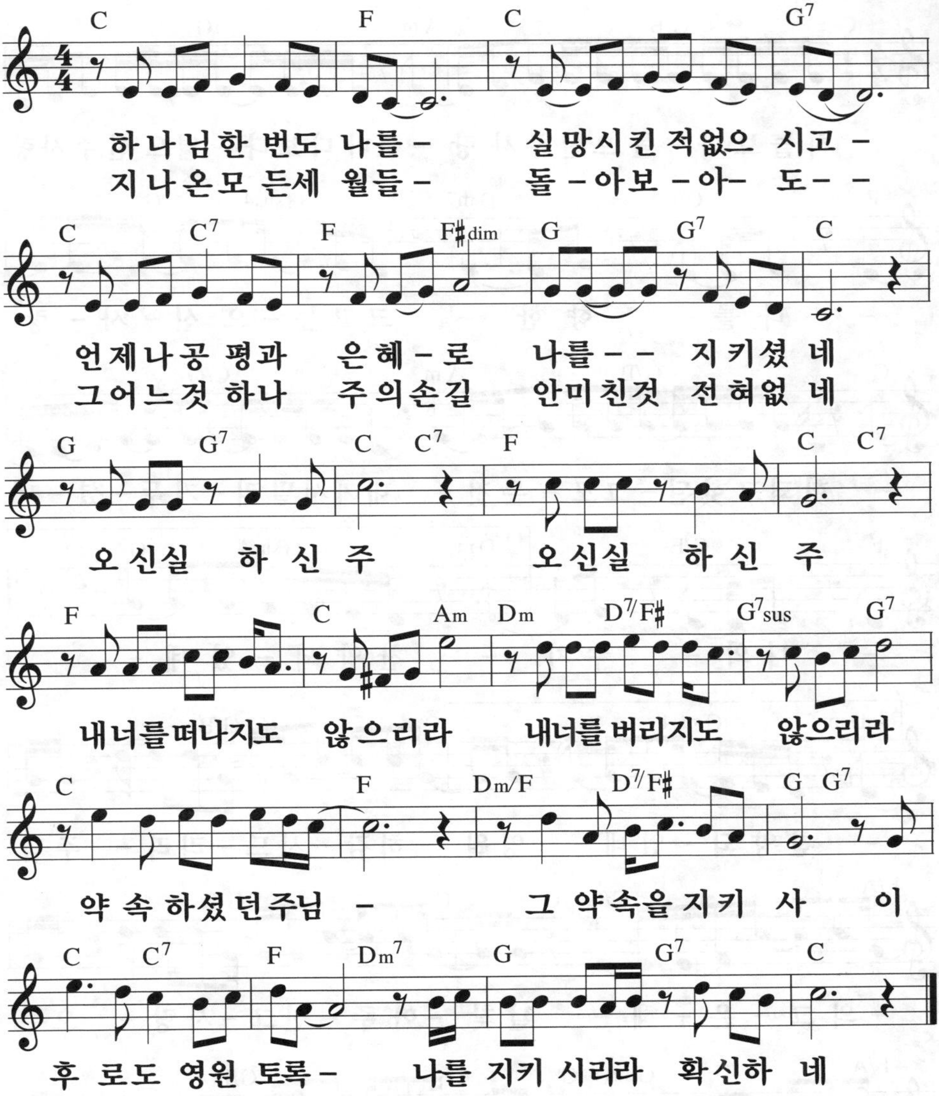

C F C G7
하나님한 번도 나를 - 실망시킨 적없으 시고 -
지나온모 든세 월들 - 돌 - 아보 - 아 - 도 - -
C C7 F F#dim G G7 C
언제나공 평과 은혜 - 로 나를 - - 지 키셨 네
그어느것 하나 주의손길 안미친것 전혀없 네
G G7 C C7 F C C7
오 신실 하 신 주 오 신실 하 신 주
F C Am Dm D7/F# G7sus G7
내너를떠나지도 않으리라 내너를버리지도 않으리라
C F Dm/F D7/F# G G7
약 속 하셨던주님 - 그 약속을지키 사 이
C C7 F Dm7 G G7 C
후 로도 영원 토록 - 나를 지키 시리라 확신하 네

메들리 곡 13/ 나의 하나님 나의 하나님 33/ 비 바람이 갈길을 75/ 주님 뜻 대로

91 하늘보다 높으신 주 사랑

(하나님께서 세상을 사랑하사)

Scott Brenner

C

메들리 곡

54/ 오 하나님 받으소서 111/ 나 무엇과도 주님을 112/ 나를 지으신 이가

92 할 수 있다 하신 이는

미가엘 1094

이영후 & 장욱조

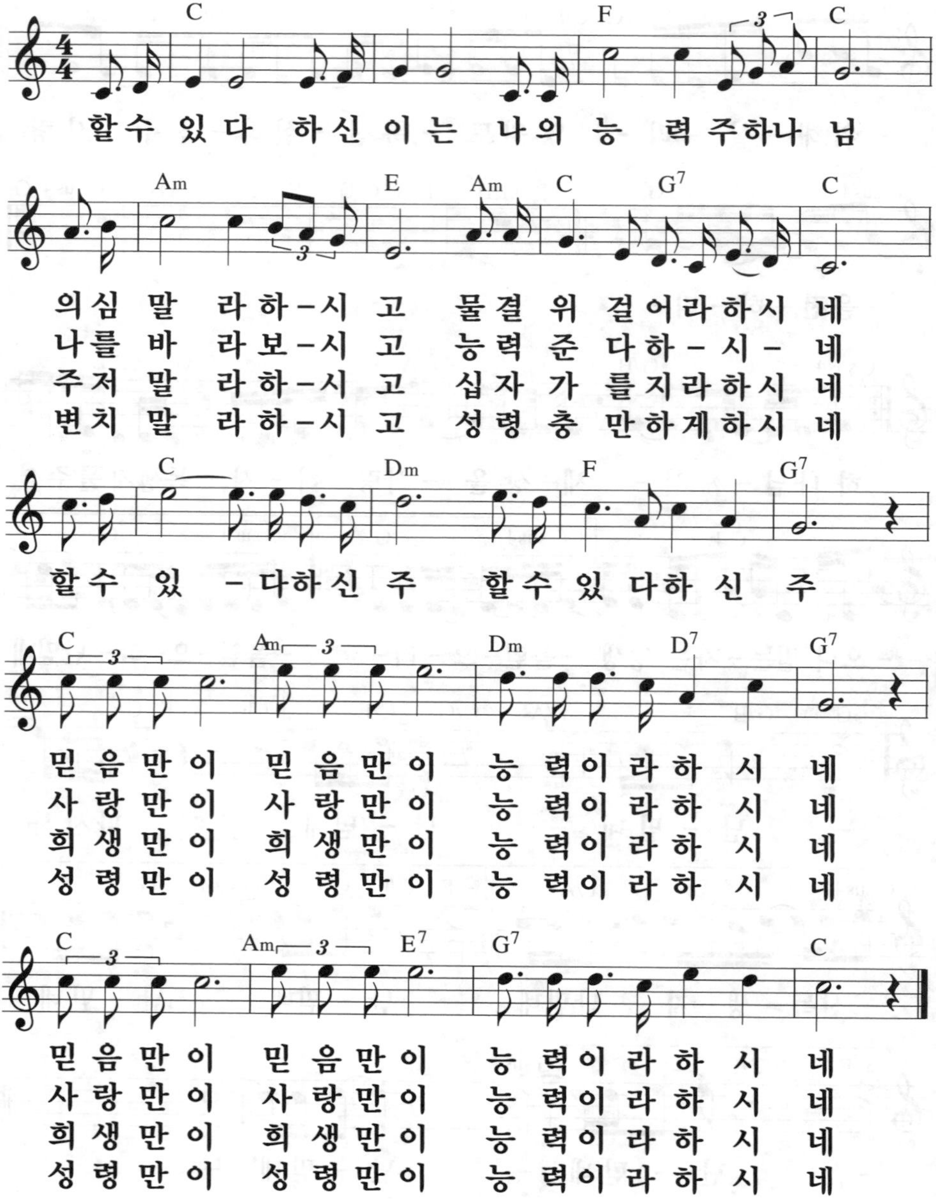
C F C
할수 있다 하신이는 나의능 력주하나 님
Am E Am C G7 C
의심 말 라하-시 고 물결 위 걸어라하시 네
나를 바 라보-시 고 능력 준 다하-시- 네
주저 말 라하-시 고 십자 가 를지라하시 네
변치 말 라하-시 고 성령 충 만하게하시 네
C Dm F G7
할수 있 -다하신 주 할수 있 다하 신 주
C Am Dm D7 G7
믿음만이 믿음만이 능 력이라하 시 네
사랑만이 사랑만이 능 력이라하 시 네
희생만이 희생만이 능 력이라하 시 네
성령만이 성령만이 능 력이라하 시 네
C Am E7 G7 C
믿음만이 믿음만이 능 력이라하 시 네
사랑만이 사랑만이 능 력이라하 시 네
희생만이 희생만이 능 력이라하 시 네
성령만이 성령만이 능 력이라하 시 네

메들리 곡 48/ 어두운 밤에 207/ 할 수 있다 하면 된다 218/ 나의 등 뒤에서

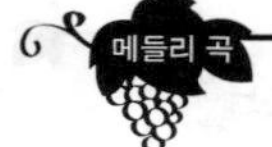

항상 진실케

(Change My Heart O God)

93

C

Eddie Espinosa

메들리 곡 65/ 임마누엘 86/ 주 품에 품으소서 106/ 그는 나를 만졌네

94 힘들고 지쳐 낙망하고

(너는 내 아들이라)

미가엘 1877

이재왕 & 이은수

성령의 비가 내리네 95

(Let it rain)

Michael Farron

Gsus4 G Am F F2

성 령 - 의 - - - 비 가 내 리 네 -

C Gsus4 G

하 늘 의 문 - 을 여 소 - 서 -

Gsus4 G Am F F2

성 령 - 의 - - - 비 가 내 리 네 -

C Gsus4 G

하 늘 의 문 - 을 여 소 - 서 -

메들리 곡 1/ 거룩하신 성령이여 36/ 살아계신 성령님 96/ 오늘 내게 한 영혼

96 오늘 내게 한 영혼

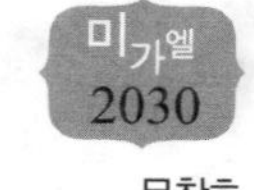

(주의 사랑 온누리에)

미가엘 2030

문찬호

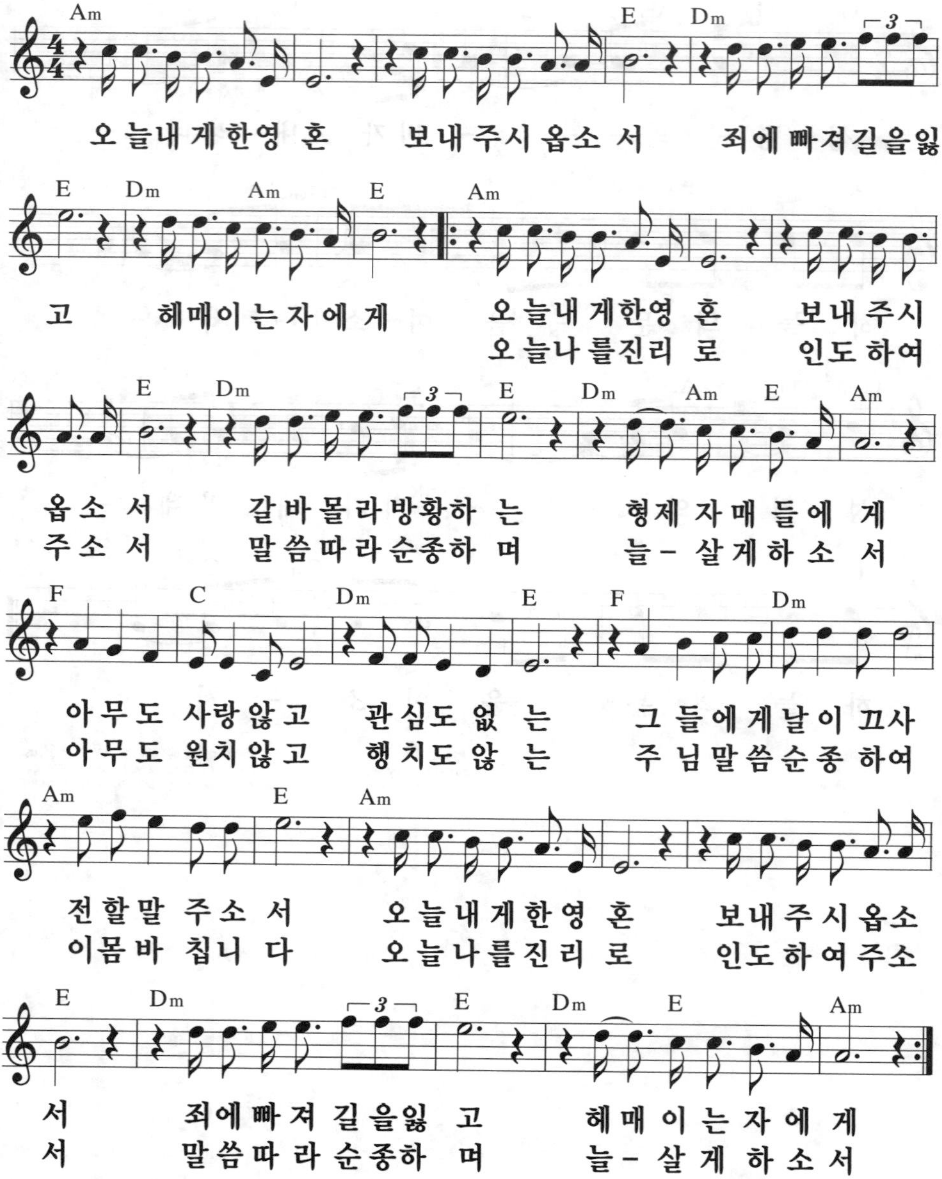

오늘내게한영혼 보내주시옵소서 죄에빠져길을잃
고 헤매이는자에게 오늘내게한영혼 보내주시
오늘나를진리로 인도하여
옵소서 갈바몰라방황하는 형제자매들에게
주소서 말씀따라순종하며 늘-살게하소서
아무도 사랑않고 관심도 없는 그들에게날이끄사
아무도 원치않고 행치도 않는 주님말씀순종하여
전할말 주소서 오늘내게한영혼 보내주시옵소
이몸바 칩니다 오늘나를진리로 인도하여주소
서 죄에빠져길을잃고 헤매이는자에게
서 말씀따라순종하며 늘-살게하소서

메들리 곡
95/ 성령의 비가 내리네 99/ 하나님 우리와 563/ 우리 주의 성령이

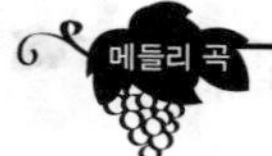

주님이 홀로 가신

97

C

(사명)

이권희

Fmaj7 G Am Fmaj7 G Am

주님이 홀로가 신그길 나도따 라가 오 모든

Fmaj7 G Am Dm Em7 Am

물 과피를흘리신 그길을나 도- 가 오 험한

F G Am F G Am

산 도나는 괜찮소 바다 끝 이라도나는 괜찮소 죽어

F G Am Dm Em7 Am

가 는- 저들 을위해 나를 버 리 길바 라 오 아버

F6 G Am F6 G C

지 나를보내주 오 나는 달 려 가 겠 소
이 나를미워해 도 나는 사 랑 하 겠 소
을 버리면서까 지 나를 사 랑 한 당 신

Bm7(♭5) E7(♭9) Am G F Dm Em 1.2. Am 3. Am

목 숨도아끼지 않 겠 소 나 를 보내 주 오 세상
세 상을구원할 십 자 가 나 도 따라 가 오 생명
이 작은나를받 아 주 오 나 도 사랑하 오

98 주여 우리의 죄를

(벙어리가 되어도)

미가엘 899

문찬호

Am E7 Am Dm E

주 여 우 리 의 죄 를 용 서 하 여 주 소 서
주 여 우 리 의 죄 를 용 서 하 여 주 소 서

Dm E E7 Am

지 난 날 의 잘 못 을 사 하 여 주 옵 소 서
지 난 날 의 허 물 을 사 하 여 주 옵 소 서

Am E E7 Am

주 여 주 여 나 의 죄 를 위 - 하 여
주 여 주 여 나 의 죄 를 위 - 하 여

F E G E C E7

주 여 주 여 십 자 가 를 지 셨 네
주 여 주 여 십 자 가 를 지 셨 네

Am E Am Dm G

주 님 가 신 그 길 을 나 도 걸 어 야 하 네
나 의 생 명 다 하 여 주 를 위 해 살 리 라

Am E Am E7/G# Am

주 님 가 신 그 길 을 나 도 걸 어 야 하 네
벙 어 리 가 되 어 도 찬 양 하 며 살 리 라

52/ 예수님 날 위해 죽으셨네 62/ 이 땅의 동과 서 97/ 주님이 홀로가신

하나님 우리와 함께 하시오니 99

(The Lord is present in his sanctury)

Gail Cole

C

하 나 님우 리와 함께하 시 - 오니 주 를 찬 양 하 세

우 리 가 모 일때 임하 시는 - 주님 주 를 찬 양 하 세

찬 양 찬 - 양 주 를 찬 양 하 세 - - - - -

찬 양 찬 - 양 주 를 찬 양 하 세

100 호렙산 떨기나무에

김익현

Am Dm Am F E7

호 렙 산 떨 기 나 무 에 나 타 나 신 하 나 님 모 세
불 꽃 떨 기 속 에 계 신 거 룩 하 신 하 나 님 약 하

Am F Am F E7 Am

를 부 르 신 주 -하 -나 님 하 나 님
고 힘 없 는 내 백 성 을 찾 으 라 찾 으 라

Am Dm Am E7

내 가 너 와 함 께 가 리 라 너 를 도 와 주 리 라

Am Dm Am E7

고 통 속 에 있 는 내 백 성 어 서 찾 아 가 라
억 압 받 고 있 는 내 백 성 어 서 구 하 여 라

Am Dm Am F E7

불 꽃 떨 기 속 에 계 신 거 룩 하 신 하 나 님 우 리

Am F Am F E7 Am

를 부 르 신 주 하 나 님 하 나 님

1/ 거룩하신 성령이여 36/ 살아계신 성령님 97/ 주님이 홀로가신

갈릴리 바닷가에서 101

Alison Huntley

D

102 감사로 제사 드리는 자가

(감사로 제사를)

미가엘 626

권혁진

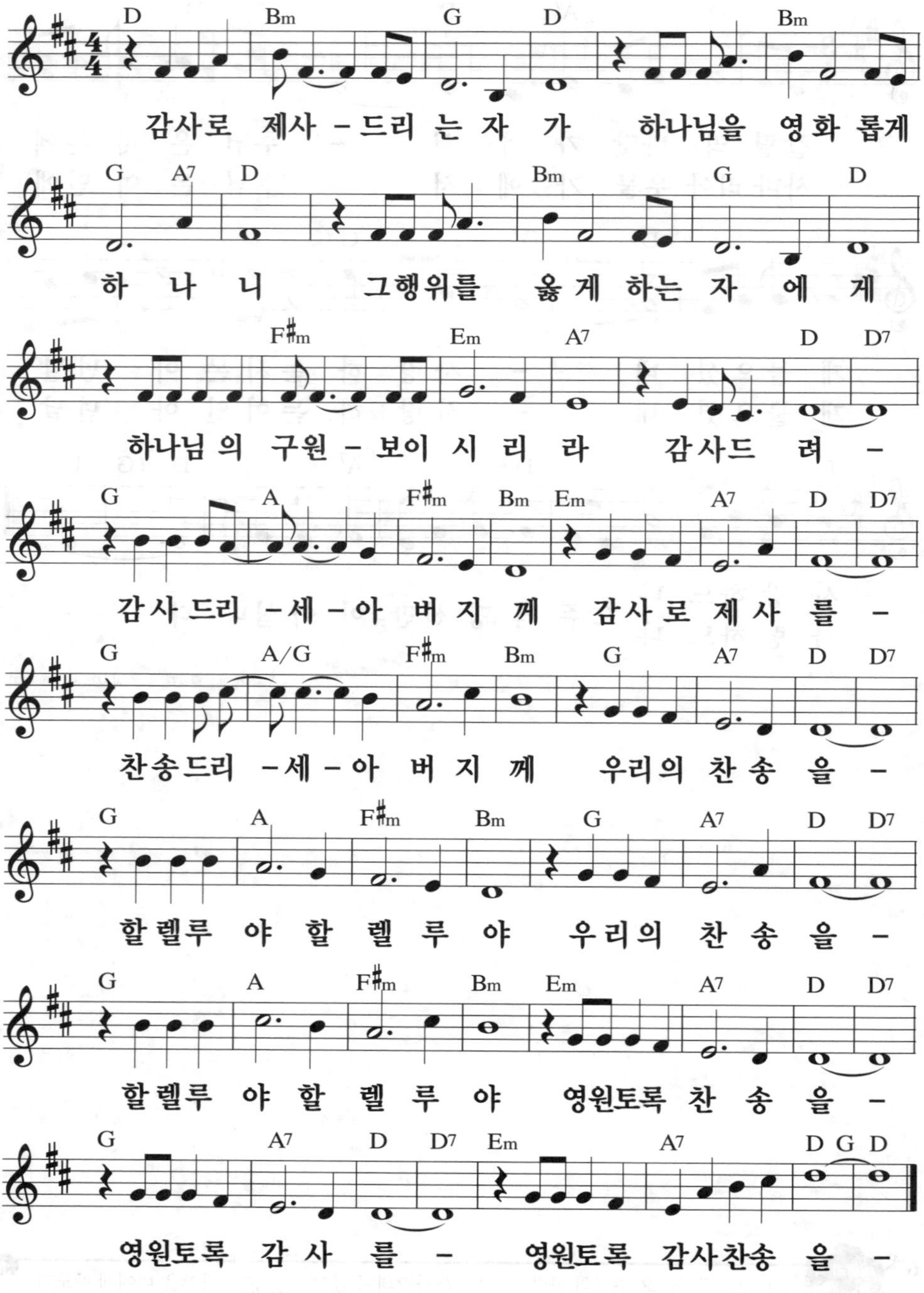

D Bm G D Bm
감사로 제사 -드리 는 자 가 하나님을 영화 롭게
G A7 D Bm G D
하 나 니 그행위를 옳게 하는 자 에 게
F#m Em A7 D D7
하나님의 구원 -보이 시 리 라 감사드 려 -
G A F#m Bm Em A7 D D7
감사드리 -세 -아 버 지 께 감사로 제사 를 -
G A/G F#m Bm G A7 D D7
찬송드리 -세 -아 버 지 께 우리의 찬송 을 -
G A F#m Bm G A7 D D7
할렐루 야 할 렐 루 야 우리의 찬 송 을 -
G A F#m Bm Em A7 D D7
할렐루 야 할 렐 루 야 영원토록 찬 송 을 -
G A7 D D7 Em A7 D G D
영원토록 감 사 를 - 영원토록 감사찬송 을 -

감사해요 깨닫지 못했었는데 103

(또 하나의 열매를 바라시며)

설경욱

D

D A/C♯ Bm Bm7/A G A
감사 해요 – 깨닫지못했 었는데 – 내가 얼 마나 – 소 중한존재

D D7 G A D F♯m Bm
라는걸 – 태초부터 지금까지 하나님의사랑은 – 항

Em Em7/G Asus4 A7 D A/C♯
상 날향하고있었 다는걸 – 고 마워요 – 그사랑 을가 르

Bm Bm7/A G A D D7
쳐준당신께 – 주 께서허락하 – 신당신 께 그리스

G A F♯m B Em A7
도의사랑으 – 로더욱 섬기며 – 이제 나도세상에 – 전하리라

D G/A D A/C♯ Bm B/D♯
– 당 신 은 사랑받 기 – 위 해 그 리 고

Em A7 D C/D G A7
그 사랑 – 전하기 – 위 해 주께 서 택 하시고 – 이땅 에

F♯m7 Bm Em A7 D
심 으 셨 네 또 하 나의 – 열매 를 바 라 시 며

104 감사해요 주님의 사랑

미가엘 731

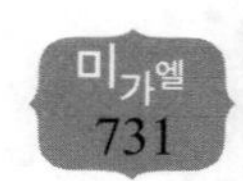

(감사해요 / Thank you Jesus)

Alison Revell

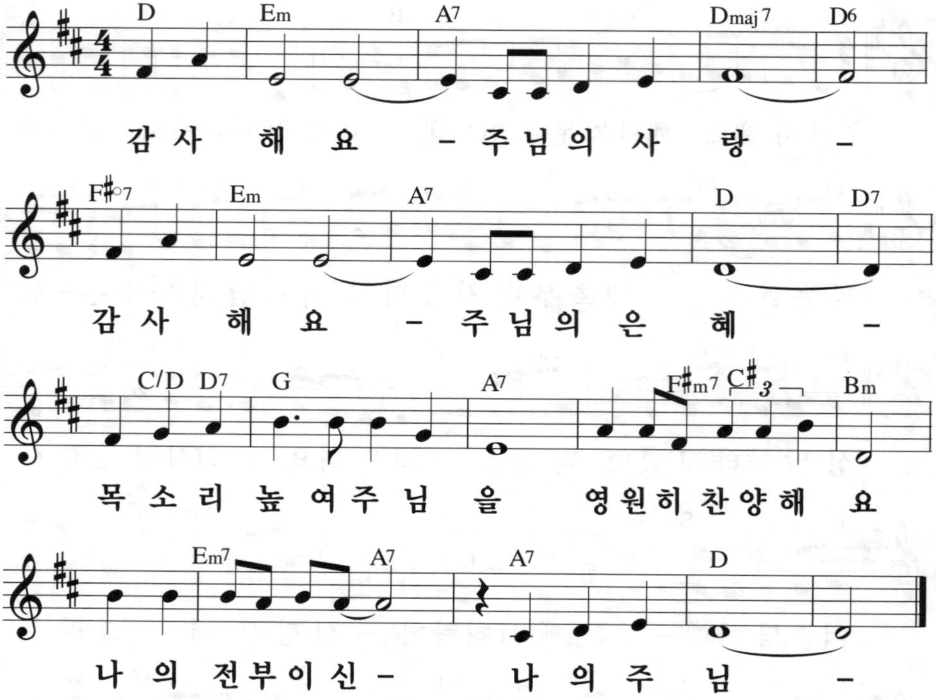
D Em A7 Dmaj7 D6
감 사 해 요 - 주 님 의 사 랑 -
F#∘7 Em A7 D D7
감 사 해 요 - 주 님 의 은 혜 -
C/D D7 G A7 F#m7 C# Bm
목 소 리 높 여 주 님 을 영 원 히 찬 양 해 요
Em7 A7 A7 D
나 의 전 부 이 신 - 나 의 주 님 -

메들리 곡 53/ 예수 사랑해요 103/ 감사해요 깨닫지 못했었는데 136/ 사랑의 주님이

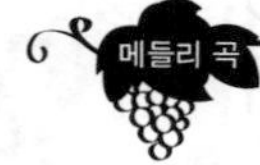

고요히 주님 앞에 와 105

(주님 앞에 무릎 꿇고)

윤용섭

1.고 요 히주님앞에 와 내- 모 습돌아볼 때
2.겸 손 히머리를숙 여 기- 도 -드릴- 때
3.두 손 을마주붙잡 고 눈- 을 -감으- 면

순간 순 간의그모 든 일이 죄와 허 물-뿐입니 다
순간 순 간의행한 일 들이 죄와 허 물-뿐입니 다
순간 순 간의그모 든 일이 죄와 허 물-뿐입니 다

주님 의 손 과발 에 다시 못 을박던이죄 인
주님 의 그 허리 에 다시 창 을댔던이죄 인
주님 의 그 옷자 락 다시 잡 아찢던이죄 인

빌라도 의 병사보 다 악하 고 추한몸 이
빌라도 의 군중보 다 악하 고 추한몸 이
로마병 정 그보다 더 악하 고 추한몸 이

주님앞 에 무릎꿇 고 용- 서 를-빕 니 다
우리주 님 그앞에 서 용- 서 를-빕 니 다
십자가 를 바라보 며 용- 서 를-빕 니 다

40/ 세상에서 방황 할 때 64/ 이 험한 세상 192/ 주의 임재 앞에 잠잠해

106 그는 나를 만졌네

(낮은 데로 임하소서)

D G A Bm A7 Bm A7 D A7

그는나를 만졌네– 내 영 혼 을 –
그는나를 버리지– 아 니 하 고 –

D A7 F#m7 Bm Em D A7 D *Fine*

나는그를 느꼈네– 그 숨 결 을
나는그를 떠나지– 아 니 하 리

Bm G D G D D7

주의사랑있으 면 나 외롭지않 아

G D E7 A7 *D.C.*

주의사랑안 –에서 나 두렵지않 네

메들리 곡

101/ 갈릴리 바닷가에서 105/ 고요히 주님앞에 와 180/ 주님의 성령

기도하세요 지금

107

김석균

내 앞 길 가로막 는 장애물있다해 도 걱 정하지마세 요
하 늘 이 무너져 도 절망하제마세 요 주님의지하세 요

돌아서지 마세 요 슬픔도 고통도 괴 로 움 도
믿음을가 지세 요 슬픔도 고통도 괴 로 움 도

기도로이겨낼 수 있잖아 요 - 기도하 세 요

기도하 세 요 주님 은 당신 편 입 니 다 -

108 나는 믿음으로

(As for me)

Daniel Dee Marks

D DM7 Em7

나 - 는 믿음으로 주 얼굴보리니

A7 Em7 A7 D DM7

- 아침에 깰 때에 주형상에만족하 - 리

D7 G A/G F♯m7 Bm

나주님 닮 기 원 하 네 믿음으

Em7 A7 1.D G/A

로 주얼굴보 리 라 - 나 -

2.F♯m7 B7/F♯ Em7

라 - 믿음으로 주얼굴

A7 D

보 리 라 -

110/ 나는 주를 부르리 150/ 예수 이름이 온 땅에 172/ 주님께 영광을

나는 주를 나의 피난처로 109

(피난처)

이민섭

D

110 나는 주를 부르리

(I will call upon the Lord)

Michael O'Shields

D G/D A/D D G/D D G/D A/D D G/D

나 는 주를부-르 리 찬 양 받으실-주 님

D G^2/D A/D G^2/D A/D G/D A

날 건 지 리 원 수들 로부터 - - - 오

D D/F♯ G^2 D^2/F♯ G^2 D^2/F♯ Bm

살 아계 신 반 석이 신주찬양-구 원의하나님을 높이

Em^7 G/A A D D/F♯ G^2 D^2/F♯

세 - 오 살 아 계 신 반 석이 신주찬양-구

G^2 D^2/F♯ Bm Em^7 G/A A D

원 의 하 나 님 을 높 이 세 - - -

메들리 곡 108/ 나는 믿음으로 150/ 예수 이름이 온 땅에 172/ 주님께 영광을

미가엘 1713

나 무엇과도 주님을 111

(Heart And Soul)

Wes Sutton

D

D A/C# G/B D/A

나 무엇과 - 도 주님을바 - 꾸 지 - 않 으리 -

G A D Asus4 A

다 른 어 떤 - 은 혜 - 구 하 지 않 - 으 리 -

D A/C# G/B D/A

오직 주님 만 - 이 내 삶 에 - 도 움 이 - 시 니 -

G A D C/D D7 G A

주 의 - 얼 굴 보 기 - 원 합 니 다 - 주 님 사 랑 - 해 요

Bm Bm/A G A Bm Bm7/A G A

- 온 맘 과 정 성 다 해 - 하 나 님 - - 의

Bm A G D/F# Em7 A D

신 실 - 한 - 친 구 되 기 - 원 합 니 다 -

20/ 내 안에 사는 이 116/ 나의 예수 온 맘 다해 159/ 오직 주의 사랑에 매여

112 나를 지으신 이가

(하나님의 은혜)

미가엘 2212

조은아 & 신상우

님 나를 보내신이도 - 하 나 - 님 - 나의

나된것은다 하나님 은 혜라 - 나의 달려갈길 다가도록

- 나의 마 지막호흡 - 다하도록 - 나 로

그십자가 - 품게 하 시니 - 나의 나된 것은다 - 하나님

은 혜라 - - 한량없는 은 혜 - 갚을길없는

은 혜 내삶을에워 싸 는 - 하나님의 - 은 혜

52/ 예수님 날 위해 146/ 아침 안개 눈 앞 189/ 주의 사랑을 주의 선하심을

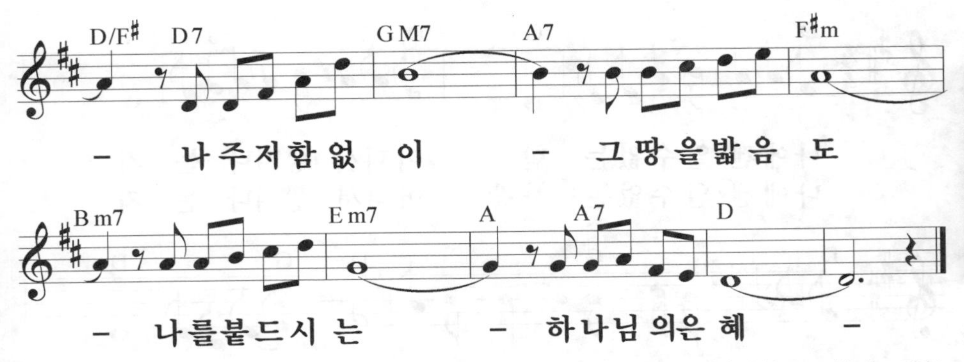

D/F# D7 GM7 A7 F#m
- 나주저함없 이 - 그땅을밟음 도
Bm7 Em7 A A7 D
- 나를붙드시 는 - 하나님의은 혜 -

미가엘 1732

나를 세상의 빛으로 113

(Light Of The world)

Scott Brenner

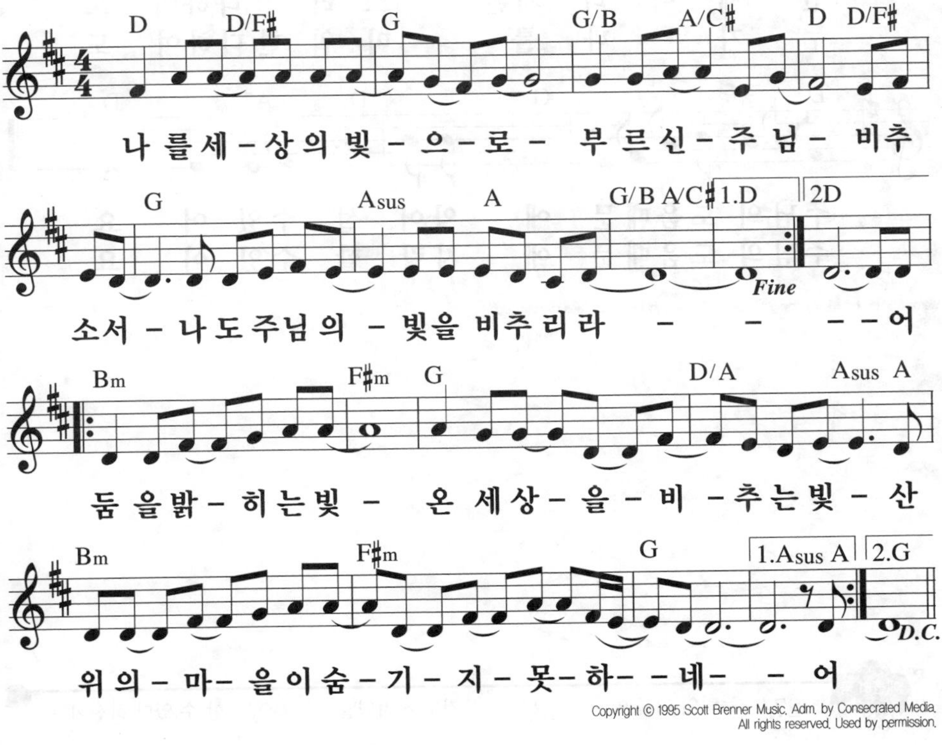
D D/F# G G/B A/C# D D/F#
나 를 세 - 상 의 빛 - 으 - 로 - 부 르 신 - 주 님 - 비추
G Asus A G/B A/C# 1.D 2D
소서 - 나 도 주 님 의 - 빛을 비추리라 - - - - 어
Fine
Bm F#m G D/A Asus A
둠 을 밝 - 히 는 빛 - 온 세 상 - 을 - 비 - 추 는 빛 - 산
Bm F#m G 1.Asus A 2.G
위 의 - 마 - 을 이 숨 - 기 - 지 - 못 - 하 - - 네 - - 어
D.C.

114　나에겐 알 수 없는 힘

(알 수 없는 힘)

최용덕

나의 갈망은

(This is my desire)

Scott Brenner

116 나의 예수 온 맘 다해

(Lord of My Heart)

Sung Hee Brenner & Scott Brenner

D D/C♯ G/B A D A/C♯

나의예수 – 온맘다해 – 사랑해요 –

G/B A D D/C♯ G/B A D A/C♯

나의예수 – 온맘다해 – 경배해요 –

G/B A D D/C♯ G/B A Bm Bm/A

예수님께 – 온맘다해 – 순복해요 –

E/G♯ D/F♯ G Asus4 D *Fine*

영원토록 – 찬양을 – 드립니다 –

D D/F♯ G A D A/C♯ G A

당신은 – 순결하고 – 아름다 – 운 주이십니다

D A/C♯ Bm Bm/A G D/F♯ Em Em/D

– 거룩하 – 고사랑스 – 러운 능력과영 – 광의주 – 이십

Asus4 A G A D A/C♯

– 니다 하늘과땅 – 이 주찬양해 – 영광의왕

53/ 예수 사랑해요 111/ 나 무엇과도 주님을 126/ 놀라운 주의 사랑

내가 주님을 사랑합니다 117

(고백)

이길승

내 가 주 님 을 사 랑 합 니 다 내 가 주 님 을 사 랑 합 니 다
내 가 주 위 해 죽 겠 습 니 다 내 가 주 위 해 죽 겠 습 니 다
내 가 주 위 해 살 겠 습 니 다 내 가 주 위 해 살 겠 습 니 다

주 님 먼 저 날 - 사 랑 하 셨 - 네 내 가 주 님 을 사 랑 합 니 다
주 님 먼 저 날 - 위 해 죽 으 셨 네 내 가 주 위 해 죽 겠 습 니 다
주 님 먼 저 날 - 위 해 사 셨 - 네 내 가 주 위 해 살 겠 습 니 다

53/ 예수 사랑해요 101/ 갈릴리 바닷가에서 136/ 사랑의 주님이

118 내가 그리스도와 함께

박윤호

D D⁷ G D
내가 그 리스 도 와 함 – 께 십자 가 에못

Bm Em A⁷ D D⁷
박 혔나 니 – 그런 즉 이– 제 내가

G A⁷ D D⁷ G
산 것아니 요 오 직 내안 에 예수 께 – –

Gmaj⁷ D A⁷ D D C/D D⁷
서 사 신 – 것 이 – 라 – 이제

Gmaj⁷ D Bm G
내 – – 가 육체 가 운 – 데 사 는 것

Em⁷sus Em⁷ Asus4 A⁷ D Dmaj⁷ F#m
은 – – – 나를 사 랑하사 자 기 몸

G Gmaj⁷ D Em A⁷ D G/D D
버 리 신 예수 위 해 산 것이 라 –

101/ 갈릴리 바닷가에서 117/ 내가 주님을 사랑합니다 136/ 사랑의 주님이

내가 너를 믿고 맡긴 사명 119

(길 잃은 청지기)

주숙일

D

내가너를 믿 고 맡긴사 명 너는왜잊 어 버렸나
내가너를 믿 고 맡긴재 물 왜너의배 만 채우나

나만따르 리 라 하던약 속 너는왜잊 어 버렸나
나를위해 다 시 바치리 라 그약속잊 어 버렸나

위로받기 보다는 위로하 고 사랑받기 보다 는 사랑하며
위로받기 보다는 위로하 고 사랑받기 보다 는 사랑하며

십자가만 면류관만 바라보 며 – 의의길 간 다 더 니 –
십자가만 면류관만 바라보 며 – 의의길 간 다 더 니 –

위로하 기 보다는 위로받 고 사 랑을받 기 원 하 네
위로하 기 보다는 위로받 고 사 랑을받 기 원 하 네

120 내게 있는 향유 옥합

(옥합을 깨뜨려)

박정관

D A/C# Bm F#m/A G E7/G# Asus4 A7

내 게 있 는 향 유 옥 합 주 께 - 가 져 와

D A/C# Bm F#m/A G A7 D

그 발 위 에 입 맞 추 고 깨 뜨 - 립 니 다

D A/C# Bm F#m/A G E7/G# Asus4 A7

나 를 위 해 험 한 산 길 오 르 - 신 그 발
나 를 위 해 십 자 가 에 달 리 - 신 그 발
주 님 다 시 이 땅 위 에 임 하 - 실 그 때

D A/C# Bm F#m/A G A7 D

걸 음 마 다 크 신 사 랑 새 겨 - 놓 았 네
흘 린 피 로 나 의 죄 를 대 속 - 하 셨 네
주 의 크 신 사 랑 으 로 날 받 아 주 소 서

메들리 곡 63/ 있는 모습 그대로 72/ 주께 와 엎드려 104/ 감사해요 주님의 사랑

미가엘 1572

내 평생 사는동안

121

(I will sing)

Donya Brockway

122 내 평생 살아온 길

미가엘 901

조용기 & 김성혜

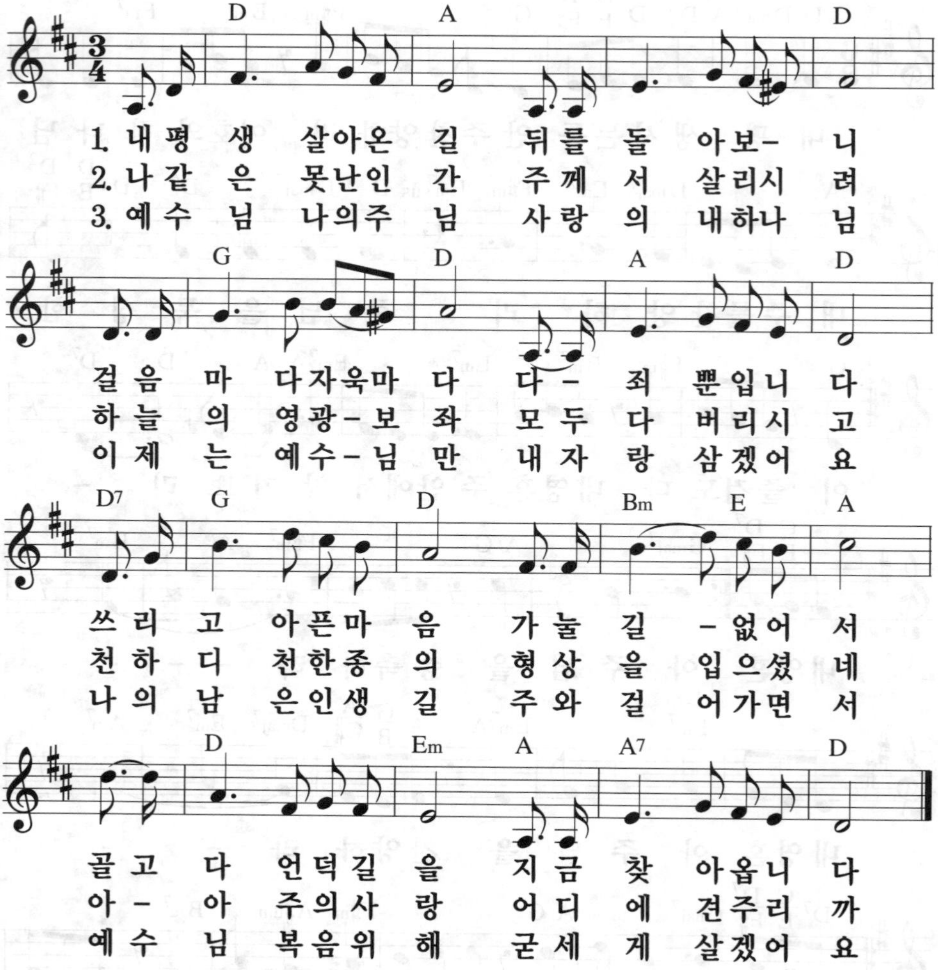
D A D
1. 내 평 생 살아온 길 뒤를 돌 아보- 니
2. 나 같 은 못난인 간 주께 서 살리시 려
3. 예 수 님 나의주 님 사랑 의 내하나 님
G D A D
걸 음 마 다자욱마 다 다- 죄 뿐입니 다
하 늘 의 영광-보 좌 모두 다 버리시 고
이 제 는 예수-님 만 내자 랑 삼겠어 요
D7 G D Bm E A
쓰 리 고 아픈마 음 가눌 길 -없어 서
천 하 디 천한종 의 형상 을 입으셨 네
나 의 남 은인생 길 주와 걸 어가면 서
D Em A A7 D
골 고 다 언덕길 을 지금 찾 아옵니 다
아 - 아 주의사 랑 어디 에 견주리 까
예 수 님 복음위 해 굳세 게 살겠어 요

너는 그리스도의 향기라 123

구현화 & 이사우

D

D F#m Bm Em Em/G D/E Em D/F# G Em A

너는 그리스도의- 향 기 라- 너는

그리스도의- 편 지 라 하 나 님 - 앞에서그-리

스 도 의 - 향 기 니 - 너를통해 사랑이 - 흘 러 가
생명이 -
기쁨이 -

Asus4 A7 Em G/A D

리 너를 통해 사랑이 - 흘 러 가 리
생 명 이 -
기 쁨 이 -

25/ 너는 담장 너머로 44/ 아주 먼 옛날 169/ 주께 힘을 얻고

124 너 어디 가든지 순종하라

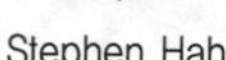

(Wherever you may go)

Stephen Hah

D A Bm F#m F#m7

너 어디 가든지 순종하라
나 어디 가든지 순종하리

G D E7 Asus4 A7

너 어디 있든지 충성하라
나 어디 있든지 충성하리

Dmaj7 A/C# Bm F#m F#m7

주 너의 하나님 왕되신 주
주 나의 하나님 왕되신 주

G D Bm7 Em/B A7 D

영원히 주님만 찬양하라
영원히 주님만 찬양하리

메들리 곡 113/ 나를 세상의 빛으로 159/ 오직 주의 사랑에 매여 174/ 주님 내가 여기

놀라우신 주의 은혜 125

(Grace Flows Down)

David Bell,Loule Giglio &
Rod Padgett

D Bm G

놀라 -우 신- - - - 주의- 은 혜- - - - -

D Bm G A

주의- 사 랑- - - - - 흘러 - 오 네 -

G A D D/C♯ Bm Bm/A

십자- 가에 - 달리신 그손- 과발- - - - -

G A 1. D

그 은- 혜 가 나를 덮 - 네 -

2. D G A

- 네- 나를- 덮 - 네- - - - - - - - 나를 - 덮

G A G

- 네- - - - - - - 주의 - 은 - 혜 - - - - - -

A G D

- 나를 - 덮네 - - - -

111/ 나 무엇과도 주님을 112/ 나를 지으신 이가 152/ 오 나의 자비로운 주여

126 놀라운 주의 사랑

(Beautiful One)
Tim Hughes
G A D/F♯
놀 라 운 주 의 사 랑 영 원 하 시 도 – 다 십 자
주 님 의 크 신 영 광 은 하 늘 을 덮 – 고 만
G A Bm7
가 자 비 로 나 타 내 셨 네 그
물 이 주 의 능 력 을 보 네 아
G A D/F♯
누 구 도 그 무 엇 도 깨 닫 지 못 하 – 리 아
름 다 운 주 의 위 엄 내 영 혼 께 어 – 서 노
G A D
름 답 고 영 화 로 우 신 주 아 름 다
래 하 네 놀 라 우 신 주 를
G A G A
우 신 주 사 랑 하 고 경 배 해 멈 출 수
G A D
4th time To Coda
1.
없 는 내 노 – – 래
Fine
2.
3.
G
아 름 다
D.S.
주 를 – 향 해 – 내 눈 여

- 셨 네 - 날 붙 - 드 시 는 - 그 사 - 랑 그 어
- 느 누 가 - 내 주 - 와 같 - 으 리 -
- 느 누 가 - 내 주 - 와 같 - 으 리 - 아 름 다
D.S. al Coda
내 영 - 혼 노 - 래 해 - 내 영
- 혼 노 - 래 해 - 아 름 - 다 우 - 신 주
- 노 래 하 네 - - 아 름 다
D.S.

127 눈으로 사랑을 그리지 말아요

미가엘 1133

(영원한 사랑)

김민식

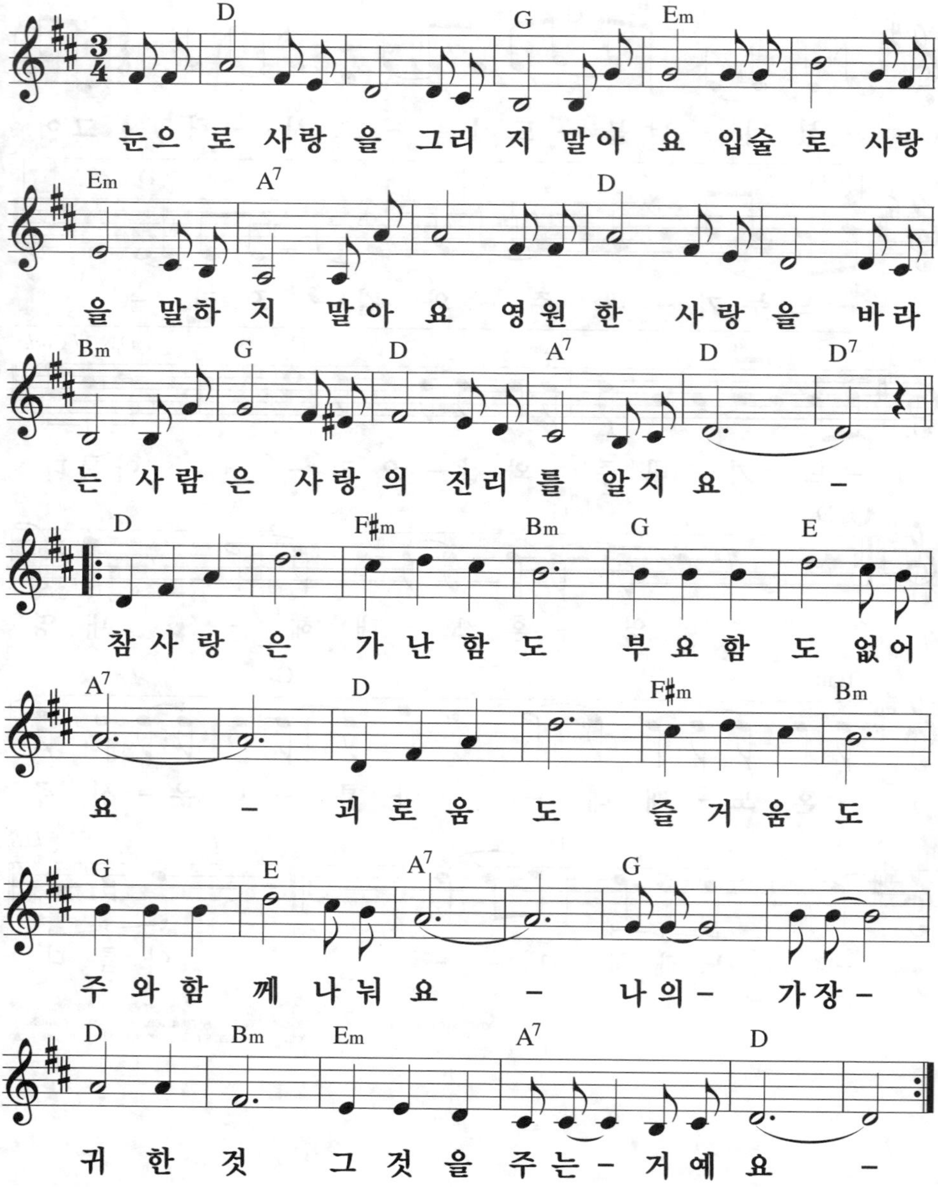

눈으로 사랑을 그리지 말아요 입술로 사랑을 말하지 말아요 영원한 사랑을 바라는 사람은 사랑의 진리를 알지요 –

참사랑은 가난함도 부요함도 없어요 – 괴로움도 즐거움도 주와함께 나눠요 – 나의– 가장– 귀한 것 그것을 주는– 거예요 –

101/ 갈릴리 바닷가에서 134/ 사랑은 언제나 오래참고 166/ 이와 같은 때엔

눈을 들어

(Open your eyes)

Carl Tuttle

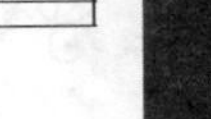

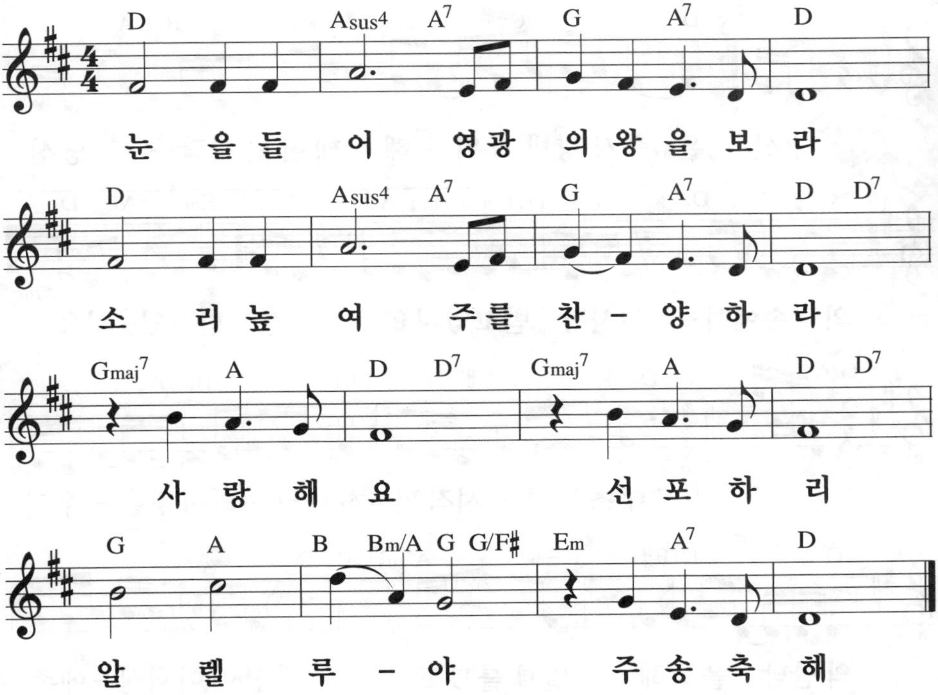
D Asus4 A7 G A7 D
눈 을 들 어 영광 의 왕 을 보 라
D Asus4 A7 G A7 D D7
소 리 높 여 주 를 찬 - 양 하 라
Gmaj7 A D D7 Gmaj7 A D D7
사 랑 해 요 선 포 하 리
G A B Bm/A G G/F# Em A7 D
알 렐 루 - 야 주 송 축 해

메들리 곡
21/ 내 입술로 120/ 내게 있는 향유 옥합 130/ 때가 차매

129 당신은 사랑받기 위해

미가엘 1584

이민섭

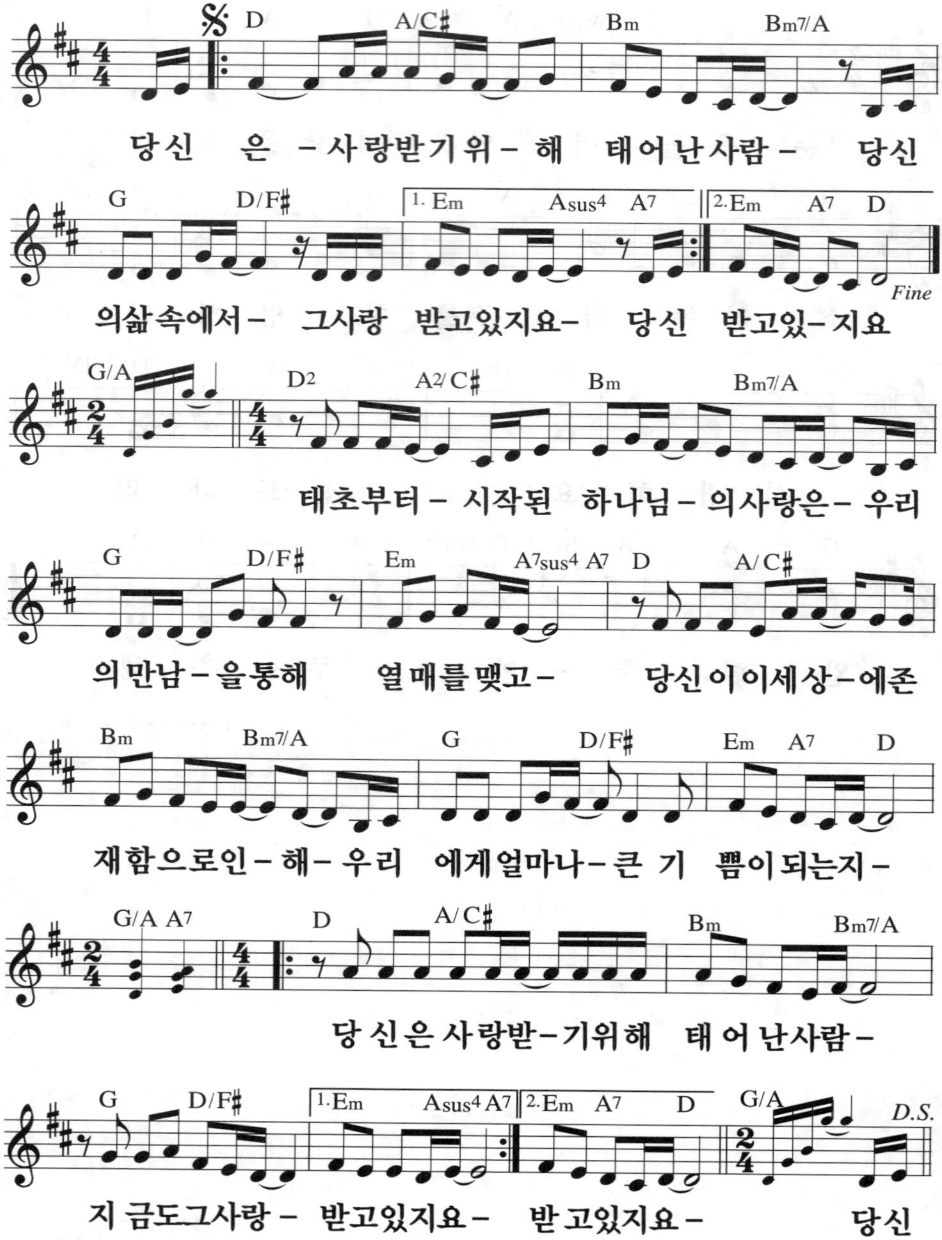

D A/C# Bm Bm7/A
당신 은 -사랑받기위- 해 태어난사람 - 당신
G D/F# 1. Em Asus4 A7 2. Em A7 D
Fine
의삶속에서 - 그사랑 받고있지요- 당신 받고있-지요
G/A D2 A2/C# Bm Bm7/A
태초부터 - 시작된 하나님-의사랑은- 우리
G D/F# Em A7sus4 A7 D A/C#
의만남-을통해 열매를맺고- 당신이이세상-에존
Bm Bm7/A G D/F# Em A7 D
재함으로인-해-우리 에게얼마나-큰 기 쁨이되는지-
G/A A7 D A/C# Bm Bm7/A
당신은사랑받-기위해 태어난사람-
G D/F# 1.Em Asus4 A7 2.Em A7 D G/A
D.S.
지금도그사랑- 받고있지요- 받고있지요- 당신

메들리 곡

25/ 너는 담장 너머로 123/ 너는 그리스도의 향기라 182/ 주님은 너를 사랑해

때가 차매

(Now is the time)

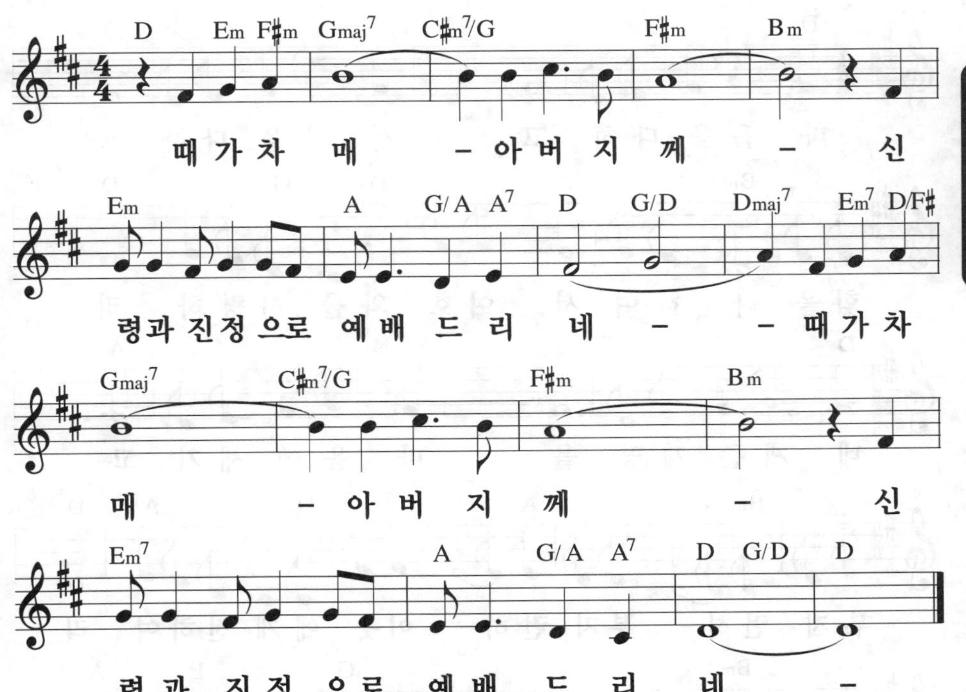

메들리 곡
72/ 주께와 엎드려
128/ 눈을 들어
180/ 주님의 성령

131 마음을 다하고

미가엘 1087

모든 이름 위에 뛰어난 이름 132

고형원

D F#m/C# Bm Bm/A G Em7 Asus4

모든 이름위- 에뛰어난-이 름 예수는 주 -예수는 주

D F#/C# Bm Bm/A G A D

모두 무릎꿇고 경 배를드리세 예 수 는 만유의- 주 님

G/A D2 F#m G A D D7

예수는 주 -예 수는 주 온 천 하 만물우- 러 러 그

G A/G F# Bm G A G A G/D D

보 좌앞 영 광을돌리- 세예 수 예수 예 수 는- 주 -

D

133 목마른 사슴

(As the deer)

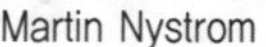

목 마 른사슴 시 냇 물을찾아 헤 매 이 듯 이
금 보 다 귀한 나 의 주님내게 만 족 주 신 주

내 영 혼 주를 찾 기 에-갈급 하 -나 이 다
당 신 만 이- 나 의 기쁨또한 나 의참 보 배

주 님 만 이- 나 의 힘 나 의 방 패 나 의 참 소 망

나 의 몸 정 성 다 바 쳐서주님 경 배 합 니 다

메들리 곡
29/ 먼저 그나라와 의를 53/ 예수 사랑해요 120/ 내게 있는 향유 옥합

사랑은 언제나 오래 참고 134

(사랑)

정두영

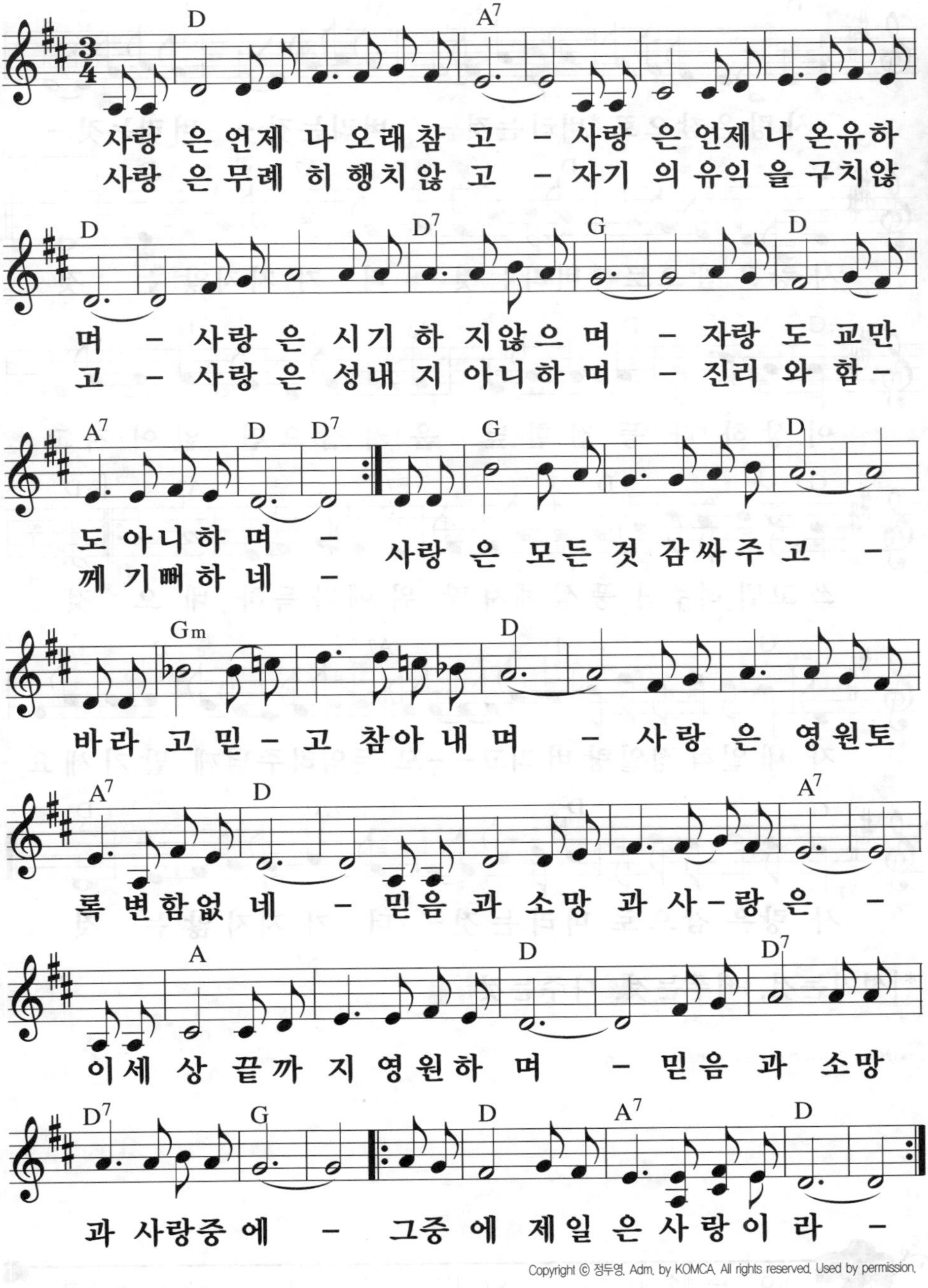

사랑 은언제 나오래참 고 – 사랑 은언제나온유하
사랑 은무례 히행치않 고 – 자기 의유익 을구치않

며 – 사랑 은 시기 하 지않으 며 – 자랑 도 교만
고 – 사랑 은 성내 지 아니하 며 – 진리 와 함–

도 아니하 며 –
께 기뻐하 네 –
사랑 은 모든 것 감싸주 고 –

바라 고 믿 – 고 참아 내 며 – 사랑 은 영원토

록 변함없 네 – 믿음 과 소망 과 사 – 랑 은 –

이세 상 끝까 지 영원하 며 – 믿음 과 소망

과 사랑중 에 – 그중 에 제일 은사랑이 라 –

135 사랑은 참으로 버리는 것

(사랑은 더 가지지 않는 것)

미가엘 1127

M. Reynold

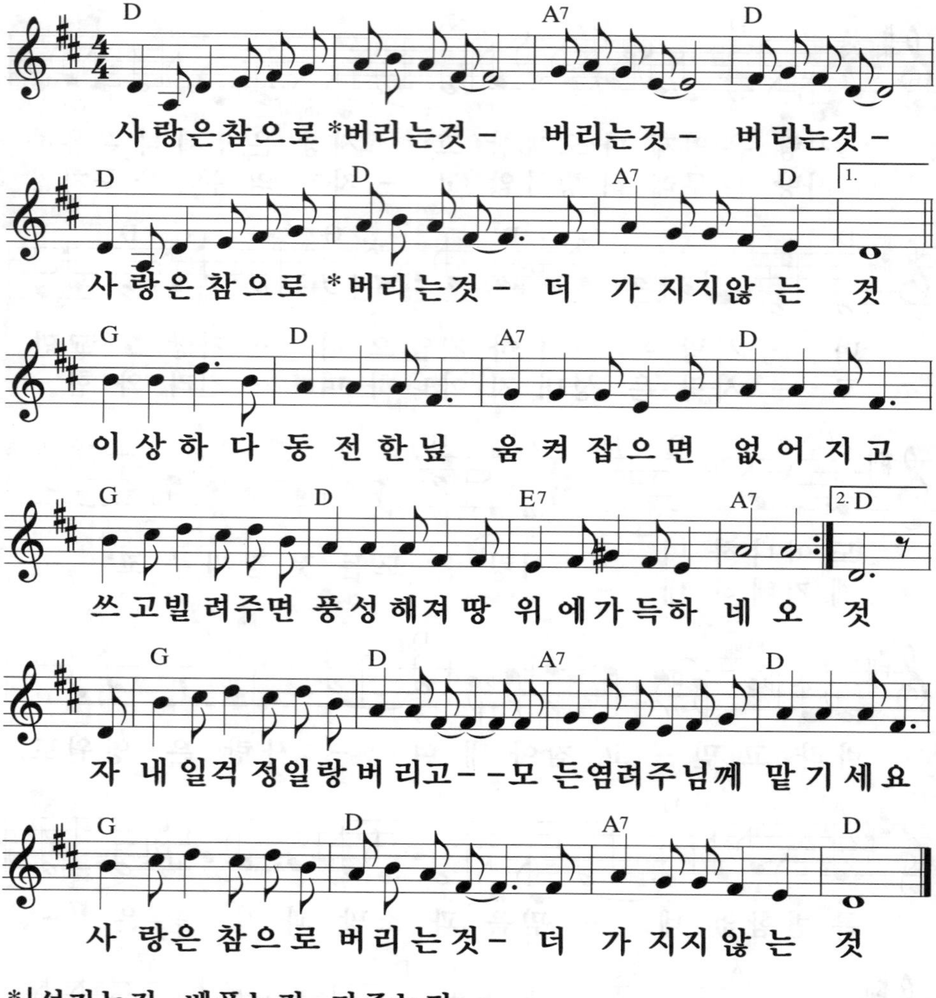
사랑은참으로*버리는것- 버리는것- 버리는것-
사랑은참으로 *버리는것- 더 가지지않는 것
이상하다 동전한닢 움켜잡으면 없어지고
쓰고빌려주면 풍성해져땅 위에가득하네오 것
자 내일걱정일랑버리고--모 든염려주님께 맡기세요
사 랑은참으로버리는것- 더 가지지않는 것

*|섬기는것, 베푸는것, 다주는것

메들리 곡 79/ 주 예수 사랑 기쁨 108/ 나는 믿음으로 148/ 예수보다 더 좋은 친구

미가엘 1146

사랑의 주님이

D Dmaj7 Em A7

사랑의 주님이 날사랑 하시네

Em7 A7 Dmaj7 A7

내모습 이대로 – 받으셨네 –

D Dmaj7 Em A7

사랑의 주님이 날사랑 하듯이

Em7 A7 G/D D

나도 널 사랑 하며 섬기리 –

메들리 곡
101/ 갈릴리 바닷가에서 182/ 주님은 너를 사랑해 186/ 주여 진실하게 하소서

137 사랑하는 주님

(베드로의 고백)

미가엘 1841

김석균

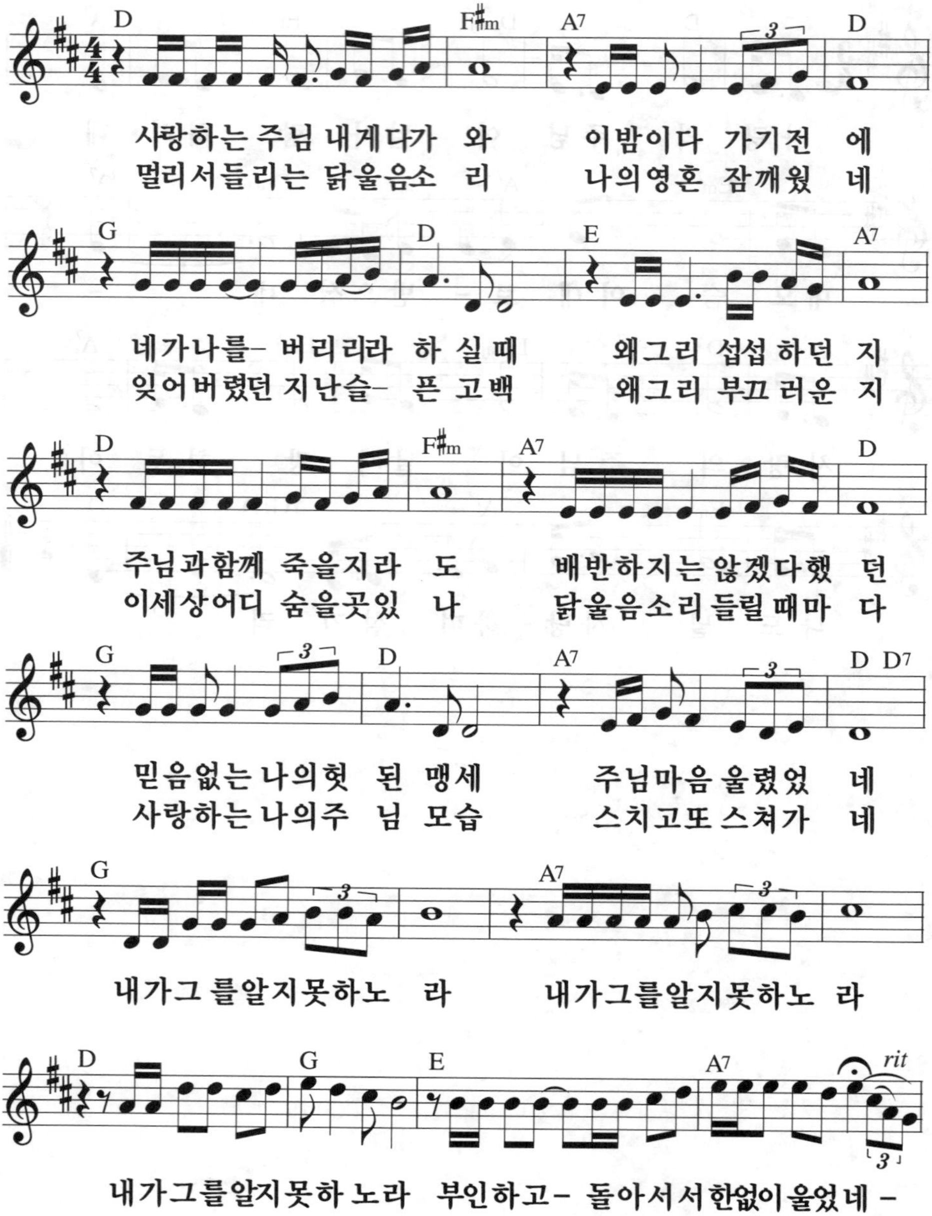
D F#m A7 D
사랑하는 주님 내게다가 와 이밤이다 가기전 에
멀리서들리는 닭울음소 리 나의영혼 잠깨웠 네
G D E A7
네가나를- 버리리라 하 실때 왜그리 섭섭 하던 지
잊어버렸던 지난슬- 픈 고백 왜그리 부끄 러운 지
D F#m A7 D
주님과함께 죽을지라 도 배반하지는 않겠다했 던
이세상어디 숨을곳있 나 닭울음소리 들릴 때마 다
G D A7 D D7
믿음없는 나의헛 된 맹세 주님마음 울렸었 네
사랑하는 나의주 님 모습 스치고또 스쳐가 네
G A7
내가그 를알지못하노 라 내가그를알지못하노 라
D G E A7 rit
내가그를알지못하 노라 부인하고- 돌아서서 한없이울었네 -

D

메들리 곡

40/ 세상에서 방황 할 때 101/ 갈릴리 바닷가에서 143/ 세상 부귀 안일함과

138 사랑합니다 나를 자녀삼으신

미가엘 625

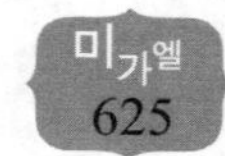

(I'll Be Lovin' You)

Carla White/Tim White & Maria Irey

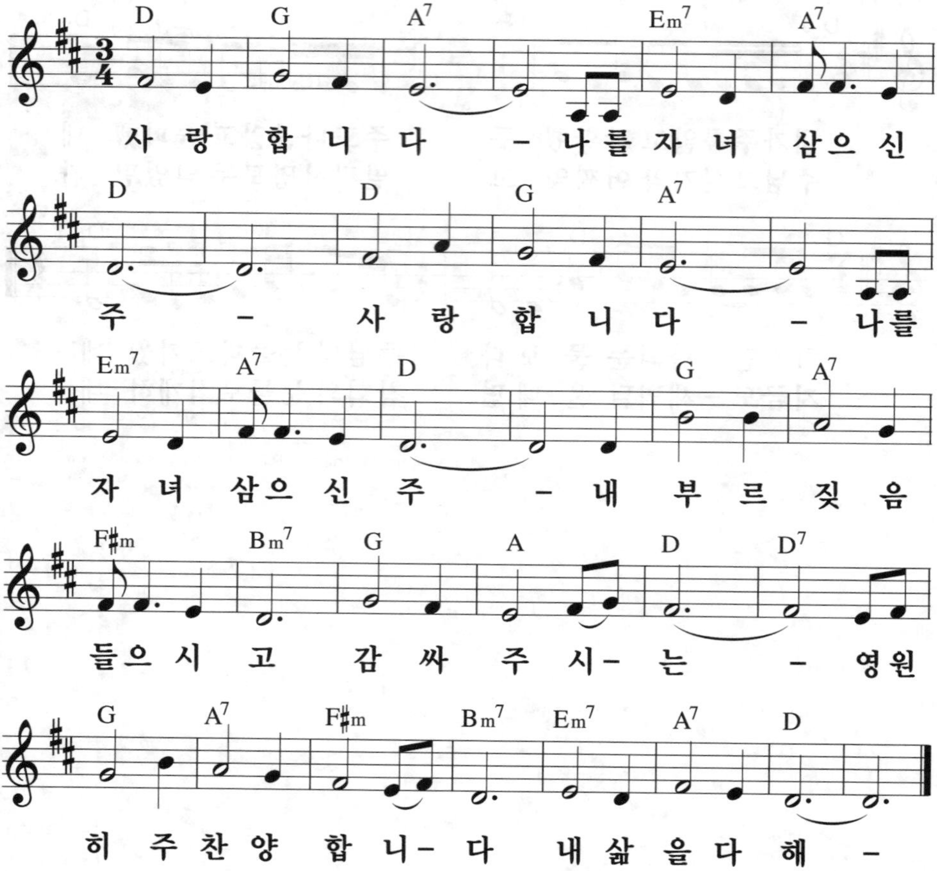
D G A7 Em7 A7
사 랑 합 니 다 - 나 를 자 녀 삼 으 신
D D G A7
주 - 사 랑 합 니 다 - 나를
Em7 A7 D G A7
자 녀 삼 으 신 주 - 내 부 르 짖 음
F#m Bm7 G A D D7
들 으 시 고 감 싸 주 시 - 는 - 영원
G A7 F#m Bm7 Em7 A7 D
히 주 찬 양 합 니 - 다 내 삶 을 다 해 -

선하신 목자

(Shepherd Of My Soul)

Martin Nystrom

선하신 - 목자 - 날 사랑하 - 는분 - 주

인도하 - 는곳 - 따라 가 - - 리 주의말 - 씀을 - 나

듣기위 - 하 - 여 주 인도하 - 는 - 곳 가려 네

네 나를 푸른초 - 장과 - - 쉴 만한물 - 가로 - 내

선하신 - 목자 - 날인 - 도해 - 험한 산과골 - 짜기 - 로 내가

다닐지 - 라도 - 내 선하신 - 목자 - 날인 - 도해 -

133/ 목마른 사슴 144/ 신실하게 진실하게 166/ 이와 같은 때엔

140 성령이여 내 영혼을

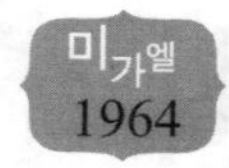

미가엘 1964

이천

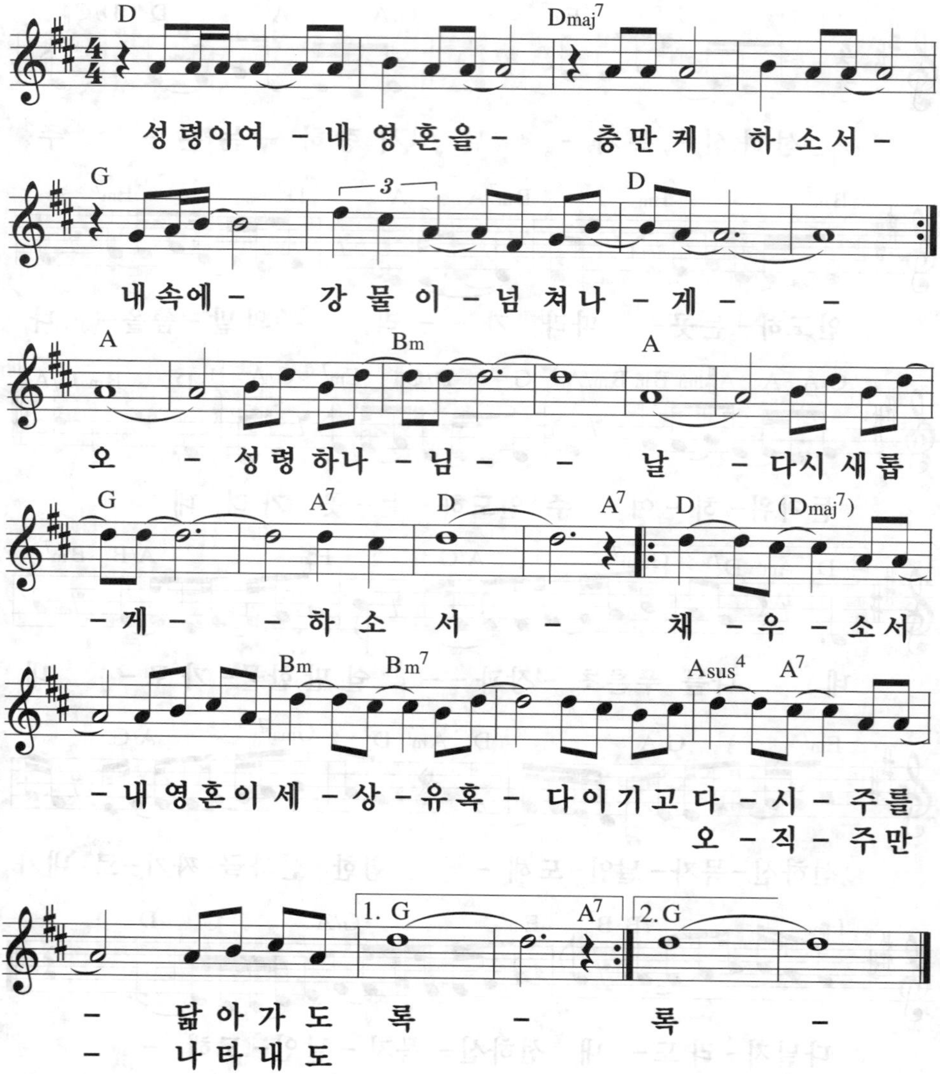
D Dmaj7
성 령 이 여 - 내 영 혼 을 - 충 만 케 하 소 서 -
G D
내 속 에 - 강 물 이 - 넘 쳐 나 - 게 - -
A Bm A
오 - 성 령 하 나 - 님 - - 날 - 다 시 새 롭
G A7 D A7 D (Dmaj7)
- 게 - - 하 소 서 - 채 - 우 - 소 서
Bm Bm7 Asus4 A7
- 내 영 혼 이 세 - 상 - 유 혹 - 다 이 기 고 다 - 시 - 주 를
오 - 직 - 주 만
1. G A7 2. G
- 닮 아 가 도 록 - 록 -
- 나 타 내 도

메들리 곡 1/ 거룩하신 성령이여 95/ 성령의 비가 150/ 예수 이름이 온 땅에

세상 때문에 눈물 흘려도 141

(외롭지 않아)

D

1. 세상때문에 - 눈물흘려도 외롭지않아 - 주님계시니
2. 마귀때문에 - 고통당해도 외롭지않아 - 주님계시니
3. 세상친구들 - 나를떠나도 외롭지않아 - 주님계시니

세상때문에 - 설움당해도 - 주님땜에외롭지않 아
마귀때문에 - 괴롬당해도 - 주님땜에외롭지않 아
세상친구들 - 나를버려도 - 주님땜에외롭지않 아

D G D A7 D

세상때문에 - 눈물흘려도 - 주님땜에외롭지않 아

142 세상 권세 멸하시러

(For This Purpose)

Graham Kendrick

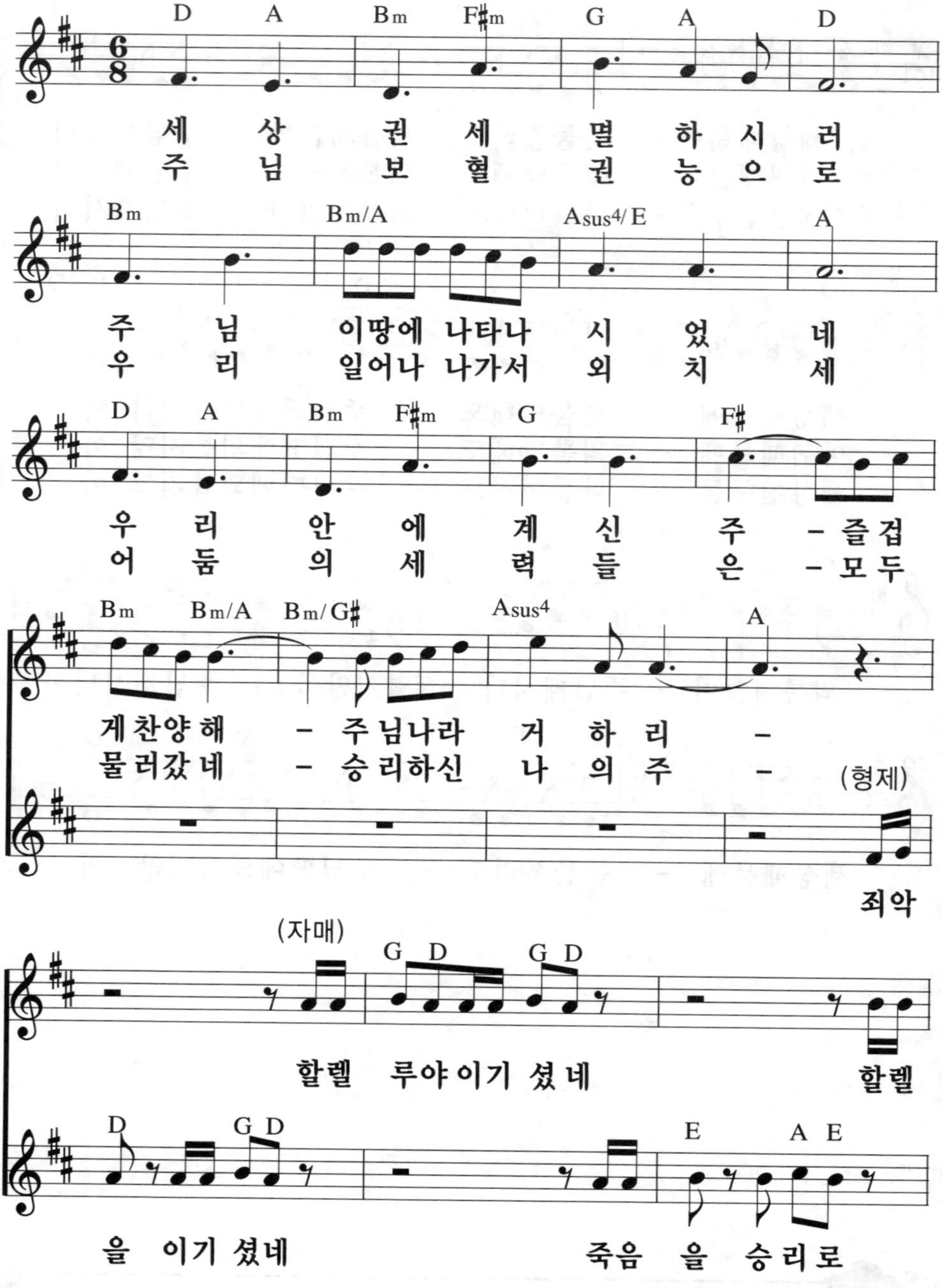

D A Bm F♯m G A D

세 상 권 세 멸 하 시 러
주 님 보 혈 권 능 으 로

Bm Bm/A Asus4/E A

주 님 이땅에 나타나 시 었 네
우 리 일어나 나가서 외 치 세

D A Bm F♯m G F♯

우 리 안 에 계 신 주 – 즐겁
어 둠 의 세 력 들 은 – 모두

Bm Bm/A Bm/G♯ Asus4 A

게찬양해 – 주님나라 거 하 리 –
물러갔네 – 승리하신 나 의 주 –

(형제)

죄악

(자매)

G D G D

할렐 루야이기 셨네 할렐

D G D E A E

을 이기 셨네 죽음 을 승리로

A E A E
Bm F♯ Bm F♯
루야승 리로
할렐 루야 고치 셨네
F♯
Bm F♯
모든 질병 고치 셨네
G
Asus4 A7
D G D Asus4 D
주 다 스 -리시 네 - -

D

143 세상 부귀 안일함과

(주님 내게 오시면)

미가엘 986

윤용섭

신실하게 진실하게 144

(Let me be faithful)

Stephen Hah

D A/C# Bm Bm/A E/G# A7

신실하게 – 진실하게 – 거룩하게살게하소서

D A/C# Bm Bm/A G A7 D

신실하게 – 진실하게 – 거룩하게살게하소 서

D A/C# Bm Bm/A G E/G# A7

하 나 님 – – – – 나의 마음 – 만져 주소서 –
하 나 님 – – – – 나의 기도 – 들어 주소서 –

D A/C# Bm Bm/A G A7 D

하 나 님 – – – 나의 영 혼 새롭게하소 서
하 나 님 – – – 주의 길 로 인도 – 하소 서

145 아름다웠던 지난 추억들

(친구의 고백)

미가엘 1173

권희석

구들 - 멀고도 험한 - 고난의 길을 - 나이제
핏잔 - 그일이 문득 - 생각이 나면 - 어느새
웠어 - 하지만 이젠 - 두렵지 않아 - 이세상

말 없 - 이 주님을 위 하 - 여 떠나야 지
내 뺨 - 에 주르르 눈 물만이 흐릅니 다 수없이
끝 까 - 지 주님을 위 하 - 여 죽을텐 데

희생 - 영원히 당신과 함께있 고 - 파 사랑의

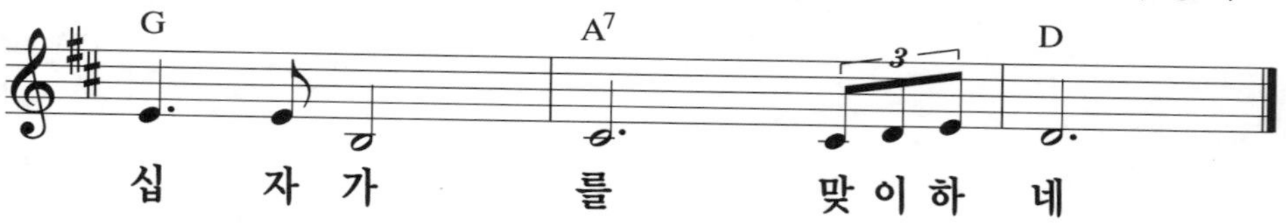

64/ 이 험한 세상 113/ 나를 세상의 빛으로 176/ 주님 말씀하시면

아침 안개 눈 앞 가리듯 146

(언제나 주님께 감사해)

김성은 & 이유정

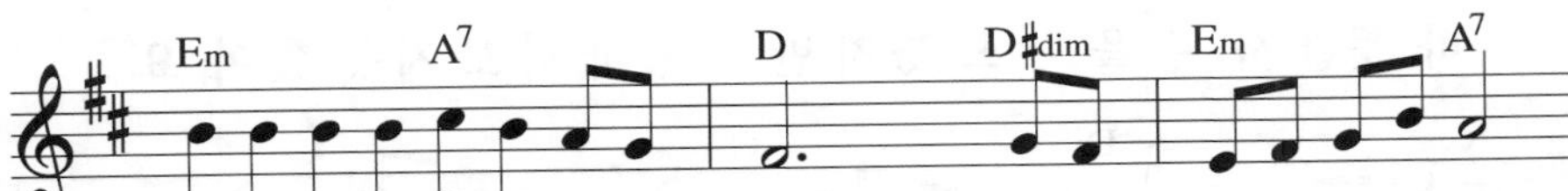

104/ 감사해요 주님의 사랑 199/ 주 찬양합니다 205/ 평안을 너에게

147 어느날 다가온 주님의

(고백)

미가엘 917

김석균

메들리 곡

15/ 내가 걷는 이 길이 90/ 하나님 한 번도 나를 114/ 나에겐 알 수 없는 힘

미가엘 936

예수보다 더 좋은 친구 148

(나의 참 친구)

김석균

D

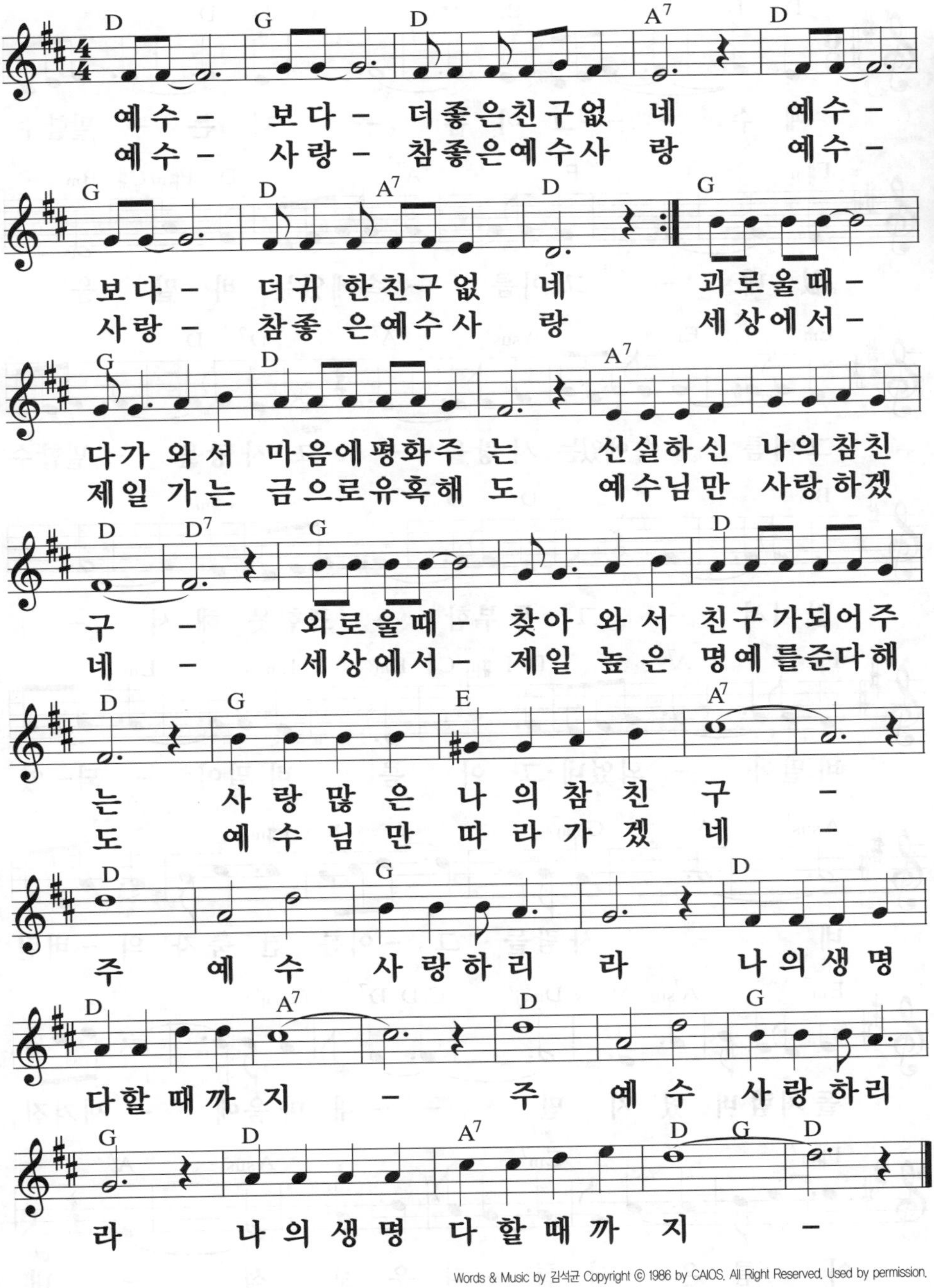
예수 – 보다 – 더좋은친구없 네 예수 –
예수 – 사랑 – 참좋은예수사 랑 예수 –
보다 – 더귀 한친구없 네 괴로울때 –
사랑 – 참좋 은예수사 랑 세상에서 –
다가 와서 마음에평화주 는 신실하신 나의참친
제일 가는 금으로유혹해 도 예수님만 사랑하겠
구 – 외로울때 – 찾아 와서 친구가되어주
네 – 세상에서 – 제일 높은 명예를준다해
는 사 랑 많 은 나 의 참 친 구 –
도 예 수 님 만 따 라 가 겠 네 –
주 예 수 사 랑 하 리 라 나 의 생 명
다할 때까 지 – 주 예 수 사 랑 하 리
라 나 의 생 명 다 할 때 까 지 –

149 예수 그 이름

(그 이름)

미가엘 604

송명희 & 최덕신

D2 D Bm D2 D

게 있는 – 귀한비 밀 이라 – – 내 마음에 – 숨겨진

F#m7 Em A7 D F#m/C# Bm

기 쁨 – 예 수 – 오– – 그 이 름 – 나

Em Asus4 A7 Dsus4 D Em Asus4 A7

는 말할 수 없 네 – – 그 이 – 름의 비 밀

F#m7 B7/F# Em Asus4 A7 G/D D

을 – – 그 이 – 름의 사 랑 을 –

150 예수 이름이 온 땅에

김화랑

예수이름이 온땅에- 온땅에 퍼져가 네
예수이름이 온땅에- 온땅에 선포되 네

잃어버린영혼 예수이름- 그 이름듣고 돌아오 네-- 예수
하나님의나라 열방중에- 열방중에 임하시 네-- 하나

님기뻐 노래하시리 잃어 버린영혼 돌아올 때-- 예수
님기뻐 노래하시리 열방 이-주께 돌아올 때-- 하나

님 기 뻐 춤추시리 잃어 버린영혼 돌아올 때--
님 기 뻐 춤추시리 열방 이-주께 돌아올 때--

메들리 곡 32/ 복음들고 산을 126/ 놀라운 주의 사랑 132/ 모든 이름 위에

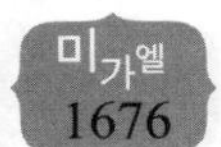

미가엘 1676

예수 하나님의 공의 151

(This kingdom)

Geoff Bullock

D

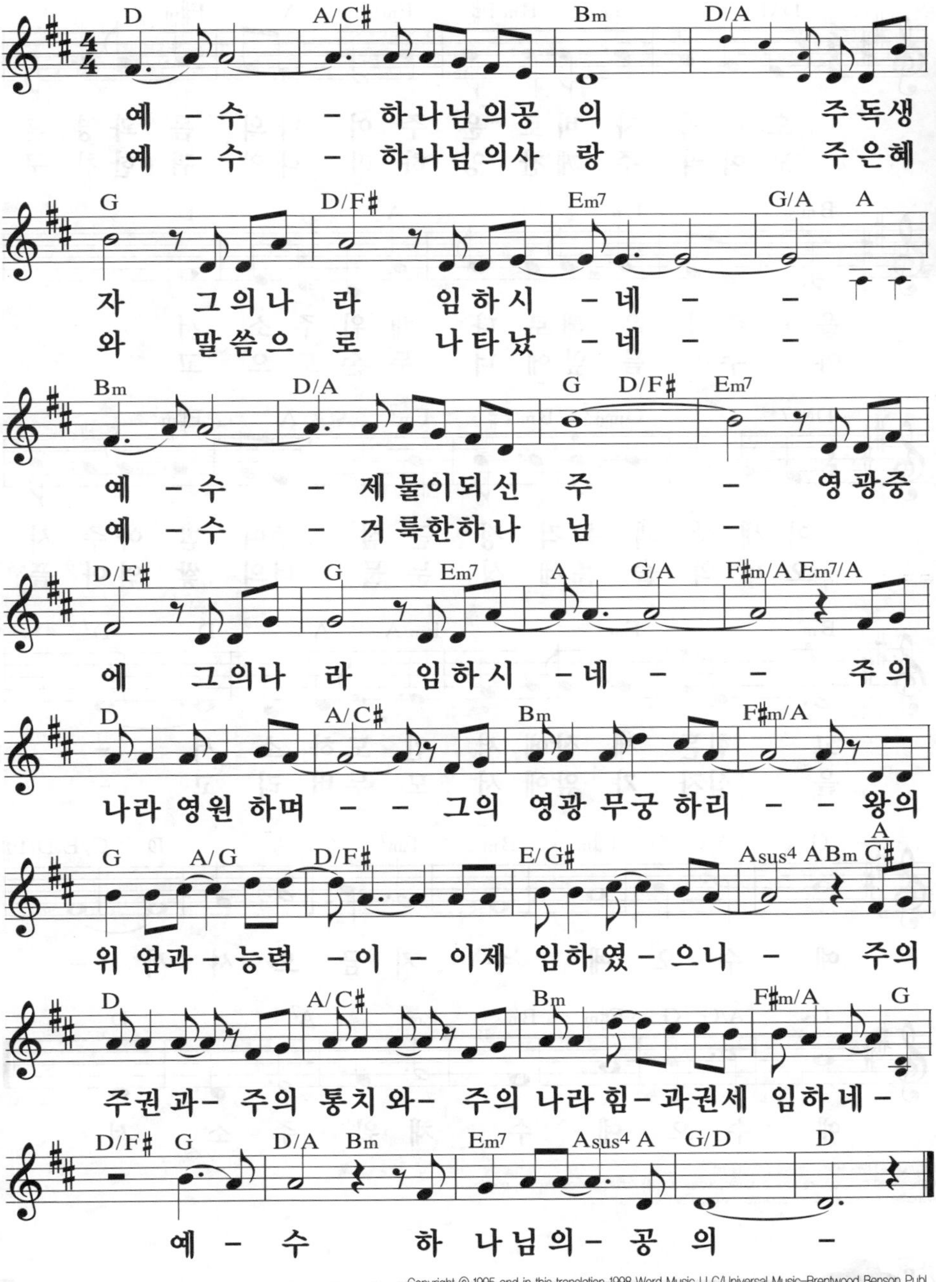

예 - 수 - 하나님의공 의 주독생
예 - 수 - 하나님의사 랑 주은혜
자 그의나 라 임하시 - 네 - -
와 말씀으 로 나타났 - 네 - -
예 - 수 - 제물이되신 주 - 영광중
예 - 수 - 거룩한하나 님 -
에 그의나 라 임하시 - 네 - - 주의
나라 영원 하며 - - 그의 영광 무궁 하리 - - 왕의
위 엄과 - 능력 - 이 - 이제 임하였 - 으니 - 주의
주권 과 - 주의 통치 와 - 주의 나라 힘 - 과권세 임하 네 -
예 - 수 하 나님의 - 공 의 -

152 오 나의 자비로운 주여

미가엘 832

(영혼의 노래 / Spirit song)

John Wimber

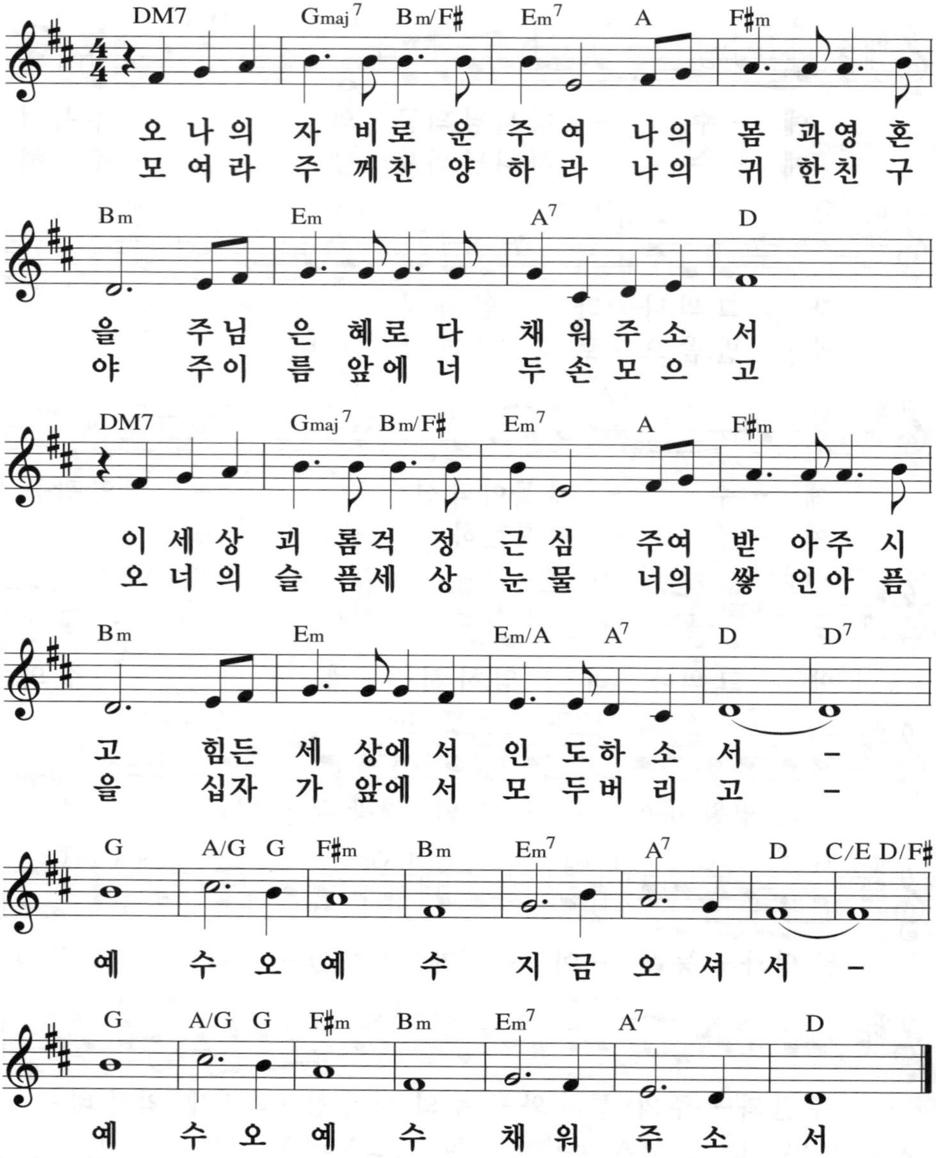
DM7 Gmaj7 Bm/F# Em7 A F#m
오 나의 자 비로 운 주 여 나의 몸 과영 혼
모 여라 주 께찬 양 하 라 나의 귀 한친 구
Bm Em A7 D
을 주님 은 혜로 다 채 워주소 서
야 주이 름 앞에너 두 손모으 고
DM7 Gmaj7 Bm/F# Em7 A F#m
이 세 상 괴 롬걱 정 근 심 주여 받 아주 시
오 너 의 슬 픔세 상 눈 물 너의 쌓 인아 픔
Bm Em Em/A A7 D D7
고 힘든 세 상에 서 인 도하 소 서 –
을 십자 가 앞에 서 모 두버 리 고 –
G A/G G F#m Bm Em7 A7 D C/E D/F#
예 수 오 예 수 지 금 오 셔 서 –
G A/G G F#m Bm Em7 A7 D
예 수 오 예 수 채 워 주 소 서

메들리 곡 36/ 살아계신 성령님 120/ 내게 있는 향유 옥합 146/ 아침 안개 눈 앞 가리듯

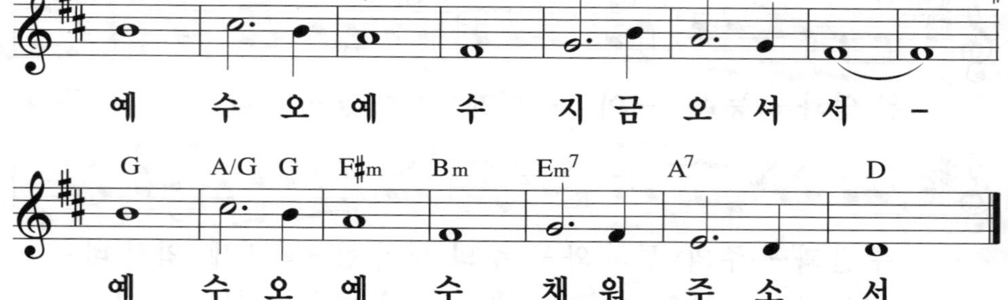

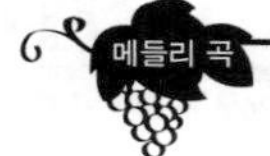

오늘 집을 나서기 전 153

M.A. Kidder & W.O.Perkins

D A7

1. 오 늘 집 을 나 서 기 전 기 도 했 나 요
2. 맘 에 분 이 가 득 찰 때 기 도 했 나 요
3. 어 려 운 시 험 당 할 때 기 도 했 나 요
4. 나 의 일 생 다 하 도 록 기 도 하 리 라

D G A7 D

오 늘 받 을 은 총 위 해 기 도 했 나 요
나 의 앞 길 막 는 친 구 용 서 했 나 요
주 가 함 께 당 하 시 면 능 히 이 기 리
주 께 맡 긴 나 의 생 애 영 원 하 리 라

D A7

기 도 는 우 리 의 안 식 빛 으 로 인 도 하 리

D G A7 D

앞 이 캄 캄 할 때 기 도 잊 지 마 시 오

154 오라 우리가

미가엘 1586

(여호와의 산에 올라 / Come and let us go)

B. Quigley & M–A Quigley

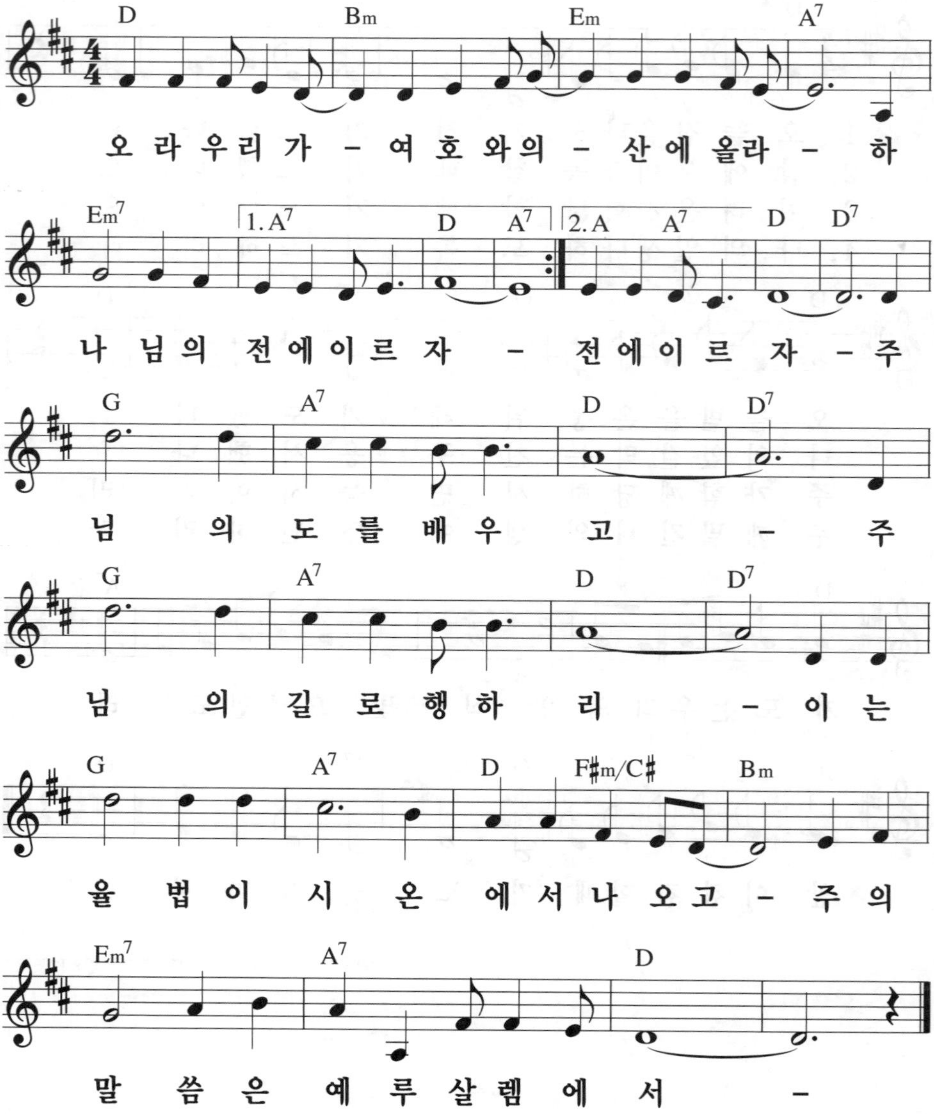
D Bm Em A7
오 라 우 리 가 – 여 호 와 의 – 산 에 올라 – 하
Em7 1.A7 D A7 2.A A7 D D7
나 님 의 전 에 이 르 자 – 전 에 이 르 자 – 주
G A7 D D7
님 의 도 를 배 우 고 – 주
G A7 D D7
님 의 길 로 행 하 리 – 이 는
G A7 D F#m/C# Bm
율 법 이 시 온 에 서 나 오 고 – 주 의
Em7 A7 D
말 씀 은 예 루 살 렘 에 서 –

메들리 곡 32/ 복음 들고 산을 110/ 나는 주를 부르리 132/ 모든 이름 위에

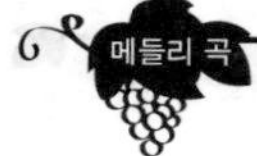

오소서 진리의 성령님 155

(부흥 2000)

고형원

D

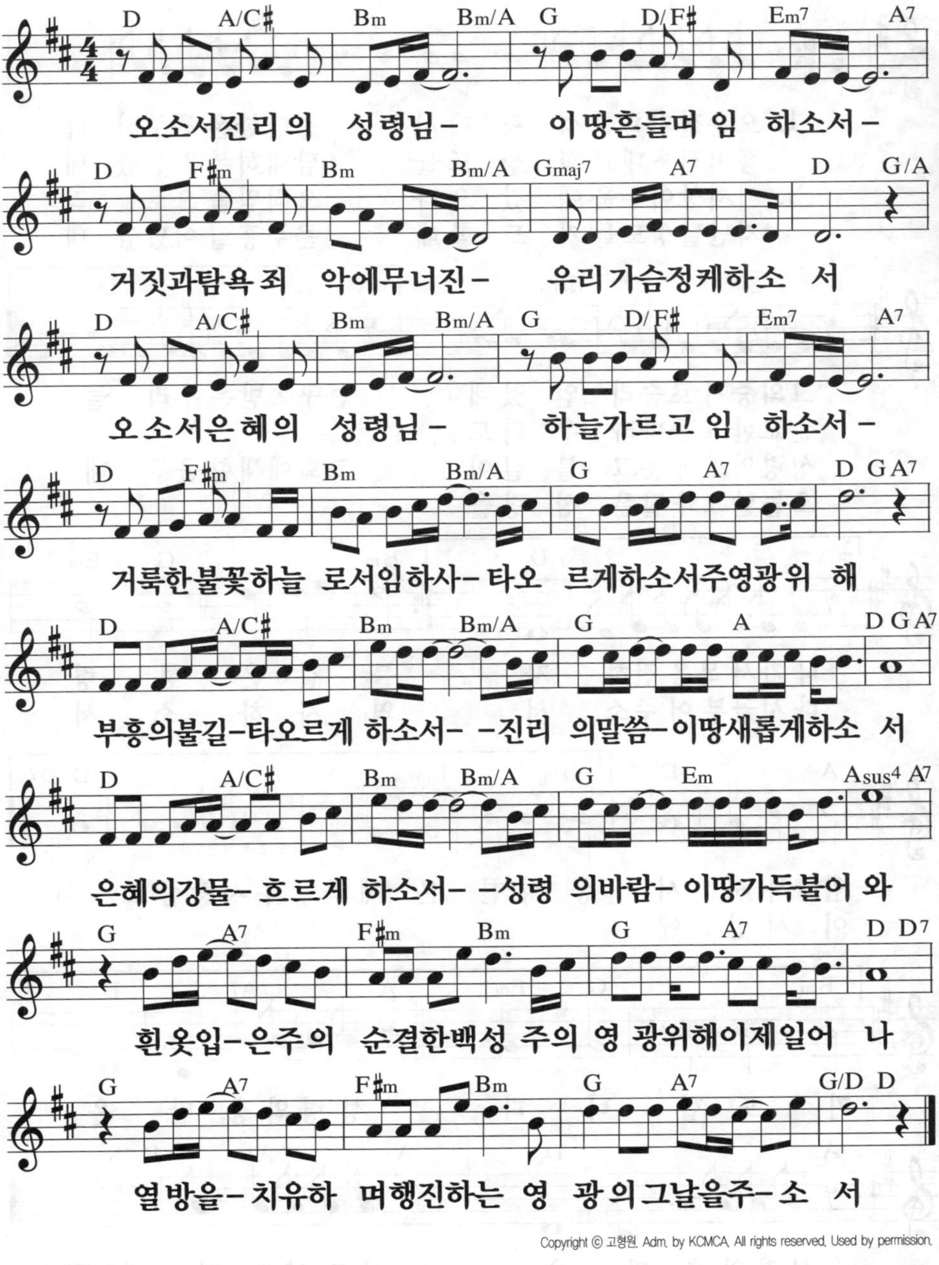

D A/C# Bm Bm/A G D/F# Em7 A7

오소서진리의 성령님- 이땅흔들며 임 하소서-

D F#m Bm Bm/A Gmaj7 A7 D G/A

거짓과탐욕죄 악에무너진- 우리가슴정케하소 서

D A/C# Bm Bm/A G D/F# Em7 A7

오소서은혜의 성령님- 하늘가르고 임 하소서-

D F#m Bm Bm/A G A7 D G A7

거룩한불꽃하늘 로서임하사-타오 르게하소서주영광위 해

D A/C# Bm Bm/A G A D G A7

부흥의불길-타오르게 하소서- -진리 의말씀-이땅새롭게하소 서

D A/C# Bm Bm/A G Em Asus4 A7

은혜의강물- 흐르게 하소서- -성령 의바람- 이땅가득불어 와

G A7 F#m Bm G A7 D D7

흰옷입-은주의 순결한백성 주의 영 광위해이제일어 나

G A7 F#m Bm G A7 G/D D

열방을-치유하 며행진하는 영 광의그날을주-소 서

74/ 주님 다시 오실 때까지 111/ 나 무엇과도 주님을 120/ 내게 있는 향유 옥합

156 오순절 거룩한 성령께서

(불 같은 성령 임하셔서)

미가엘 649

John W. Peterson

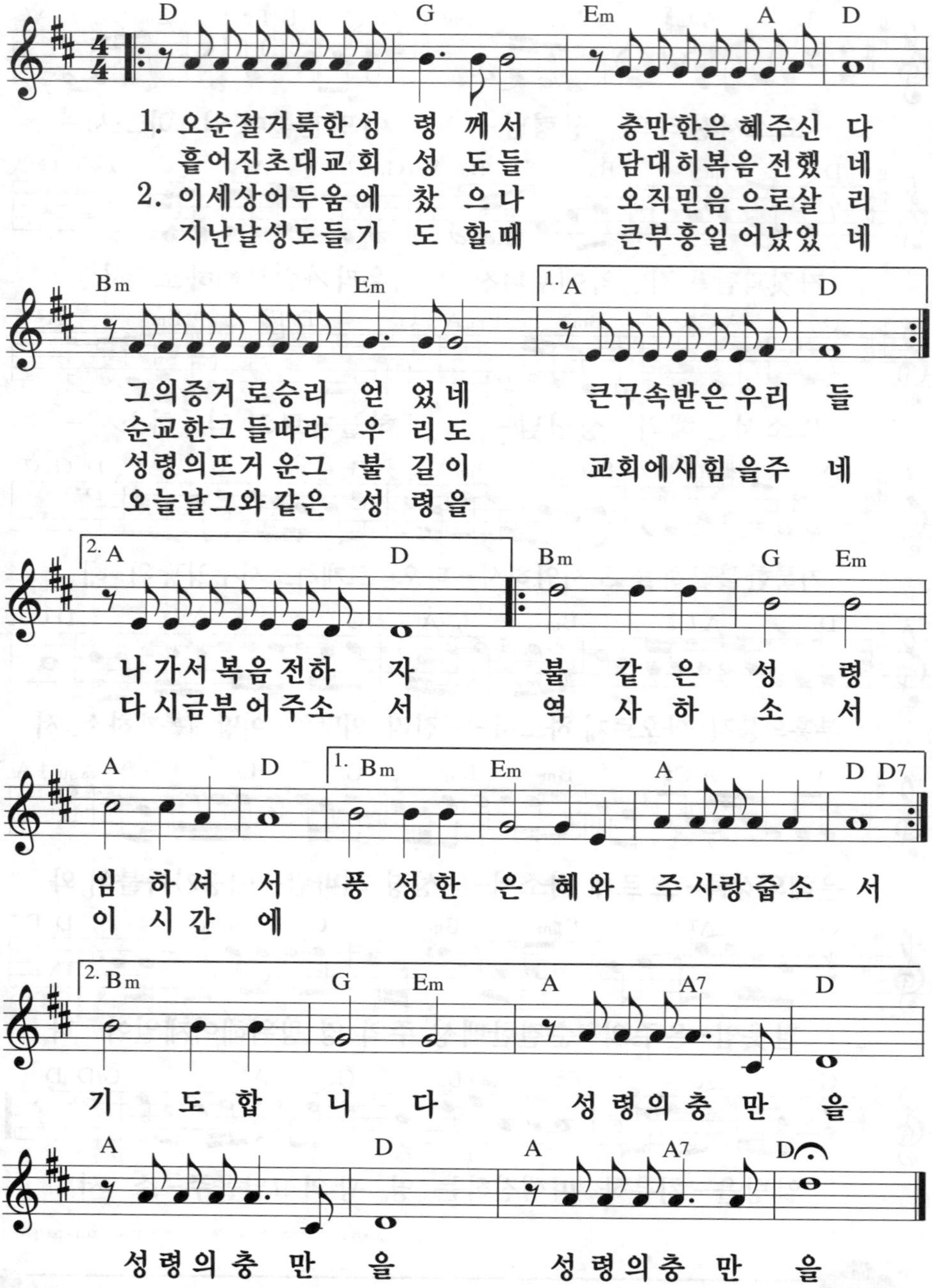
D G Em A D
1. 오순절거룩한성 령 께서 충만한은혜주신 다
흩어진초대교회 성 도들 담대히복음전했 네
2. 이세상어두움에 찼 으나 오직믿음으로살 리
지난날성도들기 도 할때 큰부흥일어났었 네
Bm Em 1. A D
그의증거로승리 얻 었네 큰구속받은우리 들
순교한그들따라 우 리도
성령의뜨거운그 불 길이 교회에새힘을주 네
오늘날그와같은 성 령을
2. A D Bm G Em
나가서복음전하 자 불 같 은 성 령
다시금부어주소 서 역 사 하 소 서
A D 1. Bm Em A D D7
임 하 셔 서 풍 성한 은 혜와 주사랑줍소 서
이 시 간 에
2. Bm G Em A A7 D
기 도 합 니 다 성령의충 만 을
A D A A7 D
성령의충 만 을 성령의충 만 을

오 주님께서 나를 살리셨네 157

158 오직 예수 다른 이름은

(No other name)

Robert Gay

오직예 수 다른이름은 없네 주이름 만 우리에게주셨

네 오직예 수 다른이 름 없 - - 네 오

last time to Coda

영 -광과존귀 권 세 -와- 찬양 받 으 -실분오직주예

수 오직예 수 온 땅 위에홀- 로

높으신 - 이름- 하 늘 위 높이들-리셨 -네 - 온

땅 위에홀- 로 높으신 - 이름- 영 광과 존귀와

찬양드리세 오직예 D.S. 으 -실분 오직주예 수 -

65/ 임마누엘 132/ 모든 이름 위에 150/ 예수 이름이 온 땅에

오직 주의 사랑에 매여 159

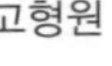

D

오 직 주 의사랑에매 여 내영 기뻐 노 래합니 다 이소

망 의언 덕 기 쁨의땅-에-서 주 께사랑드립니 다 오직

주 의임재안에갇 혀 내영 기 뻐 찬양합니 다 이소

명 의언 덕 거 룩한땅-에-서 주 께경배드립니 다 주께

서 주신모든은 혜 나- 는 말할수 없 네 내영

혼 즐거-이 주 따르렵-니다- 주 께내삶드립니 다

160 오직 주의 은혜로

D /F# G D/F# Em /D A/C#

오직주의 -은 혜 로 지금여기 - 서 있 네

Bm F#m G D/F# Em Asus4 A

한없는 - 경 배 한없는 - 찬 양 내 영 혼 예배드 리 네

D /F# G D/F# Em /D A/C#

나를위해 - 이 땅 에 오신 주의 - 그 은 혜

Bm F#m G D/F# Em A

십 자가 - 고 통 이기신 - 주 님 그 은혜어찌잊으 리

G A D G A D

주은 혜 날채우 시네 - 주은 혜 보게하 시네 -

G A F#m Bm

살 아 가 는 동 안 - 은혜 로만살리 -

Em A D

십 자 가 은 혜 로 - -

미가엘 1696

우리가 걷는 이 길

최용덕

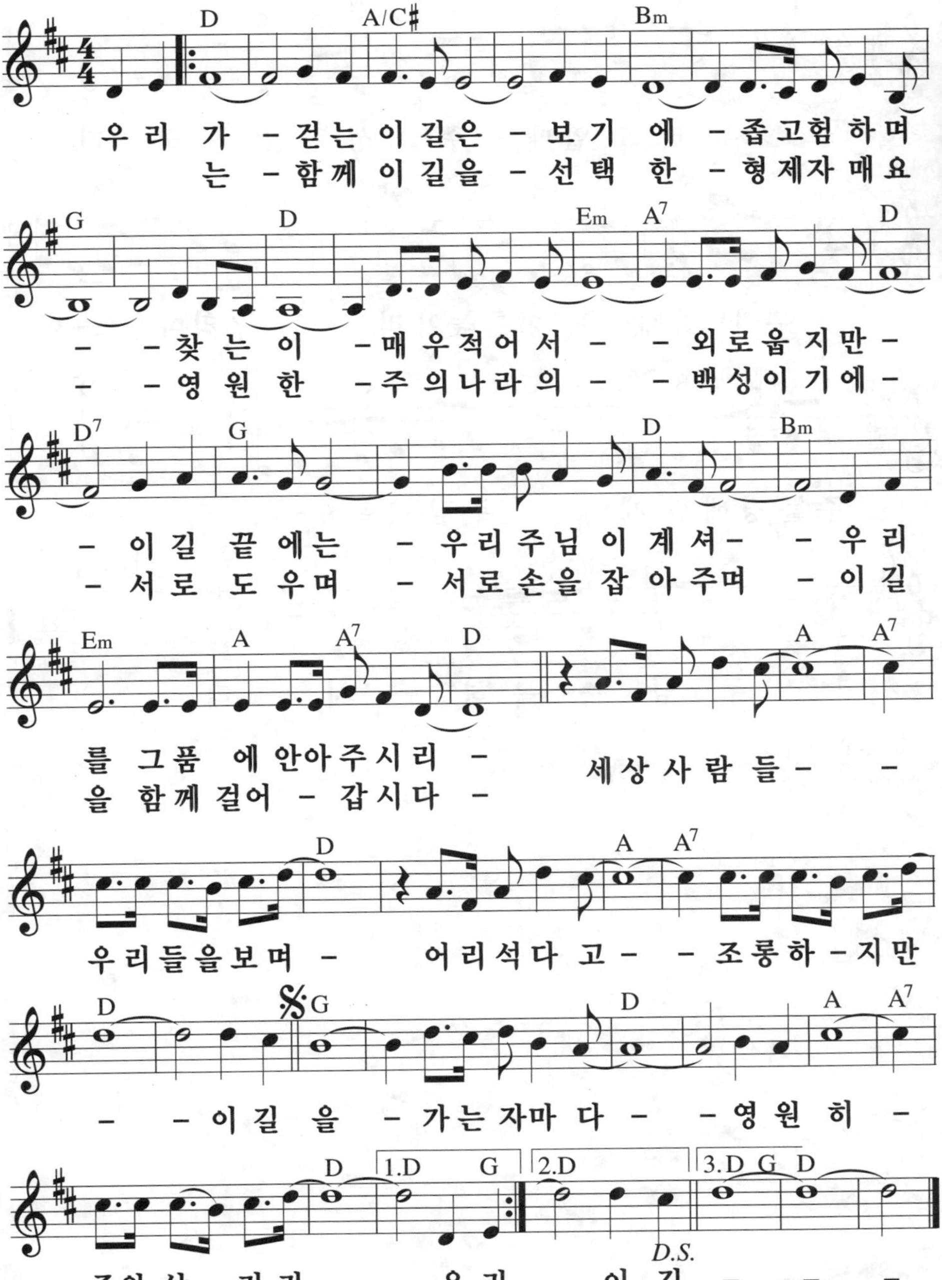

D A/C# Bm
우 리 가 - 걷는 이 길은 - 보 기 에 - 좁고험하며
는 - 함께 이 길을 - 선 택 한 - 형제자 매요
G D Em A7 D
- - 찾 는 이 - 매 우 적 어 서 - - 외 로 웁 지 만 -
- - 영 원 한 - 주 의 나 라 의 - - 백 성 이 기 에 -
D7 G D Bm
- 이 길 끝 에는 - 우리주님 이 계 셔 - - 우 리
- 서 로 도 우며 - 서로손을 잡 아 주며 - 이 길
Em A A7 D A A7
를 그 품 에 안아주시리 - 세 상 사 람 들 - -
을 함께 걸어 - 갑 시 다 -
D A A7
우리들을보며 - 어리석다 고 - - 조 롱 하 - 지 만
D G D A A7
- - 이 길 을 - 가 는 자 마 다 - - 영 원 히 -
D 1.D G 2.D 3.D G D
D.S.
주와 살 - 리 라 - - 우 리 - 이 길 - - -

162 우리 모일때 주 성령 임하리

미가엘 1250

(As We Gather)

Mike Faye & Tommy Coomes

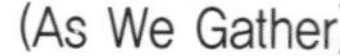

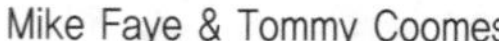

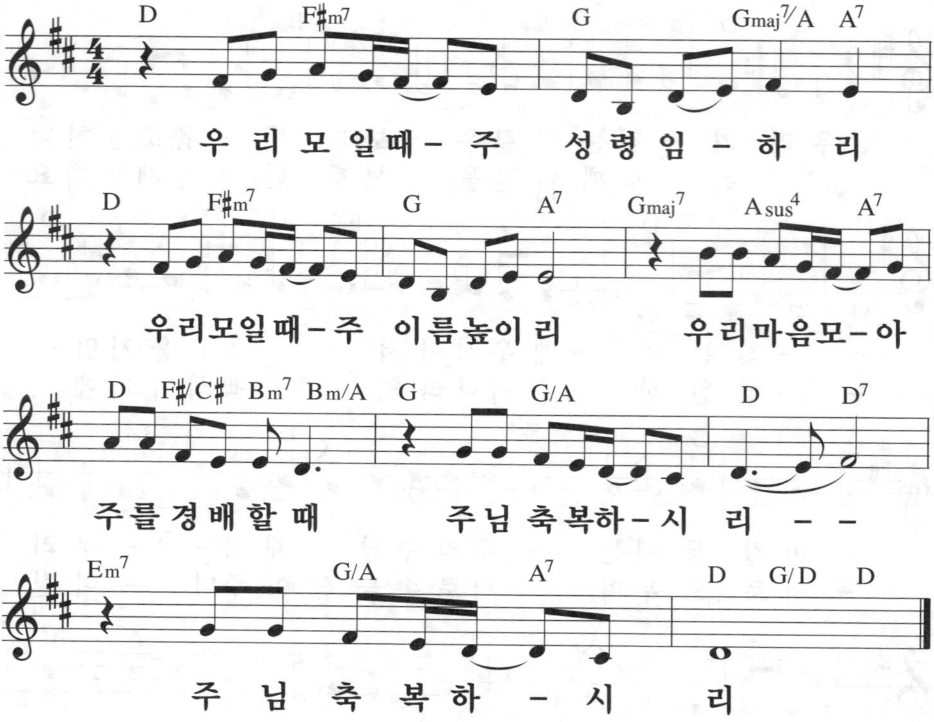

D F#m7 G Gmaj7/A A7
우 리 모 일때 - 주 성령 임 - 하 리
D F#m7 G A7 Gmaj7 Asus4 A7
우리모일때 - 주 이름높이리 우리마음모 - 아
D F#/C# Bm7 Bm/A G G/A D D7
주를경배할때 주님 축복하 - 시 리 - -
Em7 G/A A7 D G/D D
주 님 축 복 하 - 시 리

이와 같은 때엔 163

(In moments like these)

David Graham

D Bm7 Em7 A7 Adim Em7

이와 같은 때엔 난 노래하네 사랑을 노
이와 같은 때엔 난 기도하네 조용히 기

Em7/A A Dmaj7 G2/A D Bm7

래하네 주님께 이와 같은 때엔 손
도하네 주님께

Em7 A7sus Adim Em7 Em7/A A7 D C/D D7

높이 드네 손 높이 드네 주님께 - 주님

Gmaj7 A7 Dmaj7 D7 Gmaj7 A7 Dmaj7 D D7 Gmaj7

사랑해요 - 사랑해요 - 사

A Bm G D/A A7 D 1. C/D D7 2.

랑해요 주님 사랑해요 - 주님 -

D

메들리 곡

53/ 예수 사랑해요 138/ 사랑합니다 나를 자녀 152/ 오 나의 자비로운 주여

164 이 땅 위에

(신 사도행전)

미가엘 1997

김사랑

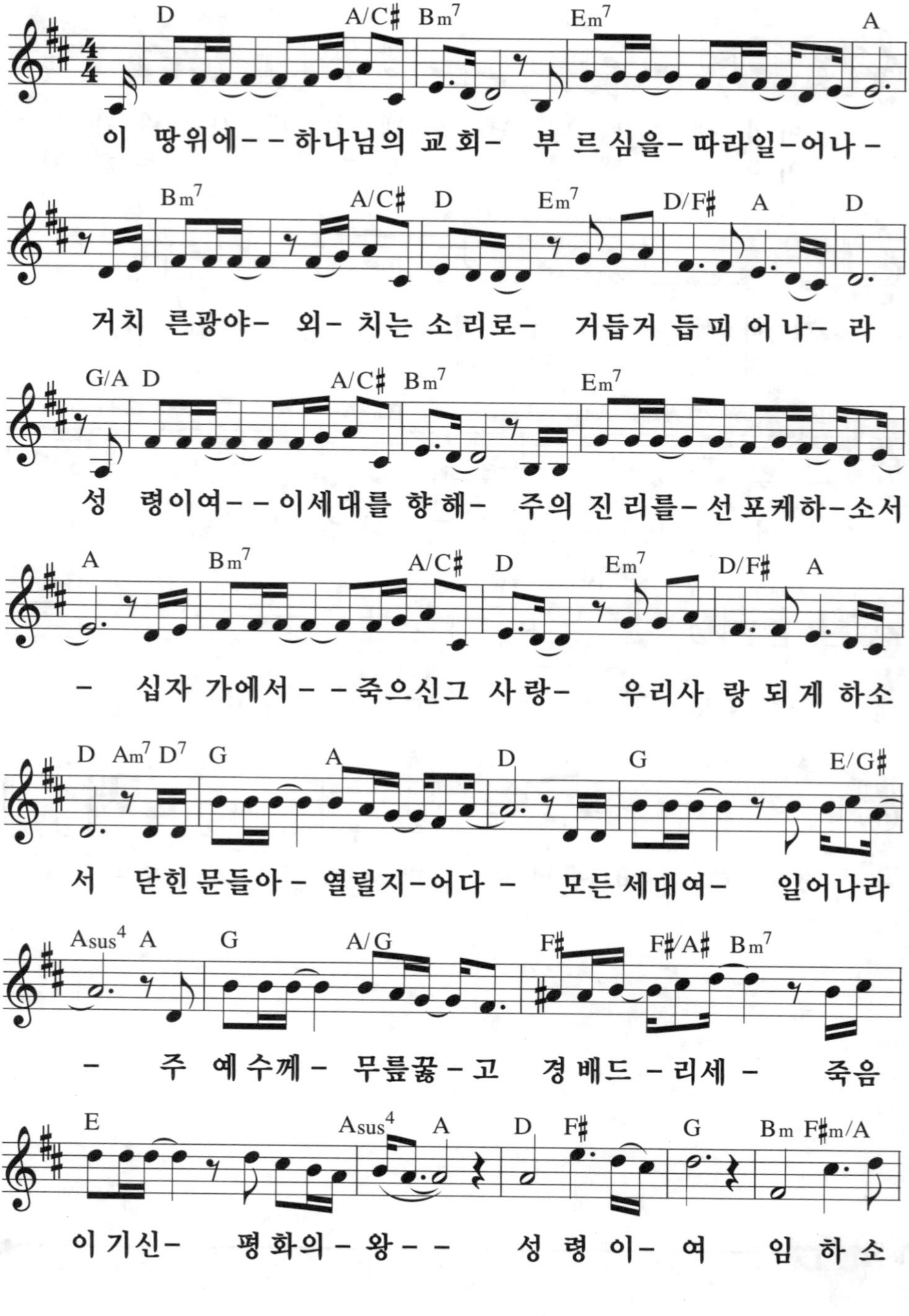
D A/C♯ Bm7 Em7 A
이 땅위에- - 하나님의 교 회- 부 르 심을- 따라일- 어나 -
Bm7 A/C♯ D Em7 D/F♯ A D
거치 른광야- 외- 치는 소 리로- 거듭거 듭 피 어 나- 라
G/A D A/C♯ Bm7 Em7
성 령이여- - 이세대를 향 해- 주의 진 리를- 선 포케하- 소서
A Bm7 A/C♯ D Em7 D/F♯ A
- 십자 가에서- - 죽으신그 사 랑- 우리사 랑 되 게 하소
D Am7 D7 G A D G E/G♯
서 닫힌문들아 - 열릴지- 어다 - 모든 세대여- 일어나라
Asus4 A G A/G F♯ F♯/A♯ Bm7
- 주 예수께 - 무릎꿇 - 고 경 배드 - 리세 - 죽음
E Asus4 A D F♯ G Bm F♯m/A
이 기신- 평화의 - 왕 - - 성 령 이- 여 임 하소

Gmaj7 Em7 A D A/C♯ Bm7 G
서 초대 교회 역사같은－권 능 으－로 모든 교회 일
E/G♯ Asus4 A D F♯ G Bm F♯m/A Gmaj7
으켜주－소－ 서－－ 일 어 나－ 라 빛 발 하 라 승리
Em7 A D A/C♯ Bm Em7 A D
의기 높이들고－전 진 하 라 주님 오실길－ 예 비 하 라

D

165 이제는 내가 없고

이진선 & 유효림, 김지홍

이제는 내가 없고

D

D/F# GM7 F#m7 B7

이 제 는 내 - 가 산것아 니 - - -요 - -

Em7 E7/G# A7sus4 A7

내안 에주님 - 이 사신것 - - 이 - 라 - - - -

D Bm7

이 제 는내 - 가없 - 고 오 직 예수 - 님 - 만

Em7 Asus4 A A7/G

내 안 에살 - 아계 - 신 오 직 예수 - 님 만 -

F#m7 Bm7

찬양 하 며살 - 리 - 라 - 예배 하 며살 - 리 - 라 -

Em D/F# G A7sus4 D

내안 에 계시 - 는 오 직 예 수님 만 - - - 내안

Em7 D/F# G A7sus4 D D

에 계시 - 는 오 직 예 수님 만 - - - -

166 작은 불꽃 하나가

(Pass it on)

Kurt Kaiser

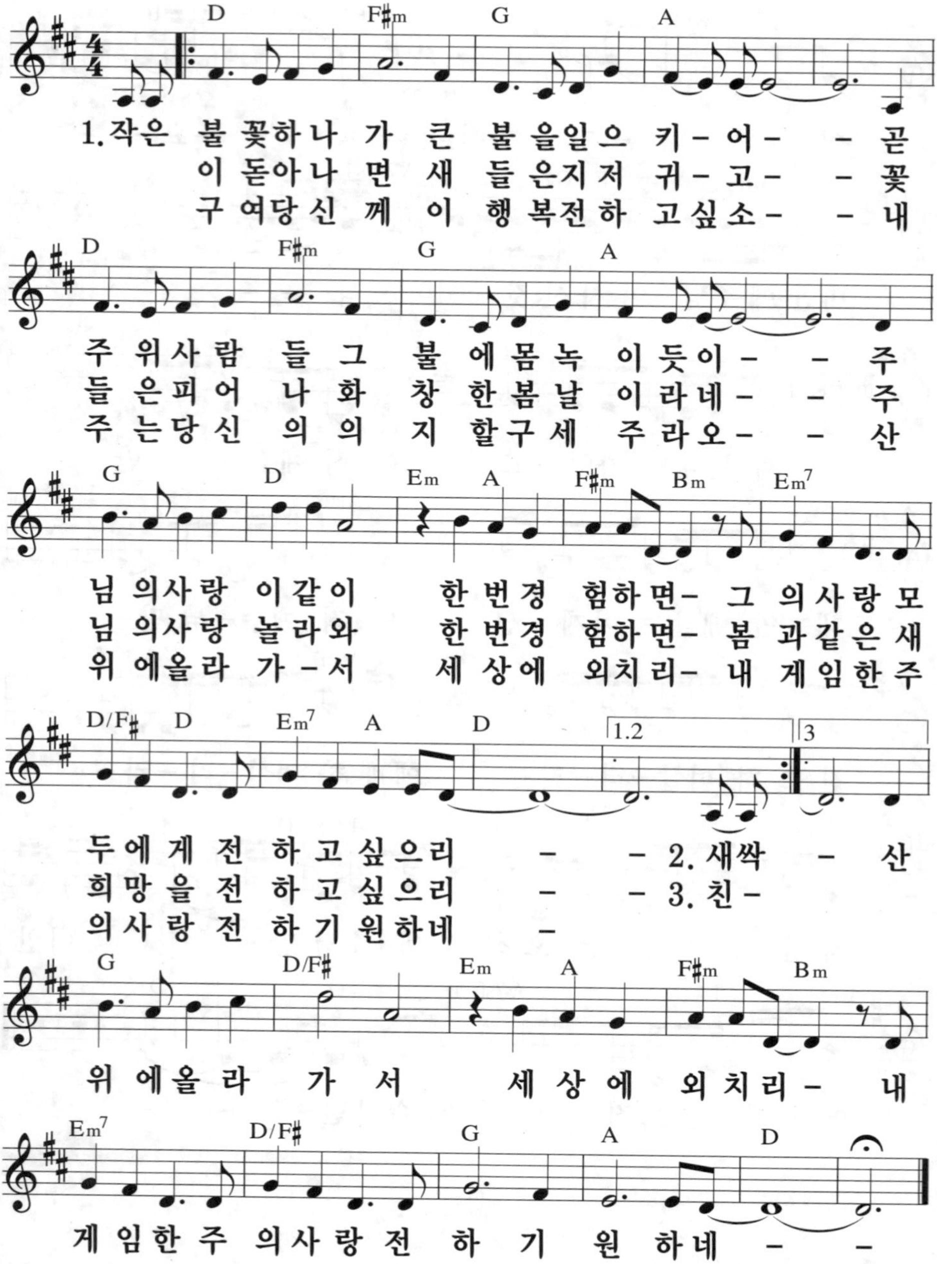

D F#m G A

1.작은 불 꽃하나 가 큰 불을일으 키－어－ －곧
이 돋아나 면 새 들은지저 귀－고－ －꽃
구 여당신 께 이 행복전하 고싶소－ －내

D F#m G A

주 위사람 들 그 불 에몸녹 이듯이－ －주
들 은피어 나 화 창 한봄날 이라네－ －주
주 는당신 의 의 지 할구세 주라오－ －산

G D Em A F#m Bm Em7

님 의사랑 이같이 한번경 험하면－ 그 의사랑모
님 의사랑 놀라와 한번경 험하면－ 봄 과같은새
위 에올라 가－서 세상에 외치리－ 내 게임한주

D/F# D Em7 A D 1.2 3

두에게 전 하고싶으리 － －2.새싹 － 산
희망을 전 하고싶으리 － －3.친－
의사랑 전 하기원하네 －

G D/F# Em A F#m Bm

위 에올라 가 서 세 상 에 외 치 리－ 내

Em7 D/F# G A D

게 임 한 주 의 사 랑 전 하 기 원 하 네 － －

죄 없으신 주 독생자

167

(Lamb of God)

Twila Paris

D

죄없으 신 주독생 자 하나님보 좌를떠- 나
겸손하 신 왕주예 수 사람들은 조롱했- 네
죽어야 할 이죄인 을 주님께로 이끄셨- 네

죄악된 땅 에오셨 네 세상죄 지신어 린 양
우리를 사 랑하신 주 십자가 에못박 았 네
주지팡 이 막대기 로 어린양 인도하 시 네

오-어-린- 양 귀한어린 양 주님을사 랑합니- 다

주보혈- 로 씻으소 서 예수님 귀한어 린- 양
주의양 되게하 소- 서

168 주께서 주신 동산에

(땅 끝에서)

고형원

메들리 곡

74/ 주님 다시 오실 때까지 97/ 주님이 홀로가신 155/ 오소서 진리의 성령님

미가엘
2058

주께 힘을 얻고

169

(축복의 사람)

설경욱

D

주 께 힘을 얻고그마음에 - 시온 의대로가 있는그대는 -

하나님의- 축복 의사 람이죠- 주님 그대를-너무기뻐 하시죠 -

주의 집에거하기를사모 하 - 고- 주를 항상찬송하는 그대는 -

하 나님의- 축 복 의 사람이죠- 주님 그대를-너무사랑 하시죠 -

그대 섬김은-아름다운찬 송 그대 헌신은- 향 기로운기 도

그대 가 밟는땅 어디 에서라도- 주님 의이름높아질거에 요

25/ 너는 담장 너머로 44/ 아주 먼 옛날 123/ 너는 그리스도의 향기라

170

주 나의 하나님

(주님 앞에 섭니다)

심종호

메들리 곡 84/ 주의 거룩하심 생각할 때 111/ 나 무엇과도 주님을 199/ 주 찬양합니다

주님께 경배드리세

171

(Come Let Us Worship And Bow Down)

Dave Doherty

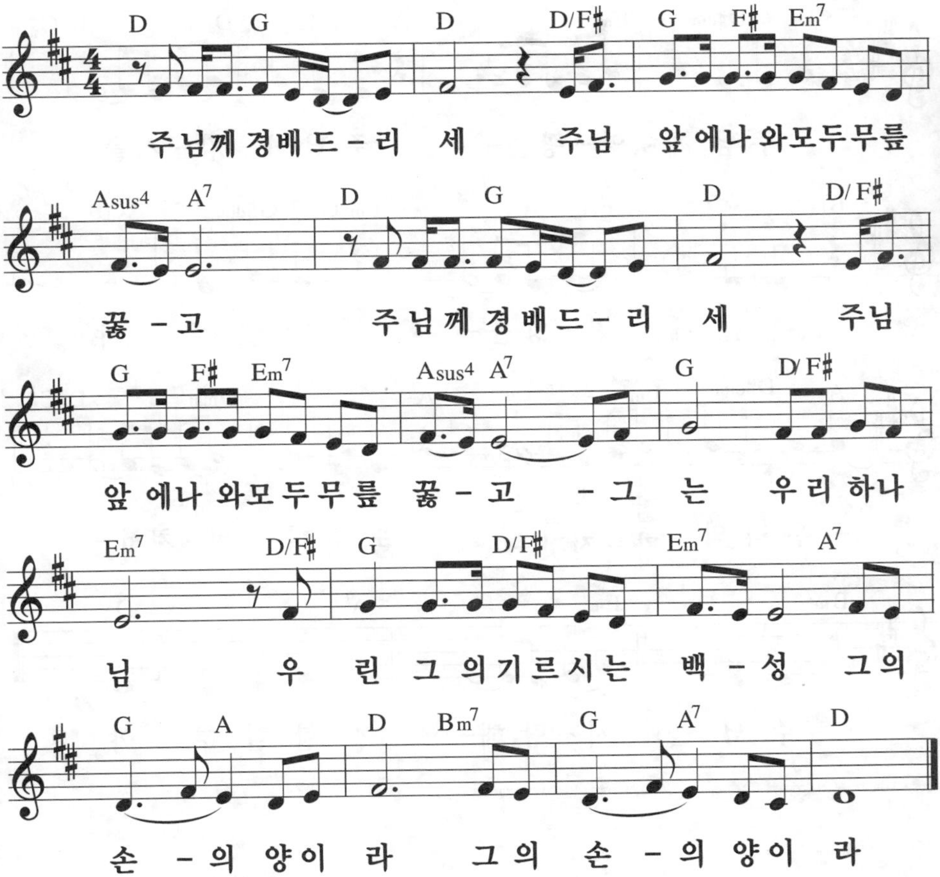

D

D G D D/F# G F# Em7

주님께경배드-리 세 주님 앞에나와모두무릎

Asus4 A7 D G D D/F#

꿇 -고 주님께경배드-리 세 주님

G F# Em7 Asus4 A7 G D/F#

앞 에나 와모두무릎 꿇 - 고 -그 는 우리 하나

Em7 D/F# G D/F# Em7 A7

님 우 린 그 의기르시는 백 -성 그의

G A D Bm7 G A7 D

손 -의 양이 라 그 의 손 -의 양이 라

102/ 감사로 제사 드리는 자가 172/ 주님께 영광을 280/ 주님께 감사드리라

172 주님께 영광을

(주님께 알렐루야)

최덕신

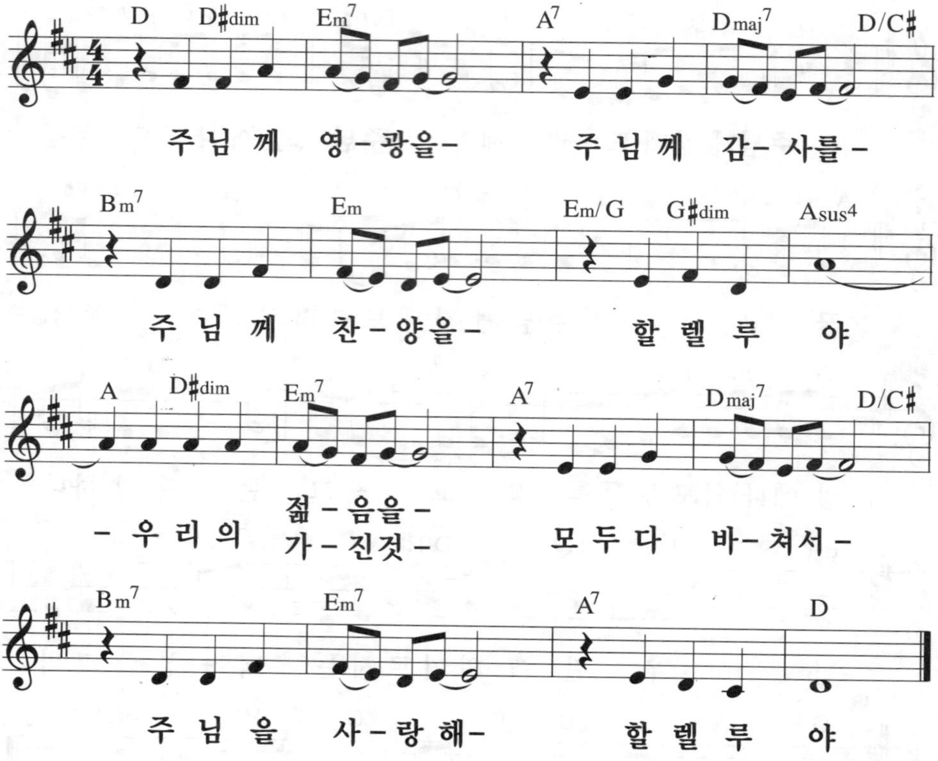

D D♯dim Em7 A7 Dmaj7 D/C♯

주 님 께 영 - 광을 - 주 님 께 감 - 사를 -

Bm7 Em Em/G G♯dim Asus4

주 님 께 찬 - 양을 - 할 렐 루 야

A D♯dim Em7 A7 Dmaj7 D/C♯

젊 - 음을 -
- 우 리 의 가 - 진것 - 모 두 다 바 - 쳐서 -

Bm7 Em7 A7 D

주 님 을 사 - 랑해 - 할 렐 루 야

주님 나를 부르셨으니 173

윤용섭

D

1. 주님 나 를부르셨으 니 주님 나 를부르셨으 니
2. 주님 나 를사랑했으 니 주님 나 를사랑했으 니
3. 주님 나 를구원했으 니 주님 나 를구원했으 니

내모 든 정성 내모 든 정 성주만 위 해바칩니 다
이몸 바 쳐서 이몸 바 쳐 서주만 따 라가렵니 다
소리 높 여서 소리 높 여 서주만 찬 양하렵니 다

주 – 님 주 – 님 나의 기 도들 으 – 사
주 – 님 주 – 님 나의 기 도들 으 – 사
주 – 님 주 – 님 나의 기 도들 으 – 사

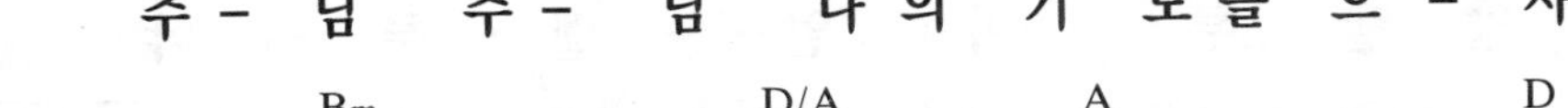

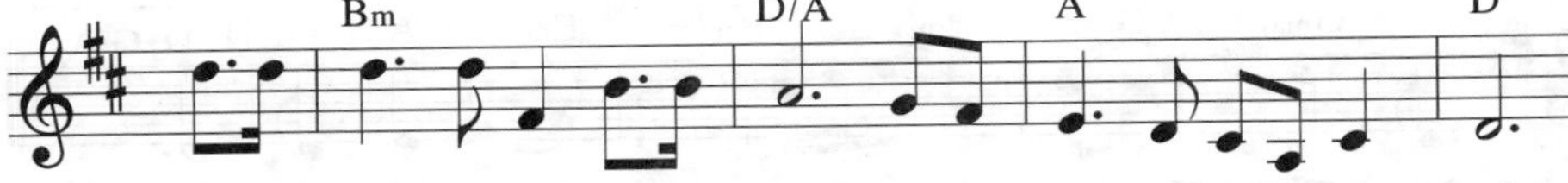

영원 토 록주님만 을 사모 하 게하옵소 서
언제 까 지주님만 을 사모 하 게하옵소 서
할렐 루 야주님만 을 사모 하 게하옵소 서

6 105/ 고요히 주님 앞에 와 174/ 주님 내가 여기 있사오니 290/ 주의 보좌로

174 주님 내가 여기 있사오니

(나를 받으옵소서)

미가엘 977

최덕신

주님 내 가여 기있 사오니 나를 보 내 소- 서

나의 맘 나의몸 주께 드 리오-니 주 받으옵 소 서

주님 내 가여 기있 사오니 나를 써 주 소- 서

가진것 모두다 주께 드 리오-니 주 받으옵 소 서

알 렐 루 - 야 알- - 렐 - 루 - 야

알 렐 루 - 야 - - - - 알 - 렐 루 야

야 나를 받 으 옵 소 서 나를 받 으

옵 소 서 -

120/ 내게 있는 향유 옥합 176/ 주님 말씀하시면 223/ 나의 주 나의 하나님이여

주님 내게 선하신 분

175

(So Good To Me)

Darrell Evans & Matt Jones

D

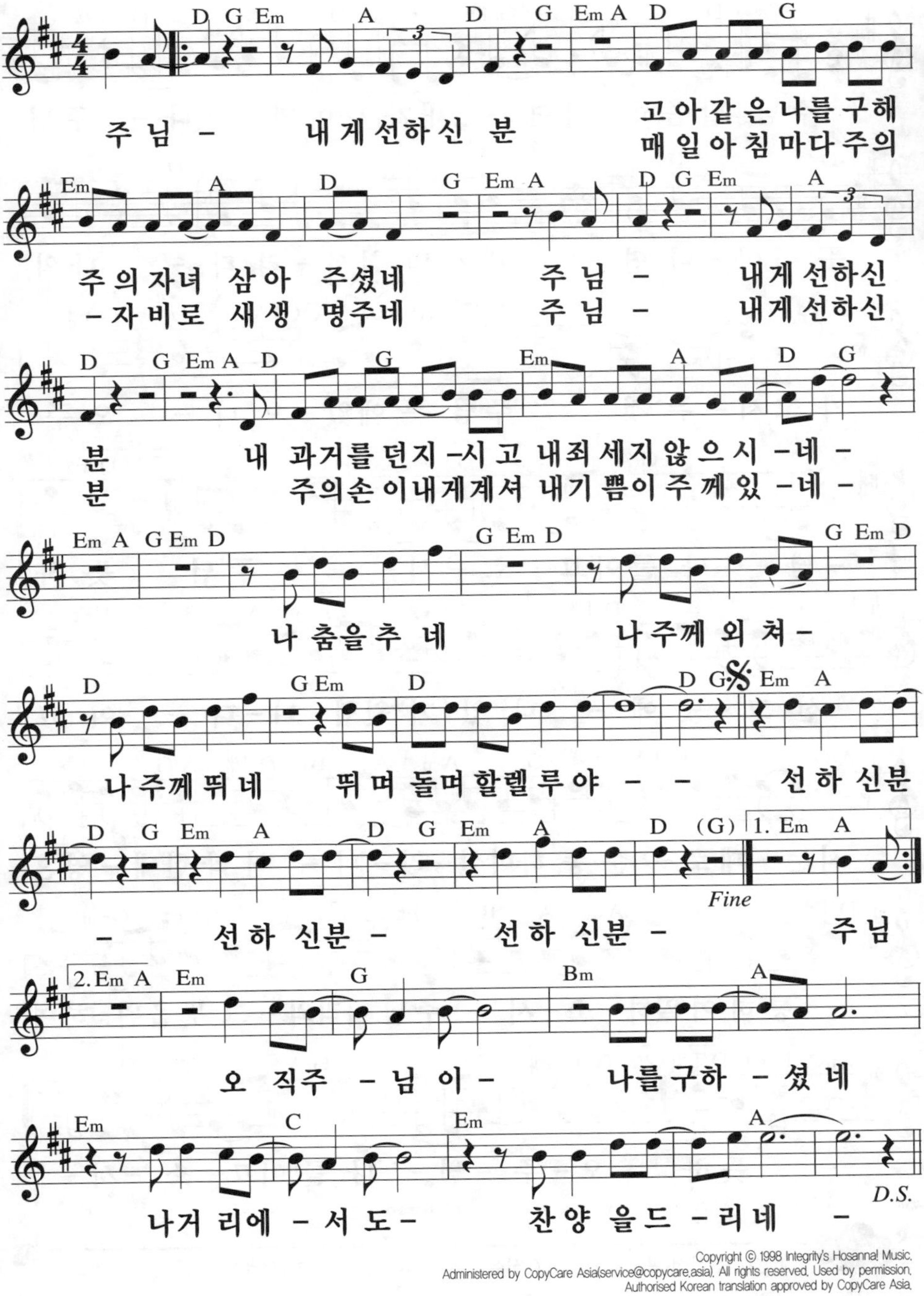

주 님 - 내 게 선 하 신 분 고 아 같 은 나 를 구 해
매 일 아 침 마 다 주 의

주 의 자 녀 삼 아 주 셨 네 주 님 - 내 게 선 하 신
-자 비 로 새 생 명 주 네 주 님 - 내 게 선 하 신

분 내 과 거 를 던 지 -시 고 내 죄 세 지 않 으 시 -네 -
분 주 의 손 이 내 게 계 셔 내 기 쁨 이 주 께 있 -네 -

나 춤 을 추 네 나 주 께 외 쳐 -

나 주 께 뛰 네 뛰 며 돌 며 할 렐 루 야 - - 선 하 신 분

- 선 하 신 분 - 선 하 신 분 - 주 님

Fine

오 직 주 - 님 이 - 나 를 구 하 - 셨 네

나 거 리 에 - 서 도 - 찬 양 을 드 - 리 네 -

D.S.

176 주님 말씀하시면

(말씀하시면)

미가엘 1757

김영범

메들리 곡

139/ 선하신 목자 144/ 신실하게 진실하게 279/ 주님 계신 곳에 나가리

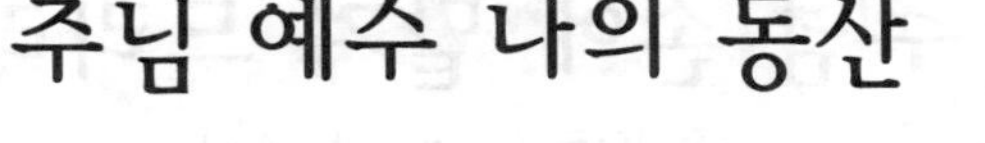

주님 예수 나의 동산 177

이영후 & 장욱조

주님예 수 나의동 산 내맘속 에 동녘하 늘

활짝피 는 백합같 아
아침햇 살 가득안 고 자라나 는 나무같 아
피어나 는 안개같 아

피어나 는 꽃되리 라
그 안 에서 이 생명 도 귀한재 목 되겠어 요
맑은영 혼 되겠어 요

이꽃바 쳐-- 당신제 단 밝히리 니
오 하나님 이재목 바쳐- 당신제 단 쌓으리 니
이영혼 바쳐- 당신제 단 향내리 니

은혜로 운 사랑으 로 하늘평 안 내리소 서

54/ 오 하나님 받으소서 178/ 주님 손에 맡겨 드리리 205/ 평안을 너에게

178 주님 손에 맡겨 드리리

(전심으로 / With All I Am)

Reuben Morgan

D F♯m/C♯ A/C♯ Bm F♯/A

주님손에 – – 맡겨드–리리 – –나 의–삶
주와함께 – – 걸어가리– –라 – 모든 길–을

G Asus4 A D F♯m/C♯ A/C♯

– 주님께– – 주님손이 – – 나의삶붙드–네
– 주신뢰–해 주뜻안에 – – 나–살아가–리

Bm F♯m/A G Asus4 A Em

나주의–것 – 영 원 히– – –
주의약속 –은 – 영 원 해– – –

A 𝄋D A/C♯ G/B

내가믿–는분 – 예수 – 내가 속–한분

D/F♯ F♯ G Em *3rd time To Coda* 𝄌

– 예수 –삶의이유되–시 네 – –내노래되 –시네

1. Asus4 A D D/A

– – 전 심 – 으로 – –

2. Asus4 A Dsus4 D D9 Em9

– – 전 심 – 으 – 로

A sus4 A G/D D Em

경배하 - 리 - - 경배하 - 리 - 라

A sus4 A G/D D A/C♯ G/B

- - 경배하 - 리 - - 경배하 - 리 - 라

A sus4 A G/D D A/C♯ G/B

- - 경배하 - 리 - - - 경배하 - 리 - 라

A sus4 A *D.S.* Φ A sus4 A D G/D D

- 내가 믿 - 는분 - - 전심 - 으로 - -

179 주님 예수 나의 생명

(주님 안에 살겠어요)

김기원 & 장욱조

1. 주님예 수 나의생 명 죽음이 몸 살리신 주
2. 주님예 수 나의목 자 방황에 서 인도한 주
3. 주님예 수 나의구 주 사망권 세 이기신 주

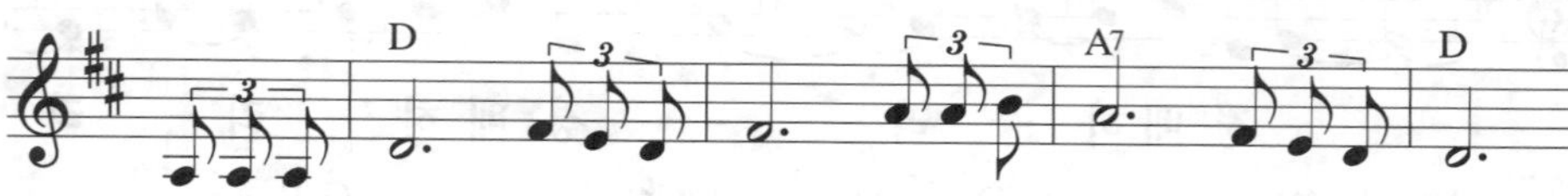

주님예 수 피마시 고 새생명 을 얻은이 몸
주님주 신 생수마 셔 소생함 을 얻은영 육
그살먹 고 배부르 고 그피로 서 변한이 몸

주 님 안에 이생명 도 한몸이 된 지체이 라
주 님 따라 이인생 도 순종하 며 감사하 리
주 님 께만 이시간 도 충성하 며 희생하 리

오 내 주님 이몸바 쳐-- 당신위 해 살겠어 요
오 내 목자 인도따 라-- 십자가 를 지겠어 요
오 내 구주 구원의 주-- 사랑하 며 살겠어 요

성령권 능 내리시 사 이내결 심 도우소 서
성령충 만 부으시 사 열매맺 게 하옵소 서
성령인 도 따르면 서 청지기 로 살겠어 요

33/ 비 바람이 갈길을 막아도 40/ 세상에서 방황할 때 57/ 왜 나만 겪는 고난

주님의 성령 지금 이곳에 180

(임하소서)

송정미 & 최덕신

D A/C♯ Bm D/A G B7/F♯ Em A D A/C♯ Bm D/A

주 님 의 성 - 령 지 금 이 곳 에 임 - 하 소 서

Gmaj7 A7 D G/A D A/C♯ Bm D/A G B7/F♯ Em A

임 하 소 서 주 님 의 성 - 령 지 금 이 곳 에

D A/C♯ Bm Gmaj7 A7 D F♯m/C♯ Bm7 F♯m

임 - 하 소 서 임 하 소 서 알 렐 루 야 알 -

G A/G F♯m B7/F♯ Em7 A7 D A/C♯ Bm G A 1.D 2.D

렐 루 야 알 렐 - 루 - 야 알 렐 루 야 야

메들리 곡 76/ 주님의 시간에 86/ 주 품에 품으소서 197/ 주님 이 곳에

181 주님의 마음으로 나 춤추리

(주님의 춤추리 / Teach me to dance)

Steve A. Thompson &
Graham Kendrick

주님의마 음으로나춤추 – 리 성령의능 력으로따라가
음으로사랑하 – 리 주님약속 의말씀신뢰하

–리 주님의빛 가운데걸어가 –리 주님의마
–리 다시오실 주님나바라보 –리 주님의마

음으로춤추리 – 주님의마 – 주는생 명의근원
음으로춤추리 – 주님의마 – 매일의 삶속에서

하 늘과 땅의 주인 주 안에 넘 치는 기 – 쁨
주 님을 위한 사랑 순 종으로 주께 드 – 려

주님의아이되어 기쁨의–춤추리 주 님의영광을
나의모든힘다해 주님께경배하리 나 의모든것다

위 – – 한 기 – – 쁨 주님의마
드 – – 려 찬 – – 양 주님의마

150/ 예수 이름이 온 땅에 193/ 주의 자비가 내려와 203/ 춤추며 찬양해

D

주님은 너를 사랑해 182

조환곤

* 기뻐해, 위로해, 축복해

25/ 너는 담장 너머로 44/ 아주 먼 옛날 136/ 사랑의 주님이

183 주 다스리네

(The Lord Reigns)

Dan Stradwick

주 다 -스리네 - 주 다 -스리네 - 주

다 -스리네 - 온땅기뻐해 - 온땅기뻐해 - 온땅기 뻐해

- 만백성기뻐하 라 - 주다스리

네 - 주 네 -

주 님 나 라임 -하네 모 든 적 불태

-우네 악한세력은 녹네 주 님의임재앞- 에

주님의임재앞- 에 - - 주

네 - 주다스리 네 -

주 달려 죽은 십자가 184

(놀라운 십자가 / The Wonderful Cross)

J.D. Walt & Chris Tomlin, Jesse Reeves

D

185 주 사랑이 나를 숨쉬게 해

(Breathe)

정신호

D A/C# G/B Em A

주 사랑이－나를숨쉬－게해 － 세상 그어떤－어려－움속－에도

사랑이－나를이끄－시네 － 내가 갈수없－는그－ －곳－으로

D G/D D A/C# G/B Em A

－ 주 은혜로－나를돌보－시며 － 세상 끝날까－지 －지켜－주시네

－ 주 의사랑－나를붙드－시며 － 세상 끝날까－지 －인도－하시네

1. D G/A 2. D G/A D G/D

－ 주 － 주님－만 이 － －내아픔아－시며 － 주님

Em A D A/C# Bm E/G#

만이내－맘어－루만－지네 － 어느누구도－ 나를향－하신

G6 Em A

－ 주님 의사랑－을끊을수－없네 － 주님－만이

D G/D Em A

－ －내능력이－시며 － 주님 만이나－의구－ 원이－시네

D A/C# Bm E/G# G6

－ 어 느 누 구도－ 나를향－하신 － 주님

14/ 나 지치고 136/ 사랑의 주님이 112/ 나를 지으신 이가

주여 진실하게 하소서 186

(I'll be true, Lord Jesus)

*| 사랑하게, 묵상하게, 기도하게, 말씀보게, 전도하게

153/ 오늘 집을 나서기 전 226/ 날마다 숨쉬는 순간 265/ 우리에게 향하신

187 주를 위한 이곳에

김준영 & 임선호

D A/C# Bm7 D7/A G D/F# Em7 G/A

주를위한이곳 에 예배하는 자들 중 에

D A/C# Bm7 D7/A G /A D G/D

그가찾는이없 어 주님께 서 슬퍼하시네 -

D A/C# Bm7 D7/A G D/F# Em7 G/A

주님이찾으시 는 그한사 람 그예 배 자

D A/C# Bm7 D7/A G /A D A

내가그사람되 길 간절히 주 께예배하네 - 주은혜-

D Asus4 A Bm7 D7

로 이곳에 서있네 주임재- 에 엎드려 절하네- 그

G9 D/F# Em7 G/A

어느것도- 난 필요없네- 주 님만- 경배 -해 - 주은혜-

D Asus4 A Bm7 D7

로 이곳에 서있 네 주임재- 에 엎드려 절하네- 그

G9 D/F# Em7 G/A D

어느것도- 난 필요없네- 주 님만- 경배 - 해

메들리 곡

84/ 주의 거룩하심 생각할 때 155/ 오소서 진리의 성령님 199/ 주 찬양합니다

미가엘 1213

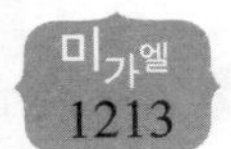

주여 나에게 세상은 188

(당신의 뜻이라면)

이정림

D

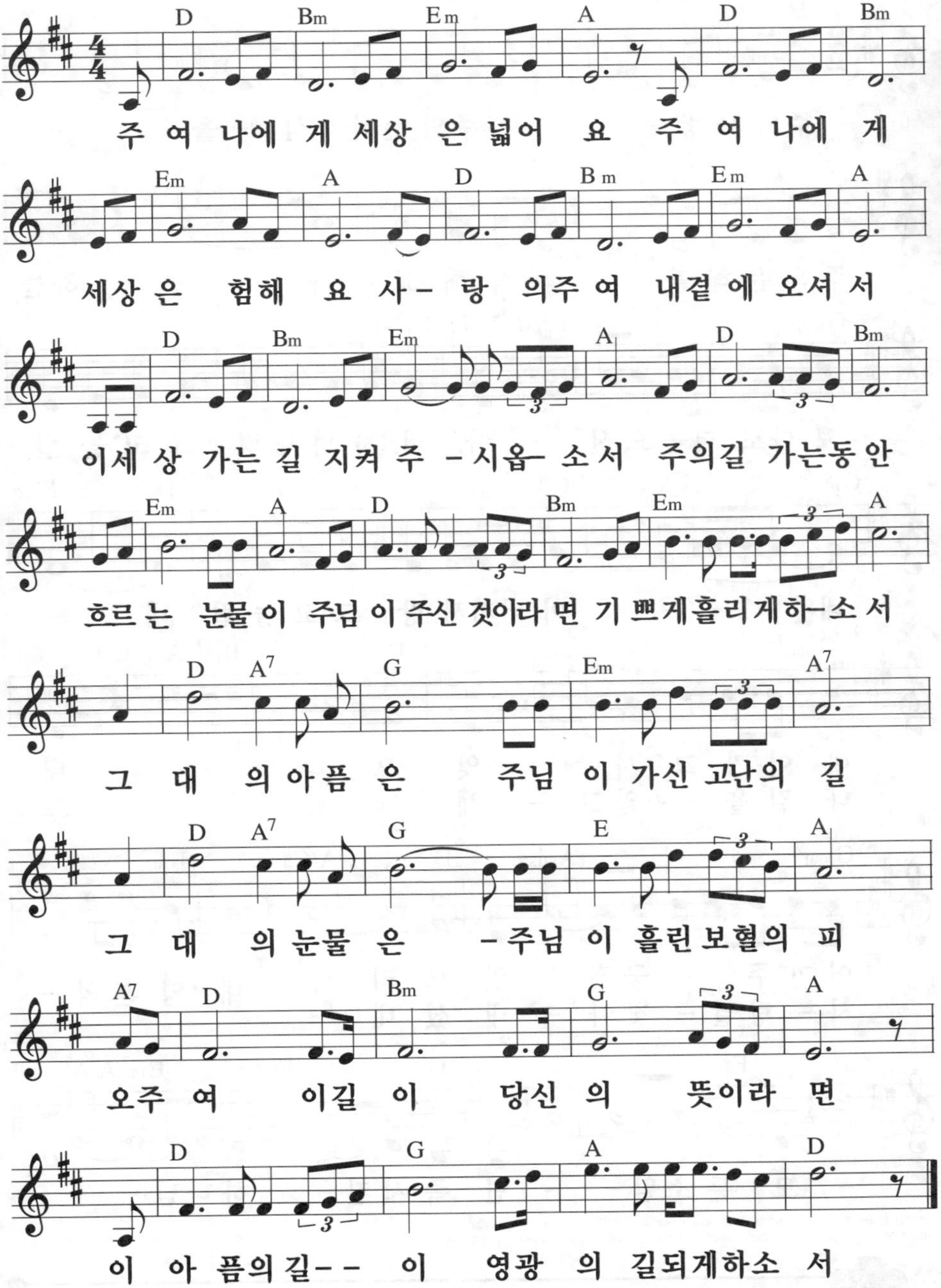

주 여 나에 게 세상 은 넓어 요 주 여 나에 게
세상 은 험해 요 사 - 랑 의주 여 내곁 에 오셔 서
이세 상 가는 길 지켜 주 - 시옵- 소 서 주의길 가는동 안
흐르 는 눈물 이 주님 이 주신 것이라 면 기 쁘게흘리게하-소 서
그 대 의 아픔 은 주님 이 가신 고난의 길
그 대 의 눈물 은 - 주님 이 흘린보혈의 피
오주 여 이길 이 당신 의 뜻이라 면
이 아 픔의 길- - 이 영광 의 길되게하소 서

189 주의 사랑을 주의 선하심을

미가엘 1679

(Think about His love)

Walt Harrah

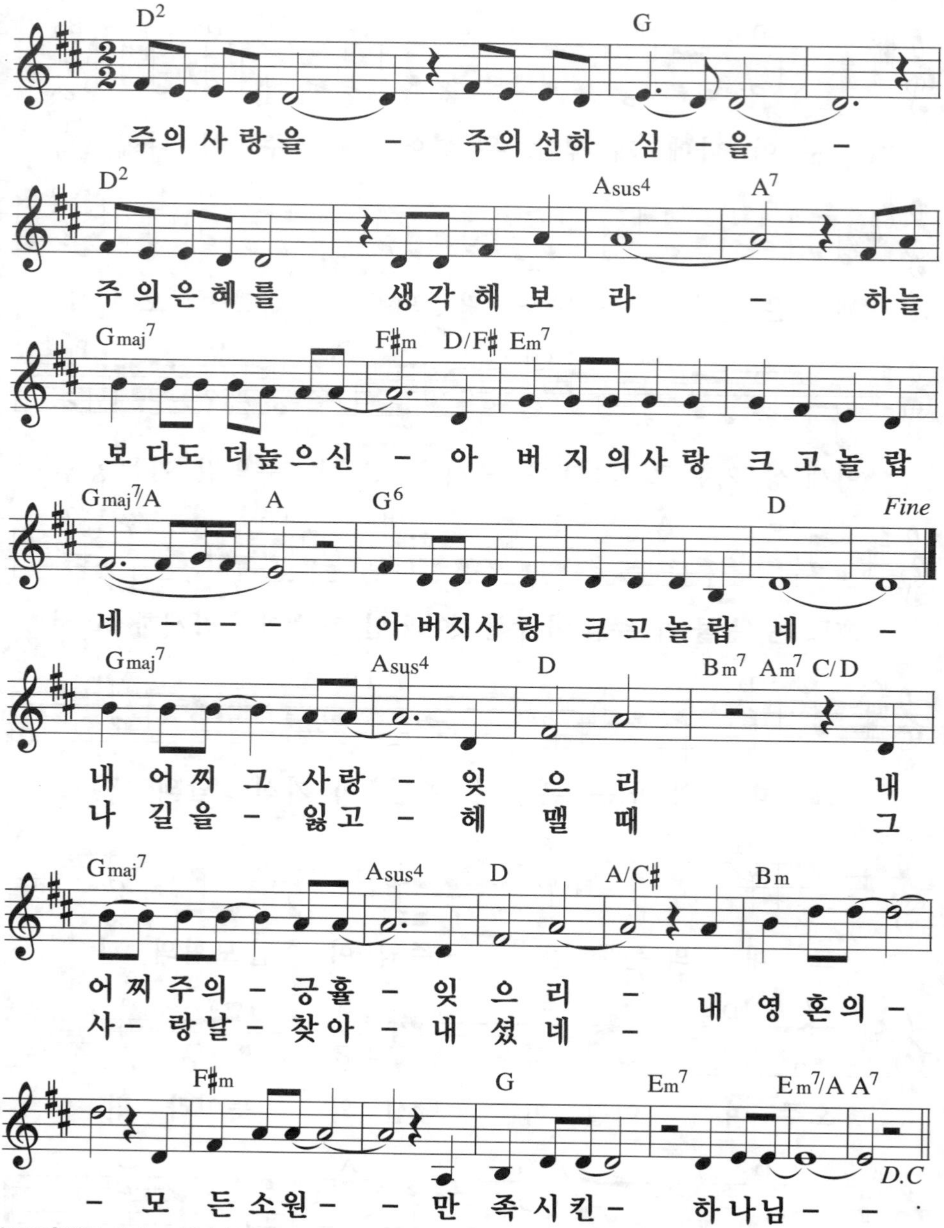
D2 G
주의사랑을 - 주의선하 심 -을 -
D2 Asus4 A7
주의은혜를 생각해보 라 - 하늘
Gmaj7 F#m D/F# Em7
보다도 더높으신 - 아 버 지의사랑 크고놀랍
Gmaj7/A A G6 D Fine
네 - - - - 아버지사랑 크고놀랍 네 -
Gmaj7 Asus4 D Bm7 Am7 C/D
내 어찌 그 사랑 - 잊 으 리 내
나 길을 - 잃고 - 헤 맬 때 그
Gmaj7 Asus4 D A/C# Bm
어찌주의 - 긍휼 - 잊 으 리 - 내 영 혼의 -
사- 랑날 - 찾아 - 내 셨 네 -
F#m G Em7 Em7/A A7
- 모 든소원 - - 만 족시킨 - 하나님 - -
D.C

메들리 곡

101/ 갈릴리 바닷가에서 136/ 사랑의 주님이 144/ 신실하게 진실하게

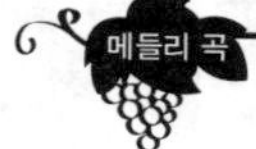

미가엘 1662

주의 이름 안에서 190

(찬양의 제사 드리며 / We Bring The Sacrifice Of Praise)

Kirk Carroll Dearman

D

191 주의 인자는 끝이 없고

(The steadfast love of the Lord)

Edith McNeill

D Bm G D/A A7

주 의 인 자 는 - 끝 이 - 없 고 그
주 의 사 랑 은 - 끝 이 - 없 고 그
주 의 보 호 는 - 끝 이 - 없 고 그

D Bm G Asus4 A

의 자 비 는 - 무 궁 하 며 - 아 침
의 공 의 는 - 영 원 하 며 - 아 침
의 자 비 는 - 풍 성 하 며 - 아 침

Gmaj7 A7/G F#m Bm G

마 다 새 롭 고 늘 새 로 우 니 주 의 성

Asus4 A7 D D2 D7 Em G/A A7 D

실 이 큼 이 라 성 실 하 신 주 님 -

6 메들리 곡
152/ 오 나의 자비로운 192/ 주의 임재 앞에 374/ 하나님은 너를 만드신 분

미가엘 617

주의 임재 앞에 잠잠해 192

(Be Still)

David J. Evans

D

주 의 임재 앞에잠잠해 주 여 기 계 시 네
주 의 영광 앞에잠잠해 주 의 빛 비 치 네
주 의 능력 앞에잠잠해 주 역 사 하 시 네

와 서 모두 굽혀경배해 신 령 과 진 리 로
거 룩 한– 불태우시며 영 광 의 관 쓰 네
죄 사 하고 치유하시는 놀 라 운 주 은 혜

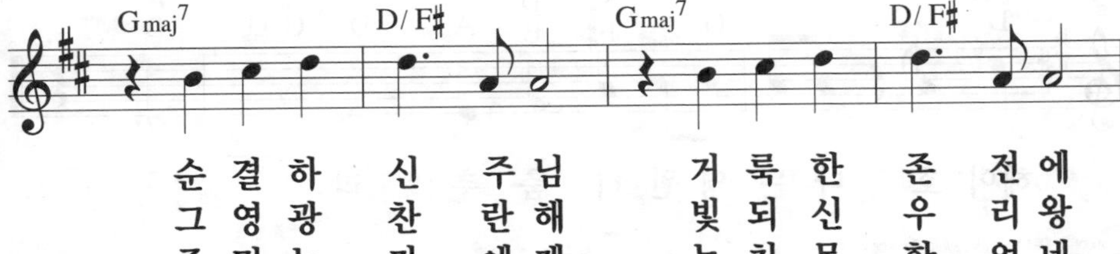

순 결 하 신 주 님 거 룩 한 존 전에
그 영 광 찬 란 해 빛 되 신 우 리 왕
주 믿 는 자 에 게 능 치 못 함 없 네

주 의 임재 앞에잠잠해 주 여 기 계 시 네
주 의 영광 앞에잠잠해 주 의 빛 비 치 네
주 의 능력 앞에잠잠해 주 역 사 하 시 네

메들리 곡
120/ 내게 있는 향유 옥합 191/ 주의 인자는 끝이 없고 199/ 주 찬양합니다

193 주의 자비가 내려와

(Mercy is falling)

David Ruis

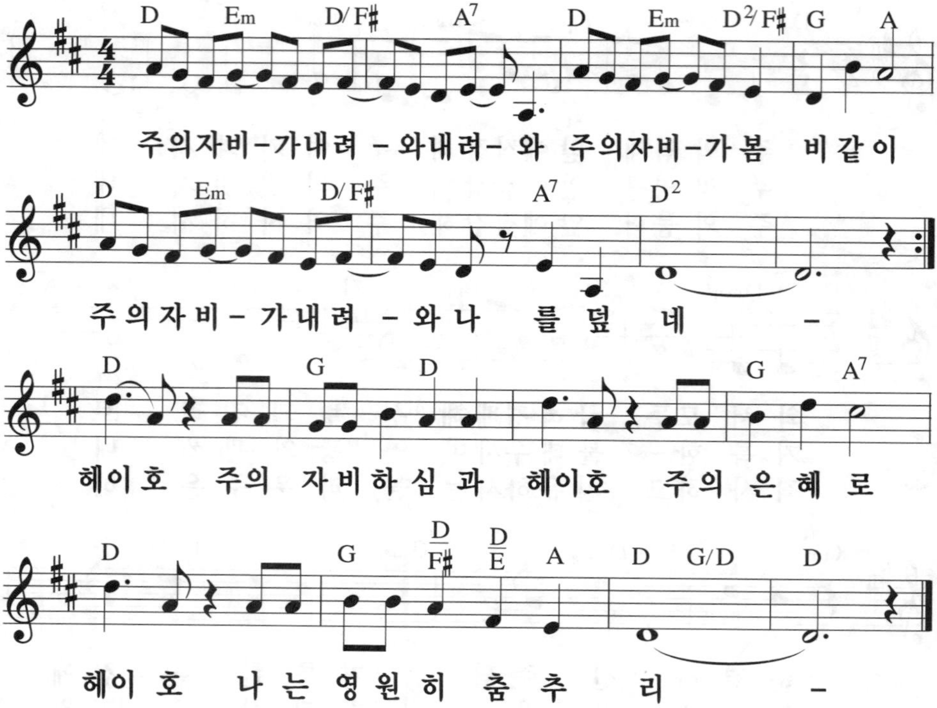

D Em D/F♯ A7 D Em D2/F♯ G A

주의자비－가내려 －와내려－ 와 주의자비－가봄 비같이

D Em D/F♯ A7 D2

주의자비－가내려 －와나 를덮 네 －

D G D G A7

헤이호 주의 자비하심과 헤이호 주의 은혜로

D G D/F♯ D/E A D G/D D

헤이호 나는영원히 춤추 리 －

150/ 예수 이름이 온 땅에 203/ 춤추며 찬양해 253/ 손을 높이 들고

주의 집에 거하는 자 194

(Blessed)

Darlene Zschech & Reuben Morgan

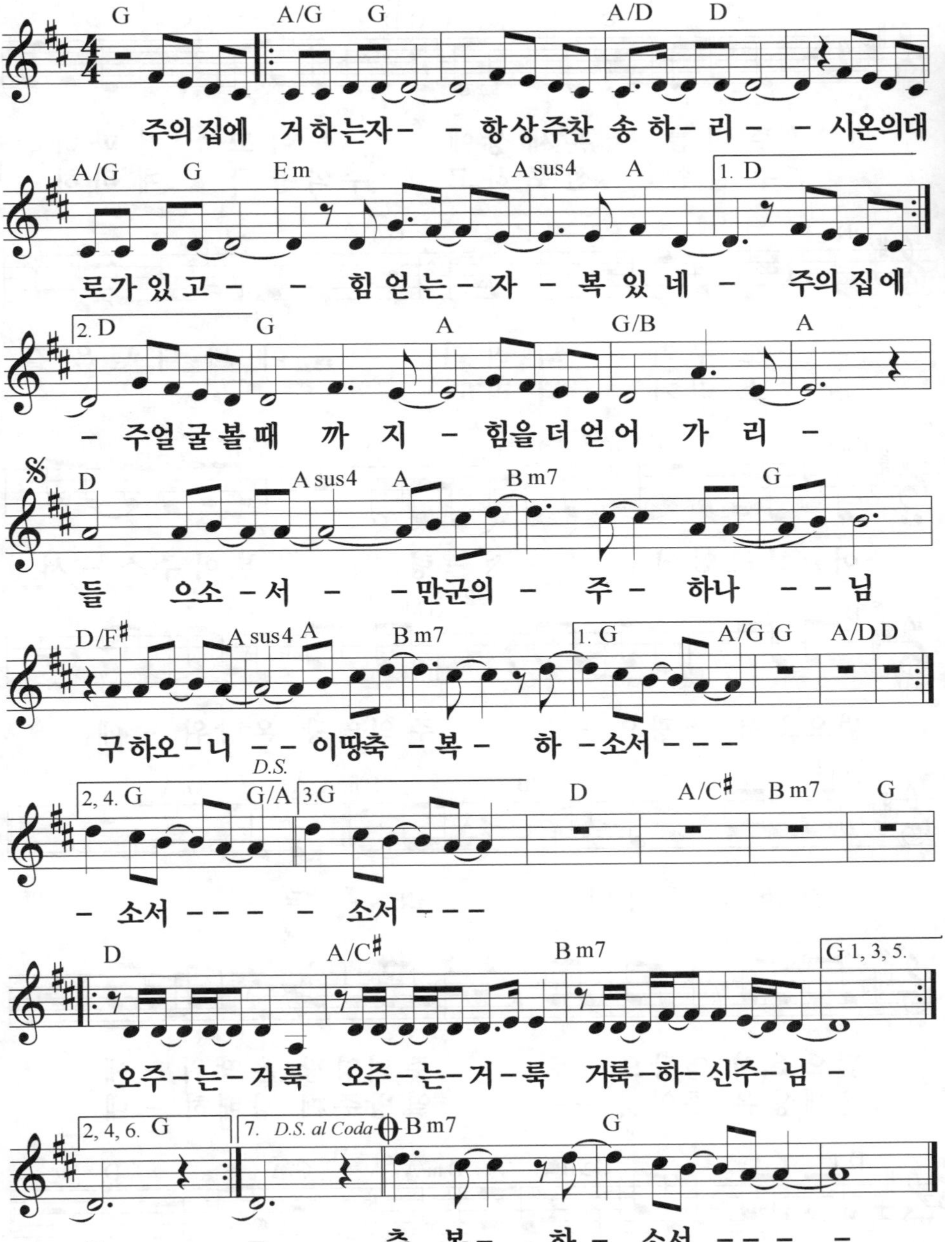

주의집에 거하는자- -항상주찬 송하-리- -시온의대

로가있고- - 힘얻는-자-복있네- 주의집에

-주얼굴볼때 까지-힘을더얻어 가리-

들 으소-서- -만군의- 주- 하나 --님

구하오-니 --이땅축 -복- 하 -소서---

-소서---- - 소서---

오주-는-거룩 오주-는-거-룩 거룩-하-신주-님 -

- - 축 복- 하- 소서--- -

195 주 이름 온 세상에

(덮으소서 / Cover The Earth)

Meleasa Houghton & Israel Houghton,
Cindy Cruse

D C/D G/D C9

주 이 름 온 세 상 에 높 이 고 전 파 하 는
주 말 씀 선 포 하 고 주 의 왕 국 예 비 하 는

D C/D G/D C9

– 도 구 가 되 리 라 물 이 바 다 덮 음 같
– 소 리 가 되 리 라

Em9 D/F♯ G2 Am7

이 천 국 열 어 – 주 – 성 – 령 – 부 어 주 소 – 서

D GM9

덮 으 소 서 영 광 으 – 로 주 의 영 광 온 땅 위 – 에

D/F♯ G2/B Bm/A A G/A

덮 으 소 서 천 국 의 – 소 리 – 로 –

𝄋 D Am7

덮 으 소 서 영 광 으 –로 주 의 영 광 온 땅 위 – 에
온 세 상 은 주 의 것 – – 열 방 주 께 경 배 하 – 네

D/F♯ G2/B Bm/A A G/A D

덮 으 소 서 천 국 의 – 소 리 – 로 – 덮 으 소 서 –

Fine

Dm
천국 열어주소서 새노 래퍼지도록
Dm
Bridge
물이 바다덮음같이 덮으소서 –
Dm
천국 열어주소서 새노 래퍼지도록
Dm
G sus4 G G/A
D.S. al Fine
물이 바다덮음같이 덮으소서 –

196 주 자비 춤추게 하네

(춤추는 세대 / Dancing Generation)

Matt Redman

D Bm

주 자비 춤추 게하 네 - 모 든 것 다 해

Bm G2 D2

찬 양 해 - 춤 - 을 추 - 며 자 - 비 감 사 - 해

Dm/F D Bm G2

주 영 광 외 치 게 하 네 - 온 땅 에 서 주

G2 D2

높 이 며 - 주 - 의 영 - 광 소 리 - 쳐 찬 양 - 해

Dm/F Em D/F#

넘 - 쳐 흐 르 는 용 서 받 은 영 혼

G G2 G G6 GM7 Asus4

이 제 주 를 보 네 우 린 - 멈 출 - 수 없

A D Em7

- 어 우 리 는 춤 추 는 세 대 되 - 리 주 크 신 자 비 로

Em7 G D

- 춤 추 - 리 라 - - 주 - 의 자 - 비 로 -

190/ 주의 이름 안에서 193/ 주의 자비가 내려와 203/ 춤추며 찬양해

주님 이곳에 197

고형원

76/ 주님의 시간에 180/ 주님의 성령 지금 이 곳에 187/ 주를 위한 이 곳에

198 주 이름 큰 능력 있도다

(There is power in the name of Jesus)

Noel Richards

G6/A D G D A/D D

주이름 - 큰능력 - 있 도 - 다 난믿네
주이름 - 큰능력 - 있 도 - 다 예리한

G A D A/D D D

- 그이 름 - 예수 의 - 그이름
- 검처 럼 - 예수 의 - 그이름

G D A/D D E G A

- 부 를 - 때 새생명 - 얻었 네 -
- 외 치 - 며 일어나 - 나가 세 -

A Bm F♯m G

마 귀 는 - 떠나 - 가 고
원수 는 - 주발 - 앞 에

A Bm F♯m G

갇힌 자 - 자 유 케 해 - - -
무너 져 - 떠 나 가 네 - - -

A G A Bm E

- 모든이 - 름 보다 더 - 높은 이 - 름 -

E7 G Asus4 A D A/D D

주 예 - - - 수 -

미가엘 1246

주 찬양합니다

(Ich lobe meninen Gott)

Cl. Fraysse Bergese

200 찬바람 부는 갈보리산

(귀하신 나의 주)

메들리 곡 7/ 나를 위해 오신 주님 161/ 온 세상 죄 지고가신 184/ 주 달려 죽은 십자가

찬양의 열기 모두 끝나면 201

(마음의 예배 / The heart of Worship)

Matt Redman

D

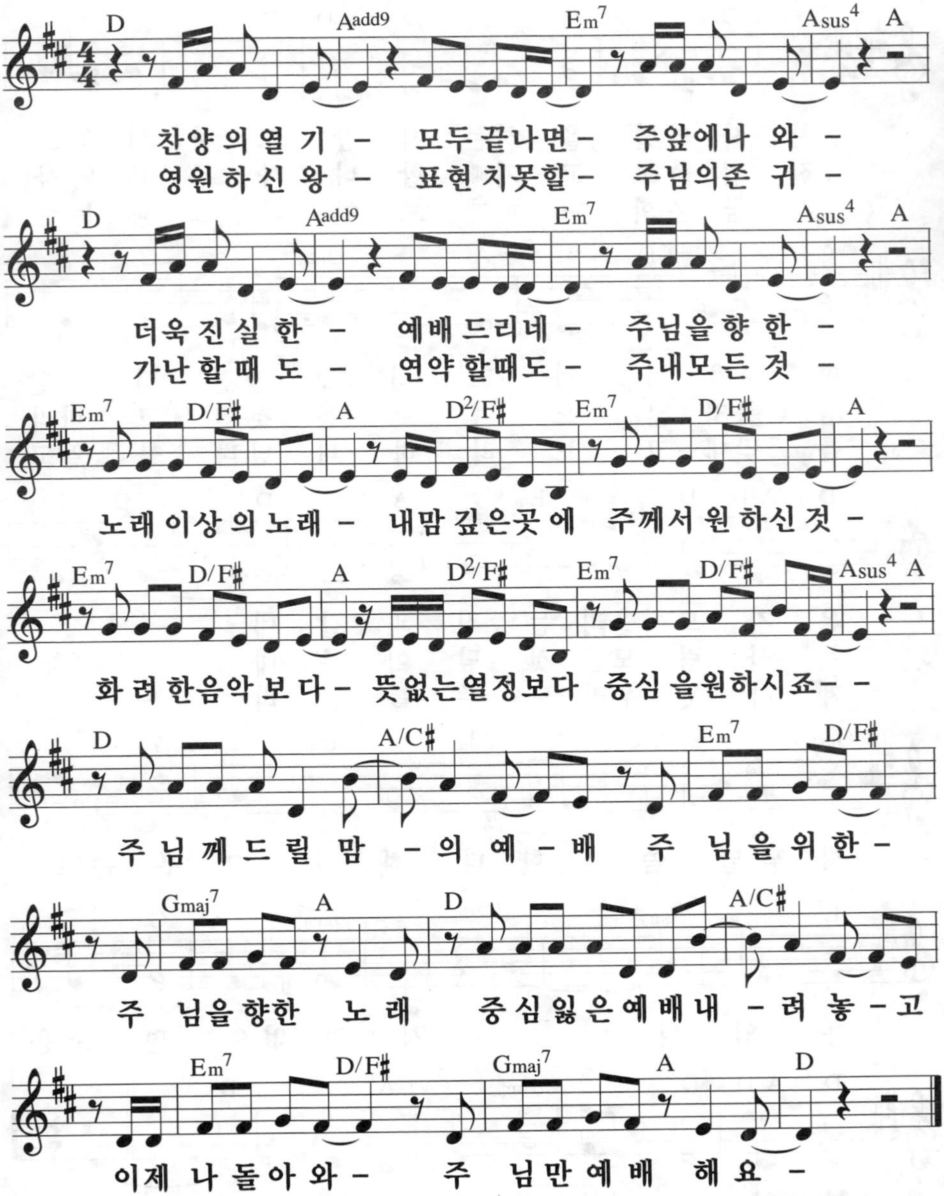

찬양의열기 - 모두끝나면- 주앞에나 와 -
영원하신왕 - 표현치못할- 주님의존 귀 -

더욱진실한 - 예배드리네 - 주님을향한 -
가난할때도 - 연약할때도 - 주내모든것 -

노래이상의노래 - 내맘깊은곳에 주께서원하신것 -

화려한음악보다 - 뜻없는열정보다 중심을원하시죠- -

주님께드릴 맘 -의 예 -배 주 님을위한 -

주 님을향한 노 래 중심잃은예배내 -려 놓 -고

이제 나돌아와 - 주 님만예배 해요 -

171/ 주님께 경배드리세 190/ 주의 이름안에서 280/ 주님께 감사드리라

202 천사의 말을 하는 사람도

미가엘 1129

(사랑의 송가)

Tina Benitez

춤추며 찬양해

203

(나의 왕 앞에서 / I Will Dance I Will Sing)

Matt Redman

메들리 곡 181/ 주님의 마음으로 220/ 나의 발은 춤을 추며 235/ 내 영이 주를

204 탕자처럼 방황할 때

미가엘 910

(탕자처럼)

김영기

1. 탕 자 처 럼 방 황 - 할 때 도 애 타 게 기 다 리 는 -
2. 불 순 종 한 요 나 와 같 이 도 방 황 하 던 나 에 게 -
3. 음 탕 한 저 고 멜 과 같 이 도 방 황 하 던 나 에 게 -

부 드 런 주 님 의 음 성 이 내 맘 을 녹 이 셨 네 -
따 뜻 한 주 님 의 손 길 이 내 손 을 잡 으 셨 네 -
너 그 런 주 님 의 용 서 가 내 맘 을 녹 이 셨 네 -

오 주 님 나 이 제 갑 니 다 날 받 아 주 소 - 서 -

이 제 는 주 님 만 위 하 여 이 몸 을 바 치 리 다 -
이 제 는 주 님 만 위 하 여 이 생 명 바 치 리 다 -
이 제 는 주 님 만 위 하 여 죽 도 록 충 성 하 리 -

40/ 세상에서 방황 할 때 64/ 이 험한 세상 698/ 이제 내가 살아도

미가엘 1191

평안을 너에게 주노라 205

(My peace I give unto you)

Keith Routlege

D

메들리 곡 76/ 주님의 시간에 152/ 오 나의 자비로운 주여 297/ 평화 하나님의 평강이

206 하늘의 해와 달들아

(호흡이 있는 자마다)

미가엘 631

김세영

하늘의 해와 달들아

G M7
A/G
F#m7
B m7
세 상 모 든 사 람 들 아 주 를 찬 양 하 라 –
G
E 7
A sus4
A 7
살 아 계 신 너 의 하 나 님 을 –
D
F#m
B m
/A
호 흡 이 있 는 자 – 마 다 – –
G
A 7
D
여 호 와 를 찬 양 하 – 여 라 – –

D

207 할 수 있다 하면 된다

(할 수 있다 해 보자)

윤용섭

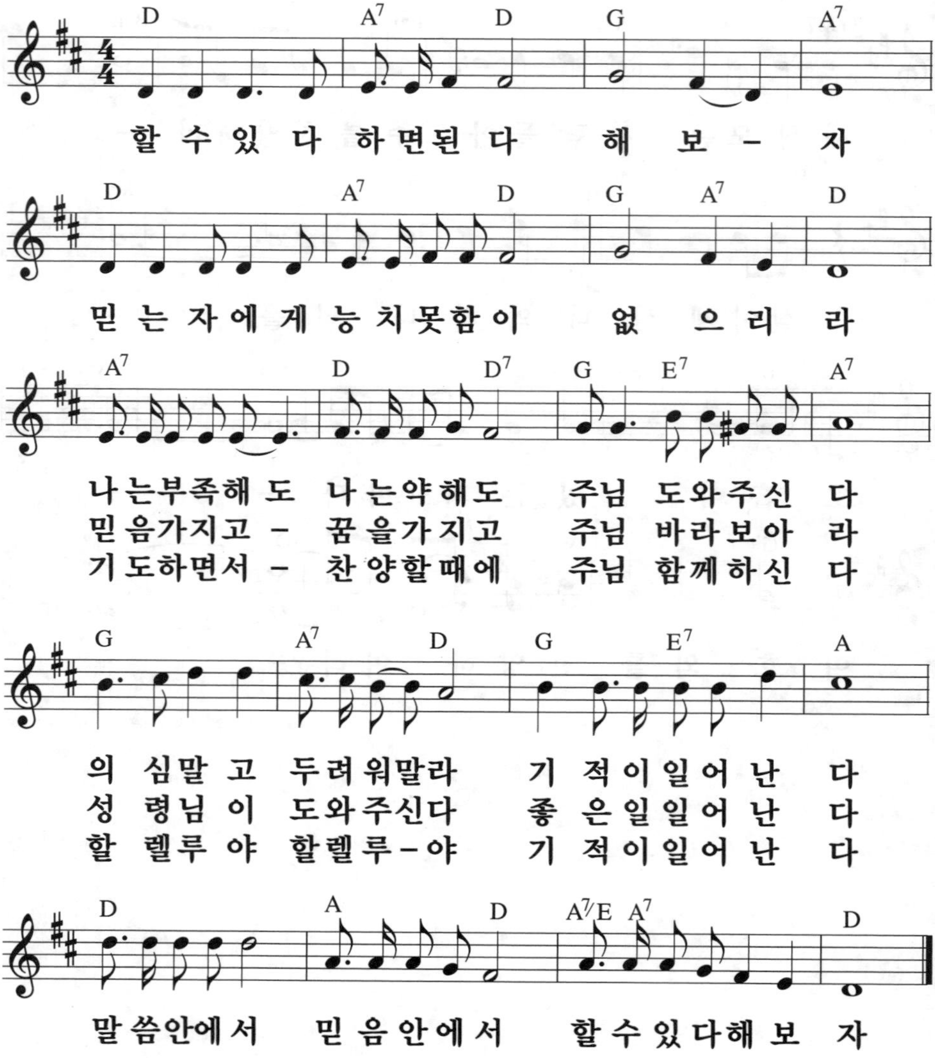

할 수 있 다 하 면 된 다 해 보 – 자

믿 는 자 에 게 능 치 못 함 이 없 으 리 라

나 는 부 족 해 도 나 는 약 해 도 주님 도 와 주 신 다
믿 음 가 지 고 – 꿈 을 가 지 고 주님 바 라 보 아 라
기 도 하 면 서 – 찬 양 할 때 에 주님 함 께 하 신 다

의 심 말 고 두 려 워 말 라 기 적 이 일 어 난 다
성 령 님 이 도 와 주 신 다 좋 은 일 일 어 난 다
할 렐 루 야 할 렐 루 – 야 기 적 이 일 어 난 다

말 씀 안 에 서 믿 음 안 에 서 할 수 있 다 해 보 자

92/ 할 수 있다 하신 이는 218/ 나의 등 뒤에서 304/ 넘지 못 할 산이 있거든

험하고 어두운 길 헤매일 때 208

(늘 노래해)

유의신 & 서영석

D

험하고 어두운길 헤매일때에 주님은 날부르셨네 – 세상의 가치없는 노래부를 때 주님날 구원하셨네 –

가시밭 험한곳도 찾아가–서 주님을 노래부르리 – 내주여 나와함께 하시어– 서 늘찬송 하게하소서 –

이세상 노래다해도 내맘엔 기쁨없지만 – 그러나 이젠 찾았네 진실한 나의 노래를 – 주님의 사랑 주님의 은혜 내생명바쳐 – 늘노래해

메들리 곡

54/ 오 하나님 받으소서 152/ 오 나의 자비로운 주여 166/ 이와 같은 때엔

209 험한 세상 나그네 길

(He Touched Me)

William J Gaither

1. 험 한 세 상 나 그 네 길 - 나 의 맘 이 곤 할 때 -
2. 죄 와 수 치 무 거 운 짐 - 괴 롬 슬 픔 당 할 때 -
3. 주 예 수 를 내 가 안 후 - 나 의 죄 짐 벗 었 네 -
4. 내 모 든 것 주 를 위 해 - 아 낌 없 이 드 렸 네 -

사 랑 스 런 주 의 손 길 - 늘 나 의 맘 을 두 드 리 네 -
그 때 예 수 손 내 미 사 - 오 놀 라 운 구 원 주 셨 네 - 오
영 원 토 록 찬 양 하 리 - 참 생 명 되 신 구 주 예 수 -
주 님 내 게 성 령 으 로 - 늘 넘 치 도 록 채 우 시 네 -

주 여 - 나 의 주 여 - 내 맘 에 평 화 주 소 서 -

나 의 - 기 쁨 나 의 생 명 주 손 길 날 구 - 원 했 네 -

64/ 이 험한 세상 204/ 탕자처럼 방황할 때 205/ 평안을 너에게 주노라

오늘도 하룻길

(길)

박희춘

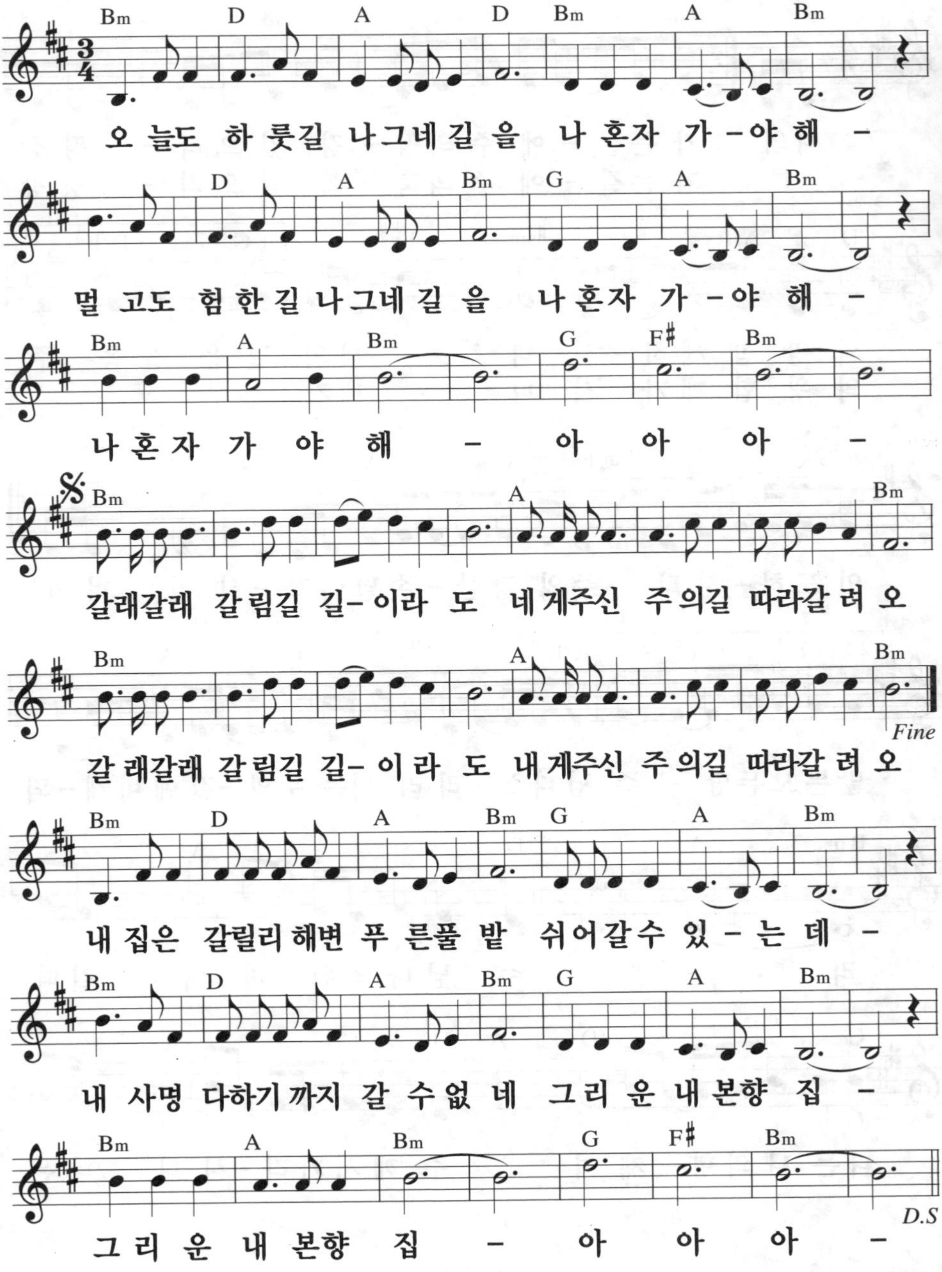

오 늘도 하 룻길 나그네길을 나 혼자 가 -야 해 -

멀 고도 험 한길 나그네 길 을 나 혼자 가 -야 해 -

나 혼 자 가 야 해 - 아 아 아 -

갈래갈래 갈림길 길- 이라 도 네 계주신 주 의길 따라갈 려 오

갈 래갈래 갈림길 길- 이 라 도 내 계주신 주 의길 따라갈 려 오

Fine

내 집은 갈릴리 해변 푸 른풀 밭 쉬어갈수 있 - 는 데 -

내 사명 다하기 까지 갈 수 없 네 그 리 운 내 본향 집 -

그 리 운 내 본향 집 - 아 아 아 -

D.S

211 너의 가는 길에

(파송의 노래)

미가엘 1670

고형원

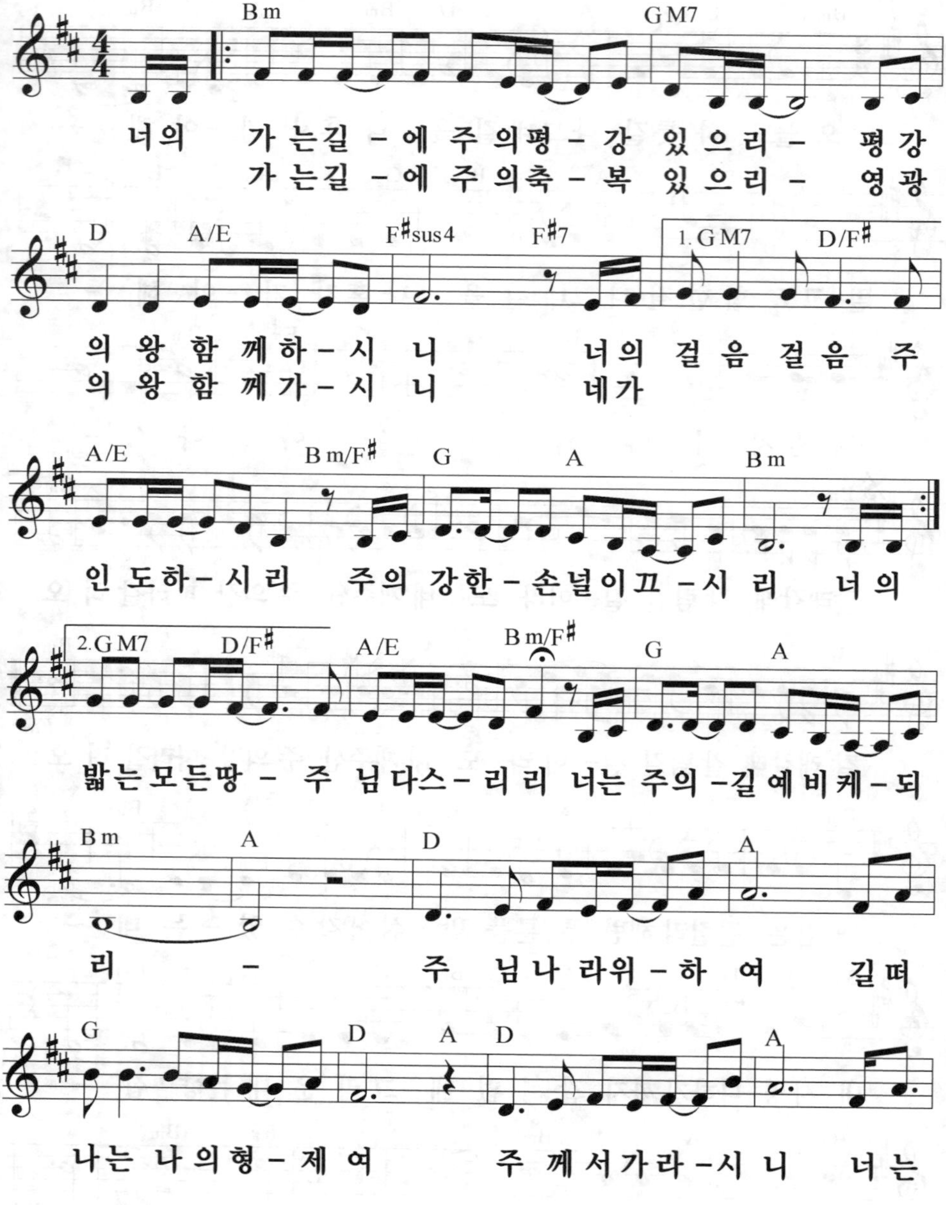

Bm GM7
너의 가는길 - 에 주 의평 - 강 있으리 - 평강
가는길 - 에 주 의축 - 복 있으리 - 영광
D A/E F#sus4 F#7 1. GM7 D/F#
의 왕 함 께하 - 시 니 너의 걸 음 걸 음 주
의 왕 함 께가 - 시 니 네가
A/E Bm/F# G A Bm
인 도하 - 시 리 주의 강한 - 손널이끄 - 시 리 너 의
2. GM7 D/F# A/E Bm/F# G A
밟는모든땅 - 주 님다스 - 리 리 너는 주의 - 길 예 비 케 - 되
Bm A D A
리 - 주 님나 라위 - 하 여 길 떠
G D A D A
나는 나 의형 - 제 여 주 께 서가라 - 시 니 너는

G
F#sus4
F#7
Bm
가라 주의 이름으로 - 거칠은 광야 위에 - 꽃
A
Bm
A
은 피어 나고 - 세상은 네 안에서 - 주님의 영광 보리라 - 강하
G Em
Bm
A
D
F#
고 - 담대하라 세상 이기신 주 늘 함 - 께 - 너와
G
Bm
A
F#
Bm
동행 - 하시며 네게 새 힘 늘 - 주시리 -

D

212 너의 푸른 가슴속에

미가엘
1638

고형원

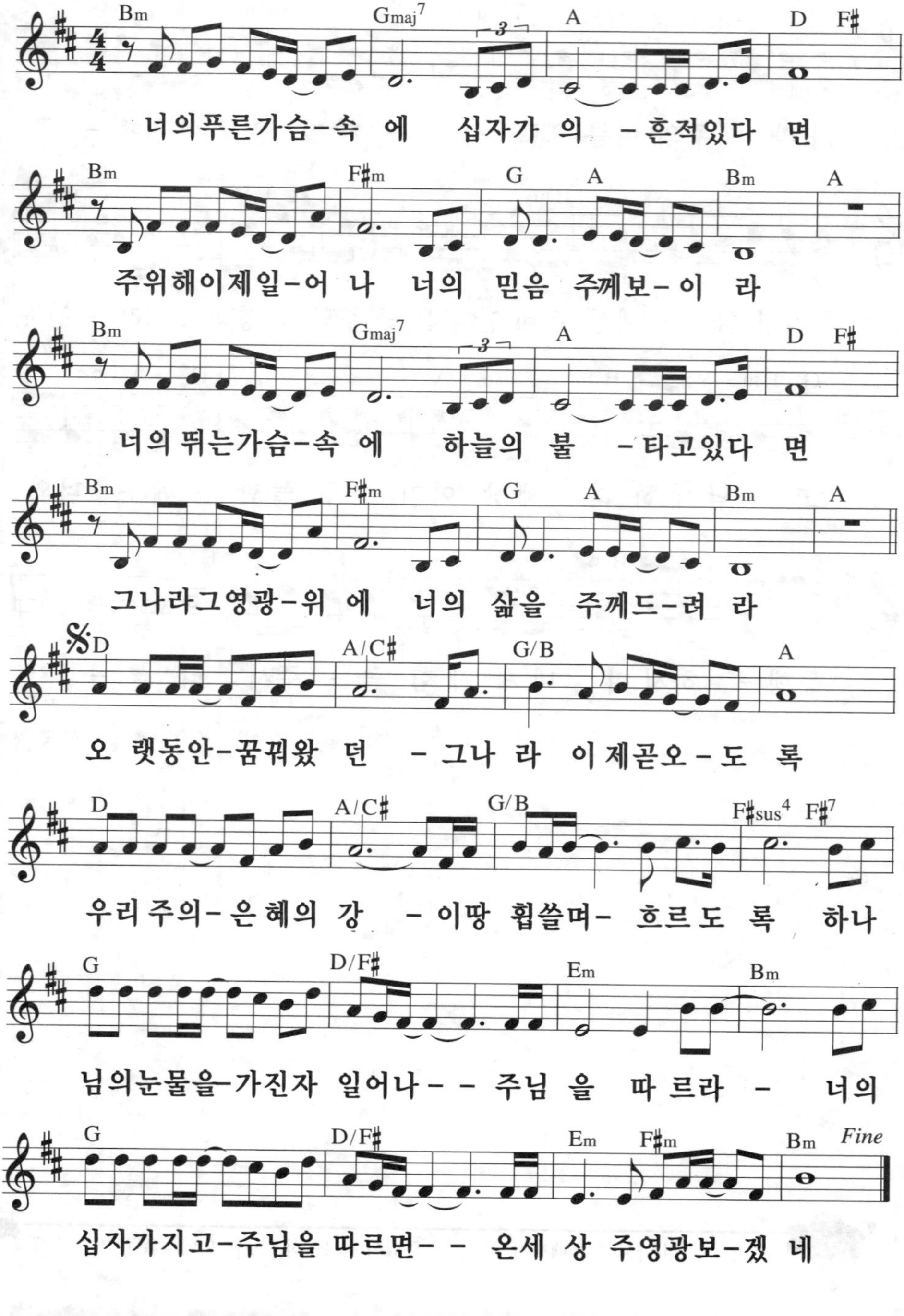
Bm Gmaj7 A D F♯
너의푸른가슴-속 에 십자가 의 -흔적있다 면
Bm F♯m G A Bm A
주위해이제일-어 나 너의 믿음 주께보-이 라
Bm Gmaj7 A D F♯
너의뛰는가슴-속 에 하늘의 불 -타고있다 면
Bm F♯m G A Bm A
그나라그영광-위 에 너의 삶을 주께드-려 라
D A/C♯ G/B A
오 랫동안-꿈꿔왔 던 -그나 라 이제곧오-도 록
D A/C♯ G/B F♯sus4 F♯7
우리주의-은혜의 강 -이땅 휩쓸며- 흐르도 록 하나
G D/F♯ Em Bm
님의눈물을-가진자 일어나- - 주님 을 따 르라 - 너의
G D/F♯ Em F♯m Bm Fine
십자가지고-주님을 따르면- - 온세 상 주영광보-겠 네

Bridge
Bm F#m G A7 Bm
너의삶을불태워 주를섬겨라- 주의 영 광 나타나-겠 네
Bm F#m G A7 Bm D.S.
오 래황 폐한이땅 꽃을피워라- 주의 향 기 가득하-겠 네

E

미가엘 1289

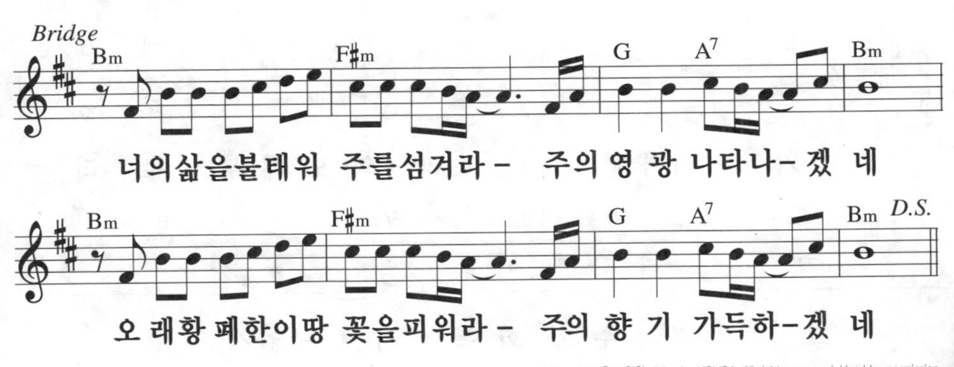

감사함으로 그 문에 들어가며 213

(He has made me glad)

Leona Von Brethorst

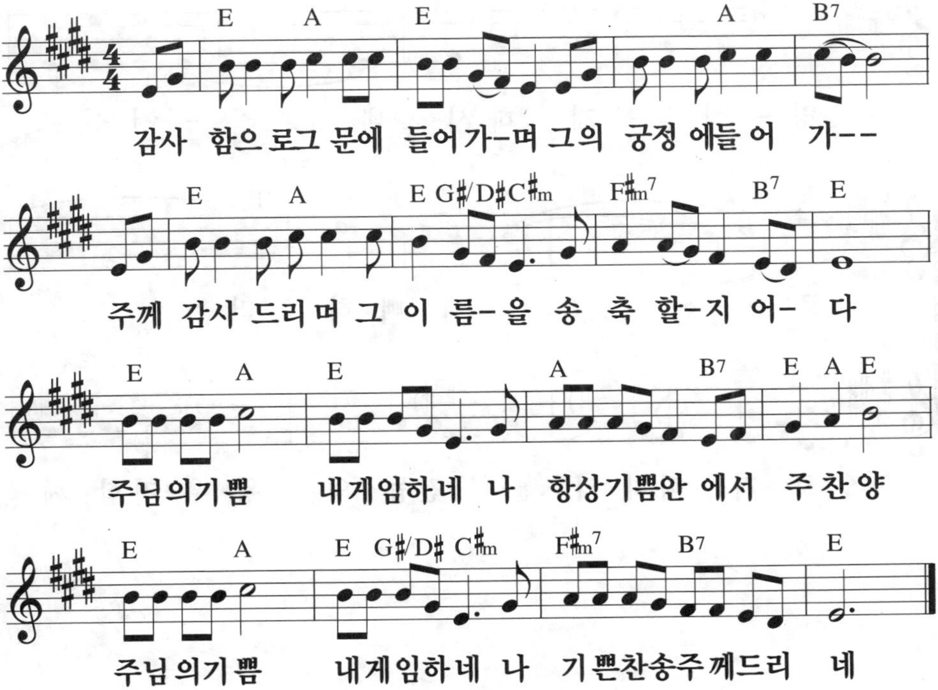
E A E A B7
감사 함으 로그 문에 들어가-며 그의 궁정 에들 어 가--
E A E G#/D# C#m F#m7 B7 E
주께 감사 드리며 그 이 름-을 송 축 할-지 어- 다
E A E A B7 E A E
주님의기쁨 내게임하네 나 항상기쁨안 에서 주 찬 양
E A E G#/D# C#m F#m7 B7 E
주님의기쁨 내게임하네 나 기쁜찬송주께드리 네

214 기뻐하며 승리의 노래 부르리

미가엘 663

(We will rejoice)

David Fellingham

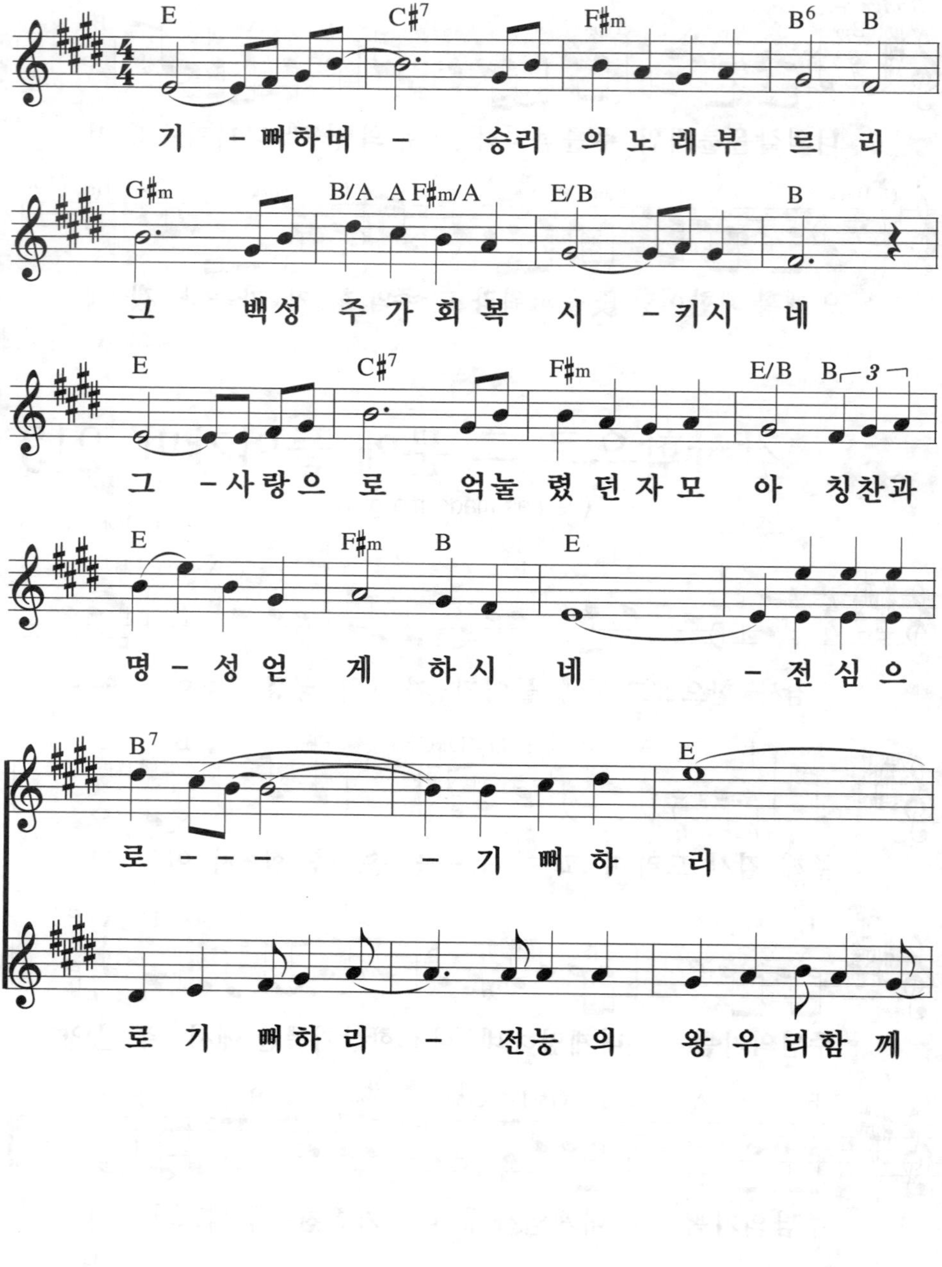
E C#7 F#m B6 B
기 -뻐하며 - 승리 의노래부 르 리
G#m B/A A F#m/A E/B B
그 백성 주가회복 시 -키시 네
E C#7 F#m E/B B 3
그 -사랑으 로 억눌 렸던자모 아 칭찬과
E F#m B E
명 - 성얻 게 하시 네 - 전 심 으
B7 E
로 - - - - 기 뻐 하 리
로 기 뻐하 리 - 전능 의 왕 우 리함 께

E B7 E
- 전 능 의 왕 - - - - 함 께 하 시 네
- 우 리 의 강 하 신 용 사 - 구 원 과 승 리 주 시 네
E7 A E
- 기 뻐 외 치 며 - 주 께 두 손 들 리 -
C♯7 F♯m B7 E
- 춤 을 추 며 - 왕 께 찬 양 해 -
E7 A E
- 모 든 원 수 를 - 멸 하 신 주 님 -
C♯7 F♯m B7 E A/E E
- 전 능 의 왕 - 함 께 하 시 네 -

E

215 # 나를 지으신 주님

(내 이름 아시죠 / He knows My Name)

미가엘 1712

Tommy Walker

112/ 나를 지으신 이가 223/ 나의 주 나의 하나님 287/ 주를 향한 나의 사랑을

나를 향한 주님의 사랑 216

주영광

217 나를 향한 주의 사랑

(산과 바다를 넘어서 / I Could Sing Of Your Love)

미가엘 1904

Martin Smith

B sus4
B 7
F♯m
E/G♯
-하-리-라-
내가 춤-을 출때
A
B sus4
B 7
F♯m
다비웃겠-지만 --
그들도주-알
E/G♯
A
B sus4
B 7
D.S.
게 되면-
함께 기뻐-춤-을추게 -되리-
A
B sus4
B 7
E
영원토록노래 -하-리-라- -

218 나의 등 뒤에서

(일어나 걸어라)

미가엘 1016

최용덕

92/ 할 수 있다 하신 이는 207/ 할 수 있다 하면 된다 227/ 내가 어둠 속에서

나의 마음을 219

(Refiner's Fire)

Brian Doerksen

나 의마- 음을 - 정금과같이정결케하 소 서

나 의마- 음을 - 정금과같 이 하 소서

내 영혼에 - 한소망있으니 - 주님 과

같-이 거룩하게-하 - 소 - 서- 나의삶

을 드리니 거룩하게-하 소서 - - 오주-님

나를받으-소 서 - 나를받으-소 서 - -

메들리 곡
221/ 나의 부르심 223/ 나의 주 나의 하나님이여 236/ 내 주 같은 분 없네

E

220 나의 발은 춤을 추며

4/4

E A2

나 의 발은춤을추며나의 손은손뼉치며나의

E F♯m Bsus4 B7 E

입은기뻐노래부르 네 나의 발은춤을추며나의

A2 E F♯m/B B7 E

손은손뼉치며나의 입은기뻐노래부르 네

A2 B7 E

내가 주께 찬 양 해 내가 주 께찬 양 해

A2 E/B B7 E

내가 주 께 찬 양 하 며 주 사 랑 해

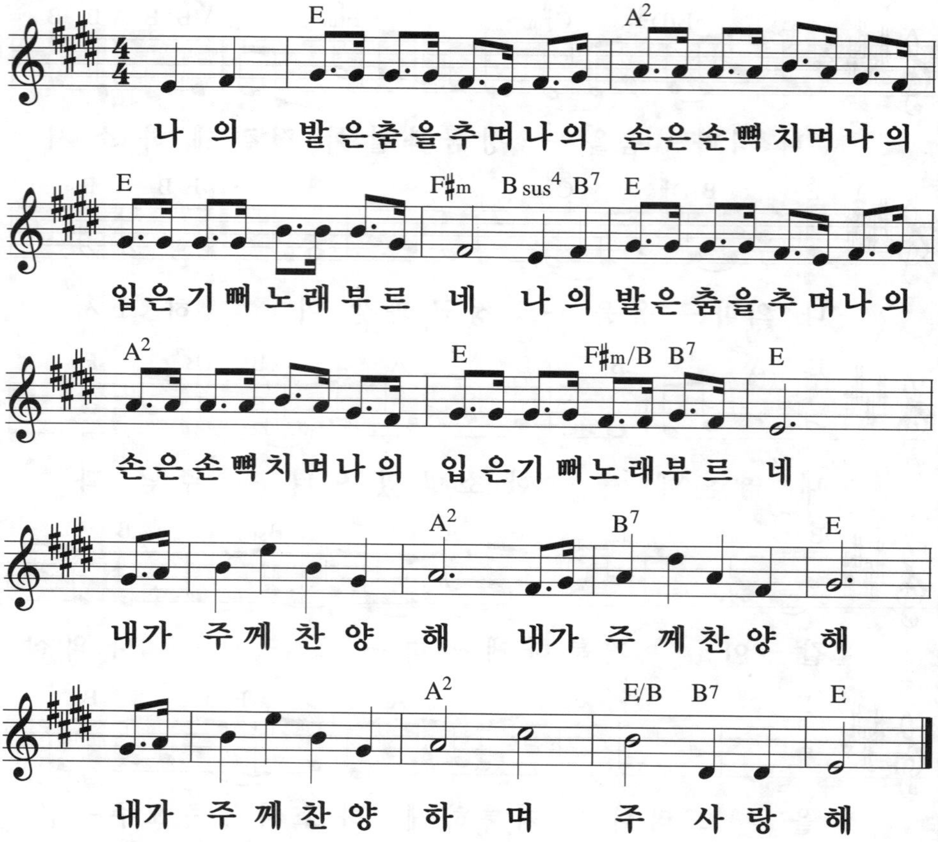

메들리 곡
203/ 춤추며 찬양해 235/ 내 영이 주를 253/ 손을 높이 들고

미가엘 1735

나의 부르심 221

(This Is My Destiny)

Scott Brenner

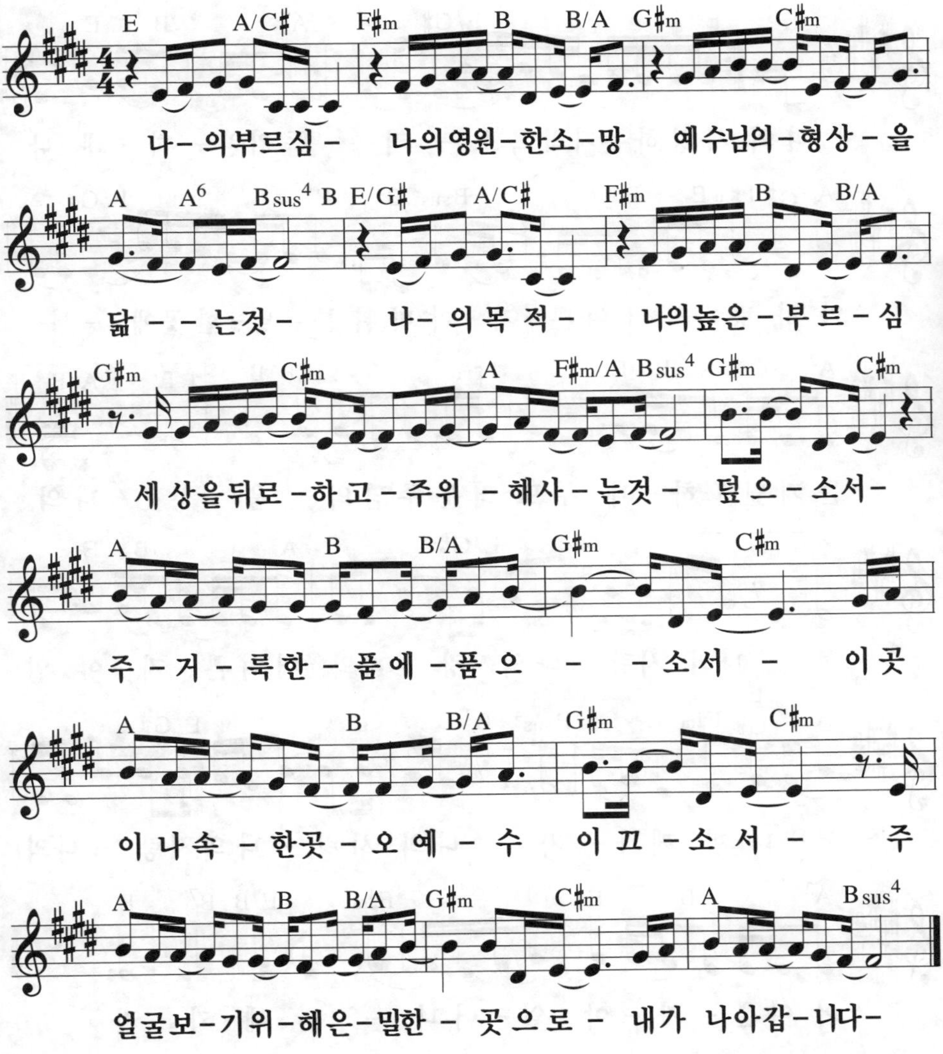

E A/C♯ F♯m B B/A G♯m C♯m
나- 의부르심- 나의영원-한소-망 예수님의-형상-을
A A6 Bsus4 B E/G♯ A/C♯ F♯m B B/A
닮 - - 는것- 나- 의목 적- 나의높은-부르-심
G♯m C♯m A F♯m/A Bsus4 G♯m C♯m
세 상을뒤로-하고-주위 -해사-는것- 덮으-소서-
A B B/A G♯m C♯m
주-거-룩한-품에-품으 - -소서 - 이곳
A B B/A G♯m C♯m
이나속 -한곳-오예 - 수 이끄 -소 서 - 주
A B B/A G♯m C♯m A Bsus4
얼굴보-기위-해은-밀한 - 곳으로 - 내가 나아갑-니다-

E

메들리 곡

174/ 주님 내가 여기 있사오니 176/ 주님 말씀하시면 219/ 나의 마음을

222 나의 사랑하는 자의 목소리

(나의 사랑 나의 어여쁜자야)

이길로

나의 사랑하는자의목소－ 리－ 듣기원－ 하－네 나

의 사 랑나의어 여쁜－자－야 바위 틈은밀－한곳에－－서－

듣 기원－ 하－ 네 부드 러운주님의－ 음 성 나의

성 나의 사랑 －나의사랑 －나의 어여쁜－ 자－야 일

어－나 함 께가－ 자 나의 사랑 －나의사랑 －나의

어 여쁜－ 자－야 일－어나－ 함 께 가 자

메들리 곡
221/ 나의 부르심 224/ 나 주 앞에 서서 376/ 햇살보다 밝게 빛나는

나의 주 나의 하나님이여

(깨뜨릴 옥합이 내게 없으며 / Adonai, my Lord my God)

Stephen Hah

나의주나의하나 님이여 주를경배합니다

주 사랑하는나의 마음을 주께서 아시나이다

깨뜨릴옥합내게 없-으며주께 드릴향유없지 만
고 통속에방황하 는내마음주- 께로갈수없지 만

하나님형상대로 날빚으사새 영을내게부어 주소-서
저 항할수-없는 그은혜로주 님의길을걷게 하소-서

나의주 나의하나 님이여 주를경배합니다 주

사랑하는나의 마음을주께서아시나이다 나의

120/ 내게 있는 향유 옥합 219/ 나의 마음을 294/ 하나님은 너를 지키시는 자

224 나 주앞에 서서

(Now that You're near)

미가엘 1942

Marty Sampson

E
B
C#m7
B sus4
- 주 님계 - 신 - 곳 - 에 - 나있
A
D.S. al Coda
A
- 기원 - 하네 - - 있 기 를원-하네 -

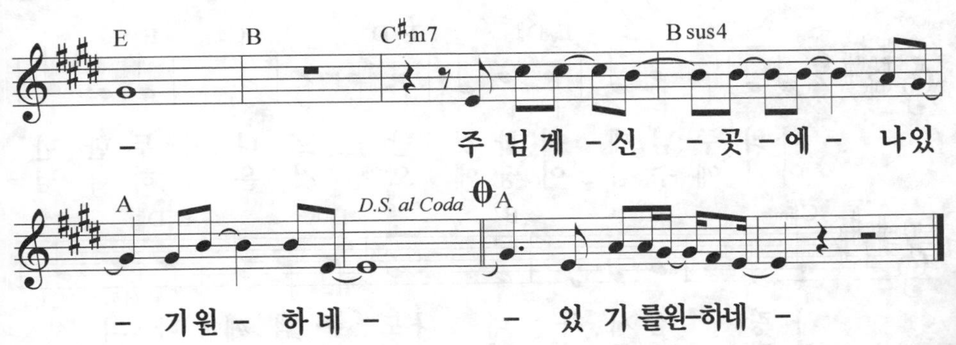

E

225 나의 주님께 귀한 것

(선물)

김지현

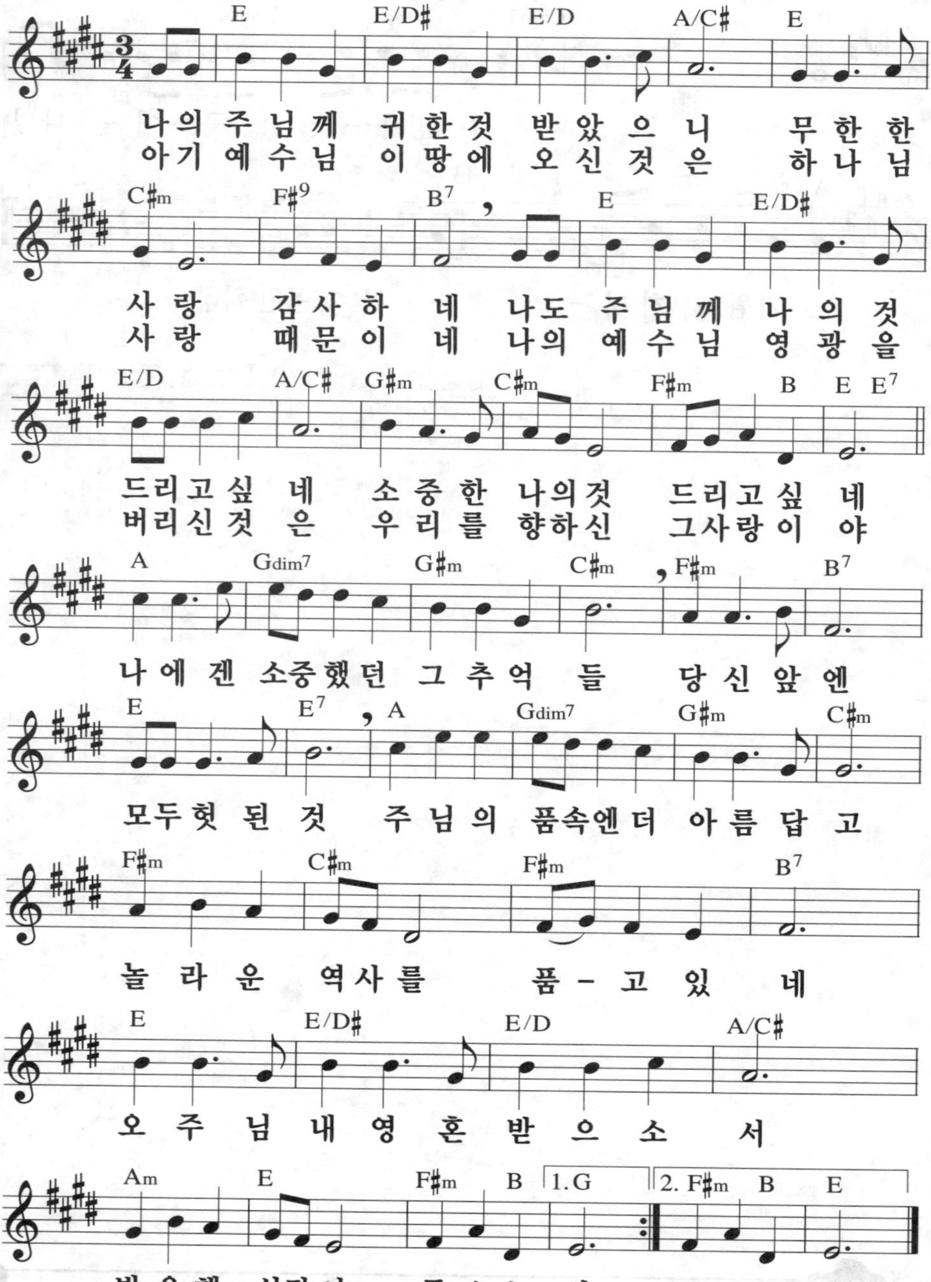
E E/D# E/D A/C# E
나의주님께 귀한것 받았으니 무한한
아기 예수님 이땅에 오신것은 하나님
C#m F#9 B7 E E/D#
사랑 감사하네 나도 주님께 나의것
사랑 때문이네 나의 예수님 영광을
E/D A/C# G#m C#m F#m B E E7
드리고싶네 소중한 나의것 드리고싶네
버리신것은 우리를 향하신 그사랑이야
A Gdim7 G#m C#m F#m B7
나에겐 소중했던 그 추억들 당신앞엔
E E7 A Gdim7 G#m C#m
모두헛된것 주님의 품속엔더 아름답고
F#m C#m F#m B7
놀라운 역사를 품-고 있네
E E/D# E/D A/C#
오 주님 내 영혼 받으소서
Am E F#m B 1.G 2. F#m B E
밝은햇 살같이 품으소서 품으소서

날마다 숨쉬는 순간마다 226

(Day by day)

Arr. PD. Berg Sandell & Ahnfelt Oscar

날마 다 숨쉬는순간마 다 내앞 에 어려운일보네
날마 다 주님내곁에 계 셔 자비 로 날감싸주시네
인생 의 어려운순간마 다 주의 약 속생각해보네

주님 앞 에이몸을맡길 때 슬픔 없 네두려움없네
주님 앞 에이몸을맡길 때 힘주 시 네위로함주 네
내맘 속 에믿음잃지않 고 말씀 속 에위로를얻네

주님 의 그자비로운 손 길 항상 좋 은것주시도 다
어린 나 를품에안으 시 사 항상 평 안함주시도 다
주님 의 도우심바라 보 며 모든 어 려움이기도 다

사랑 스 레아픔과기 쁨 을 수고 와 평화와안식 을
내가 살 아숨을쉬는 동 안 살피 신 다약속하셨네
흘러 가 는순간순간 마 다 주님 약 속새겨봅니 다

152/ 오 나의 자비로운 주여 215/ 나를 지으신 주님 221/ 나의 부르심

227 내가 어둠 속에서

문경일

E A E F#m

1. 내가 어둠속에서– 헤맬때에도– 주님은 –
2. 내가 은밀한곳에서– 기도할때도– 주님은 –
3. 힘이 없고 연약한– 사람들에게– 주님은 –

B7 E A/B E

함 께 계셔 – 내가 시험당하여 –
함 께 계셔 – 내가 아무도모르게 –
함 께 계셔 – 세상 모든형제와 –

A E F#m B7 E

괴로울때도– 주님은 – 함 께 계셔 –
선한일할때도– 주님은 – 함 께 계셔 –
자매들에게– 주님은 – 함 께 계셔 –

D/E E7 A E

기뻐 찬양 하네 할렐루 할렐루야 할렐

Bsus4 B7 E D/E E7 A

루 할렐루야 우리모두찬양 할렐루 할렐루

E C#m F#m B7 E

야 – – – 주님나와함께계시네 –

48/ 어두운 밤에 253/ 손을 높이 들고 269/ 위대하고 강하신 주님

내가 지금 사는 것

(더욱 크신 은혜)

김한준

1. 내 - 가 지 금사 - 는 것 주님의 크 신은 - 혜 요
2. 세 - 상 에 서당 - 하 는 환 - 란 고 초많 - 으 나
3. 하 - 늘 에 는영 - 광 이 우 - 리 에 겐기 - 쁨 이

주 - 를 믿 게된 - 것 은 더욱 크 신은 - 혜 라
이 - 길 힘 을주 - 시 니 더욱 크 신은 - 혜 라
날 - 로 더 해가 - 는 것 더욱 크 신은 - 혜 라

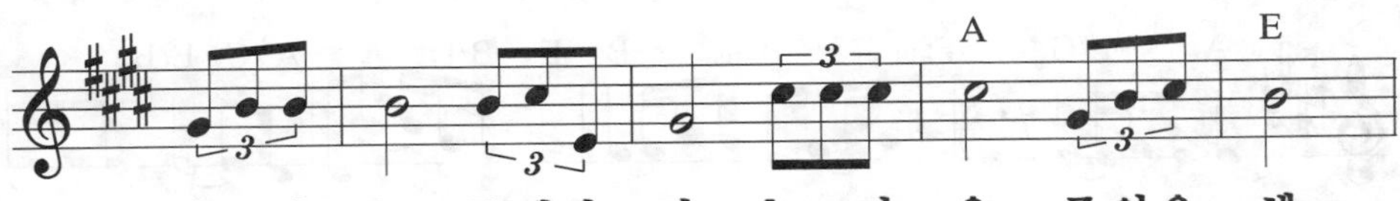

넘 - 치 는 주의사 랑 놀 - 라 운 주의은 혜
답답할 때 기 - 도 로 쓰러질 때 손 - 길 로
쌓 - 여 진 사 - 랑 도 감당할 길 없 - 어 서

날 - 마 다 경험하 며 주 - 께 감 사합 - 니 다
어루만 져 주 - 시 니 주 - 여 감 사합 - 니 다
몸 - 과 맘 드립니 다 진 - 정 감 사합 - 니 다

메들리 곡 64/ 이 험한 세상 143/ 세상 부귀 안일함과 698/ 이제 내가 살아도

229 내 갈급함

신수경 & 윤주형

E2 B/D# A/C# B/D# E2 B/D#
내갈급함- 어느 것으로-채울-수없-네 내갈 급함 - 상한

A2/C# B/D# E2 B/D# A/C# B/D#
나의심-령에- 내갈 급함- 부르 짖는소-리들-으소-서

E2 B/D# A Bsus4 B7 E B/D# A2/C# E/B
내갈 급함-주의 음성들-리네- 내 게로나-오 -라 - 영원히

A E/G# F#m7 Bsus4 B E B/D# A2/C# E/B
-영원히- 목 마름전-혀 없으리- 내 게로나-오 -라 - 가까이

A E/G# Dmaj7 Bsus4 B E2 B/D# A2/C# E/B
-가까이- 생 수의근-원 되신주께 내 게로나-오 -라- 영원히

A E/G# F#m7 Bsus4 B E2 B/D# A2/C# E/B
-영원히- 목 마름전-혀없으리- 내 게로나-오 -라 - 가까이

A E/G# F#m7 B A2/E E A2/E E
-가까이- 생 명의근-원 되신주-께- - - - -

221/ 나의 부르심 236/ 내 주 같은 분 없네 250/ 빛이 없어도

내게로부터 눈을 들어 230

(시선)

김명선

내 게로부-터눈-을들-어 주를보-기시-작할-때 주의일을보-겠네
성 령이나-를변-화시-켜 모든두-렴사-라질-때 주의일을보-겠네

– 내 작은마 – 음돌 – 이키 – 사 하늘의 – 꿈꾸 – 계하 – 네
– 황 폐한땅 – 한가 – 운데 – 서 주님마 – 음알 – 게되 – 리

주님을볼때 – 모든 시선을 – 주님께드 – 리고 – 살아
주님을볼때 – 모든 시선을 – 주님께드 – 리고 – 전능

계신하 – 나님 – 을느 – 낄때 – 내 삶 은주의 – 역사가 – 되고
하신하 – 나님 – 을느 – 낄때 – 세 상 은주의 – 나라가 – 되고

– 하나 – 님 이 일하기시작 – 하 – – 네 –

주님의영광 – 임하네 – 주볼때 – 주님의영광 모든

E

215/ 나를 지으신 주님 217/ 나를 향한 주의 사랑 221/ 나의 부르심

231 내 마음을 가득 채운

(Here I Am Again)

Tommy Walker

내마 음을가득 채운 주향 한찬양 과사랑 어 떻게 표현 할수
수많 은 멜로 디와 찬양 들을드 렸지만 다 시고 백하 기원

있 나 수많 은찬 양 들로 그 맘 표현 할수 없어
하 네 주님 은나 의 사랑 삶 의 중심 되시 오니

다 시 고 백 합 니 다 – 주 사 랑 해 요 온 맘 다 하 여
주 를 찬 양 합 니 다 –

말 로 다 – 할 수 – 없 어 – 오 – – – 주 사 랑 해 요

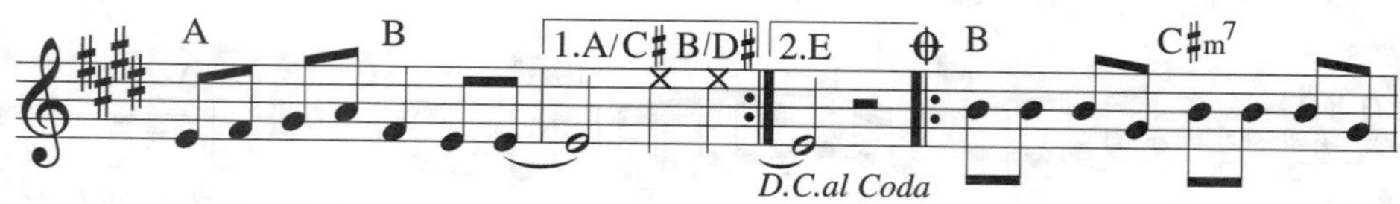

찬 양 받 아 주 소 서 – 주 님 사 랑 다 시 고 백

하 는 새 날 주 심 감 사 해 – – 요 – – –

219/ 나의 마음을 224/ 나 주 앞에 서서 251/ 사랑해요 목소리 높여

내 맘의 눈을 여소서 232

(Open Te Eyes Of My Heart)

Paul Baloche

E

233

내 아버지 품

(주님만으로)

전은주

내 아버지 품

F#/A#
A m6/B
1. A
B
2. A
B
F#m7
E/G#
나의상급 주님 나의상급 주－님
A
B
C#m
B
나 의 상 급 되 － 소 서 －
A
E/G#
F#m7
B
E
오 －직－ 주만이 나의 상 급 되－ 소서 －

E

234 내 아버지 그 품 안에서

(내 영혼은 안전합니다)

전은주

내 영이 주를 찬양합니다 235

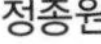

내 영 이 주 ─ 를─ 찬 양 합 니 ─ 다 ─

내 영 이 주 ─ 를─ 찬 양 합 니 ─ 다 ─

내 영 이 주 ─ 를─── 찬 양 합 니 ─ 다 ─

내 영 이 주 ─ 를─ 찬 양 합 니 ─ 다 ─

Fine

기 ─ 뻐 ─ 하라 ─ 나의영 혼아 감 ─ 사 ─ 하라

─ 손을들고─ 송 ─ 축 ─ 하라 ─ 주를향해─ 외 ── 치라

─ 기 ─ 뻐 ─ 하라 ─ 나 의영 혼아 감 ─ 사 ─ 하라

─ 손을들고─ 송 ─ 축─ 하라 ─ 나의영 혼 ─ 아 ─

D.C.

236 내 주 같은 분 없네

(There's no one like You)

미가엘 1591

Eddie Espinosa

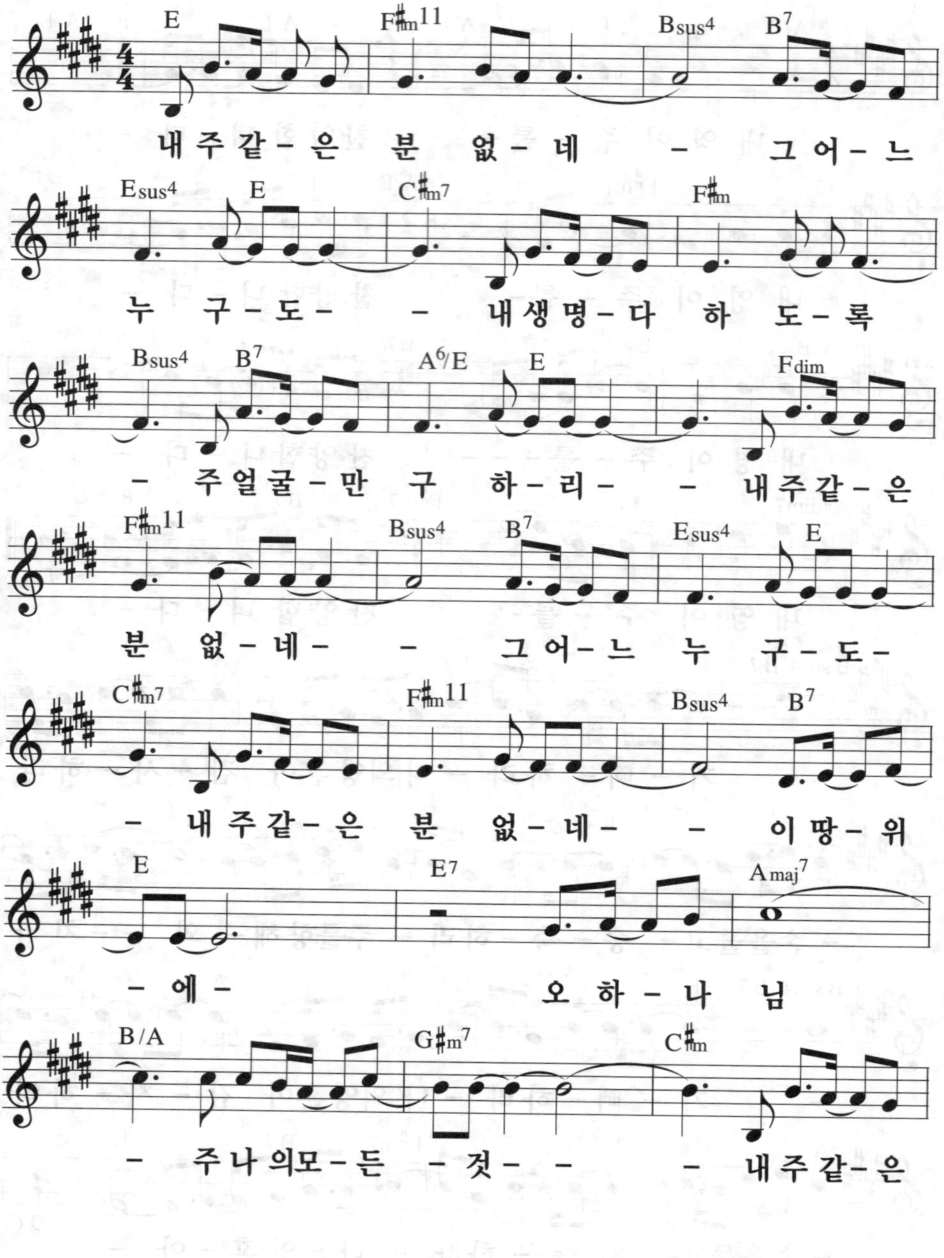
E F♯m11 Bsus4 B7
내주같-은 분 없-네 - 그어-느
Esus4 E C♯m7 F♯m
누 구-도- - 내생명-다 하 도-록
Bsus4 B7 A6/E E Fdim
- 주얼굴-만 구 하-리- - 내주같-은
F♯m11 Bsus4 B7 Esus4 E
분 없-네- - 그어-느 누 구-도-
C♯m7 F♯m11 Bsus4 B7
- 내주같-은 분 없-네- - 이땅-위
E E7 Amaj7
-에- 오하-나 님
B/A G♯m7 C♯m
- 주나의모-든 -것- - - 내주같-은

내 주 같은 분 없네

F#m7
Bsus4
B7
E
분 없-네- - 이땅-위 -에- - - - -
E7
Amaj7
B/A
- 오하-나 -님- - 주나의모-든
G#m7
C#m7
F#m7
-것- - 내주같-은 분 없-네
B7sus
B7
Esus4
E
- 이 땅-위 -에- -

237 내 주는 반석이시니

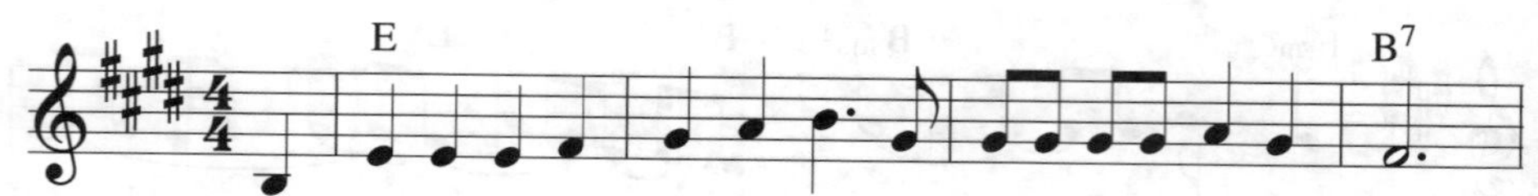

1. 내 주는반석 이시니 저 곳은안전하도 다
2. 바 람이불고 비와도 저 곳은안전하도 다
3. 자 비한반석 이시니 저 곳은안전하도 다

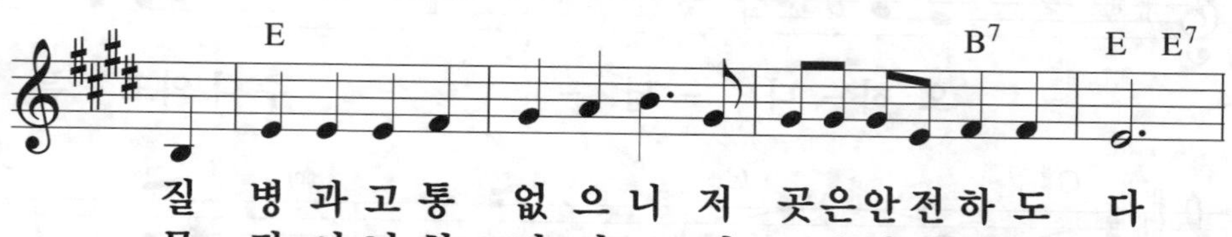

질 병과고통 없으니 저 곳은안전하도 다
물 결이넘쳐 밀려도 저 곳은안전하도 다
구 원의손이 있으니 저 곳은안전하도 다

오 나의예수는 반석 이시니 반 석이니반 석이니

오 나의예수는 반석 이시니 저 곳은안전하도 다

메들리 곡
218/ 나의 등 뒤에서 227/ 내가 어둠 속에서 411/ 내게 강 같은 평화

미가엘 1332

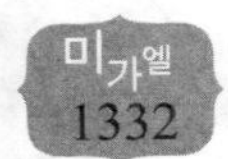

너 근심걱정와도

(주 너를 지키리)

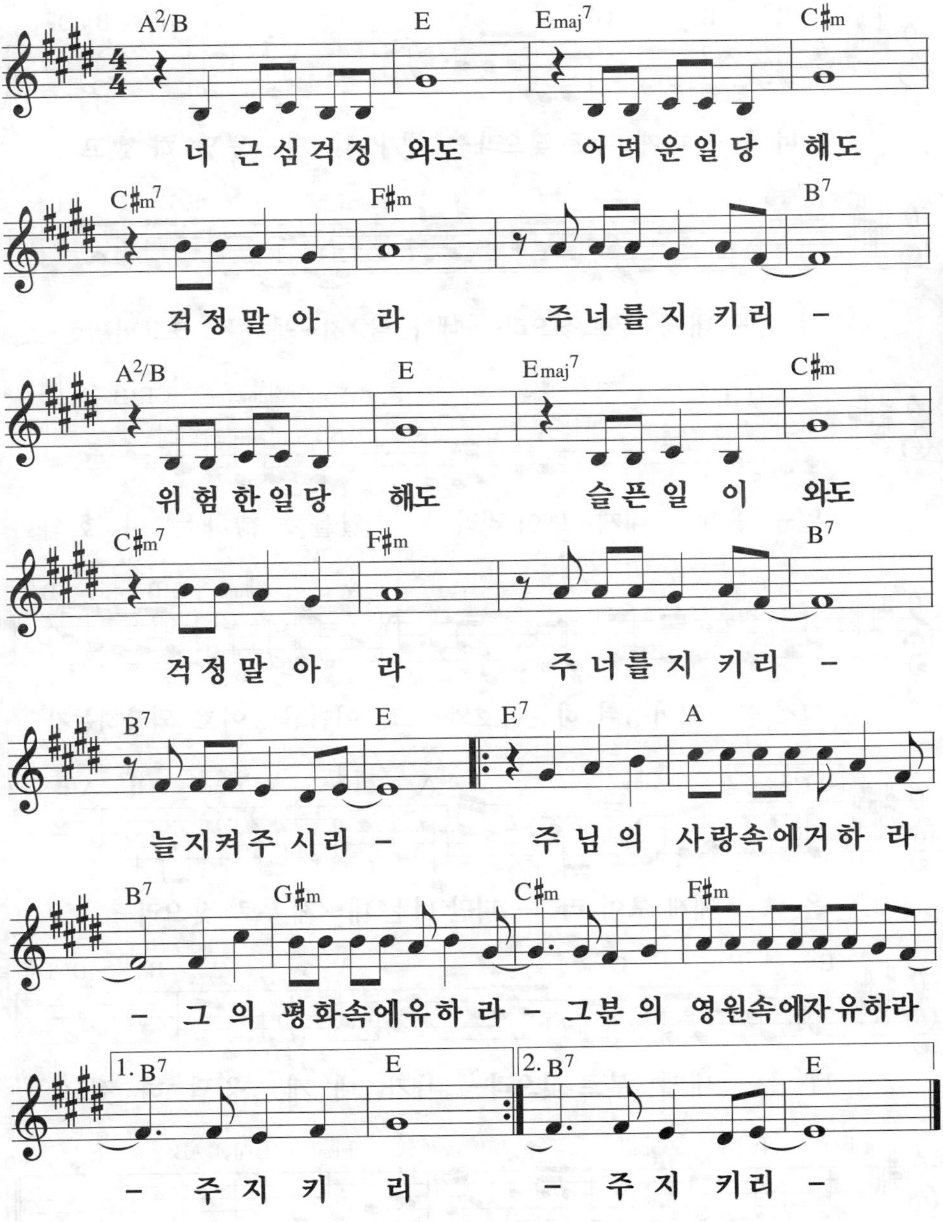

A2/B E Emaj7 C#m
너 근심걱정 와도 어려운일당 해도
C#m7 F#m B7
걱정말아 라 주너를지 키리 -
A2/B E Emaj7 C#m
위험한일당 해도 슬픈일 이 와도
C#m7 F#m B7
걱정말아 라 주너를지 키리 -
B7 E E7 A
늘지켜주 시리 - 주님의 사랑속에거하 라
B7 G#m C#m F#m
- 그 의 평화속에유하 라 - 그분 의 영원속에자 유하라
1. B7 E 2. B7 E
- 주 지 키 리 - 주 지 키리 -

E

메들리 곡

108/ 나는 믿음으로 255/ 어두워진 세상 길을 293/ 크신 주께

239 너는 내게 부르짖으라

이연수

미가엘 1151

너는 시냇가에 심은 240

박윤호

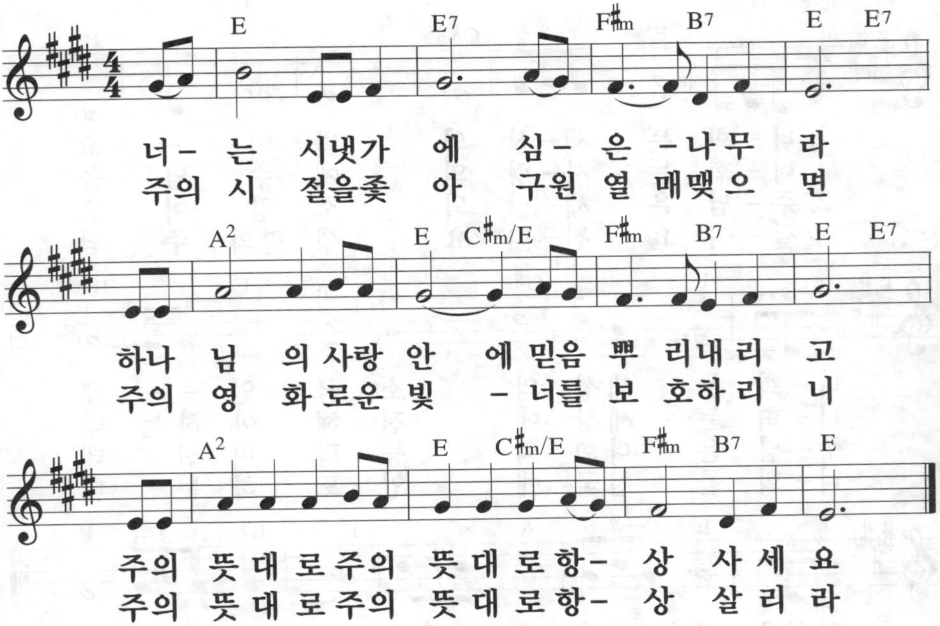
E E7 F#m B7 E E7
너- 는 시냇가 에 심- 은 -나무 라
주의 시 절을좇 아 구원 열 매맺으 면
A2 E C#m/E F#m B7 E E7
하나 님 의사랑 안 에 믿음 뿌 리내리 고
주의 영 화로운 빛 -너를 보 호하리 니
A2 E C#m/E F#m B7 E
주의 뜻대 로주의 뜻대 로항- 상 사세 요
주의 뜻대 로주의 뜻대 로항- 상 살리 라

미가엘 1758

당신은 하나님의 언약안에 241

(축복의 통로)

이민섭

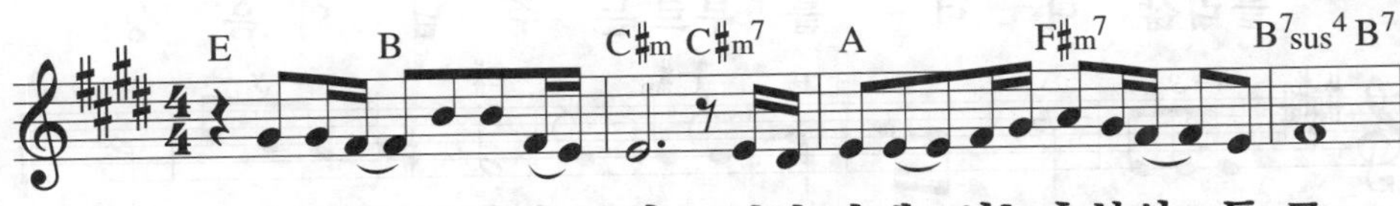

E B C#m C#m7 A F#m7 B7sus4 B7
당신은- 하나님- 의 언약 안에 -있는축복의- 통 로
E B C#m C#m7 A F#m B7 E
당신을- 통하여- 서열방이- 주께 -돌아오 게되 리
주께 -예배하 게되 리

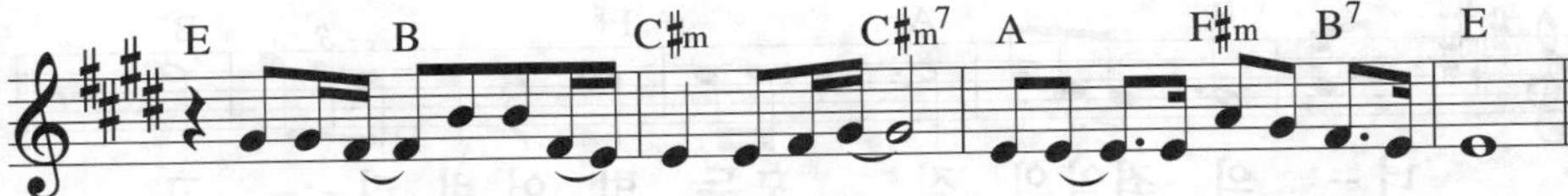

242 너희는 세상의 빛이요

(들어라 주님 음성)

미가엘
2208

당신은 알고 있나요 243

(그 사랑)

정현섭

E G♯m C♯m A F♯ Bsus4 B7

당신은 -알 - 고 - 있 나 요 우 리 를 위 한 그 사 랑

E G♯m C♯m F♯m A/B E

당신은 - 알 - 고 -있 나 요 십 자 가 의 그 사 랑

E B/D♯ C♯m A F♯7 B7 A/B B7

그 사 랑 당 신 마 음 깊 은 곳 그 곳 에 있 으 리

E B/D♯ C♯m F♯m A *rit* E Bsus4 B7

그 사 랑 험 한 세 상 한 가 운 데 있 나 니 -

E G♯m C♯m A F♯ Bsus4 B7

그사랑 -깨달아 -아 나 요 당 신 과 나 를 용 서 한

E G♯m C♯m F♯m A/B E

그사랑 -당신의 - 마 음 속 에 항 상 함 께 하 리 라

E

244 두려운 마음 가진자여

미가엘 2254

(주 오셔서 구하시리 / He will come and save you)

Bob Fitts & Gary Sadler

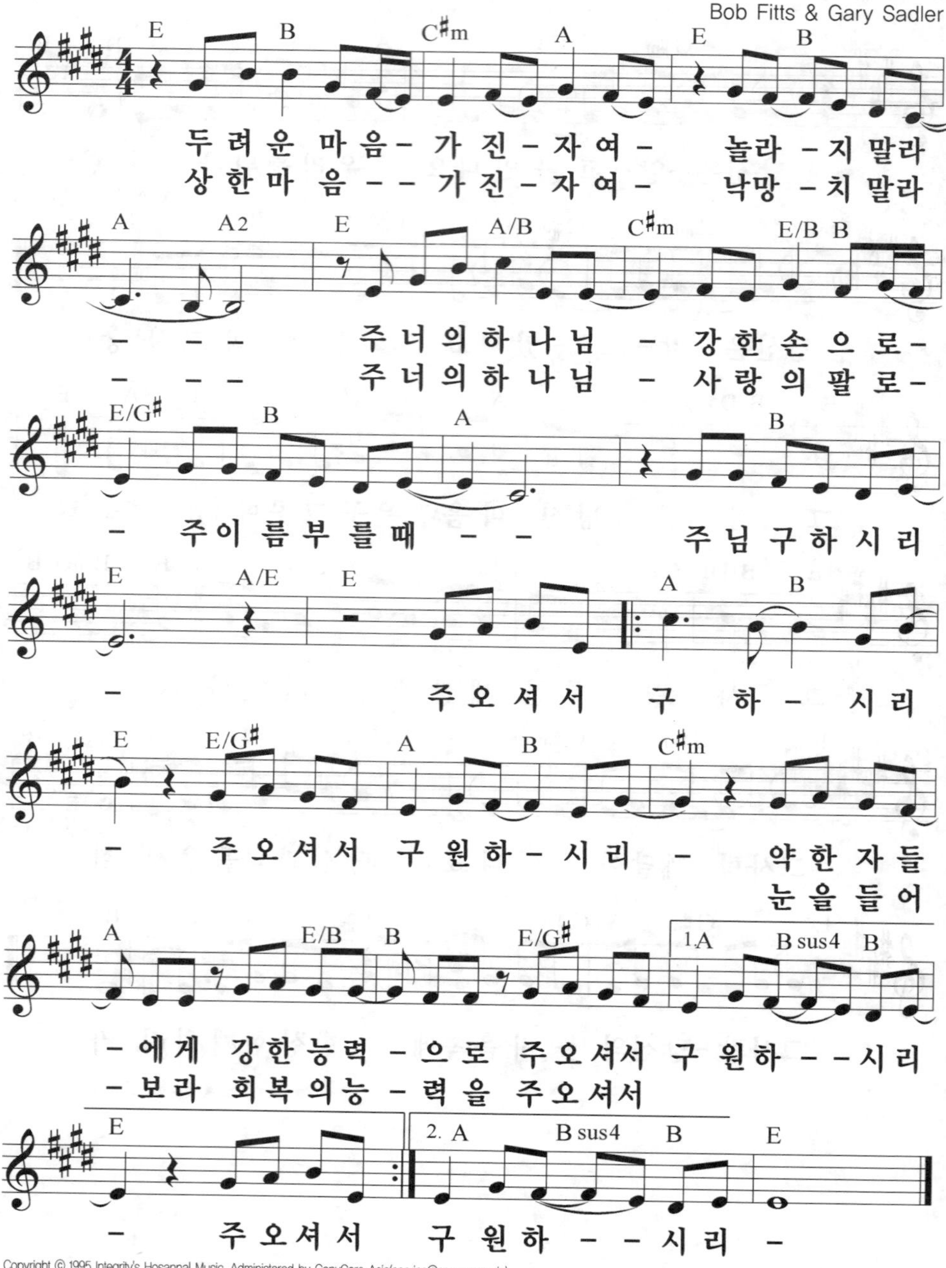

두 려 운 마 음 - 가 진 - 자 여 - 놀라 - 지 말라
상 한 마 음 - - 가 진 - 자 여 - 낙망 - 치 말라

- - - 주 너 의 하 나 님 - 강 한 손 으 로 -
- - - 주 너 의 하 나 님 - 사 랑 의 팔 로 -

- 주 이 름 부 를 때 - - 주 님 구 하 시 리

- 주 오 셔 서 구 하 - 시 리

- 주 오 셔 서 구 원 하 - 시 리 - 약 한 자 들
눈 을 들 어

- 에게 강 한 능 력 - 으 로 주 오 셔 서 구 원 하 - - 시 리
- 보 라 회 복 의 능 - 력 을 주 오 셔 서

- 주 오 셔 서 구 원 하 - - 시 리 -

181/ 주님의 마음으로 나 춤추리 235/ 내 영이 주를 286/ 주를 찬양해

두 손 들고 찬양합니다 245

(I lift my hands)

Andre Kempen

E F♯m7 E/G♯

두 손들고 찬양 합니다 다시오실왕 여

A2 E F♯m Bsus4 B7 E

호와께 오직 주만이 나 를다스리 네 –

Bsus4 B7 A/E E

나주님만을 섬 기리 – 헛된마음 버 리고 –

Bsus4 B7 A/E E

성령이여 내 영혼 – 충만하게 하 소 서 –

A F♯m B Bsus4 B7 A2/E E

주 님앞 에 내생 명드리리 라 –

E

메들리 곡
219/ 나의 마음을 282/ 주님 내 아버지 287/ 주를 향한 나의 사랑을

246 매일 주와 함께

(Sweeter)

Israel Houghton/Meleasa Houghton/Cindy Cruse-Ratcliff

E/B Bsus/A B/E B sus4/A B/E B sus4/A B/A B/E B sus4/A B/A

매일주와 함 께 어제보다더

B/E B sus4/A B A2 B/E B sus4/A B/E B sus4/A B/A

새 롭- 게 - 매일주와함께 어제보다더

B/E B sus4/A B E/G♯ A G♯7 C♯m7

새 롭- 게 - 아침 에 -주 경-배하 -며 저녁 에

C♯m7 B sus4 E/G♯ A2 E/G♯ G2 D

-주 높-이 리 - 나매일 사 -랑스런주와 날 -마다더새롭게

2nd time to Coda

Bsus/A B/A B/E B sus4/A B/E B sus4/A E

주를더욱아는 -것 놀라워

E B A2 E

- 라 나를사 -랑하신주 -존귀하신주님 -께 경배하

E B(no3) C M7

-리 자유케 --하-신주를 - 해가뜨 -는 데-부터-

C M7 B sus4 A2 *D.S. al Coda*

- 해가지 -는 데-까 지 - 매일주와

매일 주와 함께

B sus4/A E E

주와함께사는 - 것 놀라워 - 라 모든것 -- 을-이기 네

E B A2 E E

- 합당하신주님 - 께 다드리 - 리 날마다 - 내전부를

B(no3) C M7 B sus4

- 해가뜨 - 는데-부 터 - 해가지 - 는데-까 지

B sus4 A2 B/E B sus4/A B/A B/E B sus4/A B/E B sus4/A B/A B

- 매일주와 함 께 어제보다더 새 롭- 게

B A2 B/E B sus4/A B/A B/E B sus4/A B/E B sus4/A B/A B

- 매일주와 함 께 어제보다더 새 롭- 게

B E/G# A G#7 C#m7

- 아침에 - 주 경-배 하 - 며 저녁에 - 주높-이 리

B sus4 E/G# A2 E/G# G2 D E C#m7

- 나매일 사 - 랑스런주와 날 - 마다더새롭게

B sus4/A B/A B/E B sus4/A B/A B/E B sus4/A B/E B sus4/A B/A B/E

날 - 마다더새롭게 - ---

E

247 마음이 어둡고

(기도)

미가엘 1103

김문영 & 최덕신

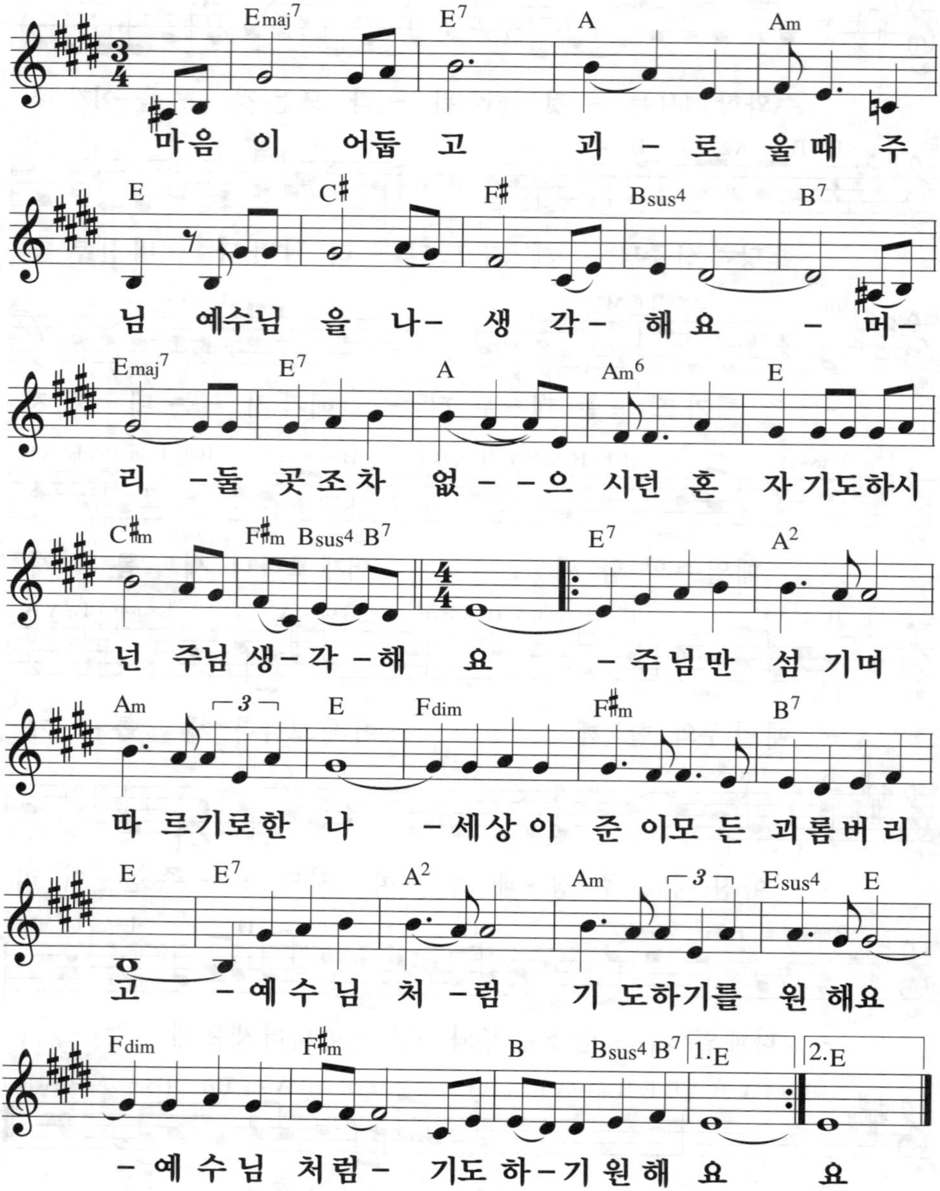

마음 이 어둡 고 괴 - 로 울때 주

님 예수님 을 나- 생 각- 해요 - 머-

리 -둘 곳조차 없- - -으 시던 혼 자기도하시

넌 주님 생-각 -해 요 -주님만 섬 기며

따 르기로한 나 -세상이 준 이모 든 괴롬버리

고 -예수님 처 -럼 기 도하기를 원 해요

- 예 수 님 처럼- 기도 하-기 원해 요 요

261/ 예수님 목마릅니다 276/ 주께 두 손 모아 327/ 마음이 상한 자를

부서져야 하리 248

(깨끗이 씻겨야 하리)

김소엽 & 이정림

Emaj7 F#m B7 E

부서져야 하리 - 부서져야 하리 -

Emaj7 F#m B7 E

무너져야 하리 - 무너져야 하리 -

Emaj7 F#m B7 E

깨져야- 하리 - 더 많이 깨져야하 리

Emaj7 F#m B7 E E7

씻겨야 하리 - 깨끗이 씻겨야하 리

A E C#m/E F#m B7 E E7

다버리고 다고치고 겸손히 낮아져 도

A E C#m/E F#m F#7 B B7

주앞에서 정결타고 자랑치못할거예 요 -

Emaj7 F#m B7 E

부서져야 하리 - 무너져야 하리 -

Emaj7 F#m B7 E

깨져야 하리 - 깨끗이씻겨야하 리

250/ 빛이 없어도 290/ 주의 보좌로 나아갈 때에 188/ 나의 등 뒤에서

249 빛 되신 주

미가엘 1765

(Here I am to Worship)

Tim Hughes

빛 되 신 주 어 둠 가 운 데 비 추 - 사 내 눈 보 게 하 소 - 서 -
만 유 -의 높 임 을 받 으 소 - 서 영 광 중 에 계 신 - 주 -

예 배 하 는 선 한 마 음 주 시 - 고 산 소 망 이 되 시 - 네 -
겸 손 하 게 이 땅 에 임 하 신 - 주 높 여 찬 양 하 리 - 라 -

나 주 를 경 배 하 리 엎 드 려 절 하 며 고 백 해 주 나 의 하 나 님

- - 오 사 랑 스 런 주 님 존 귀 한 예 수 님 아 름 답 고 놀 라 우 신 주

- - 다 알 수 - 없 네 - 주 의 - 은 혜 - 내 죄

- 위 한 - 주 십 - 자 가 - 다 알 수 - 자 가 - 나 주 를 경 배

217/ 나를 향한 주의 사랑을 219/ 나의 마음을 245/ 두 손 들고

빛이 없어도

(주 예수 나의 당신이여)

이인숙 & 김석균

빛이 없어도 환하게다가 오시는 주예수나의–당신이 여
나는 없어도 당신이곁에 계시면 나는언제나–있습니 다

음성이 없어도 똑똑히 들려주시는 주예수나의 –당 신이 여
나 –는 있어도 당신이 곁에없으면 나는언제나 –없 습니 다

당신이 계시므 로나도있 고 –당 신의노래가머묾으로나는부를수있어요

주 여 –꽃처럼 향기나는– 나의 생 활이아니어 도

나는당 신이좋을수 밖에없어요 주예 수 나의당 신이 여

메들리 곡 249/ 빛 되신 주 259/ 예수님 그의 희생 기억할 때 236/ 내 주 같은 분 없네

251 사랑해요 목소리 높여

(I love You Lord)

미가엘 654

Laurie Klein

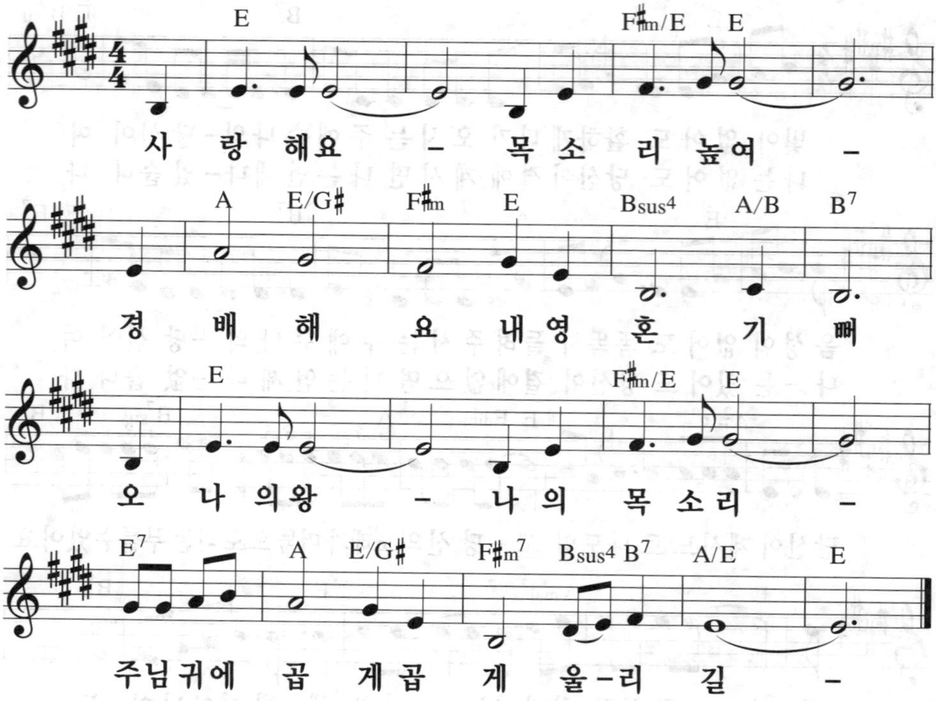
E F#m/E E
사 랑 해요 - 목 소 리 높여 -
A E/G# F#m E Bsus4 A/B B7
경 배 해 요 내영 혼 기 뻐
E F#m/E E
오 나 의왕 - 나 의 목 소리 -
E7 A E/G# F#m7 Bsus4 B7 A/E E
주님귀에 곱 게곱 게 울-리 길 -

세상 향략에 젖어서 252

(주님을 따르리라)

김석균

E

253 손을 높이 들고

(Praise Him on the trumpet)

미가엘 665

John Kennett

E E7 A2 A

손을높이들고 주를찬양- 높은곳을향해 주를찬양- -

E G♯m/E F♯m B7

모 든 만물들은 - 주 를 찬 -양하라 -

E E7 A2 A

왕의왕되신 예수- 다스리시는 예수-

E B7 E A/E E B7

생 명 있 음 을 찬 양 해 -

E E7 A2 A

할 렐 루 야 주를찬양- 할 렐 루 야 주를찬양- -

E 1. EM7 F♯m B7

생 명 있 음 을 찬 양 해 - - - - -

2. B7 E A/E E

을 찬 양 해 -

235/ 내 영이 주를 269/ 위대하고 강하신 주님 299/ 해 뜨는 데 부터

미가엘 2258

아바 아버지

254

김길용

E

메들리 곡
245/ 두 손 들고 282/ 주님 내 아버지 294/ 하나님은 너를 지키시는 자

255 어두워진 세상 길을

(에바다)

미가엘 1279

고상은

예수 가장 귀한 그 이름 256

(The sweetest name of all)

Tommy Coomes

예 수 가장 귀한그-이름 예 수 -언제나 기도들-으사 오
예 수 찬양 하기원-하네 예 수 -처음과 나중되-시는 오
예 수 왕의 왕이되-신주 예 수 -당신의 끝없는-사랑 오

예 수 -나의손 잡아주시는 가 장 귀한 귀한그-이 름
예 수 -날위해 고통당하신 가 장 귀한 귀한그-이 름
예 수 -목소리 높여찬양해 가 장 귀한 귀한그-이 름

149/ 예수 그 이름 282/ 주님 내 아버지 336/ 아버지 사랑합니다

예수 사랑 나의 사랑 257

(Jesus in me)

*| 자매를, 주님을, 목사님, 장로님, 집사님, 성도님

136/ 사랑의 주님이 205/ 평안을 너에게 주노라 263/ 예수 이름 찬양

258 여호와를 즐거이 불러

(감사함으로)

심종호

D2 A/C♯ D E Bm E9 D
－함과 인자하 －심이 영원 －하고 주의성 －실하－심이
A/C♯ F♯m7 E/G♯ A A/B C7sus4
－ 대 대 에미치리로 －－다 －－ － 감 사함
B♭ F/A Gm7 C FM7 Cm7 F7
－으로 주를높 －이며 그문 － 에－들어가서 － 찬송함
B♭ Am D7(♭9) Gm C F
－으로 그이 －름－을－ 송 축할지－어다 －

259 예수님 그의 희생 기억할 때

미가엘 2245

(다시 한번 / Once Again)

Matt Redman

예수님 - 그 의희생기억할때 자기몸버-려- 죽으신주 -
이제는 - 저 높은곳에앉으신 하늘과땅-의- 왕되신주 -

나항상 - 생 명주신그은혜를마 음에새겨 봅니다 - 마
나이제 - 놀 라운구원의은혜 - 높이찬양 하리라 -

음에새겨 봅니다 - 주달리신 십자가를 내가볼때 주
높여찬양 하리라 -

님의자비내마 음을 겸손케해 주께감사하며

E/G♯ B A/C♯ B E A Bsus4

Fine

내생명주께드리네 - 감사드리리

주의십자가 나의친구되신 주 주

217/ 나를 향한 주의 사랑 229/ 내 갈급함 375/ 하나님의 사랑 주님의 눈물

예수님의 보혈로 260

오 늘 믿 고 서 내 눈 밝 았 – 네 참 내 기 쁨 영 원 하 도 다

E

261 예수님 목마릅니다

(성령의 불로 / Holy Spirit Fire)

A
E/G♯
A
Bsus4 B
Fine
기 름부 - 으소서 - 기 름부 - 으소서 -
E
A/E
C♯m
E/B
불같은사 - 랑 드립 니 다 - -
A
E/G♯
F♯m7
Bsus4 B
나의간구 - 를들으 - 소 서 - -
E
A/E
C♯m
E/B
이세상어 - 느 것 - 보 다 - -
A
E/G♯
F♯m7 B
F♯
D.S
주님을의 - 지 합 - 니 다 - -

E

262 예수님이 좋은걸

이광무

E C♯m F♯ B B7

예 수님 이 좋 - 은 - 걸 어 떡합 - 니 까 -
예 수님 이 좋 - 은 - 걸 어 떡 합 - 니 까 -
형 제님 이 좋 - 은 - 걸 어 떡 합 - 니 까 -
이 교회 가 좋 - 은 - 걸 어 떡 합 - 니 까 -

E B7 E E7

예 수 님 이 좋 - 은 - 걸 어 떡합 - 니 - 까 -
예 수 님 이 좋 - 은 - 걸 어 떡합 - 니 - 까 -
자 매 님 이 좋 - 은 - 걸 어 떡합 - 니 - 까 -
이 교 회 가 좋 - 은 - 걸 어 떡합 - 니 - 까 -

A E C♯m F♯ B B7

세 상 의 어 떤것 과 바 꿀 수 - 없 네 -
날 위 해 십 자가 를 지 신 예 - 수 님 -
서 로 돕고 화 목하 는 형 제 자 - 매 님 -
길 이 요 진 리시 며 생 명 이 - 신 주 -

E B E

예 수님 이 좋 - 은 - 걸 어 떻합 - 니 - 까 -
우 리죄 를 용 - 서 - 한 우 리예 - 수 - 님 -
예 수님 이 피로사 - 신 성 도랍 - 니 - 다 -
사 랑하 며 전도하 - 는 교 회랍 - 니 - 다 -

270/ 이 날은 295/ 하나님을 아버지라 361/ 주께서 왕위에 오르신다

예수 이름 찬양 263

(Praise the name of Jesus)

Roy Jr. Hicks

E

264 오 주 안에 내 믿음이 있네

(주님 찬양해 / Let The Praises Ring)

Lincoln Brewster

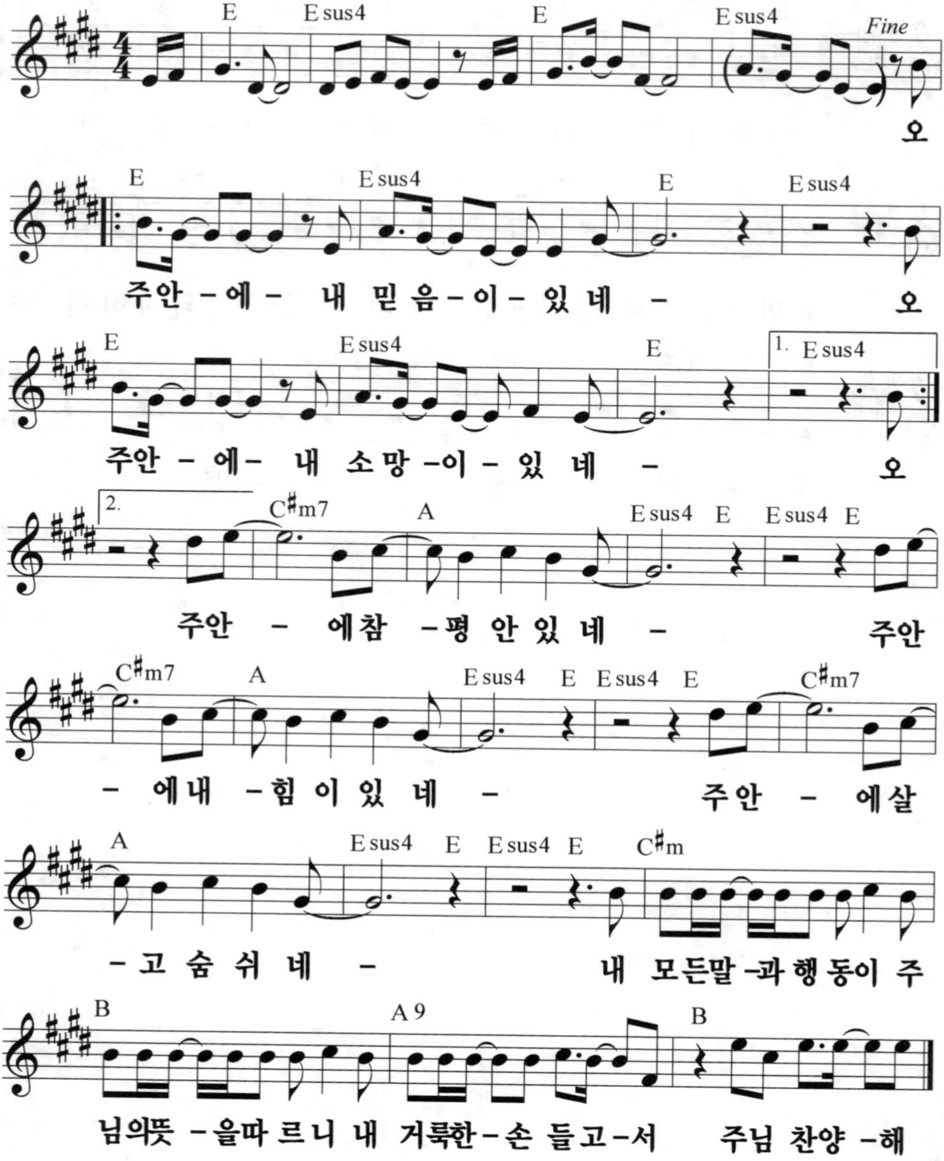

E Esus4 E Esus4 *Fine*

오

E Esus4 E Esus4

주안 - 에 - 내 믿 음 - 이 - 있 네 - 오

E Esus4 E 1. Esus4

주안 - 에 - 내 소 망 -이 - 있 네 - 오

2. C♯m7 A Esus4 E Esus4 E

주안 - 에참 -평 안 있 네 - 주안

C♯m7 A Esus4 E Esus4 E C♯m7

- 에내 -힘 이 있 네 - 주안 - 에살

A Esus4 E Esus4 E C♯m

-고 숨 쉬 네 - 내 모든말 -과 행 동이 주

B A 9 B

님의뜻 -을따 르니 내 거룩한 - 손 들고 -서 주님 찬양 -해

263/ 예수 이름 찬양 272/ 전심으로 주 찬양 286/ 주를 찬양해

우리에게 향하신 265

김진호

E B7 F♯m B7 E E7

1. 우 리에게향하 신 여 호와의인자 하 심이
2. 우 리에게향하 신 여 호와의진실 하 심이
3. 우 리에게향하 신 여 호와의계획 하 심이

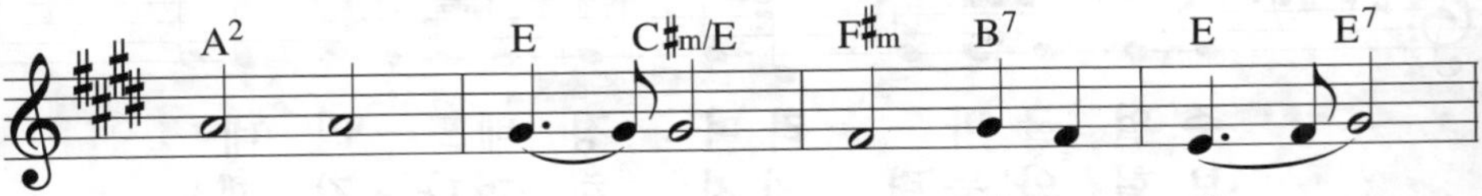

A2 E C♯m/E F♯m B7 E E7

크 고 크 도다 크 시도 다 – –
영 원 영 –원 하 시도 다 – –
놀랍 고 놀 랍다 놀라우 시도 다 – –

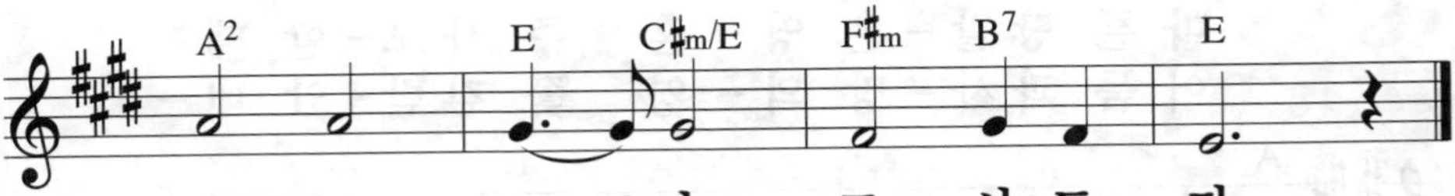

A2 E C♯m/E F♯m B7 E

크 고 크 도다 크 시도 다
영 원 영 –원 하 시도 다
놀랍 고 놀 랍다 놀라우 시도 다

E

메들리 곡
236/ 내 주 같은 분 없네 263/ 예수 이름 찬양 277/ 좋으신 하나님

266 우리의 찬송 중에 임하신 주님

(기적이 일어나네)

윤주형

우리 함께 기도해

고형원

E C#m A B7

우 리 함께기도 해 주앞에나 -와- 무릎꿇고 -

E C#m A B7

긍 휼 베푸시는 주 하늘을향 -해- 두손들고 -

C#m G#m A B7 E B/D#

하늘문-이열리고-은 혜의빛줄기- 이 땅 가득내리도 록

C#m G#m A B7 E

마침내-주오셔서-의 의 빛줄기- 우 리 위에부으시도 록

E

221/ 나의 부르심 261/ 예수님 목마릅니다 265/ 우리에게 향하신

268 우리 함께 기뻐해

(Let Us Rejoice And Be Glad)

Gary Hansen

E A2 E A2
우리함께 - 기뻐- 해 주께영광 - 돌리-

E F#m7 B G#m7 C#m7
세 어린 양의혼 - 인 잔 - - 치와 - 신부

F#m7 B E A/B E E/G#
가 준비 - 되었 네 - - 할렐루야 전능

A A/C# E E/G# B A2/C# B/D# E E/G#
하신주 가다 스리 네 할렐루야 전능

A A/C# C#m7 B 1. E A B E 2. E
하신 주 가다 스 리 - 네 네

253/ 손을 높이 들고 269/ 위대하고 강하신 주님 273/ 존귀 오 존귀하신 주

위대하고 강하신 주님 269

(Great and mighty is the Lord our God)

Mariene Bigley

E

메들리 곡 235/ 내 영이 주를 253/ 손을 높이 들고 273/ 존귀 오 존귀하신 주

270 이 날은 이 날은

(This is the Day)

Les Garrett

1. 이날 - 은 이날 - 은주의 지 으신 주의날일세
2. 이날 - 은 이날 - 은나의 모 든죄 사함 받은날
3. 이날 - 은 이날 - 은우리 주 님이 부활 하신날
4. 이날 - 은 이날 - 은성령 님 께서 임하 시는날

기뻐 하고 기뻐 하며 즐거 워 하 세 즐거 워 하 세

이날 은주의 날 일 - 세 기 뻐 하고 즐거 워 하 - 세

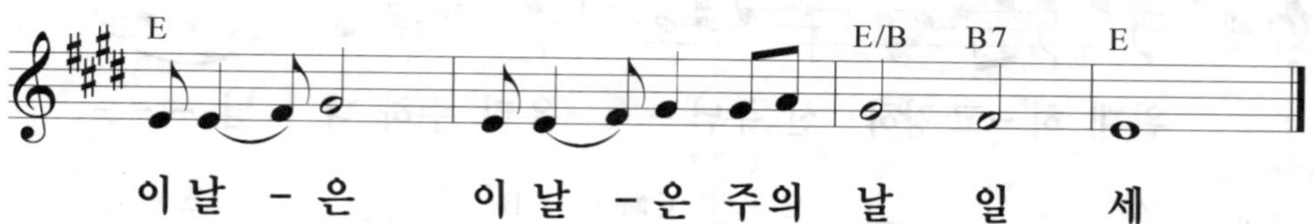

이날 - 은 이날 - 은 주의 날 일 세

이 날은 주가 지으신 날 271

(This is the Day)

Rick Shelton

272 전심으로 주 찬양

(주의 찬송 세계 끝까지)

미가엘 2175

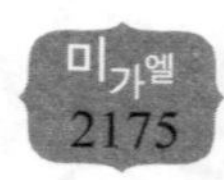

고형원

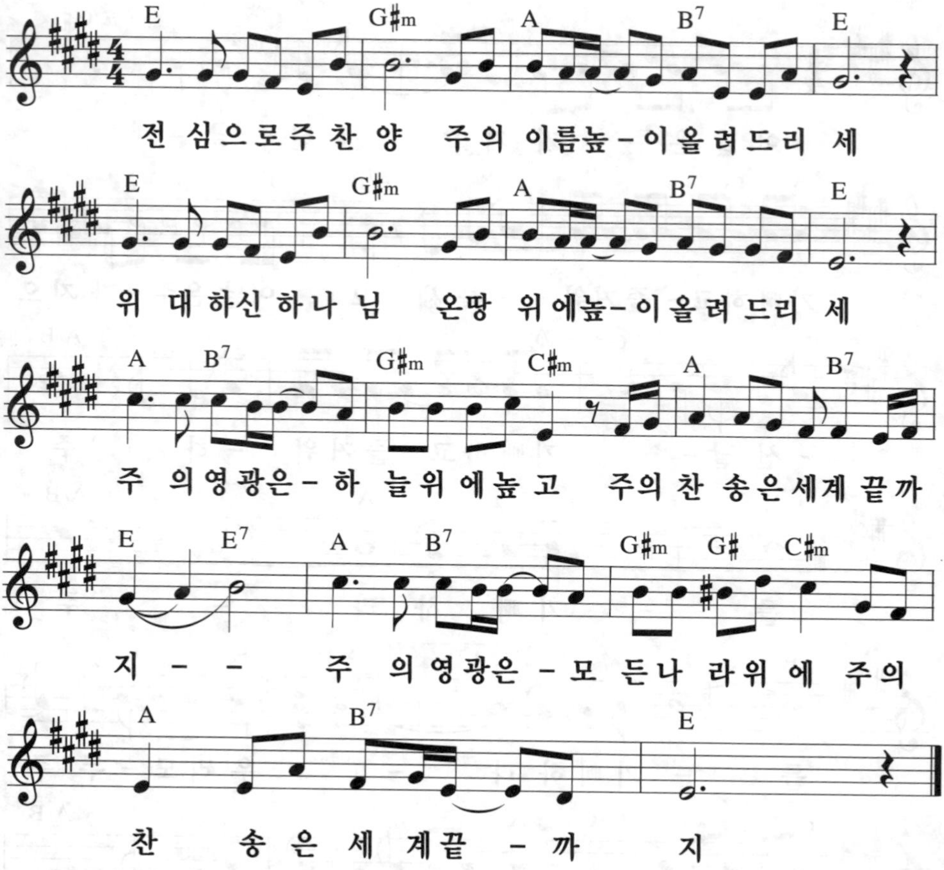
E G♯m A B7 E
전 심으로주찬 양 주의 이름높-이올려드리 세
E G♯m A B7 E
위 대하신하나 님 온땅 위에높-이올려드리 세
A B7 G♯m C♯m A B7
주 의영광은-하 늘위 에높 고 주의찬 송은세계 끝까
E E7 A B7 G♯m G♯ C♯m
지 - - 주 의영광은 -모 든나 라위 에 주의
A B7 E
찬 송 은 세 계끝 -까 지

메들리 곡

150/ 예수 이름이 온 땅에 263/ 예수 이름 찬양 301/ 호흡 있는 모든 만물

미가엘 671

존귀 오 존귀하신 주 273

(Worthy is the Lord)

Mark Kinzer

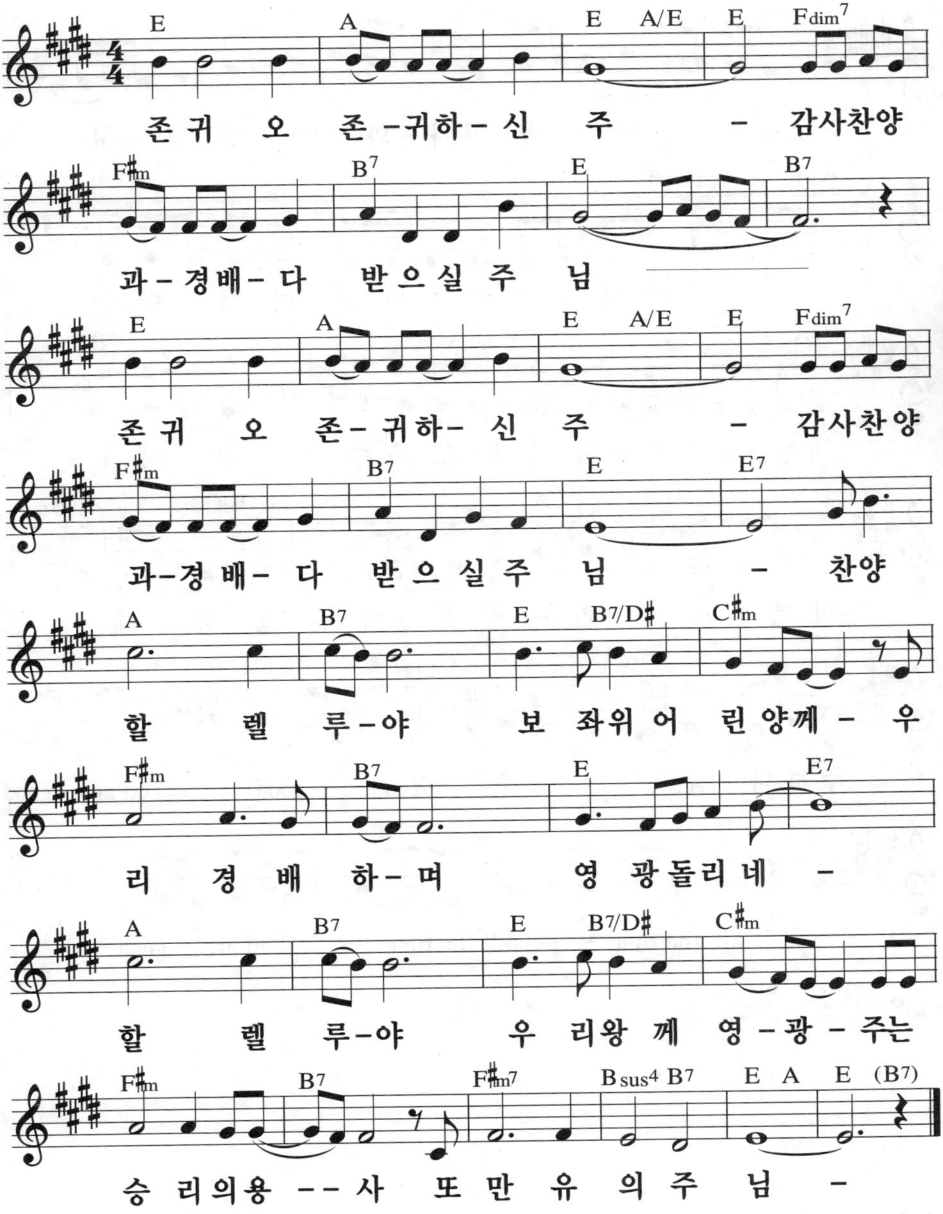
E A E A/E E Fdim7
존 귀 오 존 -귀하- 신 주 - 감사찬양
F#m B7 E B7
과-경배- 다 받으실 주 님
E A E A/E E Fdim7
존 귀 오 존- 귀하- 신 주 - 감사찬양
F#m B7 E E7
과-경 배- 다 받으 실 주 님 - 찬양
A B7 E B7/D# C#m
할 렐 루-야 보 좌위 어 린양께- 우
F#m B7 E E7
리 경 배 하-며 영 광돌리 네 -
A B7 E B7/D# C#m
할 렐 루-야 우 리왕 께 영-광-주는
F#m B7 F#m7 Bsus4 B7 E A E (B7)
승 리의용 --사 또 만 유 의 주 님 -

E

메들리 곡
214/ 기뻐하며 승리의 노래 268/ 우리 함께 기뻐해 269/ 위대하고 강하신 주님

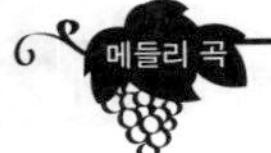

274 좋으신 하나님 인자와 자비

(You are good)

Israel Houghton

E B/E D/E A/E A B/A

좋으-신하나-님 인자-와자비-영 원 -히--

각나-라족속-과 백 성-방언

C/A D/A E B

세상-모든세-대 영원-토록주 경 배 -해-

D A E(E/G♯) B(Bm^7)

할렐루--야 할 - 렐루--야주 경 배 -해-

B D(C) 1 A 2.3.D Em

주하나-님 - 주 You are - good *Fine* You are - good

Em

- All the time - All the time - You are - good - *D.C.*

253/ 손을 높이 들고 268/ 우리 함께 기뻐해 291/ 찬송하라 여호와의 종들아

미가엘 1727

주께서 높은 보좌에

275

김국인

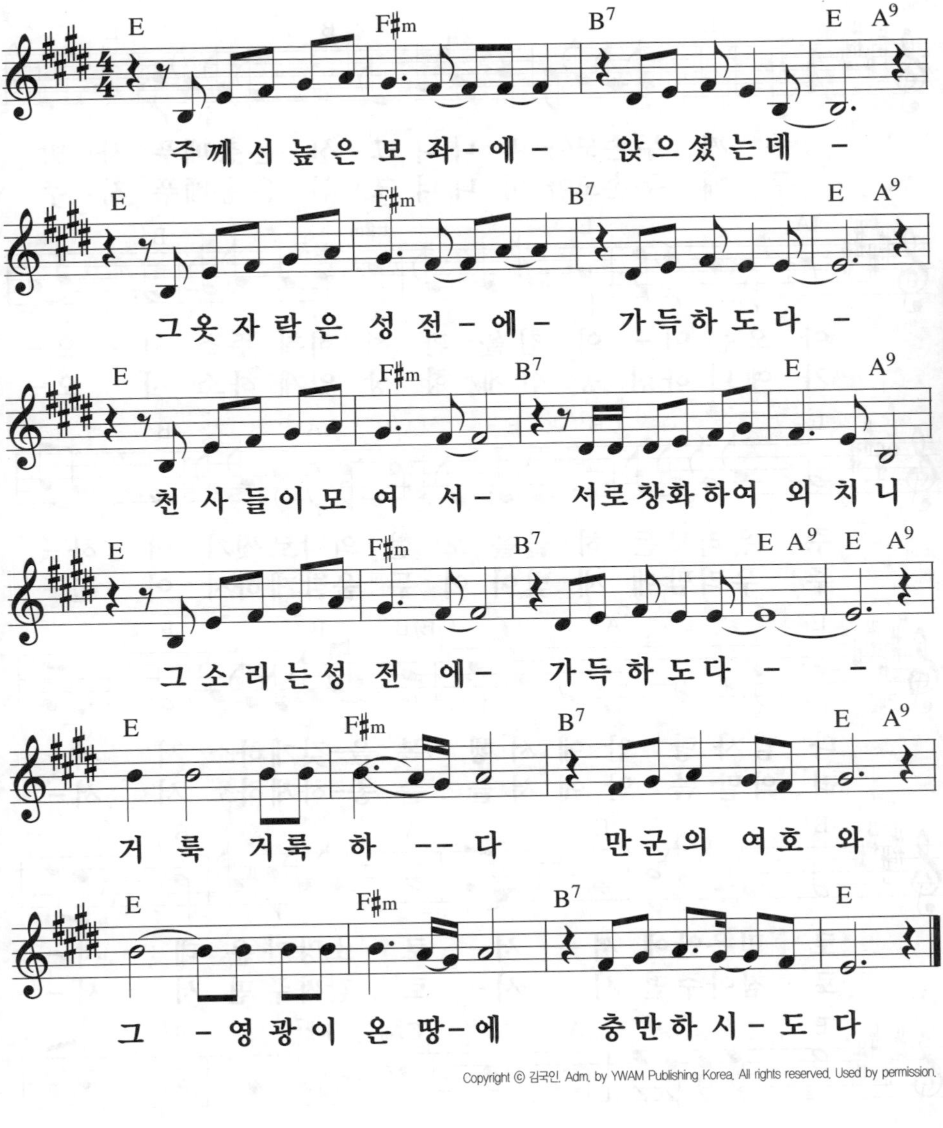
E F#m B7 E A9
주께서높은보 좌-에- 앉으셨는데 -
E F#m B7 E A9
그옷자락은 성 전-에- 가득하도다 -
E F#m B7 E A9
천사들이모 여 서- 서로창화하여 외 치 니
E F#m B7 E A9 E A9
그소리는성 전 에- 가득하도다 - -
E F#m B7 E A9
거 룩 거룩 하 --다 만군의 여호 와
E F#m B7 E
그 -영광이 온 땅-에 충만하시-도다

메들리 곡

236/ 내 주 같은 분 없네 263/ 예수 이름 찬양 348/ 왕이신 나의 하나님

276 주께 두 손 모아

(사랑의 종소리)

미가엘 1125

김석균

250/ 빛이 없어도 265/ 우리에게 향하신 370/ 지극히 높은 주님의

E

좋으신 하나님 277

(God is good)

Graham Kendrick

1. 좋 으 신 하 나님 좋 으 신 하 나님
2. 우 리 의 기 도를 응 답 해 주 시는
3. 한 없 는 축 복을 우 리 게 주 시는

245/ 두 손 들고 256/ 예수 가장 귀한 그 이름 348/ 왕이신 나의 하나님

278 주는 평화

미가엘 1141

(He is our peace)

Kandela Groves

주님 계신 곳에 나가리 279

(주의 위엄 이곳에 / Awesome in this place)

Dave Billington

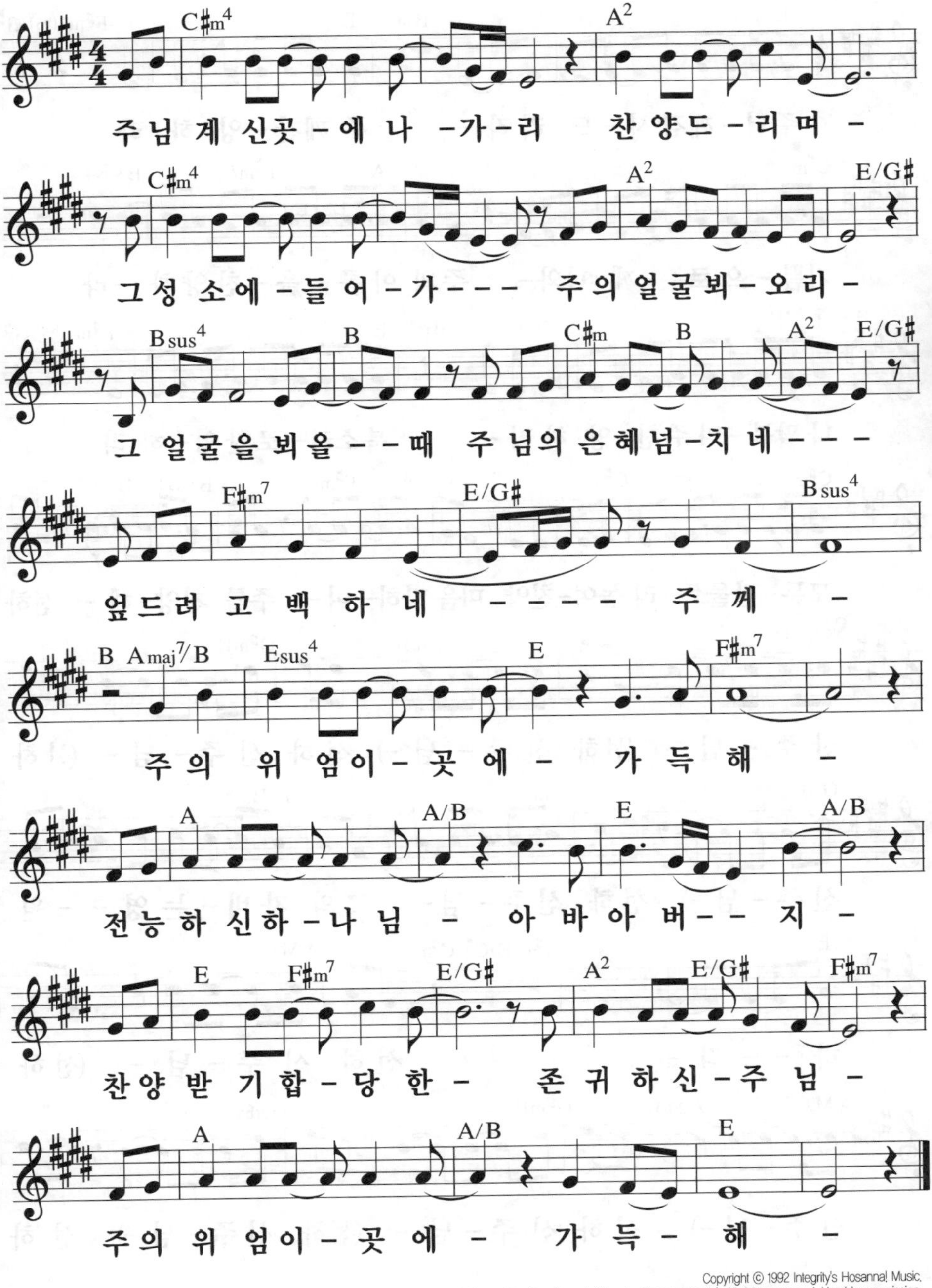

주님 계 신곳-에 나 -가-리 찬양드-리며 -

그성 소에-들어-가--- 주의얼굴뵈-오리-

그 얼굴을뵈올--때 주님의은혜넘-치 네---

엎드려 고 백 하 네 ---- 주 께 -

주의 위 엄이-곳 에 - 가 득 해 -

전능하 신하-나 님 - 아 바 아 버-- 지 -

찬양 받 기합-당 한- 존 귀 하 신-주 님 -

주의 위 엄이-곳 에 - 가 득- 해 -

E

280 주님께 감사드리라

(For the Lord is good)

Billy Funk

E Bm9 E F#m7(b5)/G#

주님－께감사－드 리라－ 주 께찬－양 하 라

C#m A F#m7 B sus4

기쁨－으로주－께 나와－ 주의 이름－을－찬양하 －라

E Bm9 E F#m7(b5)/G#

나팔불－며주찬－양 하라－ 북소리－로찬양－하 라

C#m C#m A F#m7 B sus4 B7

모든－만물소－리 높여－찬양 마음 다하－여－ 주를 찬양－해－ 선하

𝄋 A M9 A2(b5) G#m11

신 주 － 님 － (선하 신 주 － 님 －) 선 하 신 주 － 님 － (선하

G2(b5) F#m7 A/B

신 주 － 님 －) 선하 신주－님－ 그 의 자 비－는 영 －－원

E C#m B/C# C#m A M9

하 －－ 리 － 선하 신 주 － 님 － (선하

A M9 A2(b5) G#m11 G2(b5)

신 주 － 님 －) 선 하 신 주 － 님 － (선하 신 주－ 님 －) 선 하

F#m7
A/B
E
C#m B/C# C#m
신주-님- 그의 자비-는영--원 하--리-
선하
F#m
A/B
E
Fine
신 주-님- 그의 자 비-는영--원하--리- -
E
Bm9
E
F#m7(♭5)/G#
창조-주하나-님 찬양-
예수-를높이 세
C#m
A
F#m7
B sus4
B7
D.S.
주께-와무릎-을꿇고- 두손을들-고- 주를 찬양-해- 선하

281 주님 날 위해 버림 받으심

미가엘 1822

(주 나의 왕 / You are my king)

Billy James Foote

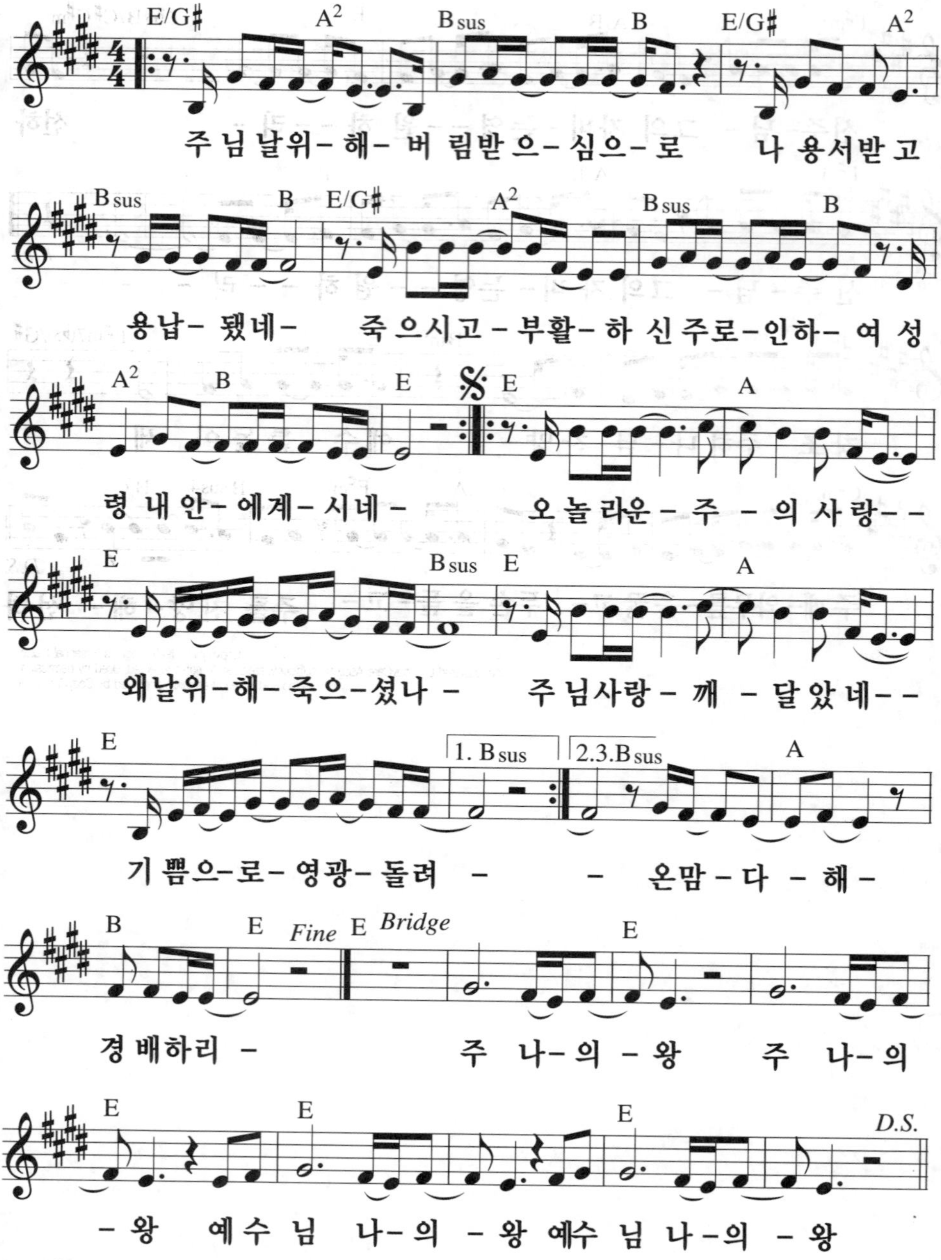
E/G# A2 Bsus B E/G# A2
주님날위-해- 버 림받으-심으-로 나 용서받고
Bsus B E/G# A2 Bsus B
용납- 됐네- 죽으시고-부활-하 신주로-인하- 여 성
A2 B E E A
령 내 안-에계-시네- 오 놀 라운 - 주 - 의 사 랑--
E Bsus E A
왜날위-해-죽으-셨나 - 주님사랑- 깨 - 달았네--
E 1. Bsus 2.3.Bsus A
기 쁨으-로-영광-돌려 - - 온맘-다 -해-
B E Fine E Bridge E
경배하리 - 주 나-의-왕 주 나-의
E E E D.S.
-왕 예수님 나-의 -왕 예수 님 나-의 -왕

미가엘 1899

주님 내 아버지 282

(Father, O my father)

하 스데반

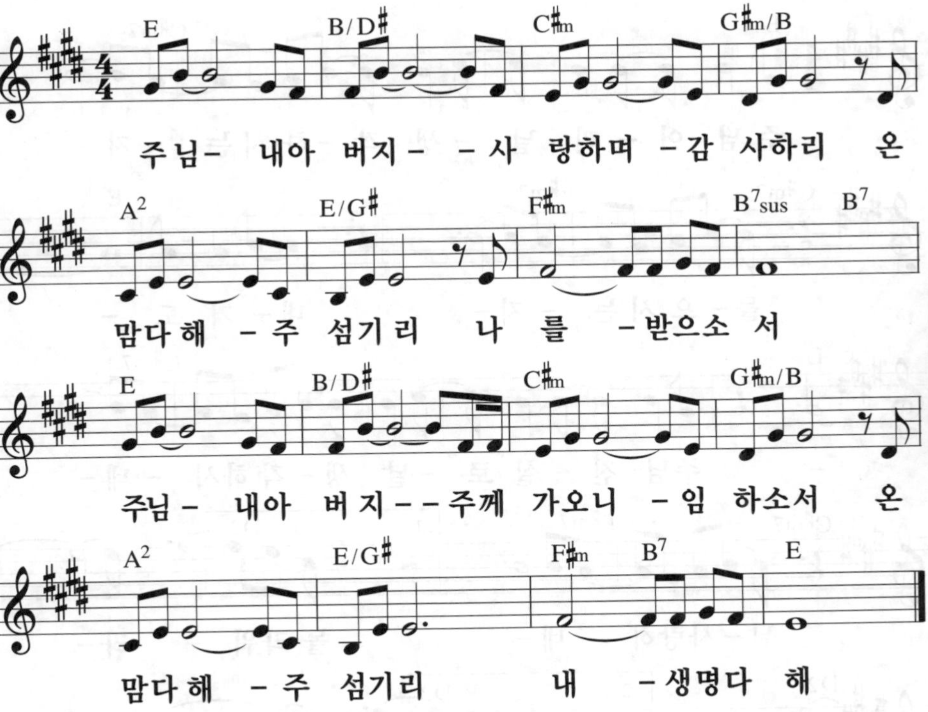
E B/D♯ C♯m G♯m/B
주님- 내아 버지- -사 랑하며 -감 사하리 온
A2 E/G♯ F♯m B7sus B7
맘다해 -주 섬기리 나 를 -받으소 서
E B/D♯ C♯m G♯m/B
주님- 내아 버지--주께 가오니 -임 하소서 온
A2 E/G♯ F♯m B7 E
맘다해 -주 섬기리 내 -생명다 해

E

메들리 곡
149/ 예수 그 이름 245/ 두 손 들고 찬양합니다 336/ 아버지 사랑합니다

283 주님 어찌 날 생각하시는지

(나는 주의 친구 / Friend of God)

Michael Gungor & Israel Houghton

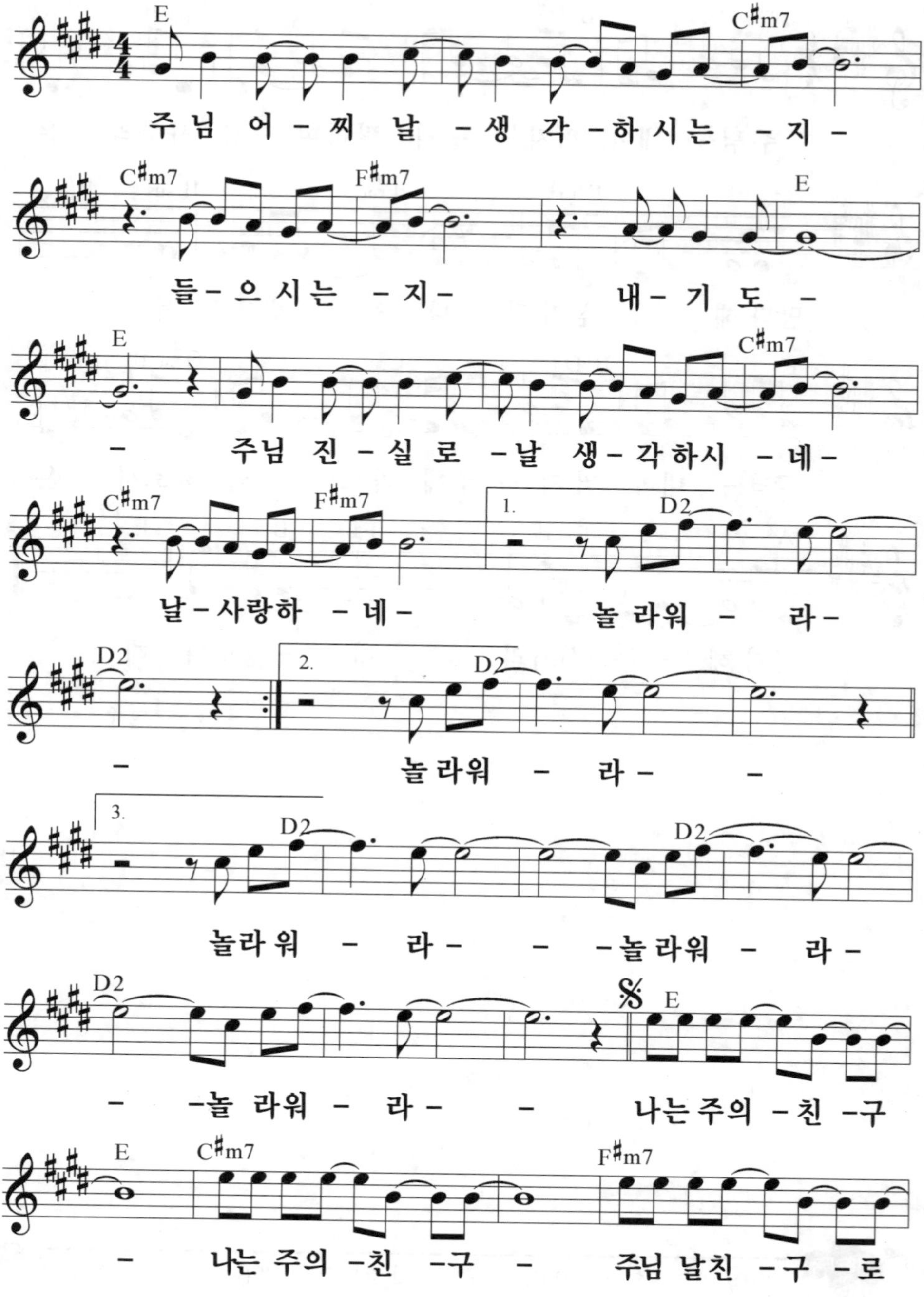
E
C♯m7
주님 어 - 찌 날 - 생 각 - 하 시 는 - 지 -
C♯m7
F♯m7
E
들 - 으 시 는 - 지 -
내 - 기 도 -
E
C♯m7
- 주님 진 - 실 로 - 날 생 - 각 하 시 - 네 -
C♯m7
F♯m7
1.
D2
날 - 사랑하 - 네 -
놀 라 워 - 라 -
D2
2.
D2
- 놀 라 워 - 라 - -
3.
D2
D2
놀 라 워 - 라 - - - 놀 라 워 - 라 -
D2
E
- - 놀 라 워 - 라 - - 나는 주의 - 친 - 구
E
C♯m7
F♯m7
- 나는 주의 - 친 - 구 - 주님 날 친 - 구 - 로

F#m7 E E

-부 - 르 -셨 - 네 - - 나는 주의 - 친 - 구

E C#m7 F#m7

- 나는 주의 - 친 - 구 - 주님 날친 - 구 - 로

F#m7 *Last time to Coda* 1. E F#/E

-부 - 르 - 셨 - 네 - -

2. A2 E/G# F#m A

- -

A2 E/G#

전 능 하 신 영 광 의 주

F#m A2 1, 2, 3.

주 는 내 친 구 - -

4. B *D.S. al Coda* E

- - - -

E

284 주님 앞에 간구했었던

(내 한 가지 소원 / One Thing Have I Desired)

Stuart Scott

미가엘 1987

주님의 손길

285

E

메들리 곡 227/ 내가 어둠 속에서 255/ 어두워진 세상 길을 373/ 참참참 피 흘리신

286 주를 찬양해

(신령과 진정으로)

심종호

A E/G# F#m7 /B E 1.
-신 주-전능하--신하- 나님 - 주를찬
2. E D6 A/C# Am/C
주를갈 -망 하-는것 - 주를예 -배하-는것
E/B F#sus4 F#7 B sus4
- 주를기 -뻐하-는것 신령과진정으로 -
B D6 A/C# Am/C
주를갈 -망 하-는것 - 주를예 -배하-는것
E/B F#sus4 F#7 D
- 주를기 -뻐하-는것 신령과진정으로 -
D B
신령과진정으로- ------ - 감사의
E G#7(#5) E
D.S.
- 노--래주 -께- 내 게새 - 거룩하
A E/G# F#m7 /B E
-신 주- 전능하 --신하 - 나님-

E

287 주를 향한 나의 사랑을

(Just let me say)

Geoff Bullock

1. 주 를 향 한 나 의 사 랑 을 주 께 고 백하 게 하 소 서
2. 부 드 러 운 주 의 속 삭 임 나 의 이 름을 부 르 시 네
3. 온 맘 으 로 주 를 바 라 며 나 의 사 랑고 백 하 리 라

아 름 다 운 주 의 그 늘 아 래 살 며 주 를 보 게 하 소 서
주 의 능 력 주 의 영 광 을 보 이 사 성 령 을 부 으 소 서
나 를 향 한 주 님 의 그 크 신 사 랑 간 절 히 알 기 원 해

주 님 의 말 씀 선 포 될 때 에 땅 과 하 늘 진 동 하 리 니
메 마 른 곳 거 룩 해 지 도 록 내 가 주 를 찾 게 하 소 서
주 의 은 혜 로 용 서 하 시 고 나 를 자 녀 삼 아 주 셨 네

나 의 사 랑 고 백 하 리 라 나 의 구 주 나 의 친 구
내 모 든 것 주 께 드 리 라 나 의 구 주 나 의 친 구
나 의 사 랑 고 백 하 리 라 나 의 구 주 나 의 친 구

215/ 나를 지으신 주님 219/ 나의 마음을 294/ 하나님은 너를 지키시는 자

주 앞에 엎드려

(I will bow to You)

Pete Episcopo

E B/D♯ C♯m7 E/G♯ A Bsus4 B E

주 앞에엎 - 드려 경배합 - 니다 - 오직 - 주께 -

E B/D♯ C♯m7 E/G♯ A Bsus4 B E

주 경배합 - 니 다 다른신 - 아닌 - 오직 - 주께 - 나의모

F♯m7 E/G♯ A E/G♯ Bsus4

- 든 - 우상 - 들 - 나 의 - 보좌 - 모두 - 다내 - 려 - 놓고 -

E B/D♯ C♯m7 E/G♯ A Bsus4 B E

주 앞에엎 - 드 려 경배합 - 니 다 - 오직 - 주께 -

E

메들리 곡

221/ 나의 부르심 245/ 두 손 들고 279/ 주님 계신 곳에 나가리

289 주 예수 오셔서

(물가로 나오라 / For Those Tears I Died)

미가엘 1010

Marsha J. Stevens

1. 주 예 수 오 셔서 - 내 슬 픔 아 셨 네
2. 내 주 님 의 사랑 - 다 알 수 없 지 만
3. 내 마 음 과 영혼 - 다 주 께 드 리 네

나 의 앞 일 도 내 주 아 셨 네 - 나 주 를
난 주 를 믿 네 날 위 한 사 랑 - 영 광 다
주 없 는 삶 은 다 허 무 한 삶 - 구 주 여

버 리 고 떠 나 갔 었 네 주 님 약 속 대 로 - 날
버 리 고 나 를 위 하 여 주 십 자 가 지 사 - 자
은 혜 의 문 을 여 소 서 주 의 크 신 사 랑 - 나

붙 드 셨 - 네 - 주 말 씀 하 네 -
유 주 셨 - 네 - 주 말 씀 하 네 -
찬 양 하 - 리 - 주 말 씀 하 네 -

물 가 로 나 오 - - 라 - 내 곁 에 서 -

B7
라 네 목 마 른 것 을 내가 채 우 리
E E7 A
라 - 어 둠 에 헤 맬 때
E
흘 리 던 네 눈 물 - 그 - 눈 물 을 -
B7 E
위 해 내 가 죽 었 노 라 -

290 주의 보좌로 나아 갈때에

(예수 피를 힘입어)

양재훈

메들리 곡

215/ 나를 지으신 주님 219/ 나의 마음을 221/ 나의 부르심

찬송하라 여호와의 종들아 291

(Come bless the Lord)

* 찬 송 하라 –(찬 송 하 라 –) 여 호 와 의 종 들 아(여호 와의 종들

아) 주 님 집에 –(주 님 집 에 –) 서 있 는 자 들 아 (서 있는 자 들

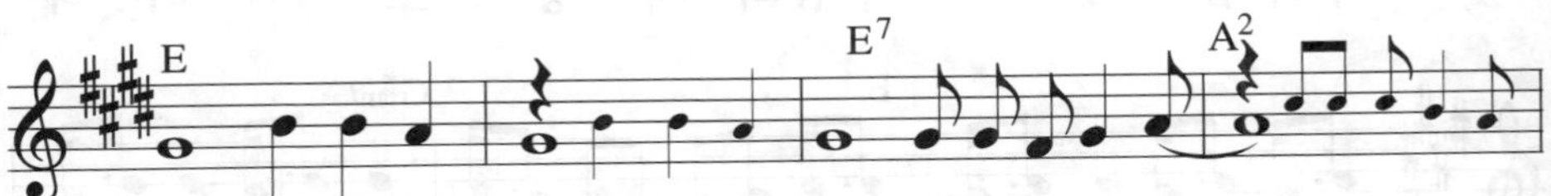

아) 성 소 향 해(성 소 향 해) 손 을 들 고 서 –(손 을 들 고 서

–) 찬 송 하라 –(찬 송 하 – 라) 찬 송 하 라 –(찬 송 – 하라)

* | 기뻐, 감사, 기도

E

253/ 손을 높이 들고 269/ 위대하고 강하신 주님 299/ 해 뜨는 데 부터

292 축복합니다 주님의 이름으로

이형구 & 곽상엽

E E/G♯ A B E

축복합니다 – 주님의 이 름으로 –

E E/G♯ A B B7 E

축복합니다 – 주님의 사 랑–으로 – 이곳에

A B G♯m7

모인주의거 룩한 자녀에게 –주님의 기쁨과 주님 의

C♯m7 F♯m7 D B sus4

사랑–이–충만 하 게 충만 하 게 넘치기를 –

A/B B sus4 B E E/G♯ A B E

(축복합니다) God bless you God bless you

E E/G♯ A B E

축복합니다 – 주님의 사 랑–으로 –

25/ 너는 담장 너머로 44/ 아주 먼 옛날 136/ 사랑의 주님이

크신 주께 영광돌리세 293

(Great is the Lord)

Robert Ewing

E B7
크 신 주 께 영 광 돌 리 세 하나
여 호 와 께 찬 양 드 리 세 우리

F#m B7 E
님 의 성 에 서 그 의 거 룩 한 산 에 서
들 을 지 으 사 그 의 자 녀 삼 으 시 고

E E7 A
터 가 높 고 아 름 다 와 온 세 상 의 기 쁨
하 나 님 의 영 광 위 해 다 살 게 하 시 니

A E B7 E
저 북 방 에 있 는 시 온 산 큰 왕 의 성 일 세
만 백 성 아 나 와 하 나 님 께 찬 양 드 리 세

E A E B7
Sing 할 렐 루 야 Sing 할 렐 루 야

E A E B7 E
Sing 할 렐 루 야 큰 왕 의 성 일 세

253/ 손을 높이 들고 273/ 존귀 오 존귀하신 주 291/ 찬송하라 여호와의 종들아

294 하나님은 너를 지키시는 자

미가엘 1658

정성실

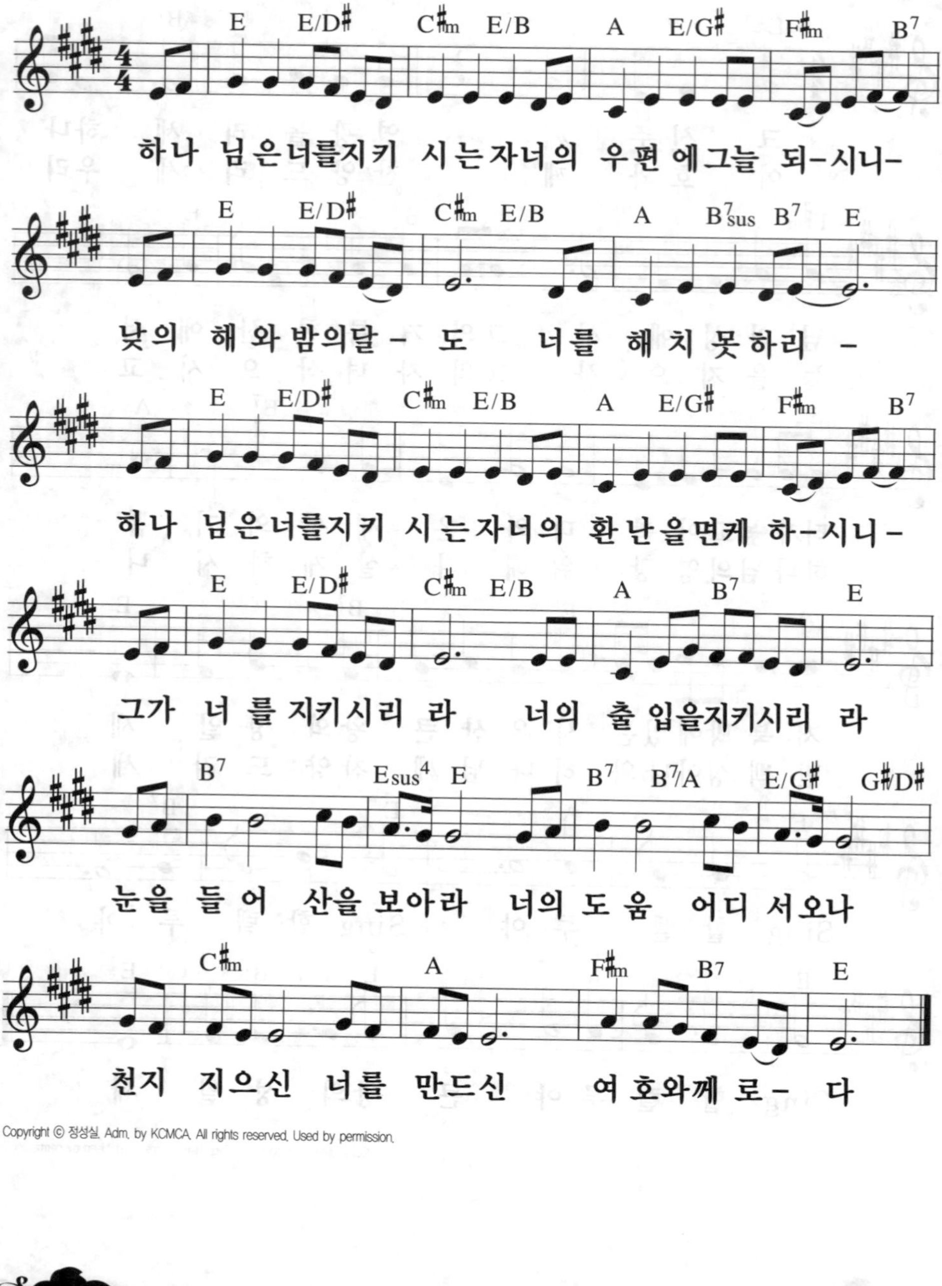
E E/D♯ C♯m E/B A E/G♯ F♯m B7
하나 님은너를지키 시는자너의 우편에그늘 되-시니-
E E/D♯ C♯m E/B A B7sus B7 E
낮의 해와밤의달- 도 너를 해치 못하리 -
E E/D♯ C♯m E/B A E/G♯ F♯m B7
하나 님은너를지키 시는자너의 환난을면케 하-시니-
E E/D♯ C♯m E/B A B7 E
그가 너 를 지키시리 라 너의 출 입을지키시리 라
B7 Esus4 E B7 B7/A E/G♯ G♯/D♯
눈을 들어 산을 보아라 너의 도 움 어디 서오나
C♯m A F♯m B7 E
천지 지으신 너를 만드신 여호와께 로- 다

하나님을 아버지라 부르는 295

(좋은 일이 있으리라)

오관석 & 한태근

1. 하나님을 아버지-라 부-르는-자는 -
2. 예수님을 구-주-라 부-르는-자는 -
3. 성령님의 인-도-를 구-하는-자는 -

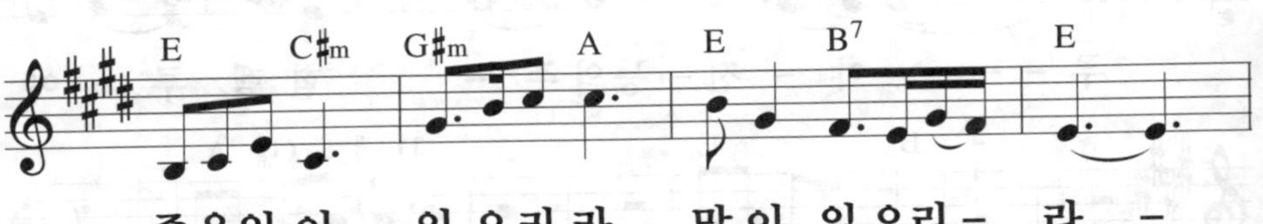

좋은일이 있으리라 많이 있으리- 라 -

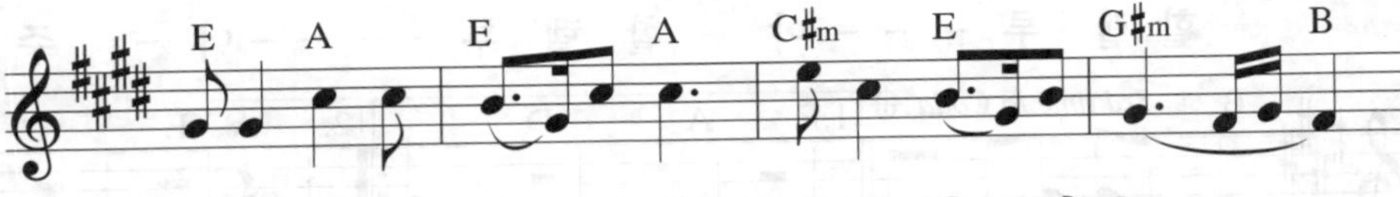

우리서로 뜨-럽게 사랑하-며는 - - -

좋은일이 있으리라 크게 있으리- 라 -

296 할렐루야 할렐루야

(전능의 주 다스리네 / The Lord almighty reigns)

Terry Butler

E B E

할렐 루 - 야 할렐 루 - - - 야 할렐

D/F# E/G# A B E

루 - - - - - 야 - 전 - 능의주 - 할렐 루 - 야

B E D/F# E/G# A

할렐 루 - - - 야 할 렐 루 - - - - - 야 - 주

B *3rd time to Coda* 1.E A D 2. A E

다 스 리 - 시 - 네 - 할 렐 - 주 는

B A E

크 신능 - 력 으 - 로 승 리 를이 루 - 셨네 어 두

B E

움 과사 - 망 이 - 긴 승 - 리 - 자 - - 죄 의

B A E

저 주끊 - 고 우 - 리를 자 유 케 하 셨 - 도 다 -

할렐루야 할렐루야

132/ 주 다스리네 195/ 주 이름 온 세상에 367/ 주 예수 기뻐 찬양해

E

평화 하나님의 평강이 297

김창석

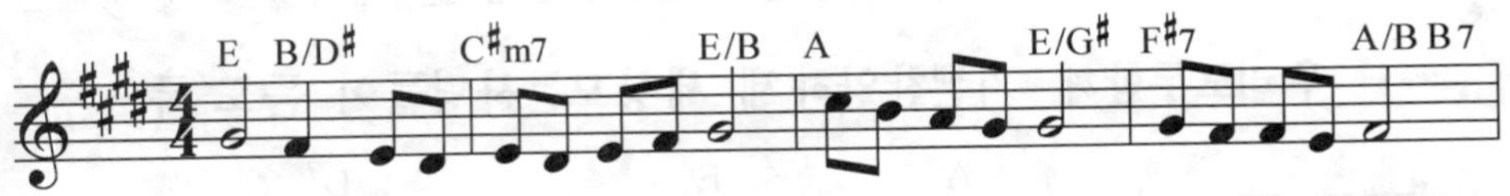

평 화 하 나 님의평강이 당신의삶 에 넘쳐나기를
기 쁨 하 나 님의기쁨이 당신의삶 에 넘쳐나기를
소 망 하 나 님의소망이 당싱의삶 에 넘쳐나기를

평 화하나 님의평강이 당신의삶에 가득 하기를 축복합니 다
기 쁨하나 님의기쁨이 당신의삶에 가득 하기를 축복합니 다
소 망하나 님의소망이 당싱의삶에 가득 하기를 축복합니 다

136/ 사랑의 주님이 205/ 평안을 너에게 241/ 당신은 하나님의 언약안에

298 할렐루야 할렐루야

(우리 모두 함께)

E A B E E A B E

할 렐 루 야 할 렐 루 야

E A B E

할 렐루야 – 할 렐루야 – 할 렐루야 – 할렐루 야 –

E A B E

할 렐루야 – 할 렐루야 – 할 렐루야 – 할 렐루 야 –

E A B E

우 리모두함 께 기쁜찬양하세 세상모든사람들의 귓가 에 –

E A B E

우 리모두함께 기쁜찬 양하 세 세상모든사람들이 듣도 록 –

A E D7

햇 – 빛같은 기 쁨 빛 – 줄기 같 이 – – –
예 – 수사 랑 노 래 주 – 의말씀 나누 세 –

E E7 A E B7

금 – 광같은 기 쁨
크 – 신능력 외 쳐 우 리모두함께 기쁜찬양하 세

메들리 곡
214/ 기뻐하며 승리의 노래 253/ 손을 높이 들고 269/ 위대하고 강하신 주님

할렐루야 할렐루야

E A B E
할렐루야- 할렐루야- 할렐루야- 할렐루야-
E A B E
할렐루야- 할렐루야- 할렐루야- 할렐루야-
E A B E
예 수님때문 에 형 제를사랑합니 다
E A B E
예 수님 때문 에 자 매를사랑합니 다
E A B E
예 수 예 수 예 수 예 수
E A B E
예 수 예 수 예 수님 때문 에
E A B E
할렐루야- 할렐루야- 할렐루야- 할렐루야-
E A B E
할렐루야- 할렐루야- 할렐루야- 할렐루야-
E A B E
할 렐 루 야

299 해 뜨는 데부터

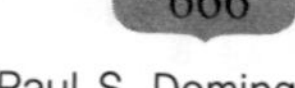

(From the rising of the sun)

Paul S. Deming

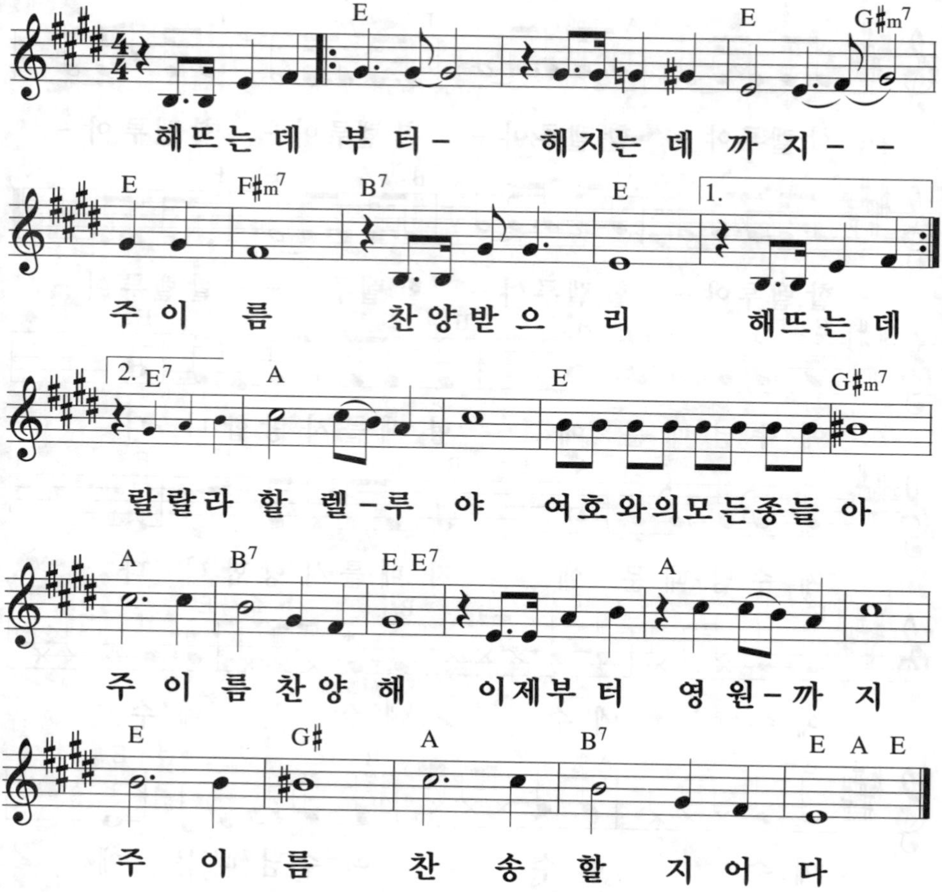

E E G#m7

해뜨는데 부 터- 해지는 데 까 지- -

E F#m7 B7 E 1.

주 이 름 찬양받으 리 해뜨는데

2. E7 A E G#m7

랄랄라 할 렐-루 야 여호와의모든종들 아

A B7 E E7 A

주 이 름찬양해 이제부 터 영 원-까 지

E G# A B7 E A E

주 이름 찬 송 할 지어 다

험한 세상길 나 홀로 가도 300

(두렵지 않아)

김보훈

험 한 세 상 길 나 홀 로 가 도 외 롭- 지 않 으 - 오
모 진 시 련 이 내 게 닥 쳐 도 놀 라- 지 않 으 - 오
주 를 위 하 여 고 난 당 해 도 낙 심- 치 않 으 - 오

비 바 람 속 을 나 홀 로 가 도 내 맘- 에 두 려 움 없 어
불 같 은 마 귀 대 적 해 와 도 내 맘- 에 두 려 움 없 어
주 이 름 으 로 죽 음 당 해 도 내 맘- 에 두 려 움 없 어

구 름 기 둥 과 불 기 둥 으 로 인 도 하 시 는 주 가 계 시 오 니
하 늘 불 말 과 불 수 레 로 써 세 상 끝 까 지 나 를 지 키 시 니
사 자 굴 속 과 불 풀 무 에 서 함 께 하 시 는 주 가 계 시 오 니

주 를 뒤 따 라 나 가 는 길 에 두 렵 지 않 아
말 씀 외 치 며 증 거 하 는 길 두 렵 지 않 아
부 르 심 받 아 나 서 는 이 몸 두 렵 지 않 아

E

메들리 곡 33/ 비 바람이 갈길을 208/ 험하고 어두운 길 209/ 험한 세상 나그네 길

301 호흡있는 모든 만물

(Let everything that has breath)

Matt Redman

253/ 손을 높이 들고 273/ 존귀 오 존귀하신 주 291/ 찬송하라 여호와의 종들아

가시관을 쓰신 예수 302

(탕자의 눈물)

김석균

1. 가 시 관 을 쓰 신 예 수 날 오 라 부 르 실 때 에
2. 어 찌 할 꼬 이 내 죄 를 어 찌 다 용 서 받 을 까
3. 넓 고 큰 길 가 기 보 다 가 시 밭 길 을 택 하 리

방 탕 한 길 못 버 리 - 고 세 상 길 로 만 향 했 네
두 손 모 아 참 회 하 - 니 흐 르 는 눈 물 뿐 이 라
하 늘 영 광 사 모 하 - 며 주 님 가 신 길 가 오 리

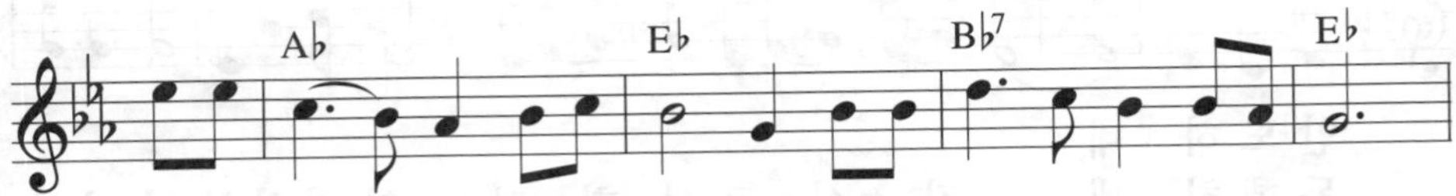

사 랑 하 - 는 내 아 들 아 부 르 시 는 내 아 버 지
골 고 다 - 의 보 혈 의 피 무 거 운 짐 벗 기 시 어
아 버 지 - 여 나 에 게 도 십 자 가 들 려 주 소 서

눈 어 두 워 보 지 못 하 니 내 죄 가 너 무 큼 이 라
천 국 백 성 되 게 하 시 니 그 사 랑 갚 을 길 없 네
땅 끝 까 지 증 거 하 리 다 주 님 사 랑 전 하 리 다

E

메들리 곡

200/ 찬바람 부는 갈보리 산 204/ 탕자처럼 314/ 갈보리 십자가의 주님을

303 나는 길 잃은 나그네였네

미가엘 1020

John W. Peterson

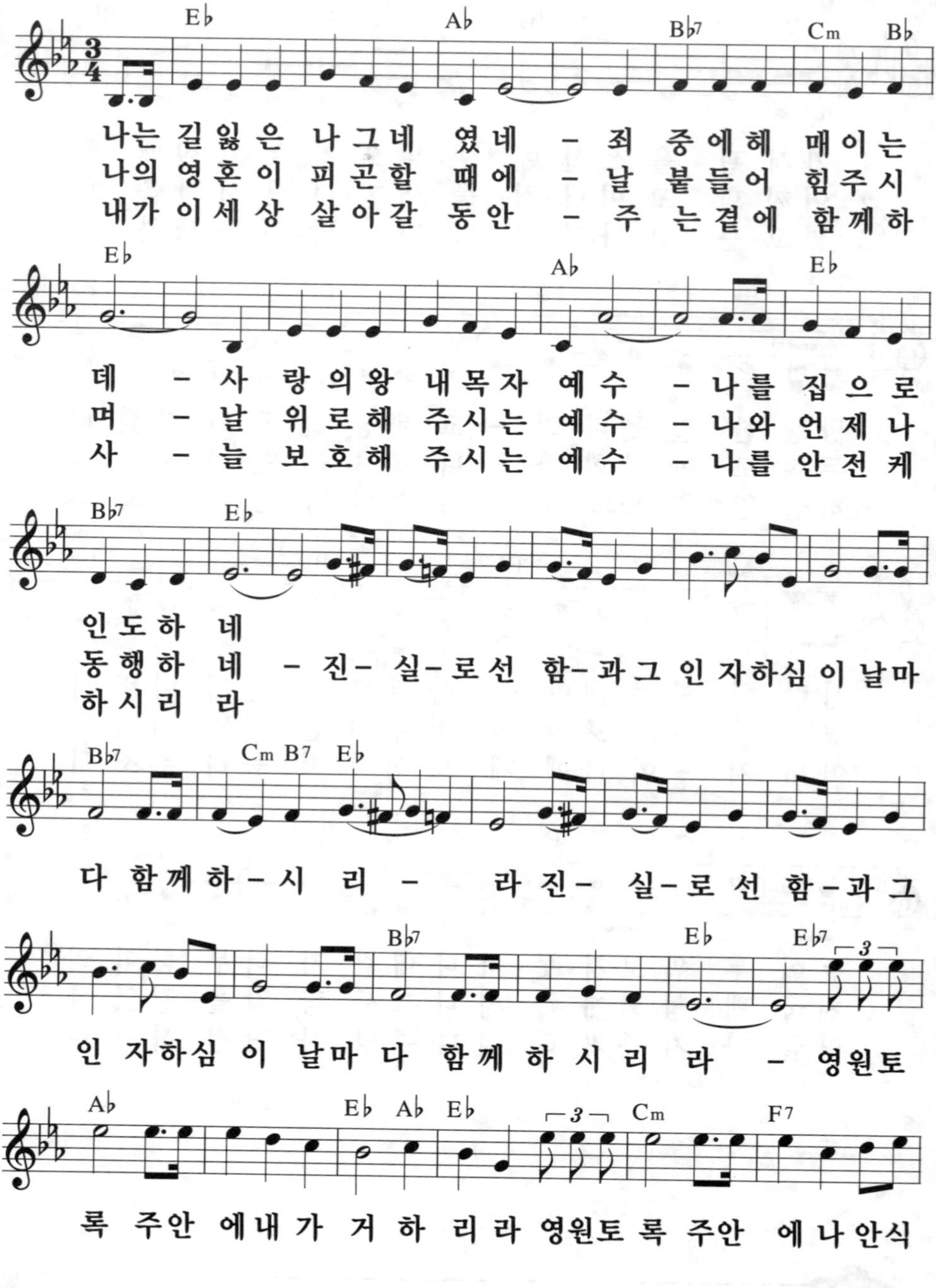
E♭ A♭ B♭7 Cm B♭
나는 길 잃은 나그네 였네 - 죄 중에 헤매이는
나의 영혼이 피곤할 때에 - 날 붙들어 힘주시
내가 이 세상 살아갈 동안 - 주 는 곁에 함께하
E♭ A♭ E♭
데 - 사랑의 왕 내 목자 예수 - 나를 집으로
며 - 날 위로해 주시는 예수 - 나와 언제나
사 - 늘 보호해 주시는 예수 - 나를 안전케
B♭7 E♭
인도하 네
동행하 네 - 진- 실-로 선 함-과 그 인자하심이 날마
하시리 라
B♭7 Cm B7 E♭
다 함께 하-시 리 - 라 진- 실-로 선 함-과 그
B♭7 E♭ E♭7 3
인 자하심 이 날마 다 함께 하 시 리 라 - 영원토
A♭ E♭ A♭ E♭ 3 Cm F7
록 주안 에 내가 거 하 리라 영원토록 주안 에 나 안식

B♭7
E♭
하 리 라 진- 실-로 선 함-과 그 인 자하심 이 날마
B♭7
E♭
B♭7
E♭
다 함께 하 시리 라 -날마 다 함께 하 시 리 라 -

304 넘지 못할 산이 있거든

미가엘 1075

최용덕

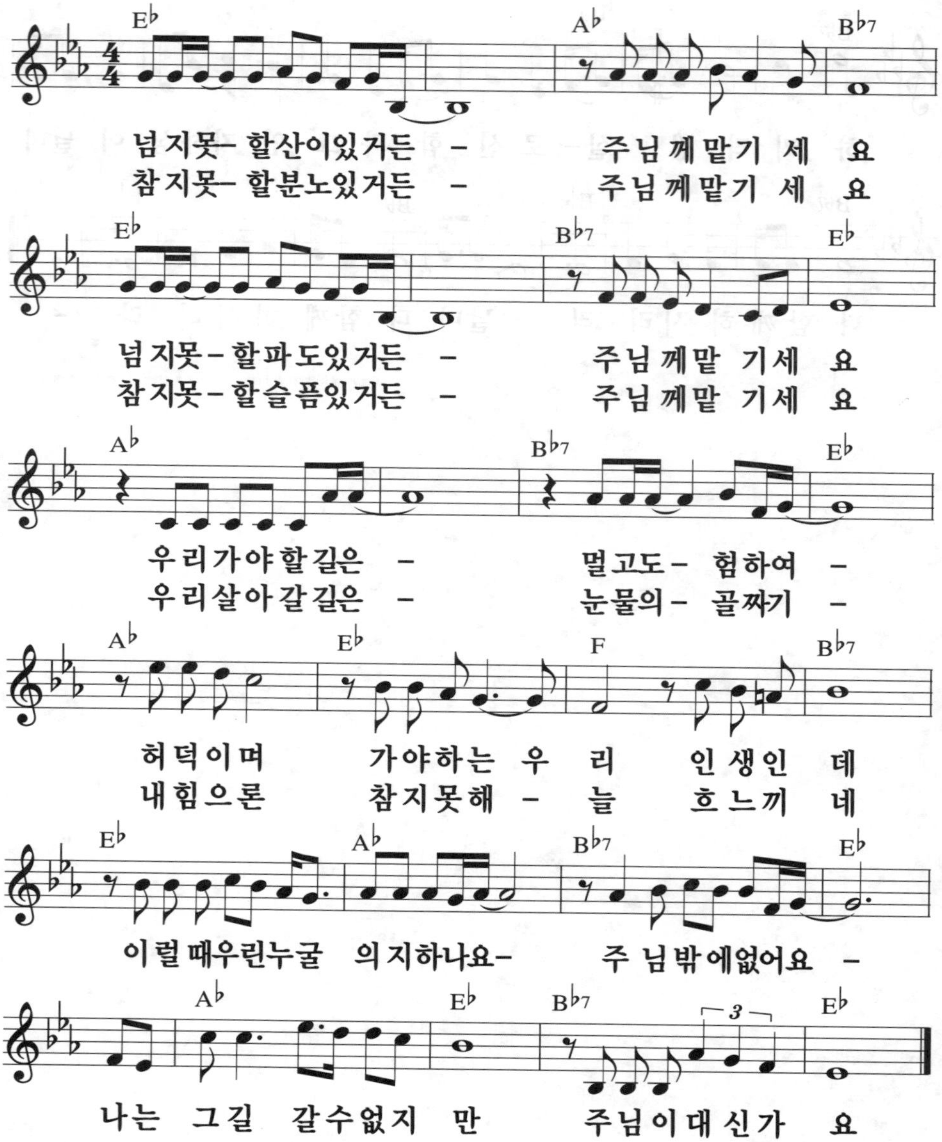

E♭ A♭ B♭7
넘지못– 할산이있거든 – 주님께맡기 세 요
참지못– 할분노있거든 – 주님께맡기 세 요
E♭ B♭7 E♭
넘지못–할파도있거든 – 주님께맡 기세 요
참지못–할슬픔있거든 – 주님께맡 기세 요
A♭ B♭7 E♭
우리가야할길은 – 멀고도– 험하여 –
우리살아갈길은 – 눈물의– 골짜기 –
A♭ E♭ F B♭7
허덕이며 가야하는 우 리 인 생인 데
내힘으론 참지못해 – 늘 흐느끼 네
E♭ A♭ B♭7 E♭
이럴때우린누굴 의지하나요– 주 님밖에없어요 –
A♭ E♭ B♭7 3 E♭
나는 그길 갈수없지 만 주님이대신가 요

메들리 곡

57/ 왜 나만 겪는 250/ 빛이 없어도 306/ 세상 일에 실패 했어도

세상에는 눈물뿐이고 305

(주님과 못 바꾸네)

유제헌 & J.M.Harris

1. 세 상 에 는 눈 물 뿐 이 고 고 통 만 닥 쳐 와 - 도
2. 한 숨 쉬 는 불 행 이 변 해 기 쁜 찬 송 부 르 - 니
3. 금 은 보 화 다 준 다 해 도 예 수 님 만 못 하 - 며
4. 속 지 마 라 세 상 허 영 에 마 음 뺏 기 지 마 - 라

내 심 령 은 예 수 님 으 로 기 쁜 찬 송 부 르 네
괴 로 움 을 주 던 환 경 이 천 국 으 로 변 했 네
명 예 지 위 훌 륭 한 대 도 주 님 만 은 못 하 다
세 상 것 은 일 장 의 춘 몽 물 거 품 과 같 도 다

나 는 예 수 님 으 로 써 참 만 족 을 누 - 리 네

세 상 영 광 다 준 대 도 주 님 과 못 바 꾸 네

메들리 곡 148/ 예수보다 더 좋은 친구 255/ 어두워진 세상 길을 285/ 주님의 손길

306 세상 일에 실패 했어도

(내가 너를 도우리라)

김석균

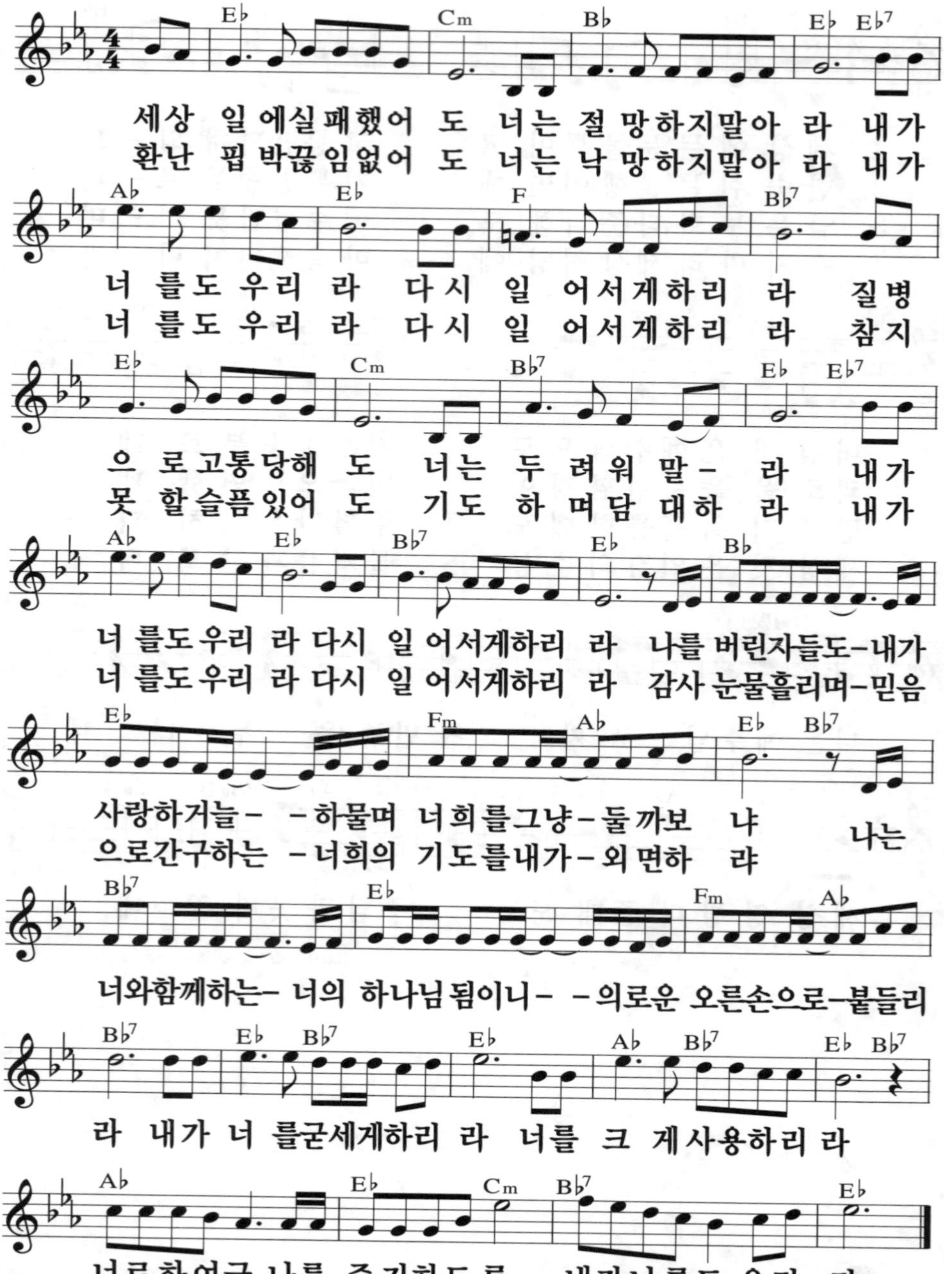

세상 일에실패했어 도 너는 절 망하지말아 라 내가
환난 핍 박끊임없어 도 너는 낙 망하지말아 라 내가

너 를도 우리 라 다시 일 어서게하리 라 질병
너 를도 우리 라 다시 일 어서게하리 라 참지

으 로고통당해 도 너는 두 려워 말– 라 내가
못 할슬픔있어 도 기도 하 며담 대하 라 내가

너 를도우리 라 다시 일 어서게하리 라 나를 버린자들도–내가
너 를도우리 라 다시 일 어서게하리 라 감사 눈물흘리며–믿음

사랑하거늘– –하물며 너희를그냥–둘까보 냐
으로간구하는 –너희의 기도를내가–외면하 랴
나는

너와함께하는– 너의 하나님됨이니– –의로운 오른손으로–붙들리

라 내가 너 를굳세게하리 라 너를 크 게사용하리 라

너로하여금 나를 증거하도록 내가너를도 우리 라

예수 안에 소망있네 307

(In Christ Alone)

Keith Getty & Stuart Townend

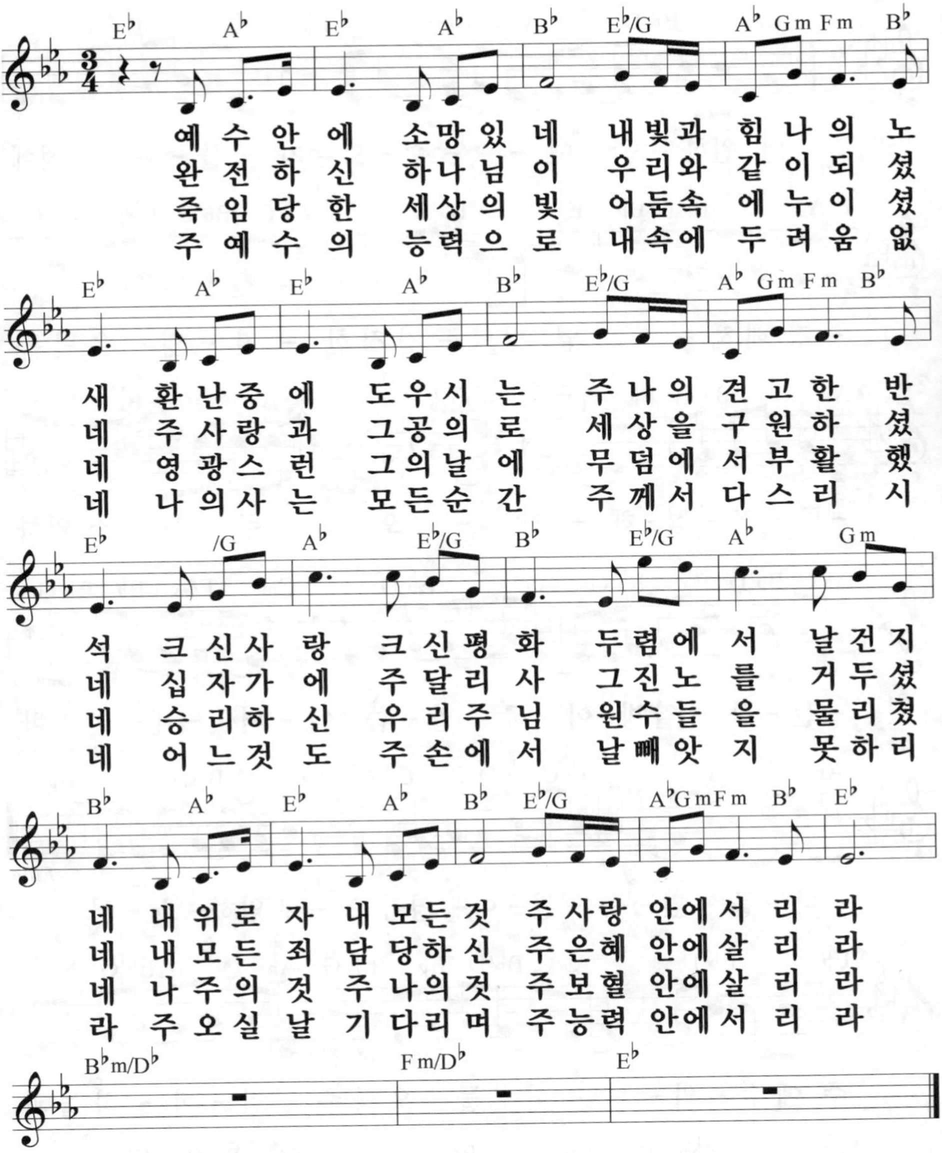

예 수 안 에 소 망 있 네 내 빛과 힘 나 의 노
완 전 하 신 하 나 님 이 우 리와 같 이 되 셨
죽 임 당 한 세 상 의 빛 어 둠속 에 누 이 셨
주 예 수 의 능 력 으 로 내 속에 두 려 움 없

새 환 난 중 에 도 우 시 는 주 나 의 견 고 한 반
네 주 사 랑 과 그 공 의 로 세 상 을 구 원 하 셨
네 영 광 스 런 그 의 날 에 무 덤 에 서 부 활 했
네 나 의 사 는 모 든 순 간 주 께 서 다 스 리 시

석 크 신 사 랑 크 신 평 화 두 렴 에 서 날 건 지
네 십 자 가 에 주 달 리 사 그 진 노 를 거 두 셨
네 승 리 하 신 우 리 주 님 원 수 들 을 물 리 쳤
네 어 느 것 도 주 손 에 서 날 빼 앗 지 못 하 리

네 내 위 로 자 내 모 든 것 주 사 랑 안 에 서 리 라
네 내 모 든 죄 담 당 하 신 주 은 혜 안 에 살 리 라
네 나 주 의 것 주 나 의 것 주 보 혈 안 에 살 리 라
라 주 오 실 날 기 다 리 며 주 능 력 안 에 서 리 라

14/ 나 지치고 184/ 주 달려 죽은 십자가 216/ 나를 향한 주님의 사랑

308 영원한 왕 예수

(Jesus King Eternal)

Scott Brenner

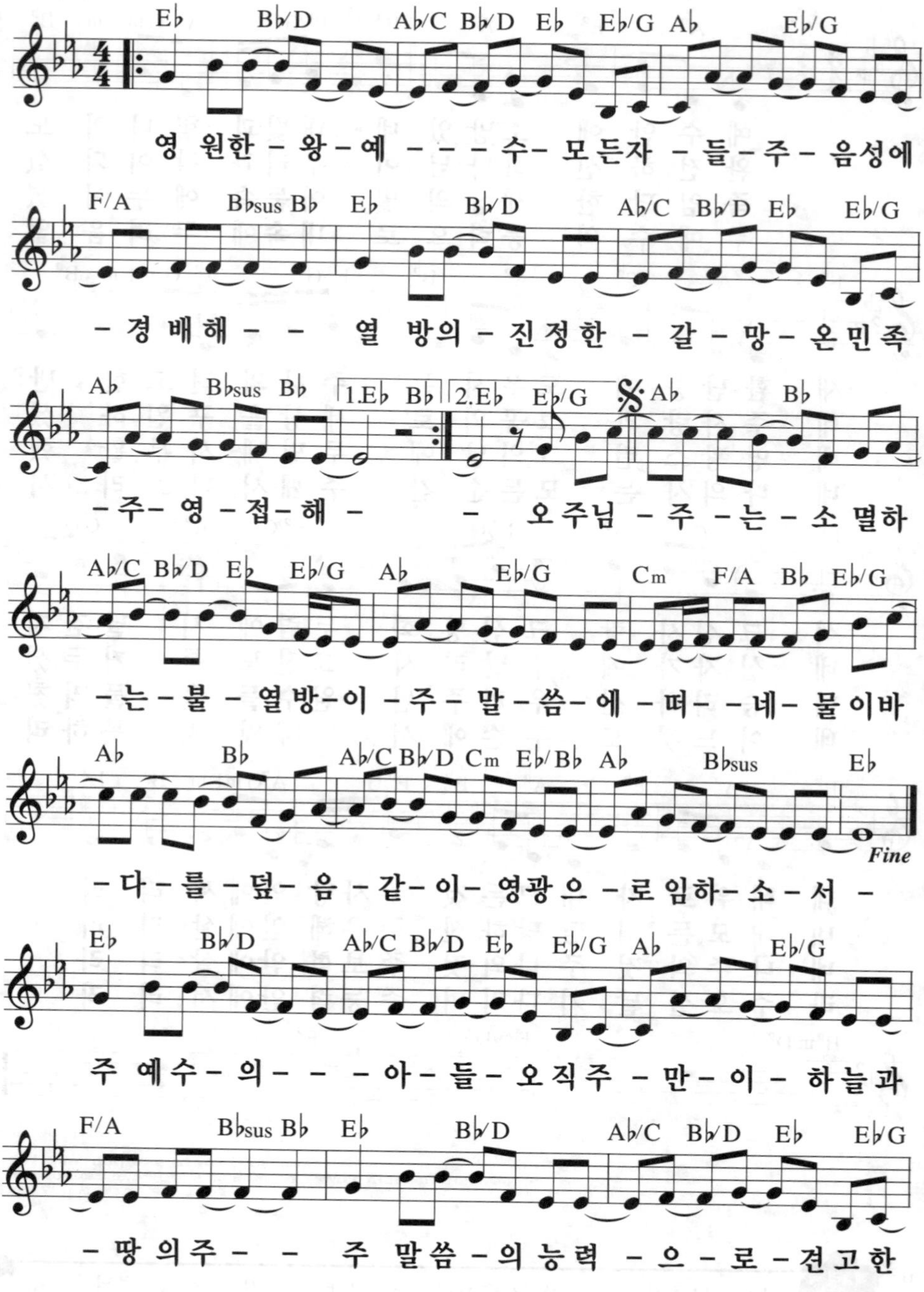

E♭ B♭/D A♭/C B♭/D E♭ E♭/G A♭ E♭/G

영 원한 - 왕 - 예 - - - 수 - 모든자 - 들 - 주 - 음성에

F/A B♭sus B♭ E♭ B♭/D A♭/C B♭/D E♭ E♭/G

- 경 배해 - - 열 방의 - 진정한 - 갈 - 망 - 온민족

A♭ B♭sus B♭ 1.E♭ B♭ 2.E♭ E♭/G 𝄋 A♭ B♭

- 주 - 영 - 접 - 해 - - 오주님 - 주 - 는 - 소 멸하

A♭/C B♭/D E♭ E♭/G A♭ E♭/G Cm F/A B♭ E♭/G

- 는 - 불 - 열방 - 이 - 주 - 말 - 씀 - 에 - 떠 - - 네 - 물이바

A♭ B♭ A♭/C B♭/D Cm E♭/B♭ A♭ B♭sus E♭

- 다 - 를 - 덮 - 음 - 같 - 이 - 영광으 - 로 임하 - 소 - 서 -

Fine

E♭ B♭/D A♭/C B♭/D E♭ E♭/G A♭ E♭/G

주 예수 - 의 - - - 아 - 들 - 오 직주 - 만 - 이 - 하늘과

F/A B♭sus B♭ E♭ B♭/D A♭/C B♭/D E♭ E♭/G

- 땅 의주 - - 주 말씀 - 의능력 - 으 - 로 - 견고한

A♭ B♭sus B♭ E♭ E♭ B♭/D A♭/C B♭/D E♭ E♭/G
- 죄의진 - 끊었네 - 예 수나 - 의 - 구 - 원 - 자 - 주의피
A♭ E♭/G F/A B♭sus B♭ E♭ B♭/D
- 세 - 상 - 죄 - 사 - 하 시고 - - 사 랑과 - 자 비가
A♭/C B♭/D E♭ E♭/G A♭ B♭/D B♭ E♭ D.S.
- 죄 - 와 - 심 - 판 - 을 - 이 - 겼 - 네 - 오 주님

E

309 참 사랑 우리 맘에

메들리 곡
226/ 날마다 297/ 평화 하나님의 평강이 375/ 하나님의 사랑 주님의 눈물

낮에나 밤에나

(주님 고대가)

손양원

Cm C Fm G

1. 낮 -에나 밤 -에나 눈 물머금 고
2. 고 적하고 쓸 -쓸한 빈 들판에 서
3. 먼 -하늘 이 -상한 구 름만떠 도
4. 내 -주님 자 -비한 손 을붙잡 고
5. 신 부되는 교 -회가 흰 옷을입 고
6. 천 -년을 하 루같이 기 다린주 님

Cm G G7 Cm

내 -주님 오 시기 만 고 대합니 다
희 -미한 등 -불 만 밝 히어 놓 고
행 -여나 내 -주 님 오 시는가 해
면 -류관 벗 어들 고 찬 송부 르 면
기 름준비 다 해놓 고 기 다리 오 니
내 -영혼 당 하는 것 볼 수없 어 서

C Fm G7

가 -실때 다 시오 마 하 신예 수 님
오 실줄 만 고 대하 고 기 다리 오 니
머 리들 고 멀 리멀 리 바 라보 는 맘
주 님계 신 그 -곳 에 가 고싶 어 요
도 적같 이 오 시마 고 하 신예 수 님
이 시간 도 기 다리 고 계 신내 주 님

Cm G G7 Cm

1,2,3,4,5. 오 -주여 언 -제나 오 시렵니 까
6. 오 -주여 이 시간에 오 시옵소 서

39/ 세상 사람 날 부러워 380/ 알았네 나는 알았네 697/ 우리에게 한 제단이

311 더러운 이 그릇을

(이 그릇을 주님 쓰시려고)

미가엘 2020

김주양

메들리 곡

105/ 고요히 주님 앞에 와 210/ 오늘도 하룻 길 310/ 낮에나 밤에나

불이야 성령의 불

최원순

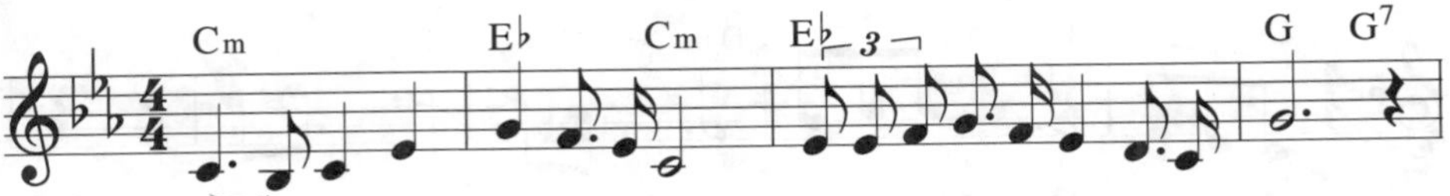

Cm Eb Cm Eb G G7

1. 불 - 이 야 성 령의불 주님이주신성 령의 불
2. 불 - 이 야 사 랑의불 주님이주신사 랑의 불
3. 불 - 이 야 복 음의불 주님이주신복 음의 불
4. 불 - 이 야 신 유의불 주님이주신신 유의 불

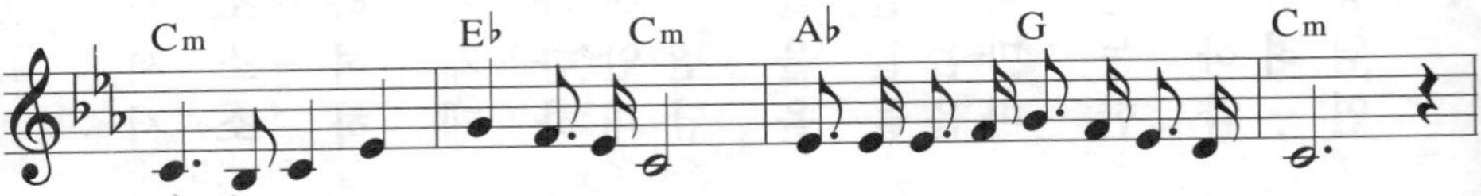

Cm Eb Cm Ab G Cm

불 - 이 야 성 령의불 나 에 게도허락하셨 네
불 - 이 야 사 랑의불 나 에 게도허락하셨 네
불 - 이 야 복 음의불 나 에 게도허락하셨 네
불 - 이 야 신 유의불 나 에 게도허락하셨 네

Fm Cm Ab Eb G

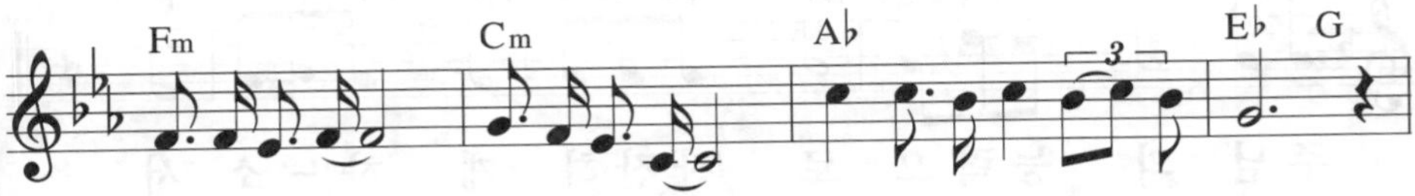

이제나 도- 회개하 고- 성 령 의불꽃 - 되 어
이제나 도- 거듭나 서- 사 랑 의불꽃 - 되 어
이제나 도- 주를믿 고- 복 음 의불꽃 - 되 어
이제나 도- 주를위 해- 신 유 의불꽃 - 되 어

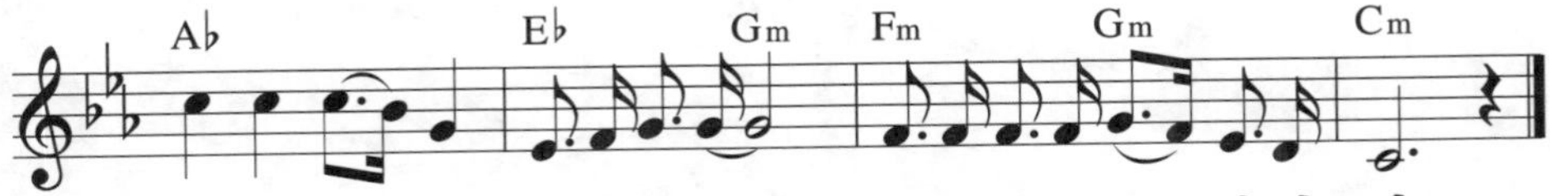

Ab Eb Gm Fm Gm Cm

이 세 상 - 의 어디든지- 성령의불붙 - 이리 라
이 세 상 - 의 어디든지- 내몸같이사 - 랑하 리
이 세 상 - 의 어디든지- 복음의불전 - 하리 라
이 세 상 - 의 모든병을- 주와함께태 - 우리 라

E

313 갈릴리 오신 주님

홍정식

200/ 찬바람 부는 갈보리 산 302/ 가시관을 쓰신 예수 314/ 갈보리 십자가의

갈보리 십자가의 주님을 314

김석완

F C7

1. 갈보 리 -십자가 의 주님 을 -바라볼 때 하나
2. 우리 에 -게믿음 과 소망 을 -주-시 며 사랑
3. 우리 의 -모든간 구 응답 해 -주-시 며 기도

F B♭ F C7 F

님 -크신사 랑 너무 나 -고마와 라
으 -로세상 을 이기 게 -하-셨 네 예수
의 -은혜로 써 충만 케 -채우시 네

B♭ F C7

님 -의십자 가 이제 는 -나도지 고 이생

F C7 F

명 -다바쳐 서 주님 을 -따르리 라

메들리 곡 200/ 찬바람 부는 갈보리 산 329/ 머리에 가시 면류관 340/ 슬픔 걱정 가득차고

315 거룩하신 하나님

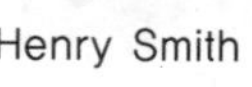

(Give Thanks)

Henry Smith

F C/E Dm Am

거 룩 하신 하나님- 주 께 감사 드리세- 날
의 맘과 뜻다해- 주 를 사랑 합니다- 날

B♭ F/A F E♭ 1. Gm7/C C7

위해 -이땅에 오신 독생 자 -예 수 나
위해 -이땅에 오신 독생 자 -예

2. Gm7/C C/B♭ Am7 Dm7 C/D Dm7 Gm7

수 내 가 약할 때강함주 고 가난

B♭/C C B♭/D C/E Fmaj7 Am/E Dm7 C Dm E♭

할 때우리 를 부요케 하 신나의 주 감-

1. Gm7/C C C/B♭ 2. Gm7/C C7 B♭/C F B♭/F F

사 내 사 감 사 -

320/ 나의 모습 나의 소유 327/ 마음이 상한 자를 336/ 아버지 사랑합니다

미가엘 869

그때 그 무리들이

316

(세 개의 못)

F

317 깨어라 성도여

(일사각오)
주기철
1. 깨 – 어 라 성 – 도 여 징 조 를 보 라
2. 우 – 리 의 힘 으 로 는 옳 게 못 살 고
3. 마 – 귀 는 네 믿 음 을 빼 앗 으 려 고
4. 주 – 님 의 이 름 위 해 옥 에 갇 히 고
5. 성 – 경 과 기 – 도 로 무 기 삼 으 니
신 랑 예 수 구 름 타 고 오 시 려 한 다
네 – 신 앙 가 지 고 는 순 교 못 하 니
사 망 권 세 가 지 고 서 위 협 을 하 나
갖 은 고 생 다 하 다 가 죽 을 지 라 도
불 – 타 는 나 의 소 원 일 사 각 오 뿐
환 난과 핍 박 이 날 기 다 리 니
성 령 권능 나 에 게 충 만 케 하 사
강 하 고 담대 하 여 두 려 워 말 라
십 자 가의 큰 은 혜 생 각 할 때 에
죽 도 록 싸우 다 가 쓰 러 진 후 에
믿 음 대 로 이 길 준 비 어 서 합 시 다
성 경 대 로 살 – 다 가 죽 게 하 소 서
승 – 리 자 예 수 님 이 나 의 편 이 다
아 – 직 도 내 고 생 이 부 족 하 도 다
천 – 국 에 영 광 집 에 편 히 쉬 리 라
깨 어라 주 재림 가 깝다 –
주 를 위 해 살 다 가 주 위 해 죽 자

나는 시온성을 향해 가겠네 318

나는 시온 성을 향해 가 겠네 높은 그 성 영광이로 다

내가 그 성 에도달한그 때 에는 그아 침 에 영광 보 겠 네
그곳 에 나를구속한구 주 께서 나를 기 다 리고 있 도 다
나는 그 성을떠나지않 으 리라 괴롬 없 는 안식 처 로 다

F

319 나 기쁨의 노래하리

(해피송)

Martin Smith

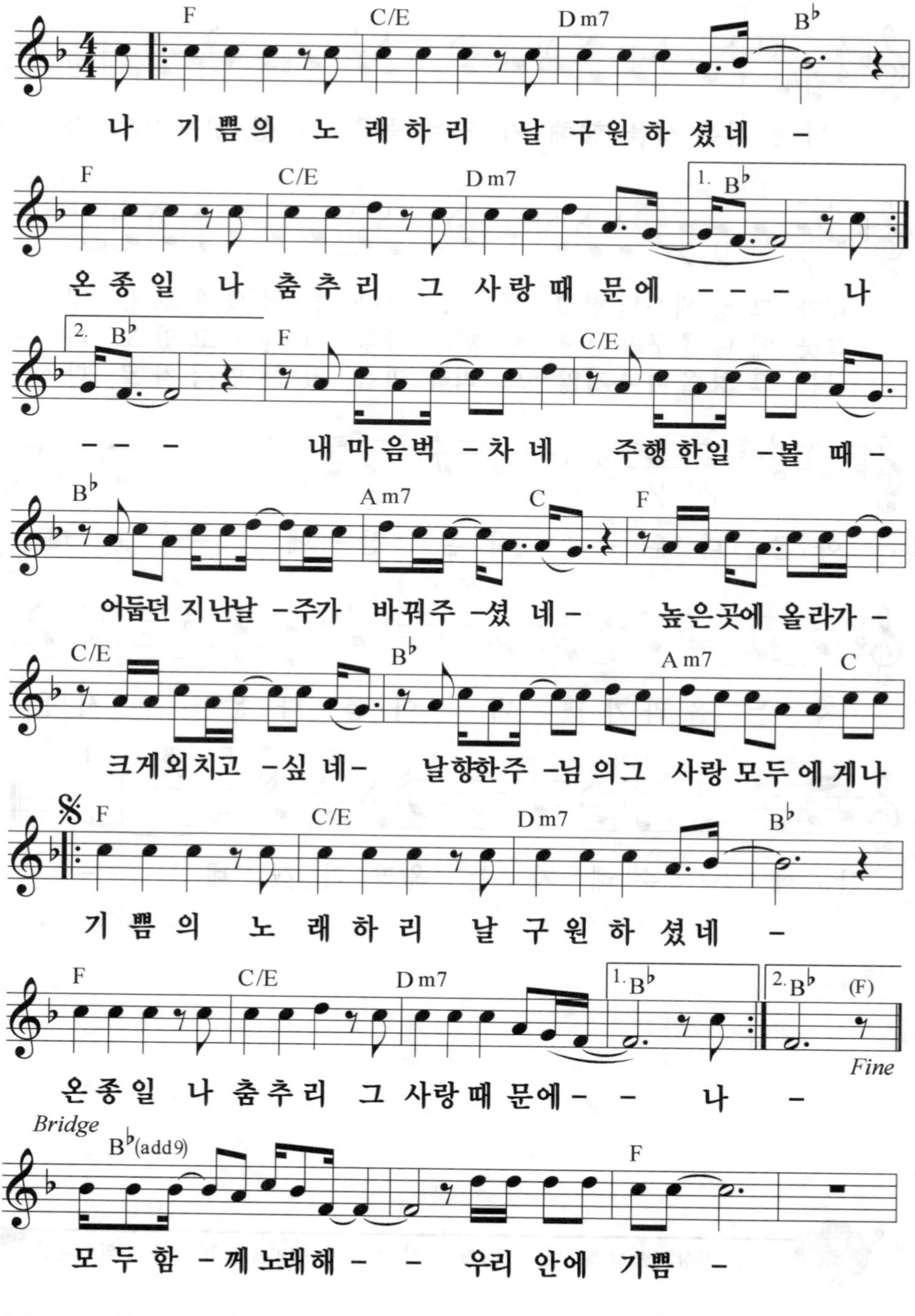
F C/E Dm7 B♭
나 기쁨의 노래하리 날 구원하셨네 –
F C/E Dm7 1. B♭
온종일 나 춤추리 그 사랑때문에 – – – 나
2. B♭ F C/E
– – – 내마음벅 –차네 주행한일 –볼 때–
B♭ Am7 C F
어둡던 지난날 –주가 바꿔주 –셨 네– 높은곳에 올라가 –
C/E B♭ Am7 C
크게외치고 –싶 네– 날향한주 –님 의그 사랑모두 에 게나
F C/E Dm7 B♭
기 쁨 의 노 래 하 리 날 구 원 하 셨네 –
F C/E Dm7 1. B♭ 2. B♭ (F)
온종일 나 춤추리 그 사랑때 문에– – 나 –
Fine
Bridge
B♭(add9) F
모 두 함 –께 노래해 – – 우리 안에 기쁨 –

B♭(add9)
F
모두함 -께춤추 세 - 주님 주신 기쁨 - 주님
G m7
B♭
얼굴 볼수 없어도 - 우린느 -낄 수있죠- 우리안 -의이기쁨 -
B♭/C
F
C7
D.S. al Fine
- 다 주님주 -신 -것 - 나

F

320 나의 모습 나의 소유

(I Offer My Life)

Claire Cloninger & Don Moen

나의모습– 나의소유– 주님앞에–모두드–립니다–
어제일과– 내일일도– 꿈과희망–모두드–립니다–

모든아픔– 모든기쁨– 내 모든눈물–받아 –주소서
모든소망– 모든계획– 내 손과 마음–받아 –주소서

– 나 의 생명을드 –리니 주영광위 – 하여–

사용하옵소서 내 가사는날동 –안 에 주를찬양–하며 –

기쁨의제물 되리 – 나를받아주소– 서

서 우리 가진– 이 모든 것들–을 다

Bbm9
Eb
Cm7
Fm
Bbm9
Eb
주께 서 우 - 리에게 주시 었네 - 몸밖 에드 - 릴것이
Cm7
Eb/F F
Bbm7
Ab/C
Bb/C
3.
F
Fine
D.S
-없으 - 니 내 삶을 받아 - 주소 서 서 -

F

321 나 이제 주님을 알았으니

(구원의 기쁨)

미가엘 1871

추정엽

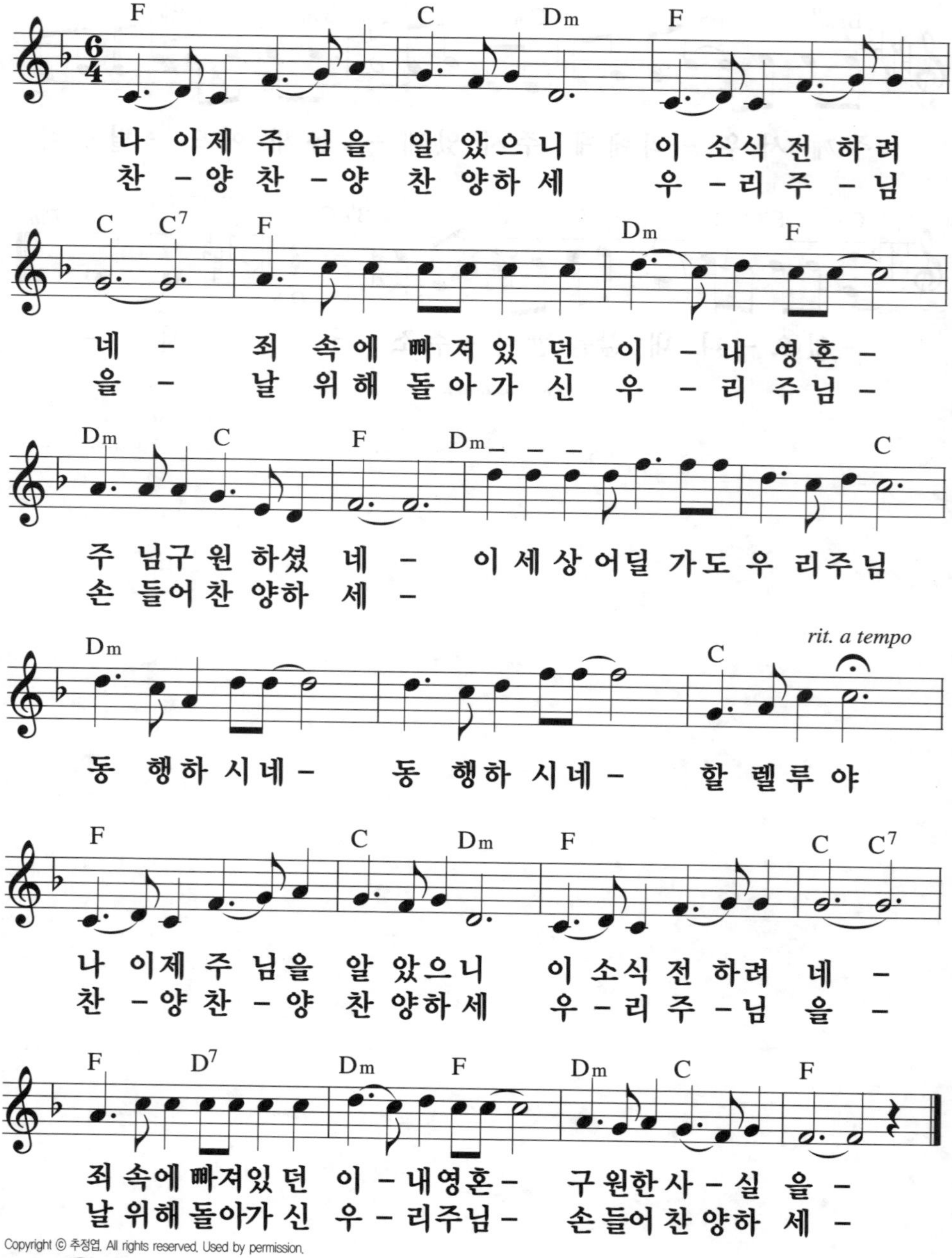
F C Dm F
나 이제 주 님을 알 았으니 이 소식 전 하려
찬 -양 찬 -양 찬 양하 세 우 -리 주 -님
C C7 F Dm F
네 - 죄 속에 빠져 있 던 이 -내 영혼 -
을 - 날 위해 돌아 가 신 우 -리 주님 -
Dm C F Dm C
주 님구 원 하셨 네 - 이 세 상 어딜 가도 우 리주 님
손 들어 찬 양하 세 -
Dm C
rit. a tempo
동 행하 시네 - 동 행하 시네 - 할 렐루 야
F C Dm F C C7
나 이제 주 님을 알 았으니 이 소식 전 하려 네 -
찬 -양 찬 -양 찬 양하 세 우 -리 주 -님 을 -
F D7 Dm F Dm C F
죄 속에 빠져있 던 이 -내영혼 - 구 원한 사 -실 을 -
날 위해 돌아가 신 우 -리주님 - 손 들어 찬 양하 세 -

메들리 곡

262/ 예수님이 좋은 걸 343/ 영광의 길 너 걷기 전에 322/ 나 주님의 기쁨

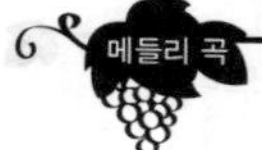

나 주님의 기쁨되기 원하네 322

(To be pleasing You)

Teresa Muller

나주님-의기쁨되-기 원하네- 내 마음을-새롭게하-소-
겸손히-내마음드-립 니-다- 나의모-든것받으-소-

서 - - 새부대-가되-게하-여- 주-사- 주
서 - - 나의맘-깨끗-케씻-어- 주-사- 주

님 의빛-비추게하-소- 서-- 내가 원--하는-
의길로-행하게하-소- 서--

원 --하는- 한가-지--- 주님의-기-쁨이되는것 ---

F

메들리 곡

320/ 나의 모습 나의 소유 433/ 모든 영광을 하나님께 646/ 주님과 같이

323 나 주의 믿음 갖고

(I just keep trusting the Lord)

John W. Peterson

F F⁶ F C⁷

나 주의 믿음갖고 – – 홀로걸어 도 –
내 주는 선한목자 – – 나를인도 해 –

C C⁷ F

나 주의 믿음갖고 – – 노래부르 네 –
사망의 골짜기로 – – 다닐지라 도 –

𝄋 F F⁶ F⁷ B♭

폭풍구름 몰아치고 – – 하늘덮어 도 –
주님께서 나의길을 – – 인도하시 니 –

G/B C C⁷ F B♭ F

나 주의 믿음갖고 – – 실망치않 네 –
나 주를 따라가리 – – 언제까지 나 –

Fine

F C⁷ F

주는내 친 구 – 진실한 친 구 –
주는내 목 자 – 선하신 목 자 –

F C⁷ F

세상끝까 지 – 주의지하 리 –
어디가든 지 – 함께하시 네 –

D.S

108/ 나는 믿음으로 333/ 사람을 보며 334/ 성령받으라

내 주의 은혜 강가로 324

(은혜의 강가로)

오성주

내 주 의은혜강가 로 저 십 자가의강가 로

내 주 의사랑있는 곳 – 내 주의강 가 로

내 주 의사랑있는 곳 – 내 주의강 가 로

갈 한나의영혼 을 생수 로 가득채우소 서

피 곤 한내영혼위 에 내 주 의은혜강가 로

저 십 자가의강가 로 내 주 의사랑있는 곳 –

내 주의강 가 로 D.S. 내 주의강 가 로 –

289/ 주 예수 오셔서 340/ 슬픔 걱정 가득차고 420/ 내 인생 여정 끝내어

325 내 감은 눈 안에

(전부)

최경아 & 유상렬

F C/E Dm

내 감은 - 눈 안에 이미 들어와 - 계신

Am/C B♭ F/A Gm7

예수님 - 나보다 - 앞서 나 - 를 - 찾아 주시

Csus4 C7 F C/E Dm

네 내 뻗은 두손 위로 자비 하심을 - 내어

Am/C B♭ F Gm7 C7

주시니 - 언제나 - 먼저 나 - 를 - 위 로 - 하시

F F7 B♭ C C7/B♭ Am

네 내 노래 - 가 운데 함 께 즐거워

Dm Gm C7 F E♭/F

하시는 - 늘 - 나의 - 기 쁨이 되시 네

F F7 B♭ C C7/B♭ Am

- 수 많은 - 사 람중에 - 나 를 택해잡

메들리 곡 112/ 나를 지으신 이가 315/ 거룩하신 하나님 320/ 나의 모습 나의 소유

326 내가 고난 중에도

(은혜의 힘입니다)

김석균

내가 고난–중에도–찬송 할수있음은– 은혜의–힘 입니다 –
내가 가진것없어도–행복 할수있음은– 은혜의–힘 입니다 –

내가실패했어도– 감사 할수있음은– 은혜의 – 힘 입니다 –
낮고천한나에게– 주의 능력있음은– 은혜의 – 힘 입니다 –

나를 대적–하는자– 사랑 할수있음은– 은혜의 – 힘 입니다 –
값진 옥합을깨뜨려– 헌신 할수있음은– 은혜의 – 힘 입니다 –

내게 고통주는자 – 품어 줄수있음은– 은혜의– 힘 입니다 –
나의 생명다하여 – 사명 감당한것도– 은혜의– 힘 입니다 –

주님의 은 혜가내안에 들어 오면– 나는 날마다 –기뻐집니 다 –
주님의 은 혜가내안에 들어 오면– 모든 염 려가 –사라집니 다 –

은혜위 에은혜가–더하여 질 수록– 오직 주님만– –바라봅니다 –
은혜위 에은혜가–더하여 질 수록– 견디 고이길–힘이생깁니다 –

112/ 나를 지으신 이가 307/ 예수 안에 소망 있네 438/ 바다 같은 주의 사랑

마음이 상한 자를

(He binds the broken-hearted)

Stacy Swalley

마 음이상- 한-자를 고 치시는-주님-
성 령으로- 채우-사 주 보게하-소서-

하늘의-아버-지 날 주관하-소서- - 주
주의임-재속-에 은혜 알게하-소서- - 주

의길로- 인도- 하사 자 유케하- 소서-
뜻대로- 살아- 가리 세 상끝날- 까지-

새일을행하-사 부흥 케-하- 소서- 의에
나를빚으시-고 새날 열어주- 소서-

주 리고- 목이마 르니- 성령의 -기름

-부으-소 서 의에 주 리고- 목이

마 르니- 내 잔을- 채워- 주소 서

328 따스한 성령님

(부르신 곳에서)

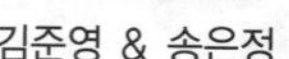

김준영 & 송은정

F F sus4 F M7 E♭/F

따스한 성령 - 님 - 마음으 - 로보네 - 내몸
사랑과 진리 - 의 - 한줄기 - 빛보네 - 내몸

B♭M7 A m7 D m7 G m7 B♭/C

을 감싸며 - 주어지는평 - 안함 - 만족함 - 을느끼
을 감싸며 - 주어지는평 - 안함 - 그사랑 - 을느끼

F F7 B♭M7 A m7 D m7

네 부르신곳에서 - 나는예배하네 - 어떤상황에도

G m7 B♭/C F E♭/F B♭M7

- 나는예배하네 - 부르신곳에서 - 나는예배하네

A m7 D m7 G m7 B♭/C F *Fine*

- 어떤상황에도 - 나는 예배 하네 - 내가

B♭M7 C/B♭ A m7 D m7

걸어갈 - 때길 - 이되 - 고 살아갈 - 때삶 - 이되 - 는그

G m7 B♭/C F F7

곳에서 - 예배 - 하네 - 내가

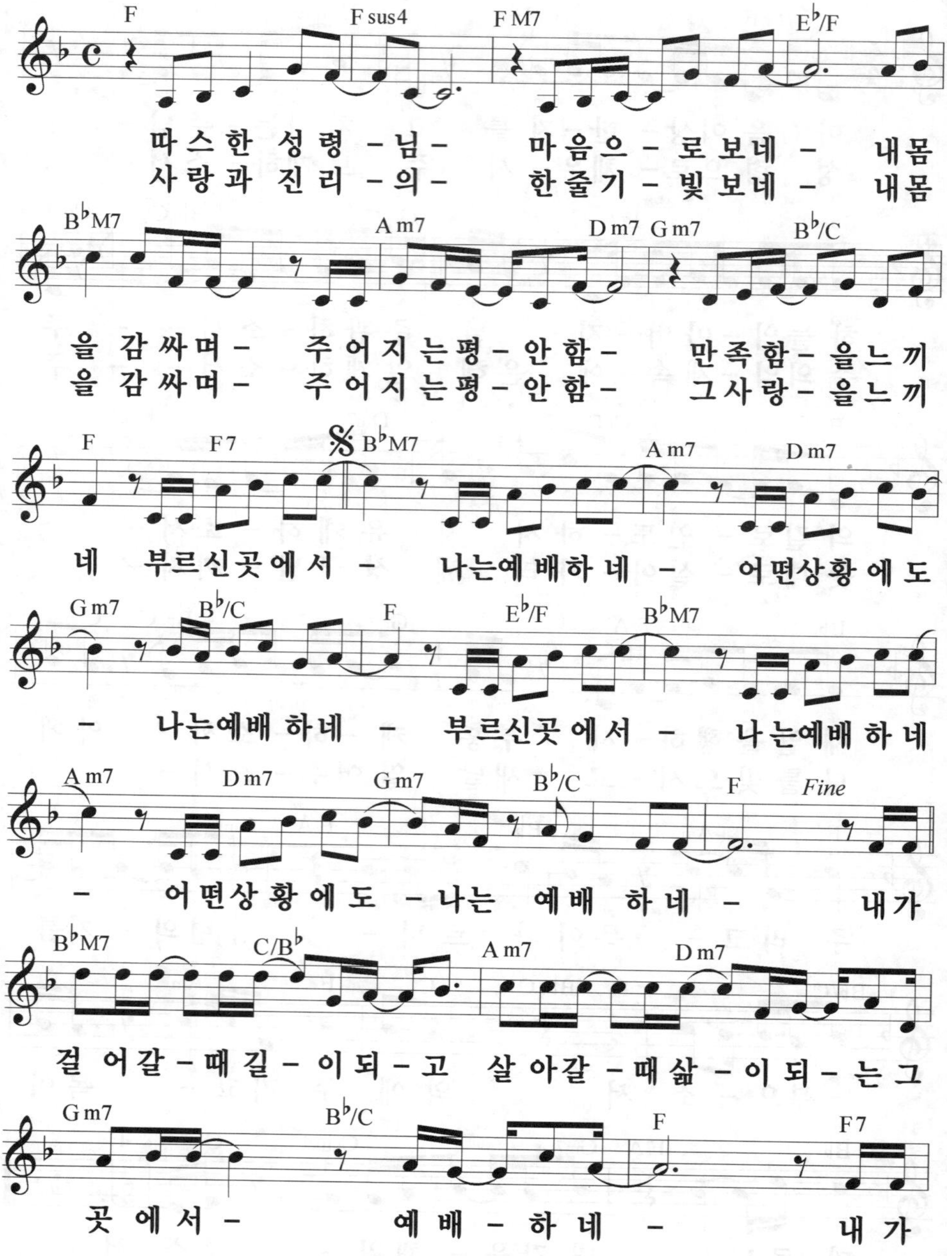

B♭M7
C/B♭
A m7
D m7
걸 어 갈 - 때 길 - 이 되 - 고 살 아 갈 - 때 삶 - 이 되 - 는 그
E♭
C sus4
C
F/A
D.S. al Fine
곳 에 서 -
예 배 - 하 네
-
부 르 신 곳 에 서

F

329 머리에 가시 면류관

(누구를 위함인가)

미가엘 1748

김석균

1. 머리 에 가시면류 관 - 어찌 해 쓰셨는 가 - 채찍
과 멸-시천 대 - 어찌 해 받았는 가 - 고난
2. 골고 다 험-한길 을 - 어찌 해 가셨는 가 - 십자
양 보-혈의 피 - 누구 를 위함인 가 - 끝없

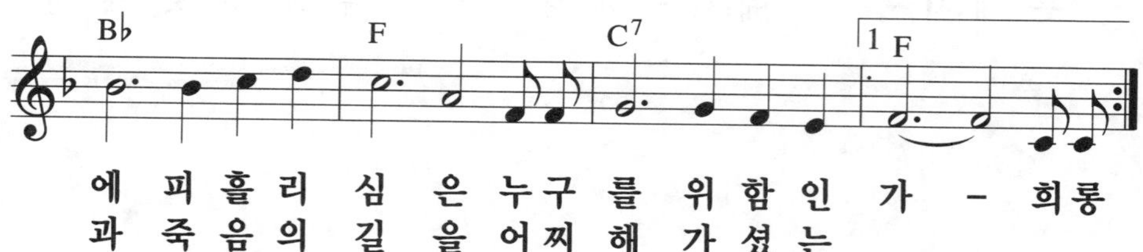

에 피흘리 심 은누구 를 위함인 가 - 희롱
과 죽음의 길 을어찌 해 가셨는
가 못박히 심 은누구 의 죄값인 가 - 어린
는 용서의 눈 물그사 랑 잊었는

가 - 예-수 - 오 예-수 - 나의 죄 를대속하
신주 -마지 막 피한방 울 -나위 해흘리셨 네-

메들리 곡

302/ 가시관을 쓰신 예수 316/ 그 때 그 무리들이 389/ 겟세마네 동산에서

모든 만물 다스리시는 330

(주의 능력 보이소서 / Show Your power)

Kevin Prosch

모든 – 만물 다 스 리 – 시는 예 수는주 –

어둠 – 에서빛 – 을창 조 – 하신 예 수는주 –

영원 – 히 우 리 – 와 거 하 – 시 는 예 수는주 – 그

자 가 – 바 라 볼 – 때 만 족 – 주 는 예 수는주 – 우

이 름 – 부 를 때 – 능 력 주 – 시 는 예 수는주 – 주의

리 를 – 주 의 자 – 녀 삼 으 – 시 는 예 수는주 –

능 – – 력 보 – 이 소 – 서 주의 능 – –

력 보 – 이 소 – 서 오 하 나 님 –

Fine

열 방 – 의소 망 – 이 되 시 – 는주님 예 수는주 – 우릴

구 원 – 하신 능 력의 – 하 나 님 예 수는주 – 십

D.S.

F

331 무덤 이기신 예수

(할렐루야 / Hallelujah)

무 덤 이 - 기 - 신 - 예 - 수 죽 으 시 고 다 - 시 - 사 - 셨 - - 네
보 좌 에 - 앉 - 으 - 신 - 주 영 원 토 록 다 - 스 - 리 - 시 - - 네

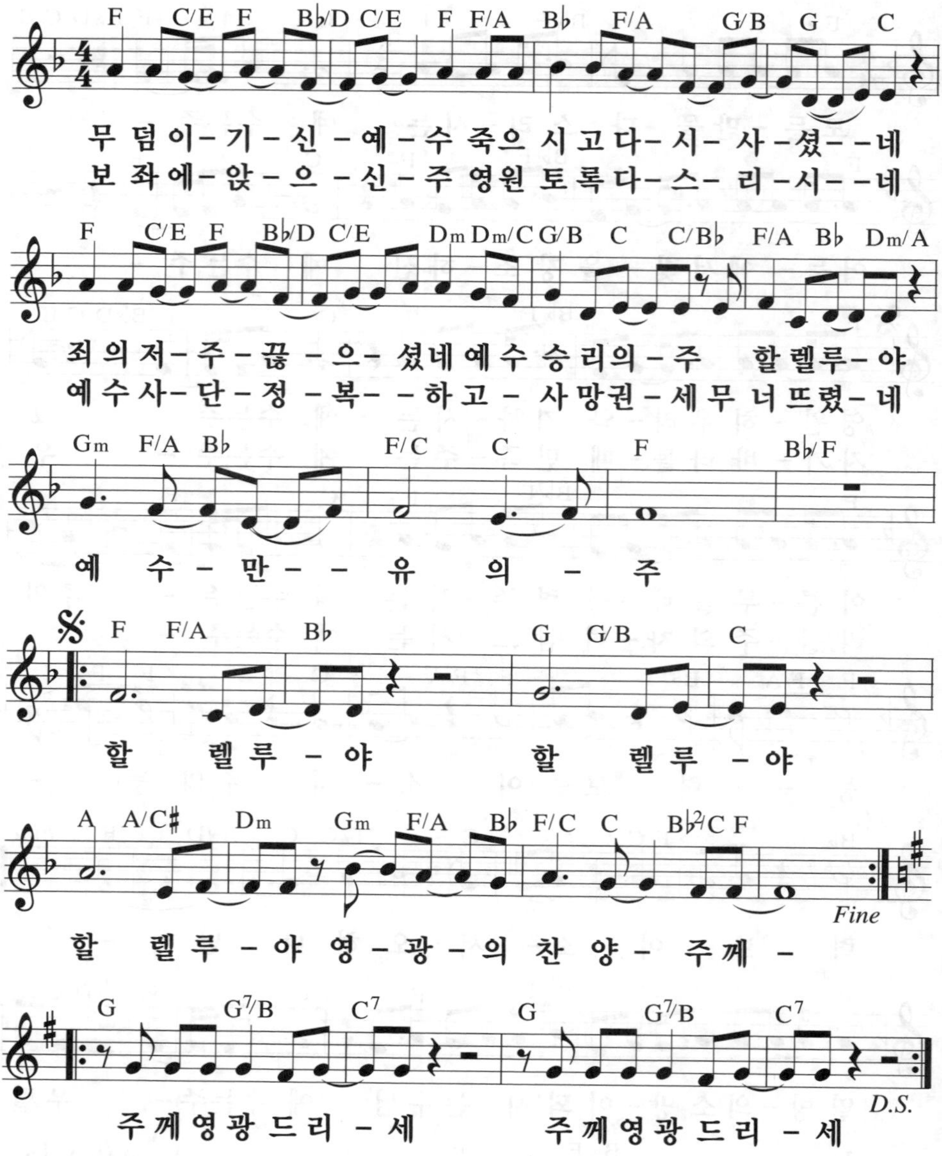

죄 의 저 - 주 - 끊 - 으 - 셨 네 예 수 승 리 의 - 주 할 렐 루 - 야
예 수 사 - 단 - 정 - 복 - - 하 고 - 사 망 권 - 세 무 너 뜨 렸 - 네

예 수 - 만 - - 유 의 - 주

할 렐 루 - 야 할 렐 루 - 야

할 렐 루 - 야 영 - 광 - 의 찬 양 - 주 께 -

Fine

주 께 영 광 드 리 - 세 주 께 영 광 드 리 - 세

D.S.

367/ 주 예수 기뻐 찬양해 486/ 예수 주 승리하심 찬양해 519/ 주님의 영광

미가엘 1278

방황하는 나에게

332

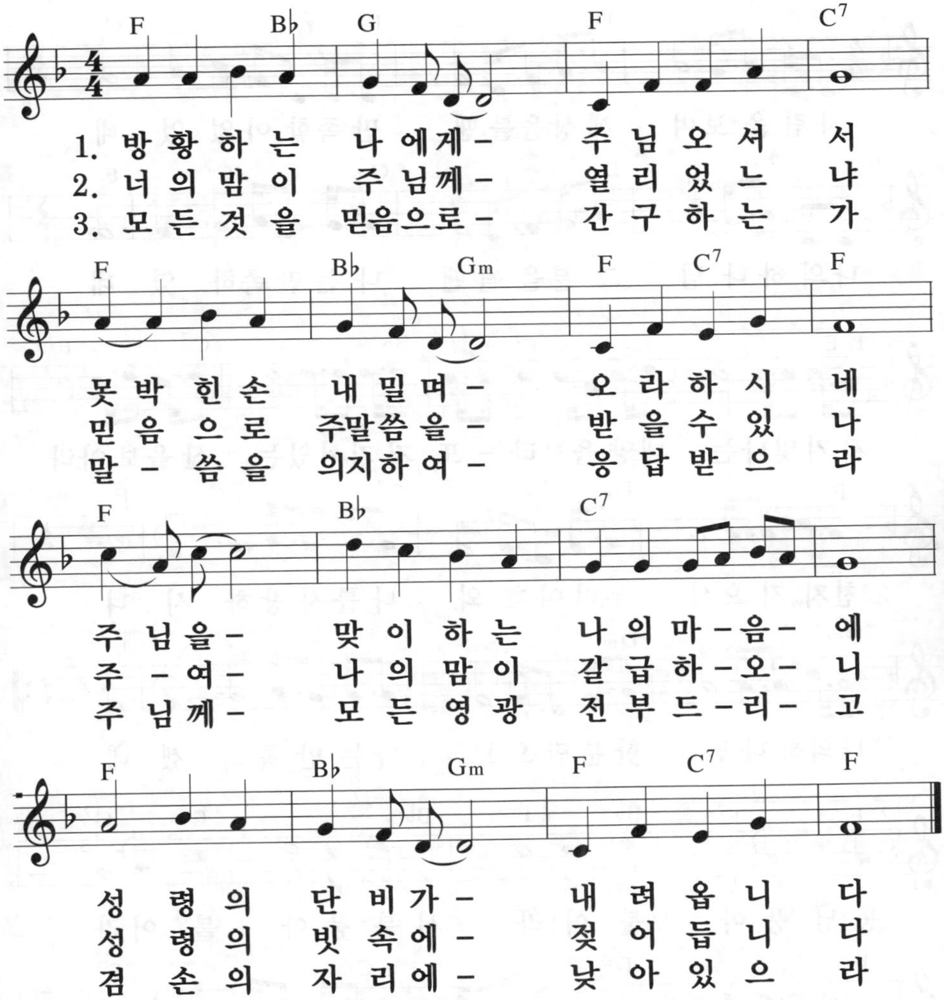

1\. 방 황 하 는 나 에게– 주 님 오 셔 서
2\. 너 의 맘 이 주 님께– 열 리 었 느 냐
3\. 모 든 것 을 믿음으로– 간 구 하 는 가

못 박 힌 손 내 밀 며– 오 라 하 시 네
믿 음 으 로 주말씀 을– 받 을 수 있 나
말 – 씀 을 의지하 여– 응 답 받 으 라

주 님 을– 맞 이 하 는 나 의 마 –음– 에
주 –여– 나 의 맘 이 갈 급 하 –오– 니
주 님 께– 모 든 영 광 전 부 드 –리– 고

성 령 의 단 비 가– 내 려 옵 니 다
성 령 의 빗 속 에– 젖 어 듭 니 다
겸 손 의 자 리 에– 낮 아 있 으 라

333 사람을 보며 세상을 볼땐

미가엘 926

(나는 만족하겠네)

최영택

메들리 곡

334/ 성령 받으라 337/ 성령 충만으로 373/ 참참참 피 흘리신

미가엘 680

성령받으라

334

최원순

1. 성령받으라 성령받으라 예수내게말 씀하셔 서 – –
2. 평안있으라 평안있으라 예수내게말 씀하셔 서 – –
3. 구원받으라 구원받으라 예수내게말 씀하셔 서 – –
4. 축복받으라 축복받으라 예수내게말 씀하셔 서 – –

성령받으라 성령받으라 예수내 게말 씀하 셔 서
평안있으라 평안있으라 예수내 게말 씀하 셔 서
구원받으라 구원받으라 예수내 게말 씀하 셔 서
축복받으라 축복받으라 예수내 게말 씀하 셔 서

할 렐 루 야 성령받았네 나는 성 – 령받 았 네
할 렐 루 야 평안해졌네 나는 평 – 안해 졌 네
할 렐 루 야 구원받았네 나는 구 – 원받 았 네
할 렐 루 야 축복받았네 나는 축 – 복받 았 네

할 렐 루 야 성령받았네 나는 성 – 령받았 네
할 렐 루 야 평안해졌네 나는 평 – 안해졌 네
할 렐 루 야 구원받았네 나는 구 – 원받았 네
할 렐 루 야 축복받았네 나는 축 – 복받았 네

F

333/ 사람을 보며 337/ 성령 충만으로 373/ 참참참 피 흘리신

335 삶의 작은 일에도

(소원)

한웅재

F Cadd2/E Dm F/C B♭add2 F/A

삶의작－은일－에도 － 그맘을알－기원－하네 － 그길－

Gm B♭/C F Cadd2/E Dm

그 좁은길－로가－기원－해 나의작－음을 －알고 －그분의크

F/C B♭add2 F/A Gm B♭/C F

－심을－알며 － 소망－ 그 깊은길－로가－기원－하네 －

B♭maj7/C C7 Dm Am7 Dm

저 높이솟－은산－이되－기보－다 여기 오름직－한동

Dm Am7 Dm Am7

－산이－되길 － 내 가는길－만비－추기－보다 －는 누군

B♭add2 G B♭/C C7 F Cadd2/E Dm

가의길－을비－춰준 －다면 － 내가노－래하－듯이 － 또

Dm F/C B♭add2 F/A Gm B♭add2/C

내가애－기하－듯이 － 살길 － 난 그렇게 －죽기－원하－네

 메들리 곡

322/ 나 주님의 기쁨 343/ 영광의 길 너 걷기 전에 364/ 주님의 사랑이

삶의 작은 일에도

F

미가엘 1756

아버지 사랑합니다 336

(Father, I Love You)

Scott Brenner

337 성령충만으로

1. 성령충만으로 성령충만으 로 뜨겁게뜨겁 게
2. 말씀충만으로 말씀충만으 로 새롭게새롭 게
3. 은사충만으로 은사충만으로 강하게강하 게
4. 할렐루야아멘 할렐루야아 멘 우리 ○○교 회

성령충만으로 성령충만으 로 뜨겁게뜨겁 게
말씀충만으로 말씀충만으 로 새롭게새롭 게
은사충만으로 은사충만으 로 강하게강하 게
할렐루야아 멘 할렐루야아 멘 우리 ○○교 회

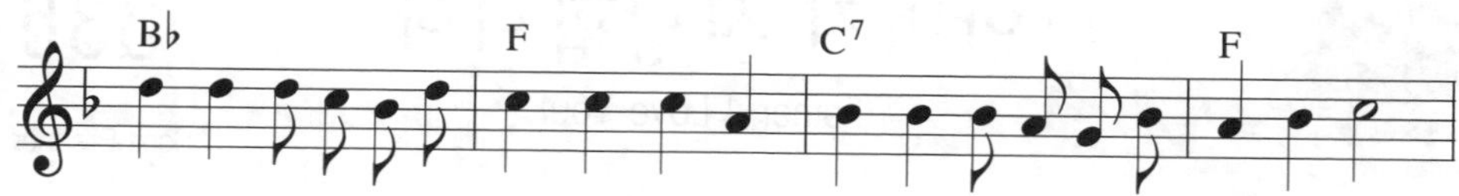

성령 충만으로 권능받아 땅끝까지전파 하리라
말씀 충만으로 거듭나서 주뜻대로살아 가리라
은사 충만으로 체험얻어 죄악세상이겨 나가리
성령 충만으로 뜨거웁게 말씀충만으로 새롭게

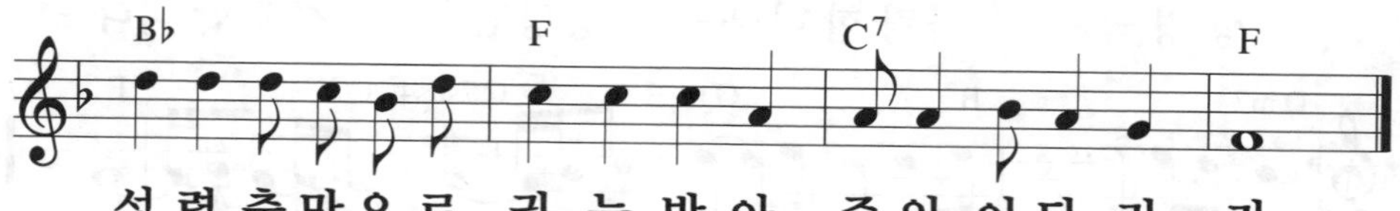

성령충만으로 권능받아 증인이되리 라
말씀충만으로 거듭나서 새사람되리 라
은사충만으로 체험얻어 이세상이기 리
성령충만으로 뜨거웁게 주의일하리 라

미가엘
2147

세상을 구원하기 위해 338

(밀알)

천관웅

F

339 세상 흔들리고

(오직 믿음으로)

고형원

세상흔들리고 - 사람들은변하 - 여 도 나는주를섬 - 기리
믿음흔들리고 - 사람들주를떠 - 나 도 나는주를섬 - 기리

주님의사랑은 - 영원히변하지 - 않네 나는주를 신뢰 해
주님의나라는 - 영원히쇠하지 - 않네 나는주를 신뢰 해

F B♭ Gm Csus4 C7

오 직 믿 음 으 로 - 믿음으로 내가 살 리 라

F B♭ Gm C7 F

오 직 믿 음 으 로 - 믿음으로 내가 살 리 라 - -

F B♭ Gm Csus4 C7

오 직 의인 은 - 믿음으로 말미암아 살리 라

F B♭ Gm C7 F

오 직 의인 은 - 믿음으로 말미암아 살리 라 - -

320/ 나의 모습 나의 소유 322/ 나 주님의 기쁨 되기 359/ 죄악된 세상을

미가엘 957

슬픔 걱정 가득 차고 340

(갈보리 / Burdens Are Lifted At Calvary)

John M Moore

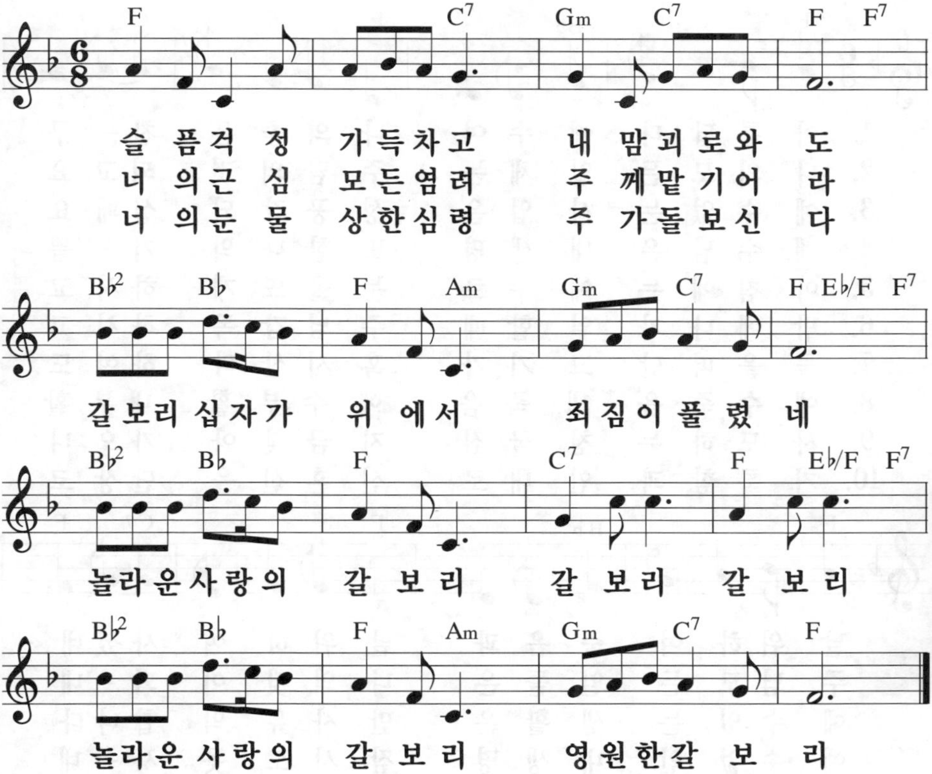

F C7 Gm C7 F F7
슬 픔걱 정 가득차고 내 맘괴로와 도
너 의근 심 모든염려 주 께맡기어 라
너 의눈 물 상한심령 주 가돌보신 다
B♭2 B♭ F Am Gm C7 F E♭/F F7
갈보리십자가 위 에서 죄짐이풀렸 네
B♭2 B♭ F C7 F E♭/F F7
놀라운사랑의 갈 보 리 갈 보 리 갈 보 리
B♭2 B♭ F Am Gm C7 F
놀라운사랑의 갈 보 리 영원한갈 보 리

F

메들리 곡

314/ 갈보리 십자가의 347/ 완전하신 나의 주 460/ 승리하였네

341 아름답다 예수여

(주님 한 분 만으로)

이성봉 & W.H.Doane

F Bb F C7

1. 아 름 답 다 예 수 여 나 의 좋 은 친 - 구
2. 나 의 모 든 일 체 는 주 님 의 것 되 고 요
3. 예 수 없 는 사 업 은 성 공 같 되 실 패 요
4. 예 수 님 은 내 생 명 또 한 나 의 기 - 쁨
5. 아 침 에 는 예 수 로 눈 을 뜨 게 하 시 고
6. 밖 에 나 가 일 할 때 주 님 감 독 하 시 고
7. 물 을 떠 난 고 기 가 혹 시 산 다 하 여 도
8. 예 수 죽 음 내 죽 음 예 수 부 활 내 부 활
9. 사 모 하 는 천 국 집 지 금 찾 아 가 오 니
10. 거 룩 함 과 인 내 로 신 혼 신 을 단 장 코

F Bb F C7 F

날 위 하 여 죽 음 과 날 위 하 여 사 셨 네
주 님 모 든 일 들 은 나 의 것 이 되 - 네
예 수 있 는 생 활 은 만 사 유 익 합 니 다
예 수 없 인 내 생 명 잠 시 도 못 사 - 네
저 녁 에 는 예 수 로 잠 을 자 게 하 시 네
집 에 홀 로 있 을 때 예 수 사 랑 한 없 네
예 수 떠 난 심 령 은 사 는 법 이 없 어 요
예 수 승 천 내 승 천 예 수 천 국 내 천 국
영 원 무 궁 하 도 록 주 와 같 이 살 리 라
공 중 혼 인 그 날 을 매 일 고 대 합 니 다

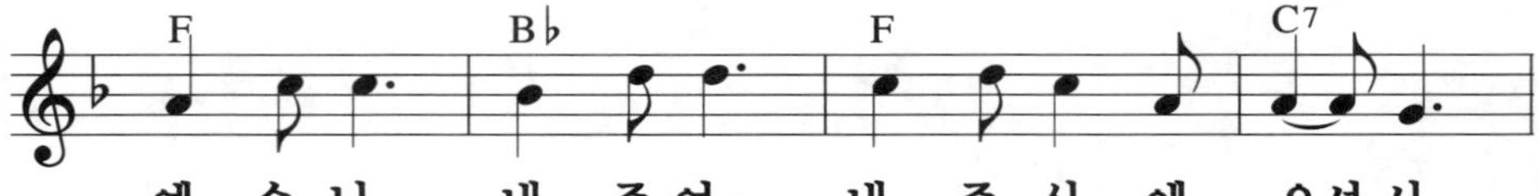

F Bb F C7

예 수 님 내 주 여 내 중 심 에 오 셔 서

F A Bb F C7 F

주 님 한 분 만 으 로 만 족 하 옵 니 다

아버지여 구하오니 342

(One Voice)

Robert Gay

F

343 영광의 길 너 걷기전에

윤종하

1. 영 광의 길 - 너걷기 전에 갈보리 길 - 너 걸으 라 -
2. 방 황하 는 - 영혼을 위해 십자가 의 - 길 이 있 네 -
3. 고 난의 길 - 앞서가 신 주 가시관 에머 리 찔렸 네 -

네 모든 것 - 주께맡 긴 후 하늘 문 을 바 라 보 라
죄 에 빠 진 - 영혼을 위해 주님 께 서 피 흘렸 네
그 십자 가 - 날마다 보네 내모 든 죄 다 씻겼 네

하늘 가는 다른길 없 네 오 직 예수 - 오 직 한 길
못박 힌두손 날 개펼 치 사 나 로 그그늘에 쉬 게 하 며
하늘 가는 다른길 없 네 다 만 한분 - 나 의 예 수

갈보 리 길 걸 어 가 신 주 그 길 따 라 너 걸 으 라 -
부 드 러 운 사 랑 의 음 성 날 오 라 - 부 르 시 네 -
부활 의 주 말 씀 하 시 네 갈 보 리 길 너 걸 으 라 -

314/ 갈보리 십자가의 340/ 슬픔 걱정 가득차고 389/ 겟세마네 동산에서

미가엘 1046

예수 이름으로

344

Maori Origin

1. 예수이름으로 예수이름으 로 승리를얻었 네
2. 예수님을따라 예수님을따 라 어디든가리 라
3. 예수이름으로 예수이름으 로 마귀는쫓긴 다

예수이름으로 예수이름으로 승리를얻었 네
예수님을따라 예수님을따라 어디든가리 라
예수이름으로 예수이름으로 마귀는쫓긴 다

예 수이름으로 나아갈때 우리앞에누가서리요
예 수님을따라 나아갈때 밝은태양빛이비치고
예 수이름으로 나아갈때 누가나를괴롭히리요

예 수 이름으로 나 아 갈 때 승 리 를얻었 네
예 수 님을따라 살 아 갈 때 밝 은 내일있 네
예 수 이름으로 기 도 할 때 악 마 는쫓긴 다

F

345 오늘 피었다 지는

(들풀에 깃든 사랑)

미가엘 1018

노진규

F C7 Dm B♭ G C C7
오 늘피었다지 는 들풀 도 -입히는 하 나님

F C7 Dm B♭ C7 F
진 흙같은이몸 을 정금 같 -게하시 네
Fine

F C7 Dm B♭ G C C7
푸 른하늘을나 는 새들 도 -먹이는 하 나님

F C7 Dm B♭ C7 F
하 물며-우리 랴 염- 려 -필요없 네 우리

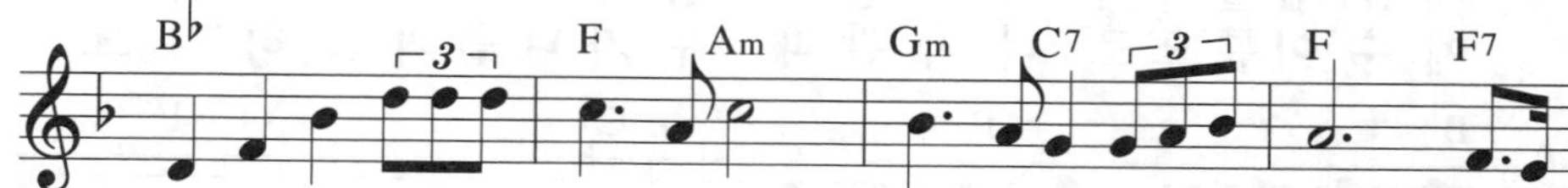

B♭ F Am Gm C7 F F7
마 음속 깊-은 그 곳에 영 혼을내리신 주 죽음

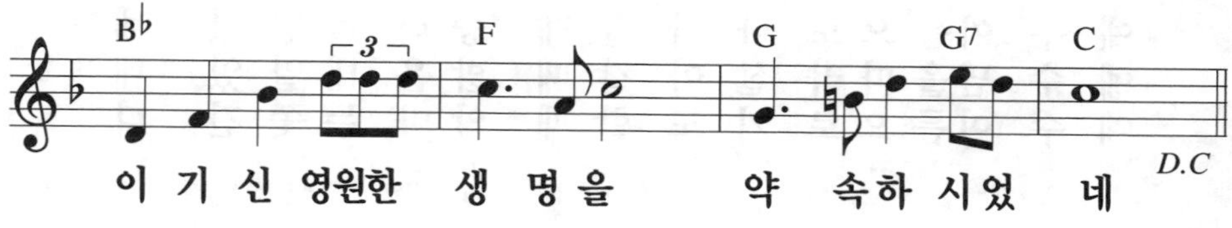

B♭ F G G7 C
이 기 신 영원한 생 명 을 약 속하 시었 네
D.C

미가엘 1694

온 맘 다해 주 사랑하라 346

(You shall love the Lord)

Jimmy Owens

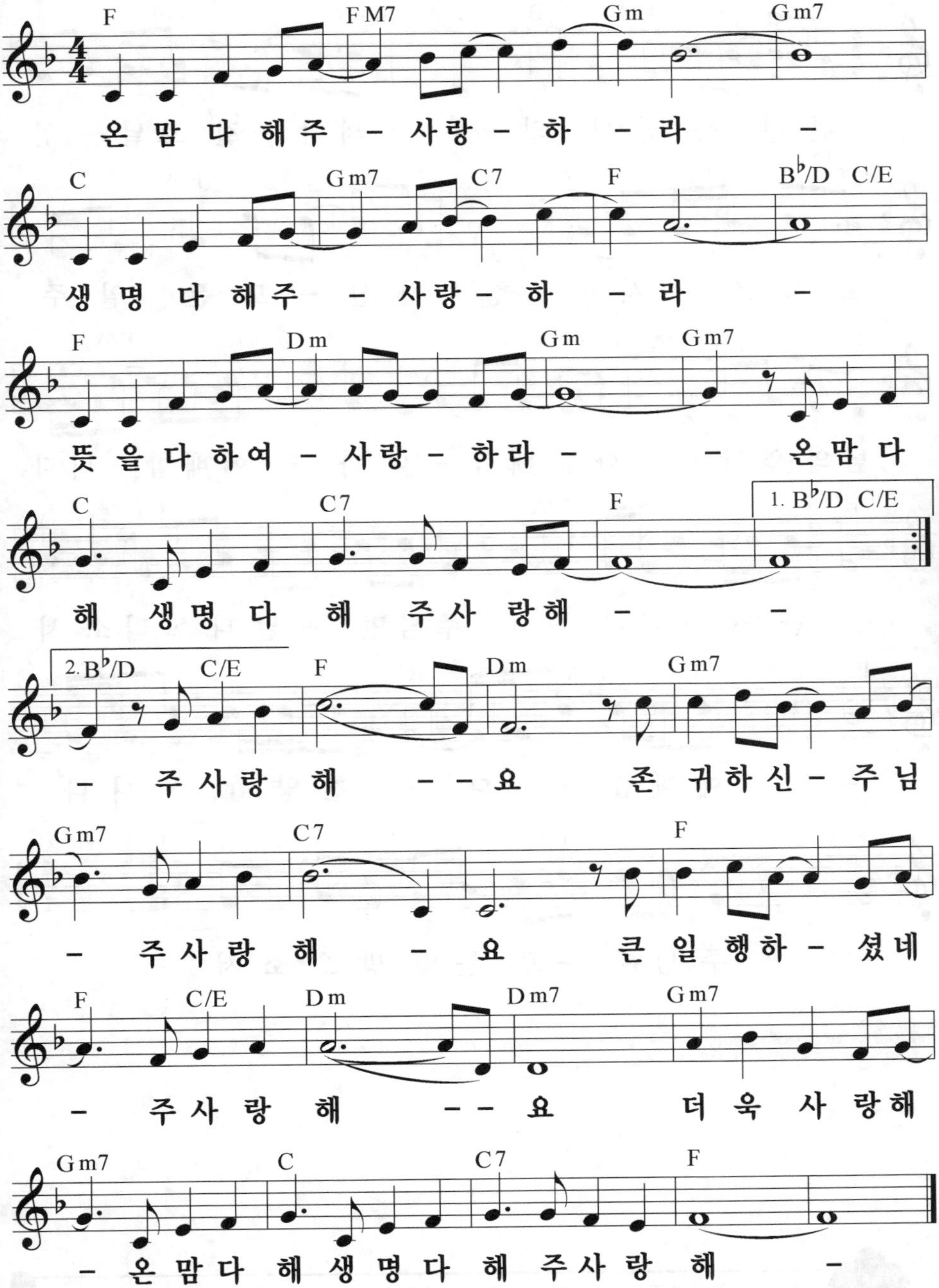
F FM7 Gm Gm7
온 맘 다 해 주 - 사 랑 - 하 - 라 -
C Gm7 C7 F B♭/D C/E
생 명 다 해 주 - 사 랑 - 하 - 라 -
F Dm Gm Gm7
뜻 을 다 하 여 - 사 랑 - 하 라 - - 온 맘 다
C C7 F 1. B♭/D C/E
해 생 명 다 해 주 사 랑 해 - -
2. B♭/D C/E F Dm Gm7
- 주 사 랑 해 - - 요 존 귀 하 신 - 주 님
Gm7 C7 F
- 주 사 랑 해 - 요 큰 일 행 하 - 셨 네
F C/E Dm Dm7 Gm7
- 주 사 랑 해 - - 요 더 욱 사 랑 해
Gm7 C C7 F
- 온 맘 다 해 생 명 다 해 주 사 랑 해 -

F

347 완전하신 나의 주

(예배합니다 / I Worship You)

미가엘 2112

Rose Lee

완 전 - 하 신 나 의 주 의의 - 길 로날 - 인

도 하 소 - 서 - 행 하 신 - 모 든 일 주

님의 영 광 - 다 경 배 합 - 니 다 - 예 배 합 - 니 다

- 찬 양 합 - 니 다 - 주 님 만 - 날 다 스 리 소 서

- 예 배 합 - 니 다 - 찬 양 합 - 니 다

- 주 님 홀 - 로 높 임 받 으 소 서 -

346/ 온 맘 다해 362/ 주님과 함께하는 363/ 주님만 주님만

왕이신 나의하나님

(Psalms 145)

Stephen Hah

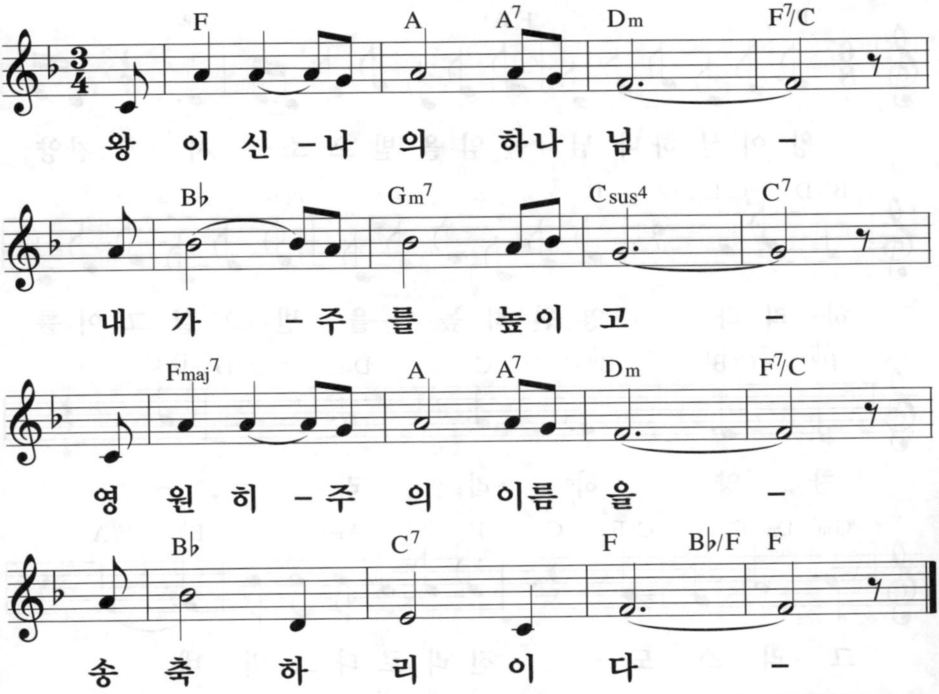

F A A7 Dm F7/C

왕 이 신 -나 의 하나 님 -

B♭ Gm7 Csus4 C7

내 가 -주 를 높이 고 -

Fmaj7 A A7 Dm F7/C

영 원 히 -주 의 이름 을 -

B♭ C7 F B♭/F F

송 축 하 리 이 다 -

349 왕이신 하나님 높임을

(He is exalted)

미가엘 704

Twila Paris

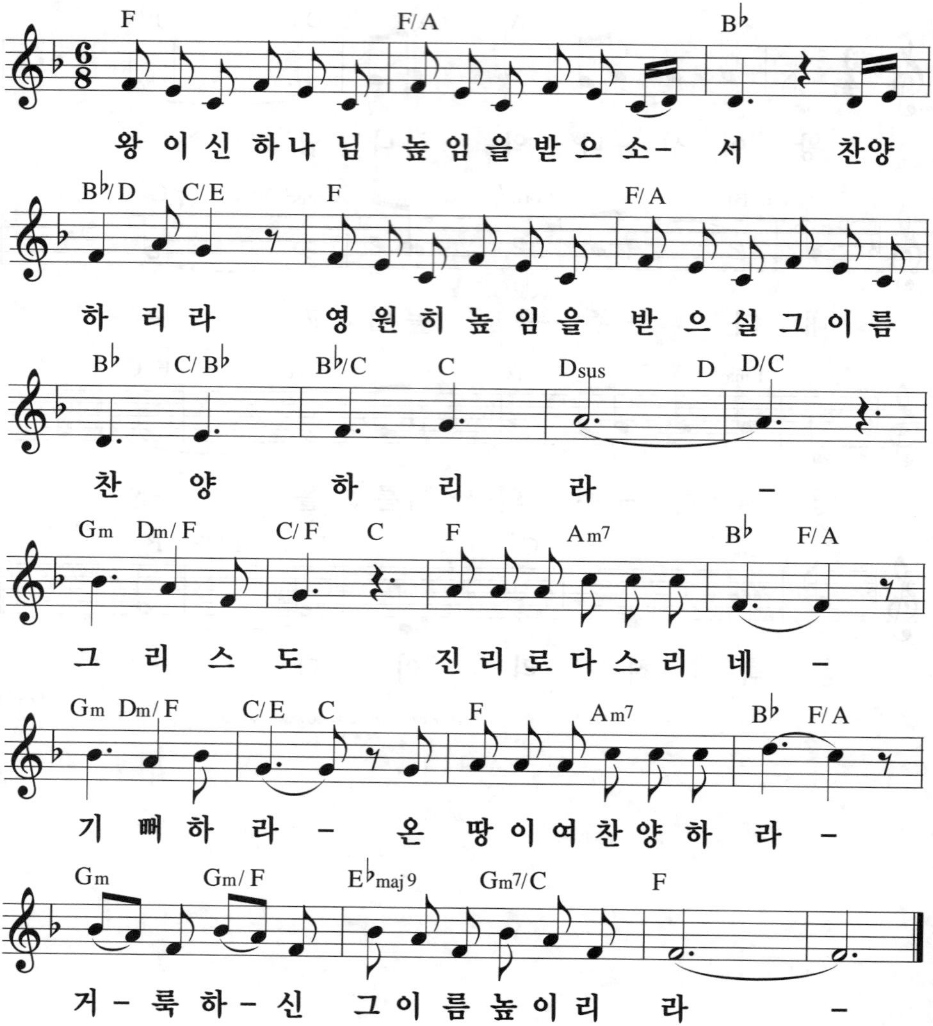

F F/A B♭

왕 이 신 하 나 님 높 임 을 받 으 소- 서 찬양

B♭/D C/E F F/A

하 리 라 영 원 히 높 임 을 받 으 실 그 이 름

B♭ C/B♭ B♭/C C Dsus D D/C

찬 양 하 리 라 –

Gm Dm/F C/F C F Am7 B♭ F/A

그 리 스 도 진 리 로 다 스 리 네 –

Gm Dm/F C/E C F Am7 B♭ F/A

기 뻐 하 라 – 온 땅 이 여 찬 양 하 라 –

Gm Gm/F E♭maj9 Gm7/C F

거 – 룩 하 – 신 그 이 름 높 이 리 라 –

347/ 완전하신 나의 주 348/ 왕이신 나의 하나님 362/ 주님과 함께하는

미가엘 1182

요한의 아들 시몬아 350

권희석

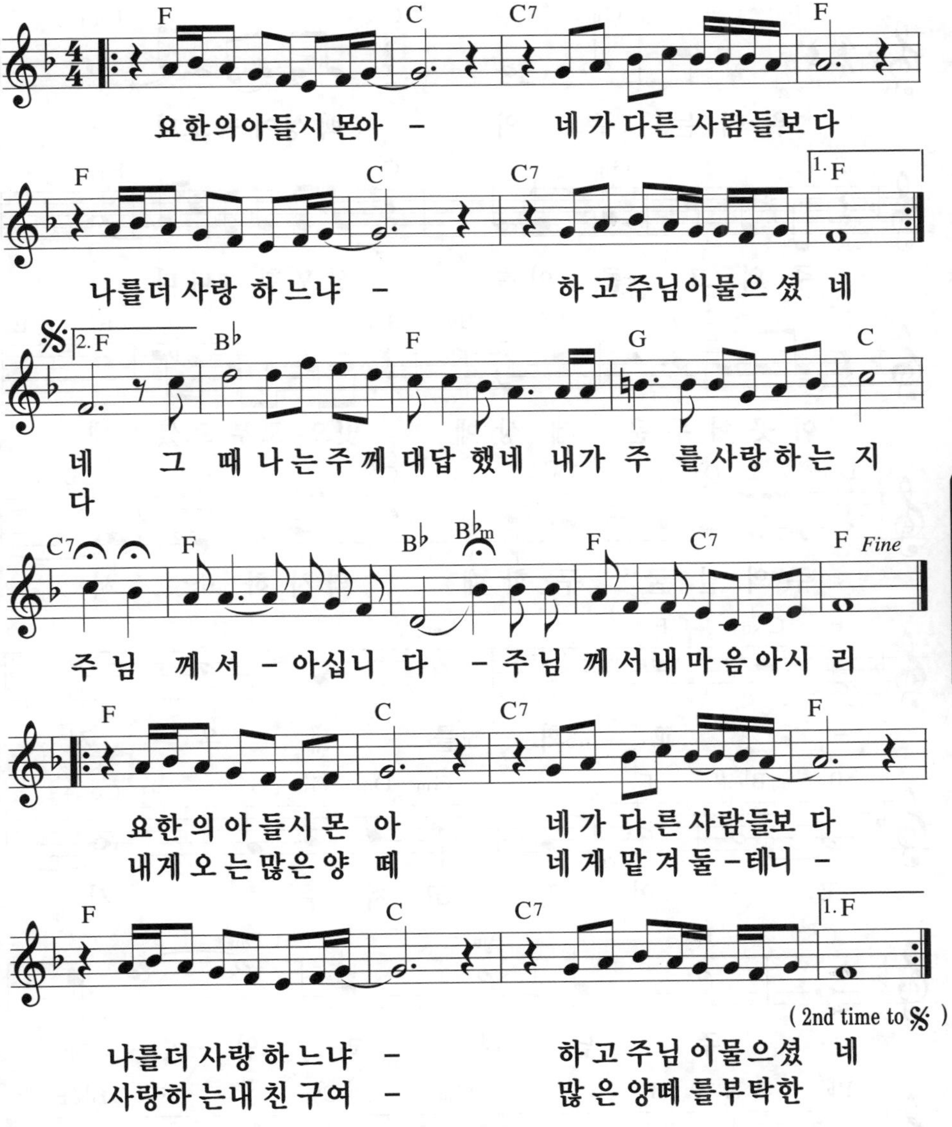

요한의아들시 몬아 － 네 가 다른 사람들보 다

나를더 사랑 하느냐 － 하 고 주님이물으셨 네

네 그 때 나는주께 대답 했네 내가 주 를사랑하는 지

다

주 님 께 서 －아십니 다 －주 님 께 서 내 마 음 아 시 리

Fine

요한 의 아 들시몬 아 네 가 다 른 사람들보 다

내게 오 는 많은양 떼 네 게 맡 겨 둘 －테니 －

나를더 사랑 하 느냐 － 하 고 주님 이물으셨 네

사랑하 는내 친 구여 － 많 은 양떼 를부탁한

(2nd time to 𝄋)

F

351 우리는 주의 백성이오니

(We Are Your People)

David Fellingham

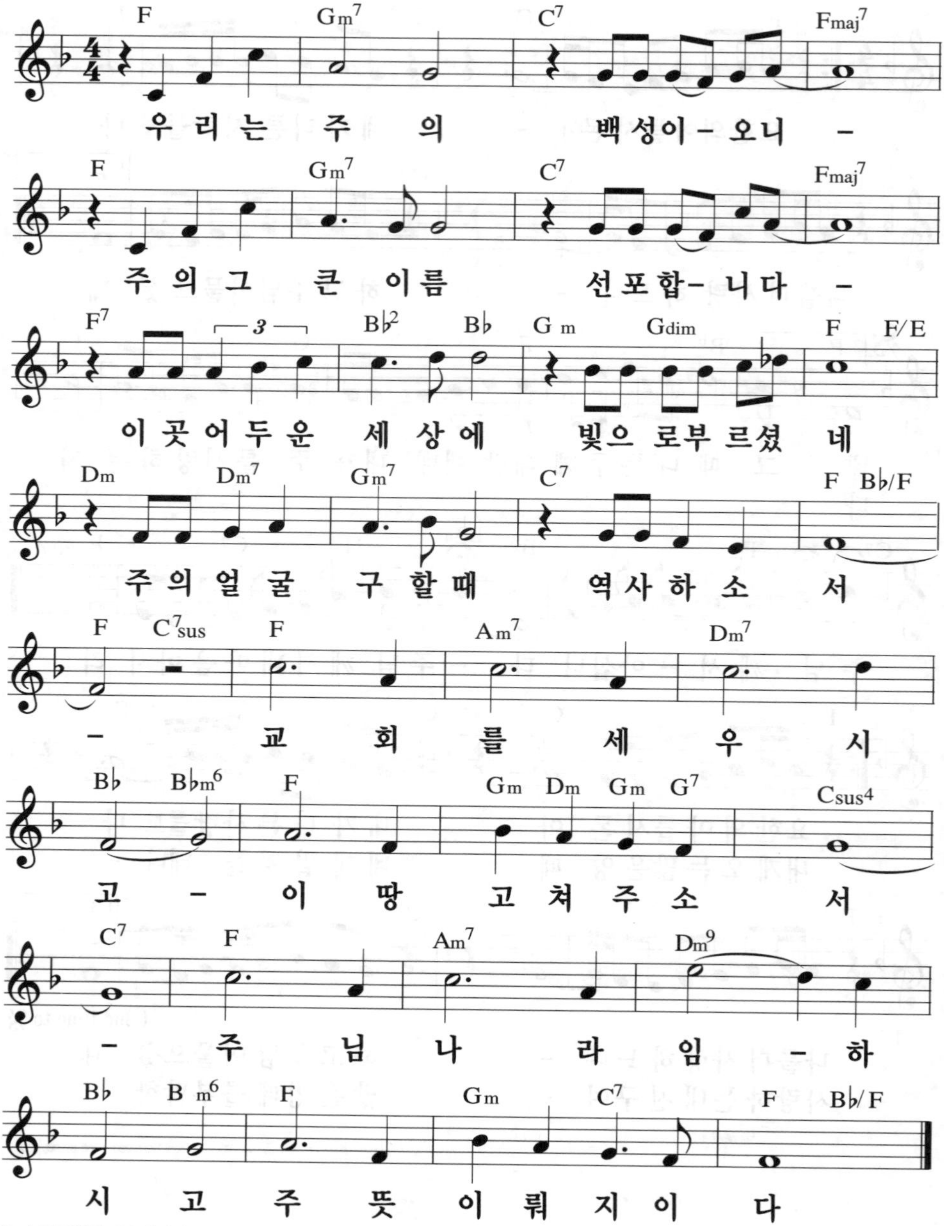

F Gm7 C7 Fmaj7
우 리 는 주 의 백성이 - 오니 -

F Gm7 C7 Fmaj7
주 의 그 큰 이름 선포합 - 니다 -

F7 B♭2 B♭ G m Gdim F F/E
이 곳 어 두 운 세 상 에 빛으 로 부 르 셨 네

Dm Dm7 Gm7 C7 F B♭/F
주 의 얼 굴 구 할 때 역 사 하 소 서

F C7sus F Am7 Dm7
- 교 회 를 세 우 시

B♭ B♭m6 F Gm Dm Gm G7 Csus4
고 - 이 땅 고 쳐 주 소 서

C7 F Am7 Dm9
- 주 님 나 라 임 - 하

B♭ B m6 F Gm C7 F B♭/F
시 고 주 뜻 이 뤄 지 이 다

364/ 주님의 사랑이 499/ 이 땅 위에 오신 500/ 이 세상 가장 아름다운

우리들의 무기는 육체가 352

우리 들의무기는육체가 아니요 그러나 강하오

참으로 강하오 우리 들의무기는육체가 아니요 그러나

강하오 성령안에 서 견고 한진을파하는강 력이요

강한 힘이요 참으로 강하오 견고 한 진을파하는강

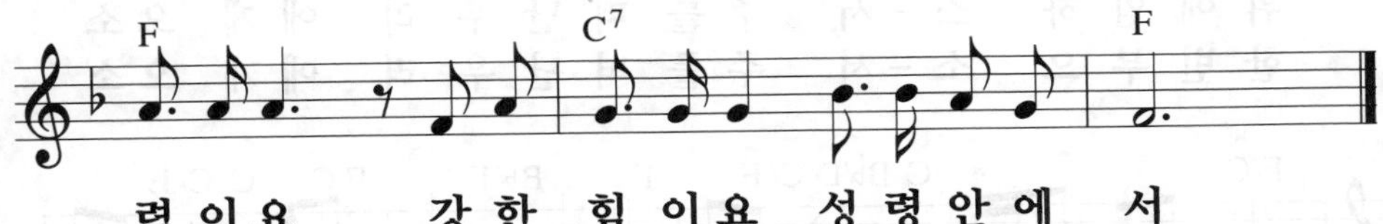

력이요 강한 힘 이요 성령안에 서

메들리 곡
334/ 성령 받으라 337/ 성령 충만으로 373/ 참참참 피 흘리신

353 우리 함께 일어나

(오소서 성령이여 / Spirit come)

Jamie Burgess

우리 - 함께 - 일어나 - 부흥위해 - 기도

하 네분열 - 의담 - 다허물고 - 성령 일 - 어나도록

- 우리 - 함께 - 성령 이여임하 소 - 서 우리
이땅
다시

에게임하 소 - 서 주를떠난우리 에게 오소
위에임하 소 - 서 주를떠난우리 에게 오소
한번부으 소 - 서 주를떠난우리 에게 오소

서 - 성령이 - 여 주가다시세운나 - 라 주만
서 - 성령이 - 여
서 - 성령이 - 여

F Bb/F F/C C A/C# Dm Bbm/Db F/C Bb
위 해 사 는 나 - 라 부 흥 의 불 타 는 나 라 오 소
F/C To Coda ⊕ Csus4 C7 D.S. ⊕ Csus4 C7 F/C
서 성령- 님 우리 - 함께 님 오 소 서 성령-
Csus4 C7 F/A Csus4/Bb C/Bb F/A
님 오 소 서 성 령- 님 오 소 서 성 령-
Csus4/Bb C/Bb F/C A7/C# Dm F/C
님 오 소 서 성 령- 님 오 소 서 성 령-
Bbm6 F/C Bb/C C F
님 오 소 서 성 령- 님 성 령 님

F

354 우린 쉬지 않으리

(We Will Give Ourselves No Rest)

이 땅에 오직 주 밖에 없네 355

정종원

이땅에 – 오직– 주밖에 – 없네– 그무엇도 – 나를 – 채울수

– 없네 – 주님의 – 평안– 내안에 – 있네 – 그 누구도

– 빼앗을수없 네 – 이땅 에 –

세상은변–해가 – 고
폭풍이몰–려와 – 도
이세상어–디에 – 서
우리가바–래왔 – 고

소망은힘 – 을잃 – 어도 – 변 함없이 – 붙드 – 시는 – 그 구원의 –손 길 –
두려움물 – 러가 – – 네 – 우 릴위해 – 싸우 – 시는 – 그
평안을찾을 수있 – – 나 –목 숨까지 – 내어 – 주신 – 그 깊은 사 – 랑을 –
꿈꾸어왔 – 던 미 – 래가 – 그 한없는 – 사랑 – 안에 – 서

손 을의지해 – 열 리고있네 – 이땅에 – 오직 – 주밖에

– 없네 – 그 무엇도 – 나를 – 채울수 – 없네 – 주님의

– 평안 – 내안 에 – 있네 – 그누구도 – 빼 앗을수없네 –

322/ 나 주님의 기쁨되기 339/ 세상 흔들리고 362/ 주님과 함께하는

356 잃어버린 나의 눈물을

(회복시키소서)

미가엘 2156

유은성

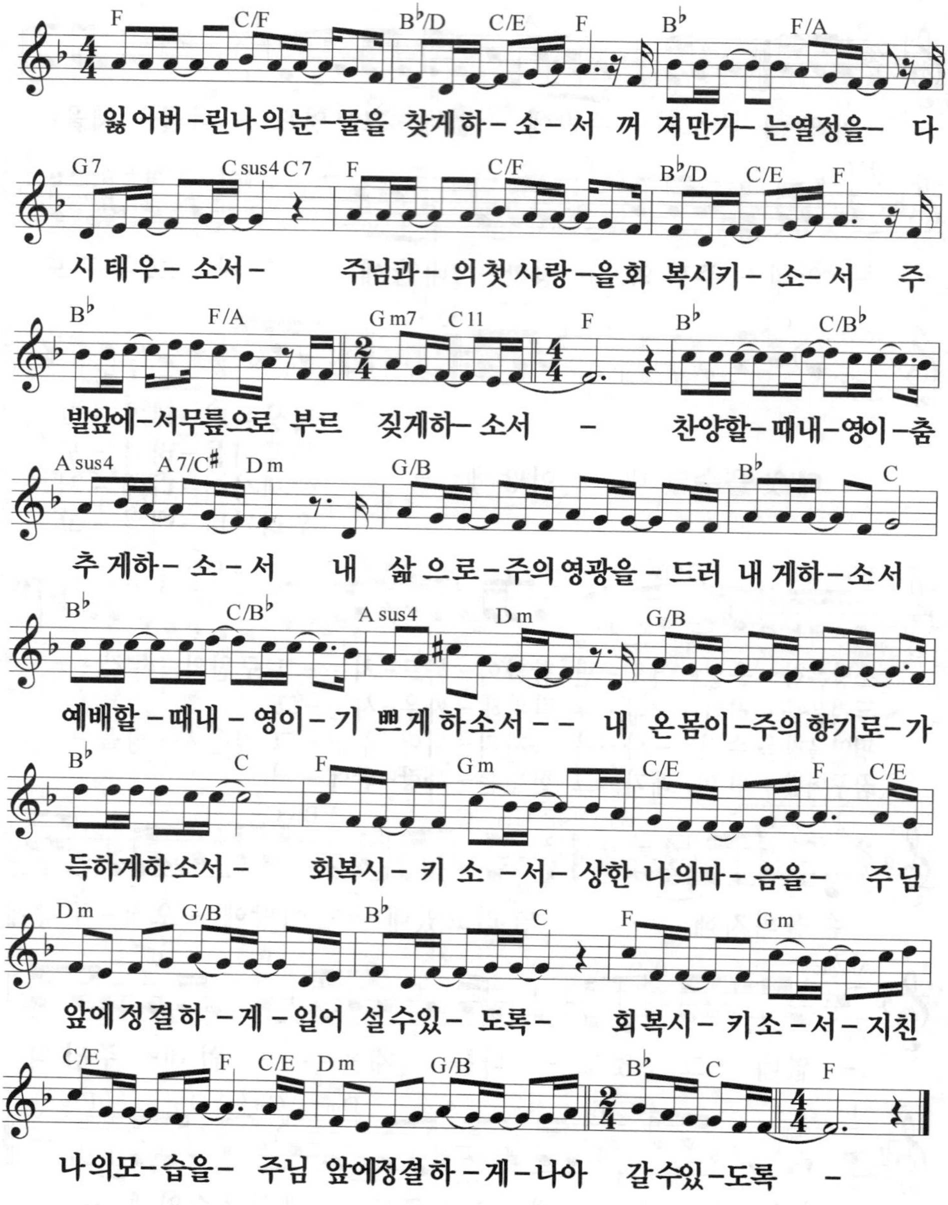

잃어버-린나의눈-물을 찾게하-소-서 꺼 져만가-는열정을- 다

시 태우- 소서- 주님과- 의 첫사랑-을회 복시키- 소-서 주

발앞에-서무릎으로 부르 짖게하-소서 - 찬양할-때내-영이-춤

추 게하- 소-서 내 삶으로-주의영광을-드러 내 게하-소서

예배할 -때내 - 영이- 기 쁘게 하소서-- 내 온몸이-주의향기로-가

득하게하소서- 회복시- 키 소 -서- 상한 나의마-음을- 주님

앞에정결하 -게 -일어 설수있- 도록- 회복시- 키소 -서 - 지친

나의모-습을- 주님 앞에정결하 -게 -나아 갈수있-도록 -

327/ 마음이 상한 자를 375/ 하나님의 사랑 주님의 눈물 646/ 주님과 같이

저 하늘에는 눈물이 없네 357

(눈물 없는 곳)

Joyce Lee

1. 저하늘에는 눈물이없네 거기는슬픔도없 네
2. 저하늘에는 눈물이없네 거기는기쁨만있 네
3. 저하늘에는 눈물이없네 거기는즐거움있 네

저하늘에는 눈물 이없네 거기는승-리만있 네
저하늘에는 눈물 이없네 거기는찬-송만있 네
저하늘에는 눈물 이없네 거기는사-랑만있 네

고통 은모두다 사라져버리고 영광만가득차겠 네
세상 의근심은 사라져버리고 영광만가득차겠 네
인간 의욕심은 사라져버리고 영광만가득차겠 네

우리 의주님과 나함께있을때 영원 한기-쁨있겠 네

F

305/ 세상에는 눈물 뿐이고 323/ 나 주의 믿음 갖고 379/ 사막에 샘이 넘쳐

358 좋으신 하나님 너무나 내게

Terry Clark

좋으신 하 나님 - 너무도내게 좋 은분

- 찬양하리 영 원히 - 참 좋은 분 - 좋으신

분 - 워워워 난 노래 하-리라---

Fine

내 평 생 사는동안--- 언 제 나

함께하시--니 난 찬양하리 라 - 좋 으 신

D.S.

메들리 곡 108/ 나는 믿음으로 323/ 나 주의 믿음 갖고 462/ 아름다운 이야기가 있네

죄악된 세상을 방황하다가 359

(불 속에라도 들어가서)

최수동 & 김민식

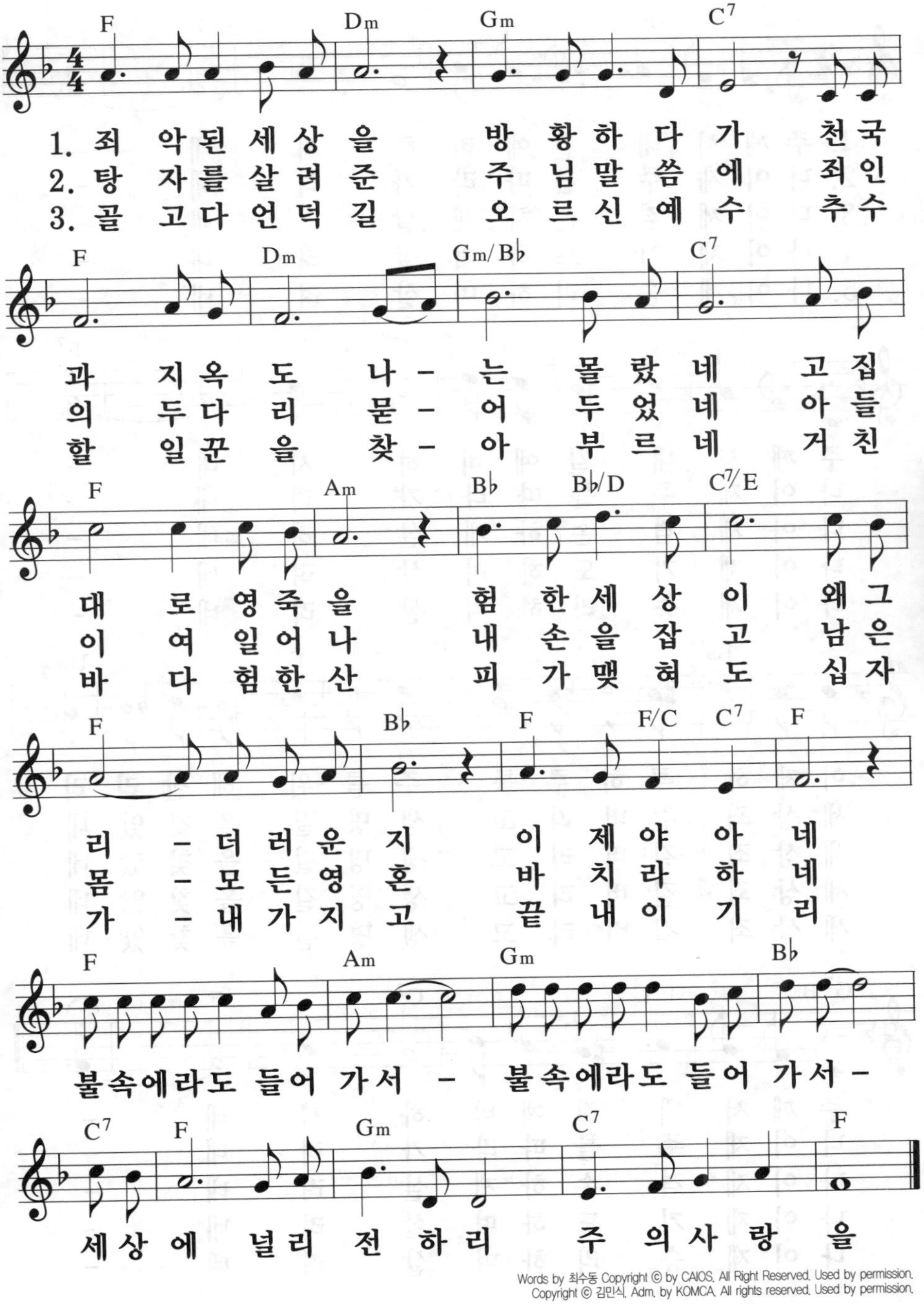

F Dm Gm C7

1. 죄 악된세상을 방황하다가 천국
2. 탕 자를살려준 주님말씀에 죄인
3. 골 고다언덕길 오르신예수 추수

F Dm Gm/B♭ C7

과 지옥도 나- 는 몰랐네 고집
의 두다리 묻- 어 두었네 아들
할 일꾼을 찾- 아 부르네 거친

F Am B♭ B♭/D C7/E

대 로영죽을 험한세상이 왜그
이 여 일어나 내손을잡고 남은
바 다 험한산 피가맺혀도 십자

F B♭ F F/C C7 F

리 -더러운지 이제야아네
몸 -모든영혼 바치라하네
가 -내가지고 끝내이기리

F Am Gm B♭

불속에라도 들어 가서 - 불속에라도 들어 가서 -

C7 F Gm C7 F

세상에 널리 전하리 주의사랑을

F

360 주께서 내 길 예비하시네

조일상

F C7 F

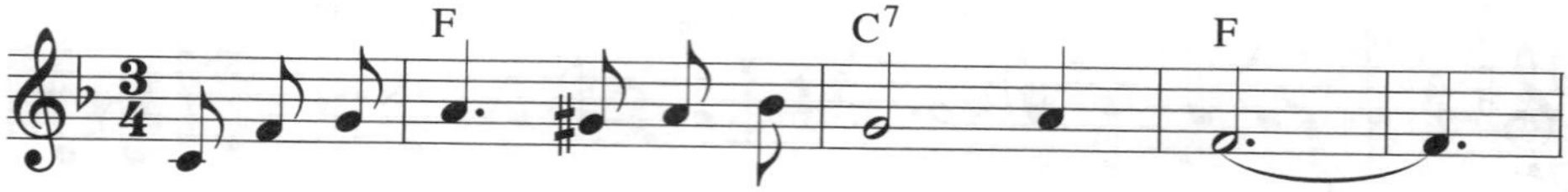

1. 주께서 내 길 예비하시네 –
2. 나 이제 주를 따라가려네 –
3. 나 이제 겸손하게 살려네 –
4. 나 이제 기도하며 살려네 –
5. 나 이제 승리하며 살려네 –

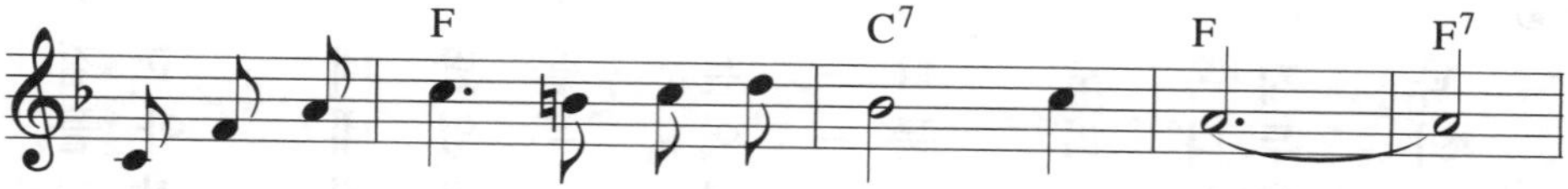

F C7 F F7

주께서 내 길 예비하시네 –
나 이제 주를 따라가려네 –
나 이제 겸손하게 살려네 –
나 이제 기도하며 살려네 –
나 이제 승리하며 살려네 –

B♭ F Dm

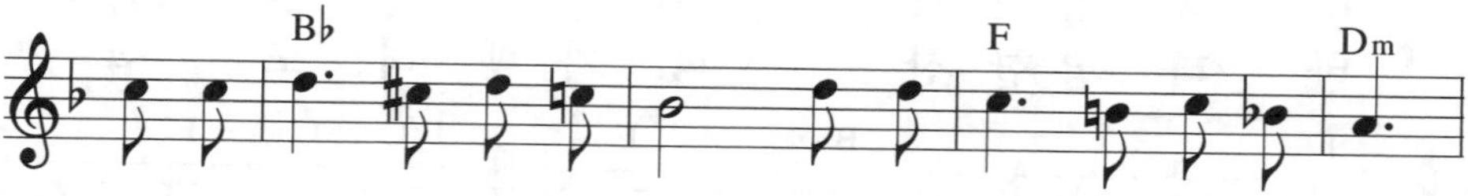

이제 하루하루를 주를 위해 살리라
세상 죄 길 버리고 생명길을 찾았네
세상 죄 길 버리고 생명길을 찾았네
세상 죄 길 버리고 생명길을 찾았네
세상 죄 길 버리고 생명길을 찾았네

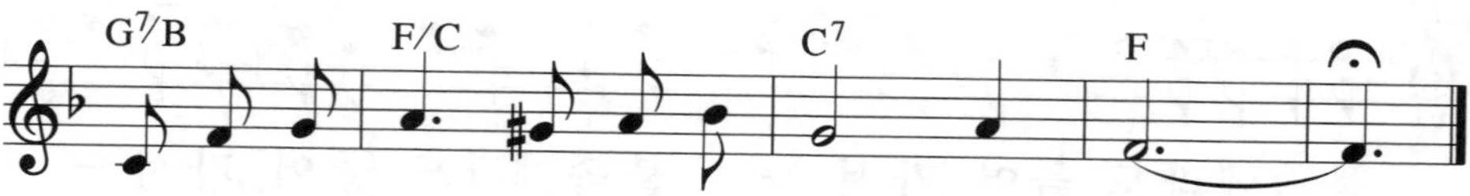

G7/B F/C C7 F

주께서 내 길 예비하시네 –
나 이제 주를 따라가려네 –
나 이제 겸손하게 살려네 –
나 이제 기도하며 살려네 –
나 이제 승리하며 살려네 –

주께서 왕 위에 오르신다 361

(주께서 왕이시라)

류형선

1. 주께서왕위에 오르신다 무서워숨는자 그누구냐
2. 정의의오른팔 쳐드신다 두려워떠는자 그누구냐

우리의마음은 춤을춘다 주께서왕이시라 –
산천아초목아 노래하라 주께서왕이시라 –

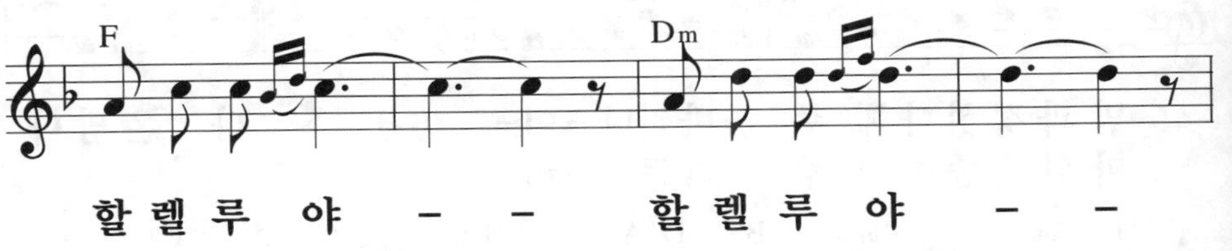

할렐루 야 – – 할렐루 야 – –

얼씨구나좋다 지화자–좋네 주께서왕이시 라 –

F

메들리 곡 262/ 예수님이 좋은 걸 295/ 하나님을 아버지라 380/ 알았네 나는 알았네

362 주님과 함께 하는

(온 맘 다해 / With all my heart)

미가엘 1951

Babbie Mason

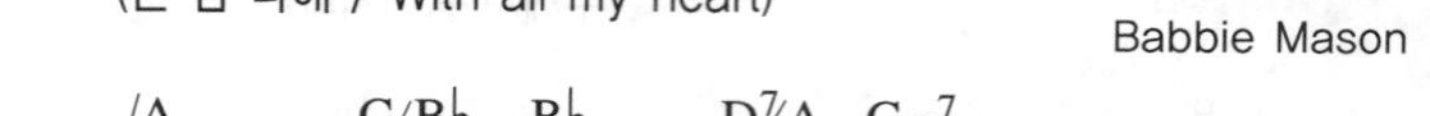

주 님과함께하는 이 고요한-시-간 주 님의보좌앞에 내
나 염려하잖아도 내 쓸것아-시-니 나 오직주의얼굴 구

마음을-쏟네- 모든것아 시는주님 께 감출것없네 내
하게하-소-서 다 이해할수 없을때라 도 감사하며 날

맘과정성다해 주 바라나-이- (다) 다 온맘다
마다순종하며 주 따르오-리-

해 사랑합 니다- 온맘다해 주알기 원하네 내모든

삶 당신것 이니- 주만섬 기-리 온맘다해

346/ 온 맘 다해 주 사랑하라 347/ 완전하신 나의 주 514/ 주님께 감사해

주님만 주님만 사랑하리 363

(주님만 사랑하리 / It is You)

Pete Sanchez Jr.

F C/E B♭/D F/C
주님 만 주님 만 주님 만 사 랑 하 리 나의

B♭ F/A Gm7 B♭/C C7 B♭/D C/E
왕 나 의 주님 주 님 을 더 욱 알 기 원 해

F F/E♭ B♭/D D♭ C7
나 주님 께 오 직 주 께 경 배 하 네

Fsus4 F F/C Csus4 C/B♭ Am Am/C Dm
거 룩 거 룩 존 귀 존귀 하신 주

B♭ F/A Gm7 C7 F B♭/F F
사 랑 합 니 다 -

F

메들리 곡 336/ 아버지 사랑합니다 346/ 온 맘 다해 주 사랑하라 366/ 주를 찬양하며

364 주님의 사랑이 이곳에

(주님 사랑 온누리에)

미가엘 1812

채한성

주 님의사랑이 – 이 곳에 가득하기를 – 기도합 – 니 다
님의은총이 – 이 곳에 가득하기를 – 기도합 – 니 다

주 님의 평화가 – 우 리들가운데 – 에 있기를원합니 다 주 다
주 님의 기쁨이 – 우 리들가운데 – 에 있기를원합니

때 로는지치고 – 때 로는곤해도 – 주만을바라보면서 –

세 상의고통이 – 내게닥쳐와도 – 주만을사랑하리라 – –

주 님의축복이 – 이 곳에넘쳐나기를 – 원 합 – 니 다

주 님의사랑이 – 이 곳에 가득하기를 – 기도합 – 니 다

34/ 사랑하는 나의 아버지 374/ 하나님은 너를 만드신 분 365/ 주님의 영광이

주님의 영광이 임하여서 365

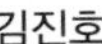

C7 F C7 F

주 님 의 *영 광 이 – 임 하 – 여 서

F7 B♭ Gm7 C7

나 – 의 영 혼 이 – 힘 을 얻 – 었 네

F F7 B♭ Gm7

오 나 의 영 혼 아 – 빛 을 발 – 하 라

C7 F

오 나 의 영 혼 아 –빛 을 발 하 라

* | 2. 성령이 3. 능력이 4. 사랑이
| 5. 기쁨이 6. 권능이 7. 은총이

F

195/ 주 이름 온 세상에 469/ 어린양 찬양 519/ 주님의 영광 나타나셨네

366 주를 찬양하며

(I just want to praise You)

미가엘 737

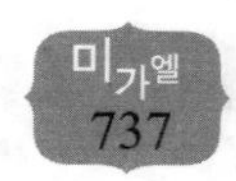

Arthur Tannous

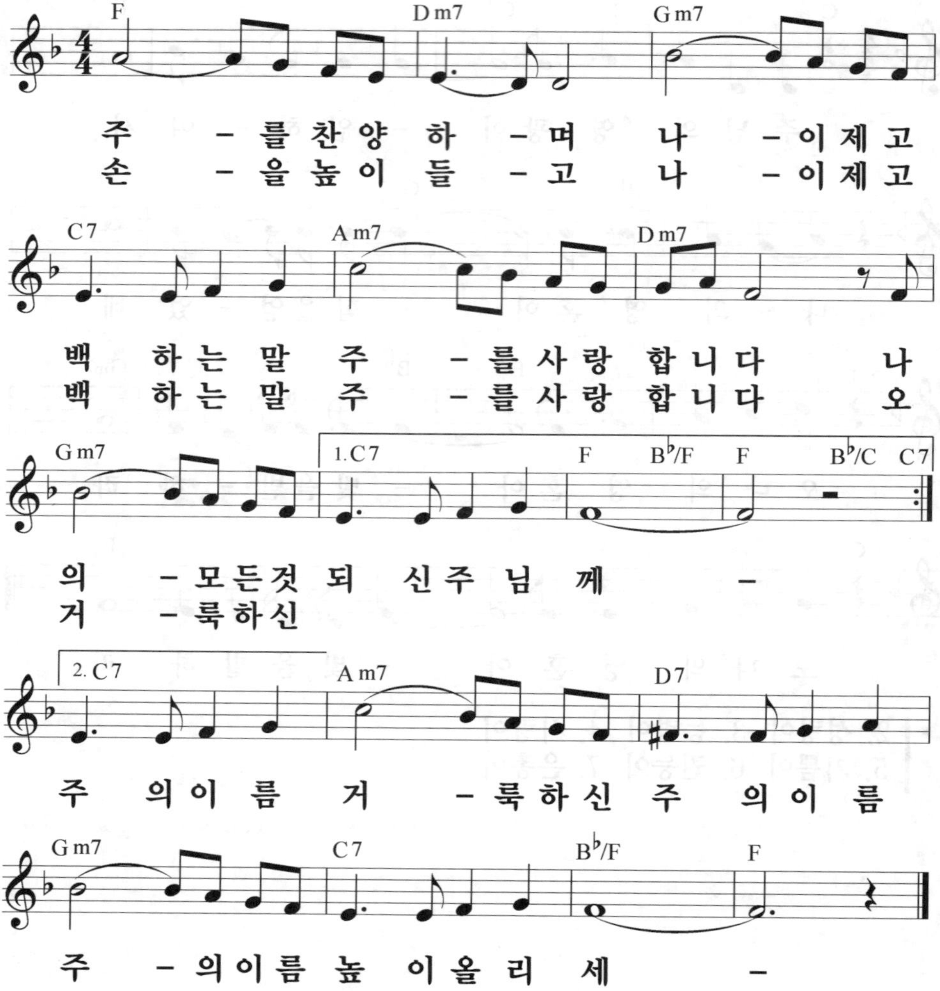
F Dm7 Gm7
주 - 를 찬 양 하 - 며 나 - 이 제 고
손 - 을 높 이 들 - 고 나 - 이 제 고
C7 Am7 Dm7
백 하 는 말 주 - 를 사 랑 합 니 다 나
백 하 는 말 주 - 를 사 랑 합 니 다 오
Gm7 1.C7 F B♭/F F B♭/C C7
의 - 모 든 것 되 신 주 님 께 -
거 - 룩 하 신
2. C7 Am7 D7
주 의 이 름 거 - 룩 하 신 주 의 이 름
Gm7 C7 B♭/F F
주 - 의 이 름 높 이 올 리 세 -

주 예수기뻐찬양해 367

(Celebrate Jesus)

Gary Oliver

주 예 수 기 - 뻐 찬 -양해

주 예 수 기 - 뻐 찬 -양해

주 예 수 기 - 뻐 찬 -양해

주 예 수 기 - 뻐 찬 -양해 부 활 하

- -신 - 우 리 주 - - -님 - 영 원

히 - 다스리네 - 부 활 하 -신

- 우 리 주 - - -님 - 다와서찬 -양해- -

부활하신 -주 찬 - 양 - 해 - -

368 주의 말씀 앞에 선

김한규 & 강명식

주의 말 씀앞 – 에 선 – 당신 은 참된 – 예 배 – 자 그토
주의 부 르심 – 따 라 – 당신 의 삶을 – 드 릴 – 때 세상

록 찾으 – 시 던 – 하 – 나 님의 – 기 쁨 – 이 –
은 당신 안 에 서 – 주의 영 광보 – 리 라 – 이 –

세 상을 – 향한 – 거룩한 생 명빛 – 되어 – 이 – 세상을 – 위한 – 구원의
세 상을 – 이길 – 주님의 군 – 사 – 되어 – 이 – 세상을 – 섬길 – 주님의

소 – 망 – 되어 –
손과발 – 되어 –
영원 한 하나 님의나라 – 함께세 워 – 가 리

메들리 곡

346/ 온 맘 다해 주 347/ 완전하신 나의 주 364/ 주님의 사랑이 이 곳에

미가엘 1978

주 임재하시는 곳에 369

(I love to be in Your presence)

Paul Baloche & ED Kerr

주 임재하 -시는곳 -에 - 우리 함 -께- 찬양하

--리 일 어 나기-쁨으로 - 소 리 높 - 여찬--양해

- 주 - 내영혼 노래하-며 춤추게 하시네-

기쁨의 이 유 되 시는 - 주님 ---- 주 - 두손을

——— 들고서 ——— 소리 높 - 여찬--양해 -

F

323/ 나 주의 믿음 갖고 367/ 주 예수 기뻐 찬양해 528/ 주 예수의 이름 높이세

370 지극히 높은 주님의

(여호와의 유월절)

조영준

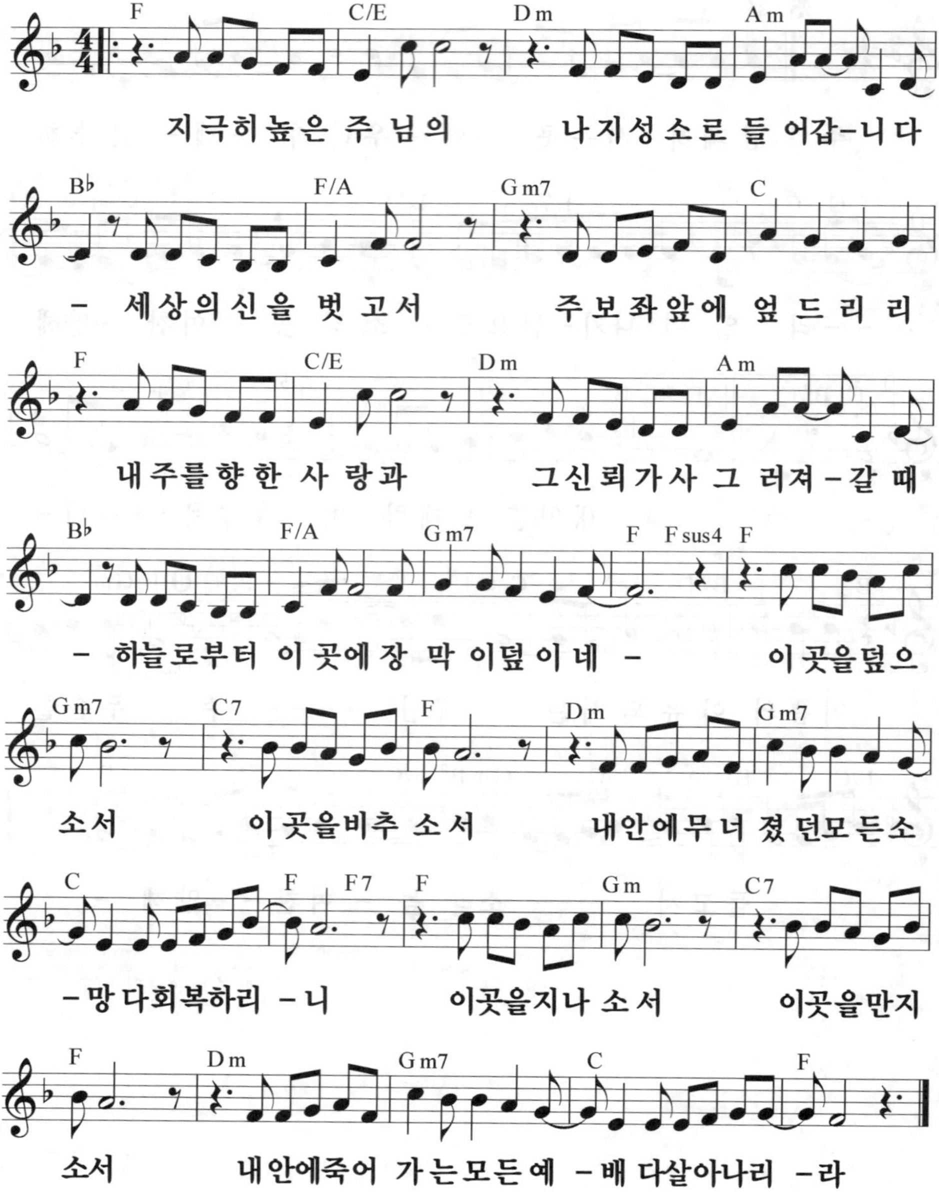

F C/E Dm Am

지극히높은 주 님의 나지성소로 들 어갑-니다

B♭ F/A Gm7 C

- 세상의신을 벗 고서 주보좌앞에 엎 드리 리

F C/E Dm Am

내주를향한 사 랑과 그신뢰가사 그 려져-갈 때

B♭ F/A Gm7 F Fsus4 F

- 하늘로부터 이 곳에장 막 이덮이 네 - 이곳을덮으

Gm7 C7 F Dm Gm7

소서 이곳을비추 소 서 내안에무너 졌 던모든소

C F F7 F Gm C7

-망 다회복하리 -니 이곳을지나 소 서 이곳을만지

F Dm Gm7 C F

소서 내안에죽어 가 는모든예 -배 다살아나리 -라

315/ 거룩하신 하나님 322/ 나 주님의 기쁨 되기 347/ 완전하신 나의 주

미가엘 1220

지금껏 내가 한 일이 371

(눈물의 참회록)

김석균

1. 지금 껏 내가 한 일이 주를 위 한일이었는 지
2. 한평 생 주를 위하 여 변함 없 이살– 겠다 던
3. 오늘 도 복음 을들 고 쉼 – 없 이다– 녔지 만

지나 간 세월 돌 이켜 주님 앞 에아– 룁니 다
베드 로 같은 믿 음이 내게 도 – 있었습니 다
성령 의 불같 은 인도 믿음 없 이전 했습니 다

이한 몸 주를–위하 여 목숨 버 린다– 했으 나
그러 나 지금내맘속 엔 허영 과 교만– 만있 고
육신 의 곤고함더하 여 복음 의 사 명약 했으 니

주의영광 –뒤로하 고 나의 자 랑앞 세웠으 니
주님지신 –십자가 는 짐이 된 다 벗었습니 다
아버지여 –연약한 종 어찌 해 야 하 –오리 까

내가 가 는이 길 이 주를 위 한 것 보 다
내가 가 는이 길 이 주를 위 한 것 보 다
내가 가 는이 길 이 영광 의 길 이 라 면

예수 이 름만 파– 는 가 롯 유 다 와 같습니 다
율법 만 앞세 우– 는 바 리 새 인 과 같습니 다
바울 과 같은 믿음 을 내 게 도 허 락 –하 소 서

F

372 짐이 무거우냐

(예수께 가면 / Reach Out to Jesus)

Ralph Carmichael

참참참 피 흘리신 373

(성령의 불길)

김용기

F Gm Dm Gm A

참 참 참 피 - 흘 리 신 예 수 의 사 랑 안 에 서
참 참 참 들 - 려 오 는 구 원 의 큰 종 소 리 에

Gm B♭ F C F

주 님 의 십 자 가 따 라 생 명 을 바 치 겠 느 냐
복 음 을 전 파 하 려 면 희 생 을 각 오 하 느 냐

F B♭ F B♭ F C7

복 음 의 불 길 오 른 다 다 같 이 일 어 나 거 라
구 원 은 성 도 들 의 것 진 리 로 거 두 리 로 다

B♭ F C Gm C7 F

영 광 의 주 님 의 나 라 다 같 이 참 예 하 여 라
우 리 는 천 국 에 가 서 영 생 의 꽃 이 되 리 라

F Dm

성령의 성령의불 길 성령 불이야 성 령의 성령의불 길

C7 B♭ F

성령 불 이 야 온 천 하 세 계 만 방 에

1.Gm G C 2.Gm C F

펴 치 자성령의불 길 펴 치 자 성 령 의 불 길

F

374 하나님은 너를 만드신 분

(그의 생각*요엘에게)

조준모

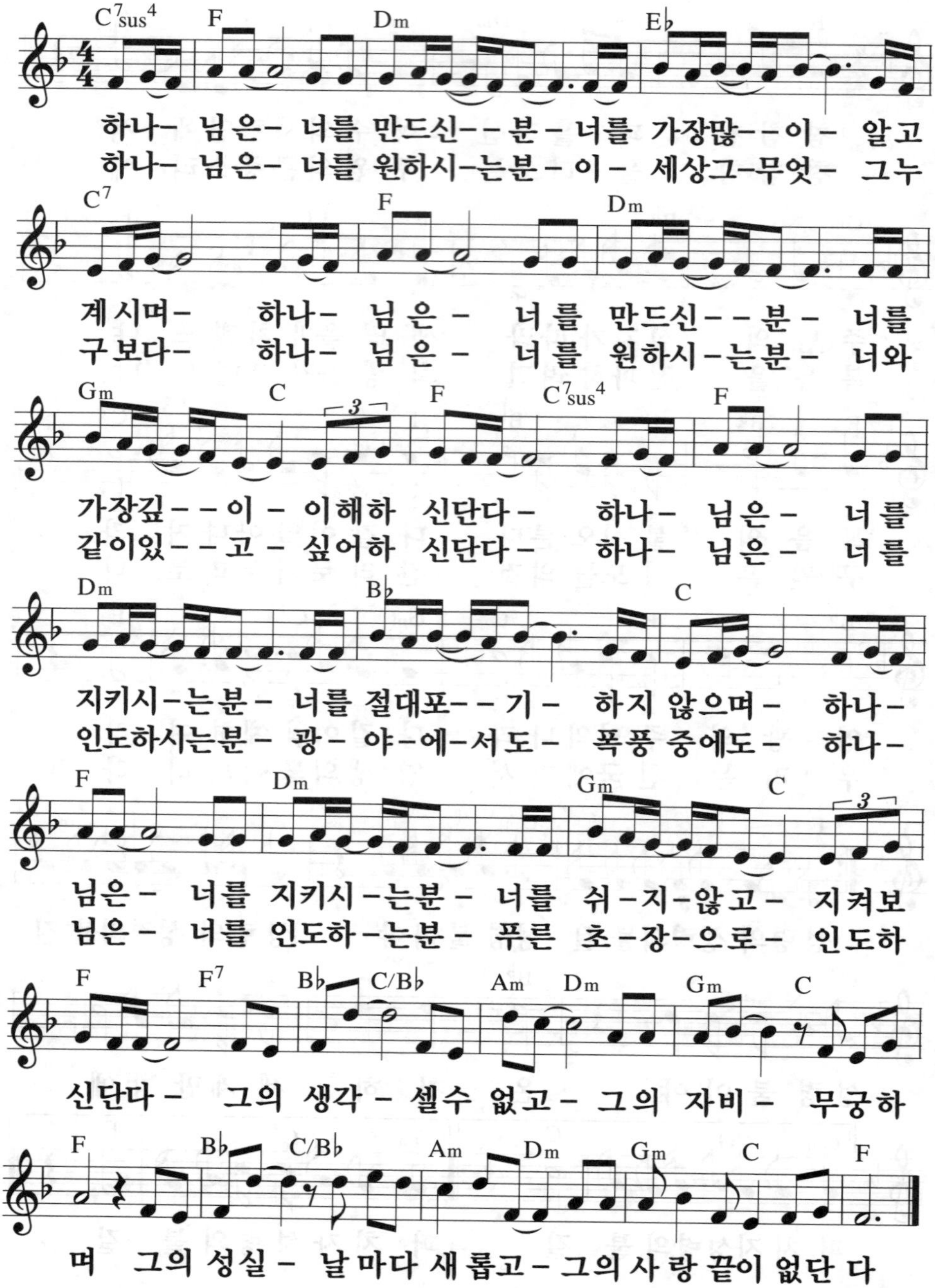

하나– 님은– 너를 만드신––분–너를 가장많––이– 알고
하나– 님은– 너를 원하시–는분–이– 세상그–무엇– 그누

계시며– 하나– 님은– 너를 만드신––분– 너를
구보다– 하나– 님은– 너를 원하시–는분– 너와

가장깊––이–이해하 신단다– 하나– 님은– 너를
같이있––고–싶어하 신단다– 하나– 님은– 너를

지키시–는분– 너를 절대포––기– 하지 않으며– 하나–
인도하시는분– 광–야–에–서도– 폭풍 중에도– 하나–

님은– 너를 지키시–는분– 너를 쉬–지–않고– 지켜보
님은– 너를 인도하–는분– 푸른 초–장–으로– 인도하

신단다 – 그의 생각 – 셀수 없고– 그의 자비– 무궁하

며 그의 성실– 날마다 새롭고– 그의 사 랑 끝이 없단 다

하나님의 사랑 주님의 눈물 375

최지호

하 나 님의 - 사 랑 주 님 의 - 눈 물 온 세 상 위 하 - 여
이 천 년 전 - 하 늘 보 좌 버 - 리 고 이 땅 에 오 신 - 주

잃 어 버 린 영 혼 찾 아 오 신 주 님 - 지 금 도 우 리 를 - 사 랑
하 나 님 어 린 양 되 사 생 명 주 며 - 이 를

해 증 거 하 라 - 하 시 - 네 나 는 믿 네 거 저 받 은

귀 한 사 랑 - 그 누 가 대 신 하 리 - 요 나 의 생

명 다 할 때 까 - 지 - 그 사 랑 을 전 - 하 리 라

F

메들리 곡

336/ 아버지 사랑합니다 351/ 우리는 주의 백성 364/ 주님의 사랑이

376 햇살보다 밝게 빛나는

미가엘 2204

(왕 되신 주 앞에 나 나아갑니다 / Offering)

112/ 나를 지으신 이가 322/ 나 주님의 기쁨 되기 347/ 완전하신 나의 주

F

형제의 모습 속에 보이는 377

박정관

형 제 의 모 습 속 에 보 이 는 하 나 님 형 상 아 름 다 워 – 라
우 리 의 모 임 중 에 임 하 신 하 나 님 영 광 아 름 다 워 – 라

존 귀한 주의 자녀 됐 으니 사랑 하며 섬 기 리
존 귀한 왕이 여기 계 시니 사랑 하며 섬 기 리

136/ 사랑의 주님이 241/ 당신은 하나님의 언약안에 336/ 아버지 사랑합니다

378 반드시 내가 너를

박이순

반드시내가너를 축복하리라 반 드시내가너를 들어쓰리라

천 지는변해도 나의약속은 영 원히변치않으 리 두려
세 상의소망의 사라졌어도 온 전히나를믿으 라 두려

워 말 라 강하고담대하 라 낙 심 하 며 실망치말라
워 말 라 강하고담대하 라 인 내 하 며 부르짖으라

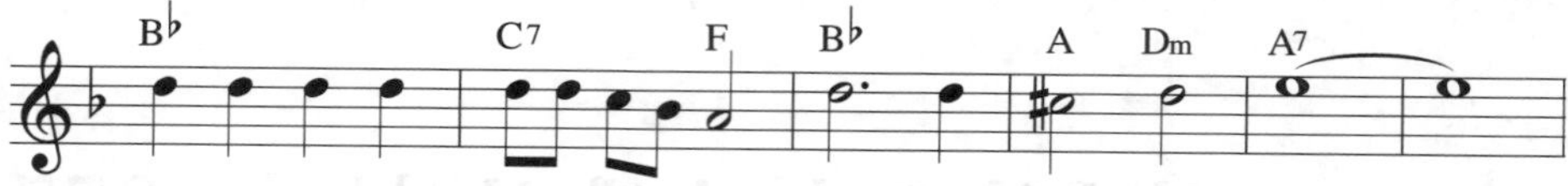

낙 심 하 며 실망치말라 실 망 치 말 라 –
인 내 하 며 부르짖으라 부 르 짖 으 라 –

네 소원이루는날 속히오리니 내 게 영 광돌리 리
영 광의그 –날이 속히오리니 내 게 찬 양하리 라

네 소원이루는날 속 히오리니 내 게 영광돌리 리
영 광의그 – 날이 속 히오리니 내 게 찬양하리 라

334/ 성령 받으라 337/ 성령 충만으로 373/ 참참참 피 흘리신

사막에 샘이 넘쳐 흐르리라

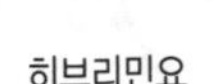

히브리민요

사막에 샘이넘쳐 흐-르리라 사막에꽃이피어 향내내리라
사막에 숲이우거 지-리-라 사막에예쁜새들 노래하리라

주님이 다스리는 그나라가 되면은 사막이꽃동산되 리
주님이 다스리는 그나라가 되면은 사막이낙원되리 라

사 자 들 이 어린양과뛰놀고 어린이들 함께뒹구는
독사굴에 어린이가손넣고 장난쳐도 물지않-는

참 사랑과 기쁨의그나라가 이 제 속히오리 라
참 사랑과 기쁨의그나라가 이 제 속히오리 라

F

메들리 곡

378/ 반드시 내가 너를 382/ 저 성벽을 향해 559/ 여호와 이레 채우시네

380 알았네 나는 알았네

(That's for me)

Geir Knutson & Kurt Kaiser

1. 알았네 나는 알았네 이젠더피하지않으리
2. 알았네 나는 알았네 잿빛생활에지쳤음을
3. 알았네 나는 알았네 이젠더피하지않으리

나의 모든것 주께 맡겼네 기쁜 날 이었도 다
세상 쾌락을 찾아 봤으나 고통 뿐 이었다 네
그가 내게와 나를 구했네 기쁜

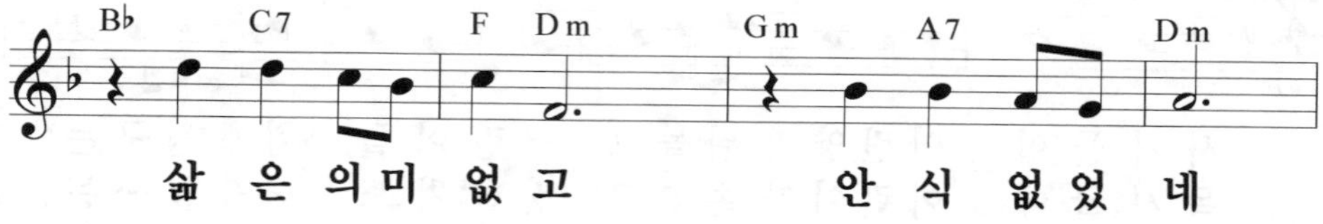

삶 은의미 없고 안 식 없었 네

이 젠 너무나 달라 나에 게 새삶임했네 –

날 이 었 도 다 –

메들리 곡 378/ 반드시 내가 너를 379/ 사막에 샘이 넘쳐 556/ 그는 여호와

이것을 너희에게

(담대하라)

381

문찬호

이것을 너희에게 이름은 너희로 내안에서 평안
을 너희에게 이름은 너희로 내안에서 사랑

을 영원토록 누리게 하려 함이라 이것

라 세상에서 너희가 환난을 당하나 담대하

라 세상을 이기었노라 하시니라 이것

을 너희에게 이름은 너희로 내안에서 축복

을 영원토록 누리게 하려 함이라

F

99/ 하나님 우리와 함께 하시오니 378/ 반드시 내가 너를 380/ 알았네 나는 알았네

382 저 성벽을 향해

(Blow the trumpet in Zion)

Craig Terndrup

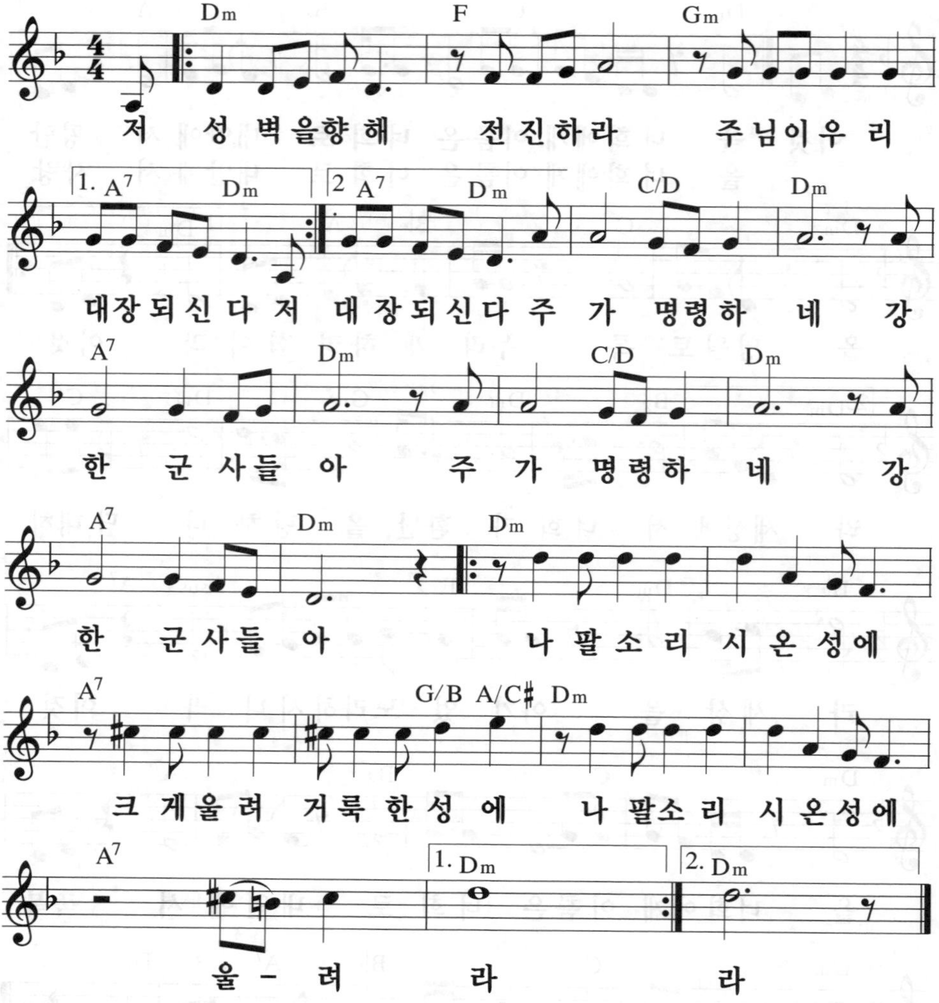

Dm F Gm

저 성 벽을향해 전진하라 주님이우리

1. A7 Dm 2 A7 Dm C/D Dm

대장되신다 저 대장되신다 주 가 명령하 네 강

A7 Dm C/D Dm

한 군 사들 아 주 가 명령하 네 강

A7 Dm Dm

한 군 사들 아 나 팔소리 시 온성에

A7 G/B A/C# Dm

크 게울려 거룩한성 에 나 팔소 리 시 온성에

A7 1. Dm 2. Dm

울 - 려 라 라

383/ 주께서 전진해온다 384/ 주님과 담대히 나아가 560/ 온 땅이여 주를 찬양

주께서 전진해 온다

383

(For the Lord is marching on)

Bonnie Low

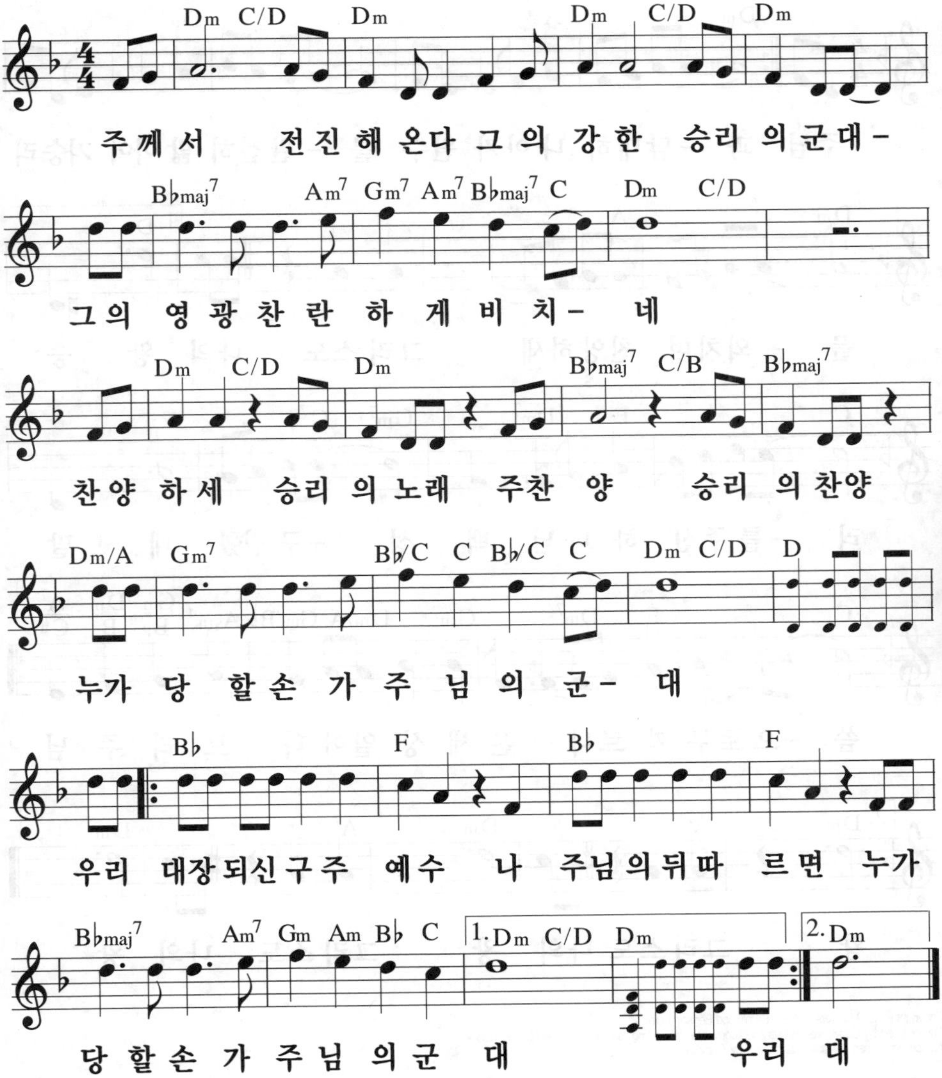

Dm C/D Dm Dm C/D Dm

주께서 전진해온다 그의 강한 승리 의군대-

B♭maj7 Am7 Gm7 Am7 B♭maj7 C Dm C/D

그의 영광찬란 하 게 비 치- 네

Dm C/D Dm B♭maj7 C/B B♭maj7

찬양 하세 승리 의노래 주찬 양 승리 의찬양

Dm/A Gm7 B♭/C C B♭/C C Dm C/D D

누가 당 할손 가 주 님 의 군- 대

B♭ F B♭ F

우리 대장되신구주 예수 나 주님의뒤따 르면 누가

B♭maj7 Am7 Gm Am B♭ C 1. Dm C/D Dm 2. Dm

당할손 가 주님 의군 대 우리 대

F

382/ 저 성벽을 향해 384/ 주님과 담대히 나아가 561/ 우리가 주님의 음성을

384 주님과 담대히 나아가

(The victory song)

미가엘 1051

Dale Garratt

주님 과 -담대히 나아가 원수 를 -완전히 밟아이 겨승리

를 -외치며 찬양하세- 그리스도 나의 왕 승

리 -를주신 하나님 백 성 -구원했 네 말

씀 -으로무 찌 르니- 온세상일어나 보리주님

왕 그리스도 나의 왕 그리스도 나의 왕

메들리 곡

382/ 저 성벽을 향해 383/ 주께서 전진해온다 561/ 우리가 주님의 음성을

미가엘 1015

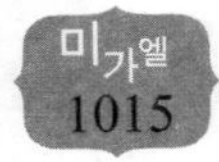

감사해 시험이 닥쳐올 때에 385

(감사해 / Thank You Lord)

Dan Burgess

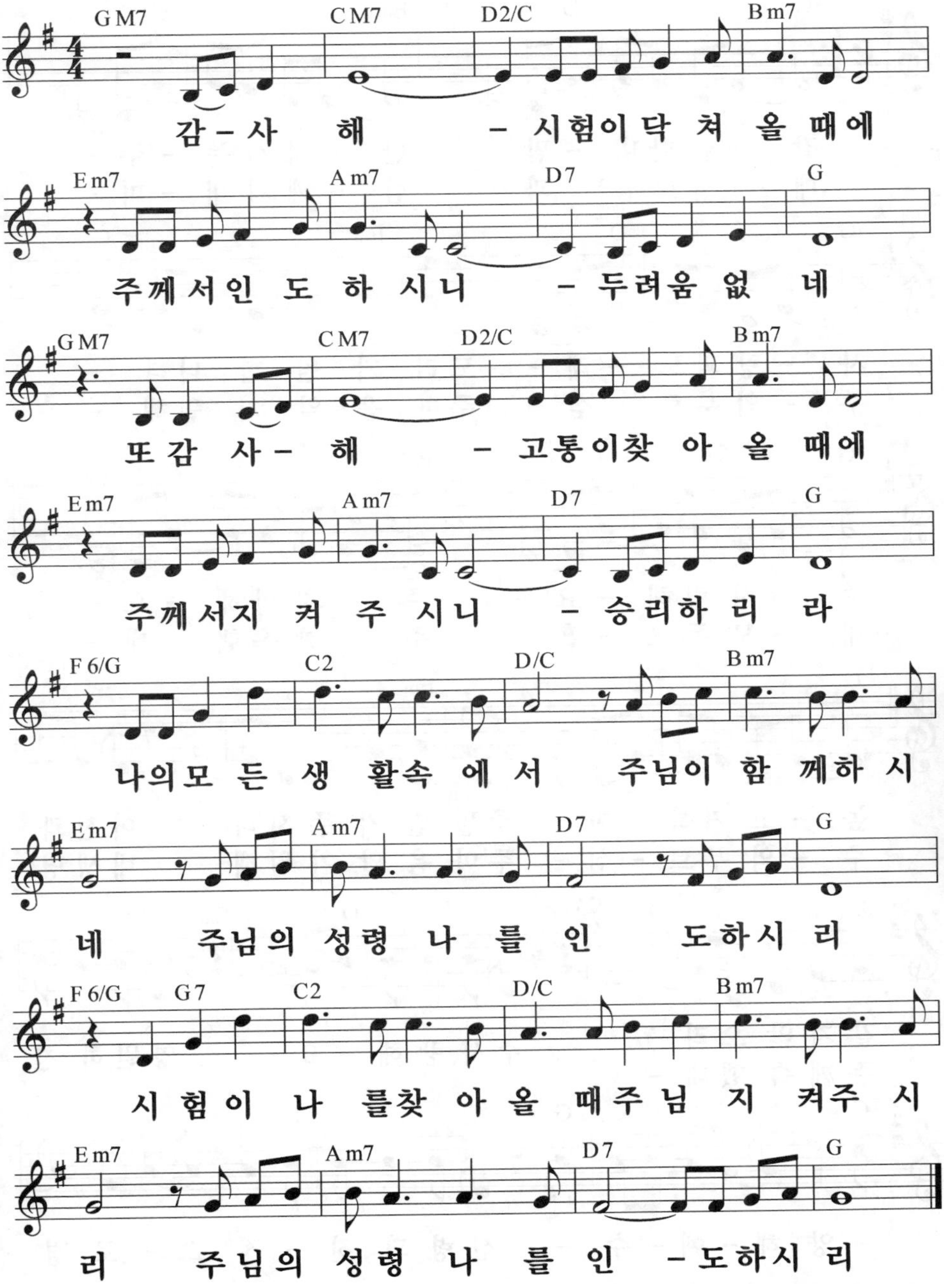
GM7 CM7 D2/C Bm7
감-사 해 -시험이닥 쳐 올 때에
Em7 Am7 D7 G
주께서인 도 하 시니 -두려움 없 네
GM7 CM7 D2/C Bm7
또감 사- 해 -고통이찾 아 올 때에
Em7 Am7 D7 G
주께서지 켜 주 시니 -승리하 리 라
F6/G C2 D/C Bm7
나의모 든 생 활속 에 서 주님이 함 께하 시
Em7 Am7 D7 G
네 주님의 성령 나 를 인 도하시 리
F6/G G7 C2 D/C Bm7
시 험 이 나 를찾 아 올 때주 님 지 켜주 시
Em7 Am7 D7 G
리 주님의 성령 나 를 인 -도하시 리

G

386

갈급한 내 맘

(주 사랑해요 / I'll Always Love You)

미가엘 2174

Tim Hughes

Em
C
G
D
Em
-배 드-려 요 - 주사랑 해-요- 영원히 찬
C
G
D
Em
-양 해- 예 -수 - 신령과진 - 정으-로 경 -배드-려요
1.C
G D EmC
2.C2
Am7
G/B
C
- - 예 수이름 -높 이올려-드리 -세
D
Am7
G/B
C
D.S.al Coda
G
한목 소리로 -- 소리높여 -모 두외치 -세- -

387 거룩한 주님의 성전에

(새 노래로)

김준영 & 박찬민

거 룩 한 주님의성 – 전에모 –인 백 – 성 – 들 – 와서경
보 좌 에 앉으신어 – 린양께 –찬 송 – 하 – 라 – 모든민

– 배 – 해 – 주 님 께 – 영 광 돌 – 리 리 – 라 –
– 족 – 이 – 그 분 께 – 영 광 돌 – 리 리 – 라 –

주 님 의 일들을놀 – 랍고길 –은 참 – 되도다 – 모든자
수 금 과 비파로공 – 교이주 –를 높 – 이어라 – 소리높

– 녀 – 들 – 기 뻐즐 – 거워하 – 네 –
– 여 – 서 –

새 노 래 로 찬 – 양 –

찬 양 해 한 – 목 –소 리 로 – 새노래로

메들리 곡

386/ 갈급한 내 맘 392/ 그리 아니하실지라도 425/ 다 와서 찬양해

거룩한 주님의 성전에

G
D
찬 양 하 -라 모인주 --의백-성들 -아 천사들
F
A m7
D
- 아화--답하 -라 온세상 든 도록주찬양하 -라 구원자
G
되 신 주 -를 모든눈이 다 보 게되 -리 열방이
F
A m7
D
- 다찬--양하 -며 전능하신 -주께--엎드 -려 영광돌리
G
Fine
D m7
C
C m7
- 네 -
찬 송 과
B m7
C
- 영 광 -과 지-혜 와 -감 -사-
D
D♯dim
E m7
A/C♯
A m7
주님 께- 영원무-궁 토 -록 있-으리라 --- 알 렐 루
G/B
C m
B♭
D sus4
D
D.S. al Fine
-야 주하나 -님-이- 통 -치하-시나 -
새노래로
아 -멘

G

388 거룩 거룩 거룩하신 주

(Holy, holy, holy is the Lord)

겟세마네 동산에서

조용기 & 김주영

390 경배하리 내 온맘 다해

(You're Worthy of My Praise)

미가엘 2097

David Ruis

C G Am7 Dsus4 D/F#
님 의길 을 - -나 따라-가--리- -
의 지하 리 - 주만 의지-하--리- -
C
주 님 의길 을 - 따라 가-리-
주 의 지하 리 - 의지 하-리-
G D/F# C/E C
주님만- 을 경 배-하-리 주님만- 을
Am7 Dsus4 D G D/F#
찬 양-하-리- 찬양받- 기 합 당-하-신
C/E C Am7 Dsus4 D G
존귀하- 신 주 만 높-이- -리-

G

391 경배하리 주 하나님

(I Worship You Almighty God)

Sondra Corbett

경 배 하리 주 하 나 님 전능하 신

주 경 배 하 리 평 화 의 - 왕

- 주를사랑 합 니 다 찬 양 하 세

- 누가주와 같 으 리 - 경

배 하 리 주 하 나 - 님 전능하 신 주

미가엘 768

그리 아니하실지라도 392

안성진

G Em C D

그 리- 아니하실지라 도 감사해
그 리- 아니하실지라 도 사랑해

G Em C D G Dm F/G G7

요 주님뜻을 믿기때문이죠 -
요 합력해서 선을이루어요 -

C D7 G Bm7/F# Em

언 제나 나를향-한 신실한사랑 -

C D G F/G G7

우리를향한 그크신사랑 -

C D G Bm7/F# Em Em/D

우 리가 함께높이며 주를 찬양 해 -

C D G C/G G

할렐루 야 하 나 님께영광 -

G

387/ 거룩한 주님의 성전에 393/ 기도하자 우리 마음 합하여 396/ 나 기뻐하리

393 기도하자 우리 마음 합하여

Maori Tune

G C G G7 C G

1. 기도하자 우리 마음 합하여 – –
2. 찬송하자 우리 모두 주님께 – –
3. 걸어가자 하늘 영광 저 문을 – –
4. 바라보자 주님 계신 천국을 – –

G C G Am D7

기도하자 우리 마음 합하여 – –
찬송하자 우리 모두 주님께 – –
걸어가자 하늘 영광 저 문을 – –
바라보자 주님 계신 천국을 – –

G G7 C C7

할렐루야 아 – 멘 – 할렐루야 아 – 멘 –

G D7 G C G

기도하자 우리 마음 합하여 – –
찬송하자 우리 모두 주님께 – –
걸어가자 하늘 영광 저 문을 – –
바라보자 주님 계신 천국을 – –

메들리 곡 392/ 그리 아니하실지라도 394/ 기도할 수 있는데 411/ 내게 강 같은 평화

미가엘 1099

기도할 수 있는데 394

고광삼

기도 할 수있는 데 왜- 걱 정하 십니 까
할 수있는 데 왜- 실 망하 십니 까

기도하 면서 왜 염 려 하십 니 까 기도 까
기도하 면서 왜 방 황 하십 니

주님 앞에 무릎 꿇고 간 구해 보세 요

마 음을 정결 하게 뜻을 다 하 여

기 도 할 수있는 데 왜- 걱 정하 십니 까

기 도 하 면서 왜 염 려 하 십 니 까

G

388/ 거룩 거룩 거룩하신 주 389/ 겟세마네 동산에서 391/ 경배하리 주 하나님

395 기뻐하며 왕께

(Shout for joy and sing)

미가엘 767

David Fellingham

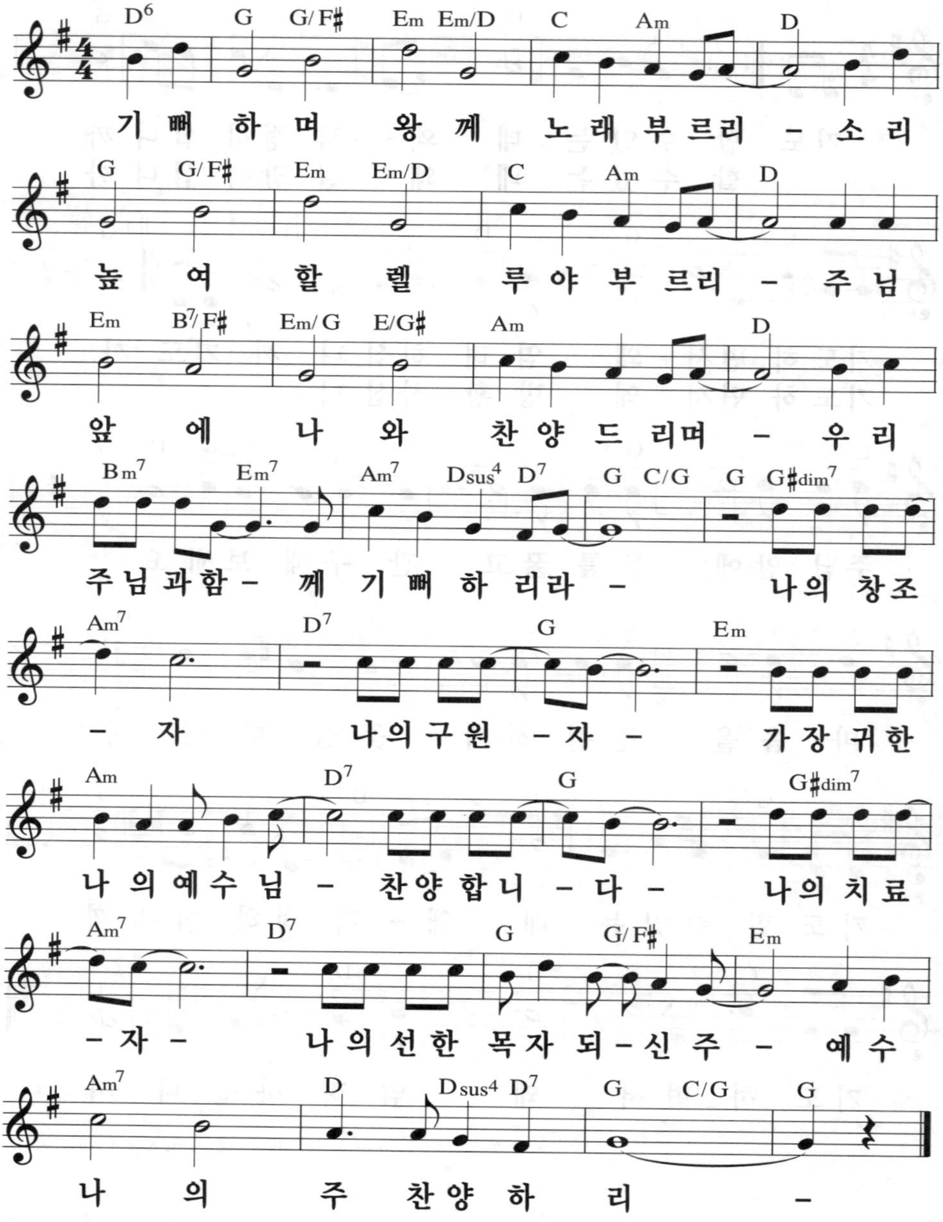

D6 G G/F# Em Em/D C Am D
기 뻐 하 며 왕 께 노 래 부 르 리 - 소 리

G G/F# Em Em/D C Am D
높 여 할 렐 루 야 부 르 리 - 주 님

Em B7/F# Em/G E/G# Am D
앞 에 나 와 찬 양 드 리 며 - 우 리

Bm7 Em7 Am7 Dsus4 D7 G C/G G G#dim7
주 님 과 함 - 께 기 뻐 하 리 라 - 나 의 창 조

Am7 D7 G Em
- 자 나 의 구 원 - 자 - 가 장 귀 한

Am D7 G G#dim7
나 의 예 수 님 - 찬 양 합 니 - 다 - 나 의 치 료

Am7 D7 G G/F# Em
- 자 - 나 의 선 한 목 자 되 - 신 주 - 예 수

Am7 D Dsus4 D7 G C/G G
나 의 주 찬 양 하 리 -

387/ 거룩한 주님의 성전에 425/ 다 와서 찬양해 431/ 마지막 날에

나 기뻐하리 396

(I Will Rejoice)

Brent Chambers

나 기뻐하리 - 나 기뻐하리 -

나 기뻐하리 -나 주안-에 -서 -기 뻐하-리-라 -

-기 뻐하 - 리 - 라 - 1. 원 수가나를 - 무너뜨

2. 환 경에지배 - 를받지

- 리려고 - 내 마음 에속 - 삭 - 였-

- 않 - 고 - 내 팔의 힘과 - 목 - 소-

네 내 영이 깨어 - 넘 어 지지 않고 나의

리 느 끼는 감정 - 과 상 관없 이 - 내마

믿음의고 - 백이 원수 를 - 묶 네 -

음기뻐하 - 기로 결심 을 - 했 네 -

395/ 기뻐하며 왕께 425/ 다 와서 찬양해 396/ 나 기뻐하리

G

397 나는 주님을 찬양하리라

(I Will Celebrate)

Rita Baloche

G Em7

나 는 주 님을 - 찬 양 하 리 라 -

Cmaj7 Am7/D Am7/G G

새 - 노 래 로 - 주 찬 - 양 - - - -

G C/G G Em D/E Em

나 는 주 님을 - 찬 양 하 리 라 -

Cmaj7 C/D Am/G G 1. 3. C/D

새 - 노 래 로 - 주 찬 양 -

Fine

2. G Bm D/E

- 온 맘 과 - 뜻 다 하 - 여 서

Dm/E Am C/D D7

- 주 님 을 - 기 뻐 - 하 - 리 두 손

Bm D/E Dm/E Am

을 - 높 이 - 들 고 서 주 님 을 -

C/D D7 C/D D7

경 배 - 하 - 리 -

D.C.

나는 주를 작게 보았네 398

(광대하신 주님 / Be Magnified)

Lynn DeShazo

G

메들리 곡

391/ 경배하리 주 하나님 394/ 기도할 수 있는데 401/ 나의 사랑 나의 생명

399 나는 주만 높이리

(Only A God Like You)

Tommy Walker

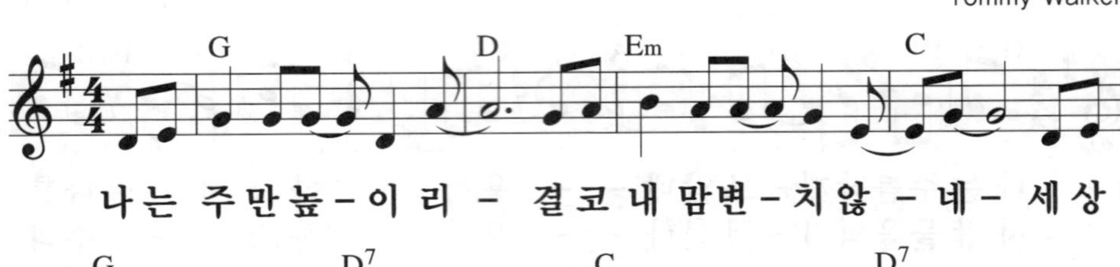

C Em Am C D G
-의 상 주 -실 오 직 우 리 주 - 님 께 - 나 찬 양 하 리 - -
G D7 Em C
오 직 우 리 주 - 께 오 직 우 리 주 - 께 오 직 우 리 주 - 께 -

400 나 약해있을 때에도

(주님 만이)

조효성

나 소망잃을때 에 도 주 님은내게오 시 네 나
실망당할때 에 도

2. Am D7 G Am

님이위로하 시 네 주 님 만– 이

D7 G B7 Em Am

내 힘이 시 며 오 주님 만– 이

D7 G Am D7

날 도우 시 네 오 나의 주– 님 내 아버 지

G B7 Em Am D7 G

여 오 나 의 주– 님 내 사랑 이 여

388/ 거룩 거룩 거룩하신 주 398/ 나는 주를 작게 401/ 나의 사랑 나의 생명

나의 사랑 나의 생명 401

(나의 예수님)

최대성

G D G C C/B A7 Dsus4 D7

나의사랑 나의생명 나의예수님 –

G D7 Em C D7 G

영원토록 정성다해 사랑합니다 –

G D7 G C C/B A7 D D7

나의 힘되신 여호와여 내가 사–랑합니다

G D7 Em C D7 G

영원토록 정성다해 사랑합니다 –

D.S. al Fine

영 원토–록 정성다– 해 사–랑합니다 –

G

389/ 겟세마네 동산에서 391/ 경배하리 주 하나님 398/ 나는 주를 작게 보았네

402 나의 가는 길

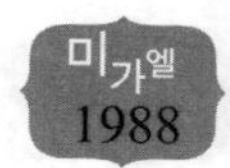

(주님 내 길을 / God will make a way)

미가엘 1988

Don Moen

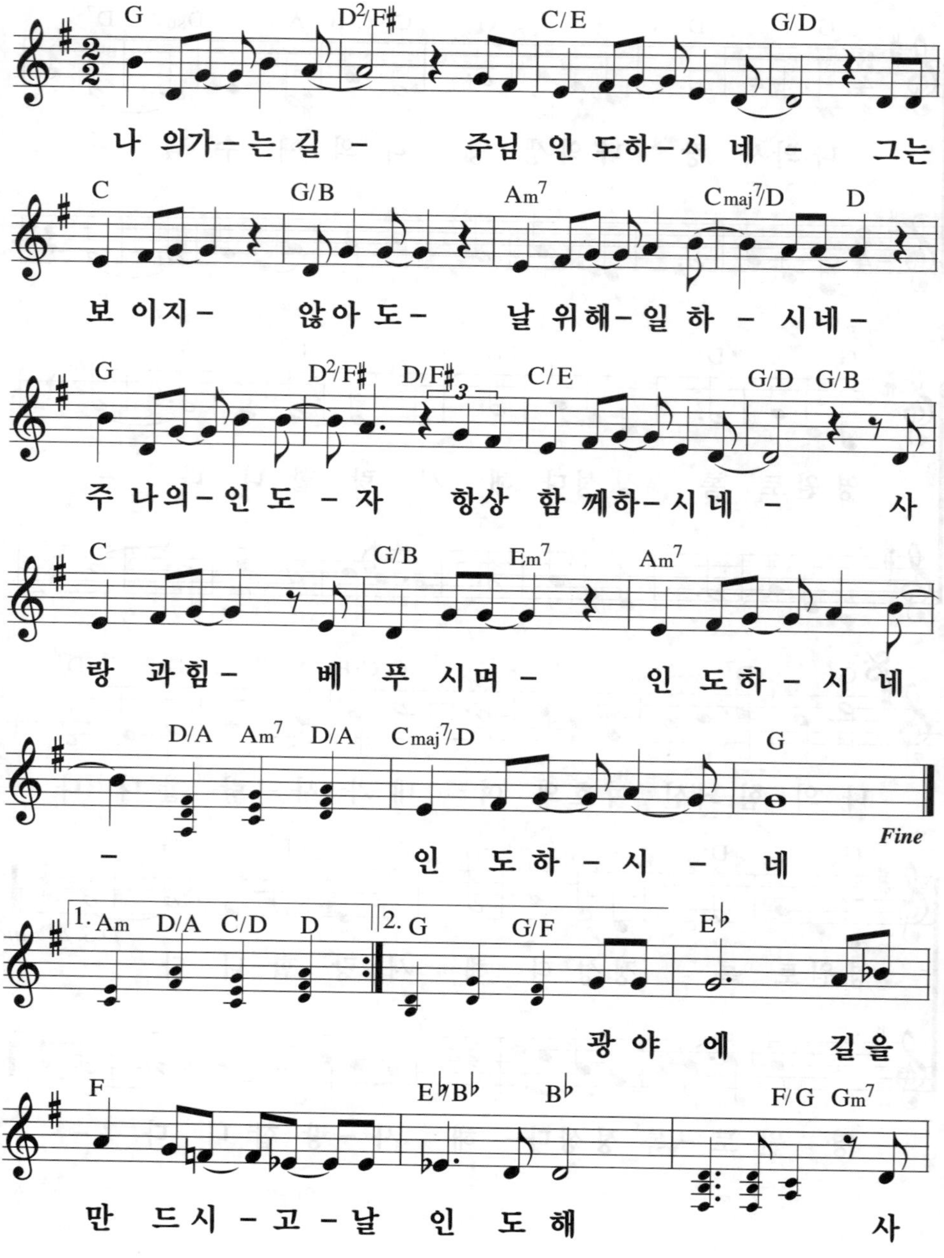
G D2/F# C/E G/D
나 의가-는길- 주님 인 도하-시 네 - 그는
C G/B Am7 Cmaj7/D D
보 이지- 않아 도- 날 위해-일 하 - 시네-
G D2/F# D/F# 3 C/E G/D G/B
주 나의-인 도 - 자 항상 함 께하-시네 - 사
C G/B Em7 Am7
랑 과힘- 베 푸 시며- 인 도하-시 네
D/A Am7 D/A Cmaj7/D G
- 인 도하-시 - 네
Fine
1. Am D/A C/D D 2. G G/F E♭
광 야 에 길을
F E♭/B♭ B♭ F/G Gm7
만 드시-고-날 인 도 해 사

나의 가는 길

E♭ F Gsus4 G Gsus4 G
막 에강– 만 드 – 신 것– 보라 –
C D/C Bm B/D♯ Em
하늘과땅–변해 –도 주의 말씀영–원히 – 내
C D Bsus4/E E D/F♯
D.C.
삶 속에– 새 일 을행– 하리 – –

G

403

나의 슬픔을

(Mourning into Dancing)

Tommy Walker

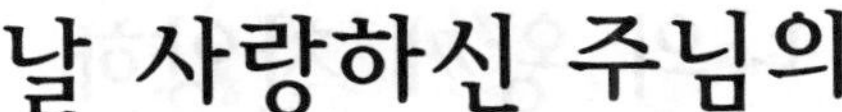

미가엘
1331

날 사랑하신 주님의

박철순

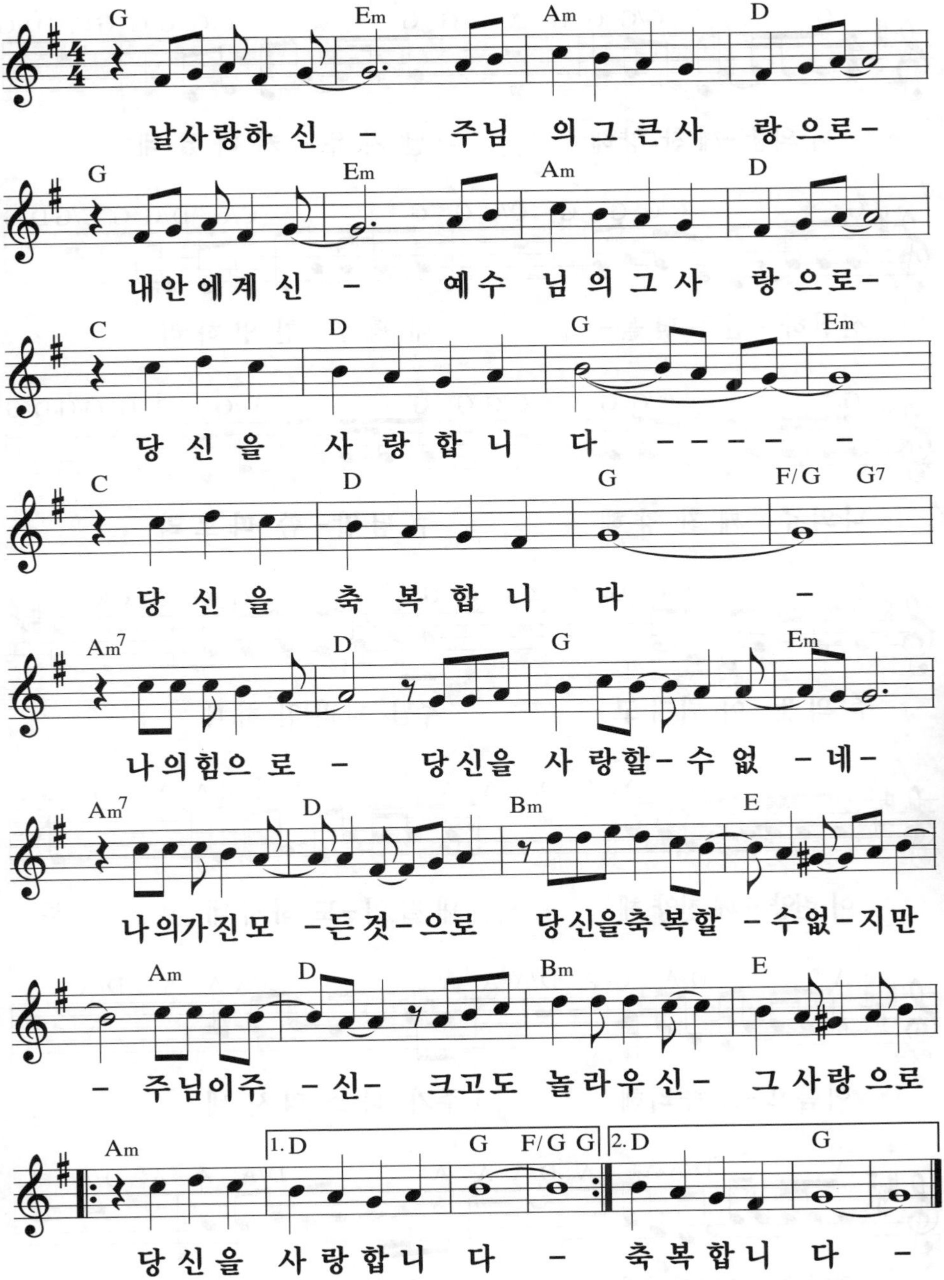
G Em Am D
날사랑하신 - 주님 의그큰사 랑으로-
G Em Am D
내안에계신 - 예수 님의그사 랑으로-
C D G Em
당신을 사랑합니 다 ----- -
C D G F/G G7
당신을 축복합니 다 -
Am7 D G Em
나의힘으로 - 당신을 사랑할-수 없 -네-
Am7 D Bm E
나의가진모 -든것-으로 당신을축복할 -수없-지만
Am D Bm E
- 주님이주 -신- 크고도 놀라우신- 그사랑으로
Am 1.D G F/G G 2.D G
당신을 사랑합니 다 - 축복합니 다 -

G

405 나의 왕께 찬양해

(Victory Chant)

Joseph Vogels

A D/A A A D/A A A D/A A A D/A A
주님은 -유다의사자 전 능하 -신 주찬 양
A D/A A A D/A A A D/A A A D/A E/A
주님은 -유다의사자 놀 라우 -신주찬양

G

406 낮엔 해처럼 밤엔 달처럼

최용덕

낮 엔해처 럼 밤 엔달처 럼 그렇 게 살 순없을까 –
예 수님처 럼 바 –울처 럼 그렇 게 살 순없을까 –

욕 심도없이 어둔세상비추 어 온전 히 남을위 해살듯이 –
남 을위하여 당신들의온몸 을 온전 히 버리 셨 던것처럼 –

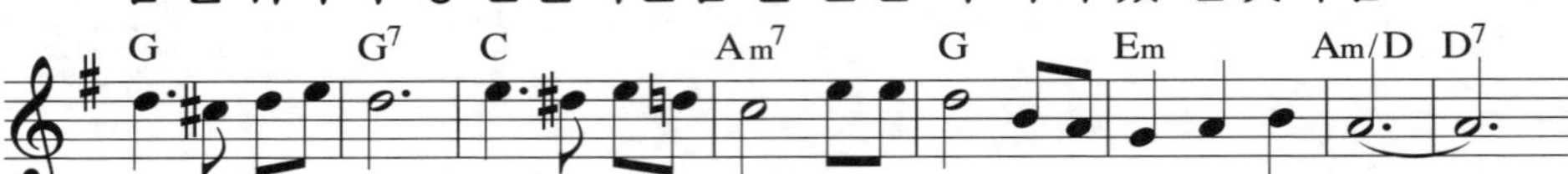

나 의일생 에 꿈 이있다 면 이땅에 빛과 소 금되 어 –
주 의사랑 은 베 푸는사 랑 값없이 그저 주 는사 랑 –

가 난한영 혼 지 친영혼을 주님 께 인도하 고 픈 데 –
그 러나나 는 주 는것보다 받는 것 더욱좋 아 하 니 –

나 의욕심 이 나의못난자아 가 언제 나 –커다란짐되 어 –
나 의입술 은 주님닮은듯하 나 내맘 은 –아직도추하 여 –

나 를짓눌 러맘을곤고케하 니 예수 여 나를 도 와주소 서 –
받 을사랑 만계수하고있으 니 예수 여 나를 도 와주소 서 –

내가 주를 위하여 407

(주의 영광 위하여)

이희수

1. 내가 주 를위하- 여 주의 영 광위-하- 여
2. 나는 주 님때문- 에 주의 사 랑인-하- 여
3. 주께 모 두드리- 리 주의 사 업위-하- 여

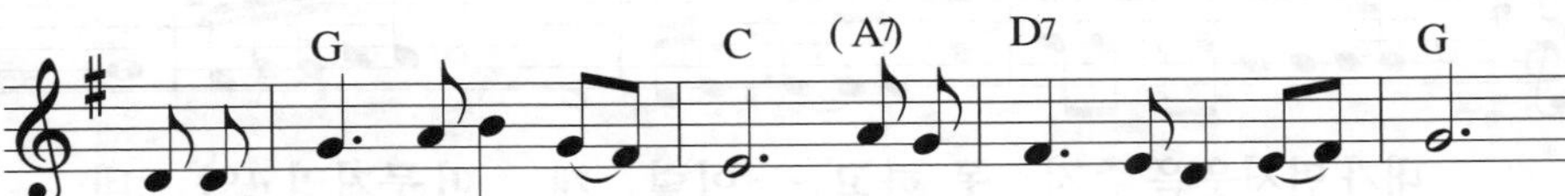

내가 주 를위하- 여 주의 영 광위하- 여
나는 주 님때문- 에 주의 사 랑인하- 여
주께 모 두드리- 리 주의 사 업위하- 여

이몸 주 께드리- 리 나의 일 생다-가도 록
오직 주 만따르- 리 나의 생 명다-하도 록
내것 모 두드리- 리 당신 내 게주신것이 니

내가 주 를위-하- 여 주의 영 광위하- 여
나는 주 님때-문- 에 주의 사 랑인하- 여
주께 모 두드-리- 리 주의 사 업위하- 여

G

389/ 겟세마네 동산에서 400/ 나 약해 있을 때에도 402/ 나의 가는 길

408 내가 먼저 손 내밀지 못하고

미가엘 1244

(오늘 나는)

최용덕

내가 먼저 손 내밀지 못하고

G

409 내가 무엇을 자랑하고

(하나님의 열심)

오택주

G Am7 Bm7 Em7

내가 무엇을 자 랑하고 무엇 을 내 세 우 리 나도내

CM7 Am7 D/F# D7

가 아 닌 것 을 알 고 있 네 - 내 가

G Am7 Bm7 B/D# Em7

숨 쉬 며 살 아 가 고 주 의 길 을 갈 수 있 는 것 나 와 함

CM7 G/B Am7 D/F# D7

께 하 시 는 주 님 의 은 혜 로 다 나 의

C/G G Bm7 Em7 Am AmM7 Am7 D7

공 로 가 아 닌 주 의 은 혜 나 의 선 택 이 아 닌 주 의 경 륜 나 의

C/G G Bm7 Em7 Am7 C/D D7 G D7

믿 음 도 주 가 주 셨 으 며 나 를 의 롭 다 하 셨 네 모 든

C/G G Bm7 Em7 Am AmM7 Am7 D7

열 방 이 구 원 에 이 르 도 록 - 쉬 지 아 니 하 는 하 나 님 의 손 길 주 의

C/G G Bm7 Em7 Am7 D7 G
영 광을위해 일 하시는- 여호 와의 열심을찬양해
G C D/C Bm7 Em7 Am7 D7
모든 만물은-주를찬양 하여라 기뻐하- 고즐거워-하
G G7 C D/C Bm7 Em7
라 모든영광과 존귀 지혜와감 사 찬 송 을 -영원
Am7 C/G Dsus4 D E D/A A
세세토록돌릴지어 다 - 모든 열 방이구원
C#m7 F#m7 Bm BmM7 Bm7 E7
에이 르도록- 쉬지 아 니하는 하나 님 의 손 길주의
D/A A C#m7 F#m7 Bm7 E7 A
영 광 을 위해 일 하 시는- 여호 와의 열 심을찬 양 해

G

410 내가 주인 삼은

전승연

내가 주인삼은 – 모든것 내려놓고 – 내

주되신주앞에나가 – 내가사랑했던 – 모든것

내려놓고 – 주님만사랑해 –

내가 – 주사랑 거친풍랑에도 – 깊은

바다처럼 – 나를 잠잠케해 – 주사랑 내영

혼의반석 – 그사랑위에 – 서리 –

메들리 곡
391/ 경배하리 주 하나님 398/ 나는 주를 작게 400/ 나 약해 있을 때에도

내게 강 같은 평화 411

(Peace Like A River)

Tranditional

1. 내게 강 -같 은 평화 내 게 강 - 같 은 평화
2. 내게 바 다같 은 사랑 내 게 바 다 같 은 사랑
3. 내게 샘 -솟 는 기쁨 내 게 샘 - 솟 는 기쁨

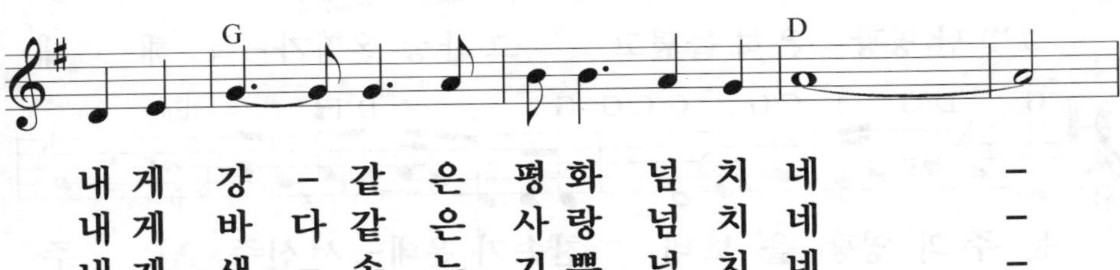

내 게 강 - 같 은 평 화 내 게 강 - 같 은 평 화
내 게 바 다 같 은 사 랑 내 게 바 다 같 은 사 랑
내 게 샘 - 솟 는 기 쁨 내 게 샘 - 솟 는 기 쁨

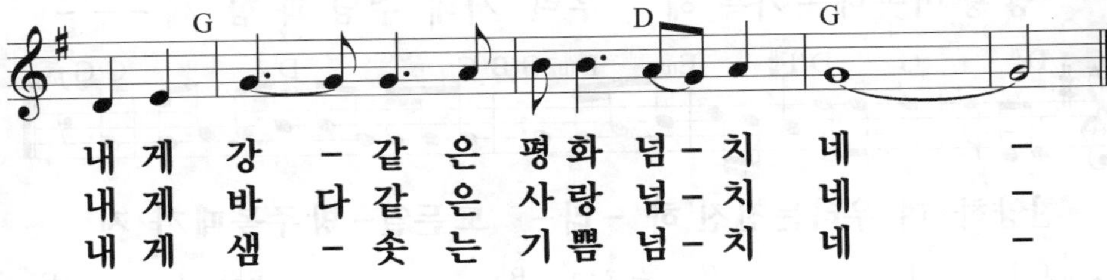

G

393/ 기도하자 우리 마음 395/ 기뻐하며 왕께 424/ 누구든지 목마르거든

412 내 눈 주의 영광을 보네

(모든 열방 주 볼 때까지)

미가엘 1742

고형원

메들리 곡 391/ 경배하리 주 하나님 427/ 당신은 영광의 왕 432/ 모든 민족에게

미가엘 877

사모합니다 413

(Father I Adore You)

Terrye Coelho

G

G Am D7 G Am

1. 사 모 합- 니 다 몸 과 마 음을
2. 사 모 합- 니 다 뜻 과 정 성을
3. 사 모 합- 니 다 신 령 과 진정

D G C Am D7 G

다 해 우 리 하 나 님
다 해 우 리 예 수 님
으 로 우 리 성 령 님

400/ 나 약해 있을 때에도 402/ 나의 가는 길 406/ 낮엔 해처럼

414 내 모든 삶의 행동 주 안에

미가엘 1661

(Every Move I Make)

David Ruis

내모든삶의행동주안에 주님안-에있네 나의숨쉬는순간들 도

내모든삶의걸음주안 에-내길 도-주안에 나의숨쉬는순간들 도

랄라라라-라라 랄 라라라-라라 자 비 와 은 혜 의 물 결

어 디 서 나 주 - 얼굴-보네 -주 사 랑 날 붙 드 네

오 놀 라 운 주 - 님 의 사 랑 -

386/ 갈급한 내 맘 390/ 경배하리 내 온 맘 다해 397/ 나는 주님을 찬양하리라

내 사랑하는 그 이름

415

(복된 예수)

A.H. Acley

1. 내 사랑하는 그 이름 예수 복된 예수
2. 내 맘에 계신 그 이름 예수 복된 예수
3. 주 예비하신 하늘집 예수 복된 에수

내 귀에 음악 같도다 예수 복된 예수
내 눈에 눈물 씻기는 예수 복된 예수
내 구원하신 그 이름 예수 복된 예수

아 귀하다 그의 이름 갈보리 산의 어린 양

귀한 생명 버리셨네 예수 복된 예수

메들리 곡 388/ 거룩 거룩 거룩하신 주 389/ 겟세마네 동산에서 416/ 내 손을 주께 높이

416 내 손을 주께 높이 듭니다

(찬송의 옷을 주셨네)

미가엘 757

박미래 & 이정승

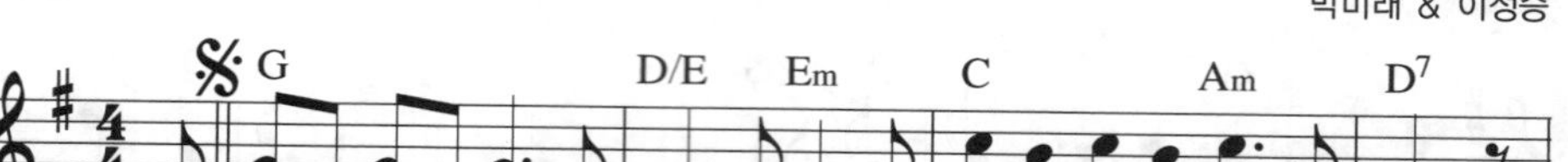

내 손을주께높이 듭니다내 찬양받으실주 님
라라라라라라 라라라라 라라라라라라라

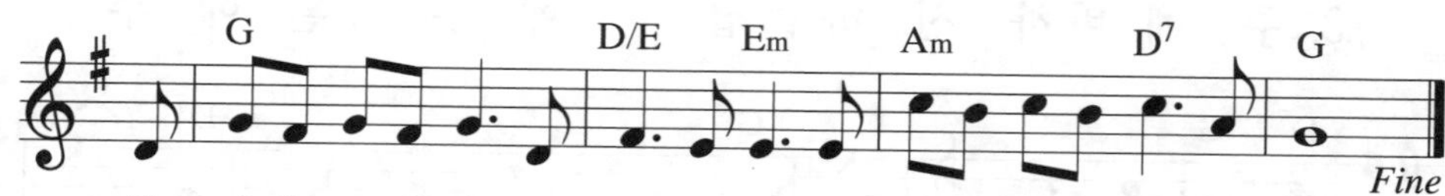

내 맘을주께활짝 엽니다내 찬양받으실 주 님
라 라라라라라라 라라라라 라라라라라 라 라

근 심 대 신 찬 송 을 찬 송 의 옷 을 주 셨 네 라

미가엘 719

내 영혼의 구세주 417

(Saviour Of My Soul)

Kathryn Kublman

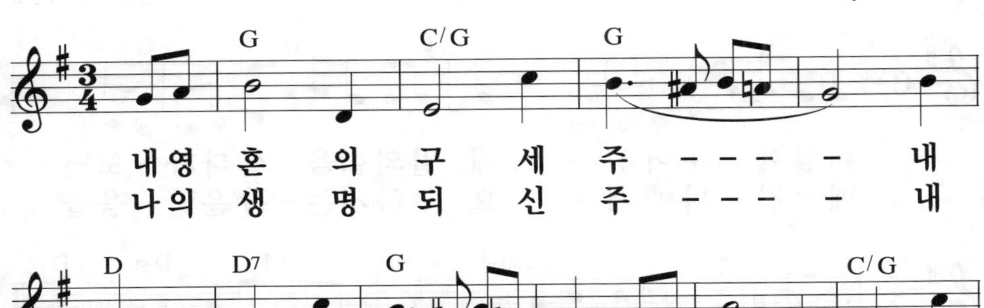

418 내앞에 주어진

(날 향한 계획)

김준영 & 임선호

메들리 곡 386/ 갈급한 내 맘 390/ 경배하리 내 온 맘 다해 403/ 나의 슬픔을

G D/F# F E sus4 E A m7 G/B C D
지금여-기-계시며- 말씀해-주시는 -하나님-
G D/F# F E sus4 E A m7 G/B C C/D D G
내삶에-역사하시는- 신실한-나의하-나님을-찬양해 -

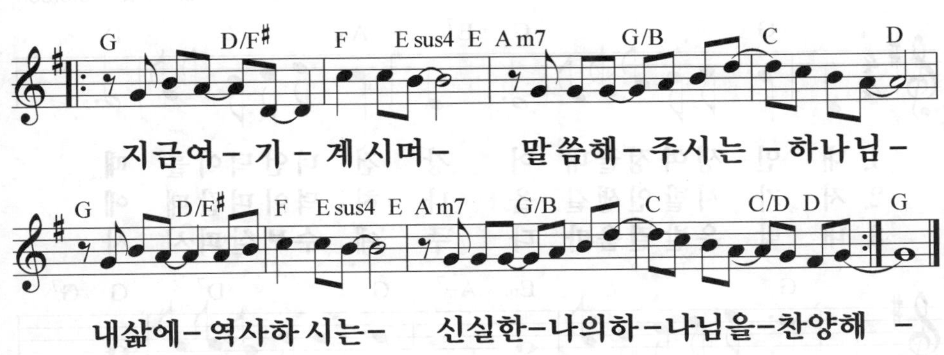

모든 지각에 뛰어나신 419

(아무것도 염려치 말고)

방영섭

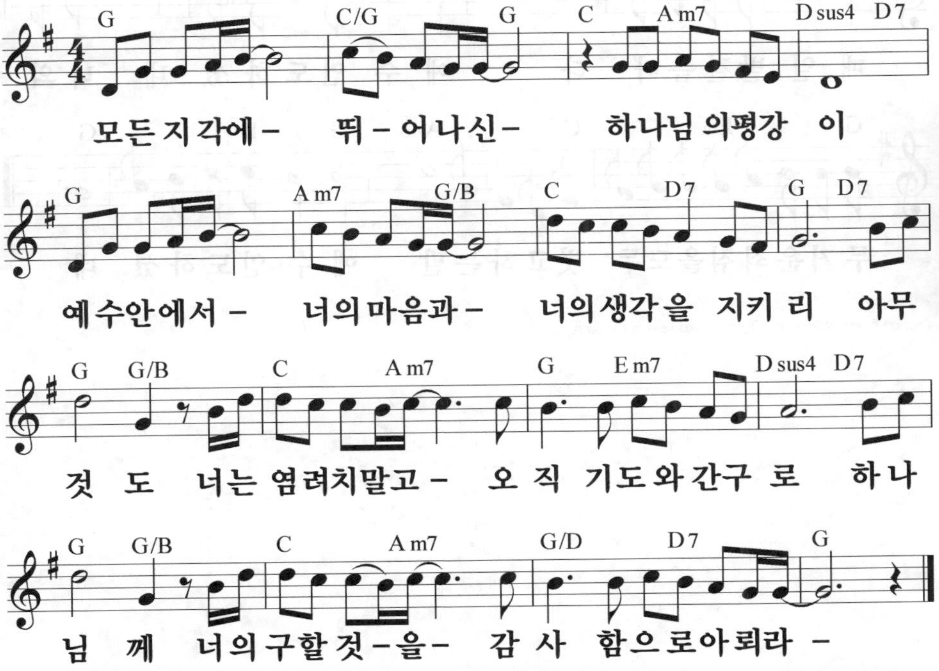
G C/G G C A m7 D sus4 D7
모든지각에- 뛰-어나신- 하나님의평강 이
G A m7 G/B C D7 G D7
예수안에서- 너의마음과- 너의생각을 지키리 아무
G G/B C A m7 G E m7 D sus4 D7
것 도 너는염려치말고- 오 직 기도와간구 로 하나
G G/B C A m7 G/D D7 G
님 께 너의구할것-을- 감 사 함으로아뢰라 -

G

420 내 인생 여정 끝내어

미가엘 1024

(예수인도하셨네 / Jesus led me all the way)

John W. Peterson

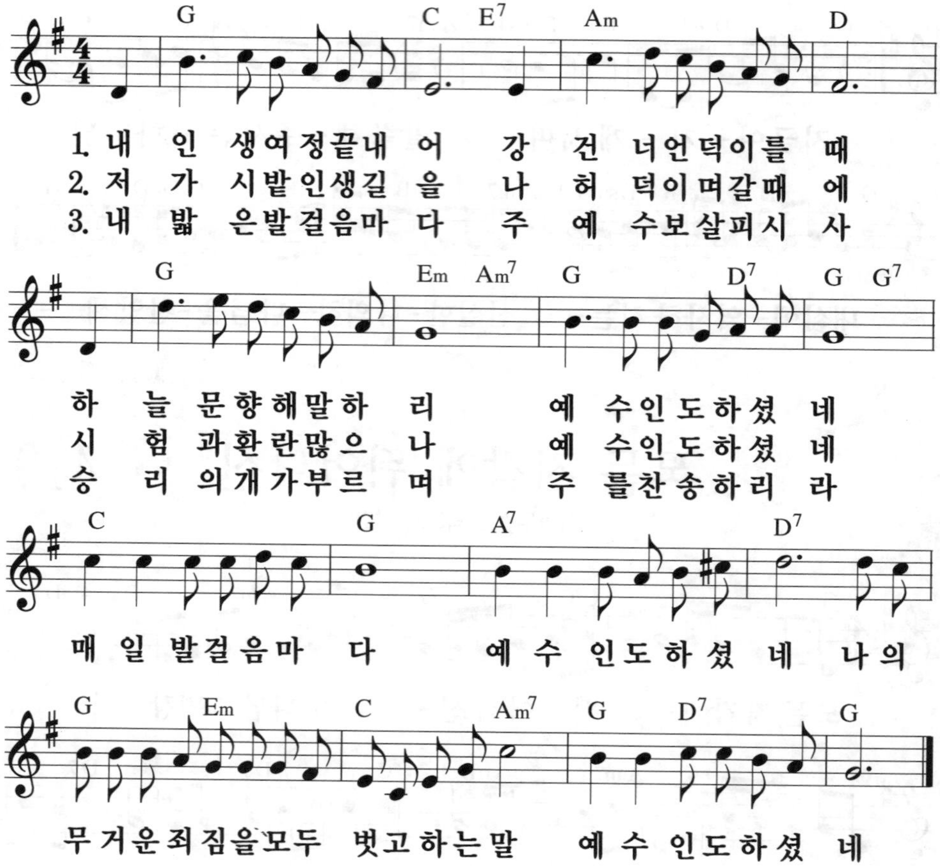

G C E7 Am D
1. 내 인 생여정끝내 어 강 건 너언덕이를 때
2. 저 가 시밭인생길 을 나 허 덕이며갈때 에
3. 내 밟 은발걸음마 다 주 예 수보살피시 사
G Em Am7 G D7 G G7
하 늘 문향해말하 리 예 수인도하셨 네
시 험 과환란많으 나 예 수인도하셨 네
승 리 의개가부르 며 주 를찬송하리 라
C G A7 D7
매 일 발걸음마 다 예 수 인도하 셨 네 나의
G Em C Am7 G D7 G
무 거운죄짐을모두 벗고하는말 예 수 인도하 셨 네

메들리 곡 389/ 겟세마네 동산에서 407/ 내가 주를 위하여 442/ 보혈을 지나

너는 무엇을 보았길래 421

(믿음의 눈으로 보라)

주숙일

1. 너는 무 엇을보았 길래 그렇게도놀 라 느－냐
2. 너는 무 엇을보았 길래 그렇게도즐 거 워하냐

너는 무슨소리들었 길래 근심속에빠 졌 느－냐
너는 무슨소리들었 길래 발걸음이가 벼 우－냐

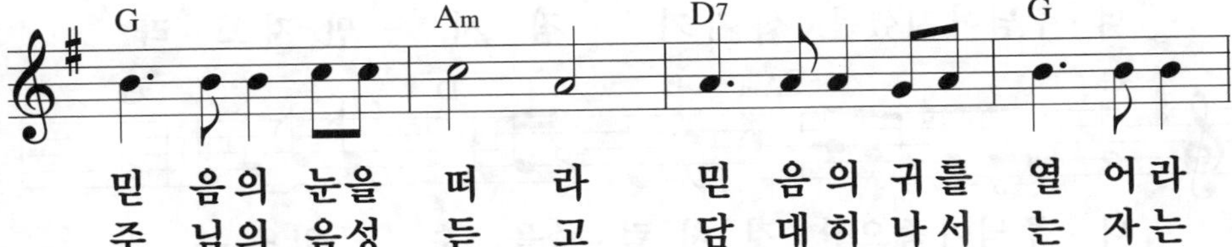

믿 음의눈을 떠 라 믿 음의귀를 열 어라
주 님의음성 듣 고 담 대히나서 는 자는

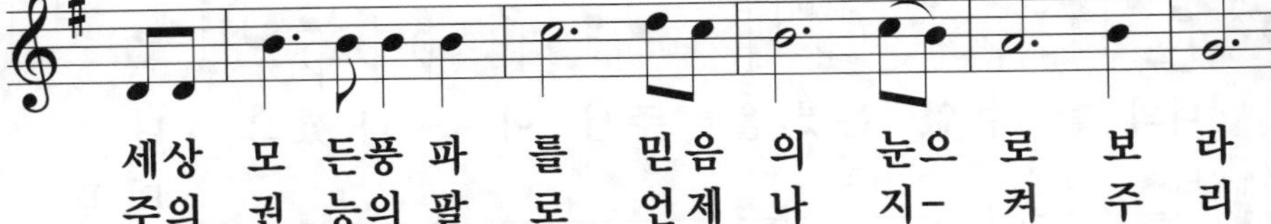

세상 모 든풍파 를 믿음 의 눈으 로 보 라
주의 권 능의팔 로 언제 나 지－ 켜 주 리

G

422 너 주님의 가시관 써 보라

미가엘 1228

(주님을 찬양하라)

송명희 & 김석균

미가엘 1071

네 마음에근심있느냐 423

(눈을 주님께 돌려)

Helen H. Lemmel

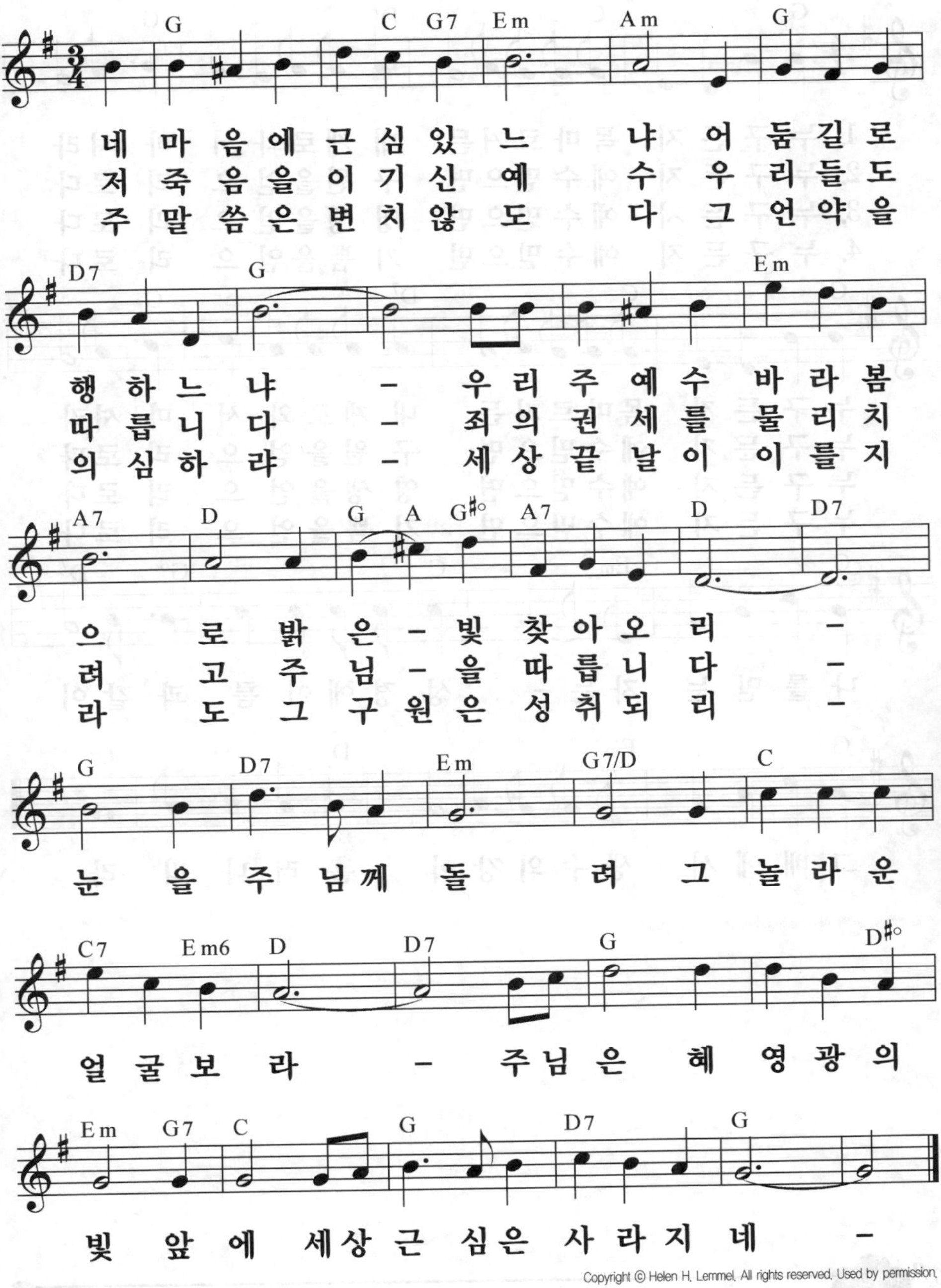
G C G7 Em Am G
네 마 음 에 근 심 있 느 냐 어 둠 길 로
저 죽 음 을 이 기 신 예 수 우 리 들 도
주 말 씀 은 변 치 않 도 다 그 언 약 을
D7 G Em
행 하 느 냐 – 우 리 주 예 수 바 라 봄
따 릅 니 다 – 죄 의 권 세 를 물 리 치
의 심 하 랴 – 세 상 끝 날 이 이 를 지
A7 D G A G#○ A7 D D7
으 로 밝 은 – 빛 찾 아 오 리 –
려 고 주 님 – 을 따 릅 니 다 –
라 도 그 구 원 은 성 취 되 리 –
G D7 Em G7/D C
눈 을 주 님 께 돌 려 그 놀 라 운
C7 Em6 D D7 G D#○
얼 굴 보 라 – 주 님 은 혜 영 광 의
Em G7 C G D7 G
빛 앞 에 세 상 근 심 은 사 라 지 네 –

G

424 누구든지 목마르거든

(내게로 와서 마셔라)

미가엘 858

권재환

G C D7 G

1. 누 구 든 지 목 마 르 거 든 내 게 로 와 서 마 셔 라
2. 누 구 든 지 예 수 믿 으 면 구 원 을 얻 으 리 로 다
3. 누 구 든 지 예 수 믿 으 면 영 생 을 얻 으 리 로 다
4. 누 구 든 지 예 수 믿 으 면 기 쁨 을 얻 으 리 로 다

G C D7 G

누 구 든 지 목 마 르 거 든 내 게 로 와 서 마 셔 라
누 구 든 지 예 수 믿 으 면 구 원 을 얻 으 리 로 다
누 구 든 지 예 수 믿 으 면 영 생 을 얻 으 리 로 다
누 구 든 지 예 수 믿 으 면 기 쁨 을 얻 으 리 로 다

G Em C G6 D7

나 를 믿 는 자 는 – 성 경 에 이 름 과 같 이

G Em7 D7 G

그 배 에 서 생 수 의 강 이 흘 러 나 리 라

393/ 기도하자 우리 마음 합하여 411/ 내게 강 같은 평화 431/ 마지막 날에

미가엘 1216

다 와서 찬양해 425

(Come On And Celebrate)

Patricia Morgan & Dave Bankhead

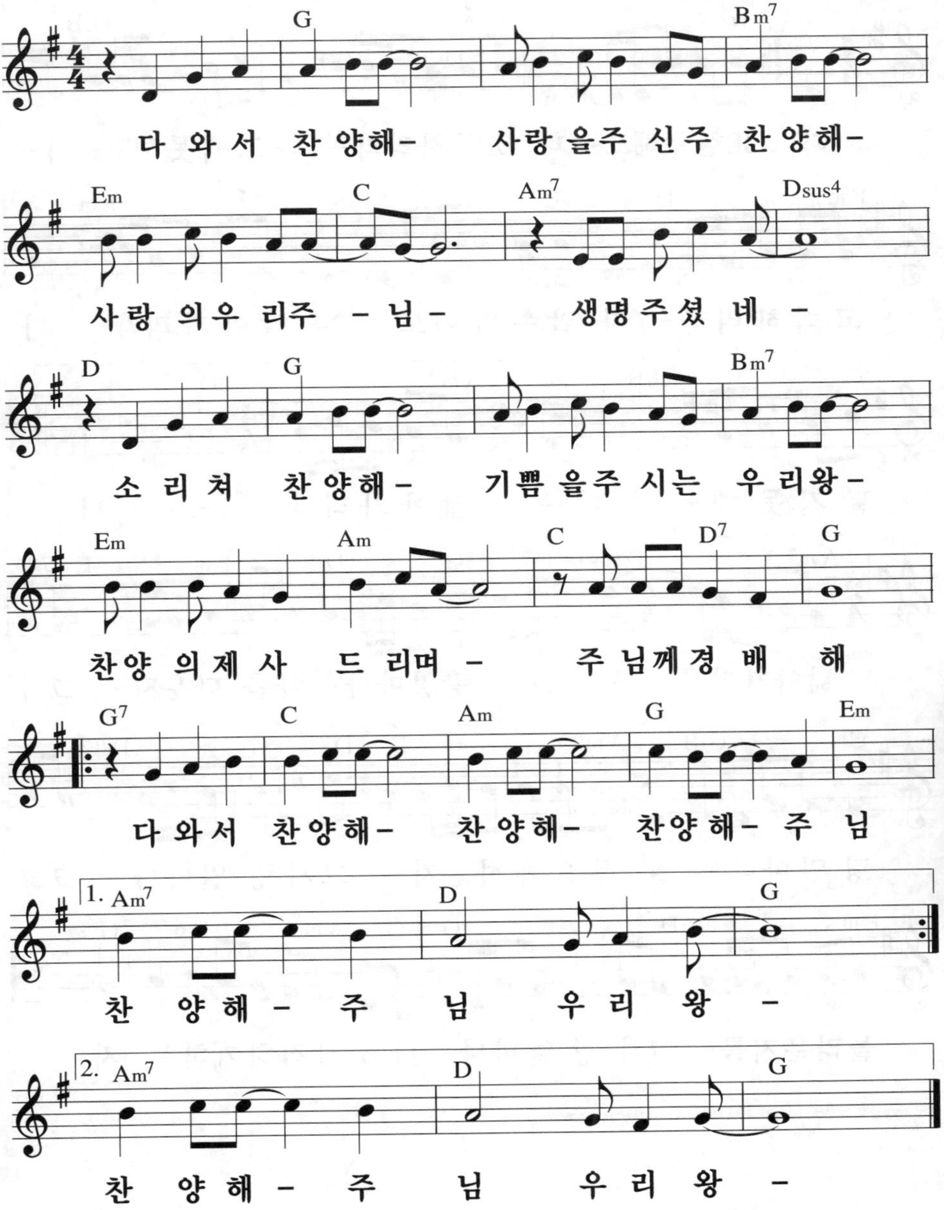

다 와서 찬 양해- 사랑 을주 신주 찬 양해-

사랑 의우 리주 - 님- 생명주셨 네 -

소 리 쳐 찬 양해- 기쁨 을주 시는 우 리왕-

찬양 의제 사 드 리며 - 주 님께경 배 해

다 와서 찬양해- 찬 양해- 찬양 해- 주 님

1. 찬 양해 - 주 님 우 리 왕 -

2. 찬 양 해 - 주 님 우 리 왕 -

G

387/ 거룩한 주님의 성전에 392/ 그리 아니하실지라도 395/ 기뻐하며 왕께

426 다 표현 못해도

미가엘 2150

(그 사랑 얼마나)

설경욱

다 표현못해도- 나 표현하리라- 다고백못해도- 나-

고백하리라- 다 알수없어도- 나 알아가리라- 다

닮지못해도- 나- 닮아가리라 - 다

닮아가리라 - 그사 랑얼마나- 아름 다운지- 그사

랑얼마나- 날 부요케하는지- 그사랑 얼마나- 크고

놀라운지를- 그사 랑 얼마나- 나를 감격하게하는 지

400/ 나 약해 있을 때에도 401/ 나의 사랑 나의 생명 412/ 내 눈 주의 영광을

미가엘 742

당신은 영광의 왕

(Hosanna to the Son of David)

Mavis Ford

G D G G7 C Am D

당 신은영 광 의 - 왕 당 신은평 강 의 왕

Bm Bm7 Em Em/D C Am7 Dsus4 D7

당 신은하 늘 과 땅의주 당 신은정의의아 들

Bm7 Em Em/D C G/B Am7 D D2 D7

천 사가무 릎 꿇 - 고 예 배하 고 찬 양 하 네

G2 Am9 Bm7 Em C Dsus4 D7 G C2/D

영 원한생 명 말 - 씀 당신은 예 수 그리스도 주

G Bm9 Em9 Em7/D C Am7 Dsus4 D7

호 산나다윗의- 자 손 - 께 호 산나불러왕 중의 왕

G2 Bm7 Em C2 D sus4 D7 G

높은하늘엔 영 광 - 을 - 예수주메시 야 - 네

388/ 거룩 거룩 거룩하신 주 416/ 내 손을 주께 높이 432/ 모든 민족에게

428 당신이 지쳐서

(누군가 널 위해 기도하네 / Someone Is Praying For You)

Lanny Wolfe

당 신 이 지 쳐 서 기 도 할 수 없 고 눈물
당 신 이 외 로 이 홀 로 남 았 을 때 당신

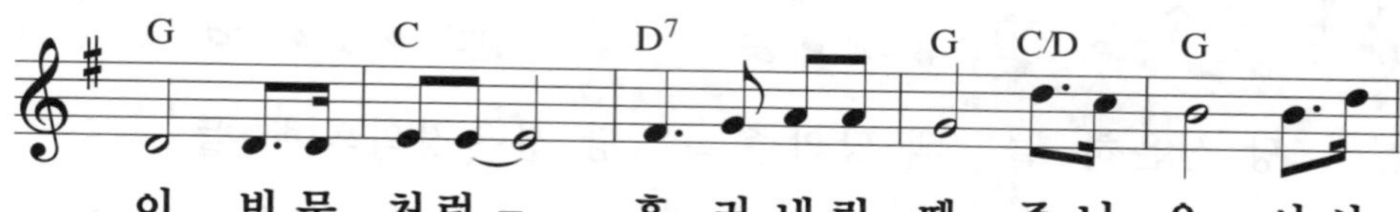

이 빗물 처럼- 흘 러 내 릴 때 주 님 은 아 시
은 누 구 에게- 위 로 를 얻 나 주 님 은 아 시

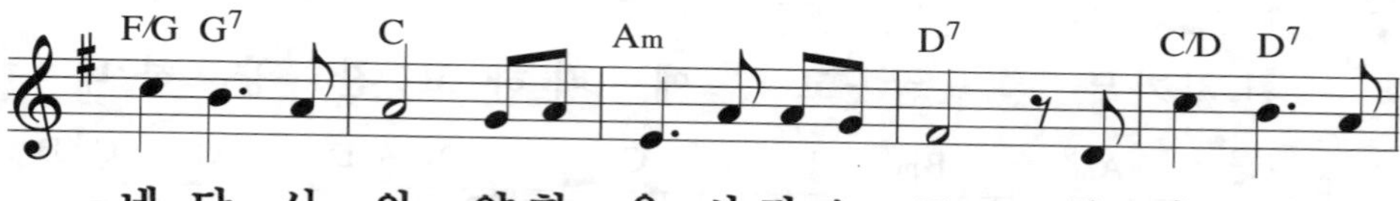

네 당 신 의 약함 을 사 랑 으 로 돌 봐 주 시
네 당 신 의 마음 을 그 대 홀 로 있 지 못 함

네 - 누 군 가 널 위 하 여 - 누 군 가
을 - 조 용 히 그 대 위 해 - 누 군 가

기 도 하 네 - 네 가 홀 로 외 로 워 서 - 마 음

이 무 너 질 때 누 군 가 널 위 해 기 도 하 네 -

394/ 기도할 수 있는데 420/ 내 인생 여정 끝내어 442/ 보혈을 지나

때로는 너의 앞에 429

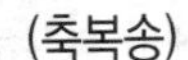

Gmaj7 Bm7 Cmaj7 D7

때-로는 너의앞 에 어려 움과 아픔있지 만

너는택 한 족속이 요 왕같 은- 제사장이 요

Am D7 Gmaj7 E

담대하 게- 주를바 라보는너 의영혼 -

거룩한 나라 하나님 의소유된백 -성 -

Am D Cmaj7 Am

너의영 혼 우리볼 때 얼마 나아름다 운-지

너의영 혼 우리볼 때 얼마 나사랑스 러운지

Cmaj7 D Bm E

너의영혼 통 해 큰영광받 으 실

Am7 D C6/G G

하나님을 찬 양 오할-렐 루 야

G

404/ 날 사랑하신 428/ 당신이 지쳐서 470/ 여기에 모인 우리

430 마음속에 어려움이 있을 때

(그럼에도 불구하고)

조영준

마음속에어려움이 있을때 마음속에 어려움이 있을때

마음속에어려움이 있을때 주님 내게먼저오 - 사 내 맘을만지고

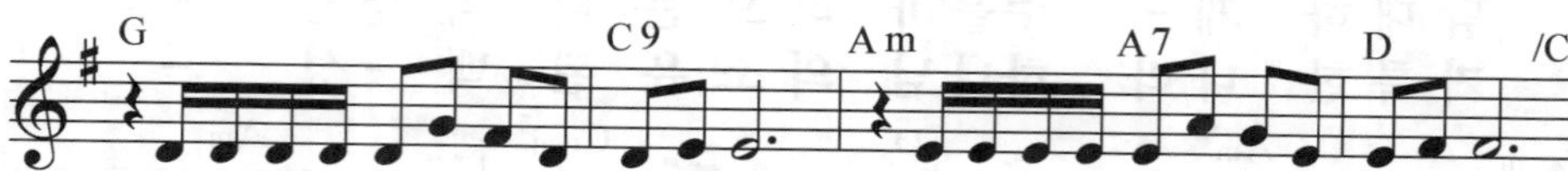

주님앞에나아올수 없을때 주님앞에나아올수 없을때

주님앞 에나아올수 없을때 주님 날 먼저안 으시 네 그

럼 에도불구하 - 고 날사랑하 - 시는 - 내 하나님 - 의사랑은 - 나의

모든걸덮고그 럼 에도불구하 - 고 날안아주 - 시는 - 내

하나님 - 을부를때 - 아버 지라부르죠그 지라부르죠

401/ 나의 사랑 나의 생명 406/ 낮엔 해처럼 407/ 내가 주를 위하여

미가엘 1625

마지막 날에

431

이천

G Em C

마 지 -막- 날- -에- 내 -가-

D7 G

나의 -영- 으 로 모 -든- 백 성

Em C D7

에 게- 부 -어- 주 리 라 - -

G Em

자녀들 은 예 언할-것이요 청년들 은 환 -상-을보고

C Am Dsus4 1. D7 2. D7

아비들 은 꿈 을꾸- -리라 주의영이임하 -면- -면-

G Em C Am Dsus4 D7

성 령 - 이 여 - 임 - 하 소 서 -

G Em C D7 G

성 령 - 이 여 - 우리에 게 임하 소 서 -

G

387/ 거룩한 주님의 성전에 396/ 나 기뻐하리 450/ 생명 주께 있네

432 모든 민족에게

미가엘 1522

(모든 영혼 깨어 일어날 때 / Great awakening)

Ray Goudie, Dave Bankhead & Steve Bassett

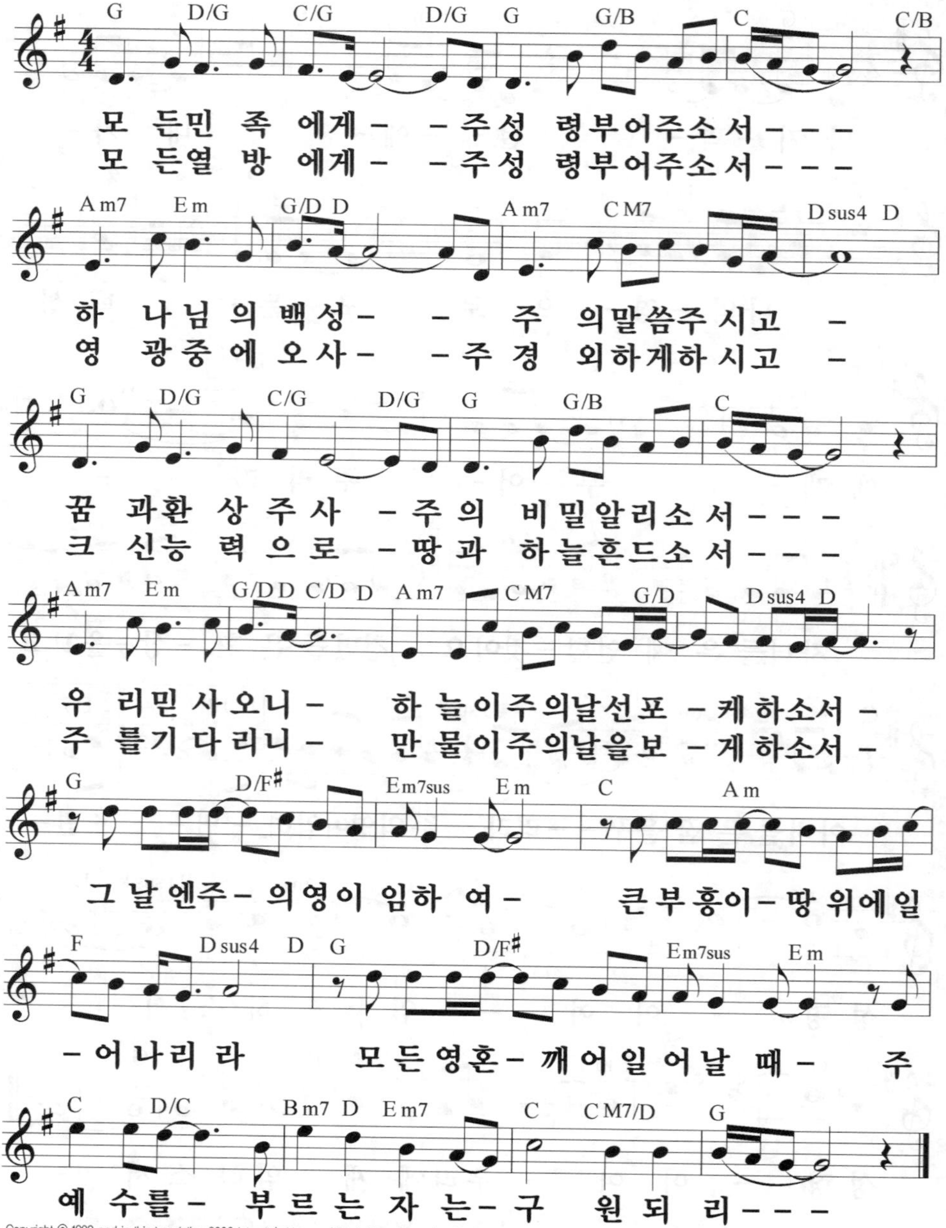
G D/G C/G D/G G G/B C C/B
모 든민 족 에게- -주성 령부어주소서---
모 든열 방 에게- -주성 령부어주소서---
Am7 Em G/D D Am7 CM7 Dsus4 D
하 나님의백성- - 주 의말씀주시고 -
영 광중에오사- -주경 외하게하시고 -
G D/G C/G D/G G G/B C
꿈 과환 상주사 -주의 비밀알리소서---
크 신능 력으로 -땅과 하늘흔드소서---
Am7 Em G/D D C/D D Am7 CM7 G/D Dsus4 D
우 리믿사오니- 하늘이주의날선포 -케하소서 -
주 를기다리니- 만물이주의날을보 -게하소서 -
G D/F# Em7sus Em C Am
그날엔주-의영이임하 여- 큰부흥이-땅위에일
F Dsus4 D G D/F# Em7sus Em
-어나리라 모든영혼-깨어일어날 때- 주
C D/C Bm7 D Em7 C CM7/D G
예 수를- 부르는 자 는-구 원되 리---

메들리 곡 412/ 내 눈 주의 영광을 418/ 내 앞에 주어진 427/ 당신은 영광의 왕

모든 영광을 하나님께 433

(heavenly Father I appreciate You)

Anonymous

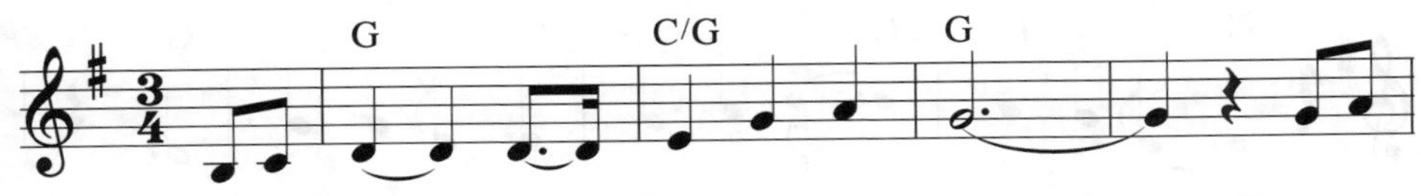

1. 모든 영 광 을 - 하 나 님 께 - 모든
2. 예수 님 - 찬 양 받 으 소 서 - 예수
3. 위로 의 - 성 령 님 이 시 여 - 위로

영 광 을 - 하 나 님 께 - 온
님 - 찬 양 받 으 소 서 - 죄
의 - 성 령 님 이 시 여 - 우

맘 과 - 뜻 다 - 해 주 사 모 합 니 다 모 든
사 했 네 우 리 위 해 성 령 - 주 셨 네 예 수
리 안 에 계 셔 - 서 늘 인 도 하 셨 네 위 로

G

영 광 을 - 하 나 님 께 -
님 - 찬 양 받 으 소 서 -
의 - 성 령 님 이 시 여 -

406/ 낮엔 해처럼 407/ 내가 주를 위하여 416/ 내 손을 주께 높이

434 목마른 사슴이 시냇물 찾 듯

미가엘 1272

(목자의 심정)

최훈차

G D G C G

1. 목 - 마 른 사 - 슴 이 시 냇 물 찾 듯
2. 험 산 준 령 헤 매 이 는 어 린 양 찾 아
3. 양 - 아 흔 아 홉 마 리 그 보 다 더 욱
4. 목 - 자 는 어 린 양 의 그 소 리 알 고
5. 어 린 목 자 내 주 예 수 이 몸 부 르 사

G C D^7 G

나 의 주 님 이 죄 인 을 찾 으 셨 도 다
나 의 주 님 산 가 시 에 찔 리 셨 도 다
길 - 잃 은 한 마 리 양 사 랑 했 도 다
참 - 다 운 목 자 음 성 양 이 알 도 다
푸 른 초 장 물 가 으 로 인 도 합 소 서

D^7 G D

양 을 위 해 생 명 바 친 목 자 - 의 수 고

G C G G C D^7 G

그 사 랑 을 잠 시 라 도 잊 지 말 지 라

389/ 겟세마네 동산에서 401/ 나의 사랑 나의 생명 442/ 보혈을 지나

무릎꿇고 엎드리니 435

(깨끗한 손 주옵소서 / Give us clean hands)

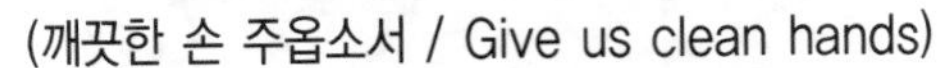

Charlie Hall

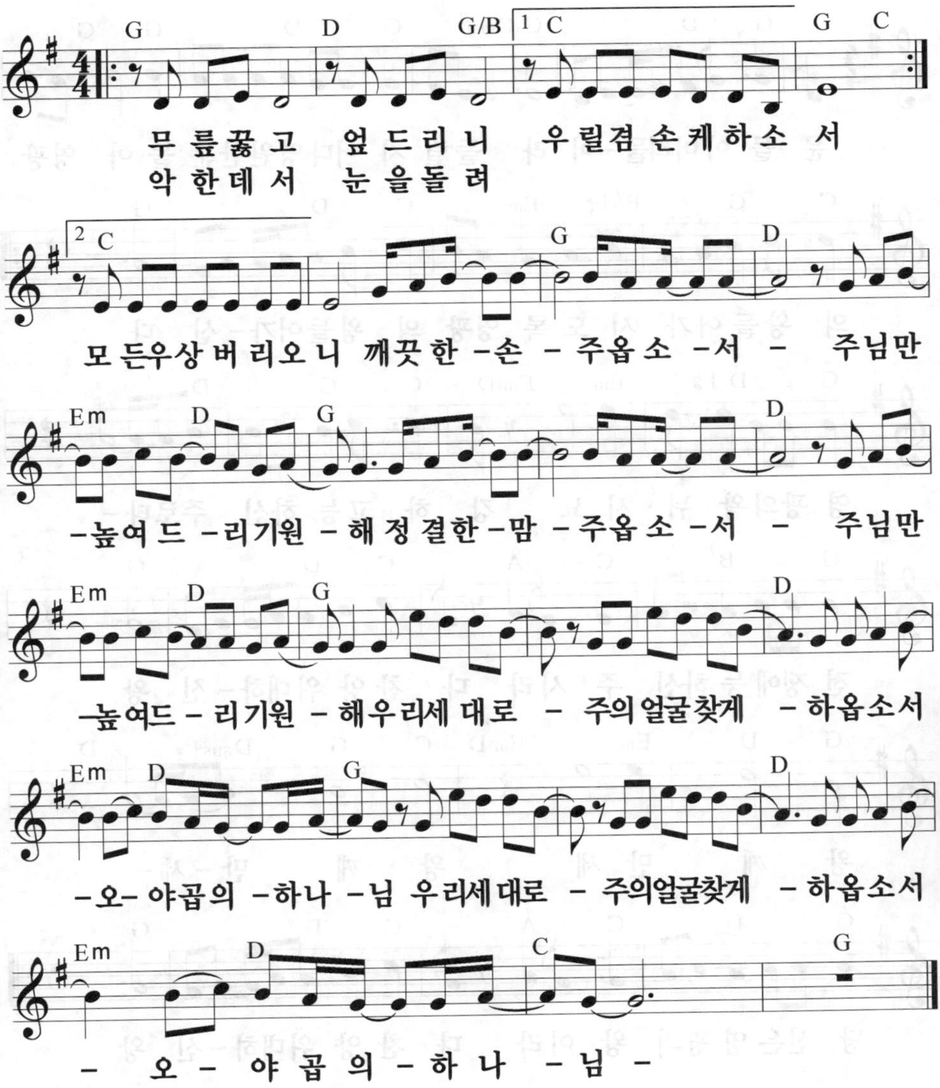
무 릎 꿇 고 엎 드 리 니 우 릴겸 손 케 하 소 서
악 한 데 서 눈 을 돌 려
모 든우 상 버 리 오 니 깨 끗 한 -손 - 주 옵 소 -서 - 주 님 만
-높 여 드 -리 기 원 - 해 정 결 한 -맘 - 주 옵 소 -서 - 주 님 만
-높 여 드 - 리 기 원 - 해 우 리 세 대 로 - 주 의 얼 굴 찾 게 - 하 옵 소 서
-오- 야 곱 의 -하 나 -님 우 리 세 대 로 - 주 의 얼 굴 찾 게 - 하 옵 소 서
- 오 - 야 곱 의 - 하 나 -님 -

G

436 문들아 머리 들어라

G D C Cmaj7 G D G G7

문 들 아머리들-어 라 들릴 지 어다영원한문 들 아 영광

C G B7/F# Em C D G

의 왕들어가 시 도 록 영광 의 왕들어가-신 다

G D/F# Em Em/D C G D

영 광의왕 뉘 시 뇨 강 하 고능 하신 주로다-

G B7 C A C D G

전 쟁에능하신 주 시라 다 찬 양 위대하-신 왕

G D Em Em/D C G Dsus4 D

왕 께 만 세 왕 께 만-세-

G D C A C D G

당 신은영광의 왕 이라 다 찬 양 위대하-신 왕

6 메들리 곡 390/ 경배하리 내 온 맘 다해 418/ 내 앞에 주어진 431/ 마지막 날에

믿음의 형제들이여 437

(Shout to the North)

Martin Smith

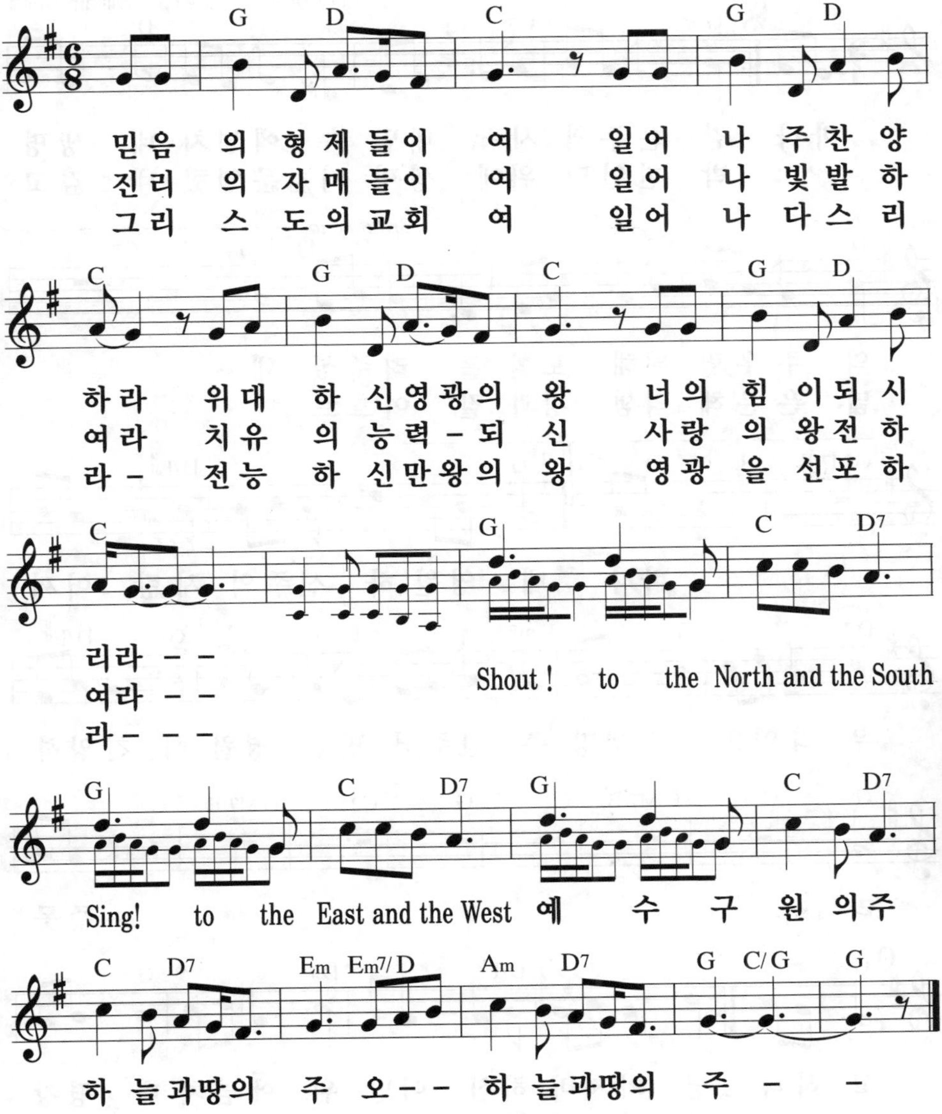

믿음 의 형 제 들이 여 일어 나 주 찬 양
진리 의 자 매 들이 여 일어 나 빛 발 하
그리 스 도 의 교 회 여 일어 나 다 스 리

하라 위대 하 신영광의 왕 너의 힘 이 되 시
여라 치유 의 능력 – 되 신 사랑 의 왕전 하
라 – 전능 하 신만왕의 왕 영광 을 선포 하

리라 – –
여라 – –
라 – – –

Shout! to the North and the South

Sing! to the East and the West 예 수 구 원 의 주

하 늘과땅의 주 오 – – 하 늘과땅의 주 – –

G

400/ 나 약해 있을 때에도 403/ 나의 슬픔을 456/ 세상 향한 발걸음들

438 바다 같은 주의 사랑

(Here Is Love)

Matt Redman(Arr.) &
PD Robert S. Lowry / William Rees

Em7 C 1.G D/F# G 2.G D/F#

의 왕주님 예수 세상 죄 구속했네 영원 히 찬양하
주 신주님 만을 영원

G C2 GM7/B C2 G

리 더높은사랑

C2 G/B C2 G

더높은사랑 더깊은사랑 진실한사랑 더높은사랑

C2 G/B 1.C2 2.C2

더넓은사랑 주같은사랑 없-네- 없-네- 바다

G C2/G D/G C2/G

같 은주의 사랑- 바다

G C/G D/G 1. C2/G 2. C2/G

같 은주의 사랑- 바다

439 보라 너희는 두려워 말고

미가엘 1760

이연수

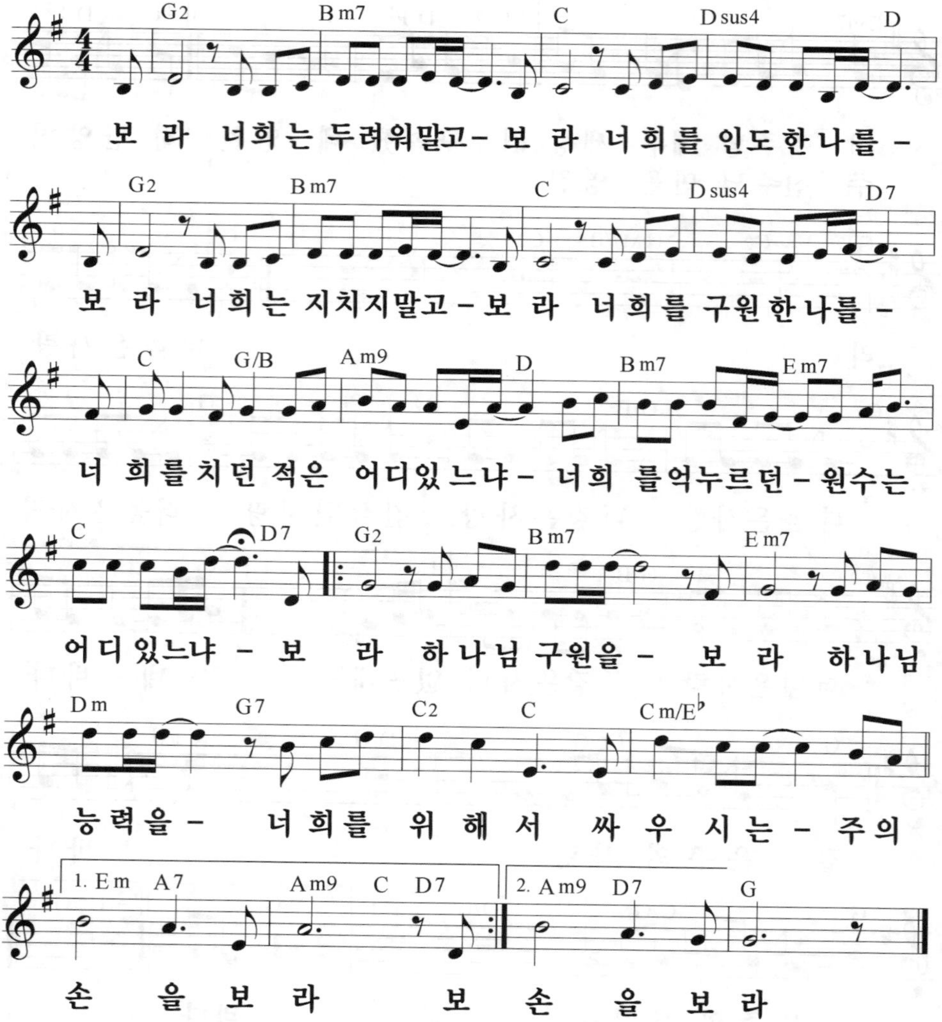
G2 Bm7 C Dsus4 D
보 라 너희는 두려워말고- 보 라 너희를 인도한나를 -
G2 Bm7 C Dsus4 D7
보 라 너희는 지치지말고-보 라 너희를 구원한나를-
C G/B Am9 D Bm7 Em7
너 희를치던 적은 어디있느냐- 너희 를억누르던-원수는
C D7 G2 Bm7 Em7
어디있느냐 - 보 라 하나님 구원을- 보 라 하나님
Dm G7 C2 C Cm/E♭
능력을- 너희를 위해서 싸우시는- 주의
1. Em A7 Am9 C D7 2. Am9 D7 G
손 을보라 보 손 을보라

미가엘 1627

보라 새 일을

440

이길로

G

441 보라 하나님은

성명희

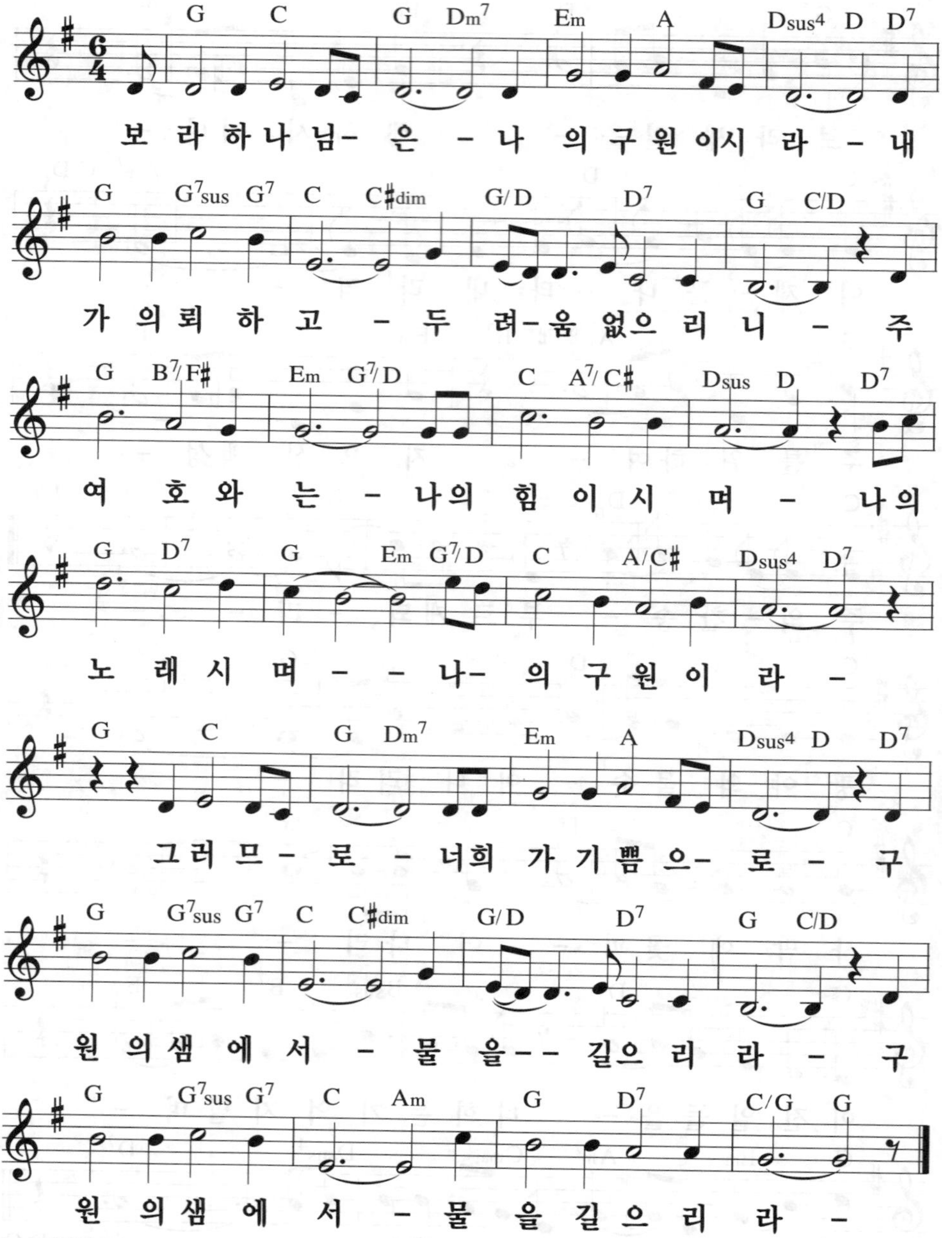

G C G Dm7 Em A Dsus4 D D7

보 라 하 나 님- 은 - 나 의 구 원 이 시 라 - 내

G G7sus G7 C C#dim G/D D7 G C/D

가 의 뢰 하 고 - 두 려-움 없으 리 니 - 주

G B7/F# Em G7/D C A7/C# Dsus D D7

여 호 와 는 - 나의 힘 이 시 며 - 나의

G D7 G Em G7/D C A/C# Dsus4 D7

노 래 시 며 - - 나- 의 구 원 이 라 -

G C G Dm7 Em A Dsus4 D D7

그 러 므- 로 - 너희 가 기 쁨 으- 로 - 구

G G7sus G7 C C#dim G/D D7 G C/D

원 의 샘 에 서 - 물 을-- 길으 리 라 - 구

G G7sus G7 C Am G D7 C/G G

원 의 샘 에 서 - 물 을 길 으 리 라 -

메들리 곡

420/ 내 인생 여정 끝내어 442/ 보혈을 지나 446/ 빈들에 마른 풀 같이

미가엘 1623

보혈을 지나

442

김도훈 & 송정훈

G

메들리 곡

400/ 나 약해 있을 때에도 406/ 낮엔 해처럼 410/ 내가 주인 삼은

443 보소서 주님 나의 마음을

미가엘 2221

(주님 마음 내게 주소서)

Ana Paula Valadao

보소서 주님 나의 마음을

G

444 부어주소서 주님의 성령

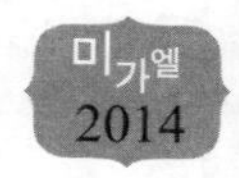

미가엘
2014

고형원

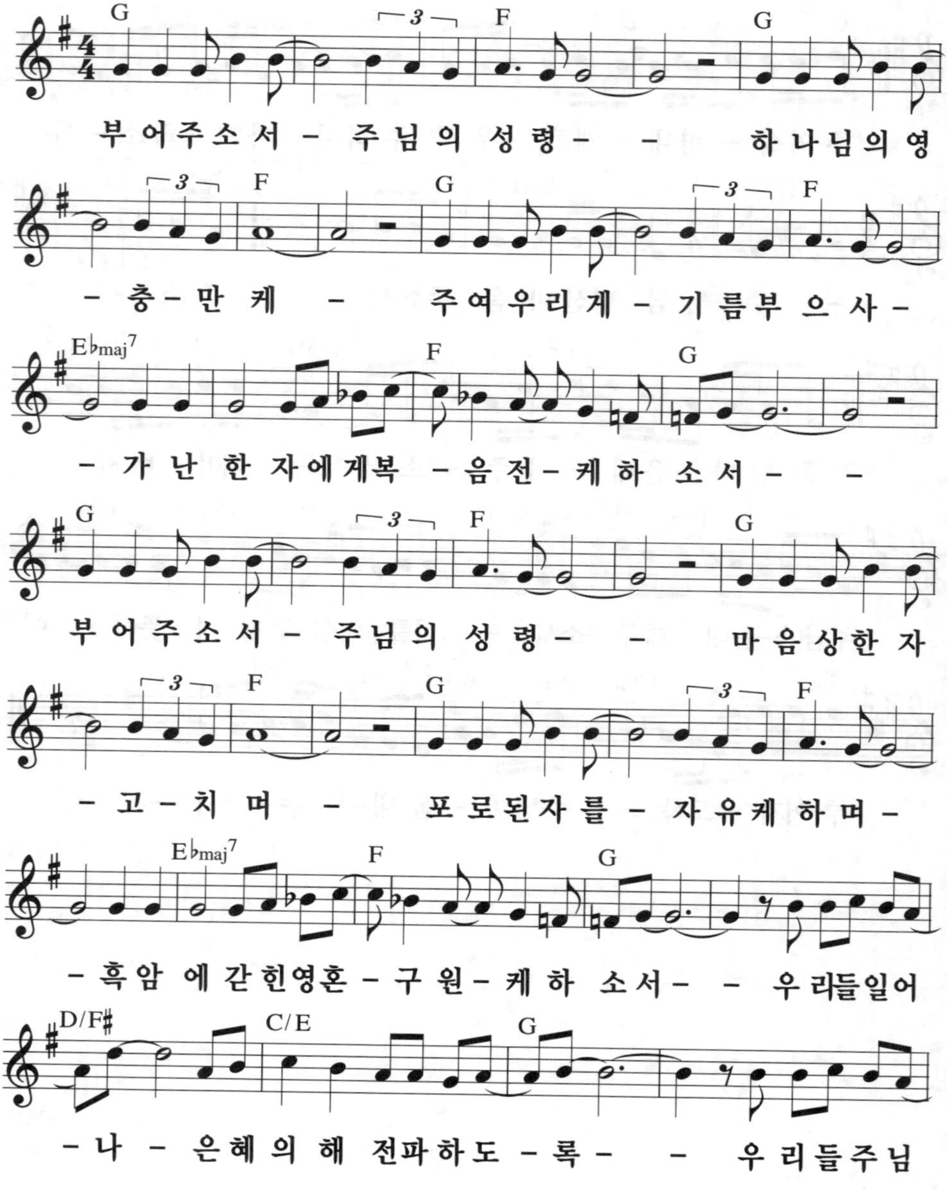
G 3 F G
부어주소서 - 주님의 성령 - - 하나님의영
3 F G 3 F
- 충 - 만 케 - 주여우리게 - 기름부 으 사 -
E♭maj7 F G
- 가 난 한 자에게복 - 음 전 - 케하 소 서 - -
G 3 F G
부 어 주 소 서 - 주님의 성 령 - - 마음상한 자
3 F G 3 F
- 고 - 치 며 - 포로된자를 - 자유케하며 -
E♭maj7 F G
- 흑암 에 갇힌영혼 - 구 원 - 케 하 소서 - - 우 리들일어
D/F# C/E G
- 나 - 은혜의 해 전파하도 - 록 - - 우 리 들 주 님

D/F♯ C/E G D/F♯
- 의 - 신 원 의 날 선 포 하 도 - 록 - - 성 령
Em7 D/F♯ G D/F♯ Em7 /D C
의 바 람 - 불 어 와 - 우 릴 채 우 - 소 서 - 주 의 - 영 광
D7 Em7 D/F♯ C D7
- 위 해 - - 하 늘 의 불 꽃 - 내 려 와 - 타 오
G D/F♯ Em7 /D C D7 Gsus4 G
르 게 하 - 소 서 - 주 의 - 영 광 - 위 해 - -

445 부흥 있으리라

(There's gonna be a revival)

Renee Morris

G C G

부 흥-있-으리 -라 이땅에 ---

G C D B/D#

부 흥- 있-으리 -라 이 땅에 ---

Em B7aug/D# Em7/D C#m7♭5

동쪽과 - 서쪽 - 남쪽 - 북쪽에 -

동쪽 서쪽 남쪽-북쪽에 -

Am7 G/D 1. D7aug G C/D

부 흥- 있-으리 -라- 이-땅에 - -

2. D7aug G F B♭ C B♭G F G F7 F#7

-라- 이-땅에 이 땅

G9 C/D 3. E7aug Am7 G/D E7aug

에 -라- 부 흥- 있-으리 -라-

Am7 G/D D7aug F G B♭

부 흥- 있- 으리 -라- 이- 땅에

C B♭ G F G F7 F#7 G2

이 땅 에

빈들에 마른 풀 같이 446

(하늘문 여소서)

G

메들리 곡

420/ 내 인생 여정 끝내어 426/ 다 표현 못해도 441/ 보라 하나님은

447 사랑의 노래 드리네

미가엘 2215

(Arms of love)

Craig Musseau

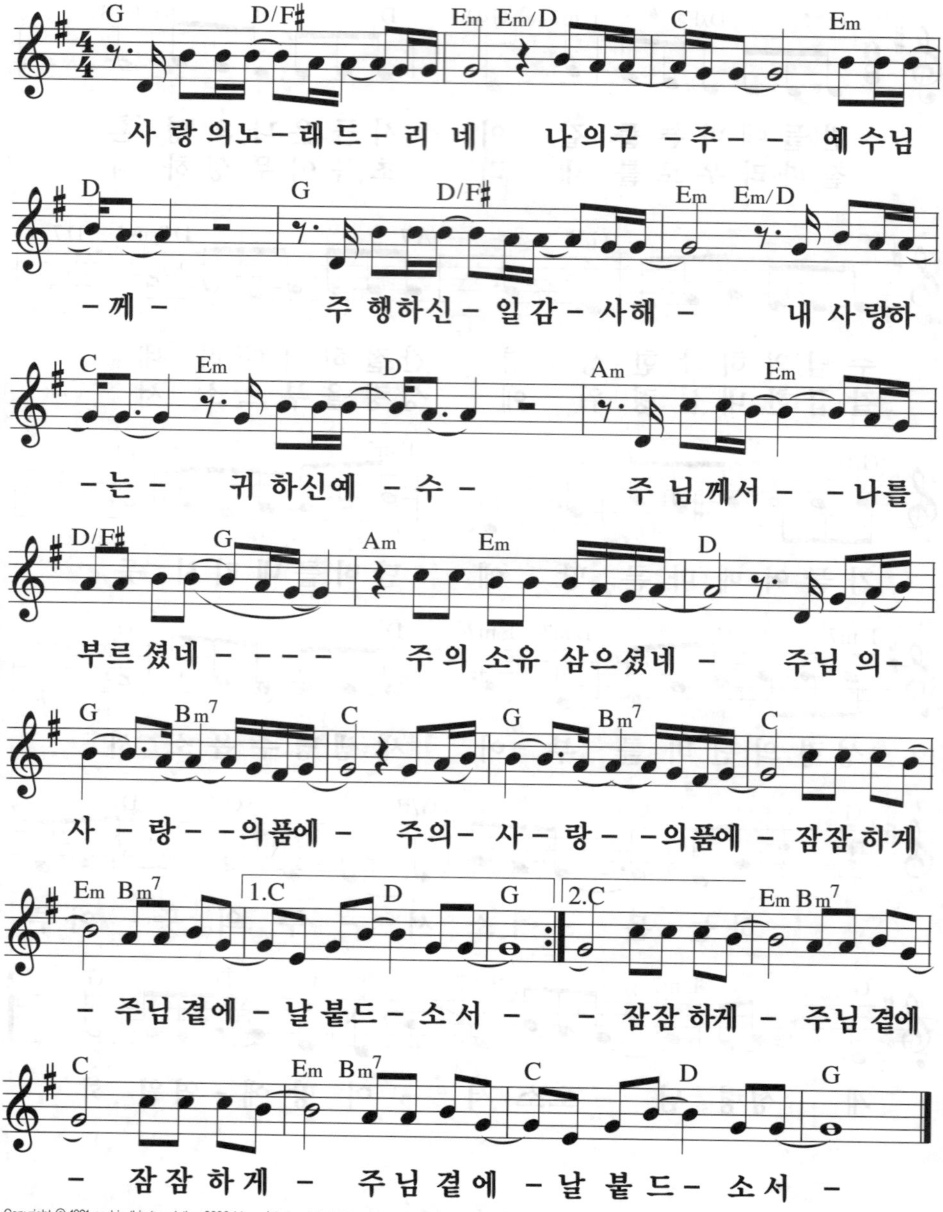

G D/F# Em Em/D C Em

사 랑 의 노 - 래 드 - 리 네 나 의 구 - 주 - - 예 수 님

D G D/F# Em Em/D

- 께 - 주 행 하 신 - 일 감 - 사 해 - 내 사 랑 하

C Em D Am Em

- 는 - 귀 하 신 예 - 수 - 주 님 께 서 - - 나 를

D/F# G Am Em D

부 르 셨 네 - - - - 주 의 소 유 삼 으 셨 네 - 주 님 의 -

G Bm7 C G Bm7 C

사 - 랑 - - 의 품 에 - 주 의 - 사 - 랑 - - 의 품 에 - 잠 잠 하 게

Em Bm7 1.C D G 2.C Em Bm7

- 주 님 곁 에 - 날 붙 드 - 소 서 - - 잠 잠 하 게 - 주 님 곁 에

C Em Bm7 C D G

- 잠 잠 하 게 - 주 님 곁 에 - 날 붙 드 - 소 서 -

401/ 나의 사랑 나의 생명 427/ 당신은 영광의 왕 461/ 십자가 그 사랑

사랑합니다 나의 예수님 448

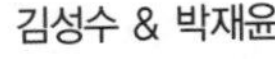

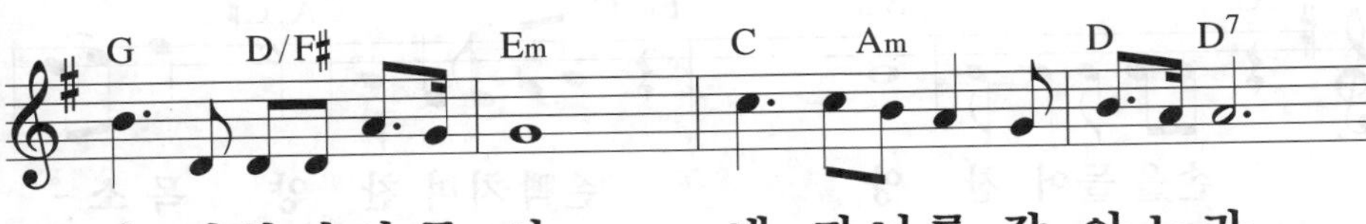

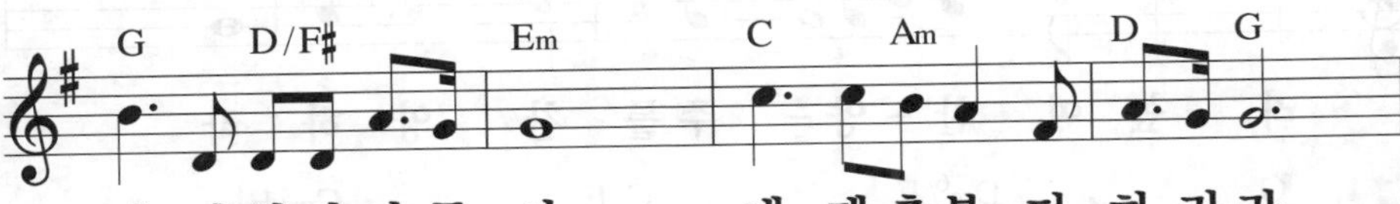

G

389/ 겟세마네 동산에서 407/ 내가 주를 위하여 420/ 내 인생 여정 끝내어

449 살아계신 하나님

미가엘 753

최덕신

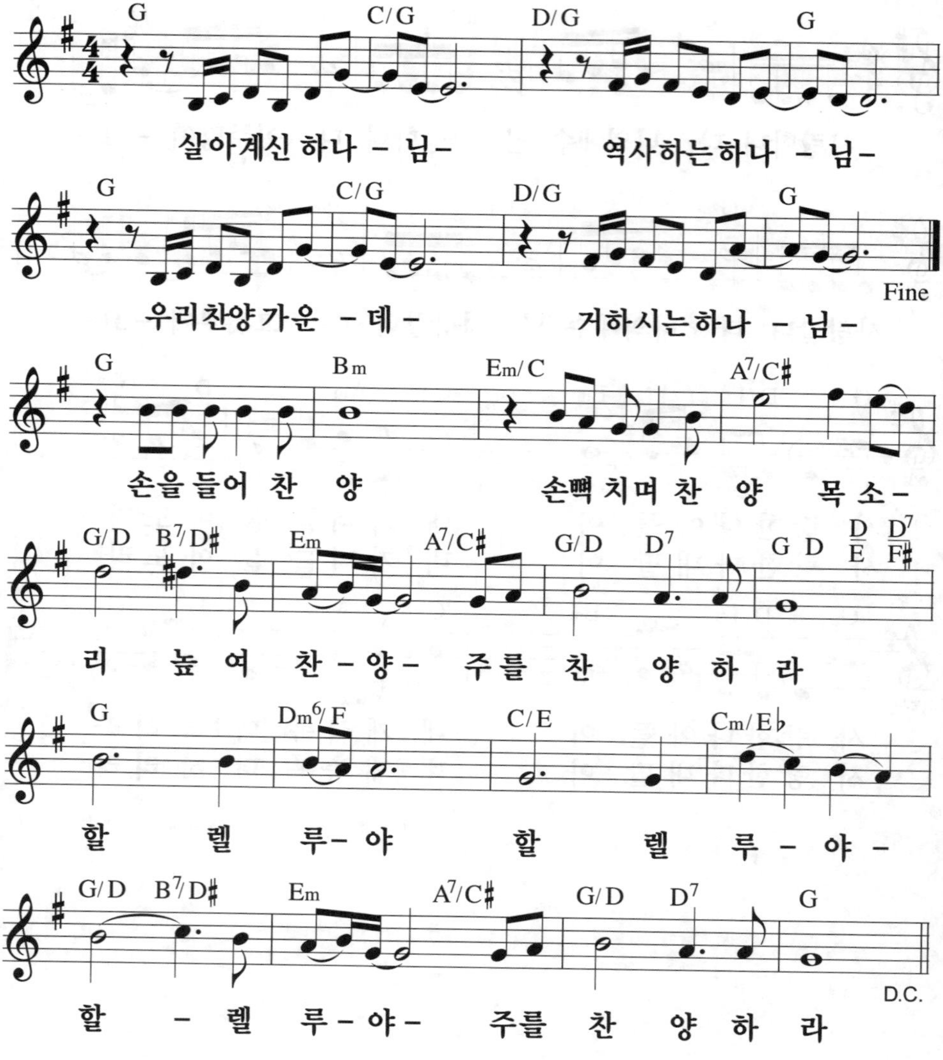
G C/G D/G G
살아계신 하나 – 님–
역사하는하나 – 님–
G C/G D/G G
우리찬양 가운 – 데 –
거하시는하나 – 님–
Fine
G Bm Em/C A7/C#
손을들어 찬 양
손뼉 치며 찬 양 목 소–
G/D B7/D# Em A7/C# G/D D7 G D D/E D7/F#
리 높 여 찬 – 양– 주를 찬 양 하 라
G Dm6/F C/E Cm/E♭
할 렐 루– 야 할 렐 루 – 야 –
G/D B7/D# Em A7/C# G/D D7 G
할 – 렐 루 – 야– 주를 찬 양 하 라
D.C.

미가엘 1553

생명 주께 있네 450

(My life is in You Lord)

Daniel Gardner

생 명 주께 있네 - 능 력 주께 있네 - 소

망 주께 있네 - 주 안 -에있- 네 생

네 생명 다 해 - 주 찬 양 - 하 리

- 힘을 다 해 - 주 찬 양 - 하 리 --

- 내 생 명 - 다 해 내 힘 을 - 다

해 모 든소 망 주님 께 - - 생

안 -에 있 - 네 주 께 -

386/ 갈급한 내 맘 387/ 거룩한 주님의 성전에 392/ 그리 아니하실지라도

451 생수의 강이 내게서 흐르네

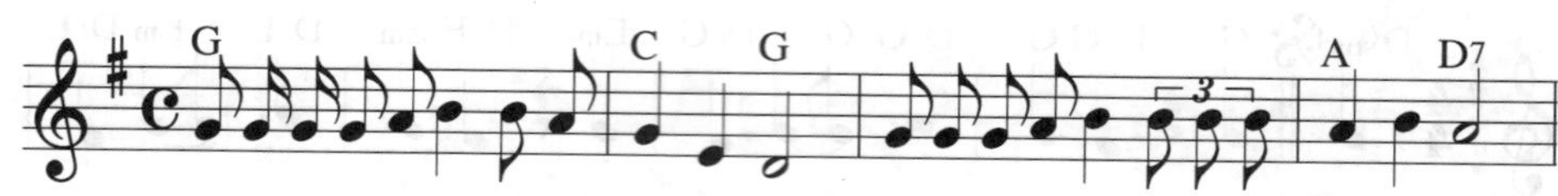

생수의강이내게서 흐 르 네 저는자걷고눈먼자 보 겠 네

옥문열고갇 힌자 푸시 는 생수의강이내게 흘러 넘 치 네

우 물물 아 – 솟아 나 라– –솟아 나

라 –넘 치–도 록 –솟아나 라

–넘쳐나 게– –솟아 나 서 –날 푸소 서

선한데는 지혜롭고

(로마서 16:19 / Romans 16:19)

Dale Garratt/Ramon Pink & Graham Burt

G

453 성령님이 임하시면

(성령의 불타는 교회 / Church on Fire)

Russell Fragar

성령 님이임하시면능력 이나타나－ 모－든것이일어날수

있게되죠－ 참－선한것이 선한 것이여기일어 나－네－

어두움－을－물리치는 빛이있네－ 능－력 힘입어 난두

렵지않네－ 참－선한것이 선한 것이여기일어나－네－

성령의 불 타 는교－회－성령의 불꽃임－하네－온마음

다 하 여－서 주이름 높이 세－ 우 리 의마－음불－타네－

그 빛을전－하 기－위 해－사랑의 불꽃－전하－세－

주를위한－ 성령의불－타는교－회－ －회－

Authorised Korean translation by Chun, Gwang Woong/Lee, Myung Jin

미가엘 1538

세상 모든 민족이

454

(물이 바다 덮음 같이)

고형원

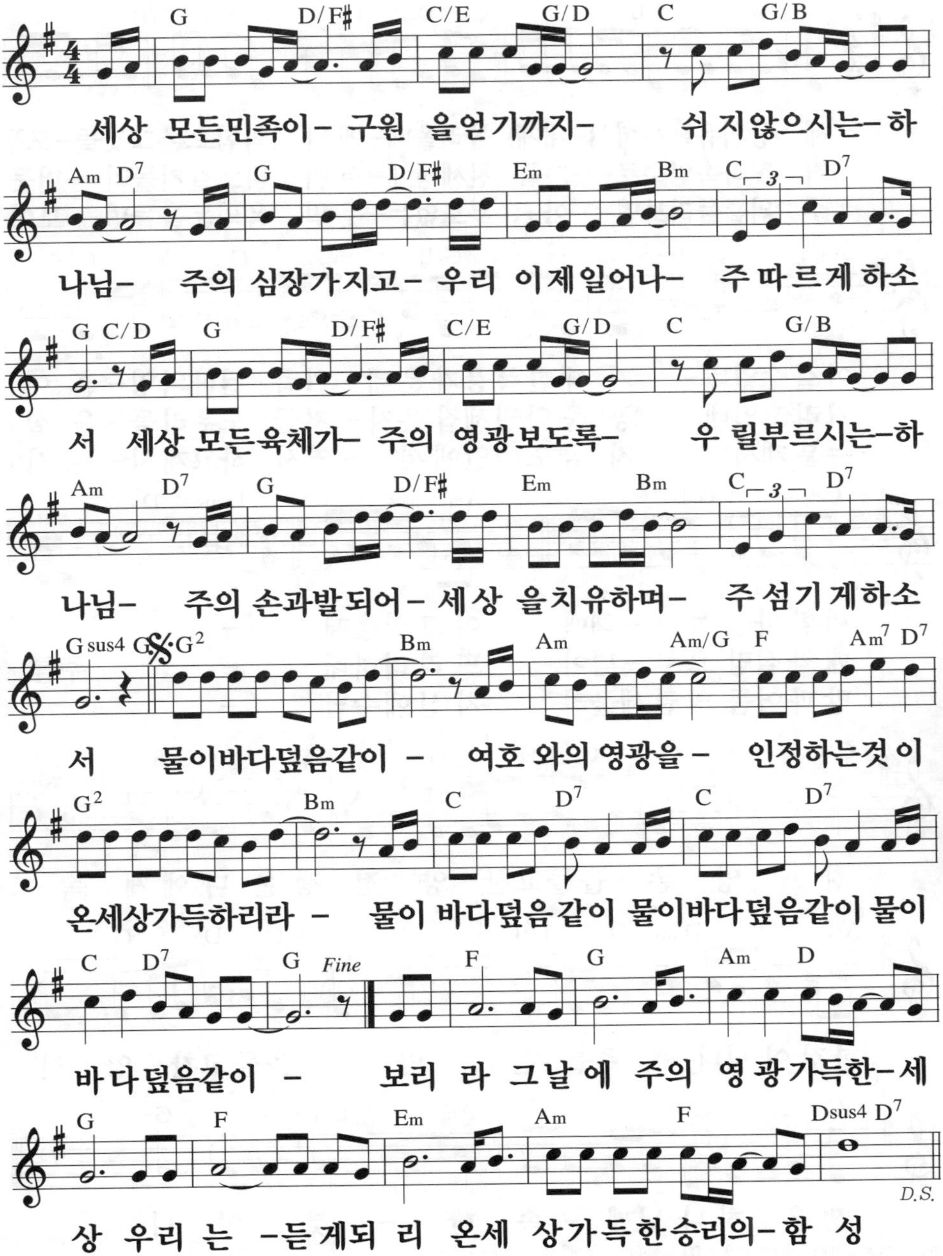
세상 모든민족이- 구원 을얻기까지- 쉬 지않으시는-하
나님- 주의 심장가지고- 우리 이제일어나- 주 따르게하소
서 세상 모든육체가- 주의 영광보도록- 우 릴부르시는-하
나님- 주의 손과발되어- 세상 을치유하며- 주 섬기게하소
서 물이바다덮음같이 - 여호 와의영광을 - 인정하는것이
온세상가득하리라 - 물이 바다덮음같이 물이바다덮음같이 물이
바다덮음같이 - 보리 라 그날에 주의 영 광가득한-세
상 우리 는 -듣게되 리 온세 상가득한승리의-함 성
Fine
D.S.

G

메들리 곡 412/ 내 눈 주의 영광을 427/ 당신은 영광의 왕 449/ 살아계신 하나님

455 세상의 유혹 시험이

(주를 찬양)

최덕신

세 상의유혹시험이-내게 몰려올때-에나 의힘으론그것들-모두
거 짓과속임수로--가득 찬세상에-서어 디로갈지몰라--머뭇
주 위를둘러보면--아- 무도없는-듯믿 음의눈을들면--보이

이길수없네- 거 대한폭풍가운데-위축 된나의영-혼 어
거리고있네- 공 중의권세잡은자-지금 도우리들-을 실
는분계시네- 지 금도내안에서--역사 하고계시-는 사

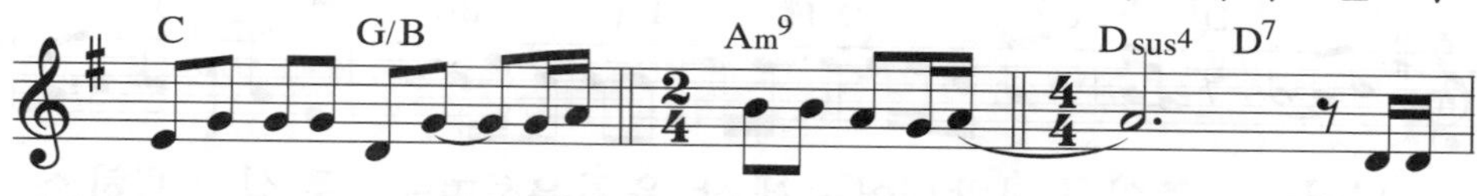

찌할바를 몰라-헤매 이고있을때 -
패와절망 으로-넘어 뜨리려하네 - 주를
망과어둠 의권세물리 치신예수님 -

C/G G C D7 G C G/B

찬 양 손 을들고찬-양 전 쟁은나에게 속-

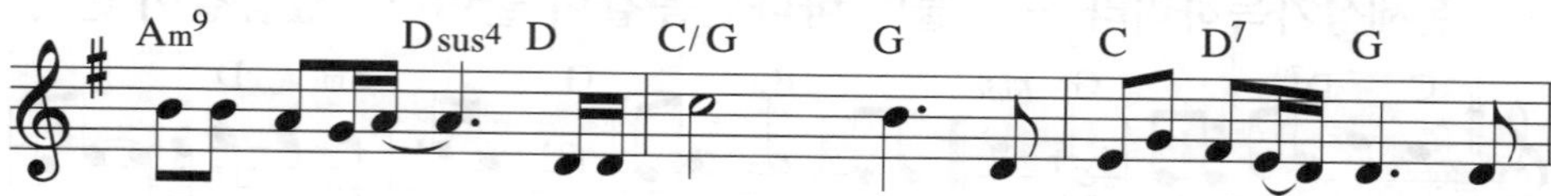

한것아니니- 주를 찬 양 손 을들고찬-양 전

쟁은 하나님께 -속 한 - 것 이 니

418/ 내 앞에 주어진 419/ 모든 지각에 뛰어나신 458/ 수 많은 무리들

세상 향한 발걸음들 456

(주의 횃불 들고 / Let the flame burn brighter)

Graham Kendrick

457 손에 있는 부귀보다

(금 보다도 귀하다)

미가엘 1082

김석균

수 많은 무리들 줄지어 458

(예수 이름 높이세)

최덕신

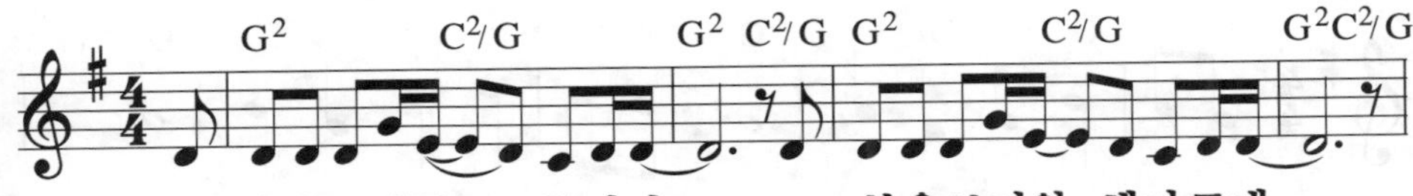

수 많은무리들- -줄지어 - 그 분을보기위-해따르네 -
나 의-계획이-실패하고 - 나 의-소망이-끊어질때 -

평 범한목수이신그 분앞에- 모든 무릎이-꿇어경배-하-네
삶 의주관자되신그 분앞에- 나의 무릎을-꿇어경배-하-네

모 든 문제들-하나하나 - 죽 음까지도-힘을잃고 -
나 의삶 을그분-께맡길때 - 비 로소나의마-음평안해 -

생 명의근원되신예 수이름앞-에모든 권세들-굴복-하- 네 -
구 원의반석되신예 수의이름-을소리 높여- -찬송-하- 네 -

예수 이름 높- 이세 능 력의그 -이 름 예수 이 름높-이 세 구

원의그 -이 름 예수 이름 을부 - 르 는 자 예수 이름 을믿 -는 자

- 예수 이름앞에-나오는- 자 복이있-도 다 - - -

459 승리는 내것일세

(There is victory for me)

승리 는내것일 세 승리 는내것일 세

구세 주의보혈 로써승리 는내것일 세

내 것 일세 승리 만 은

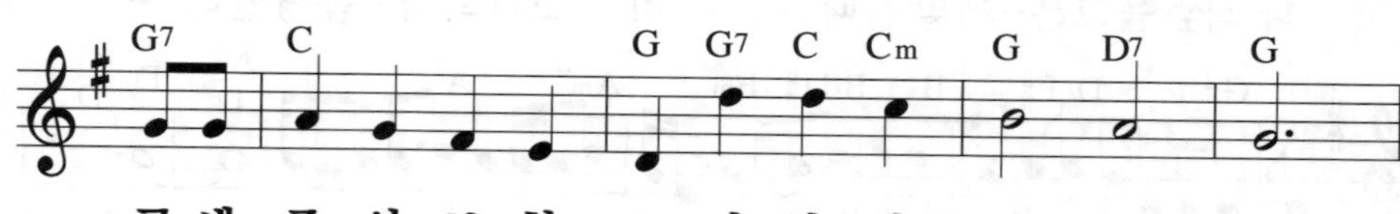

구세 주의보혈 로써항상 이 기 네

*| 믿음, 소망, 사랑, 구원, 응답, 축복

393/ 기도하자 우리 마음 424/ 누구든지 목마르거든 425/ 다 와서 찬양해

승리하였네

(We have overcome)

Daniel Gardner

G D/F# Em Dm7sus G7

승리하였네 – 어린 양의보혈로 – 우린

C G/B A9 C/D

보혈의–능 력으로 서–리라 –

G D/F# Em Dm7sus G7

승리하였네 – 어린 양의보혈로 – 주

Am7 Bm/D Am/D Dsus4 G C/G G

내게승리 주–리라 – –

392/ 그리 아니하실지라도 396/ 나 기뻐하리 450/ 생명 주께 있네

461 십자가 그 사랑

미가엘 1933

(The love of the cross)

Stephen Hah

십자가그사랑 멀리떠－나 서 무너진나의
지나간일들을 기억하지 않 고 이전에행한

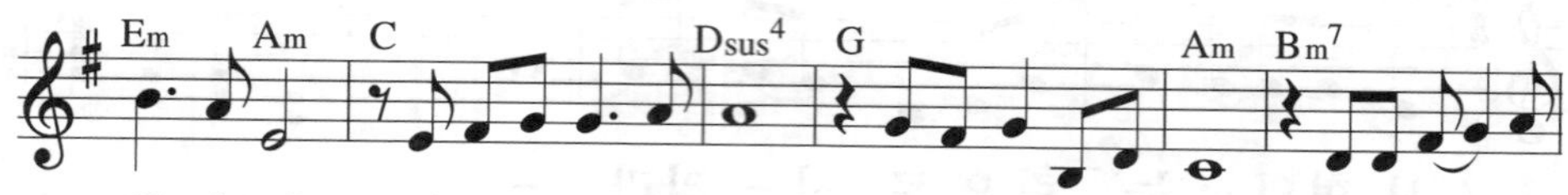

삶 속에 잊혀진주은 혜 돌같은내마 음 어루만－지
모 든일 생각지않으 리 사막에강물 과 길을내시는

사 다시일으켜 세우신주 를사랑합니 다 주나를보호
주 내안에새일 행하실주 만바라보리 라 주너를보호

하 시고 날 붙드시 리 나는 보 －배롭고 존 귀한
하 시고 널 붙드시 리 너는 보 －배롭고 존 귀한

주님의자녀 라 주 나를보호 하 시고 날 붙드 시
주님의자녀 라 주 너를보호 하 시고 널 붙드 시

리 나는보 －배롭고 존 귀 한 주 －의자녀 라
리 너는보 －배롭고 존 귀 한 주 －의자녀 라

400/ 나 약해 있을 때에도 402/ 나의 가는 길 410/ 내가 주인 삼은

아름다운 이야기가 있네 462

(주님의 사랑 놀랍네)

John W. Peterson

1. 아름 다 운이야기가 있 네 구세 주의사랑이야 기
2. 넓고 넓 은우주속에 있 는 많고 많은사람들중 에
3. 사람 들 은이해할수 없 네 주를 보낸하나님사 랑

영광 스런천국떠난 사 랑 나와같은 죄인구하 려
구원 받고보호받은 이 몸 주의사 랑 받 고산다 네
이사 랑이나를살게 하 네 갈보리 의구 속의사 랑

주님의그사 랑 은 정 말 놀 랍 네 놀 랍 네 놀 랍네

오 주님의그사랑 은정 말 놀 랍네 나를위한그 사 랑

G

463 아버지 기다립니다

미가엘 2280

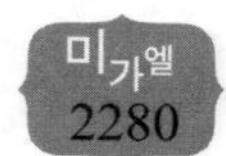

주영광

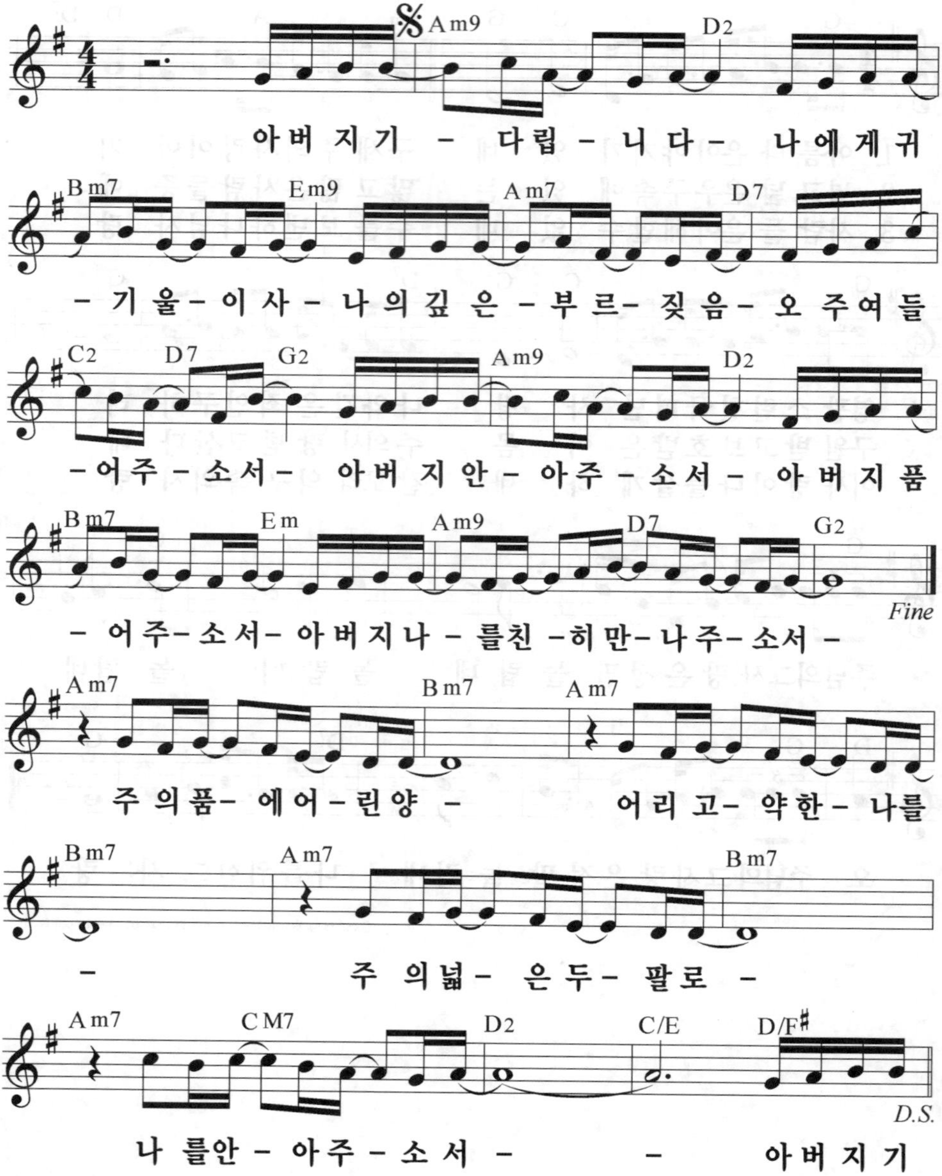

Am9 D2
아 버 지 기 - 다 립 - 니 다 - 나 에 게 귀
Bm7 Em9 Am7 D7
- 기 울 - 이 사 - 나 의 깊 은 - 부 르 - 짖 음 - 오 주 여 들
C2 D7 G2 Am9 D2
- 어 주 - 소 서 - 아 버 지 안 - 아 주 - 소 서 - 아 버 지 품
Bm7 Em Am9 D7 G2
- 어 주 - 소 서 - 아 버 지 나 - 를 친 - 히 만 - 나 주 - 소 서 -
Fine
Am7 Bm7 Am7
주 의 품 - 에 어 - 린 양 - 어 리 고 - 약 한 - 나 를
Bm7 Am7 Bm7
- 주 의 넓 - 은 두 - 팔 로 -
Am7 CM7 D2 C/E D/F#
나 를 안 - 아 주 - 소 서 - - 아 버 지 기
D.S.

메들리 곡
410/ 내가 주인 삼은 416/ 내 손을 주께 높이 418/ 내 앞에 주어진

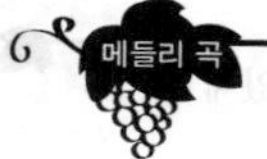

아버지 사랑 내가 노래해 464

(그 사랑)

박희정

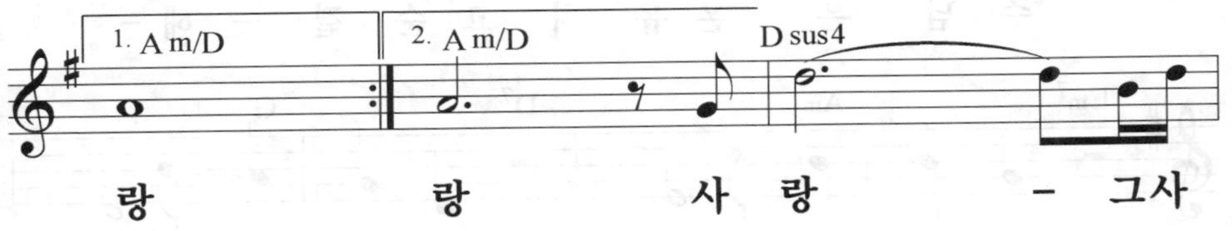

391/ 경배하리 주 하나님 398/ 나는 주를 작게 419/ 모든 지각에 뛰어나신

465 아버지 주 나의 기업되시네

(My delight)

Andy Park

메들리 곡

410/ 내가 주인 삼은 426/ 다 표현 못해도 454/ 세상 모든 민족이

미가엘 743

아침에 주의 인자하심을 466

(시편 92편)

이유정

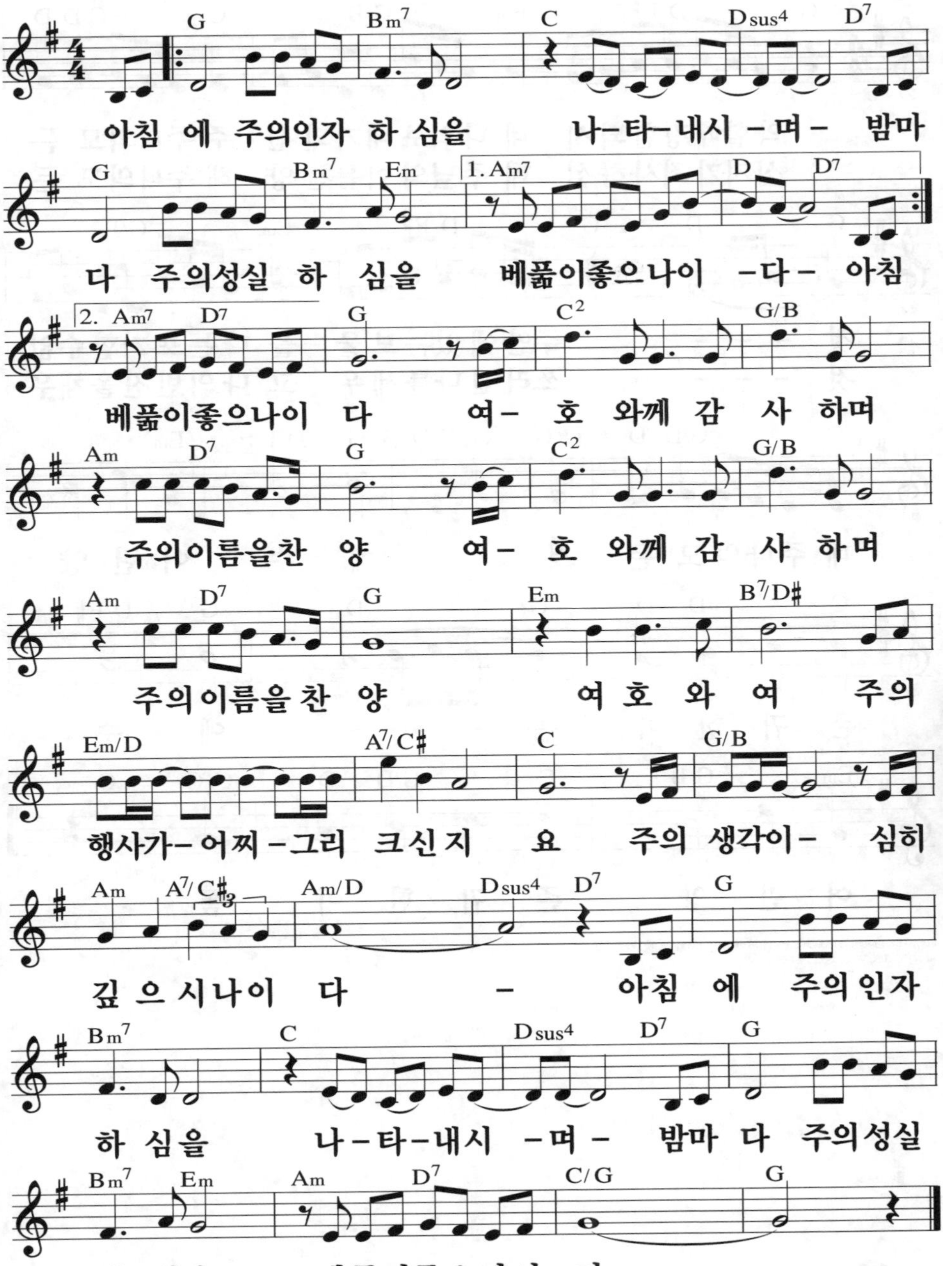

아침 에 주의인자 하 심을 나-타-내시 -며- 밤마
다 주의성실 하 심을 베풂이좋으나이 -다- 아침
베풂이좋으나이 다 여- 호 와께 감 사 하며
주의이름을찬 양 여- 호 와께 감 사 하며
주의이름을찬 양 여 호 와 여 주의
행사가-어찌-그리 크신지 요 주의 생각이- 심히
깊 으 시나이 다 - 아침 에 주의인자
하 심을 나-타-내시 -며- 밤마 다 주의성실
하 심을 베풂이좋으나이 다 -

G

467 약할 때 강함 되시네

(주 나의 모든 것 / You are my all in all)

Dennis Jernigan

미가엘 1530

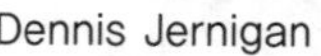

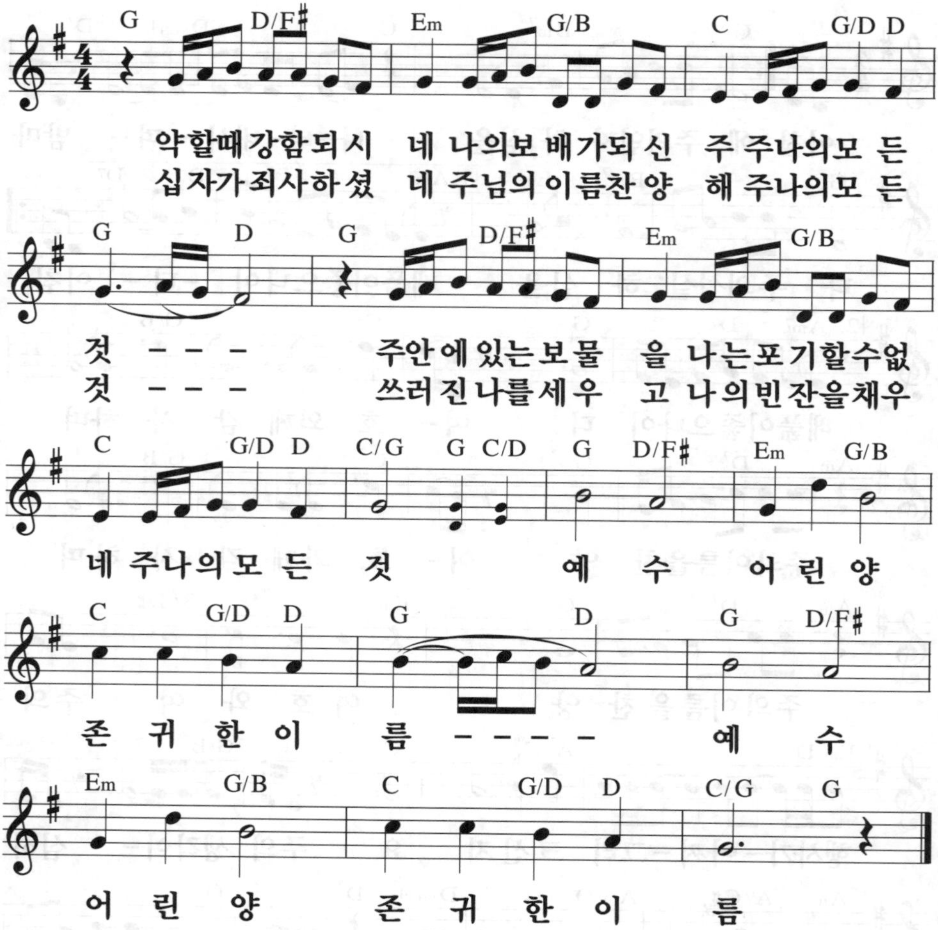

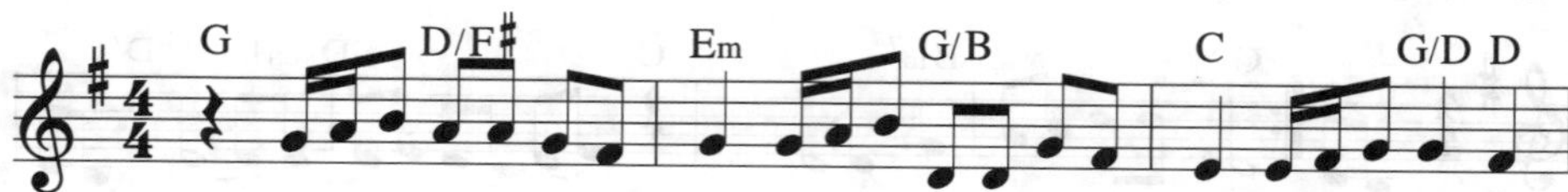

약할때강함되시 네 나의보배가되신 주 주나의모 든
십자가죄사하셨 네 주님의이름찬양 해 주나의모 든
것 − − − 주안에있는보물 을 나는포기할수없
것 − − − 쓰러진나를세우 고 나의빈잔을채우
네 주나의모 든 것 예 수 어린 양
존 귀 한 이 름 − − − − 예 수
어 린 양 존 귀 한 이 름

메들리 곡
401/ 나의 사랑 나의 생명 419/ 모든 지각에 뛰어나신 461/ 십자가 그 사랑

어느 좋은 그날 아침에 468

(난 가리라)

G

469 어린 양 찬양

(Praise the Lamb)

미가엘 740

Bruce Clewett

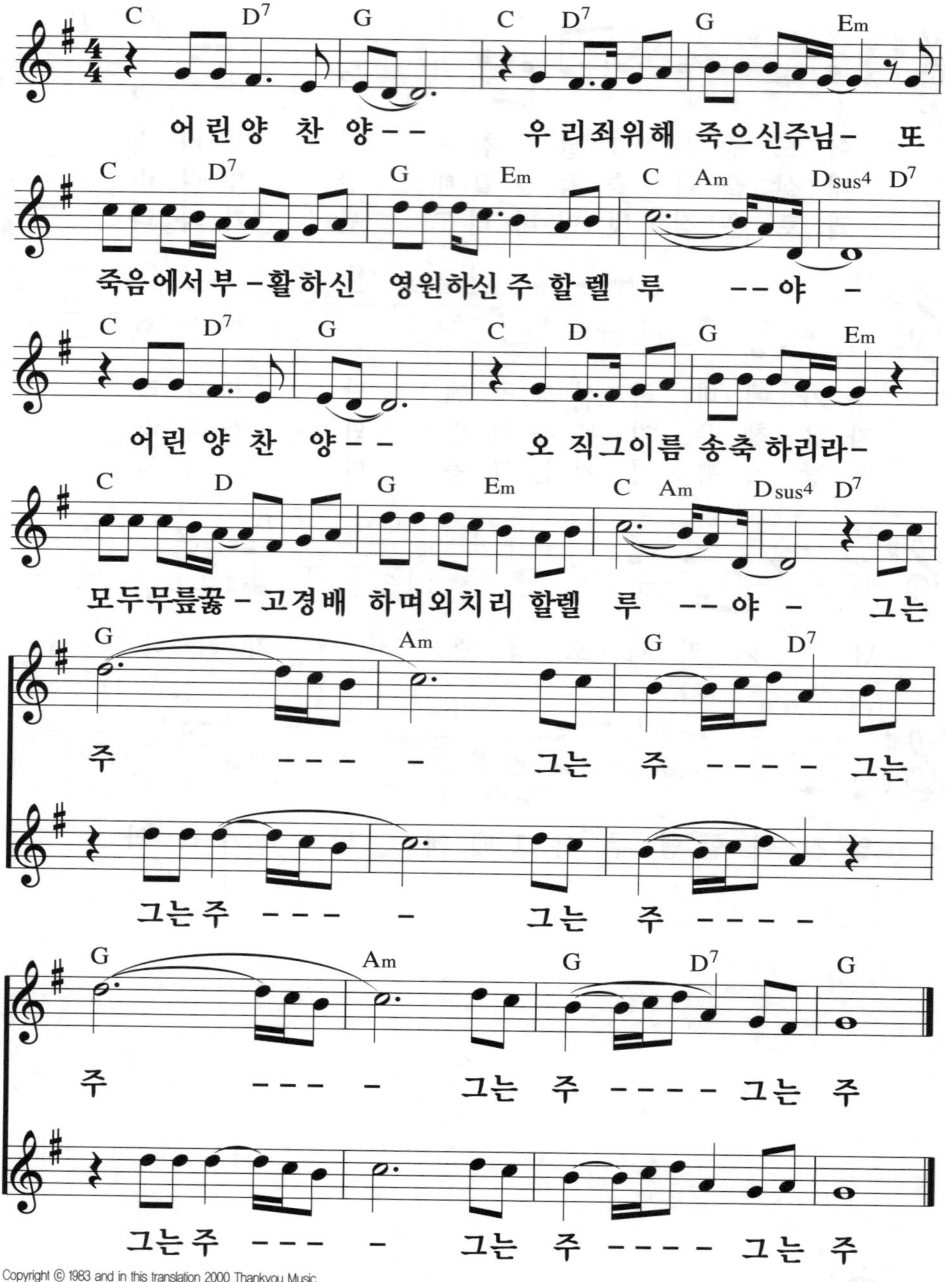
어린양 찬 양-- 우리죄위해 죽으신주님- 또
죽음에서부-활하신 영원하신주 할렐 루 --야 -
어린 양 찬 양-- 오 직그이름 송축하리라-
모두무릎꿇-고경배 하며외치리 할렐 루 --야 - 그는
주 --- - 그는 주 ---- 그는
그는주 --- - 그는 주 ----
주 --- - 그는 주 ---- 그는 주
그는주 --- - 그는 주 ---- 그는 주

미가엘 1739

여기에 모인 우리 470

(이 믿음 더욱 굳세라 / We will keep our faith)

Don Besig & Nancy Price

471 여호와 나의 목자

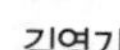

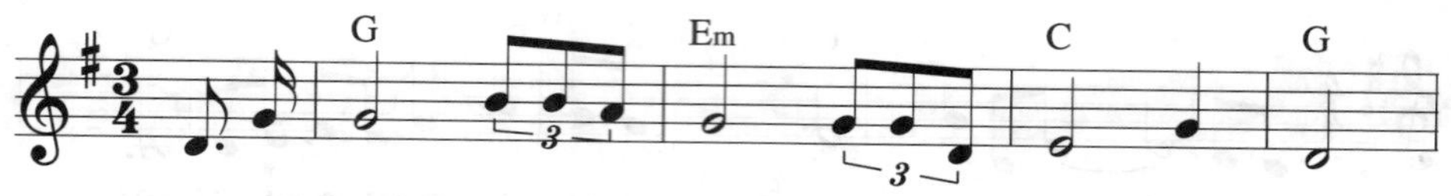

1. 여 호 와 나의목 자 내게부 족 없 네
2. 내 영 혼 소생하 며 자기이 름 위 해
3. 주 님 의 지팡이 가 안위하 네 나 를
4. 기 름 을 머리위 에 바르시 는 주 님

푸 르 른 초장위 에 나 의 몸 누이시 네
의 의 길 인도하 니 골 짜 기 두렵없 네
주 께 서 원수앞 에 상 으 로 베푸시 네
평 생 에 선하심 과 인 자 함 따르리 니

선 한 목 - 자 오 나 의 목 - 자 여

생수 가 넘치는 곳 날 인 도 하 - 시 네

여호와의 영광을 인정하는 것이 472

정종원

여 호 와 의 영 광 – 을 인 정 하 는 것 이 세 상 에 가 득 하 리 – 라 –

여 호 와 의 영 광 – 을 인 정 하 는 것 이 세 상 에 가 득 하 리 – 라 –

물 이 – 바 다 를 덮 음 같 이 – 가 득 – 인 정 되 리 라 –

물 이 – 바 다 를 덮 음 같 이 – 가 득 – 인 정 되 리 라 –

473 영광 높이 계신 주께

(Glory, Glory In The Highest)

Danny Daniels

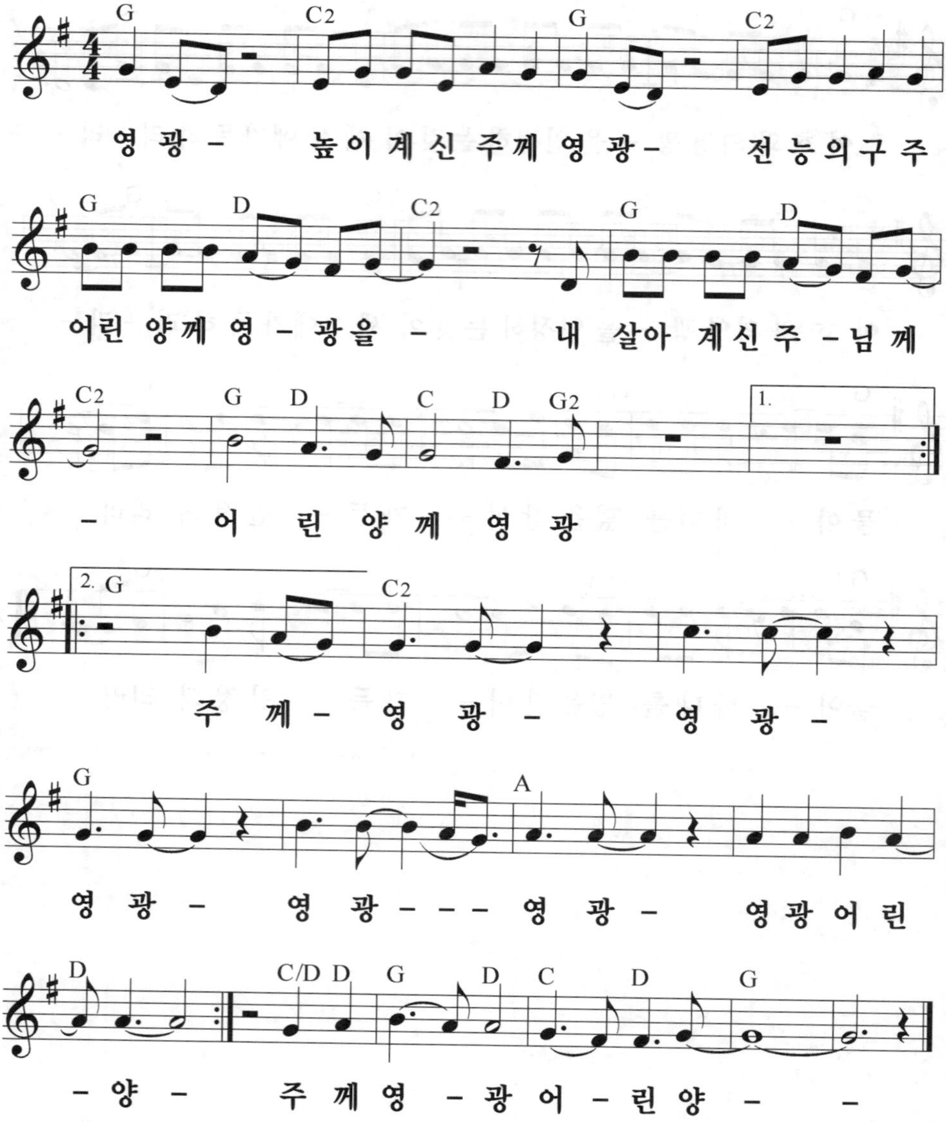

영 광 – 높 이 계 신 주 께 영 광 – 전 능 의 구 주

어린 양께 영 – 광을 – 내 살아 계신 주 – 님 께

– 어 린 양 께 영 광

주 께 – 영 광 – 영 광 –

영 광 – 영 광 – – – 영 광 – 영 광 어 린

– 양 – 주 께 영 – 광 어 – 린 양 – –

387/ 거룩한 주님의 성전에 395/ 기뻐하며 왕께 396/ 나 기뻐하리

영광을 돌리세

474

(주님의 영광)

고형원

영 광을돌-리세- 우 리하나-님께-존 귀와위-엄과- 능력

과아름다 움 만- 방의모든 신은 헛 된우상-이니- 오직

하늘 의하 나님- 그 영광 찬 양해 - 주님의

영 광 모 든나라위에-주님의 영 광 온세계위에-하늘

에계신-우리아버지 영광찬양해- 우리 주님나라영원하리라

- 우리 주님 뜻은 이 뤄 지 리라 -

G

475 영광 주님께

(Glory glory Lord)

Am7 D G C D Am7 D G C D G
당신은능력의 주 당신은능력의 주 –

메들리 곡 395/ 기뻐하며 왕께 396/ 나 기뻐하리 450/ 생명 주께 있네

미가엘 644

오직 성령의 열매는 476

(성령의 열매)

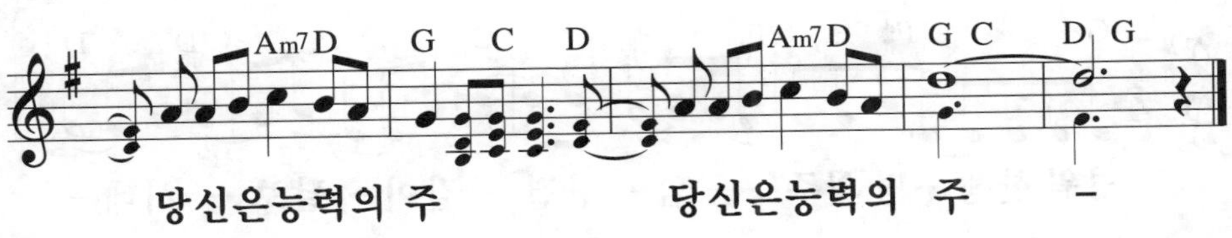

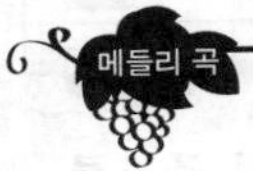

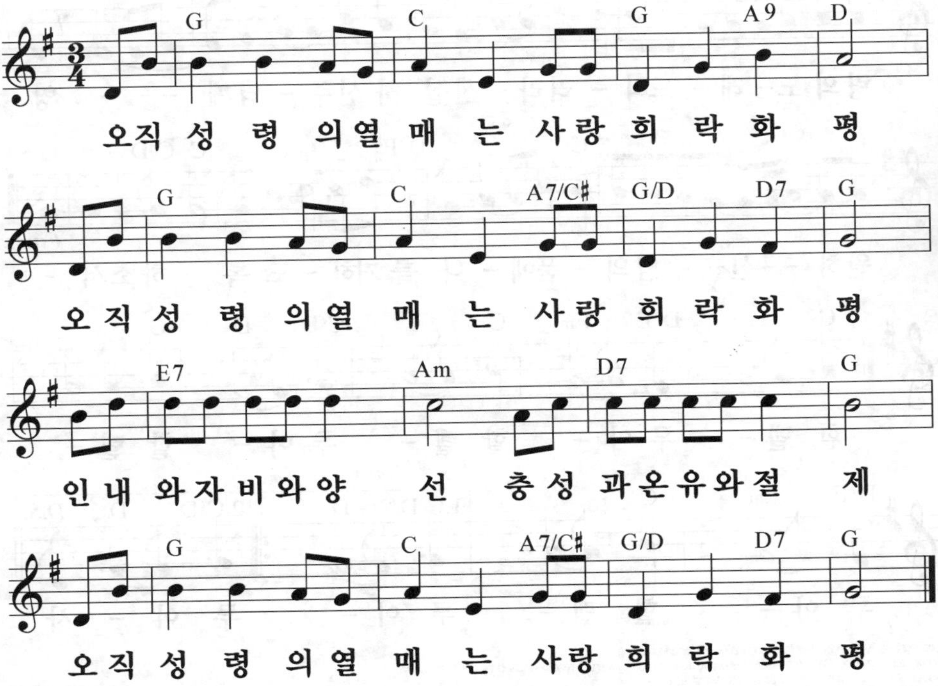
G C G A9 D
오직 성 령 의열 매 는 사랑 희 락 화 평
G C A7/C♯ G/D D7 G
오 직 성 령 의 열 매 는 사 랑 희 락 화 평
E7 Am D7 G
인 내 와 자 비 와 양 선 충 성 과 온 유 와 절 제
G C A7/C♯ G/D D7 G
오 직 성 령 의 열 매 는 사 랑 희 락 화 평

메들리 곡 388/ 거룩 거룩 거룩하신 주 416/ 내 손을 주께 높이 442/ 보혈을 지나

G

477 영원한 생명의 주님

(Through it All)

Reuben Morgan

G D/F# Em C C/D D

영원한생 –명의주 – –님– 한결 – 같이 – 날보 – 시네 –

G D/F# Em C C/D

주 손 길 – 덮 – 으 – –사 – 의의 – 길로 – 인도 – 하 네 주–를

Bm C Bm C C/D

– 바 라 – – 네 – 주를 – 기 다 리 – – 네 – 사

𝄋 G C D Em C C/D

랑의노 – 래 – 드리 – 리라 – 신실 하 신주 – 님께 – – – 영

G C D/F# G C C/D G

원하 – –신 – 주님의 – 품에 – 나 를거하 – 도 록 – 하소서 –

Fine

G D/E Em C C/D D G

할 렐 – 루 야 – 할 렐 – 루 야 – 할 렐 –

D/E Em C 1.C/D D 2.C/D D *D.S.*

루 야 – 할 렐 – 루 야 – 루 야 – 사

400/ 나 약해 있을 때에도 419/ 모든 지각에 뛰어나신 454/ 세상 모든 민족이

미가엘 2048

예수 내 영혼의 사랑 478

(Jesus, Lover of My Soul)

Daniel Grul/John Ezzy & Stephen McPherson

479 예수는 왕 예수는 주

(He Is The King)

Tom Ewig, Don Moen & John Stocker

𝄋 G G/B C G/B Am7

예수는왕 – 예수는주 – 예수는날

C Em7 F C/D D G G/B

– 구원하신 주– – – 예수는왕 – 예수는주

C G/B Am7 G/D Em7 Am9 D G C/D D

– 예수는날 – 구원하신 – 주 왕께만세

G G/B C G/B Am7 G Em7

– 주께만세 – 날구원 하신 주님께 만

F C/D D G G/B

세– – – 왕 께만세 – 주 께만세

C G/B Am7 G/D Em7 Am9 D G (C/D)

– 날구원 하신 주님께 만– 세

Fine

Am7 D Bm7 Am7 D G G/B Am/C Am
-든 나라다 -스리시 네 소 리 높 여
Bm/D Bm Em Am7 Am/G
찬 양 해 그 는만 - - 유 의주 - 그
Fmaj9 Dsus4 D
는 만 왕 의 왕 예 수 는 왕
D.S.

G

480 예수님만을 더욱 사랑

강명식

G C G/B C D
예수님만 을 - 더욱 사랑 - 날이갈수 록 - 더욱 사랑

Em7 C G/B C D G
- 고난이와 도 - 더욱 사랑 - 내삶의고 백 - 더욱 사랑 -

G C G/B C D
주님한분 만 - 더욱 사랑 - 그무엇보 다 - 더욱 사랑

Em7 C G/B C D G
- 그누구보 다 - 더욱사랑 - 내영의고 백 - 더욱사랑 -

A D A/C# D E
나사는동 안 - 더욱 사랑 - 숨질때에 도 - 더욱 사랑

F#m7 D A/C# D E A
- 저천국에 서 - 더욱사랑 - 신부의고 백 - 더욱사랑 -

예수님이 말씀하시니

1. 예 수 님 이 말씀하시니 물 이 변하 여 포 도주됐네
2. 예 수 님 이 말씀하시니 바 디 메오 가 눈을떴다 네
3. 예 수 님 이 말씀하시니 죽 은나사로 가 살아났다 네
4. 예 수 님 이 말씀하시니 거 친 바다 가 잔잔해졌 네

예수 님 이 말씀하시 니 물 이변하여 포 도주 됐 네
예수 님 이 말씀하시 니 바 디메오가 눈 을떴 다 네
예수 님 이 말씀하시 니 죽 은나사로가 살 아났 다 네
예수 님 이 말씀하시 니 거 친바다가 잔 잔해 졌 네

새롭게 - 새롭게 - 변화시켜주 소 서

G

482 예수 안에서

예 수 안 에 서 - 우 리 *화 목 됐 네

예 수 안 에 서 - 우 리 화 목 됐 네 -

하 나 님 의 영 광 함 께 누 릴 소 망 있 네 -

예 수 안 에 서 - 우 리 화 목 됐 네

* 1. 사랑하네 2. 용서하네 3. 기뻐하네 4. 찬양하네

메들리 곡 396/ 나 기뻐하리 404/ 날 사랑하신 주님의 450/ 생명 주께 있네

미가엘 944

예수 안에 있는 나에게 483

구명회 & 박윤호

G G7 C D7 G

예수안에있는 나에게– 결코정죄함없 네 생명의성령

Em 1. A D D7 2. D7 G

의 법이– 해 방 하 였 네 해 방 하 였 네

C G D7 G G7 C

예수 예수 오 직 예 수 – 예수

G D7 G G7 C G D7

예수 오 직 예 수 죄와 사망에서– 나 를

G C G D D7 G

구원했네– – 죄 와 사망에서– 나 를 구 원 했 네

G C D G

해방되었네 해방되었네 죄와사망의 법에 서

G C D D7 G

해방되었네 해방되었네 죄와사망의 법에 서

G

395/ 기뻐하며 왕께 424/ 누구든지 목마르거든 425/ 다 와서 찬양해

484 예수의 이름으로

(I will stand)

미가엘 1245

Chris Bowater

G Em7 Am7 D7
예수의 이름으로 나는 일어서리라 주가

G C Am7 D7
주 신능력으로 – 나는 일 어서리라 원수

G G7 CM7 Cm6
가 날 향해 와도 쓰러지 지 않으리 주가

G G7 C Am7 D7
주 신능력으로 주가 주 신능력으로 주가

G G7 C C/D G
주 신능력으로 일어서리 –

388/ 거룩 거룩 거룩하신 주 401/ 나의 사랑 나의 생명 406/ 낮엔 해처럼

미가엘 903

오 예수님 내가 옵니다 485

고형원

G Em C G
오 예 수 님 내가옵 니 다
그 큰 사 랑 눈물에 겨 워
Am 1. C G 2. C G
못 박 히 신 십자가 앞 에 돌아옵 니 다 주
울 며 울 며
Am G Am G
님 손 과 발 못박 혔고- -머 리엔 가시관박히셨 네 내
Am G C Dsus4 D
모든 죄-와허물 위해- 말없 이 피흘려주셨 네
G Em C G
오 예 수 님 나 의 손 잡 고 이 제
C G C G
부터- 영 원 까 지 내 구 주 가- 되 옵 소 서 이 제
C G Em C C/D G
부터- 영 원 까 지 내 구 주 가- 되 옵 소 서

G

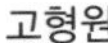

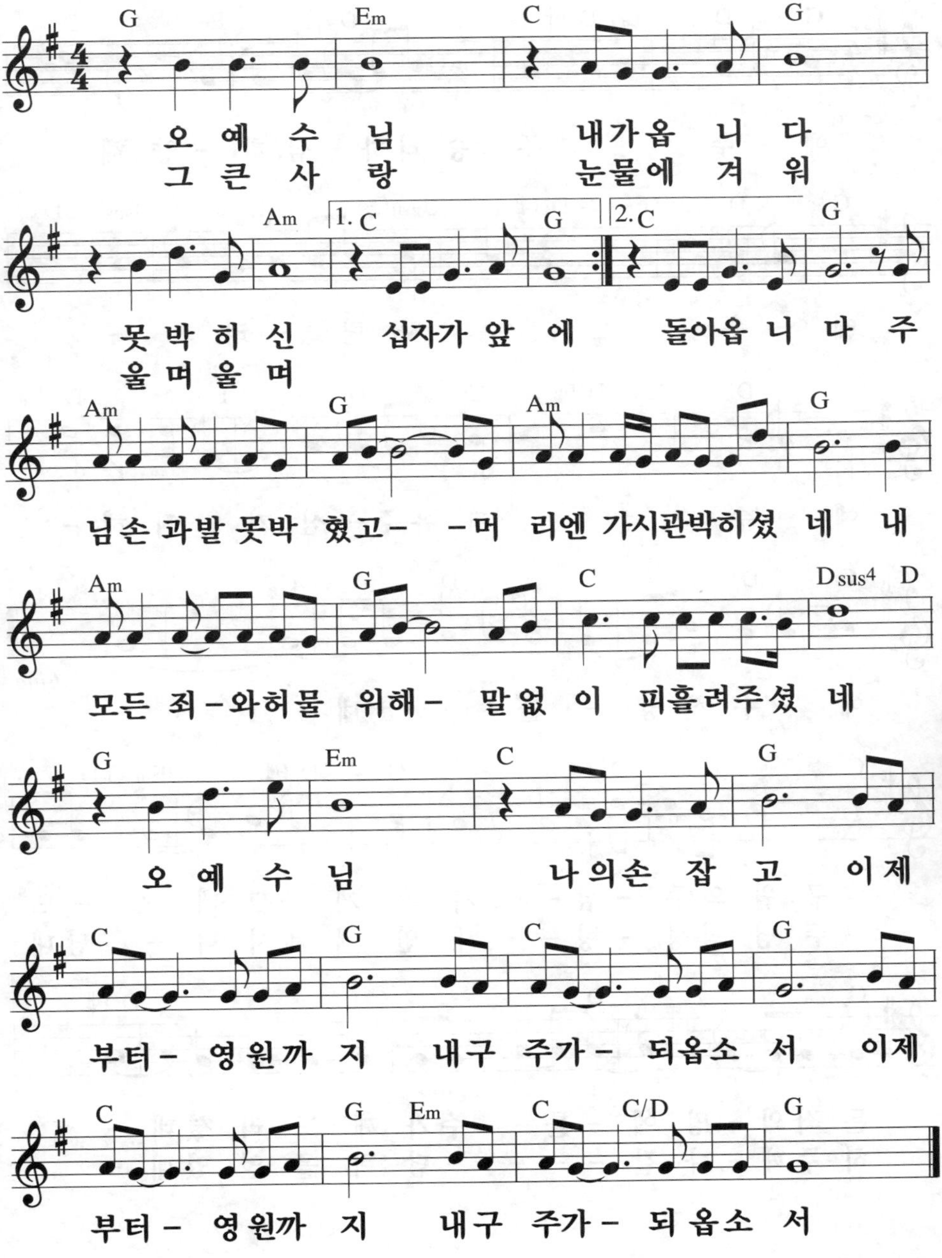

486 예수 주 승리하심 찬양해

(Jesus we celebrate Your victory)

John Gibson

G D Em D/F♯ G D Em D

예 - 수 주 승리하 - 심 찬 - 양 해 -

G D Em D/F♯ Cmaj7 C/E Dsus4 D7

예 - 수 주 사 랑 놀 - 라 와 -

G D Em D/F♯ G D Em D

예 - 수 자 유 주 - 심 기 - 뻐 해 -

G D C D G

예 - 수 생 명 - 을 주 - 셨 네 - -

Fine

C D G D/F♯ Em G/D

구 원 의 주 - 님 - 자 유 케 하 셨 네 - - 모

주 님 의 성 - 령 - 내 안 에 계 시 니 - 담 대

C D C/E D/F♯

든 죄 의 - 멍 에 - 를 - 주 가 깨 뜨 리 셨 네 -

히 주 께 - 나 갈 - - - - 담 력 을 얻 었 네 -

C D G D/F♯ Em G/D
우 리 기 뻐 -해- 승 리 의 주 님 - 우
주 임 재 안 -에 서 문 제 는 사 라 져 - 우
C Am Dsus4 D7 D.C.
리 마 음 주 께 향 하 네 -

G

487 오 이 기쁨

1. 오 - 이 기쁨 - 주 님 - 주 신 것 -
2. 앞 뒤 동 산에 - 꽃 은 - 피 었 고 -
3. 높 은 하 늘에 - 종 달 새 우 짖 고 -
4. 오 - 친 구여 - 즐 겁 게 노 래 해 -
5. 손 뼉 치 면서 - 즐 겁 게 찬 양 해 -

오 - 이 기쁨 - 주 님 - 주 신 것 -
내 - 맘 속에 - 웃 음 꽃 피 었 네 -
내 - 맘 속에 - 기 쁜 노 래 있 네 -
오 - 친 구여 - 즐 겁 게 노 래 해 -
손 뼉 치 면서 - 즐 겁 게 찬 양 해 -

오 이 기쁨 - 주 님 주 신 것 - 주 께
영 광 할 렐 루 - 야 - 주 만 찬 양 해 -

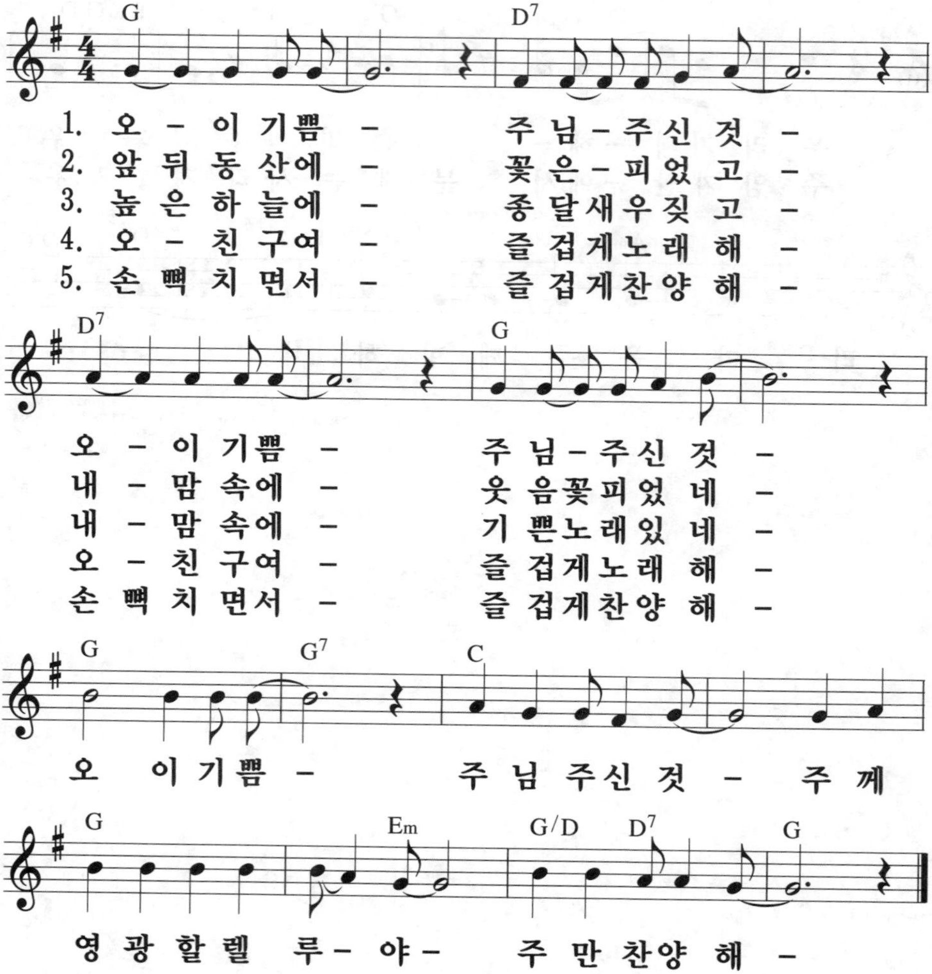

미가엘 764

오 주여 나의 마음이 488

(시편 57편 / My heart is steadfast)

G Am D7 G

오 주 여 나 의 마 - 음 이 주 께 로 정 해 졌 - 으

Em Am D7 G

니 나 - 는 주 찬 양 하 리 라 -

G Am D7 G Bm7

깨 어 라 나 의 영 - 혼 아 비 파 와 수 금 들 - 어

Em Am D7 G

라 이 새 벽 에 내 가 - 찬 양 하 리 라 -

G7 Am D7

멜 - 로 디 - 멜 - 로
예 - - 수 - 예 - -

G Em Am

디 - 예 수 님 은
수 - 예 수 님 은

1. D7 G 2. D7 G

나 의 노 래 - 나 의 노 래 -

G

411/ 내게 강 같은 평화 425/ 다 와서 찬양해 450/ 생명 주께 있네

489 오직 주님만

미가엘 1721

(Only You)

Andy Park

온 세계위에

(All Over The World)

Terry Butler

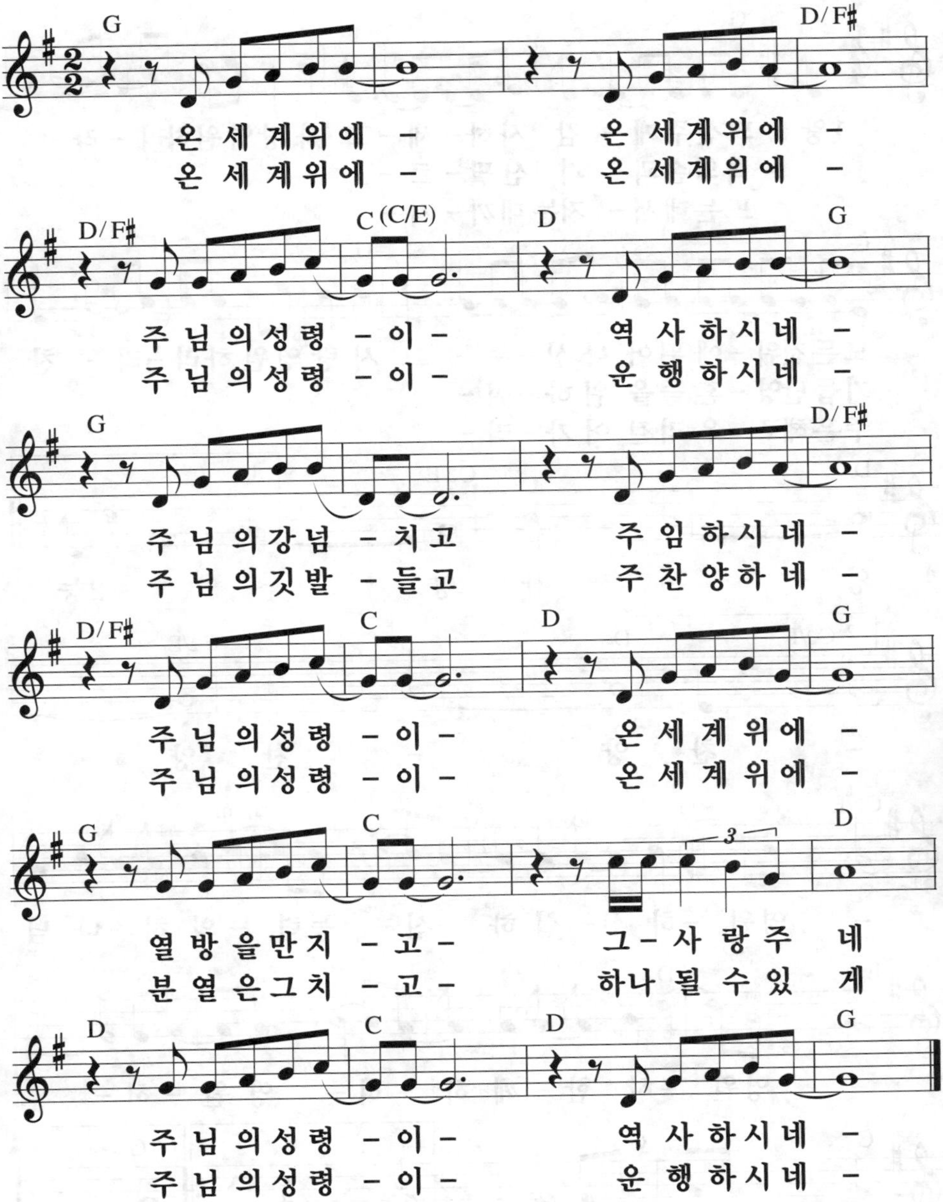

G D/F#

온 세계위에 – 온 세계위에 –
온 세계위에 – 온 세계위에 –

D/F# C (C/E) D G

주님의성령 –이– 역 사하시네 –
주님의성령 –이– 운 행하시네 –

G D/F#

주님의강넘 –치고 주 임하시네 –
주님의깃발 –들고 주찬양하네 –

D/F# C D G

주님의성령 –이– 온 세계위에 –
주님의성령 –이– 온 세계위에 –

G C 3 D

열방을만지 –고– 그–사랑주 네
분열은그치 –고– 하나 될 수 있 게

D C D G

주님의성령 –이– 역 사하시네 –
주님의성령 –이– 운 행하시네 –

G

410/ 내가 주인 삼은 412/ 내 눈 주의 영광을 454/ 세상 모든 민족이

491 왕 되신 주께 감사하세

(Forever)

미가엘 2206

Chris Tomlin

미가엘 1356

왕의 왕 주의 주 492

(Lord Of Lords, King Of Kings)

Jessy Dixon, Randy Scruggs & John W.Thompson

493 왜 슬퍼하느냐

(왜)

최택헌

G D/F# Em Em7/D C G/B Am D

왜 슬퍼하느 냐 왜 걱정하느 냐 무

G D/F# Em Am C D

얼 두려워하느 냐 아무 염려- 말아 라

G D/F# Em Em7/D C G/B Am D

큰 어려움에 도 큰 아픔있어 도 이

G D/F# Em Em7/D C D7 G

젠 아무걱정하지 마 내 가 널붙들어주 리

C D7/C Bm Em7 C D G G7

내가너와항상 함께 하리-라 내가 너를지키 리 라

C G GBm/F#Em D7 C Dsus D7 G

실망 치말고- 나를 보아 라나는 너의 하나님 이 라

400/ 나 약해 있을 때에도 401/ 나의 사랑 나의 생명 419/ 모든 지각에 뛰어나신

외로움도 견디어나겠소 494

(우리)

외로움도견디어나 겠 소 – 바 보란 소릴들어도좋
우리모두손을내밀 어 서 – 넘 어진 형제일으켜주
옆에있는형제손을 잡 고 – 우 리 – 모두노래합시

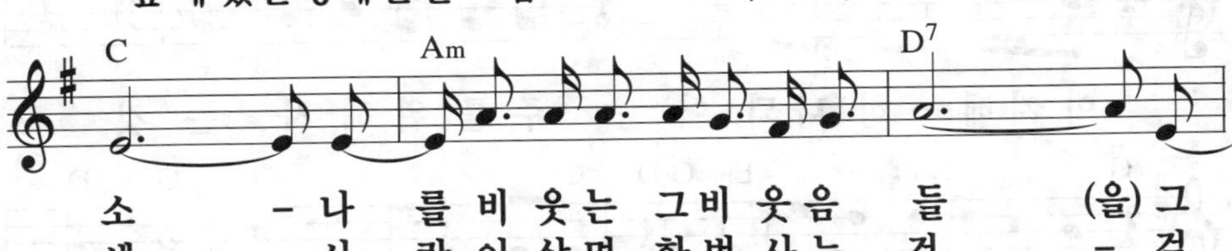

소 – 나 를비웃는 그비웃음 들 (을) 그
세 – 사 람이살면 한번사는 것 – 걸
다 – 서 – 로보며 인사나누 고 – 우

사랑으로받아주겠 소 – 이 모든 것이힘들다는
음멈추고생각해보 세 – 시 냇물 이강으로흘러
– 리모두일어납시 다 – 우 – 리 모두발을구릅

것을 – 당 신은나에게알려줬 소 당 신 의
서 – – 저 바다와하나가되듯 이 우 리 는
시 다 – 이 렇게모든것이맞을 때 우 리 는

사 랑은너 무나 많고크오그 래서 난 – 살아가겠 소
하 나요당 신과 나도하나우 리는 하나가되야하 오
하 나요당 신과 나도하나 우 리는 하나가되야하 오

G

407/ 내가 주를 위하여 408/ 내가 먼저 손 내밀지 420/ 내 인생 여정 끝내어

495 우리의 소원은

고형원

426/ 다 표현 못해도 442/ 보혈을 지나 449/ 살아계신 하나님

우리 이 땅에 몸으로 496

송명희 & 김석균

G C G D7

우리– 이땅에 몸으로태–어 나
혹은– 긴인생 어 편인 짧은인 생
주님– 안에서 영 원한 생명얻 어

G G7 C G D7 G

무 슨–일 하다 가 무엇 을 남–기 랴
그 러–나 누구 도 영원 히 살수없 네
언 젠–가 또다 시 만날 수 있–기 에

G C G D7

우 리의 인생 을 누 가 대신 살아주 나
천 국이 없다 면 인 생 이란 허무한 것
우 리헤 어져 도 슬 프 지않을수– 있 어

G C G A D

너와 내가남남으 로 주 앞 에설때 에
너와 내가영혼으 로 만날수없다 면
너와 내가영혼으 로 또 다 시만나 세

G C G D7 G

우리– 무엇으 로 주 님 께드리 랴
우리– 이–별 을 어 떻 게견디 랴
주님– 우리위 해 함 께 계시리 라

G

407/ 내가 주를 위하여 449/ 살아계신 하나님 454/ 세상 모든 민족이

497 우리 함께 모여

(We're Together Again)

Gordon Jensen & Wayne Hilton

D7sus G G7 C C/B

우리함께모여 – 주의이름찬 양

Am7 Dsus4 D7 G Em

우리함께모여 – 주를부르 세 – – – – –

Am7 D7sus D7 G2 G C/D G

– 위 대 한 일행하 셨 네 우 리 소 망충만 해

C A/C# Am7/D D7 3 G

– 우리함께모여 – 주의 이름찬 양

메들리 곡

404/ 날 사랑하신 425/ 다 와서 찬양해 429/ 때로는 너의 앞에

은밀한 곳 조용한 곳에 498

(주 알기 원해 / In the secret In The Quite Place)

Andy Park

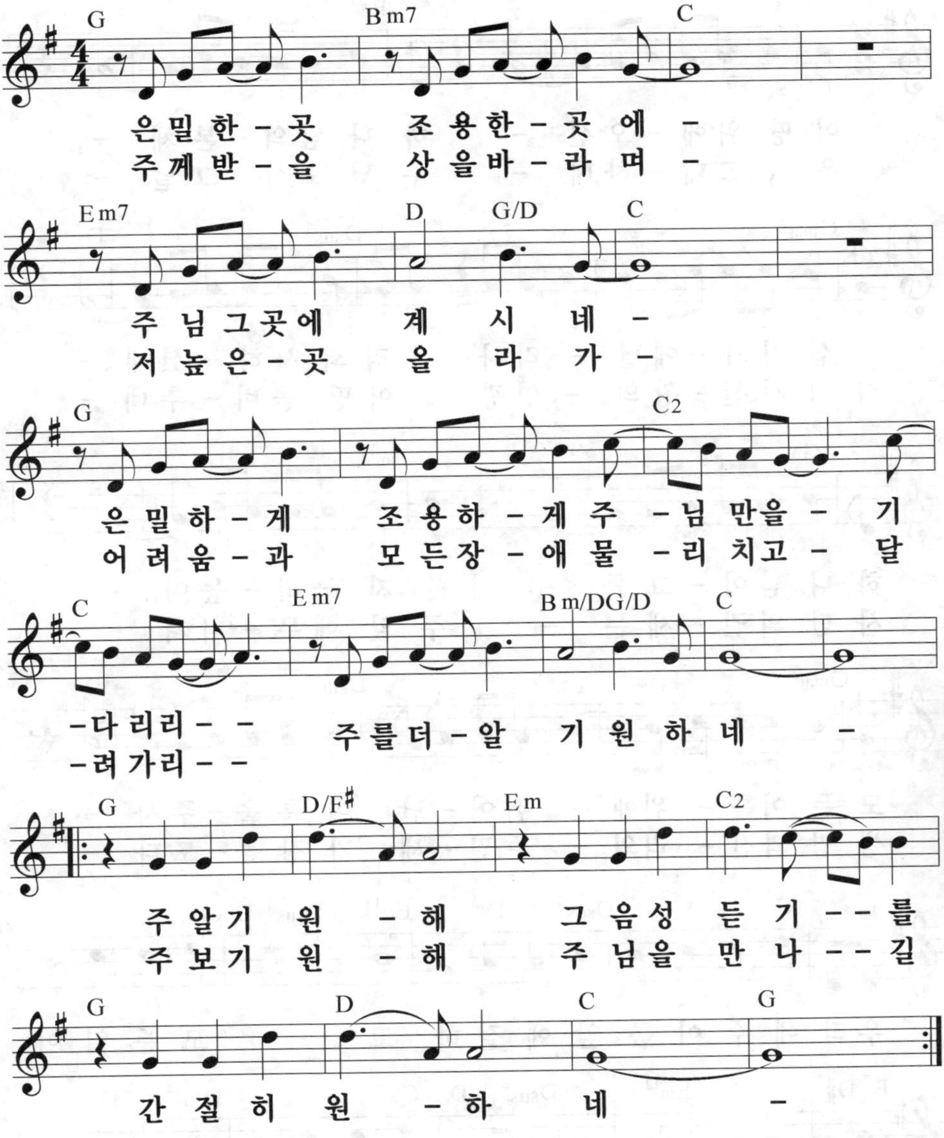

G Bm7 C

은밀한-곳 조용한-곳에 -
주께받-을 상을바-라며 -

Em7 D G/D C

주님그곳에 계시네 -
저높은-곳 올라가 -

G C2

은밀하-게 조용하-게 주 -님 만을- 기
어려움-과 모든장-애 물 -리 치고- 달

C Em7 Bm/D G/D C

-다리리-- 주를더-알 기원하네 -
-려가리--

G D/F# Em C2

주알기 원 -해 그음성 듣 기--를
주보기 원 -해 주님을 만 나--길

G D C G

간절히 원 -하 네 -

G

390/ 경배하리 내 온 맘 다해 453/ 성령님이 임하시면 502/ 일어나라 주의 백성

499 이 땅 위에 오신

(Hail to the King)

Larry Hampton

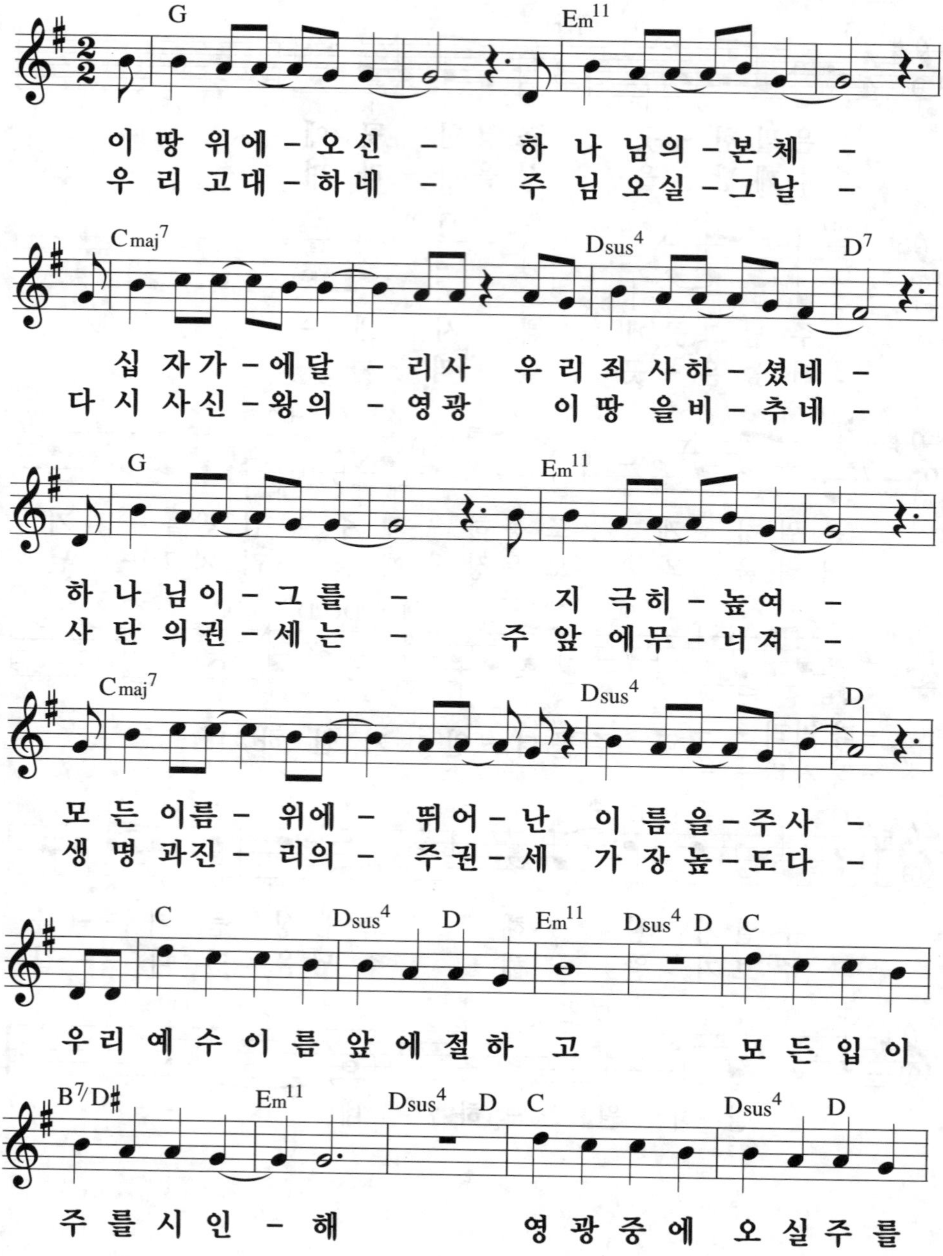

이 땅 위에 - 오신 - 하나님의 - 본체 -
우리 고대 - 하네 - 주님 오실 - 그날 -

십자가 - 에 달 - 리사 우리 죄 사하 - 셨네 -
다시 사신 - 왕의 - 영광 이 땅을 비 - 추네 -

하나님이 - 그를 - 지극히 - 높여 -
사단의 권 - 세는 - 주 앞에 무 - 너져 -

모든 이름 - 위에 - 뛰어 - 난 이름을 - 주사 -
생명과 진 - 리의 - 주권 - 세 가장 높 - 도다 -

우리 예수 이름 앞에 절하고 모든 입이

주를 시인 - 해 영광 중에 오실 주를

Em7 D C Dsus4 D G Bm G/B C
보 리 라 선 포 - 해 - 왕 께 만 세
G/B Am7 G Dsus4 D Em7 D
- 존 귀 와 위 엄 - 을 찬 양 해 왕 의 왕
C G/B Am7 G C D C/G G
께 만 세 주 - 예 - 수 하 나 님 -

G

500 이 세상 가장 아름다운

(그가 오신 이유)

김준영 & 임선호

C D/C Bm7 Em7 Am7 D7 G

이세상－가장아 －름다운－ 순종의눈 물 －

C D/C Bm7 Em7 Am7 D7 G

온세상－다시빛 －나 게한－ 생명의눈 물 －

C D/C Bm7 Em7 Am7 D7 G

그가이－땅에오 －신이유 죽어야 － 살게－되고 －

C D/C Bm7 Em7 Am7 /G Dsus4 D

져야만－ 승리하는－ 놀랍고영－원한신 －비－ 지으신

G D/F# C/E G/D C G/B Am7 Bsus4 B7

그 대 로 회 복 시 킨 우 리의창조주 그리스도 － 십자가

Em7 B7/D# G/D A/C# Am7 G/B C Dsus4 D

의길로－ 아버지 뜻이루셨－네 그가이땅에 오신이－ 유 이제우

G D/F# C/E G/D C G/B Am7 Bsus4 B7 Em7 B7/D#

리에 게 맡겨 진 그 소망그사랑 그생명 － 아름답 고 눈부신

G/D A/C# Am7 G/B C6 D7 G

십자가의 －길 우리 가－이땅－에살－아 갈 － 이유 －

인생길 험하고 마음 지쳐 501

(예수님 품으로)

조용기 & 김보훈

1. 인 생 길 험 하 고 마 음 지 쳐 살 아 갈
2. 평 생 의 모 든 꿈 허 물 어 져 세 상 의
3. 어 둔 밤 지 나 면 새 날 오 고 겨 울 이

용 기 없 어 질 때 너 홀 로 앉 아 서 낙 심 치 말
친 구 다 떠 날 때 어 둠 에 앉 아 서 울 지 만 말
가 면 봄 이 오 듯 이 세 상 슬 픔 이 지 나 고 다

고 예 수 님 품 으 로 나 – 오 시 오
고 예 수 님 품 으 로 나 – 오 시 오
면 광 명 한 새 날 이 다 – 가 오 네

예 수 님 은 나 의 생 명 믿 음 소 망 사 랑 되 시 니

십 자 가 보 혈 자 비 의 손 길 로

상 처 입 은 너 – 를 고 – 치 시 리

G

388/ 거룩 거룩 거룩하신 주 389/ 겟세마네 동산에서 406/ 낮엔 해처럼

502 일어나라 주의 백성

미가엘 1698

이천

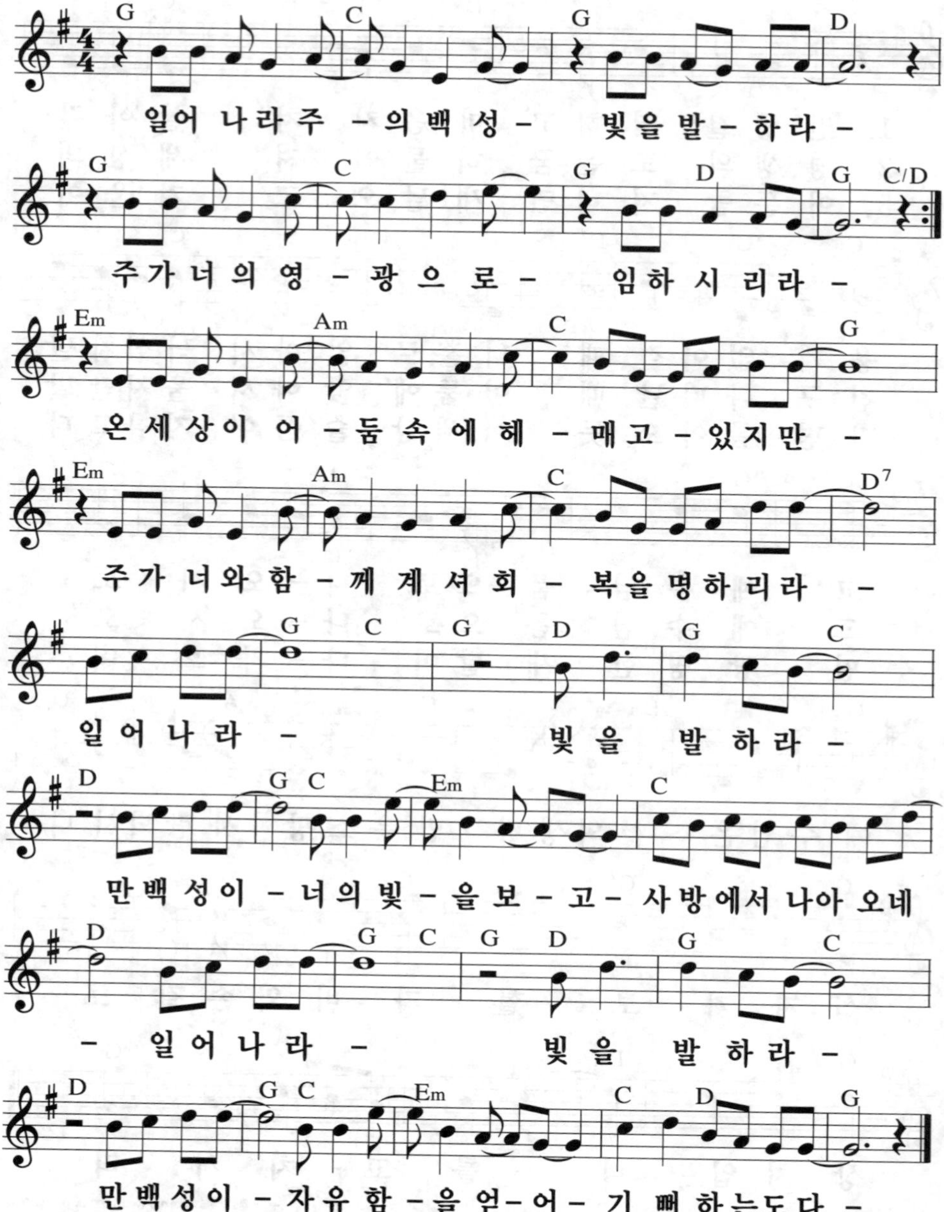
G C G D
일어 나라주 -의백 성- 빛을발-하라 -
G C G D G C/D
주가너의영 -광으 로- 임하시리라 -
Em Am C G
온세상이어 -둠속에헤 -매고 -있지만 -
Em Am C D7
주가 너와함 -께 계 셔회 - 복을명하리라 -
G C G D G C
일어나라 - 빛을 발하라 -
D G C Em C
만백성이 -너의빛 -을보 -고- 사방에서 나아 오네
D G C G D G C
- 일어나라 - 빛을 발하라 -
D G C Em C D G
만백성이 -자유함 -을얻-어- 기 뻐 하는도다 -

메들리 곡

387/ 거룩한 주님의 성전에 453/ 성령님이 임하시면 498/ 은밀한 곳 조용한 곳에

일어나라 찬양을 드리라 503

(일어나 찬양 / Arise and sing)

Mel Ray

일 어 나라 찬 양 을드리라우릴 구 원하신주 께 일

어 나라 찬 양 을드리라우릴 구 원하신 주 께

마음열고주님앞 에 기뻐해 마음열고 주 님앞 에 기뻐해

마음열고주님앞 에 기뻐해주님 은 우 리 왕

G

392/ 그리 아니하실지라도 425/ 다 와서 찬양해 431/ 마지막 날에

504 저 죽어가는 내 형제에게

(메마른 뼈들에 생기를)

고형원

G Em C Am D7

저 죽어가는 – 내형제 에게 – 생명 을 주소 서 흑

G Em C Am D7

암의권세 – 에매여 – 내일 을빼앗긴 – 저들에 게 저

G Em C Am D7

소망없는 – 텅빈가 슴에 – 새날 을 주소 서 고

G Em C Am Dsus4 D

통의멍에 – 에매여 – 신음 하고있는 – 저들에 게 – 아버지

G Em C Am D7

여 이백성 다시살게하소 서 묶였

G Em Em/D C Am Dsus4 D

던자자유케되 는 영광 의날을주 – 소 서 아버지

G Em Em/D C Am D7

여 이나라 주의 것되게하 – 소 서 영원

G
B7
Em
C
D7
Gsus4
G
Fine
하 신 하늘아버 지 다 시 섬 기 게하소 서
E♭
F/E♭
B♭/D
Cm
F
메 마른뼈들에– 생 기 를 부어 주 소 서 – 아 버 지
B♭
E♭
F/E♭
B♭/D
의 긍휼 – 주 의 군 대 로 – 서 게 하 소 서
Cm
D sus4
D7
D.S.
성 령 의 바람 – 이 제 불어 와 – 아 버 지

G

505 저 멀리뵈는 나의 시온성

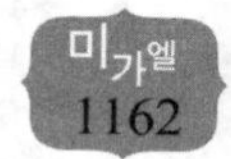

(순례자의 노래)

미가엘 1162

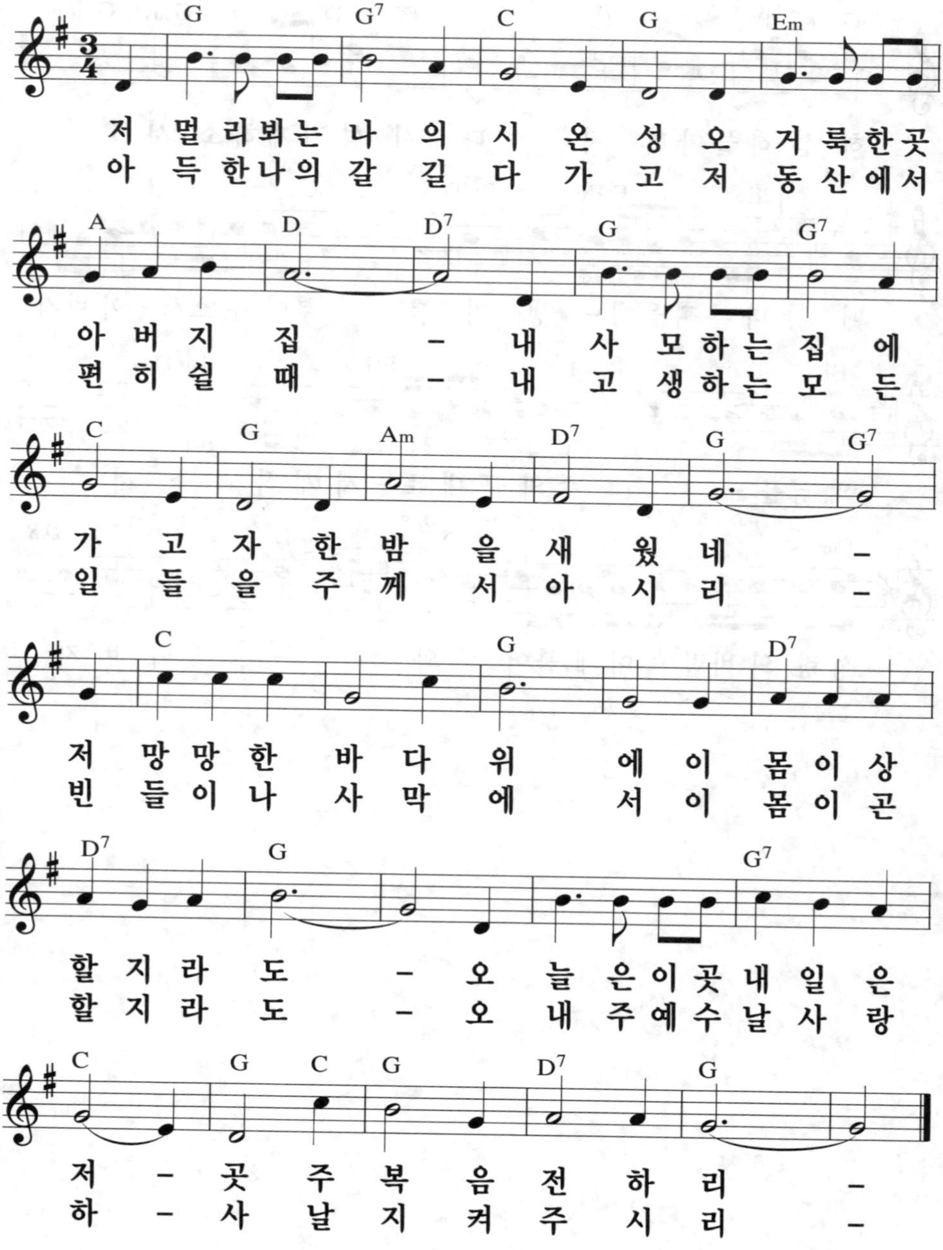
G G7 C G Em
저 멀리뵈는 나의 시 온 성 오 거 룩한곳
아 득 한나의갈 길 다 가 고 저 동 산에서
A D D7 G G7
아 버 지 집 – 내 사 모하는 집 에
편 히 쉴 때 – 내 고 생하는 모 든
C G Am D7 G G7
가 고 자 한 밤 을 새 웠 네 –
일 들 을 주 께 서 아 시 리 –
C G D7
저 망 망 한 바 다 위 에 이 몸 이 상
빈 들 이 나 사 막 에 서 이 몸 이 곤
D7 G G7
할 지 라 도 – 오 늘 은 이 곳 내 일 은
할 지 라 도 – 오 내 주 예 수 날 사 랑
C G C G D7 G
저 – 곳 주 복 음 전 하 리 –
하 – 사 날 지 켜 주 시 리 –

메들리 곡

394/ 기도할 수 있는데 401/ 나의 사랑 나의 생명 406/ 낮엔 해처럼

정결한 마음 주시옵소서 506

(Create in me a clean heart)

Keith Green

정 결 한마음주시 옵 소서- 오 -주 님

정직한영을 새 롭게하소 서 - -나를

주 님앞 에서- 멀리 하 지 마 시고 - 주의

성 령을 거 두지 마옵 소 서 - 그

구 원의기 쁨 다 시 회 복 시 키 시-며

변치않는맘 내 안에주소 서 -

398/ 나는 주를 작게 보았네 400/ 나 약해 있을 때에도 408/ 내가 먼저 손

507 죄 많은 이 세상은

(이 세상은 내 집 아니네)

미가엘 958

죄 많은이 세상은 내집아니네 내 모든보화는 저
저 천국에서모두 날기다리네 내 주예수피로 죄
저 영광의땅에나 길이살겠네 손 잡고승리를 외

하늘에있네 저 천국 문을 열 고 나를 부르 네
씻음받았네 나 비록 약하 나 주 님날 지키 리
치는성도들 이 기쁜 찬송 하 늘 울려 퍼지 네

나 는 이 세상에 정 들 수 없도 다

오 주 님같 은친구없도다 저 천국없으면 난

어떻 게하나 저 천국 문을 열 고 나를 부르네

424/ 누구든지 목마르거든 450/ 생명 주께 있네 483/ 예수 안에 있는

죄악에 썩은 내 육신을 508

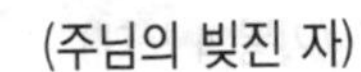

김석균

G C D7 G D7

죄악에썩은 내 - 육신을 주님이 쓰시려했 네 - -
먹물로칠한 내 - 육신을 주님이 희게하셨 네 - -
평생갚아도 빚진자 되어 주님의 빚진자되 어 - -

G C D G

죽 음의덫에 걸려있는몸 주님이 쓰시려 했 네
십 자가보혈 증거하라고 주님이 살 - 리 셨 네
주 님가신길 택하였건만 눈물만 솟 - 구 치 네

G C D7

속죄하는손 치유하시고 속죄하는발 치 유하셨네
기도할때에 음성주시고 찬송할때에 기 쁨되시네
생명주신이 주님이시라 능력주신이 주 님이시라

G G7 C G D7 G

새생 명얻은 이 몸다바쳐 주님께 영광 돌리 리
내작 은입이 내 작은몸이 주님의 붙들 린자 라
말씀 전하여 복 음전하여 주님의 빚을 갚으 리

G

393/ 기도하자 우리 마음 411/ 내게 강 같은 평화 483/ 예수 안에 있는 나에게

509 주가 지으신 주의 날에

(기쁨의 노래)

박기범, 이지음 & 이지음

G　CM7

주가지으 -신 주 -의날 -에 우리다함 -께 기
여호와는 -내 빛 -과 구 -원 하나님은 -내 힘

CM7　Em

-쁨 으 -로 즐거워하 -며 주 -께 나 -가
-과 방 -패 내영혼이 -주 를 -기 뻐 -하

1. C9　2. CM7

세 네 -yeah - -

D　C　G9　D/F♯

할렐 루 -야 선 하고인 -자 하 -신 -하나님

Em　A　CM7　D

- 이구원의기 -쁨- 감 출 수없 네 -

D　C　G9　D/F♯

할렐루 -야 모 든 전쟁 -을 승 -리 -하신 왕

Em　A　CM7　Dsus4　D

- 이승리의노 -래- 멈 출 수없 네 -

Gsus4 G Gsus4 G D/E Em D/E E7
기 뻐- 기 쁨으로- 노래 하 네- 노 래 해-
기 뻐- 기 쁨으로- 춤을 추 네- 춤 추 네-
Am7 Dsus4 D 1. F Dsus4 D
나 를구-원하 -신 주- 생 명 주셨 네 -
승 리하-신왕 -의 왕-
2. F Dsus4 D G
다스 리시네 - 기 뻐 해

G

510 주 계신곳 나 찾으리

(날 새롭게 하소서)

미가엘 1755

정장철

주 계 신곳 – 나 찾 으리– –

주 님 앞 에 – 나 가 – 주 뵈 오 리 –

날 새롭게하 – 소 서 – 날 새롭게하 – 소 서 –

날 새롭게하 – 소 서 – 주님 – 이 시간 –

내 모 든것 – 맡 기 리 라 –

나의연약한모 습 주 – 님 고 치리 – 이 시 – 간 –

날 새롭게하 – 소 서 – 날 새롭게하 – 소 서 –

날 새롭게하 – 소 서 – 주님 – 이 시간 –

399/ 나는 주만 높이리 403/ 나의 슬픔을 418/ 내 앞에 주어진

주 날 구원했으니

511

(멈출 수 없네)

심형진

512 주님 가신 길

미가엘 865

김영기 & 최형섭

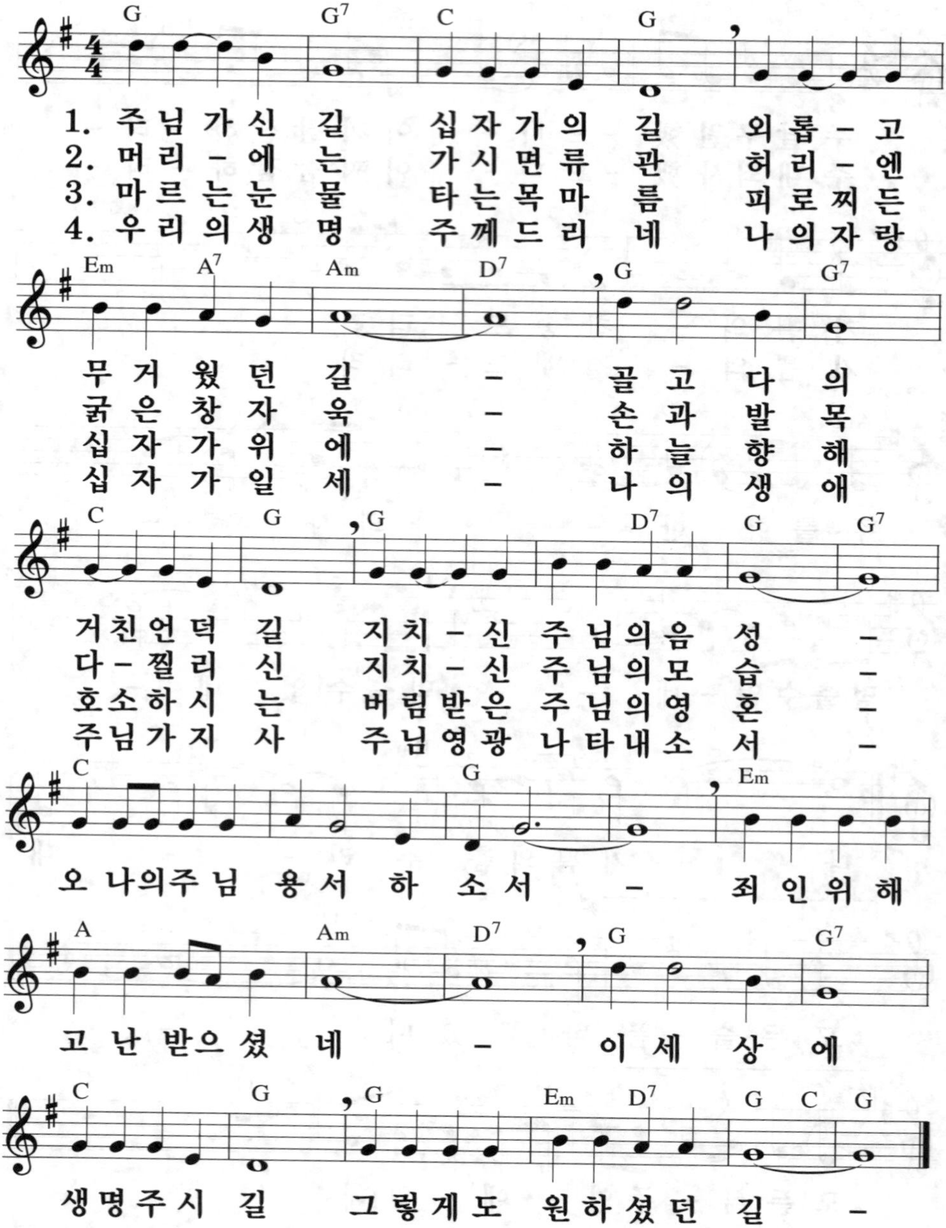
G G7 C G
1. 주님가신 길 십자가의 길 외롭-고
2. 머리-에는 가시면류 관 허리-엔
3. 마르는눈 물 타는목마 름 피로찌든
4. 우리의생 명 주께드리 네 나의자랑
Em A7 Am D7 G G7
무거웠던 길 - 골고다의
굵은창자 욱 - 손과발목
십자가위 에 - 하늘향해
십자가일 세 - 나의생애
C G G D7 G G7
거친언덕 길 지치-신 주님의음 성 -
다-찔리 신 지치-신 주님의모 습 -
호소하시 는 버림받은 주님의영 혼 -
주님가지 사 주님영광 나타내소 서 -
C G Em
오 나의주님 용서 하 소서 - 죄인위해
A Am D7 G G7
고 난 받으셨 네 - 이세 상 에
C G G Em D7 G C G
생명주시 길 그렇게도 원하셨던 길 -

메들리 곡

411/ 내게 강 같은 평화 424/ 누구든지 목마르거든 508/ 죄악에 썩은

미가엘 765

주님께 찬양하는

513

현윤식

G C G
주 님께 – 찬 양하는 우 리의 마 음

Am D7 G G7
얼마 나 아 름 다 운 지 –

C Am G Em
주 님 께– 찬 양 하 는 모 든 순 간

Am7 D7 G C G G Bm
내 마 음 천 국 일 세 – 찬 양

Em C D7 G G7
찬 – – – – 양 주님 께 찬양 드 려 요 –

C Am G Em
두 손을– 높 이 들 고 마 음 을 모 아

Am7 D7 G C G
주 님 께 찬 양 드 려 요 –

G

393/ 기도하자 우리 마음 합하여 507/ 죄 많은 이 세상은 508/ 죄악에 썩은

514 주님께 감사해

(존귀한 어린양 / Worthy is the Lamb)

Darlene Zschech

주님께 감사해

D
D/C
G/B
C
자 가 에 달 - 리 - 신 - 주 - 님 -
D sus4
Am7
G/B
C
존 귀 하 신 - - 주 - -
어 린 양 찬
Am7
G/B
D sus4
Am7
G/B
- - 양 - -
어 린 양 찬 - 양 -
C
Last to Coda
Am7
G/B
1.D sus4
- 존 귀 하 신 - - 주 -
어 린 양 찬
2.D sus4
D/F♯
Am7
G/B
D
G
D.S. al Coda
- - - 주 - -

G

515 주님 내 길 예비하시니

(여호와 이레)

미가엘 772

홍정표

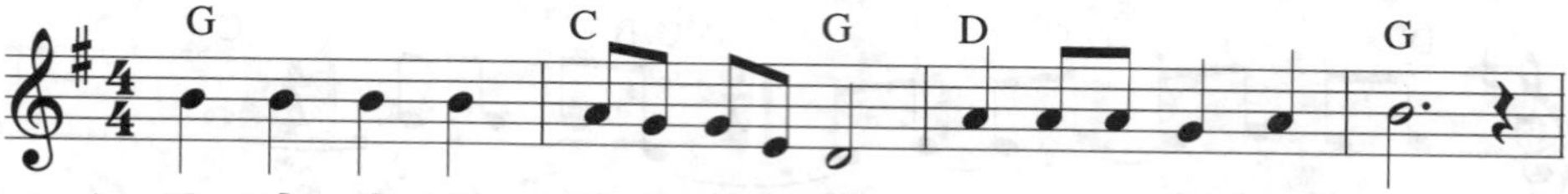

G C G D G

1. 주님 내 길 예비하시니 나 기뻐합니다
2. 주님 내게 평화주시니 나 기도합니다
3. 주님 내게 승리주시니 나 찬송합니다
4. 주님 나를 치료하시니 참 감사합니다
5. 주님 나를 사랑하셨네 날 구원하셨네

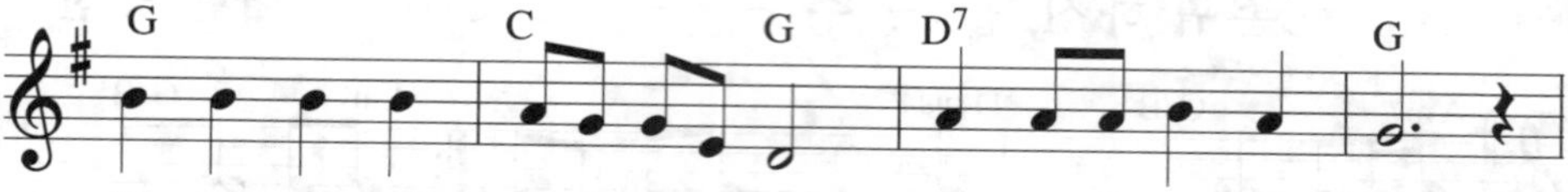

G C G D7 G

주님 내 길 예비하시니 나 기뻐합니다
주님 내게 평화주시니 나 기도합니다
주님 내게 승리주시니 나 찬송합니다
주님 나를 치료하시니 참 감사합니다
주님 나를 사랑하셨네 날 구원하셨네

G C G D7 G

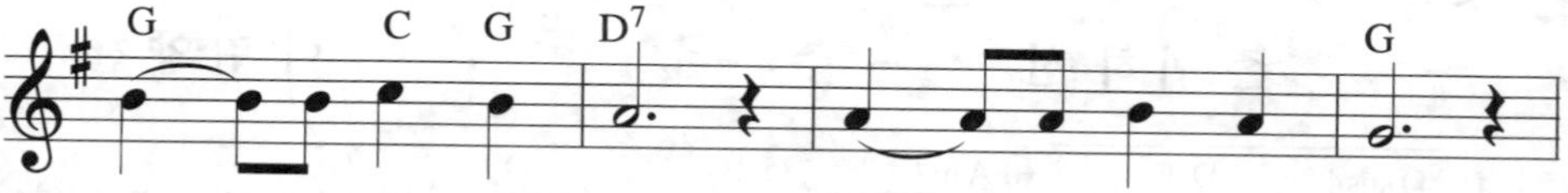

여 - 호와 이레 여 - 호와 이레
여 - 호와 샬롬 여 - 호와 샬롬
여 - 호와 닛시 여 - 호와 닛시
여 - 호와 라파 여 - 호와 라파
할렐루야 아멘 할렐루야 아멘

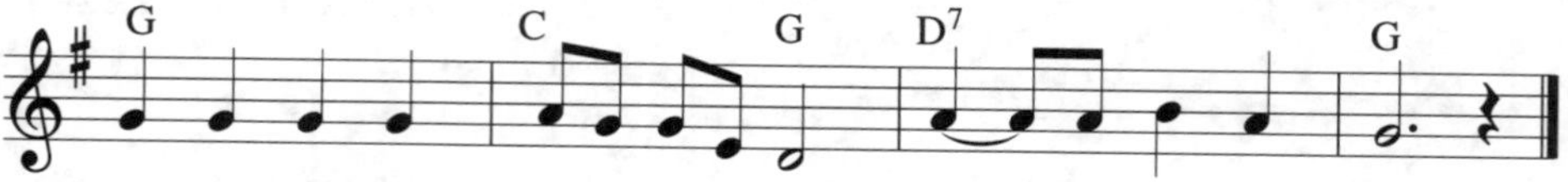

G C G D7 G

주님 내 길 예비하시니 여 - 호와 이레
주님 내게 평화주시니 여 - 호와 샬롬
주님 내게 승리주시니 여 - 호와 닛시
주님 나를 치료하시니 여 - 호와 라파
주님 나를 사랑하셨네 할렐루야 아멘

393/ 기도하자 우리 마음 합하여 483/ 예수 안에 있는 508/ 죄악에 썩은

미가엘 854

주님여 이 손을

516

Anonymous

G Em Am C

주님 여 이손 을 꼭잡 고 가소 서–
인생 이 힘들 고 고난 이 겹칠 때–

G Em Am/D D7

약하 고 피곤 한 이몸 을 –
주님 여 날도 와 주소 서 –

Gmaj7 Em Am C

폭풍 우 흑암 속 헤치 사 빛으 로–
외치 는 이소 리 귀기 울 이시 사–

G D6 D7 C/G G

손잡 고– 날인 도– 하소 서 –

G

517 주님은 신실하고

(Sweeter Than The Air)

Scott Brenner & Andre Ashby

주 님 - 은 - 신 실 하 고 - 항 상 거 기 - 계 - 시 네

- 주 사 랑 을 뭐 - 라 할 까 - 주 사 랑 - 이 내 생

명 보 다 귀 - 하 - 고 - 주 사 랑 - 이 파 도 보 다 더 강 - 해 - 요

- 세 월 이 - 가 고 꽃 이 시 들 어 도 - 주 사 랑 - 영 원 해 - 주 님

-사 랑 - 신 실 해 - 요 -사 랑 - 신 실 해 - 요 - -

미가엘 741

주님의 손으로 518

(Hold me Lord)

Danny Daniels

G

519 주님의 영광 나타나셨네

(The Lord has displayed His glory)

미가엘 762

David Fellingham

Am7
G
Em7
Bm
E
- - 저는 자 는- 걷게되리-
루야임 하 소-서- - - -
Am
D6
D7
Bm7
E7
나는선포하 - 리 만왕의왕예 - 수
Am9
D7
G
C/G
G
주 의나 라 임하시네 - -

G

520 주님 품에 새 생활하네

미가엘 952

(주 안에 새 생활)

J. W. Peterson

미가엘 1573

주님 한 분 만으로

박철순

주님 한분만으로- 나는 만족- 해- 나의 모든것되신- 주님

찬양-해- 나의 영원한생명- 되신 예수-님- 목

소리높-여찬 양 해 주 님 의 크신 사랑찬-양해- 나의

힘 과 능력-이 되신-주- 나의 모든삶- 변화

G

522 주를 높이기 원합니다

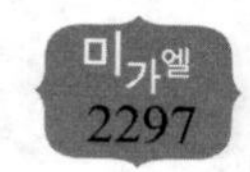

(I give You my heart)

Reuben Morgan

미가엘 2297

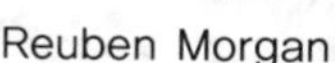

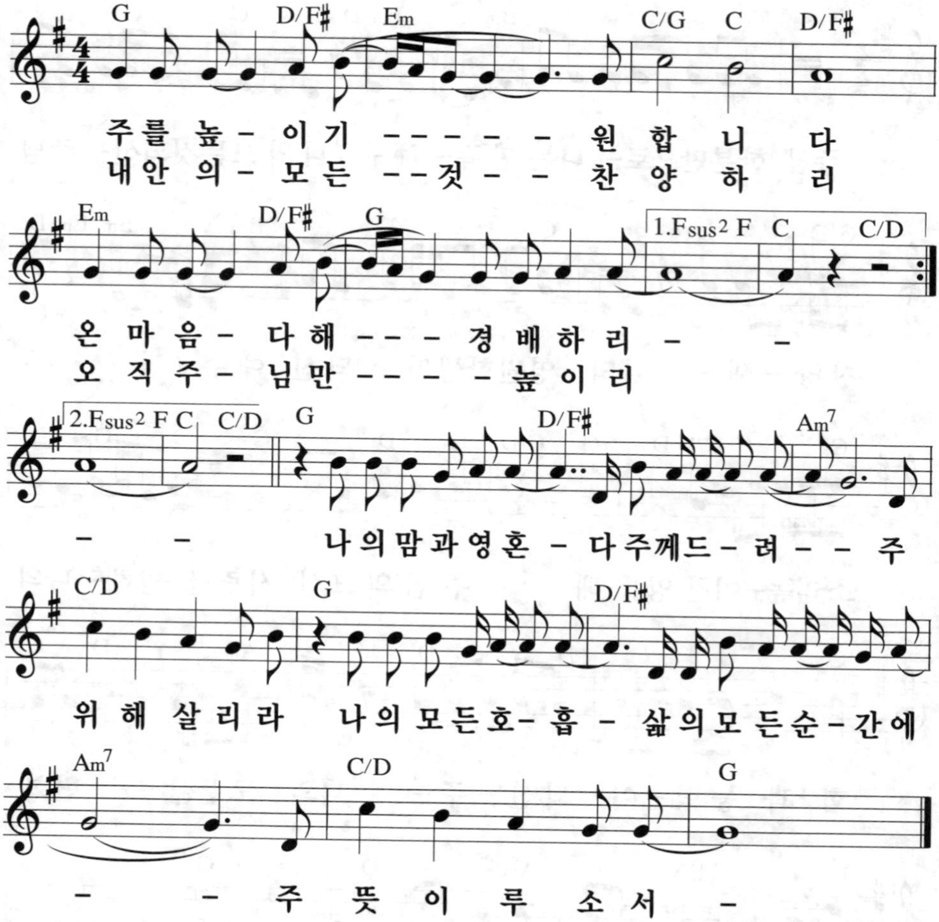
G D/F# Em C/G C D/F#
주를 높 - 이기 - - - - - 원 합 니 다
내안 의 - 모든 - - 것 - - 찬 양 하 리
Em D/F# G 1.Fsus2 F C C/D
온 마 음 - 다 해 - - - 경 배 하 리 - -
오 직 주 - 님 만 - - - - 높 이 리
2.Fsus2 F C C/D G D/F# Am7
- - 나의맘과영혼 - 다주께드 - 려 - - 주
C/D G D/F#
위 해 살 리 라 나 의 모 든 호 - 흡 - 삶 의 모 든 순 - 간 에
Am7 C/D G
- - 주 뜻 이 루 소 서 -

메들리 곡

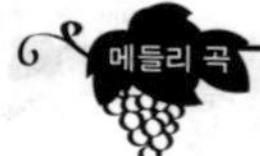

416/ 내 손을 주께 높이 426/ 다 표현 못해도 449/ 살아계신 하나님

주 보좌로부터 물이 흘러 523

(주님의 강이 / The river is here)

Andy Park

1. 주 보좌 - 로 - 부 터 물이 - 흘러 닿는곳 - 마 - 다 새
2. 주 님의 - 강 - 이 충 만케 - 되네 닿는자 - 마 - 다 치
3. 주님 - 의 - 산 에 올라 - 가리 주계 - 신 - 보좌

로워지네 - - 골 짜 - 기 - 를 지나 들판 - 으 로
유케되네 - 그 강가 - 에 - 있 는 - 병 든 - 자 들
찾 - 으려 - 그 강변 - 에 - 우 리 - 달 려 - 가 서

생수 - 의강물 - 흘 러 넘 - 치네
주갈 - 급하며 - 돌 아 오 - 리라 주 님의 강이 - 우릴 즐겁
춤을 - 추 - 며 주를 찬 양 - 하 리

- 게 - 해 주 님의 강이 - 춤 추 게 - 해 - 주 님의강이

- 우릴 새롭 - 게 - 해 기쁨 - 으로 충 만 케하네 -

G

387/ 거룩한 주님의 성전에 405/ 나의 왕께 찬양해 483/ 예수 안에 있는

524 주 보혈 날 정결케 하고

(주의 손에 나의 손을 포개고)

주영광

주보혈 날정결케하 -고 주보혈날자유케하니 주앞

에 나예배하는이 시 간 나의모 든것을주께드리

네 주의 손 날위해찢기 셨고 주의발 날위해박히

셨으니 이제 는 내가사는것이아 니 요 오직주를위해사는것이

라 - 주의손에나의손을 포개고 또

주의발에나의발을포개어 나 주와함 께 죽고 또

주와함께살리라 - 영 원 토록 - 주위해살리 - 라 -

- 라 - 주위해살리 - 라 - -

주 보혈로 나 사심은 525

(어찌 날 위함이온지 / And Can It Be That I Should Gain?)

Camp Kirkland, D.Charles Wesley,
Thomas Campbell

주 보 혈 로 날 사 - 심 - 은 그 뜻 - 이 -
하 늘 보 좌 아 버 - 지 - 집 겸 손 - 히 -
나 는 주 의 소 유 - 되 - 고 주 는 - 나 -

깊 고 - 크 셔 라 상 하 심 과 - 죽 으 심
떠 나 - 신 그 뜻 주 의 사 랑 - 사 랑 만
의 상 - 전 이 니 그 명 령 만 - 따 르 오

이 어 찌 - 날 위 - 함 이 온 지 놀 라 워
이 그 일 - 을 이 - 루 셨 도 다
리 공 의 - 의 옷 - 입 고 살 리

라 주 - 사 - 랑 - 이 - - 날 위 - - 해 죽 - - 으

신 - - 사 랑 놀 라 워 라 주 사 랑

이 어 찌 날 위 함 - 이 온 지

G

407/ 내가 주를 위하여 408/ 내가 먼저 손 내밀지 420/ 내 인생 여정

526 주 신실하심 놀라워

(주님의 은혜 넘치네 / Your Grace is Enough)

Matt Maher & Chris Tomlin

주 신실하심 놀라워

G
D
Em7
C
님 의 은 혜 - 내 게 넘 치 네 - 나
G
D
C
1.
를 향 한 주 - 은 - - 혜 -
2.C
G
D
Em7
C
주 님 의 은 혜 - 이 땅 에 부 으 소 서 - 나
나 를 덮 는 사 랑 -
G
D
1. C
를 향 한 주 - 은 - - 혜 - 넘 - 치 는 - 주
2. C
G
- 은 - - - 혜 -

G

527 주 여호와의 신이

(기름 부으심)

신상우

C/D D/F♯ G C/D G/B
영 광 – 나 타 내게하 –소서 – 주님의 성 령 – 내
C Am7 G/D Em7 Am7 C/D 1. G C/D D
–게 임하여 – 하늘의 영 광 – 나타 내 게 하 소 서 주님의
2. G
5
D♭/E♭ E♭7
서 – 주 님의
A♭ A♭/C D♭ B♭m7 D♭/E♭ E♭/G
성 령 – 내 –게 임하여 – 하늘의 영 광 – 나타
A♭ D♭/E♭ A♭/C D♭
내게하 –소서 – 주 님의 성 령 내 –게 임하여 – 하늘의
A♭/E♭ D♭/E♭ A♭/E♭ D♭/E♭
영 광 – – 하늘의 영 광 – – 하늘의
A♭/E♭ B♭m7 D♭/E♭ D♭/E♭ E♭ A♭
영 광 – – 나 타 내 게 하 소 서

G

528 주 예수의 이름 높이세

(We want to see Jesus lifted high)

미가엘 1558

Doug Horley

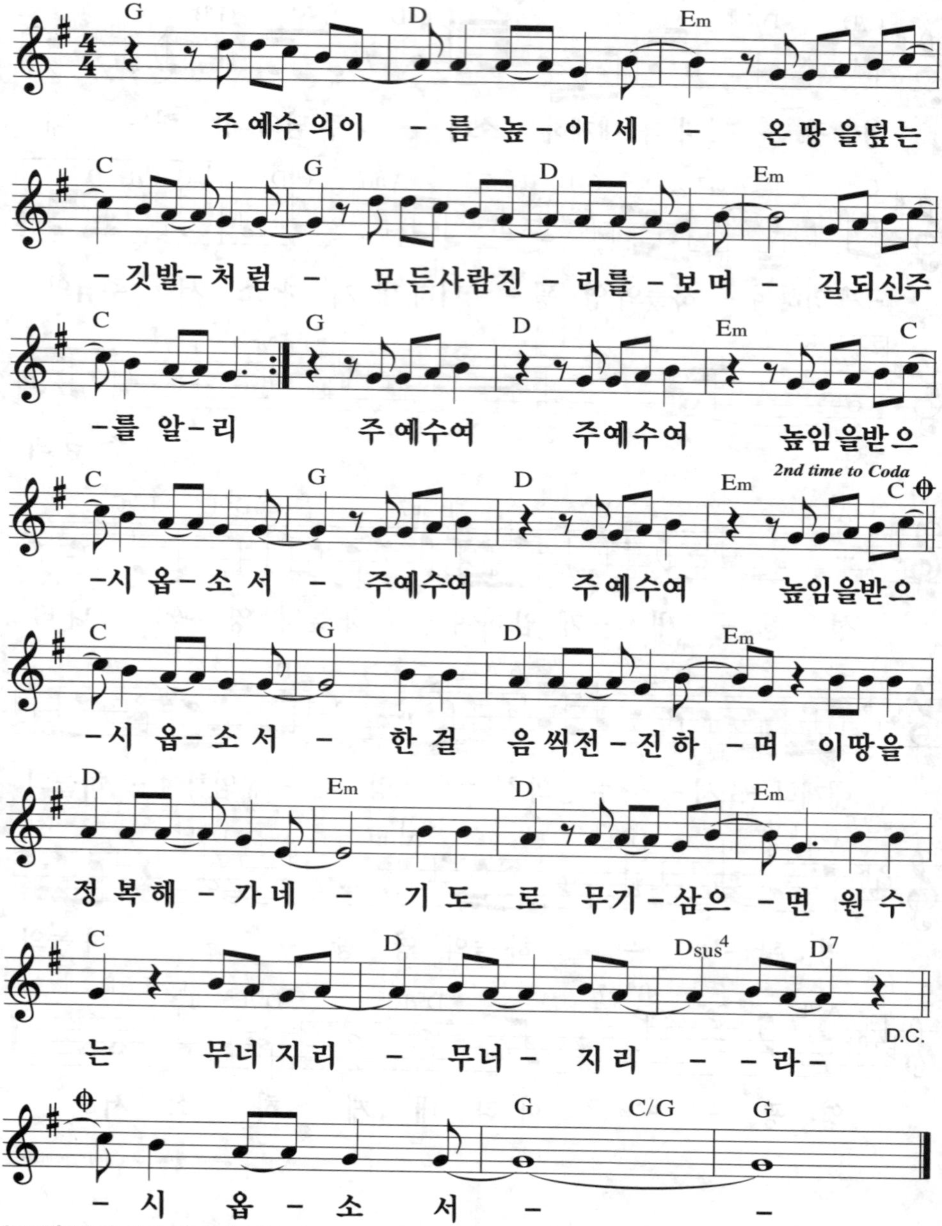

주 예수의이 - 름 높 - 이 세 - 온땅을덮는

- 깃발 - 처 럼 - 모든사람진 - 리를 - 보며 - 길되신주

- 를 알 - 리 주 예수여 주예수여 높임을받으

2nd time to Coda

- 시 옵 - 소 서 - 주예수여 주 예수여 높임을받으

- 시 옵 - 소 서 - 한 걸 음씩전 - 진하 - 며 이땅을

정 복해 - 가네 - 기 도 로 무기 - 삼으 - 면 원수

는 무너지리 - 무너 - 지리 - - 라 -

D.C.

- 시 옵 - 소 서 - -

395/ 기뻐하며 왕께 483/ 예수 안에 있는 나에게 498/ 은밀한 곳 조용한 곳에

미가엘 766

주 우리 아버지 529

(God is our Father)

Alex Simon & Freda Kimmey

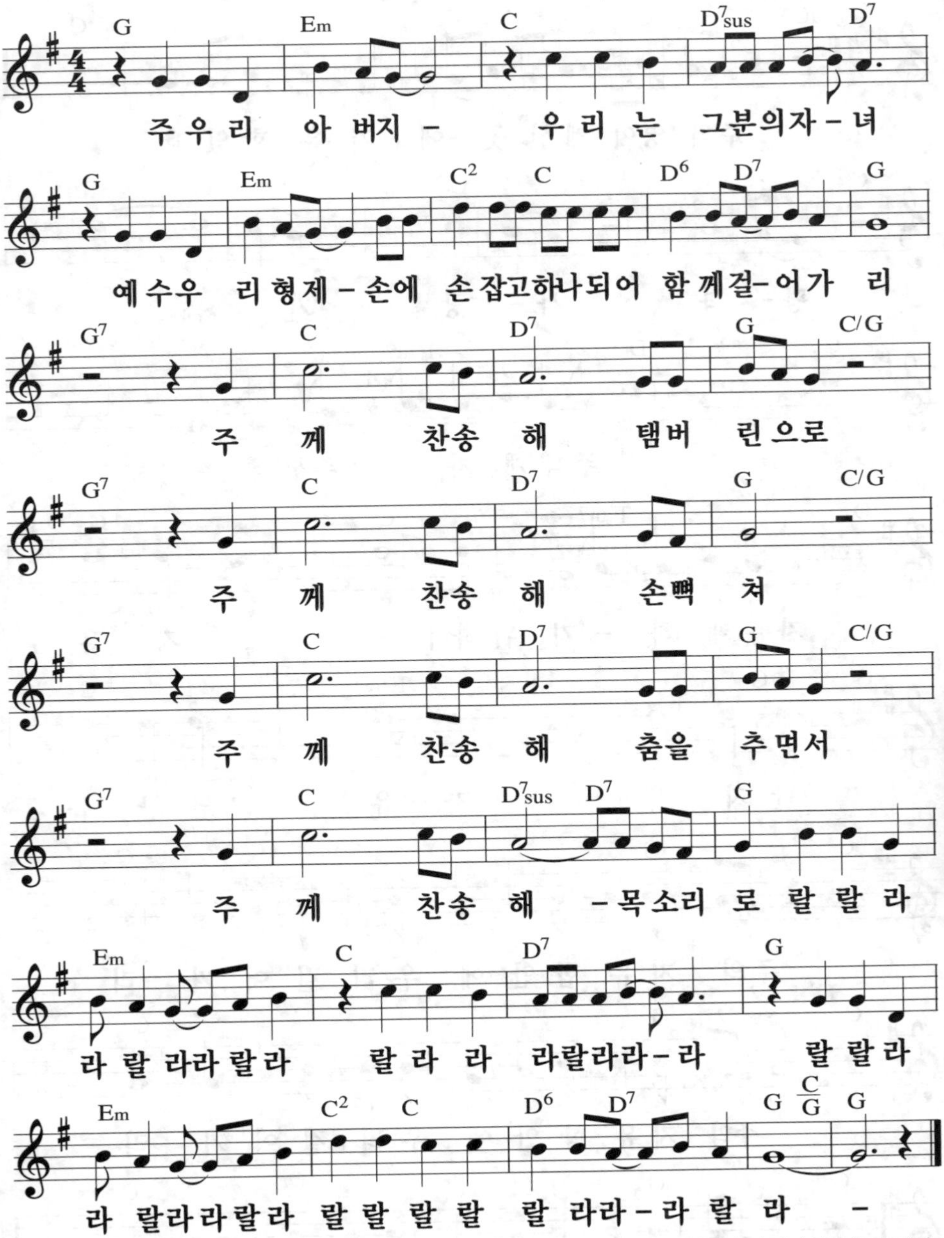

주우리 아 버지 – 우 리 는 그분의자 – 녀

예수우 리 형제 – 손에 손잡고하나되어 함 께걸–어가 리

주 께 찬송 해 탬버 린으로

주 께 찬송 해 손뼉 쳐

주 께 찬송 해 춤을 추면서

주 께 찬송 해 –목소리 로 랄 랄 라

라 랄 라라 랄라 랄 라 라 라랄라라–라 랄 랄 라

라 랄라라라랄라 랄 랄 랄 랄 랄 라라–라 랄 라 –

396/ 나 기뻐하리 425/ 다 와서 찬양해 453/ 성령님이 임하시면

G

530 주의 영이 계신 곳에

(자유 / Freedom)

Derrel Evans

C
G
C
주의 영이 계신 곳-에 자유함있네
C
G
1. C
주의 영이 계신곳-에 자유함있네 주의
2.
D
Em7
C
주내게 자 - 유 주셨 네 -
D
C
G C G
자유케 하 -기 위하여 - 자 유

G

531 주의 이름 높이며

(Lord I lift Your name on high)

Rick Founds

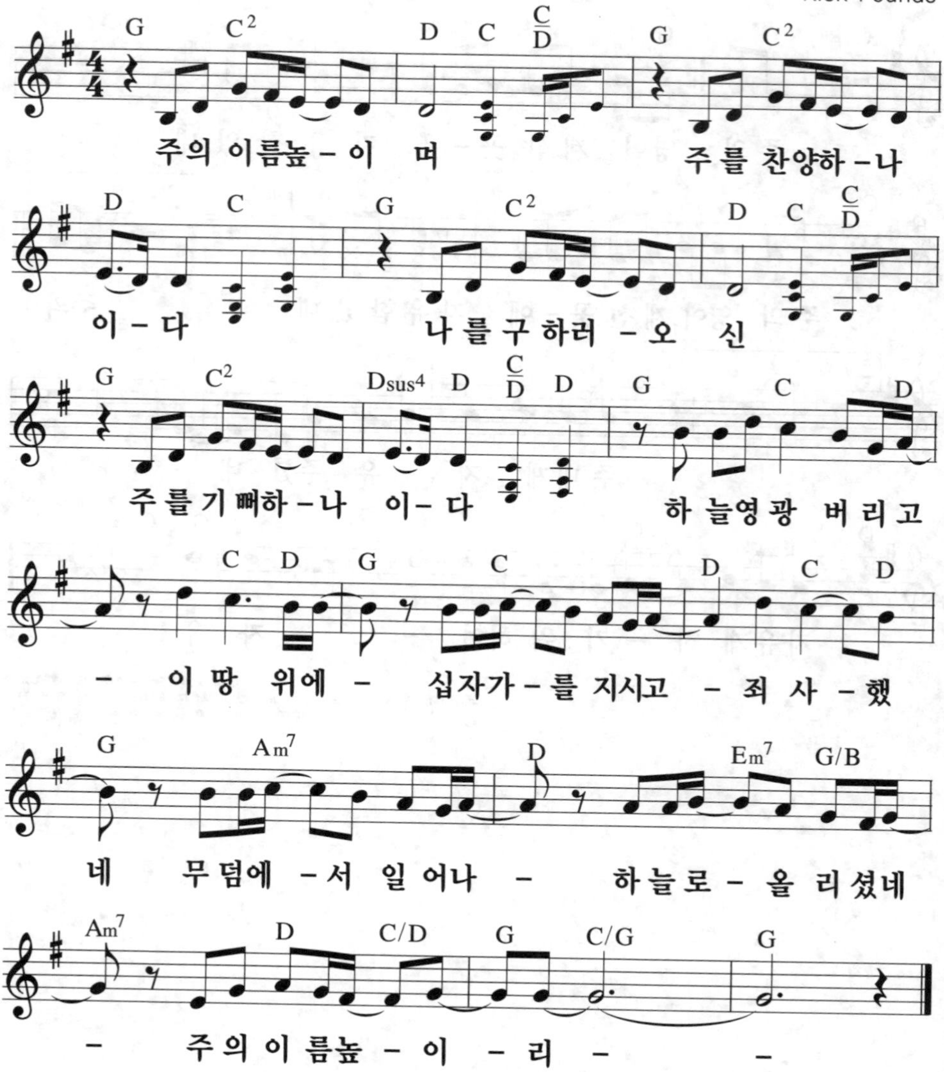

G C2 D C C/D G C2

주의 이름높-이 며 주를 찬양하-나

D C G C2 D C C/D

이-다 나를구하러-오 신

G C2 Dsus4 D C/D D G C D

주를기뻐하-나 이-다 하늘영광 버리고

C D G C D C D

- 이땅 위에 - 십자가-를 지시고 - 죄 사-했

G Am7 D Em7 G/B

네 무덤에 -서 일어나 - 하늘로 - 올 리셨네

Am7 D C/D G C/G G

- 주의이름높 - 이 - 리 - -

386/ 갈급한 내 맘 397/ 나는 주님을 찬양하리라 399/ 나는 주만 높이리

주의 이름 높이세 532

정찬양

2. 주의 이름 찬양해　3. 주의 이름 놀라와

G

533 주의 이름 송축하리

(The name of the Lord)

미가엘 1222

Clinton Utterbach

392/ 그리 아니하실지라도 431/ 마지막 날에 453/ 성령님이 임하시면

미가엘 1083

찬송을 부르세요 534

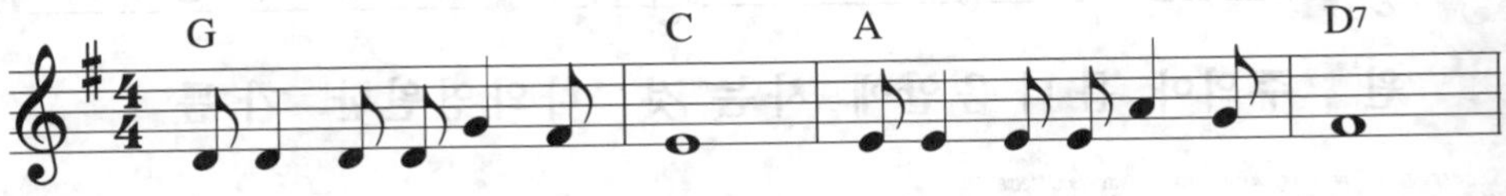

G

G C A D7

1. 찬송 을부르 세 요 찬송 을부르 세 요
2. 기도 를드리 세 요 기도 를드리 세 요
3. 서로 사랑하 세 요 서로 사랑하 세 요
4. 말씀 을들으 세 요 말씀 을들으 세 요

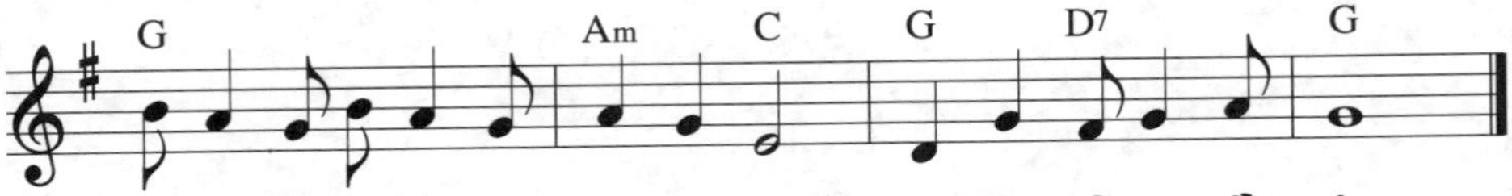

G Am C G D7 G

놀라 운일이 생 깁 니 다 찬 송 부르 세 요
놀라 운일이 생 깁 니 다 기 도 드리 세 요
놀라 운일이 생 깁 니 다 서 로 사랑 해 요
놀라 운일이 생 깁 니 다 말 씀 들으 세 요

메들리 곡

392/ 그리 아니하실지라도 395/ 기뻐하며 왕께 425/ 다 와서 찬양해

535 주의 인자하신 그 사랑이

박기범 & 이지음

주의 인자하신- 그사랑이- 내 생명보다나으며 위
함이없는- 주임재가- 내 근심보다가깝고 주

로하시는- 주손길은- 내 눈물보다귀 하 다 변
님흘리신- 그보혈은- 내 상처보다진 하

다 결국내 주 님 과 함께 사 는 것 나의영원한 소

원 주의아 름다움안에 사는 것 나의영원한 기쁨

416/ 내 손을 주께 높이 449/ 살아계신 하나님 454/ 세상 모든 민족이

주의 인자하심이 생명보다 536

정종원

G Em Am7
주의 인자 – 하 심이 생명 보다 – 나으 므 로 내 – 입 술은

D D7sus D7 G Em
주 를 찬 양 주의 인자 – 하 심이 생명 보다 – 나으

Am7 D 1.G C/D 2. G Bm
므 로 내 입 술 은 주 찬양 – 찬양 – 이 러 므 로 내 평생

Em Am7 D Bm Em
에 주 를 송 축 하 며 주의 이 름 으 로 – 인

Am7 D D7sus D7 G
하 여 내 손을 들 리 – 라 – – (들 – 리 – 라) 주의 인자 – 하 심이

Em Am7 D D7sus D7
생명 보 다 – 나 으 므 로 내 – 입 술은 주 를 찬 양

G Em Am7 D7 G
주의 인자 – 하 심이 생명 보다 – 나으 므 로 내 입 술 은 주 찬양 –

537 죽임 당하신 어린 양

고형원

죽 임 당하신 어린 양 모든 족속 과방언 백성
임 당하신 어린 양 우리 들을 나라와 제사

과나라가 운데서 - 우 리를 피 로 사 서 하나
장삼아주 셨으니 - 우 리는 주 와 함 께 이땅

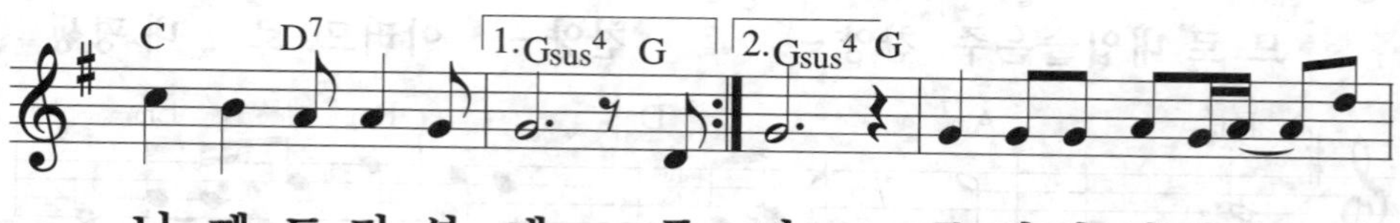

님 께드리셨네 죽 리 죽임당 하신어 - 린
에 서다스리

양 능 - 력과부 와지혜 힘 과 존귀와영광

찬 송 받 으시 - 기 에 합당 하 신 어 린 양

지존하신 주님 이름 앞에 538

(Jesus at Your name)

Chris Bowater

G B7/F# Em Em/D C G/B
지존 하신 주님 이 름앞에 모두 무릎 꿇고 다

Am7 Dsus4 D G B7/F# Em Em/D
경 배 해- 거룩 하신 주님 보 좌앞에 엎

C Am7 D7 C/G G B7/F#
드 려 절-하 세 예 수 는

Em Em/D C G/B Dsus4 D G B7/F#
그리스도 예 수 는 주 하 나 님의

Em7 C Am7 G/D D7 C G
영 으 로- 경 배 드-리리 -

G

398/ 나는 주를 작게 보았네 427/ 당신은 영광의 왕 442/ 보혈을 지나

539 지치고 상한 내 영혼을

(주여 인도하소서)

최인혁

지 치고 - - 상 한 - 내영 혼을 - 주여 받아주소서 - 내

가 주께 로 지금 가 - 오 니 버림

받고 - - 깨 진 - 나의 마음을 - 주여 받아 주소서 - 내

가 주께 로 지금 갑 니 다

험한 세 상에 나 혼자 있 게 마 시 고 오

주여 - 나 를 인도 하 소서 - - 거친

비바람 - 불어 올 때 나 를보호 하 시고 - - 오

주여 - - 나 를 인도 하 - 소 서

찬양하라 내 영혼아

(Bless the Lord, oh my soul)

Margaret Evans

G

541 찬양 중에 눈을 들어

(호산나 / Hosanna)

Paul Baloche & Brenton Brown

G2

찬 - 양 중 - 에 눈 을 들 - 어 - 주 를
주 - 께 드 - 린 마 음 다 - 한 - 기 도

C2 G

- 주 를 보 네 -
- 들 으 소 서 -

G2

소 - 망 중 - 에 마 - 음 다 - 해 - 주 만
주 - 의 나 - 라 상 - 한 영 - 혼 - 들 을

C2 G2

- 나 바 라 네 - 주 님 을 볼
- 새 롭 게 해

D sus4 C G2

- 때 나 에 게 - 힘 주 시 네 주 님 안

D sus4 C G2

- 에 모 든 두 - 렴 - 사 라 져 사 라 져

D G sus4 G E m7

- 호 산 - - 나 호 산 - - - - - 나 -

C2
G
Dsus4
- 구원의주 - 하 나 - 님 - 찬양받으
Em7
C2
Gsus4
G
- 실 주 - 님 - 호 산 - - 나 호
Em7
C2
G
산 - - - - - - 나 - 내안에임 - 하 셔 - 서
Dsus4
Em7
C2
G
- 주님의뜻이 - 루 소 - 서 -

G

542 창조의 아버지

(Father Of Creation)

David Ruis

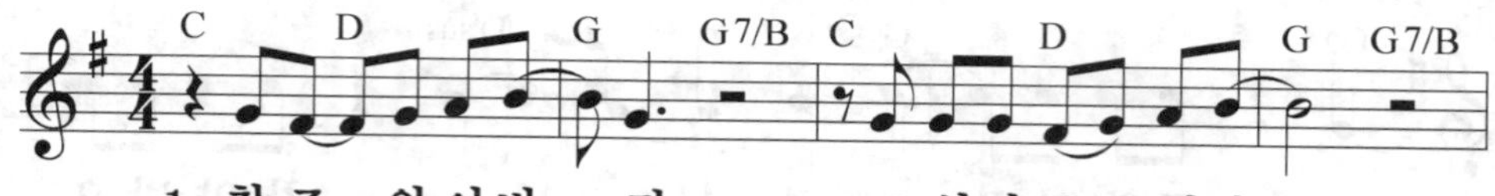

1. 창 조 -의 아 버 - 지 그 섭 리 보 - 이 사 -
주 의 -크 신 능 - 력 만 물 이 사 모 하 니 -
2. 열 방 -의 통 치 - 자 세 상 이 보 - 리 라 -
우 릴 -돌 아 보 - 사 강 건 케 하 - 소 서 -

택 하 신 세 대 일 으 키 -어 이 땅 을 고 치 소 서 -
성 령 의 기 름 부 어 주 - 사 이 시 간 임 하 소 서 -
신 실 한 주 의 약 속 으 -로 교 회 는 승 리 하 리 -
연 약 함 모 두 벗 어 지 -고 승 리 케 하 옵 소 서

- 주 영 광 여 기 -임 하 사 - 열 방 향

-해 그 빛 - 비 추 소 서 주 의 얼 굴 구 - - 할 때

- 주 의 향 기 머 무 소 - - 서 영

광 영 광 영 광 영- - 광 영 광

400/ 나 약해 있을 때에도 432/ 모든 민족에게 537/ 죽임 당하신 어린 양

축복하소서 우리에게 543

이천

G

메들리 곡 429/ 때로는 너의 앞에 461/ 십자가 그 사랑 470/ 여기에 모인 우리

544 천년이 두 번 지나도

전종혁 & 조효성

G Am7 D G

천년 이두번 –지 나도 – 변하 지 않는건 – 당신

C G/B Am D

을향한 – 하 나님의 – 사 랑 이 예 요 – 천년

G Am D G

이두번 – 지 나 도 – 바꿀 수 없는건 – 당신

C G/B Am7 D G

을향한 – 하 나 님의 – 마 음 이 예 요 – 당 신

G Am7 D7 G

의 삶을 – 통해 하나 님영 광 받 으시고 – 우리

C D/C G G7

가 하 나 – 될 때 주님나라 이 뤄 지 죠 – 당 신 을

C D D#° Em

향 한하 나 님 의 – 선 하 신 계 획 – 우 리 의

C G/B C Am7 D7
섬김과-나눔으로-아름 답 게 열 매 맺 어 요 하나-
G Am D G C
님은당-신을-통해- 그의마-음을- 그의 사랑과-그의
G/B Am D G C
용서를- 나 타 내 기 원해요-천년 이 두번 지 나 도 -당신
D D/F♯ G D/F♯ Em Am D7 G
은 하 나님 의사람-이죠 - 천년 이가도- 영 원 히

G

545 캄캄한 인생길

미가엘 963

(달리다굼)

현윤식

캄캄한 인생길

G Em D7 G C
달 리다 굼 깨어 라 일 어 나 걸-어라 어
G D7 G C
둠 은물러가 고 새날 이 다가오 네 주님
G D7/F# G C G
오 실날 멀잖았 네 어둠속 에 잠 자 던 영 혼 일어나 라
C G/D D7/F# G
일 어 나 걸-어 라 달 리 다 굼 일어나 라

G

546 하나님께로 더 가까이

미가엘 1674

(Nearer to God)

Stephen Hah

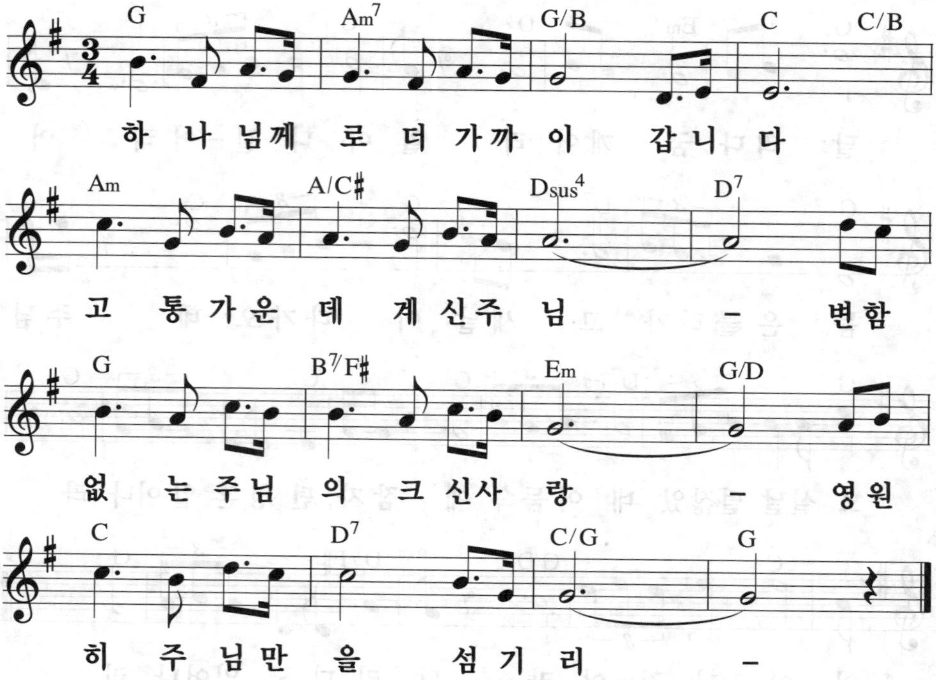
G Am7 G/B C C/B
하 나 님께 로 더 가까 이 갑니 다
Am A/C♯ Dsus4 D7
고 통 가운 데 계 신주 님 – 변함
G B7/F♯ Em G/D
없 는주님 의 크 신사 랑 – 영원
C D7 C/G G
히 주 님만 을 섬기 리 –

메들리 곡 410/ 내가 주인 삼은 416/ 내 손을 주께 높이 426/ 다 표현 못해도

하나님께서는 우리의 만남을 547

(우리 함께 / Together)

Rodger Strader

하 나님께서 는 우리의만남 을

계 획해놓셨 네 - - 우 린하나되 어

어 디든가리 라 주 위해서라 면

무엇이든하 리 - 라 당신과함 께

우 리 는 하 - 나 되어 - 함 - 께

건 네 하 늘 아 버 지 사 랑 안 - 에 서

우 리 는 기 - 다 리 며 - 기 - 도

하 네 우리의 삶 에 사 랑 넘치도 - 록 - 우리는 -

470/ 여기에 모인 우리 429/ 때로는 너의 앞에 543/ 축복하소서 우리에게

548 하나님께서 당신을 통해

김영범

하늘과 땅 가득한 549

(열방이여 노래하라)

고형원

G

550 하늘의 나는 새도

(주 말씀 향하여 / I Will Run To You)

미가엘 1849

Dalene Zschech

메들리 곡 432/ 모든 민족에게 479/ 예수는 왕 537/ 죽임 당하신 어린 양

할렐루야 주가 다스리시네 551

(Hallelujah, the Lord, our God reigns)

Anonymous

G D C G C

할렐 루 야 주가 다스리 네 할렐

G D C G D C 𝄋 G D/F♯ G D/F♯ G

루 야 주가 다스리 네 주 는 위대하 시 고

Am7 Gmaj7/G D/F♯ C/E D B7/D♯ Em Am7 Am7/D

큰일 하 셨 네 할렐 루 야 주 님이 다스 리

1. G C/D 2. G 3. G

네 할렐 네 주 네

D.S.

G

397/ 나는 주님을 찬양하리라 399/ 나는 주만 높이리 405/ 의 왕께 찬양해

552 해 아래 새 것이 없나니

(새롭게 하소서)

미가엘 850

이종용

메들리 곡

408/ 내가 먼저 손 내밀지 420/ 내 인생 여정 끝내어 540/ 찬양하라 내 영혼아

호산나

553

(Hosanna)

Carl Tuttle

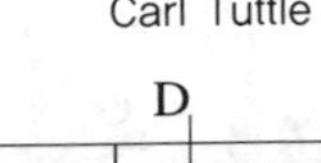

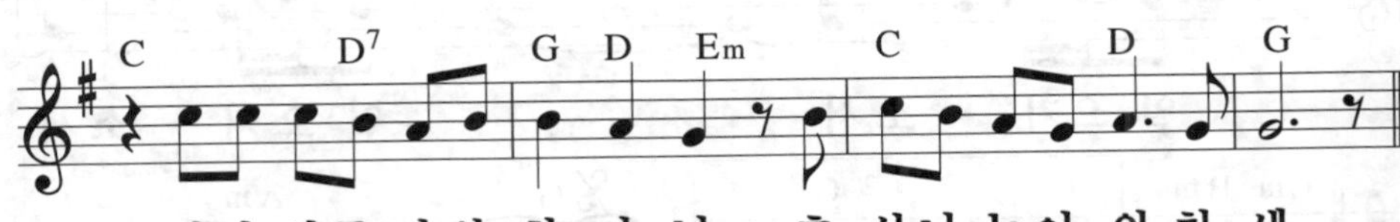

귀하 신주 나의 하 나 님 호 산나 높이 외치 세
귀하 신주 나의 하 나 님 주 님께 영광 돌리 세

G

411/ 내게 강 같은 평화 424/ 누구든지 목마르거든 556/ 그는 여호와

554 홍해 앞에 선 모세처럼

G
Am
Bm
- for free - dom- 모 든 사 - 람 주 볼
Em
A
G
D
E♭
- 때 까 지 - - - - 주 만 위 - 해 사 는 -
D sus4
1, 3. G
2. E♭M7
Fine
We' re the Jesus ge - nera - tion - - tion -
F
E♭M7
F
E♭M7
싸 움 이 - 치 열 - 해 도 - 물 러 서 - 진 않 - 으 리
F
E♭M7
D sus4
C/D
D7
D.S.
- 승 리 의 - 그 날 - 까 지 - 예 - - - The call

G

555 그가 찔림은 우리의 허물을

미가엘 1293

노문환

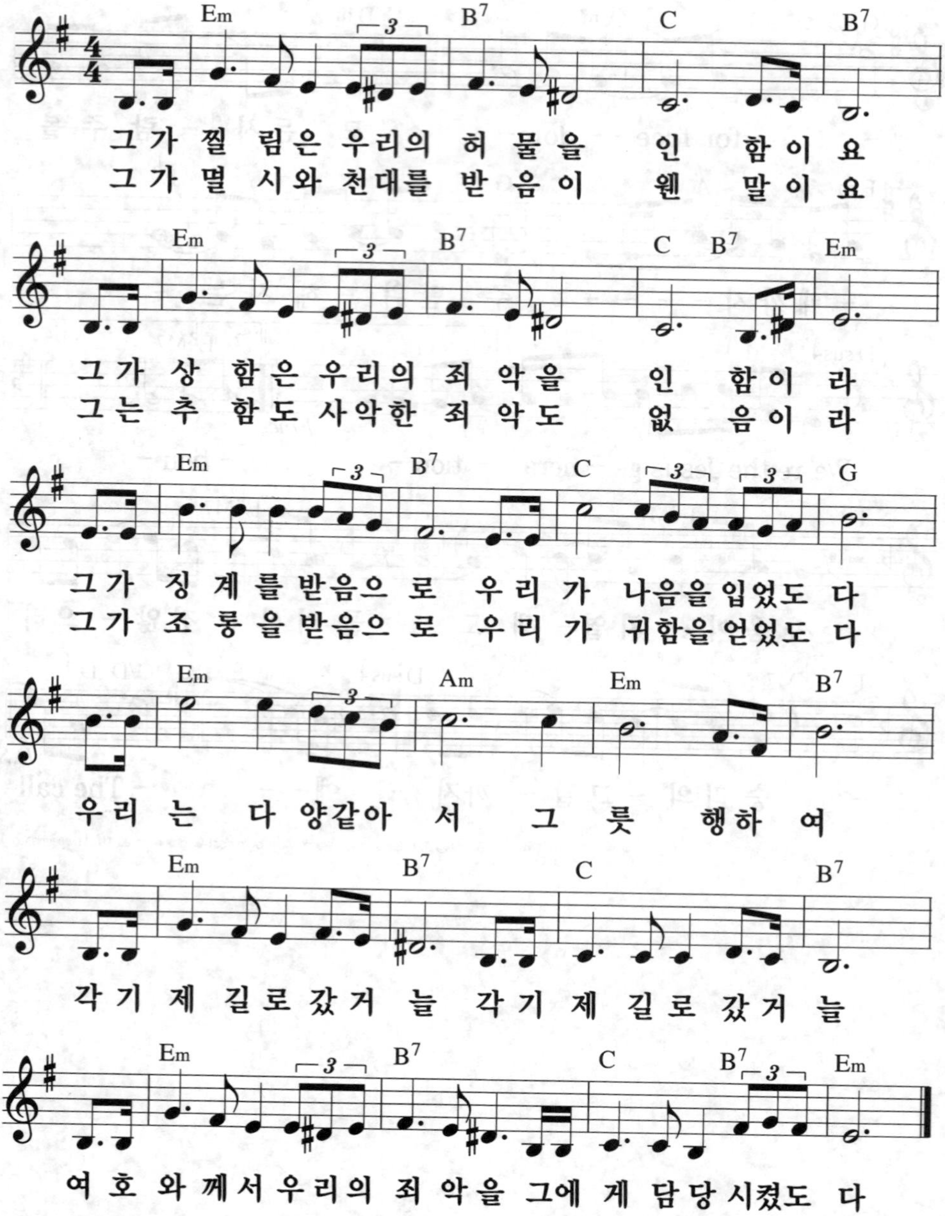
그 가 찔 림은 우리의 허 물을 인 함이 요
그 가 멸 시와 천대를 받 음이 웬 말이 요
그 가 상 함은 우리의 죄 악을 인 함이 라
그 는 추 함도 사악한 죄 악도 없 음이 라
그 가 징 계 를 받음으 로 우 리 가 나음을입었도 다
그 가 조 롱 을 받음으 로 우 리 가 귀함을얻었도 다
우 리 는 다 양같아 서 그 릇 행하 여
각 기 제 길로 갔거 늘 각 기 제 길 로 갔 거 늘
여 호 와 께 서 우리의 죄 악을 그에 게 담당 시켰도 다

메들리 곡

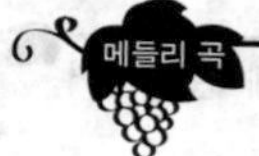

408/ 내가 먼저 손 내밀지 442/ 보혈을 지나 552/ 해 아래 새 것이 없나니

그는 여호와 창조의 하나님 556

(창조의 하나님 / He is Jehovah)

Betty Jean Robinson

B7sus Em B7 Em D7

1. 그는여 호－와 창조의 하나님 그는여
2. 지존의 하나님 아브라함의 하나님 여호와
3. 여호와 이－레 그는나의 공급자 구원의

G B Em B7

호 와 전능의 하나님 길르앗의 향료요 반석의
샬 롬 평강의 하나님 이스라엘의 하나님 영원하
하나 님 구주의 하나님 아들을 보내어 그를증거

Em B7 Em/B B7 Em

하나님
하나님 그는여 호 와 치료의하－나 님
하셨네

D7 G Em D7

찬양－ 하 세 할렐－ 루 야 찬양－

G B7 Em B7

하 세 오－할렐 루 야 그는여 호－와 전능의

Em B7 Em/B B7 Em

하나님 그는여 호 와 치료의하－나 님

G

444/ 부어 주소서 주님의 성령 559/ 여호와 이레 563/ 우리 주의 성령이

557 수 없는 날들이

(참회록)

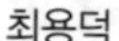

수 없는 날-들 이 나에 게 주어 졌-지 만
수 없는 많은사 람 만나 고 헤어 졌-지 만
주 앞에 엎-드 려 나의 인 생길 돌아보 니

이 제와 돌아보 니 모두 허 무함 뿐-이 라
아 무도 나-에 게 영원 한 만족 주지못 해
눈 물만 하염없 이 나의 무 릎을 적-시 네

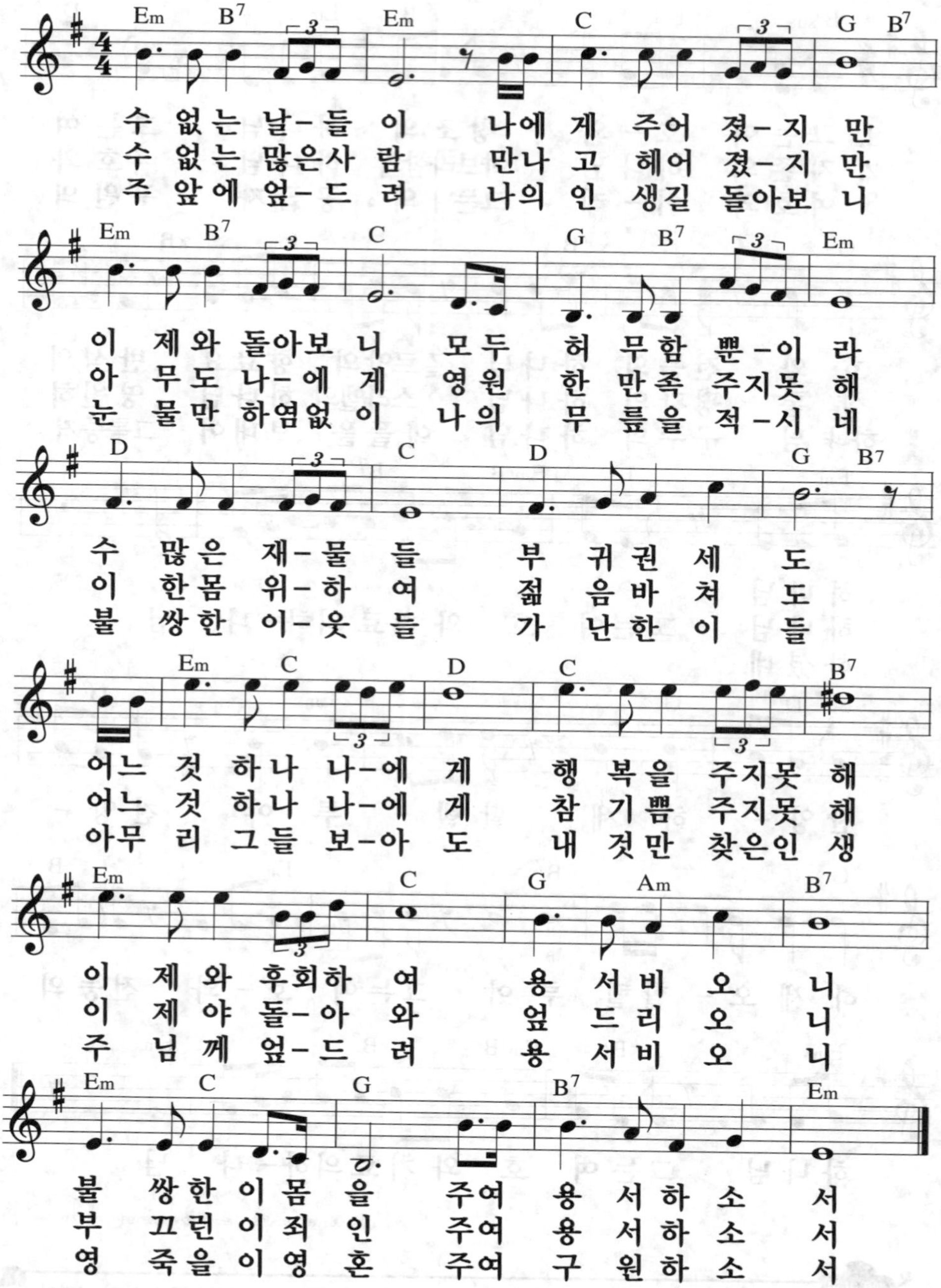

수 많은 재-물 들 부 귀권 세 도
이 한몸 위-하 여 젊 음바 쳐 도
불 쌍한 이-웃 들 가 난한 이 들

어느 것 하나 나-에 게 행 복을 주지못 해
어느 것 하나 나-에 게 참 기쁨 주지못 해
아무 리 그들 보-아 도 내 것만 찾은인 생

이 제와 후회하 여 용 서비 오 니
이 제야 돌-아 와 엎 드리 오 니
주 님께 엎-드 려 용 서비 오 니

불 쌍한 이몸 을 주여 용 서하 소 서
부 끄런 이죄 인 주여 용 서하 소 서
영 죽을 이영 혼 주여 구 원하 소 서

미가엘 867

얼마나 아프셨나

조용기 & 김성혜

G

메들리 곡

401/ 나의 사랑 나의 생명 562/ 글로리아 564/ 한걸음 또 한걸음

559 여호와 이레 채우시네

Merla Watson

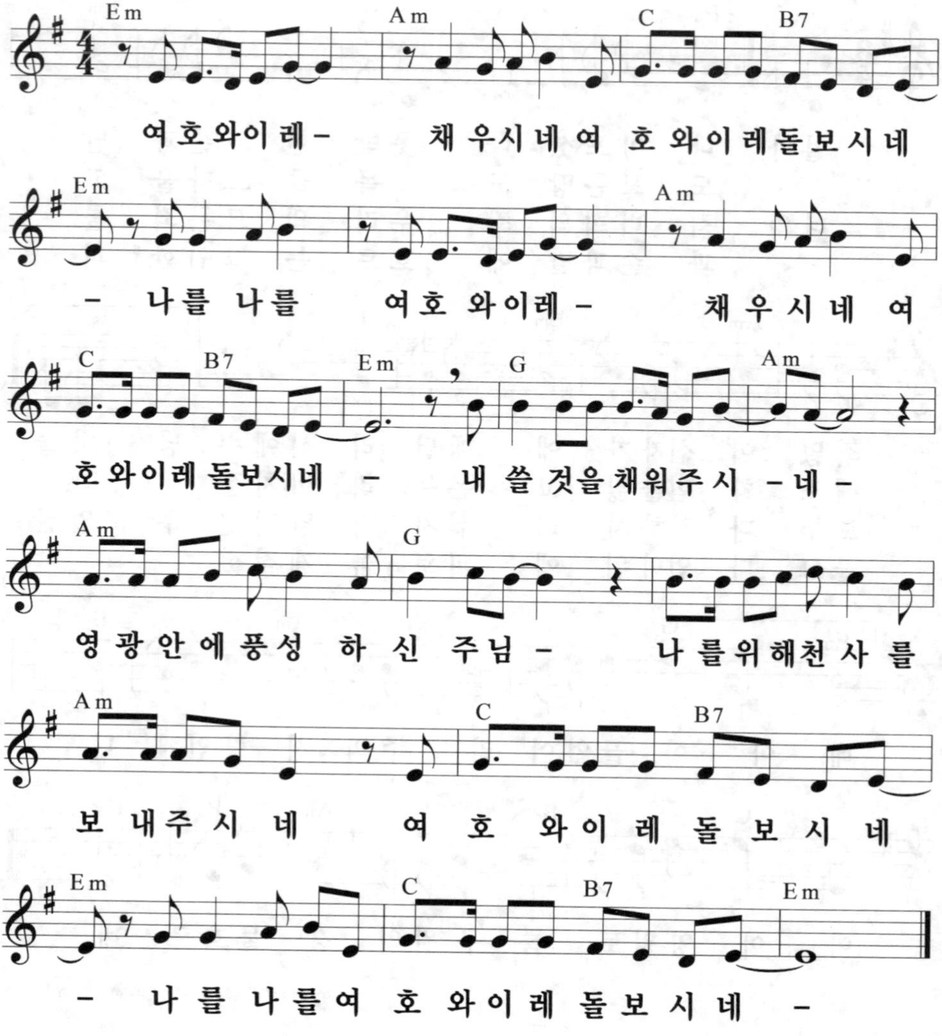

Em Am C B7
여호와이레- 채우시네여 호와이레돌보시네

Em Am
- 나를 나를 여호 와이레- 채우시네 여

C B7 Em G Am
호와이레돌보시네 - 내 쓸 것을채워주시 -네-

Am G
영광안에풍성 하 신 주님- 나를위해천사를

Am C B7
보 내주시 네 여 호 와이 레 돌 보 시 네

Em C B7 Em
- 나 를 나 를여 호 와이 레 돌보 시 네 -

411/ 내게 강 같은 평화 424/ 누구든지 목마르거든 563/ 우리 주의 성령이

온 땅이여 주를 찬양 560

(Sing To The Lord)

Miles Kahaloa & Kari Kahaloa

온 땅이여주를 찬양 – 날마 다주를찬양하 세– – 주

의 기사와 주의 영광 – 온땅 에 널리알려졌 네

Fine

위 대 하신 주 그의 힘 과– 위 엄 을 기

빼 하– 라 주 의 다 스 리–심– 을 –

D.C.

G

411/ 내게 강 같은 평화 563/ 우리 주의 성령이 556/ 그는 여호와

561 우리가 주님의 음성을

(여호수아의 군대 / Joshua's Army)

Scott Brenner

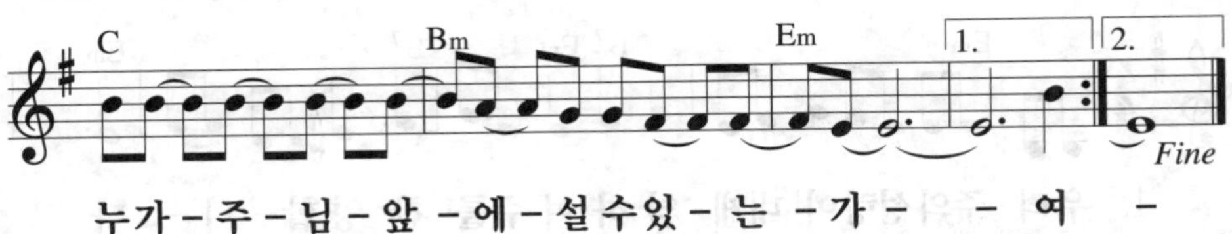

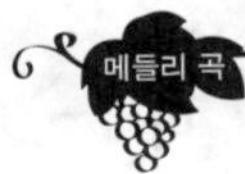

C Bm Em 1. 2.
Fine
누가 - 주 - 님 - 앞 - 에 - 설수있 - 는 - 가 - - 여 -

6 메들리 곡
556/ 그는 여호와 498/ 은밀한 곳 조용한 곳에 526/ 주 신실하심 놀라워

미가엘 763

글로리아 562

(Gloria)

Stephen Hah

G

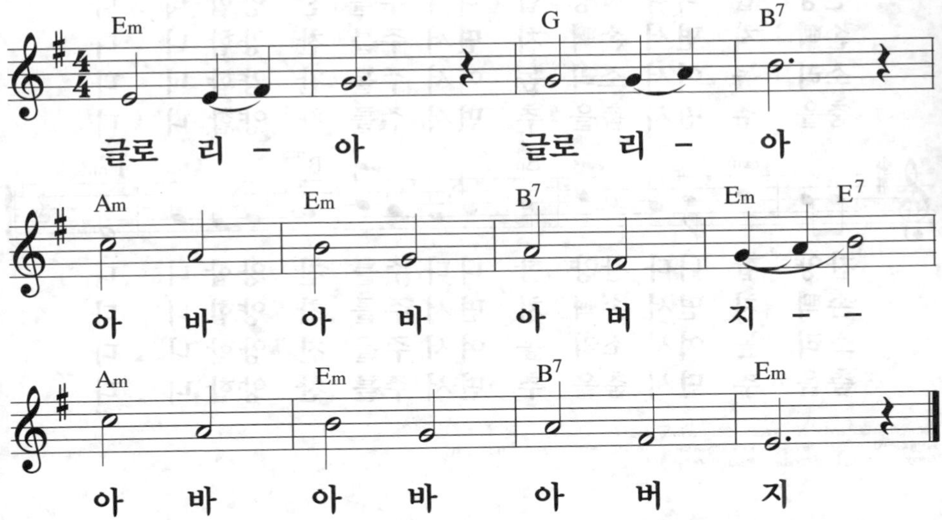
Em G B7
글로 리 - 아 글로 리 - 아
Am Em B7 Em E7
아 바 아 바 아 버 지 - -
Am Em B7 Em
아 바 아 바 아 버 지

6 메들리 곡
442/ 보혈을 지나 552/ 해 아래 새 것이 없나니 564/ 한걸음 또 한걸음

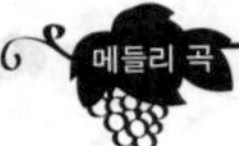

563 우리 주의 성령이

(When the spirit of the Lord)

미가엘 682

Margaret DP. Evans

1. 우리 주의성령이 내게 임하여주를 찬 양합-니- 다
2. 우리 주의성령이 내게 임하여손뼉 치 며찬양합니 다
3. 우리 주의성령이 내게 임하여소리 높 여찬양합니 다
4. 우리 주의성령이 내게 임하여춤을 추 며찬양합니 다

우리 주의성령이 내게 임하여주를 찬 양합-니- 다
우리 주의성령이 내게 임하여손뼉 치 며찬양합니 다
우리 주의성령이 내게 임하여소리 높 여찬양합니 다
우리 주의성령이 내게 임하여춤을 추 며찬양합니 다

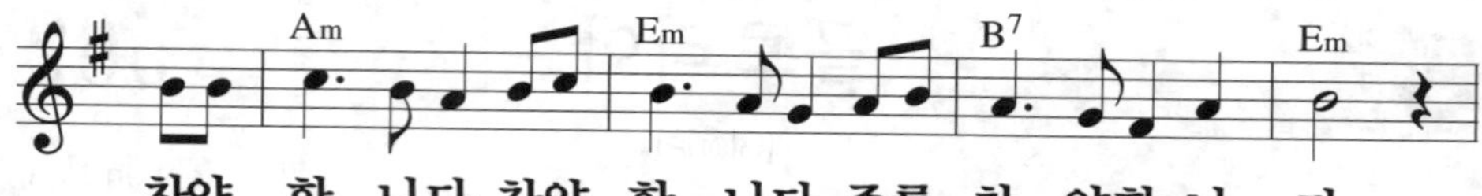

찬양 합 니다 찬양 합 니다 주를 찬 양합 니 다
손뼉 치 면서 손뼉 치 면서 주를 찬 양합 니 다
소리 높 여서 소리 높 여서 주를 찬 양합 니 다
춤을 추 면서 춤을 추 면서 주를 찬 양합 니 다

찬양 합 니다 찬양 합 니다 주를 찬 양합 니 다
손뼉 치 면서 손뼉 치 면서 주를 찬 양합 니 다
소리 높 여서 소리 높 여서 주를 찬 양합 니 다
춤을 추 면서 춤을 추 면서 주를 찬 양합 니 다

444/ 부어 주소서 주님의 성령 556/ 그는 여호와 559/ 여호와 이레

미가엘 1292

한걸음 또 한걸음 564

(십자가의 길)

김석균

G

565 갈릴리마을 그 숲속에서

미가엘 1166

(가서 제자 삼으라)

최용덕

메들리 곡

572/ 그 날이 도적 같이 575/ 나의 가장 낮은 마음 586/ 나 자유 얻었네

미가엘 2099

감사하신 하나님

566

(에벤에셀 하나님)

홍정식

A C#m D A/F C#7/F F#m7 E7

감사하신하나 님 - 에벤에셀하나 님 -

A C#m D E7 A G/A

살아계신하나 님 - 에벤에셀하나 님 -

DM7 C#m D B7/D# Esus4 E

여기까지인도 하 셨네 감사하신하나 님 -

장래에도인도 하 시리 감사하신하나 님 -

DM7 C#m F#m7 B7/D# Esus4 E7

여기까지인도 하 셨네 살아계신하나 님

장래에도인도 하 시리 살아계신하나 님

A C#7/G# F#m Bm DM7 G E7

감 사 하신하나 님 - 에벤에셀하 - 나 님

A C#7/G# F#m Bm A/E E A

살아 계신하나 님 에벤 에셀 하 나 님

A

568/ 거룩한 성전에 거하시며 569/ 고개 들어 570/ 괴로울 때 주님의 얼굴

567 강하고 담대하라

(Be strong and take courage)

Basil Chiasson

F#m
F#m/E
3
Dmaj7
Bm7
3
D/E
E
시 - 며 - 네 모 든 필요를 다 - 아시 네 - - 강하
으 - 로 - 네 영 혼 언제나 자 - 유하 리 - -
Coda
A
F#m
F#m/D
F#m/C#
Bm
A/E
Bm7
A
Bm7
A/C#
D
리 네 안 에 계 시 는 주 - - 님 -
A/C#
3
Bm7
A/E
D/E
A
- 오늘 너를 - 강 하 - 게 - 하 리

A

568 거룩한 성전에 거하시며

(We sing alleluia)

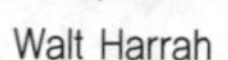

Walt Harrah

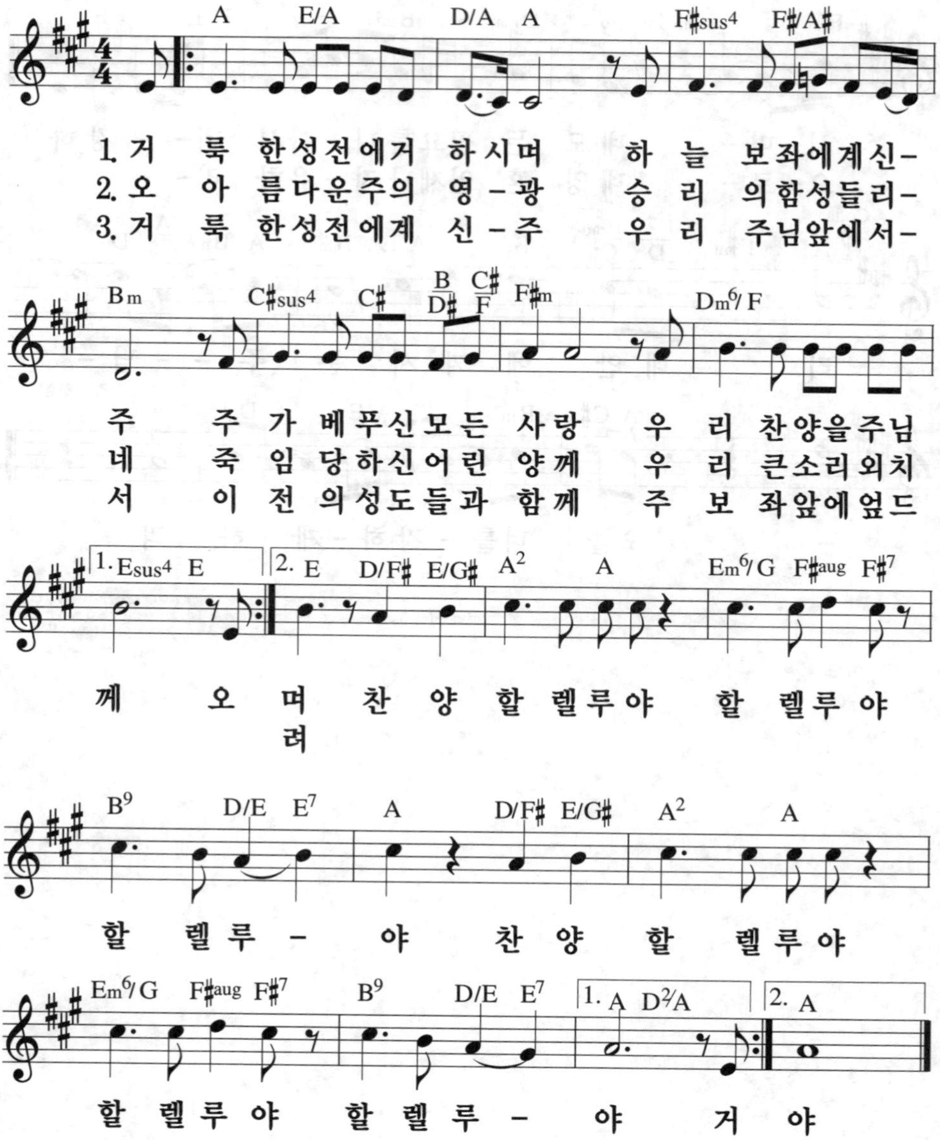

A E/A D/A A F♯sus4 F♯/A♯

1. 거 룩 한성전에거 하시며 하 늘 보좌에계신-
2. 오 아 름다운주의 영-광 승 리 의함성들리-
3. 거 룩 한성전에계 신-주 우 리 주님앞에서-

Bm C♯sus4 C♯ B/D♯ C♯/F F♯m Dm6/F

주 주 가 베푸신모든 사랑 우 리 찬양을주님
네 죽 임 당하신어린 양께 우 리 큰소리외치
서 이 전 의성도들과 함께 주 보 좌앞에엎드

1. Esus4 E 2. E D/F♯ E/G♯ A2 A Em6/G F♯aug F♯7

께 오 며 찬 양 할 렐루야 할 렐루 야
려

B9 D/E E7 A D/F♯ E/G♯ A2 A

할 렐루 - 야 찬 양 할 렐루야

Em6/G F♯aug F♯7 B9 D/E E7 1. A D2/A 2. A

할 렐루야 할 렐루 - 야 거 야

566/ 감사하신 하나님 에벤에셀 하나님　632/ 우리 보좌 앞에 모였네

고개들어 주를 맞이해 569

(Lift up your heads)

Steve Fry

A Amaj7 A7 D E D/E E7 A D2/E

고 개 들 어 주 를맞 이 해

A Bm7 A7 D Esus4 E E7

엎 드 리 어 경 배하 며 찬 (찬 양주님께영 광) 양

A Amaj7 A7 D E D/E E7 A D2/E

왕 의 위 엄 을 신 령과 진 정 한

A Bm7 A7 D Bm7 A E7 A

찬 양으 로 영 광돌 려 만 왕 의 왕 께

574/ 나는 찬양하리라 615/ 소망없는 내 삶에 628/ 예수 우리 왕이여

570 괴로울 때 주님의 얼굴 보라

(In these dark days)

Harry Bollback

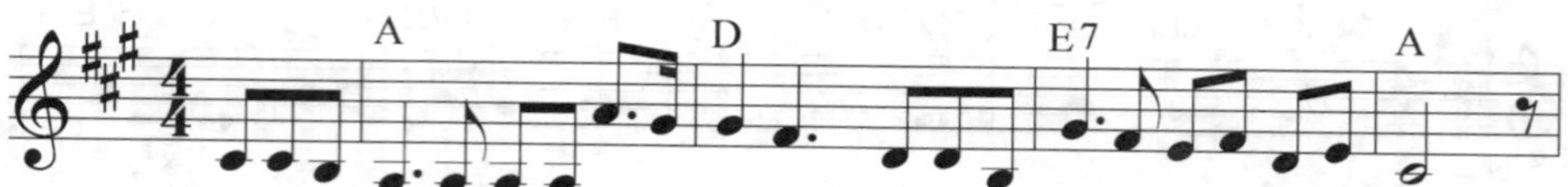

괴로울때 주님의얼굴 보라 평화의 주님바라보아 라
힘이없고 네마음연약 할때 능력의 주님바라보아 라

세상에서 시달린친구들아 위로의 주님바라보아 라
주의이름 부르는모든자는 힘주시 고늘지켜주시 리

눈을들 어 -주를보 라 -네모든 염려주께맡겨 라

슬플때 에 주님의얼굴보라 사랑의 주님안식주리 라

메들리 곡
566/ 감사하신 하나님 567/ 강하고 담대하라 574/ 나는 찬양하리라

교회여 일어나라 571

전은주

A D Esus4 E7 A D Esus4 E7 D A/C#

교회여일어나 - 라 - 주께서부르시 니 - 두려움과 실패
교회여일어나 - 라 - 주께서보내시 니 - 우 릴부르신 삶의

Bm7 F#/A# Bm7 E7 1.A 2.A DM7

내려놓고 교회여일어나라 - - - 우린 세상의빛 (어둠
자리에서 교회여일어나라

DM7 A Bm7

을 밝히는) 하나 님의편지 (주를 나타내는) 주의 교휠통해

Bm7 D/E E7 A

세상이 주 를보 리 라 - 일어나라 아버지사랑으
(우릴통해) 노래하라 아버지의사랑

E/G# F#m7 F#m/E

로 - 아버지능력으 로 - - 서로 하나되어
을 - 아버지의크심을 - - 이삶 의노래로

DM7 1.Esus4 E7 2.Esus4 E7 A D/A A

그빛을 - 비추 라 - 라 - 일어나 라 - -
주님을나타내

572 그 날이 도적같이

김민식

A Amaj7 Bm Bm7 Esus4

그 날이 도 적같이 이 를 줄 너희는
평 강의 하 나님이 너 희 를 거룩하

E A A7 D Dmaj7

모 르느 냐 – 늘 깨 어 있 으라–
게 하시 고 – 온 몸과 영 혼이–

A F♯m Bm7 E7 A

잠들지 말 아라– 주 님과 동 행하 라
주오실 그 날에– 흠 없기 원 하노 라

A7 D A

– 항상기 뻐 하라– 쉬지말 고

F♯m E E7 A G/A A7

기도하라– 범 사 에 감 사하 라 –

D A

이는예 수 안 에서 – 너희에 게

F♯m Bm E7 A D/A A

향–하신– 하 나 님 뜻 이 니 라 –

나 가진 재물 없으나 573

(나)

송명희 & 최덕신

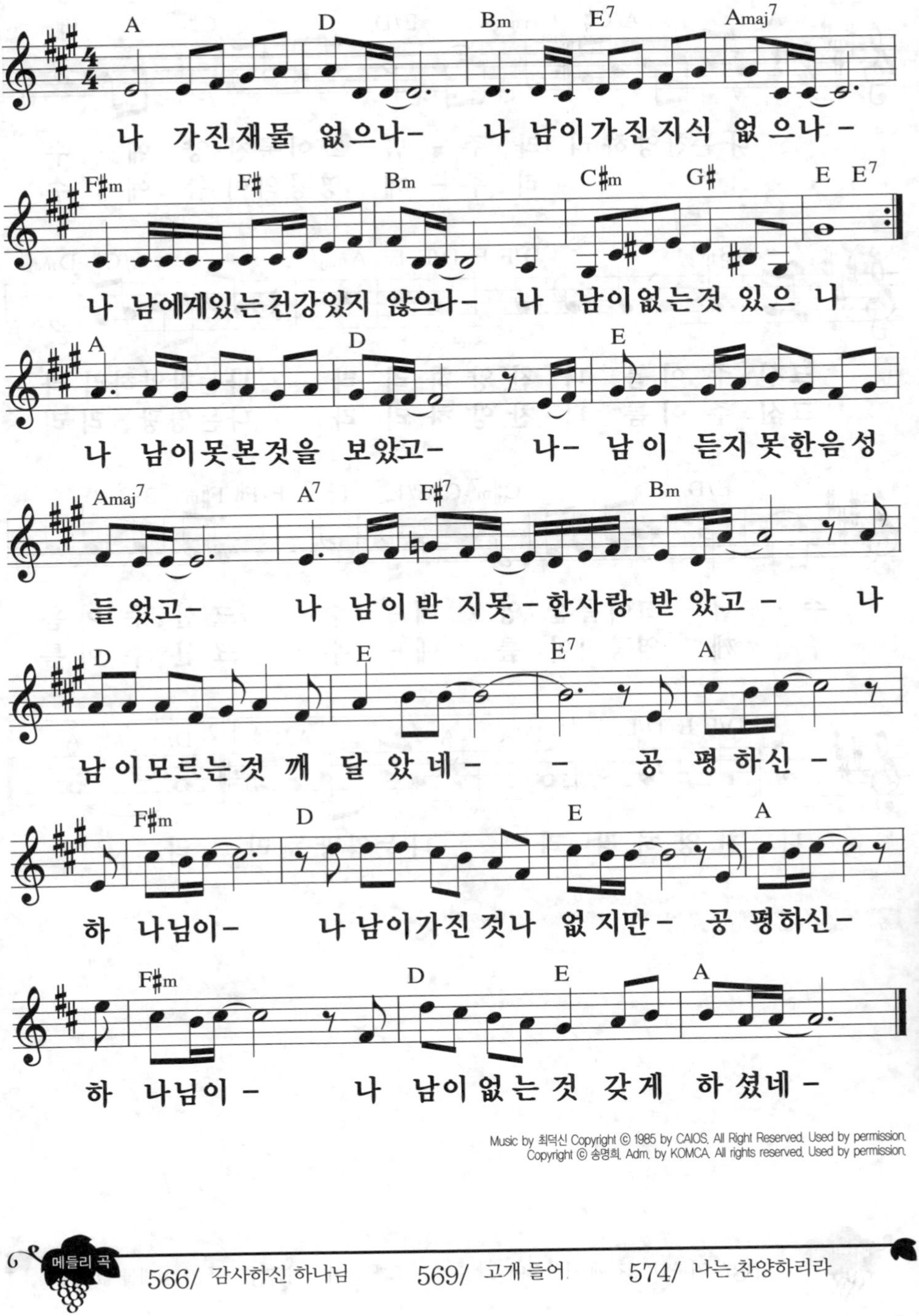

나 가진재물 없으나– 나 남이가진지식 없으나–

나 남에게있는건강있지 않으나– 나 남이없는것 있으 니

나 남이못본것을 보았고– 나– 남이 듣지못한음성

들었고– 나 남이받 지못–한사랑 받 았고 – 나

남이모르는것 깨 달 았네– – 공 평하신 –

하 나님이– 나 남이가진 것나 없 지만 – 공 평하신–

하 나님이 – 나 남이없는 것 갖게 하 셨네 –

A

566/ 감사하신 하나님 569/ 고개 들어 574/ 나는 찬양하리라

574 나는 찬양하리라

(I sing praises to Your name O Lord)

Terry MacAlmon

나는찬양하리 라 주 - 님 그이름찬 양 예 - 수
리 주 - 께 영광의이 름 예 - 수

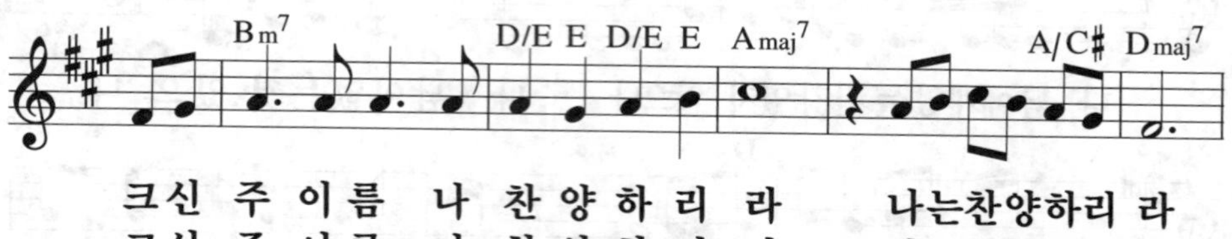

크신 주 이름 나 찬 양 하 리 라 나는찬양하리 라
크신 주 이름 나 찬 양 하 리 라 나는영광돌리 리

주 - 님 그이름찬 양 예 - 수 크 신 주 이 름
주 - 께 영광의이 름 예 - 수 크 신 주 이 름

나 찬 양 하 리 라 나는영광돌 리 라 -

메들리 곡
568/ 거룩한 성전에 거하시며 569/ 고개 들어 573/ 나 가진 재물 없으나

미가엘 1490

나의 가장 낮은 마음 575

(낮은 자의 하나님)

양영금 & 유상렬

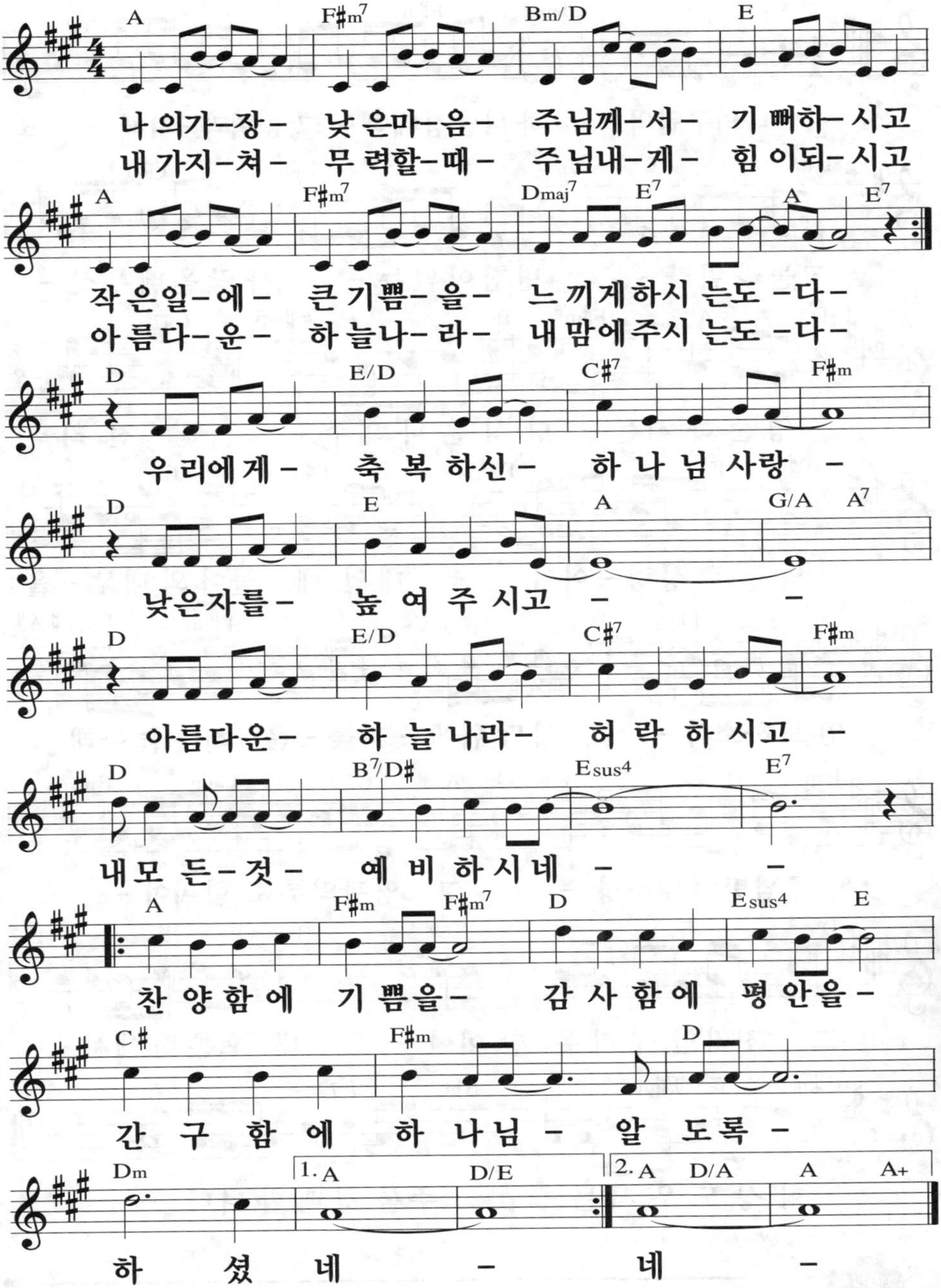

A F#m7 Bm/D E
나 의 가 - 장 - 낮 은 마 - 음 - 주 님 께 - 서 - 기 뻐 하 - 시 고
내 가 지 - 쳐 - 무 력 할 - 때 - 주 님 내 - 게 - 힘 이 되 - 시 고
A F#m7 Dmaj7 E7 A E7
작 은 일 - 에 - 큰 기 쁨 - 을 - 느 끼 게 하 시 는 도 - 다 -
아 름 다 - 운 - 하 늘 나 - 라 - 내 맘 에 주 시 는 도 - 다 -
D E/D C#7 F#m
우 리 에 게 - 축 복 하 신 - 하 나 님 사 랑 -
D E A G/A A7
낮 은 자 를 - 높 여 주 시 고 - -
D E/D C#7 F#m
아 름 다 운 - 하 늘 나 라 - 허 락 하 시 고 -
D B7/D# Esus4 E7
내 모 든 - 것 - 예 비 하 시 네 - -
A F#m F#m7 D Esus4 E
찬 양 함 에 기 쁨 을 - 감 사 함 에 평 안 을 -
C# F#m D
간 구 함 에 하 나 님 - 알 도 록 -
Dm 1. A D/E 2. A D/A A A+
하 셨 네 - 네 -

A

576 나의 구원의 하나님 경배해

설경욱

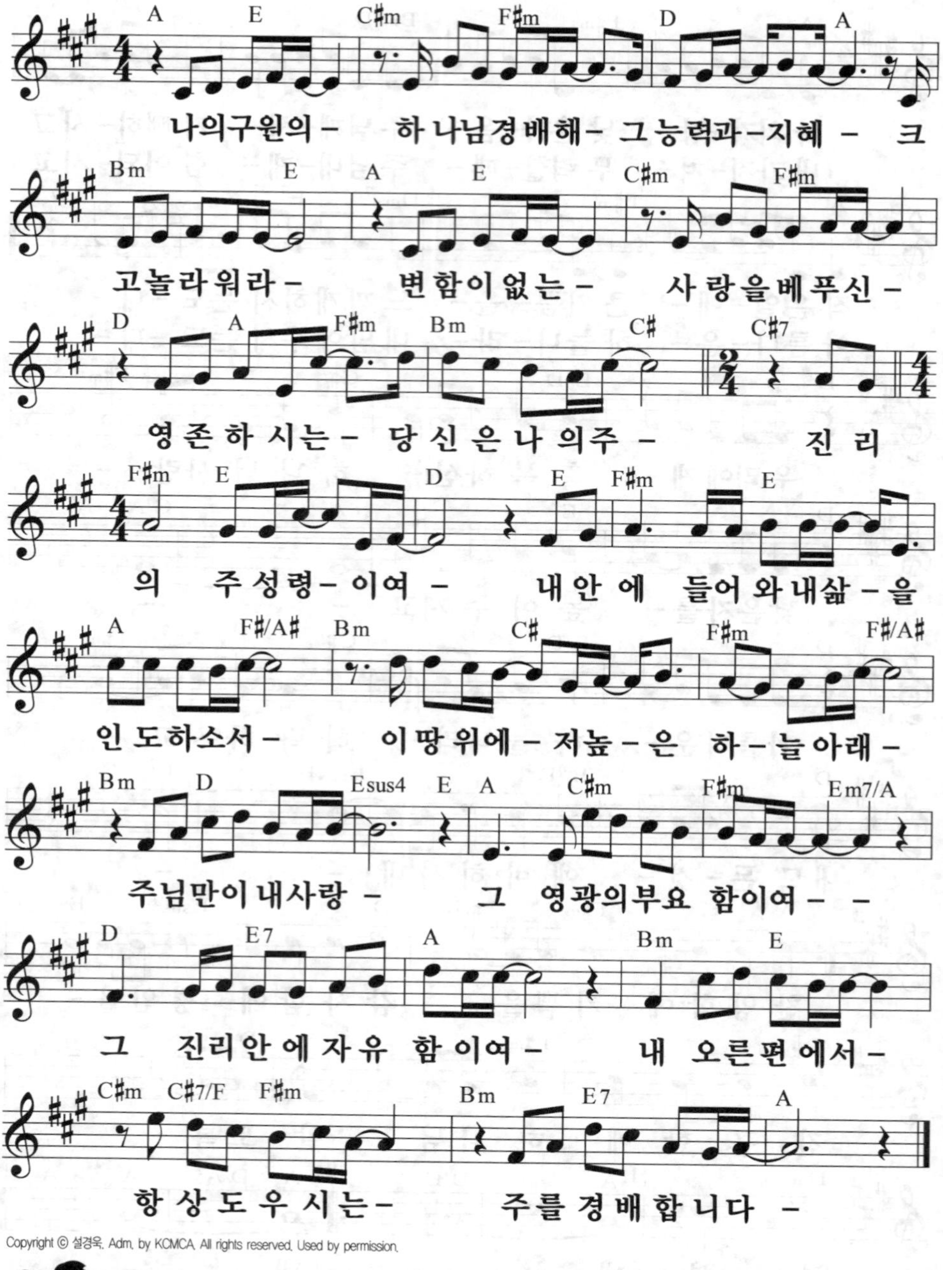

나의구원의 - 하 나님경 배해 - 그 능력과 - 지혜 - 크

고놀라워라 - 변함이없는 - 사 랑을베푸신 -

영존 하 시는 - 당 신 은 나 의주 - 진 리

의 주 성령 - 이여 - 내안 에 들어 와내삶 - 을

인 도하소서 - 이 땅 위에 - 저높 - 은 하 - 늘아래 -

주님만이 내사랑 - 그 영광의부요 함이여 - -

그 진리안 에 자유 함 이여 - 내 오른편 에서 -

항 상 도 우 시는 - 주를 경 배 합 니 다 -

568/ 거룩한 성전에 거하시며 574/ 나는 찬양하리라 577/ 나의 믿음 주께 있네

나의 믿음 주께 있네 577

(In christ alone)

Don Koch & Shawn Craig

A

578 나의 기도하는 것보다

홍정식

A E/G♯ F♯m D Bm E

나 의 기도하 - 는 것보다 - 더 욱응답하실 하 나 님

A E/G♯ F♯m D Bm C♯sus4

나 의 생각하 - 는 것보다 - 더욱 이루시는 하 나 님

F♯m C♯m/E D A/C♯

우 리 가 운 데 역 사 하 신 능력대 로 우 리들 의

Bm A/C♯ D B/D♯ E

간 구 함 을 넘 치 도 록 능 히 하 실 주 님 께 모든

A E/G♯ F♯m F♯m/E D B/D♯ Esus4 E

영 광 과 존 귀 찬 양 과 경배를 돌 릴 지 어 다 모든

A E/G♯ F♯m F♯m/E D E A

영 광 과 존 귀 찬 양 과 경 배를 돌 릴 지 어 다

566/ 감사하신 하나님 570/ 괴로울 때 주님의 573/ 나 가진 재물 없으나

나의 모든 기도가 579

(주께 드리는 나의 시)

김성조

580 나의 모든 행실을

1. 나의 모든행실 을 주여 기 억마시고 바른길 로인도
2. 나의 모든실수 를주여 용 서하시고 바른길 로인도
3. 이땅 위 의모든 것 마 지 막 날될때 에 주여나 를받아

하 소 서 – 기쁠때나슬플때 나와동행하시 며
하 소 서 – 주의크신사랑과 하늘나라영광 을
주 소 서 – 주의얼굴대할때 귀한상급주시 고

밤낮으 로인도하 소 서 –
나도전 파하게하 소 서 – 내 모 든형편을
면류관 을쓰게하 소 서 –

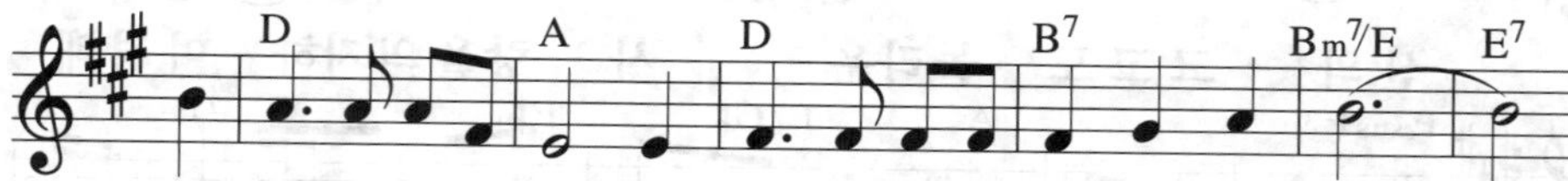

다 기 억하시고 늘 나 와동행하 옵 소 서 –

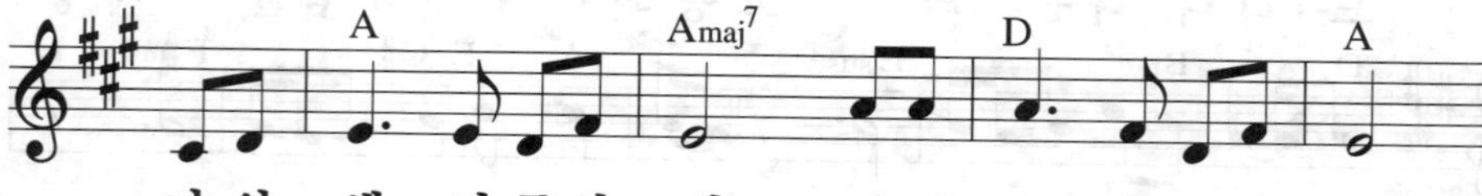

나의 생 명주앞 에 남김 없 이드리 니

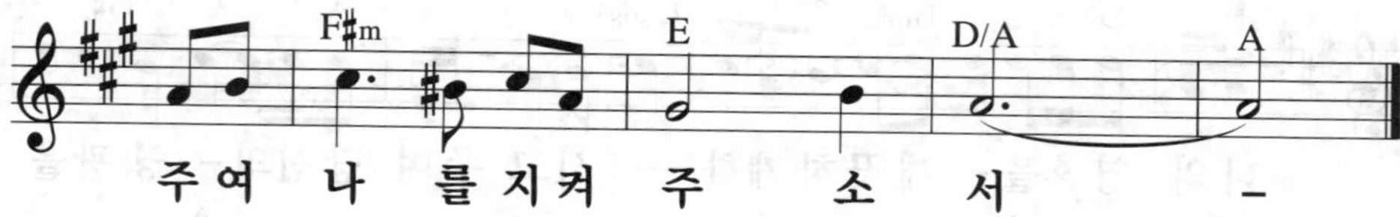

주여 나 를지켜 주 소 서 –

569/ 고개 들어 570/ 괴로울 때 주님의 574/ 나는 찬양하리라

나의 반석이신 하나님 581

(Ascribe Greatness)

Mary Kirkbride & Mary Lou King

나 의 반 석 이 신 하 나 님 행 하 신

모 든 것 완 전 하 시 니 - 나 의

생 명 되 신 하 나 님 내 게 행 하 신 일

찬 양 합 니 다 - 신 실 하 신 하 나 - 님

실 수 - 가 없 으 -신- 좋 으 신 나 의 주 - - -

- 신 실 하 신 하 나 - 님 실 수 - 가

없 으 -신- 좋 으 신 나 의 주 -

A

565/ 갈릴리 마을 572/ 그날이 도적 같이 575/ 나의 가장 낮은 마음

나의 백성이

(Heal our land)

미가엘 839

Tom Brooks & Robin Brooks

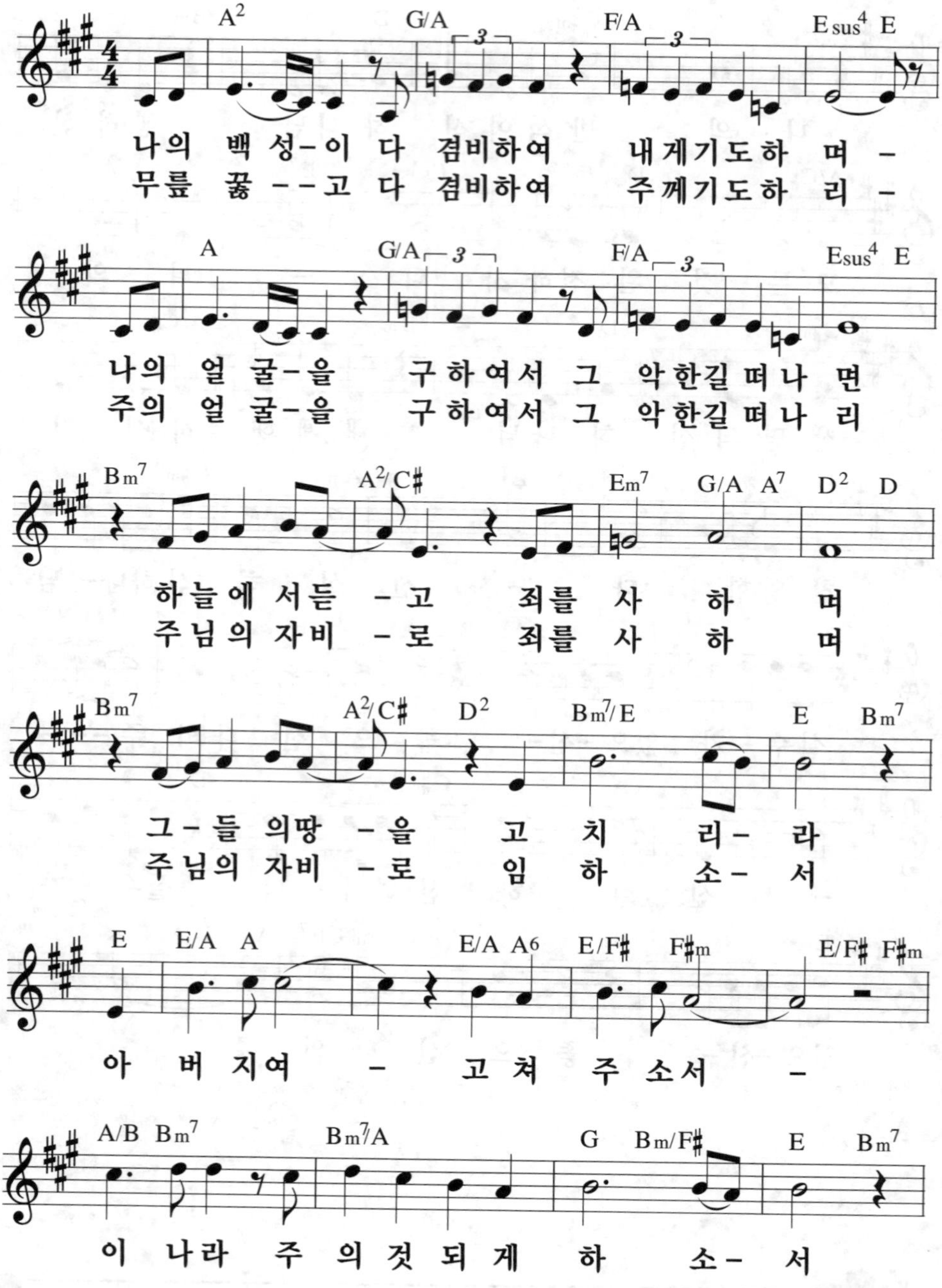
A2 G/A F/A Esus4 E
나의 백 성-이 다 겸비하여 내게기도하 며 -
무릎 꿇 --고 다 겸비하여 주께기도하 리 -
A G/A F/A Esus4 E
나의 얼 굴-을 구하여서 그 악한길떠나 면
주의 얼 굴-을 구하여서 그 악한길떠나 리
Bm7 A2/C# Em7 G/A A7 D2 D
하늘에 서듣 -고 죄를 사 하 며
주님의 자비 -로 죄를 사 하 며
Bm7 A2/C# D2 Bm7/E E Bm7
그-들 의땅 -을 고 치 리- 라
주님의 자비 -로 임 하 소- 서
E E/A A E/A A6 E/F# F#m E/F# F#m
아 버 지여 - 고 쳐 주 소서 -
A/B Bm7 Bm7/A G Bm/F# E Bm7
이 나라 주 의것되게 하 소- 서

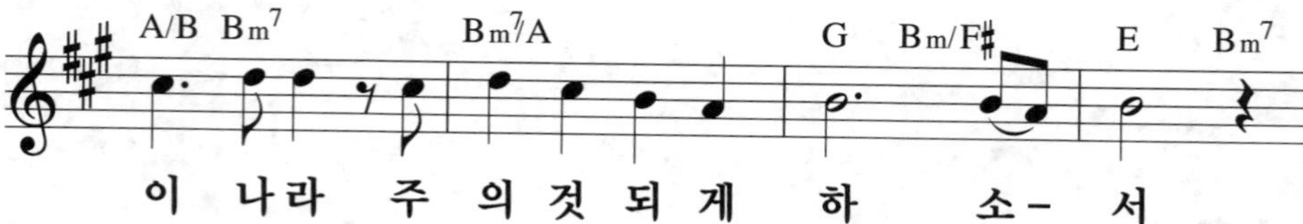

E E/A A E/A A E/A E/F# F#m C#m7
주 하 나님 간절히기 도 하 오니 -
Bm7 A2/C# D D/E D/A A
상 한이 땅 새 롭 게 하-소- 서 -

A

583 나의 안에 거하라

류수영

A A7 D Bm
나의 안에 거 하라 - 나는네 하 나님이니 - 모든

E E7 A E E7 A A7
환난 가운데 - 너를 지 키는자라 - 두려 워하 지말라 - 내가널

D Bm E E7 A E7
도와 주리니 - 놀라 지말라 - 네손잡 아주리라 - 내가너를

A A7 D E
지명하 - 여 불렀나 - 니너는 내 것이라 - 내 것이라 - 너 의

A E E7 A A7
하 나 님 이라 - 내가너를 보 배롭 - 고 존귀하 - 게

Bm E E7 A
여 기 노라 - 너를 사 랑하 - 는네 여호 와라 -

568/ 거룩한 성전에 거하시며 569/ 고개 들어 583/ 나의 모든 기도가

나의 영혼이 잠잠히 584

(오직 주만이)

이유정

A E/G# D/F# D/B E E7

나의영혼이- 잠잠히 하나님만바람이여 -
나의영혼이- 간절히 여호와를갈망하며 -

A E/G# F#m D E7 A D/E

나의구원이- 그에게-서- 나-는도 다
나의입술이- 여호와-를- 찬-양하 리

A E/G# D/F# D/B E E7

나의영혼아- 잠잠히 하나님만-바라라 -
나의영혼이- 즐거이 여호와를따르리니 -

A E/G# F#m D E7 A A7

나의소망이- 저에게-서- 나-는 도 다 오직
나의평생에- 여호와-를- 송-축 하 리

D A/C# Bm E A A7

주만이- 나의 반-석- 나의 구-원- 이시 니 오직

D B7/D# A/E F#m Bm7 D/E E7 1. A 2 3. A *Fine*

주만이- 나의 산 -성 내가 요동치아니 하 리 리

F F/G G7 C G/B Am Dm7 G7 C C/B

나의구원나의 영 광 하나님께있으 니 내

Am Am/G Am/F# B/D# Esus4 E7 *D.S.*

힘의- 반 석과- 피난처되시 네 - 오직

A

585 나의 힘이 되신 여호와여

최용덕

나의 힘이되신여 호와 여 내가 주 님을사랑합니 다 주는
나의 생명이신여 호와 여 내가 주 님을찬양합니 다 주는

나 의 반–석이 시며– 나의 요 새 – 시 라 주는 나 를 건 지시
나 의 사–랑이 시며– 나의 의 지 – 시 라 주는 나 를 이 끄시

는 나의 주 나의하나 님 나의 피 할 바–위시 요 나의
어 주의 길 인도하시 며 나의 생 의 목자되시 니 내가

방 패 시 라 나의 하 나 님 나의 하 나– 님
따 르 리 라 나의 하 나 님 나의 하 나– 님

구 원의뿔–이시 요 나의 산 성 이 라 나의 하 나 님
생 명의면류관으 로 내게 씌 우 소 서 나의 하 나 님

나 의 하 나– 님 그는 나의 여호 와 나의 구 세 주

569/ 고개 들어 570/ 괴로울 때 주님의 580/ 나의 모든 행실을

미가엘 940

나 자유 얻었네 586

1. 나 자유 얻었네 너 자유 얻었네 우리자유 얻-었 네 - -
2. 나 구원 받았네 너 구원 받았네 우리구원 받-았 네 - -
3. 나 성령 받았네 너 성령 받았네 우리성령 받-았 네 - -
4. 나 기뻐 하겠네 너 기뻐 하겠네 우리기뻐 하-겠 네 - -
5. 나 은혜 받았네 너 은혜 받았네 우리은혜 받-았 네 - -
6. 나 믿음 얻었네 너 믿음 얻었네 우리믿음 얻-었 네 - -
7. 나 감사 하겠네 너 감사 하겠네 우리감사 하-겠 네 - -

주말씀 하시길 죄사슬 끊겼네 우리자유 얻 -었 네 할렐루야

메들리 곡 565/ 갈릴리 마을 572/ 그날이 도적 같이 581/ 나의 반석이신 하나님

587 나 주와 함께 걷기 원해요

(나의 사랑이 / Falling)

Brenton Brown & Paul Baloche

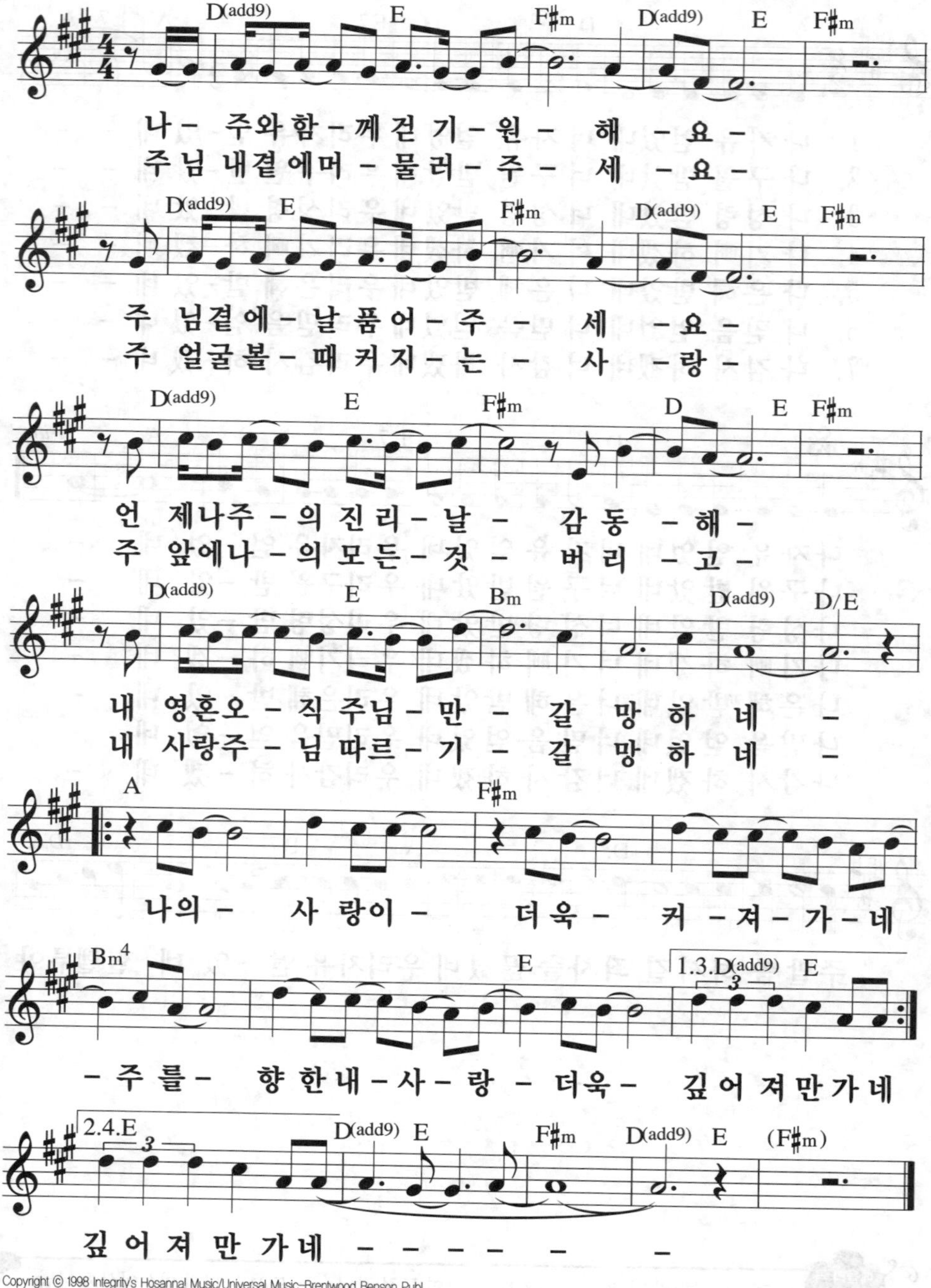
D(add9) E F♯m D(add9) E F♯m
나– 주와함–께걷 기–원– 해 –요–
주님 내곁에머–물러–주– 세 –요–
D(add9) E F♯m D(add9) E F♯m
주 님곁에–날품어–주– 세 –요–
주 얼굴볼–때커지–는– 사 –랑–
D(add9) E F♯m D E F♯m
언 제나주–의진리–날– 감 동 –해–
주 앞에나–의모든–것– 버 리 –고–
D(add9) E Bm D(add9) D/E
내 영혼오–직주님–만– 갈 망 하 네 –
내 사랑주–님따르–기– 갈 망 하 네 –
A F♯m
나의– 사 랑이– 더욱– 커 –져–가–네
Bm4 E 1.3.D(add9) E
–주 를– 향 한내–사–랑 –더욱– 깊 어 져 만 가 네
2.4.E D(add9) E F♯m D(add9) E (F♯m)
깊 어 져 만 가 네 – – – – – –

날 구원하신 주 감사 588

(Thanks for God for my Redeemer)

Arr. Roy Brunner & John A Hultman

1. 날구 원하신주 감 사 모든 것 주심감 사
2. 응답 하 신기도 감 사 거절 하 신것감 사
3. 길가 의장미꽃 감 사 장미 꽃 가시감 사

지난 추 억인해 감 사 주내 곁 에계시 네
헤쳐 나 온풍랑 감 사 모든 것 채우시 네
따스 한 따스한 가 정 희망 주 신것감 사

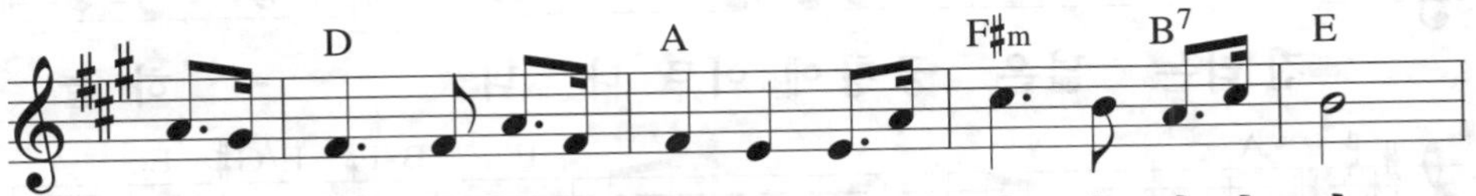

향기 론 봄철에 감 사 외론 가 을날감 사
아픔 과 기쁨도 감 사 절망 중 위로감 사
기쁨 과 슬픔도 감 사 하늘 평 안을감 사

사라 진 눈물도 감 사 나의 영 혼 평안 해
측량 못 할은혜 감 사 크신 사 랑 감사 해
내일 의 희망을 감 사 영원 토 록 감사 해

A

566/ 감사하신 하나님 573/ 나 가진 재물 없으나 583/ 나의 모든 기도가

589 내가 만민중에

(Be Exalted)

미가엘 794

Brent Chambers

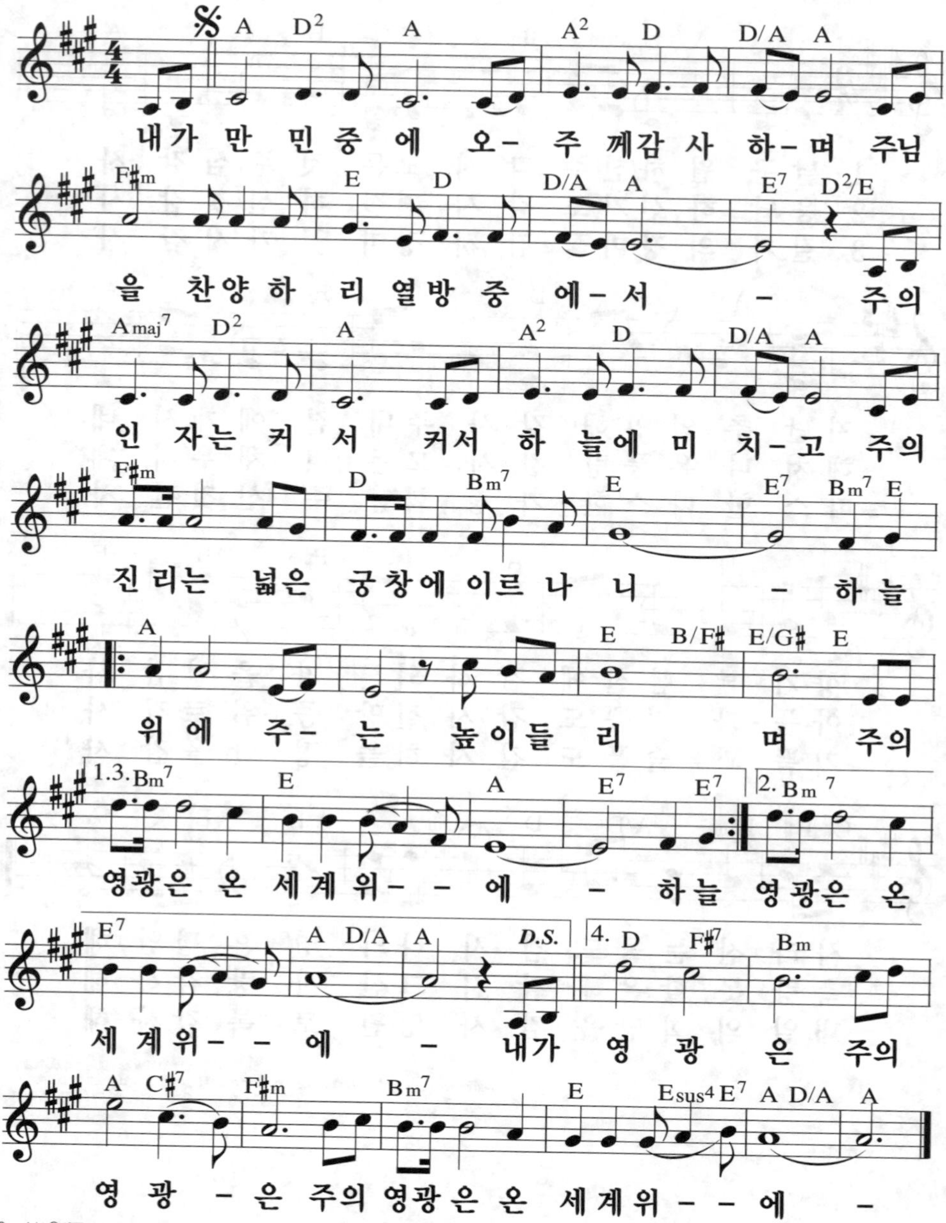
A D2 A A2 D D/A A
내가 만 민 중 에 오- 주 께감 사 하-며 주님
F#m E D D/A A E7 D2/E
을 찬양하 리 열방 중 에-서 - 주의
Amaj7 D2 A A2 D D/A A
인 자는 커 서 커서 하 늘에 미 치-고 주의
F#m D Bm7 E E7 Bm7 E
진리는 넓은 궁창에 이르 나 니 - 하늘
A E B/F# E/G# E
위 에 주- 는 높이들 리 며 주의
1.3. Bm7 E A E7 E7 2. Bm 7
영광은 온 세계위- - 에 - 하늘 영광은 온
E7 A D/A A D.S. 4. D F#7 Bm
세 계 위- - 에 - 내가 영 광 은 주의
A C#7 F#m Bm7 E Esus4 E7 A D/A A
영 광 - 은 주의 영광은 온 세계위- - 에 -

메들리 곡

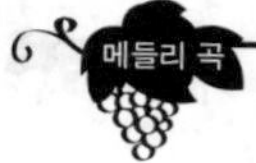

569/ 고개 들어 582/ 나의 백성이 654/ 주님의 그 모든 것이

미가엘 1745

내 마음 다해 590

(My Heart Sings Praises)

Russell Fragar

591 내 마음에 주를 향한 사랑이

(십자가의 길 순교자의 삶 / The Way Of The Cross The Life Of Martyr)

Stephen Hah

A E/B A/C# D F#/C#

내마음에주를 향한 사랑이 - 나의 말엔 주가주신
내입술에찬 - 양의 향기가 - 두손 에는 주를닮은

Bm7 E E7 1. A

진리로 - 나의눈에주의눈물 채 워 주 소 서
섬김이 - 나의삶에주의흔적 남 게 하 소

D/E 2. A D/E A

서 하나 님의사랑이 - 영 원

Amaj7 A7 D

이함 께하리 - 십자 가의길을 걷는자에 게 순교

Bm E D/E A

자의삶을사는이에 게 조롱 하는소 리와 - 세상

Amaj7 A7

유혹 속 에도 - 주의 순 결 한신 부 가 되리

D Bm7 A/E E7 A

라 내생 명 주님 께 드리 리

577/ 나의 믿음 주께 있네 582/ 나의 백성이 583/ 나의 안에 거하라

내 모든것 나의 생명까지 592

(주 임재 안에서)

설경욱

A E/G# F#m /E D Bm Esus4 E7

내 모 든 것 - - 나 의 생 명 - 까 지

A E/G# F#m /E D D#dim Esus4 E

다 주 님 앞 에 - - 드 립 니 다

A E/G# F#m /E D E/D

주 임 재 안 에 서 - 이 제 내 영 혼 - 자

C#m7 F#7(♭9) F#7 Bm7 E/D C#m7 F#m

유 - 해 - 내 가 주 의 거 룩 한 이 름 을 높 이 며

D D#dim Esus4 E A E/G# F#m /E

예 배 하 리 어 린 - 양 찬 양 하 - 리 - - 내

D A/C# Esus4 E A E/G#

평 생 그 하 나 로 - 충 분 해 요 - - 어 린 - 양 찬 양

F#m F#m/E D E A

하 - 리 - - 내 가 주 의 임 재 안 에 서

568/ 거룩한 성전에 거하시며 573/ 나 가진 재물 없으나 654/ 주님의 그 모든 것이

593 너의 하나님 여호와가

(스바냐 3장 17절)

미가엘 598

김진호

메들리 곡

574/ 나는 찬양하리라 583/ 나의 안에 거하라 592/ 내 모든 것 나의 생명까지

미가엘 1854

당신의 그 섬김이

(해같이 빛나리)

김석균

당신 의 -그섬김이 천국 에서해같이빛나 리
당신 의 -그순종이 천국 에서해같이빛나 리

당신 의 -그겸손 이 천국 에서해같이빛나 리
당신 의 -그사랑 이 천국 에서해같이빛나 리

당신 의 -그믿음 이 천국 에서 해같이빛나 리
당신 의 -그찬송 이 천국 에서 해같이빛나 리

당신 의 -그충성 이 천국 에서 해같이빛나 리
당신 의 -그헌신 이 천국 에서 해같이빛나 리

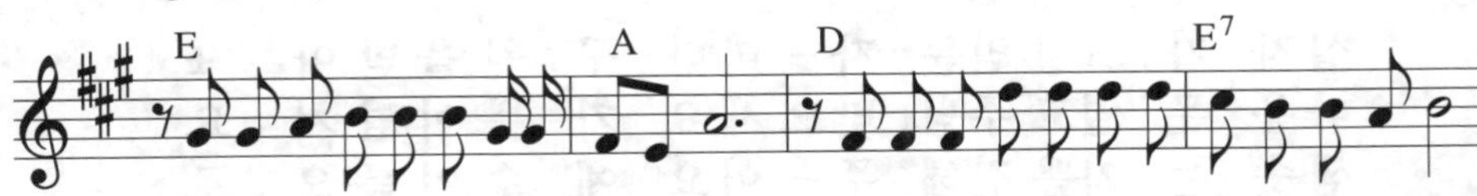

주님이기억하시면 족하리 예수님사랑으로 가득한모습
주님이기억하시면 족하리 불타는사명으로 가득한모습

천사도흠모하는 아름다 운그모습- 천국 에서해같이빛나 리
천사도흠모하는 아름다 운그모습- 천국 에서해같이빛나 리

A

570/ 괴로울 때 주님의 580/ 나의 모든 행실을 628/ 예수 우리 왕이여

595 당신은 지금 어디로 가나요

미가엘 873

(예수 믿으세요)

3. A
A
D
F♯m
E7
주를 믿는자그는 행복해요- 영원한 생명 얻으니 하나
요 할 -렐루야 아멘- 할 -렐루야 아멘-
님 나라 그의 것이 이라--어서 예수믿으세 요 주를 요
1. A
2. A
할 -렐루야 아멘- 아멘 할 렐루 야 야

596 똑바로 보고 싶어요

미가엘 851

최원순

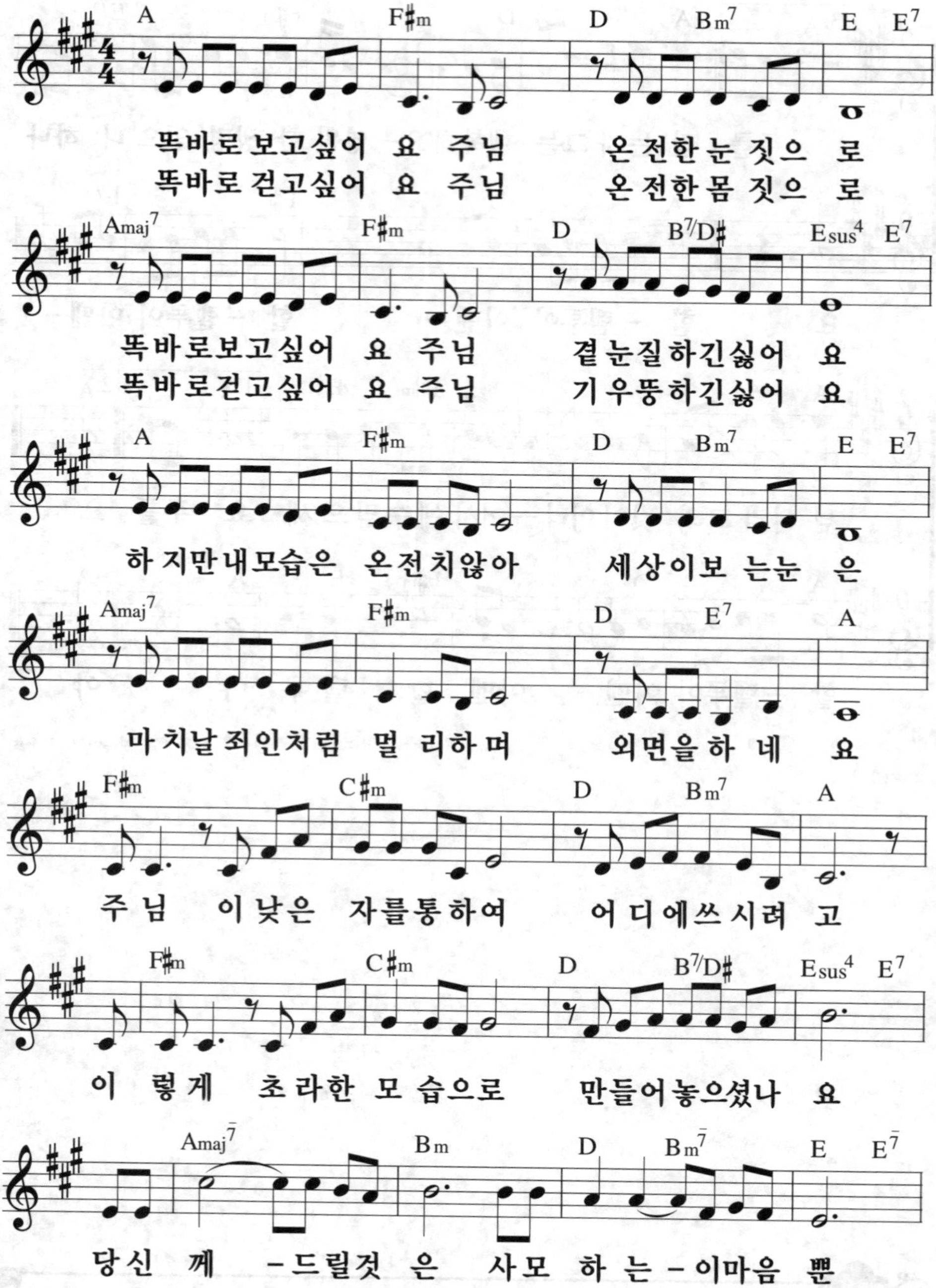

A F♯m D Bm7 E E7
똑바로보고싶어 요 주님 온전한눈 짓으 로
똑바로걷고싶어 요 주님 온전한몸 짓으 로
Amaj7 F♯m D B7/D♯ Esus4 E7
똑바로보고싶어 요 주님 곁눈질하긴싫어 요
똑바로걷고싶어 요 주님 기우뚱하긴싫어 요
A F♯m D Bm7 E E7
하 지만내모습은 온전치않아 세상이보 는눈 은
Amaj7 F♯m D E7 A
마 치날죄인처럼 멀 리하며 외면을하 네 요
F♯m C♯m D Bm7 A
주 님 이 낮은 자를통하여 어 디 에쓰시려 고
F♯m C♯m D B7/D♯ Esus4 E7
이 렇게 초라한 모 습으로 만들어놓으셨나 요
Amaj7 Bm D Bm7 E E7
당신 께 -드릴것 은 사모 하 는 -이마음 뿐

Amaj7 Bm D Bm7 E E7
이생 명도 - 달라시 면 십자 가에 - 놓겠으니
A Bm C#m F#m D B7/D# Esus4 E7
허울 뿐인육 신 속에 - 참빛 을 심게하시 고
A Dm C#m F#m D E A
가식 뿐인세상 속에 - 밀알 로 썩게하소 서

597 들어오라 지성소로

(거룩하신 주님께 나오라 / Come into the Holy of Holiness)

John Sellers

메들리 곡
569/ 고개 들어 583/ 나의 안에 거하라 591/ 내 마음에 주를 향한 사랑이

미가엘 891

많은 사람들 598

(난 예수가 좋다오)

김석균

많은-사람들 - 참된 진리를모른 채 - 주 님곁을
무거운짐진자 - 다- 내게-로오 라 - 내 가너를
그대-가만일 - 참된 행복을찾거 든 - 예 수님을

떠 나 갔 지만 - - 내가만난주-님 은 - 참
쉬 게 하 리라 - - 이길만이생명의길 - 참
만 나 보 세요 - - 그분으로인-하 여 - 참

사 랑-이었 고 - 진 리 였 고 소 망 이었 소 - -
복 된-길이 라 - 항 상 내 게 들 려 주셨 소 - -
평 안을얻으 면 - 나 와 같 이 고 백 할거 요 - -

난 예수가좋 다오 - - 난--

예수가좋 다오 - - 주를사 랑 한 다던 -

베 드로고백처럼 - 난 예수를사랑한다오 -

565/ 갈릴리 마을 572/ 그날이 도적 같이 581/ 나의 반석이신 하나님

599 머리들라 문들아

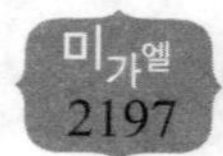

미가엘 2197

Graham Kendrick

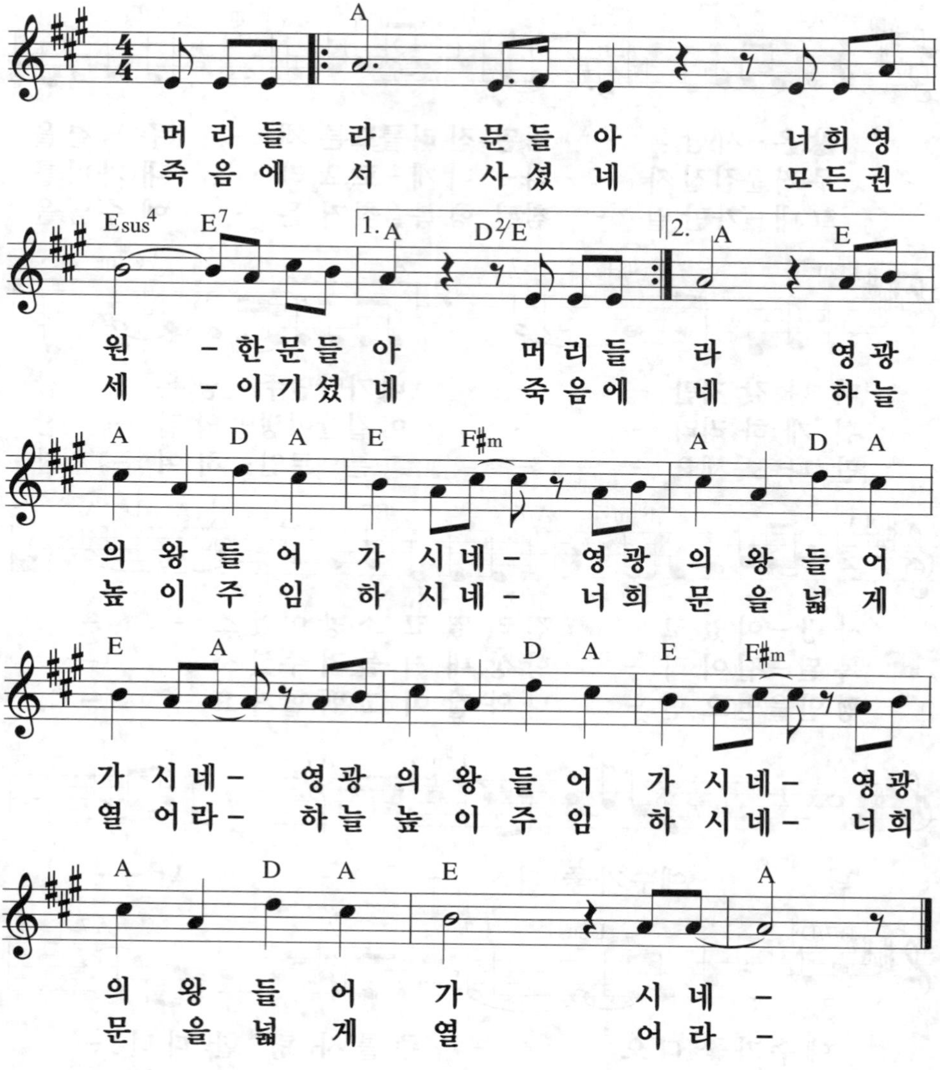
A
머 리 들 라 문 들 아 너 희 영
죽 음 에 서 사 셨 네 모 든 권
Esus4 E7 1. A D2/E 2. A E
원 - 한 문 들 아 머 리 들 라 영 광
세 - 이 기 셨 네 죽 음 에 네 하 늘
A D A E F#m A D A
의 왕 들 어 가 시 네 - 영 광 의 왕 들 어
높 이 주 임 하 시 네 - 너 희 문 을 넓 게
E A D A E F#m
가 시 네 - 영 광 의 왕 들 어 가 시 네 - 영 광
열 어 라 - 하 늘 높 이 주 임 하 시 네 - 너 희
A D A E A
의 왕 들 어 가 시 네 -
문 을 넓 게 열 어 라 -

메들리 곡

572/ 그 날이 도적 같이 575/ 나의 가장 낮은 마음 586/ 나 자유 얻었네

멀고 험한 이세상 길 600

(돌아온 탕자)

김석균

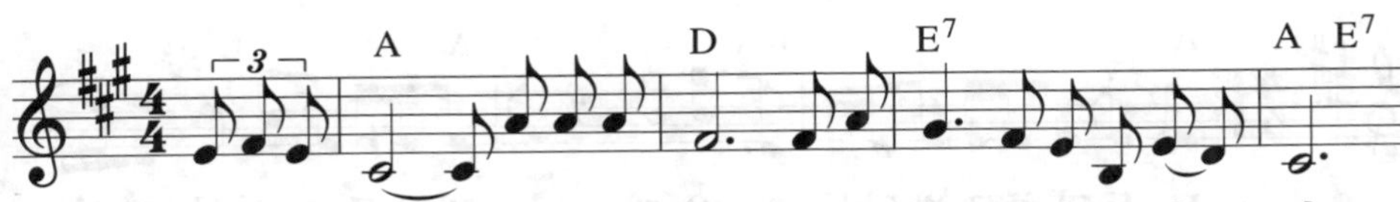

1. 멀고험 한 - 이세상 길 소망 없 는나그네 - 길
2. 무거운 짐 - 등에지 고 쉴곳 없 어애처로운 몸
3. 눈물로 써 - 회개하 고 아버 지 의품에안기 어

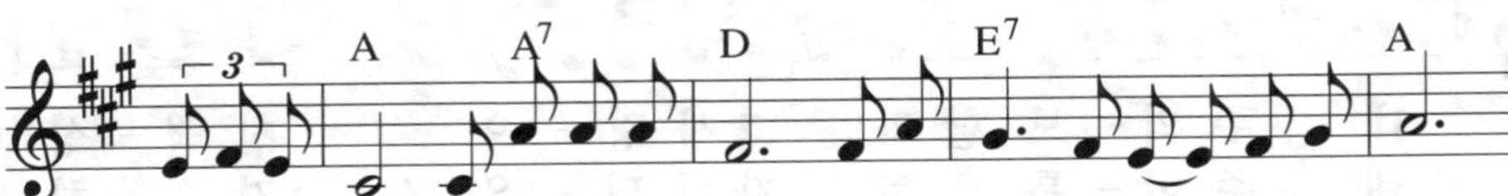

방황하 고 - 헤매이 며 정처 없 이살 - 아왔 네
쓰러지 고 - 넘어져 도 위로 할 자내겐없었 네
죄악으 로 - 더럽힌 몸 십자 가 에못 - 박았 네

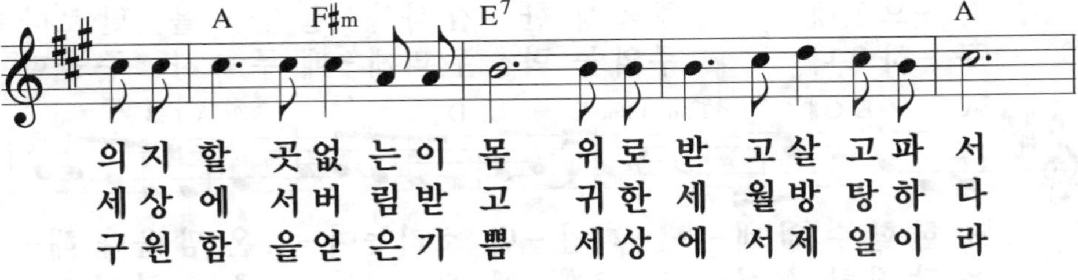

의지할 곳없 는이 몸 위로 받 고살 고파 서
세상에 서버 림받 고 귀한 세 월방 탕하 다
구원함 을얻 은기 쁨 세상 에 서제 일이 라

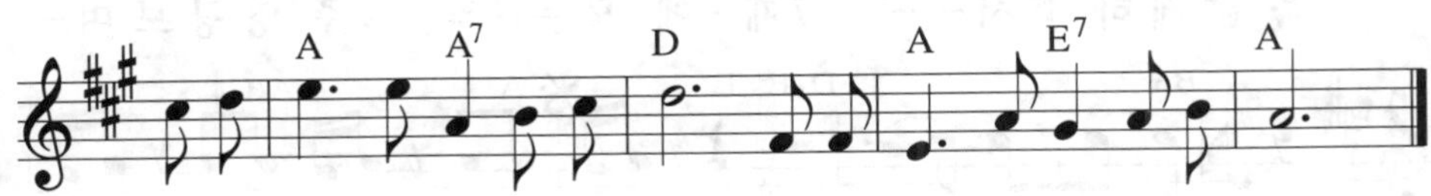

세상 유 혹따라가 다 모든 것 을다 잃었 네
아버 지 를만났을 때 죄인 임 을깨 달았 네
영광 의 길허락하 신 내주 예 수찬 양하 네

메들리 곡 569/ 고개 들어 570/ 괴로울 때 주님의 얼굴 보라 580/ 나의 모든 행실을

601 모든 민족과 방언들 가운데

(Hallelujah to the Lamb)

Debbye Graafsma & Don Moen

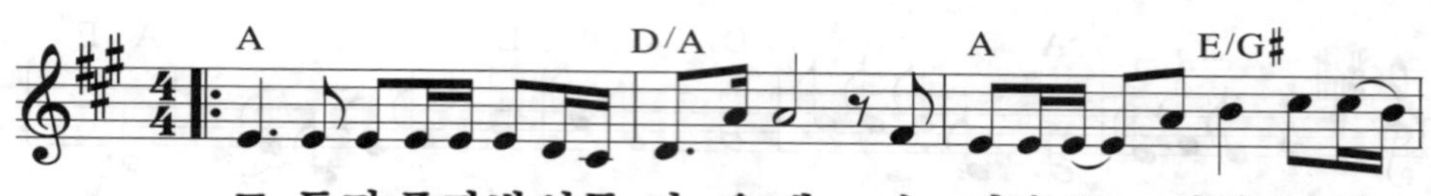

모 든민족과방언들 가 운데 수 많은주 - 백성 모였-
어 린양피로씻어진우 리들 은 혜로주 - 앞에 서있-

네 주 의 - 보 혈과 그 사 랑 - 으 로 친 백 - 성
네 주 이 - 름 으 로 자 녀 된 - 우 리 겸 손 - 히

삼 -으셨네 주를향한 감사와-찬 양 -을 말로다
구 -하오니 주의능력 우리게-베 푸 -사 주를더

표 현할수 없네-- 다만-내 소리높여- 온맘을다 해-
욱 닮게하 소서-- 그때-에 모든나라- 주 영광보며-

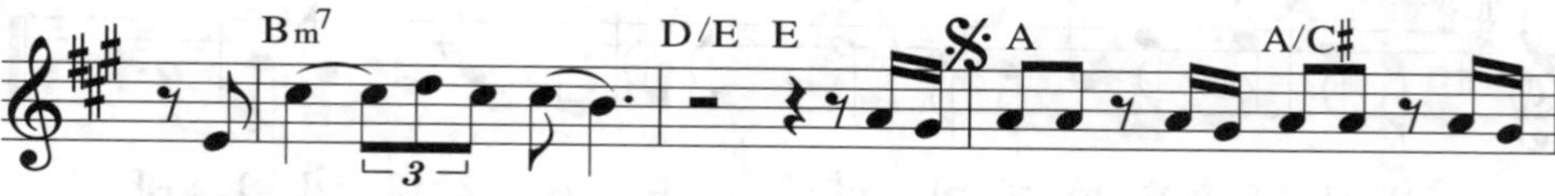

찬 양 -하리라 - 할렐 루야 할렐 루야 할렐
경 배 -하리라 -

루야 어린양 할렐 루야 할렐루야 주의 보혈덮으

사- 모든 족속 모든방언 모든 백성 열방이 모든

A A/C♯ D Esus4 E 1.A F♯m E Esus4
영광 모든존귀 모든 찬양주께드 - 리네 -
2.A F C2/E G F C2/E
- 무릎꿇 - 고서 - 다함께 - 고백해
G D/E E D/E E Coda D Esus4 E A Fine
D.S. al Coda
만유의주님 - 할렐 찬양 주께 드 - 리네 -

A

602 모든 상황 속에서

김영민

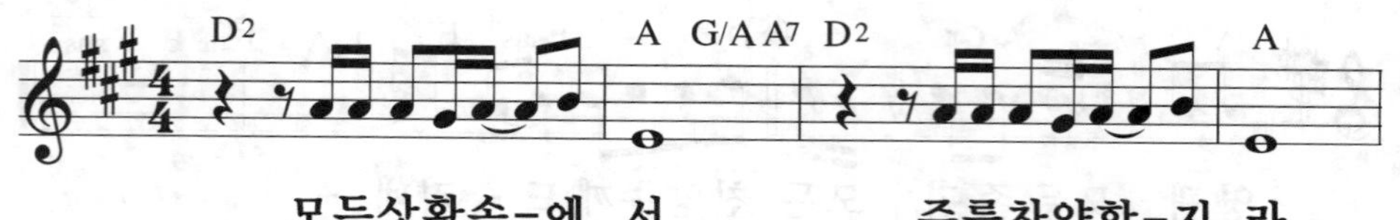

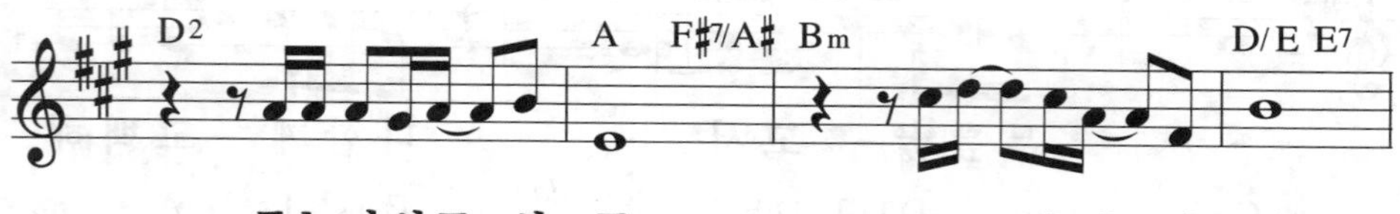

D
A/C#
Bm
D/E
A
1.
Fine
음의눈들- 어 - - 주를 바 라봅 -니 다
2. A
A
Bm
A/C#
D
주를 찬양할 - 때주의나 - 라 이미임 -했네 그의
Bm
A
B7
D/E
E
E7
D.S
영원한-나라- 보게하 -소 서 - - 내

A

603 모든이들 필요해

(내 주는 구원의 주 / Mighty To Save)

Reuben Morgan & Ben Fielding

모든이들필요 –해 완전한주사 –랑– 자
내실 – 패와두려 –움 주받아주소 –서–

비베푸소–서– 모든이들필요 –해–구세–주의온유
채우소––서– 내삶–을주께드 –려– 온전히주따르

–함– 열방의소망 –
–리– 주께순종해 –

예수 산을옮기– 시는 내주는 능력의주– 그는

구원의주– 영원한구원의창조자 사망을

이기시고– 예수 부활했네 –

D
A
E
F#m
D.C.
D
A
E
F#m
비추소서 주님의빛 -을- 찬양-해
D
A
E
F#m
D
A
다시사신 왕의영광 -을- 예수 비추소서 주님의빛
E
F#m
D
A
E
D.S. al Fine
-을- 찬양-해 다시사신 왕의영광 -을-

A

604 모든 능력과 모든 권세

(Above All)

Lenny LeBlanc & Paul Baloche

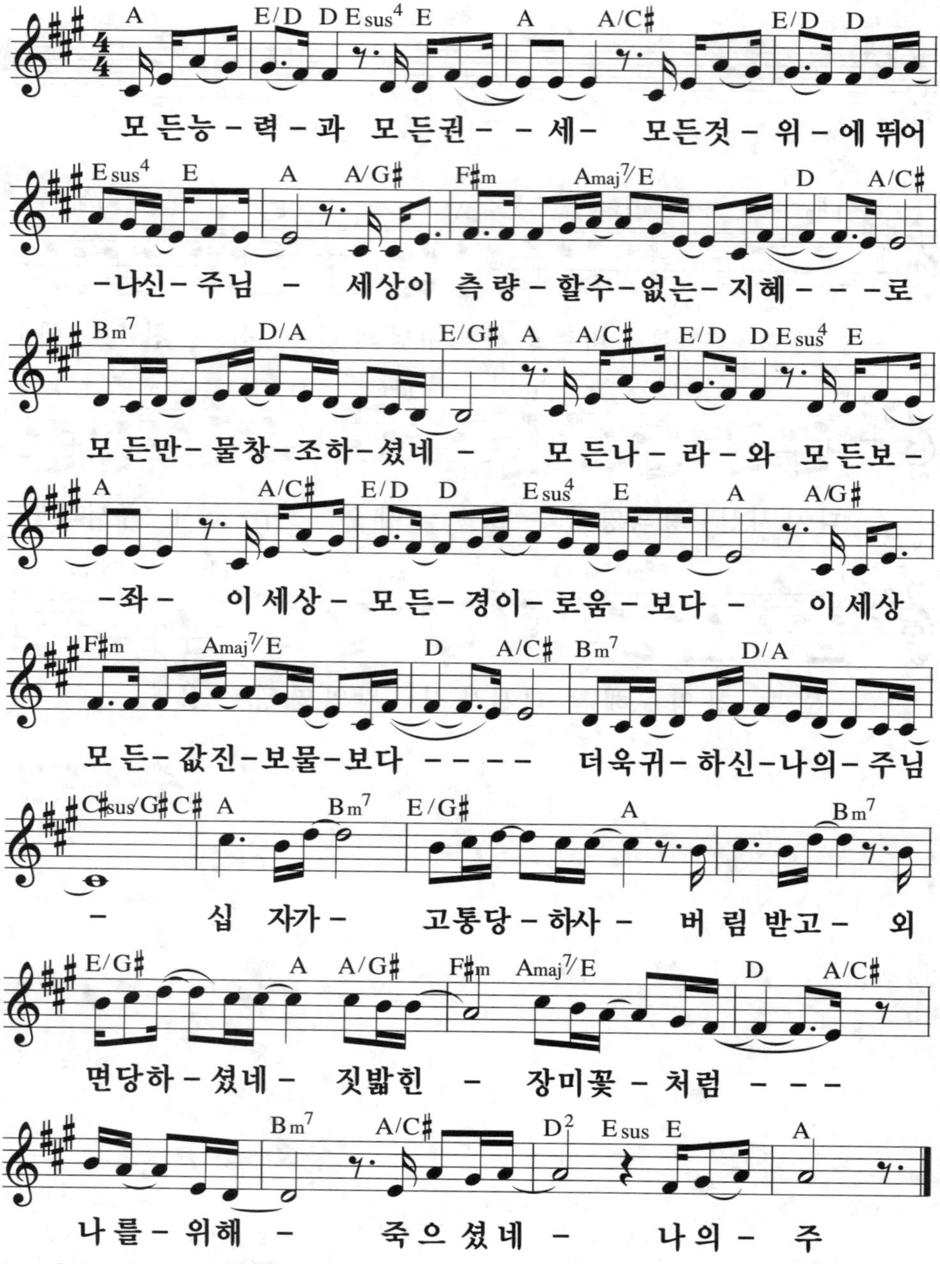

A E/D D Esus4 E A A/C# E/D D

모든능 - 력 - 과 모든권 - - 세 - 모든것 - 위 - 에 뛰어

Esus4 E A A/G# F#m Amaj7/E D A/C#

-나신 - 주님 - 세상이 측 량 - 할수 - 없는 - 지혜 - - - 로

Bm7 D/A E/G# A A/C# E/D D Esus4 E

모든만 - 물창 - 조하 - 셨네 - 모든나 - 라 - 와 모든보 -

A A/C# E/D D Esus4 E A A/G#

-좌 - 이세상 - 모든 - 경이 - 로움 - 보다 - 이세상

F#m Amaj7/E D A/C# Bm7 D/A

모든 - 값진 - 보물 - 보다 - - - - 더욱귀 - 하신 - 나의 - 주님

C#sus/G# C# A Bm7 E/G# A Bm7

- 십 자가 - 고통당 - 하사 - 버 림 받고 - 외

E/G# A A/G# F#m Amaj7/E D A/C#

면당하 - 셨네 - 짓밟힌 - 장미꽃 - 처럼 - - -

Bm7 A/C# D2 Esus E A

나를 - 위해 - 죽으 셨네 - 나의 - 주

미가엘
1254

무화과 나뭇잎이 마르고 605

(Though The Fig Tree)

Tony Hopkins

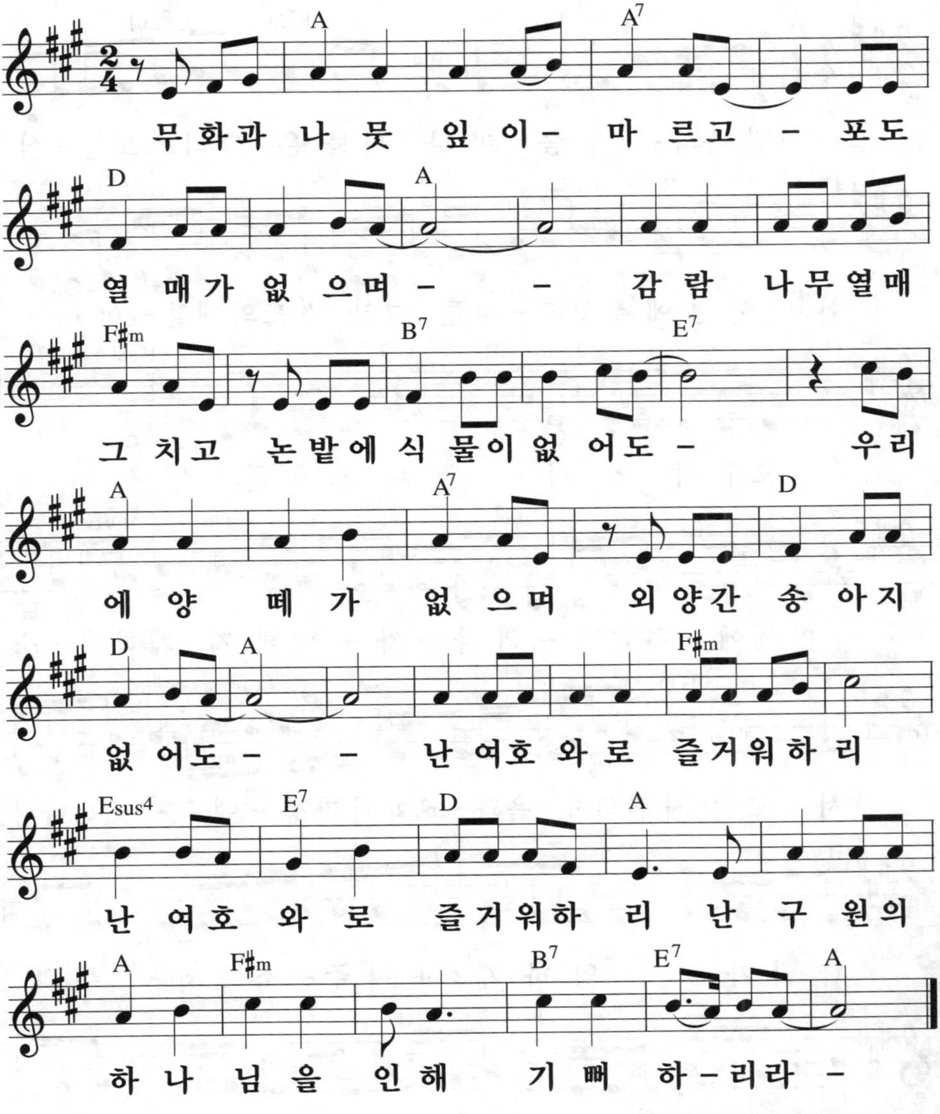

무화과 나 뭇 잎 이 - 마 르고 - 포도

열 매가 없 으며 - - 감 람 나무열매

그 치고 논밭에 식 물이 없 어도 - 우리

에 양 떼 가 없 으며 외양간 송 아지

없 어도 - - 난여호 와로 즐거워하 리

난 여호 와로 즐거워하 리 난 구 원의

하 나 님을 인해 기 뻐 하 - 리라 -

A

565/ 갈릴리 마을 572/ 그날이 도적 같이 575/ 나의 가장 낮은 마음

606 민족의 가슴마다

(그리스도의 계절)

김준곤 시, 박지영 정리 & 이성균

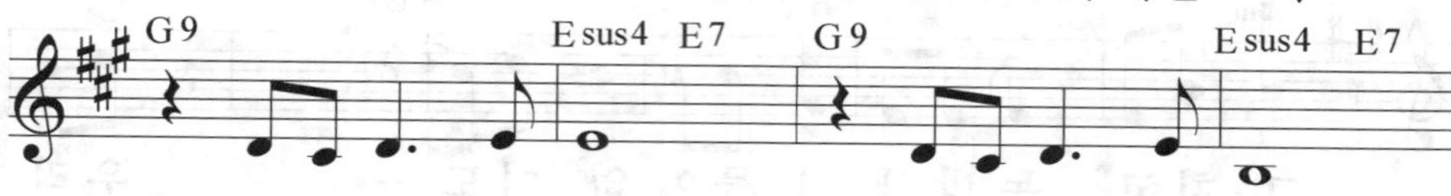

민족의 가슴마다

D E FM7
구석 구석 누비-는 나라- 되게 하소 서 이땅
Em FM7 Em
구석구-석에-서- 예수를주로고백 하게하-소-서-
FM7 Em Dm
하늘의뜻이땅에 이뤄주-소-서-주의 나라- 되게하 소-
Gsus4 G7 C Am
서-- 주의 청 년들이- 예수의꿈 을꾸고- 인류
F Gsus4 G7 C
구원의- 환상을 보게하-소-서- 한손엔복음들고 -한손엔
Am F Gsus4 G7 C
사랑을들고- 온땅 구석 구석누비-는 나라-되게하소 서

A

607

믿음따라

(I Walk By Faith)

Chris Falson

믿음따라

A
G
믿 음 따 - 라 - 걸 음 마 - 다 -
D
A
1.
2.
말 씀 따 - 라 - 주님만 따르 - 리 - 믿

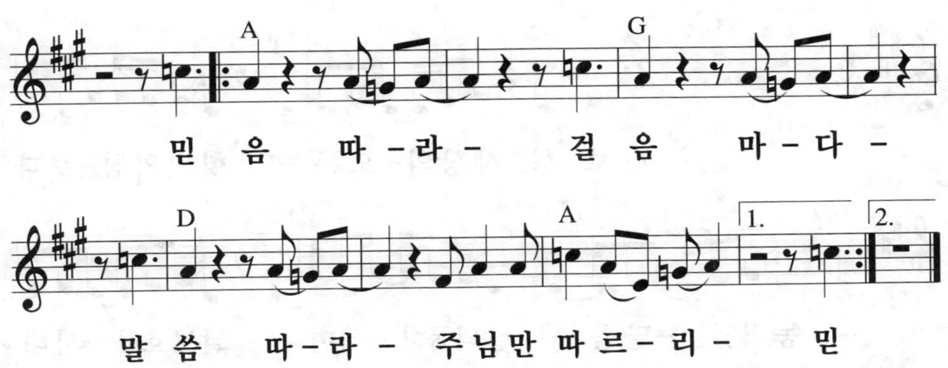

A

608 보혈 세상의 모든

(예수의 피 밖에 / Nothing But The Blood)

Matt Redman

보혈 세상의 모든

D A2 F#m7 E 3. A2
D.S.
- 오직주보-혈로 - 없 - 네
E D A2 F#m7
주 보혈찬양해 - 주 보혈찬양해 -
E2 D 1. A2 E D
예수피밖에- 예수의피밖에 없 - 네 주
2.A2 E D A
없 - 네

609 빛나는 왕의 왕

(위대하신 주 / How Great Is Our God)

Chris Tomlin, Jesse Reeves & Ed Cash

사망의 그늘에 앉아 610

(그날)

고형원

A C#m7 F#m C#m
사망의그늘에앉 아 죽어 가는 나의백성 들 절망

F#m C#m D Bm E E7
과굶주림에 갇힌저들은 내마음의－오랜슬 픔

A C#m7 F#m C#m
고통의멍에에매 여 울고 있는 나의자녀 들 나는

F#m C#m D B7 Esus E7
이제일어나－저들의 멍에를꺽고 눈물씻기기－원하는 데

A F#m D /C# Bm E7
누가내게부르짖－ 어 저들을구원케－할 까

A F#m Em7 A7 D Bm Esus E7
누가나를위해－가 서 나의사랑을전－할 까 나는

A E/G# F#m D A/C# Bm E7
이제보기원하 네 나의 자녀들－살아나는－그 날 기쁜

A E/G# F#m D E7 Asus A
찬송소리하늘 에 웃음 소리온－땅가득한－그 날

571/ 교회여 일어나라 582/ 나의 백성이 591/ 내 마음에 주를 향한 사랑이

611 새 힘 얻으리

미가엘 2239

(Everlasting God)

Ken Riley & Brenton Brown

새힘 얻으리주 -를바랄때 주 -를바랄때우리주

-를바랄때 -를바랄때주 님 - 통치 -하시- -

네 소망- 구원 -주시 - - -는- -

당신-은 영 -원 하- 신 주 - 내영
약한-자 방 -패 되- 시 며 - 위로

-원 하- 신 주 - 지 치 -지 않- 으
-자 되- 신 주 - 독 수 -리 같-은

시 는 주 님- 시 네-
힘 주

590/ 내 마음 다해 613/ 성령이여 내 영혼에 627/ 예수 열방의 소망

선포하라

(All heaven Declares)

Noel Richards & Tricia Richards

A Amaj7 D Esus4 E D/A A

선 포 하 라 부활하신영 광 의주
선 포 하 라 부활하신영 광 의주

A Amaj7 D Esus4 E D/A A

아 름 다 운 영광의주 를 보라
하 나 님 과 화목하게 하 신주

A A2 D2 Esus4 E A E/G#

보 좌에 앉으 신 그어린양예 수
찬 송과 존귀 와 영광과능력 을

F#m7 D2 E E7 A

다 무릎꿇고 서 주경배 하 리 라
영 원영원토 록 받아주 옵 소 서

A

569/ 고개 들어 583/ 나의 모든 기도가 654/ 주님의 그 모든 것이

613 성령이여 내 영혼에

성령이여 내 영혼에

1. E
2. E
3. E
4. E
D.C.
D.S.
을
을
을
을
A Asus4 A Asus4 A Asus4 A Asus4 A

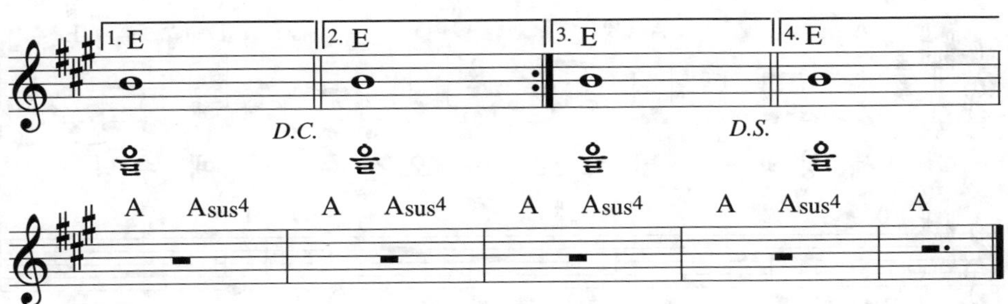

A

614 세상의 빛으로 오신 주

(Light of the World)

Scott Brenner

A A/C# D2 Esus4 E
세 상의- 빛 으 로- 오 신주- 예 수님-

A A/C# D2
정 죄하- 지 아 니하-시고 구 원을-

Esus4 E F#m7 C#m
주 셨네- 쓰 러 진- 나 를 -

F#m7 C#m D2 D Bm
세 우 신-주 님 은- 연 약 한- 나 를 -

Esus E7 AM7 A
강 하게-하 시는 -분 입-니 다 약 -한-

F#m9 F#m D2 D Esus4 E AM7 A
나 -를- 온 전 케- 하 시는- 주 님은-

F#m9 F#m D2 D Esus4 E A
부 족 한- 나 -를- 채 우 십- 니 다 -

592/ 내 모든 것 나의 생명까지 604/ 모든 능력과 모든 권세 606/ 민족의 가슴마다

소망 없는 내 삶에 615

(내 삶 드리리)

박은미

A/C♯ D Esus4 E A/C♯ D Esus4 E

소망없는– 내삶 – – – –에– 새생명허– 락하 – – –신–
삶의문제 – 힘겨 – – – –워– 눈물만드– 릴때 – – –도–

F♯m7 /E D F♯m7 /E 1.D E/G♯

날향한주–님의은 – –혜– 놀라운주–님의사 – –랑–
날안아주–시는주 – –님– 한없는주–님의사

2.D E A Bm7 A/C♯ D /E

– –랑 나찬양하네 – 나의믿음주 – 께 – 드려

A F♯m7 D /E A F♯m7

– 나의삶이주 – 를 – 향 해 – 내유일한사

D E/D C♯m7 F♯m7 Bm7 D/A G D/F♯ E A/C♯

– – –랑– 되 신 주–께 내 삶드리 리 나의믿음주

D /E A F♯m7 D /E A F♯m7

– 께 – 드려 – 나의삶이주 – 를 – 향해 – 내유일한사

D E/D C♯/F F♯m7 Bm7 E A

– – –랑– 되 신 주–께 내삶드리 리 –

A

582/ 나의 백성이 584/ 나의 영혼이 잠잠히 606/ 민족의 가슴마다

616 소망없는 세대 가운데

(교회를 부흥시키소서)

민호기

A E/A A G/A

소망 없는세대 – 가운데 – 빛을 잃은세상 – 향하여 – 진리

D E D/F# B/D# Bm D/E E7

의등대로 – 세우신 몸된교회 – 복음 의 능력 – 나타 내소서 – 예수

A E/A A

의흘리신보혈로 – 사 신 교회 – 십자 가사랑만 – 증거하

G/A D E D/F# B/D#

는 교회 – 죽어 가 는영혼 – 살려 일으키고 – 가난

한자에게 – 나눔 과 섬김을 – – 주의 교회를 – 새롭게

하소서 – 말 씀 으로 성 령 으로주의 교회를 – 부흥시

키 소서 – 열 방 중 에 이 루 소 서

571/ 교회여 일어나라 582/ 나의 백성이 606/ 민족의 가슴마다

시작됐네 617

(은혜로다)

심형진

618 아름답고 놀라운 주 예수

미가엘 2117

(I stand in awe)

Mark Altrogge

미가엘 2157

아무도 예배하지 않는 619

(예배자)

설경욱

A

620 아버지여 당신의 의로

(새벽 이슬 같은)

미가엘 2021

이 천

아버지여 당신의 의로

Bm7 E7sus4 E7 C#m F#m7

이슬같-은- - 주의청 년 들이 - 주님-앞

Bm7 Esus4 E A A7

에 나오는 도다- - 주님-의

Dmaj7 E7sus4 E7 C#m7 F#m7

이름으-로 - 축복하여 - -주소서 - 주의

Bm Esus4 E7 A G

빛을발-하게 하 소 - 서

Fine

F C Em

세상을구원 하시려-아들 을 주신- - 하 나

Em Am Am/G F

님 아 버 -지 ―――――― 각 나라와

F C Am7 B♭

족 속과-모든 백 성- 들의 - 찬양 을 받으-소서

B♭ G/B Esus4 E7 A7

- 높임 을 받으-소서 - - 새--벽

A

581/ 나의 반석이신 하나님 605/ 무화과 나뭇잎이 625/ 예수 나의 첫사랑

621 안개가 날 가리워

(주님은 산 같아서)

김준영 & 임선호

A G/A A D9 A G/A A

안 개가 – 날가 리워 – 내 믿음 – 흔들 리려
주 님은 – 산같 아서 – 여 전히 – 그자 리에

D9 A/C♯ Bm7 1. D/E

– 할 – 때 – 나 주님께 – 나 아 가 네 –
– 계 – 셔 – 눈 을들면 – 보

2. D/E A /C♯ D E

이 리라 – 날위 – 한그 사랑 – 주는나 – 의 도움 이시며
– 서 날이 끄시며

A /C♯ D E A /G D/F♯ Dm/F

– 주의계 – 획 영원하시네 – 주의위 – 엄 앞 에
– 주가항 – 상 함께하시네 – 주의사 – 랑 안 에

A/E B/D♯ Bm7 1. D/E A/C♯

믿 음 으 로 순 종 의 예 배 드 리 리 – 주님께
믿 음 으 로 순 종 의 예 배 드 리 리

2. D/E A

– 영 원 히 –

584/ 나의 영혼이 잠잠히 592/ 내 모든 것 나의 생명 604/ 모든 능력과 모든 권세

미가엘 1218

영광의 주님 찬양하세 622

(영광의 주 / Majesty)

Jack Hayford

623 예수 결박 푸셨도다

A D E7 A

1. 예 수 결 박 푸 셨 도 다 –
2. 소 리 높 여 할 렐 루 야 –
3. 모 든 영 광 하 나 님 께 –
4. 찬 양 하 리 영 원 토 록 –
5. 기 뻐 하 네 내 영 으 로 –

A E7 A

모 든 결 박 푸 셨 도 다 –
소 리 높 여 할 렐 루 야 –
모 든 영 광 하 나 님 께 –
찬 양 하 리 영 원 토 록 –
기 뻐 하 네 내 영 으 로 –

A D E E7

나 의 결 박 푸 셨 도 다 –
소 리 높 여 할 렐 루 야 –
모 든 영 광 하 나 님 께 –
찬 양 하 리 영 원 토 록 –
기 뻐 하 네 내 영 으 로 –

A E7 A D A

나 는 자 유 – 해 –

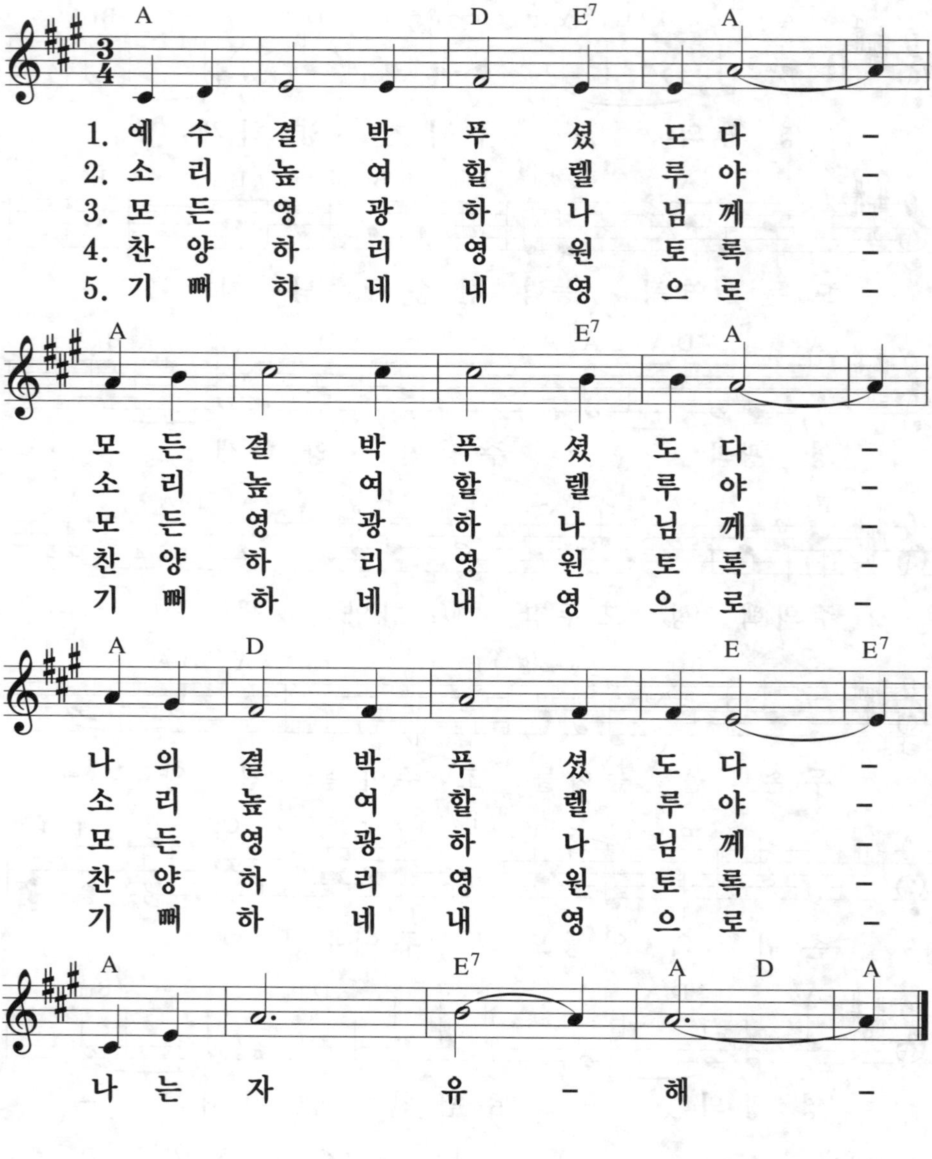

메들리 곡
580/ 나의 모든 행실을 584/ 나의 영혼이 잠잠히 632/ 우리 보좌 앞에 모였네

예수 나의 좋은 치료자 624

(예수 나의 치료자)

송재홍

A E/G# Em/G F#7 Bm7 A/C#

예수나 -의좋 -은치 -료자 - 그의 눈이머-무는곳-은 나의

D E DM7 E/D C#m7 F#m7

슬픔과- 고통- 고갤 들어그-의눈-을볼-때에 - 난알았네 예수

Bm7 D/E A E7/G#

나의좋- 은 치 료자 - 예 수나 -의좋 - 은치 -료자

Em/G F#7(♭9) Bm7 A/C# D E

- 그의 손 길이 -닿는곳 -은 나의 상처와 -아픔 - 영원

D E/D C#m7 F#m7 Bm7 D/E A D/E D.C.

히흐를 -것같-았던-눈물 -다벗었네 예수 나 의치- 료자 -

A /C# DM7 C#m7 F#m7 Bm7 E7

나 노래하 리 라 - 천한나를돌 -아보 -신 구세 주를찬-양해 하늘

DM7 E/D C#m7 F#m7 Bm7 A/C# D /E A

닿는곳 -까지 - 내손들 리 라 - 예수 나 의치 - 료자 -

A

574/ 나는 찬양하리라 603/ 모든이들 필요해 604/ 모든 능력과 모든 권세

625 예수 나의 첫사랑 되시네

(Jesus You Alone)

Tim Hughes

A D A/E E

예 수 나 의 첫 사 랑 되 시 - 네 - 내 첫 - 사 랑 - 지

A D A/E E

존 자 되 신 그 리 스 도 예 - 수 - 찬 양 - 하 리 -

D E F♯m E D E F♯m E

보 좌 앞 에 나 의 삶 이 향 기 로 운 제 사 로

D E F♯m E D D/E A A/G♯

주 께 드 려 지 기 원 하 네 - 오 직 주 만 바
나 의 온 전 한

A/F♯ A/E A/D A/C♯ A/B E A A/G♯

- 라 보 - 며 나 의 삶 을 드 - 리 네 - - 다 른 길 은 찾
- 열 정 - 과 나 의 찬 양 되 - 시 네 - - 주 의 길 을 따

1.A/F♯ A/E D Esus4 2.A/F♯ A/E D D/E E7 (A)

- 지 않 - 으 리 - - 라 가 - 리 라 -

581/ 나의 반석이신 하나님 607/ 믿음따라 620/ 아버지여 당신의 의로

예수님 찬양 626

Charles Wesley & R.E.Hudson

1. 예수님 찬양 예수님찬양 예수님찬양합시 다
2. 예수이름을 부르는자는 구원을얻으리로 다
3. 예수이겼네 예수이겼네 예수사탄을이겼 네
4. 예수이름을 높이는자는 새힘을얻으리로 다
5. 예수님권세 예수님권세 예수님권세내권 세

예수님찬양 예수님찬양 예수님찬양 합시 다
예수이름을 부르는자는 구원을얻으 리로 다
예수이겼네 예수이겼네 예수사탄을 이겼 네
예수이름을 높이는자는 새힘을얻으 리로 다
예수님권세 예수님권세 예수님권세 내권 세

할 렐루 야 할 렐루 야

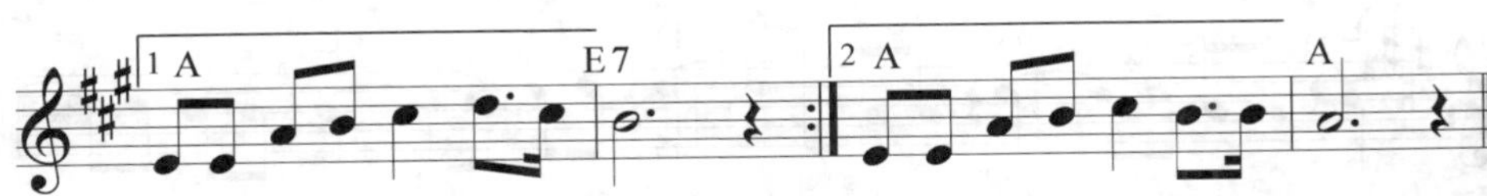

예수님찬양 합시 다 예수님찬양합시 다
구원을얻으 리로 다 구원을얻으리로 다
예수사탄을 이겼 네 예수사탄을이겼 네
새힘을얻으 리로 다 새힘을얻으리로 다
예수님권세 내권 세 예수님권세내권 세

A

565/ 갈릴리 마을 그 숲속에서 572/ 그날이 도적 같이 586/ 나 자유 얻었네

627

예수 열방의 소망

(Hope of the Nations)

Brian Doerksen

E
A
F#m
- 평강 의왕 - 주를믿는 - 모든자의
Bm7
E
D
A
- 소망 - 되신 - 주를 - - 믿네 -

628 예수 우리 왕이여

(Jesus, We enthrone You)

미가엘 796

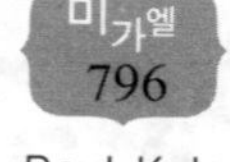

Paul Kyle

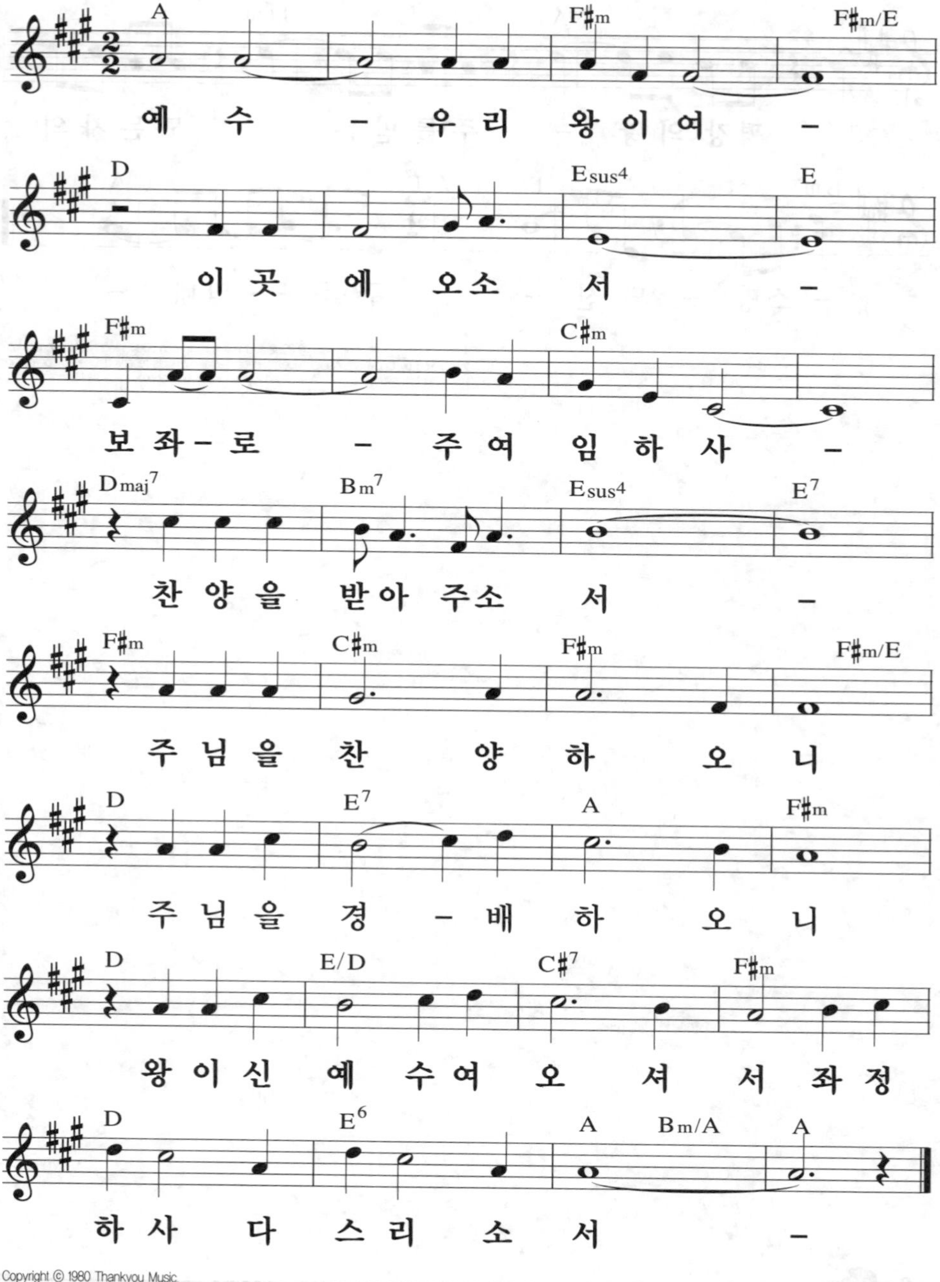
A F♯m F♯m/E
예 수 - 우 리 왕 이 여 -
D Esus4 E
이 곳 에 오 소 서 -
F♯m C♯m
보 좌 - 로 - 주 여 임 하 사 -
Dmaj7 Bm7 Esus4 E7
찬 양 을 받 아 주 소 서 -
F♯m C♯m F♯m F♯m/E
주 님 을 찬 양 하 오 니
D E7 A F♯m
주 님 을 경 - 배 하 오 니
D E/D C♯7 F♯m
왕 이 신 예 수 여 오 셔 서 좌 정
D E6 A Bm/A A
하 사 다 스 리 소 서 -

미가엘 2273

왕 되신 주 사랑합니다 629

(You are my King)

Brian Doerksen

630 우리가 지나온 날들은

(우리가 하나된 이유)

D E C♯m F♯m D A/C♯
우 리 온맘으-로 찬 양하 - 며 - 우리 모든것으로인하여-주께
Bm E A Amaj7/G♯ F♯m A/E
찬 양 드 리리- 우리 가 하나 된 이 유는- 하나
D A/C♯ Bm E
님의 크신 사랑과-믿음 으로 인 함이니-이로
A C♯m/G♯ F♯m A/E D Bm E7
인하여-우리가한맘-으 - 로- 하나 님안에-하나가되-었
1.A D E 2.A D E 3.A Amaj7/G♯ F♯m /E
D.S.
네 자 네 우리 네 하나 -라- 하나
D Bm E A D Bm7 A
-라- 우리 -는- 하 나 - 라 -

631 우리를 구원하신

(주님 사랑해요)

함지윤 & 이강희

A B m/A C#m/A B m/A A F#m B m7 E7

우리 를 구 원 하 신 예 수님 그사랑 –감 사 해요 – –

A B m/A C#m F#m B m B m/A E/G# A/C#

나 의 모 든 죄 위하 여 십 자 가 달리셨 네 죽 어

D A/C# B m7 E7 A D A/C#

있–던 –날 새 롭게– 살게 하–시고– 날 자유케 –해 주신 –

B m7 E7 A D E A A D

예 –수님 – 온 맘 다해 – 사 랑해요 – 이 제 나 는–

C#/G# F# B m D/E A D/A A

주님 의것 – 찬양받으 소서 – 주 님 사 랑 해 요 –

우리 보좌 앞에 모였네 632

(비전 / Vision)

고형원

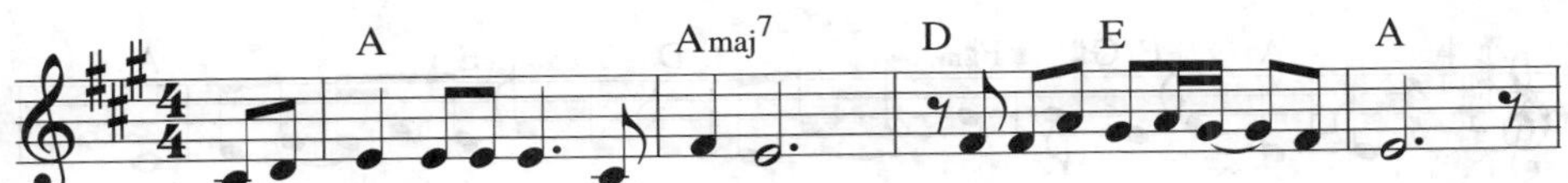

우리 보좌앞에 모 였네 함께주를찬양-하 며

하 나님의사랑그 아들주셨네 그의피로우린 구원받았 네

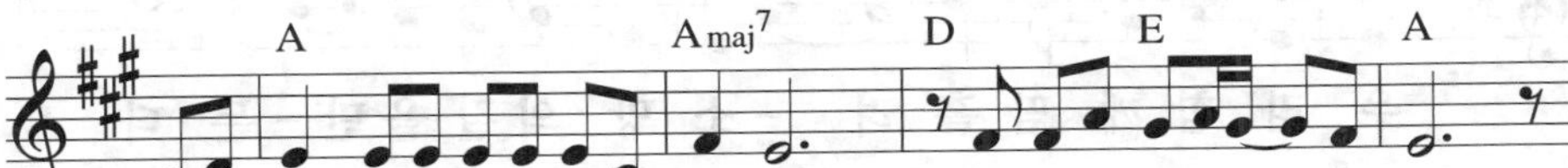

십자 가 에서쏟으신그 사랑 강같이온땅에-흘 러

각 나라와족속 백 성방언에 서 구 원 받 고주

경배드리 네 구 원하심이-보 좌 에앉으신 우

리하나님과 어 린양께있도 다 구 원하심이-보

좌에앉으신 우 리하나님과 어 린양께 있 도 다

633 우리 오늘 눈물로

미가엘 1620

(보리라)

고형원

우 리 오늘 눈 물 로 -한알의 씨앗을심- 는 다

꿈꿀수없어무너진가 슴 에저들 의푸른꿈- 다시돋아나도록-

우 리 함께 땀흘려 -소 망 의길을만-든 다

내일 로가는길을 찾지못했던 저들 노래하며달려갈그 길

그날에- 우리보 리 라 새벽 이슬-같은저들-일어 나

뜨거운- 가슴사 랑의손으로- 이땅치 유하며-행진할 때

오래황폐하였던-이땅어 디 서나 순결한꽃들 피 어나고-

푸른 의의나무가- 가득 한 세상 우리 함께보리 라

571/ 교회여 일어나라 603/ 모든이들 필요해 606/ 민족의 가슴마다

우리 죄 위해 죽으신 주 634

(Thank You For The Cross)

Mark Altrogge

A² A/C♯ D² D A/C♯ Bm⁷ Bm/A

우 리죄 위해 – 죽 으 – 신주 – 십 자가 그 사랑 –감– 사하

E/G♯ E A² A/C♯ D A²/C♯ Bm⁷

네 날 마 다 주 의 형 상 대 로 변 화 되 리 라 – – 십

D/E E A D/F♯ E/G♯ E/A A A/C♯ D Bm⁷

자가 우 –릴 새 롭게 하 리 놀라 운 사랑 – 찬양하 – 리라

Bm⁷/E A E/A A E/F♯ F♯m⁷

우 리를 위해 생명 주셨 – 네 – 놀라 운 사랑 – 찬양하

A/D Bm⁷ D/E E D/E E F♯m F♯m⁷ Bm⁷ C♯m⁷ D E A

–리라 십자 가 의 그 능 력 십자 가 의 그 능 력

A

574/ 나는 찬양하리라 577/ 나의 믿음 주께 있네 583/ 나의 안에 거하라

635 우린 이 세상에서 할 일 많은

(우린 할 일 많은 사람들)

미가엘 1161

고재문

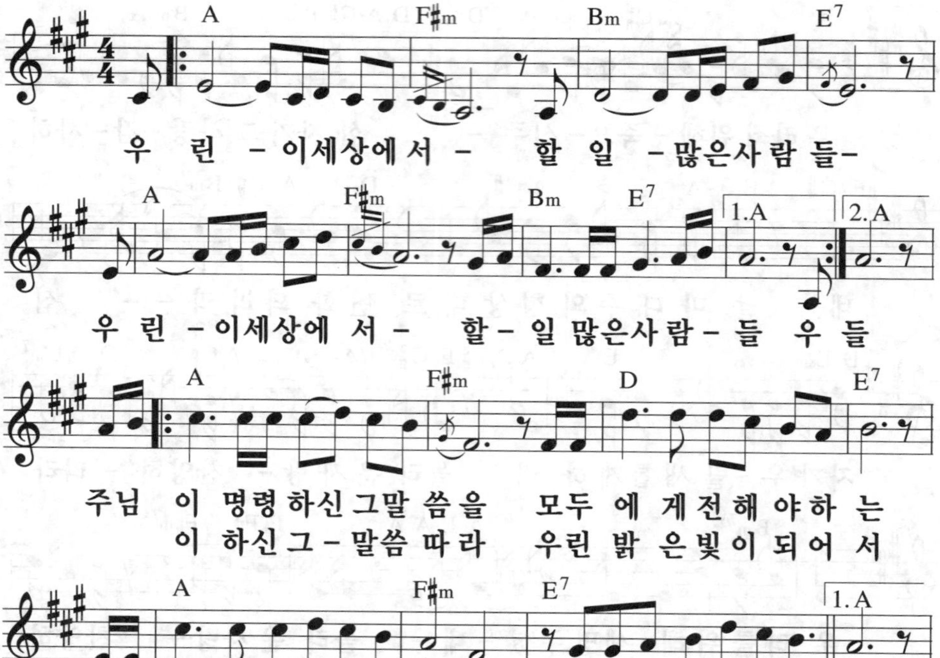
우 린 -이세상에서 - 할 일 -많은사람 들-
우 린 -이세상에 서 - 할- 일 많은사람- 들 우 들
주님 이 명령하신그말 씀을 모두 에 게전해 야하 는
이 하신그-말씀 따라 우린 밝 은빛이 되어 서
우린주 의 사랑전하 는 - 주님의 증인이라 오
어두워 져 가는이세 상 에 밝음을 전해야하
우 린 -이세상에 서 - 한 줄 -기의밝은 빛-
우 린 -이세상에서 - 한- 줄기의밝은- 빛 주님 오

메들리 곡

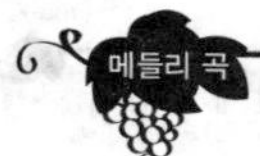

570/ 괴로울 때 주님의 594/ 당신의 그 섬김이 615/ 소망없는 내 삶에

미가엘 906

우물가의 여인처럼 636

(Fill my cup Lord)

Richard Blanchard

A E7

1. 우 물 가 의 여 인 처 럼 난 구 했 네 - 헛
2. 많 고 많 은 사 람 들 이 찾 았 었 네 - 헛
3. 내 친 구 여 거 기 서 - 돌 아 오 라 - 내

E7 A

되 고 헛 된 것 들 을 그 때 주 님 - 하 신
되 고 헛 된 것 들 을 주 안 에 감 - 추 인
주 의 넓 은 품 으 로 우 리 주 님 - 너 를

D E7 A

말 씀 - 내 샘 에 와 생 수 를 마 셔 라
보 배 - 세 상 것 과 난 비 길 수 없 네 오 -
반 겨 - 그 넓 은 품 에 안 아 주 시 리

A E7 Bm A

주 님 - 채 우 소 서 - 나 의 잔 을 높 이 듭 니 다 하 늘

A C# Bm D E7 A

양 식 내 게 채 워 주 소 서 넘 치 도 록 - 채 워 주 소 서

A

568/ 거룩한 성전에 거하시며 573/ 나 가진 재물 없으나 583/ 나의 모든 기도가

637 유월절 어린양의 피로

(Under The Blood)

Martin Nystrom & Rhonda Scelsi

유월 절어린양-의피 로 나의 삶의문이-열렸 네 - 저

어둠의권-세는 힘이없네 주 보혈의능-력으로 - - 원

수가날정죄할 때 - 도 난 의롭게살수있 네 - 난

더이상정죄함 없 - 네 난 주보혈아-래있네- 난

주보혈아-래있네 - 그 피로내죄-사했- 네 -

하 나 님의긍휼 날 거룩케하시었 네 - 난

주보혈아-래있네 - 난 원수의어-떠한 공격에도

더이상넘 어 지지않네 난 주보혈아-래있네 - -

571/ 교회여 일어나라 617/ 시작됐네

이 땅의 황무함을 보소서 638

(부흥)

고형원

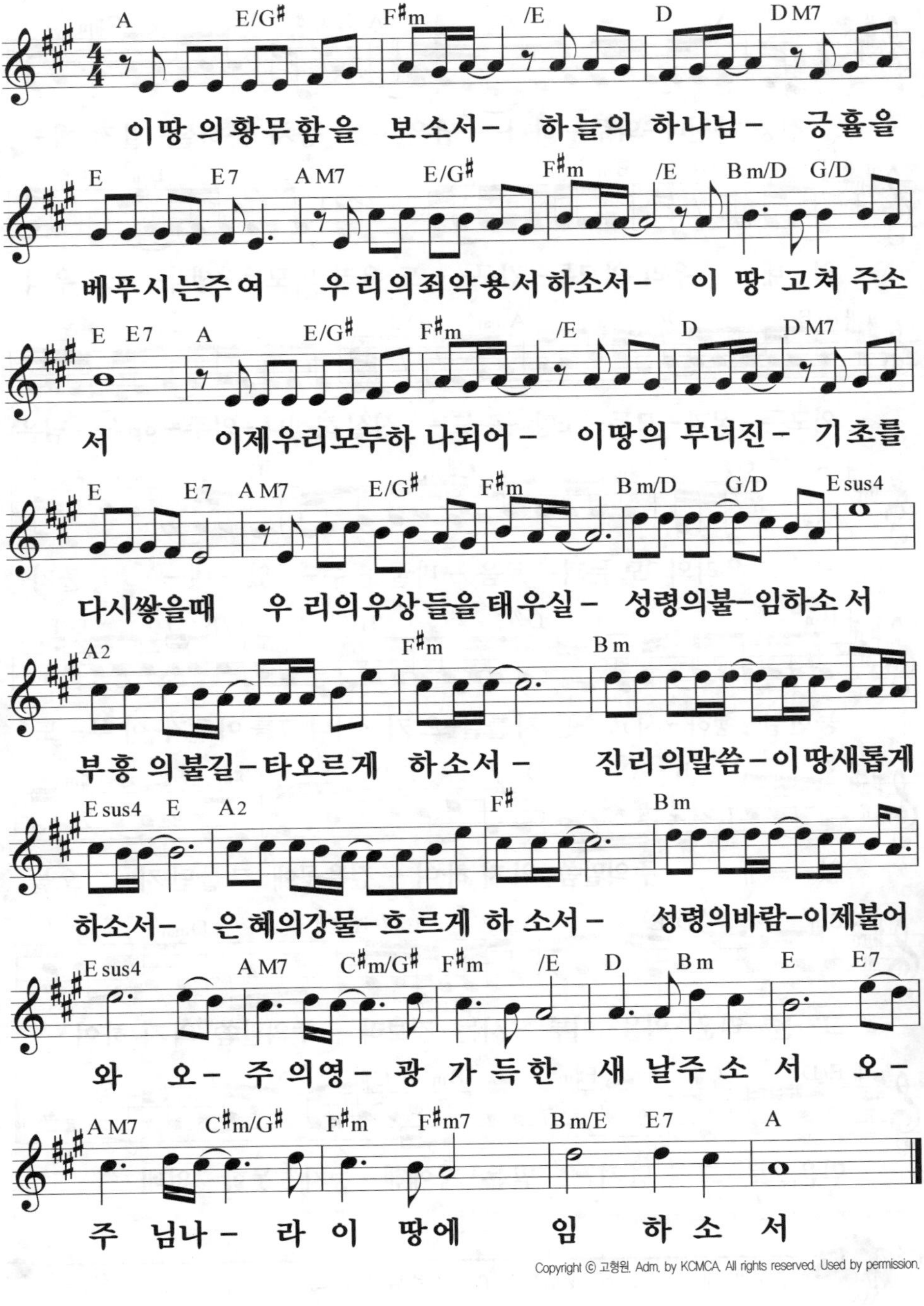

A E/G♯ F♯m /E D DM7

이땅 의황무함을 보소서- 하늘의 하나님- 긍휼을

E E7 AM7 E/G♯ F♯m /E Bm/D G/D

베푸시는주여 우리의죄악용서하소서- 이 땅 고쳐 주소

E E7 A E/G♯ F♯m /E D DM7

서 이제우리모두하 나되어- 이땅의 무너진- 기초를

E E7 AM7 E/G♯ F♯m Bm/D G/D Esus4

다시쌓을때 우 리의우상들을 태우실- 성령의불-임하소 서

A2 F♯m Bm

부흥 의불길-타오르게 하소서- 진리의말씀-이땅새롭게

Esus4 E A2 F♯ Bm

하소서- 은혜의강물-흐르게 하 소서- 성령의바람-이제불어

Esus4 AM7 C♯m/G♯ F♯m /E D Bm E E7

와 오- 주 의영- 광 가 득한 새 날주 소 서 오-

AM7 C♯m/G♯ F♯m F♯m7 Bm/E E7 A

주 님나- 라 이 땅에 임 하 소 서

639 전능하신 나의 주 하나님은

미가엘 2066

(Nosso Deuse poderoso)

Alda Celia

A E/A A E/G# F#m C#m7

전능 하신나-의주-하나--님은 - 능치 못하실-일전 혀-

D A/C# Bm7 D7/C Bm7

없-네- 우리 의모든-간구--도 우리 의모든-생각--도 우리

A/B D/E Amaj7 D/E A E/A

의모든-꿈과- 모든-소망 --도- 신실하신나-의주-하나--님은

A E/G# F#m C#m7 D A/C#

- 우리의 모든괴-로움-바꿀-수- 있-네- 불가

Bm7 D7/C Bm7 A/B D/E

능한일-행하-시고 죽은 자를일-으 키-시니 그를 이 길자-아 무- 도

A Bm A/C# Dmaj7 E/D C#m7 F#m

없--네 - 주의말씀 의지 하여 - 깊은곳에 그물던 져- 오늘

Bm7 D/E Amaj7 Em7 A/C# Dmaj7

그가놀-라운-일을-이루 -시는-것보라- 주의말씀 의지 하여 -

E/D C#m7 F#m Bm7 A/C# D E A

믿음으로 그물던져- 믿는 자에겐-능치-못함-없네 -

592/ 내 모든 것 나의 생명까지 654/ 주님의 그 모든 것이 606/ 민족의 가슴마다

미가엘 1833

주가 보이신 생명의 길 640

박정은

A

641 주께 가까이 날 이끄소서

미가엘 2126

Adhemar de Campos

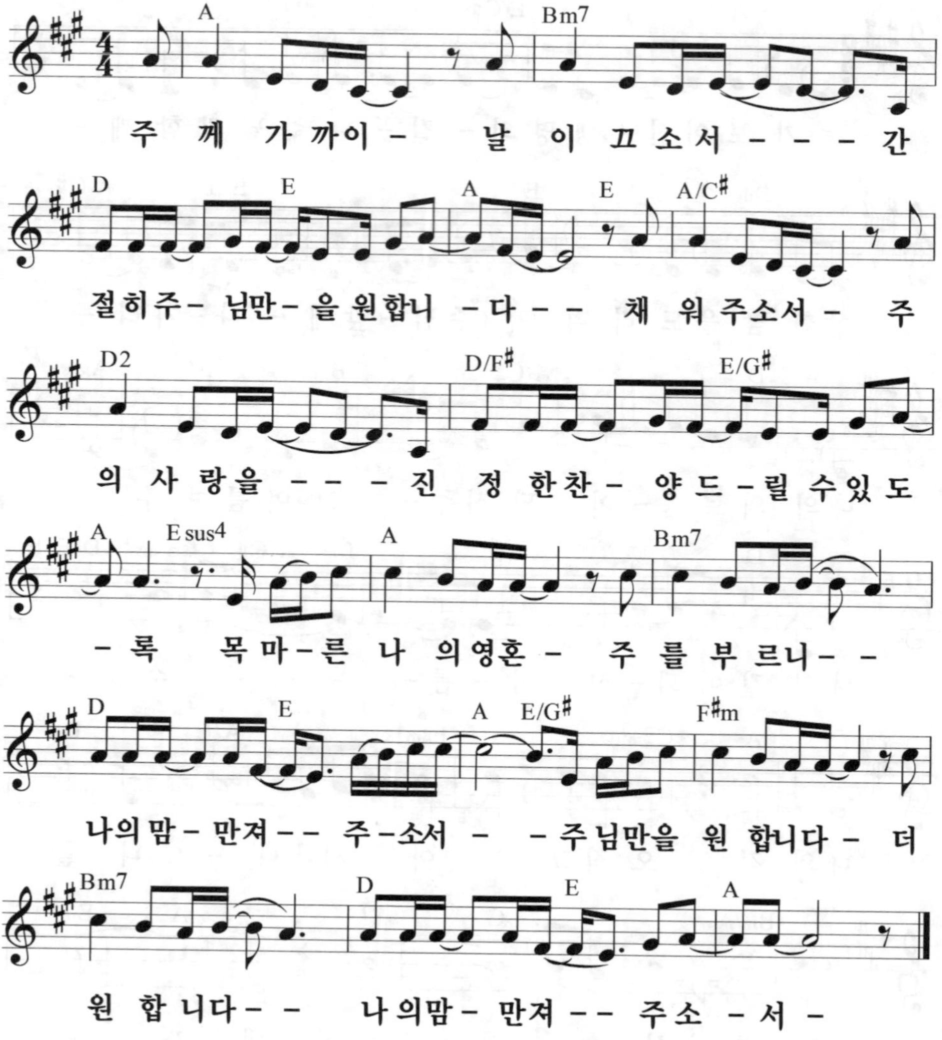
A Bm7
주 께 가 까이 - 날 이 끄 소 서 - - - 간
D E A E A/C#
절히주- 님만-을원합니 -다-- 채 워 주소서- 주
D2 D/F# E/G#
의 사 랑을 - - - 진 정 한찬- 양드-릴 수있도
A Esus4 A Bm7
- 록 목마-른 나 의영혼- 주 를 부 르니- -
D E A E/G# F#m
나의맘-만져-- 주-소서 - -주님만을 원 합니다 - 더
Bm7 D E A
원 합 니다- - 나의맘- 만져 -- 주소 -서 -

주께 가오니

642

(Power of Your Love)

Geoff Bullock

주께가 오니 - 날새롭게하 시고 - 주의은혜
나의눈 열어 - 주를보게하 시고 - 주의사랑

를 부어주 - 소 서 내안에발견한 -
을 알게하 - 소 서 매일나의삶에 -

나의연약 함 모두 - 벗어지리 라 - 주의사랑으로
주뜻이뤄 지 도록 - 새롭게하소 서 -

- - - - 주 사랑 - 나를붙드 시 - -

고 주 곁에 - 날이끄소 - 서 - -

독 수리 - 날개쳐올라 가 - - 듯 나주님과함

께 일어나걸으 리 주의사랑안에 - - - -

A

574/ 나는 찬양하리라 592/ 내 모든 것 나의 생명 604/ 모든 능력과 모든 권세

643 주 날개 그늘 아래

(Hide me in the shelter)

Scott Brenner & Cheryl Thomas

A D/F♯ E/G♯ A D/F♯ E/G♯

주날개그 - - - 늘 - 아 - 래 - 주님의거 - 룩 - 한 처 - 소

F♯m C♯m D Esus4 E

- 에 - 서 나의하 - 나 - 님 주 - 를 - 기 - 다 - 리 - 네 -

A D/F♯ E/G♯ A D/F♯ E/G♯

이곳주의 - 처 - 소 - 에 - 서 - 주의사랑 - - - 이 - 나를이

F♯m C♯m D Esus4 E

- 끄시니 주알기 - 위 - 해 - 나 - 를 - 드 - 립 - 니 - 다 -

A E/G♯ F♯m C♯m

주사랑으로 - 덮 - 으 - 소 - 서 - 주님의마 - 음 - 깊 - 은 - 곳

주님의날개 - 그 - 늘 - 아 - 래 - 나 - 를보 - 호 - 하 - 소 - 서

D A G Esus4 E (A)

- 으 - 로 나를인 - 도 - 하 - 소 - 서 - -

- - - - - 주알기 - 원 - 합 - 니 - 다 - -

568/ 거룩한 성전에 거하시며 654/ 주님의 그 모든 것이 615/ 소망없는 내 삶에

미가엘 1751

주님같은 반석은 없도다 644

(만세 반석 / Rock of Ages)

Rita Baloche

A

645 주님 곁으로 날 이끄소서

미가엘 1734

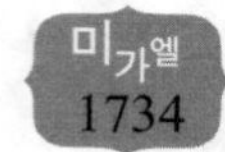

(Draw me close to You)

Kelly Carpenter

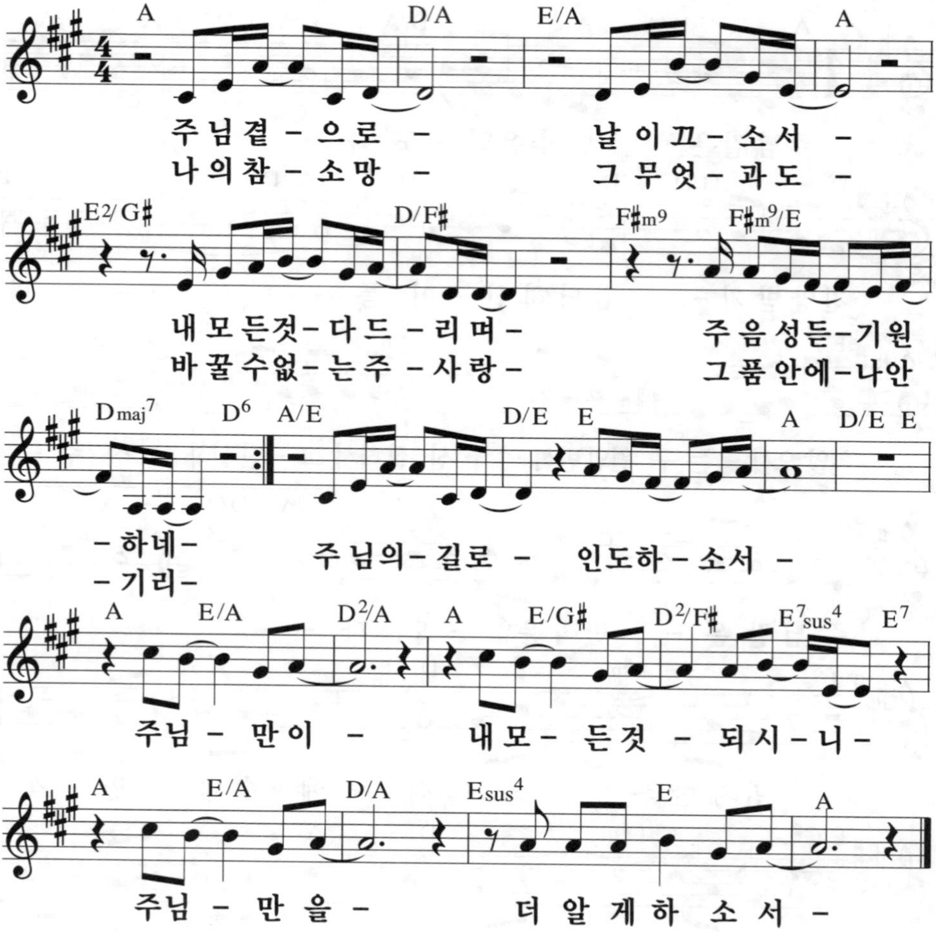
A D/A E/A A
주님곁-으로 - 날이끄-소서 -
나의참-소망 - 그무엇-과도 -
E2/G♯ D/F♯ F♯m9 F♯m9/E
내모든것-다드-리며- 주음성듣-기원
바꿀수없-는주-사랑- 그품안에-나안
Dmaj7 D6 A/E D/E E A D/E E
-하네-
-기리-
주님의-길로 - 인도하-소서 -
A E/A D2/A A E/G♯ D2/F♯ E7sus4 E7
주님 - 만이 - 내모- 든것 - 되시-니-
A E/A D/A Esus4 E A
주님 - 만을 - 더 알 게 하 소 서 -

메들리 곡
583/ 나의 안에 거하라 592/ 내 모든 것 나의 생명 604/ 모든 능력과 모든 권세

주님과 같이 646

(There is none like You)

Lenny LeBlanc

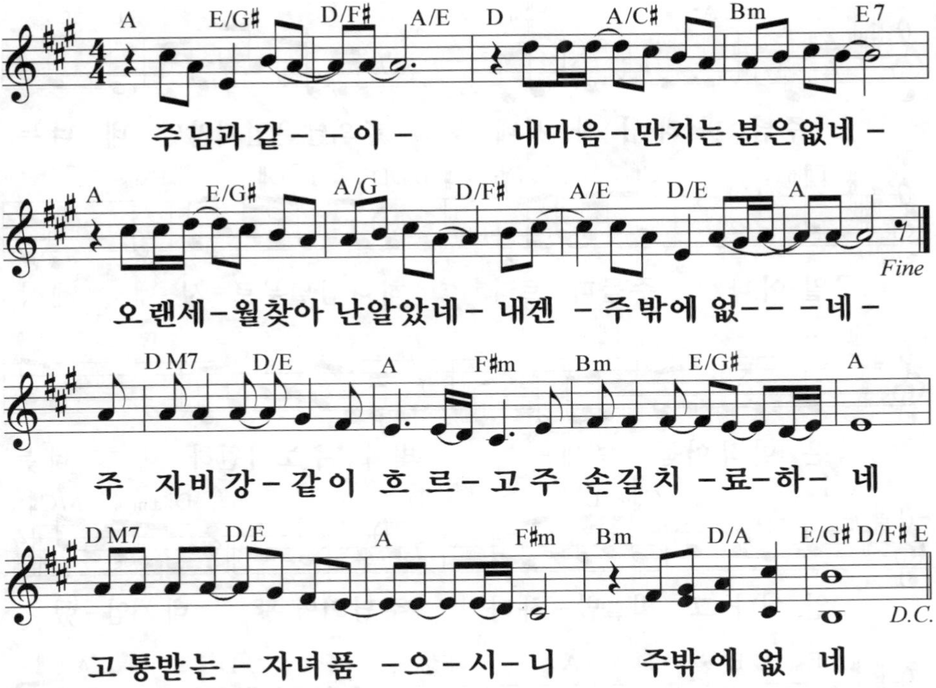

주님과 같 - - 이 - 내마음 - 만지는 분은없네 -

오 랜세 - 월찾아 난알았네 - 내겐 - 주밖에 없 - - - 네 -

Fine

주 자비강 - 같이 흐 르 - 고주 손길치 - 료 - 하 - 네

고 통받는 - 자녀품 - 으 - 시 - 니 주밖 에 없 네

D.C.

A

569/ 고개 들어 583/ 나의 모든 기도가 584/ 나의 영혼이 잠잠히

647 주님 나라 임하시네

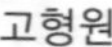
고형원

주님 나라임 하 시네 - 주의날은멀지않았 네 너는

일 어나 주를따-르라 하나님널부르-시 네 세상

은 아직어둠 속에- 빛되신주보기원하 네 너는

일 어나 그 빛을발-하라 주님의영 광 네 게임-했

네 일어나 주 위해서라- 강한용사-여 - 주님이너와 -너와

함께하-시네 주께서 다 시오실길- 그 길예비하-라 -

영광의주님 -오 만 왕의왕 곧 오시네 -

577/ 나의 믿음 주께 있네 582/ 나의 백성이 606/ 민족의 가슴마다

주님 당신은 사랑의 빛 648

(비추소서 / Shine Jesus, Shine)

Graham Kendrick

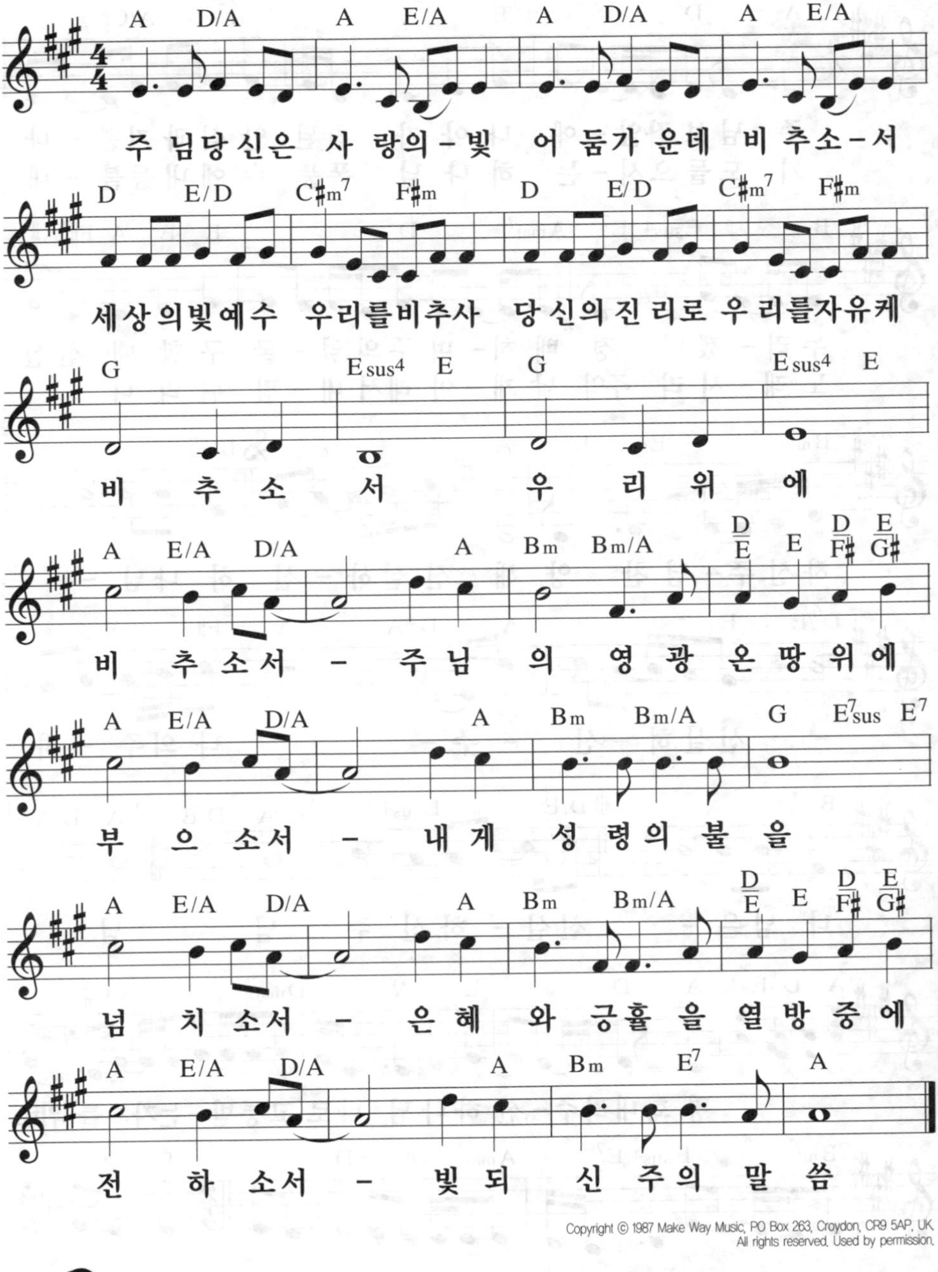

A D/A A E/A A D/A A E/A

주 님당신은 사 랑의-빛 어 둠가 운데 비 추소-서

D E/D C#m7 F#m D E/D C#m7 F#m

세상의빛예수 우리를비추사 당신의진리로 우리를자유케

G Esus4 E G Esus4 E

비 추 소 서 우 리 위 에

A E/A D/A A Bm Bm/A D/E E D/F# E/G#

비 추 소서 - 주님 의 영 광 온 땅위에

A E/A D/A A Bm Bm/A G E7sus E7

부 으 소서 - 내게 성 령의 불 을

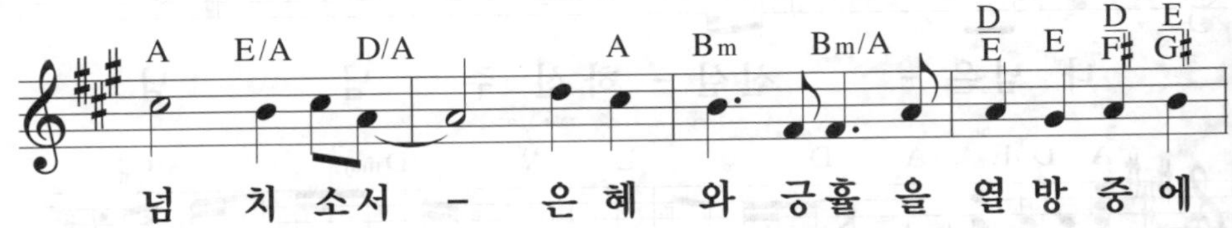

A E/A D/A A Bm E7 A

전 하 소서 - 빛되 신 주의 말 씀

591/ 내 마음에 주를 향한 603/ 모든이들 필요해 606/ 민족의 가슴마다

649 주님 보좌 앞에 나아가

미가엘 1724

(신실하신 하나님 / Lord I Come Before Your Throne Of Grace)

Robert Critchley & Dawn Critchley

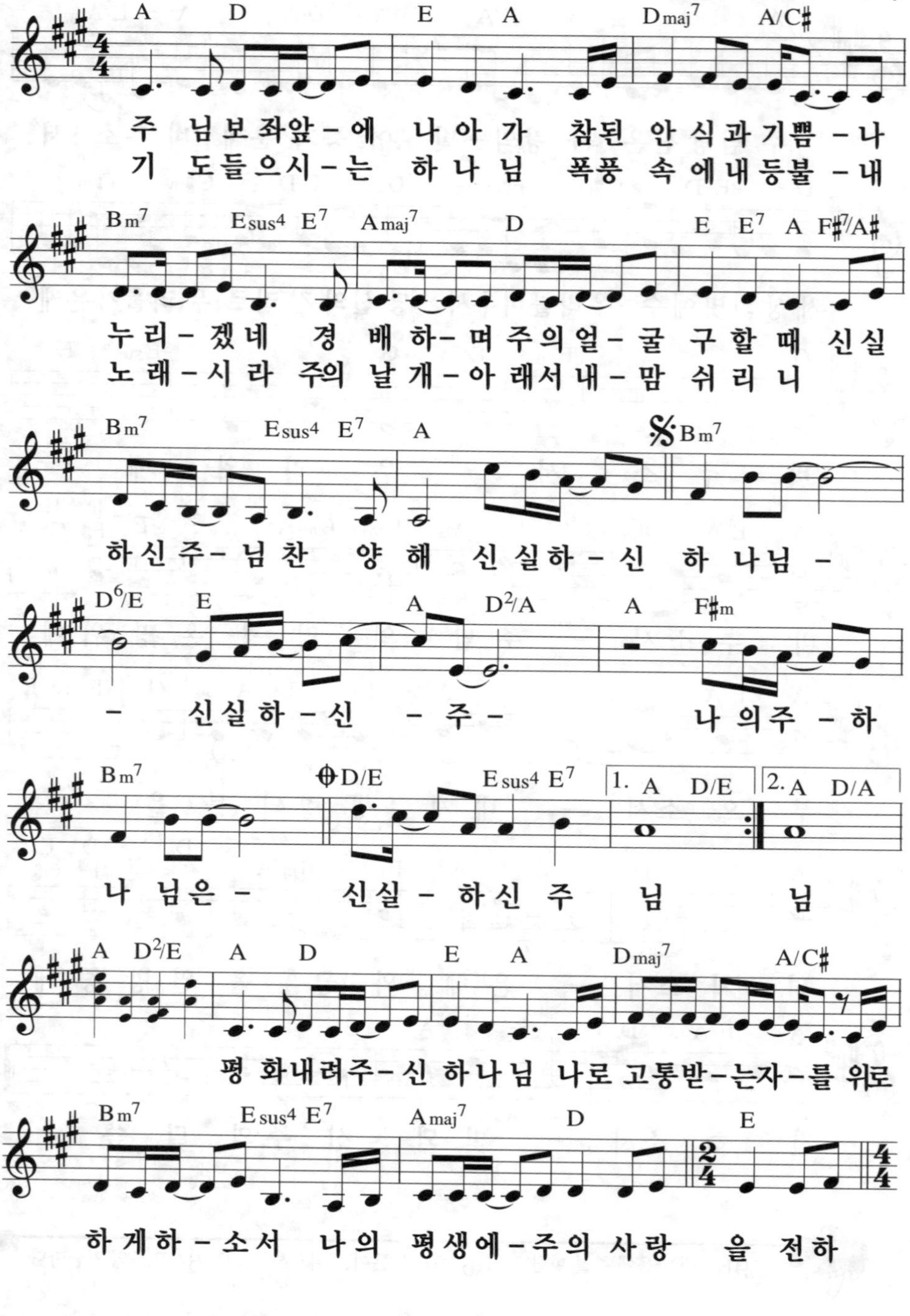
A D E A Dmaj7 A/C♯
주 님보좌앞-에 나아가 참된 안식과기쁨-나
기 도들으시-는 하나님 폭풍 속에내등불-내
Bm7 Esus4 E7 Amaj7 D E E7 A F♯7/A♯
누리-겠네 경 배 하-며주의얼-굴 구할 때 신실
노 래-시라 주의 날 개-아 래서내-맘 쉬리니
Bm7 Esus4 E7 A Bm7
하신주-님찬 양 해 신 실하-신 하 나님-
D6/E E A D2/A A F♯m
- 신실하-신 -주- 나 의주 -하
Bm7 D/E Esus4 E7 1. A D/E 2. A D/A
나 님은- 신실-하신 주 님 님
A D2/E A D E A Dmaj7 A/C♯
평 화내려주-신 하나님 나로 고통받-는자-를 위로
Bm7 Esus4 E7 Amaj7 D E
하계하-소서 나의 평생에-주의 사랑 을 전하

A

메들리 곡
567/ 강하고 담대하라 569/ 고개 들어 571/ 교회여 일어나라

650 주님은 내 삶에

(예수 만물의 주 / Lord over All)

미가엘 1788

Gary Sadler

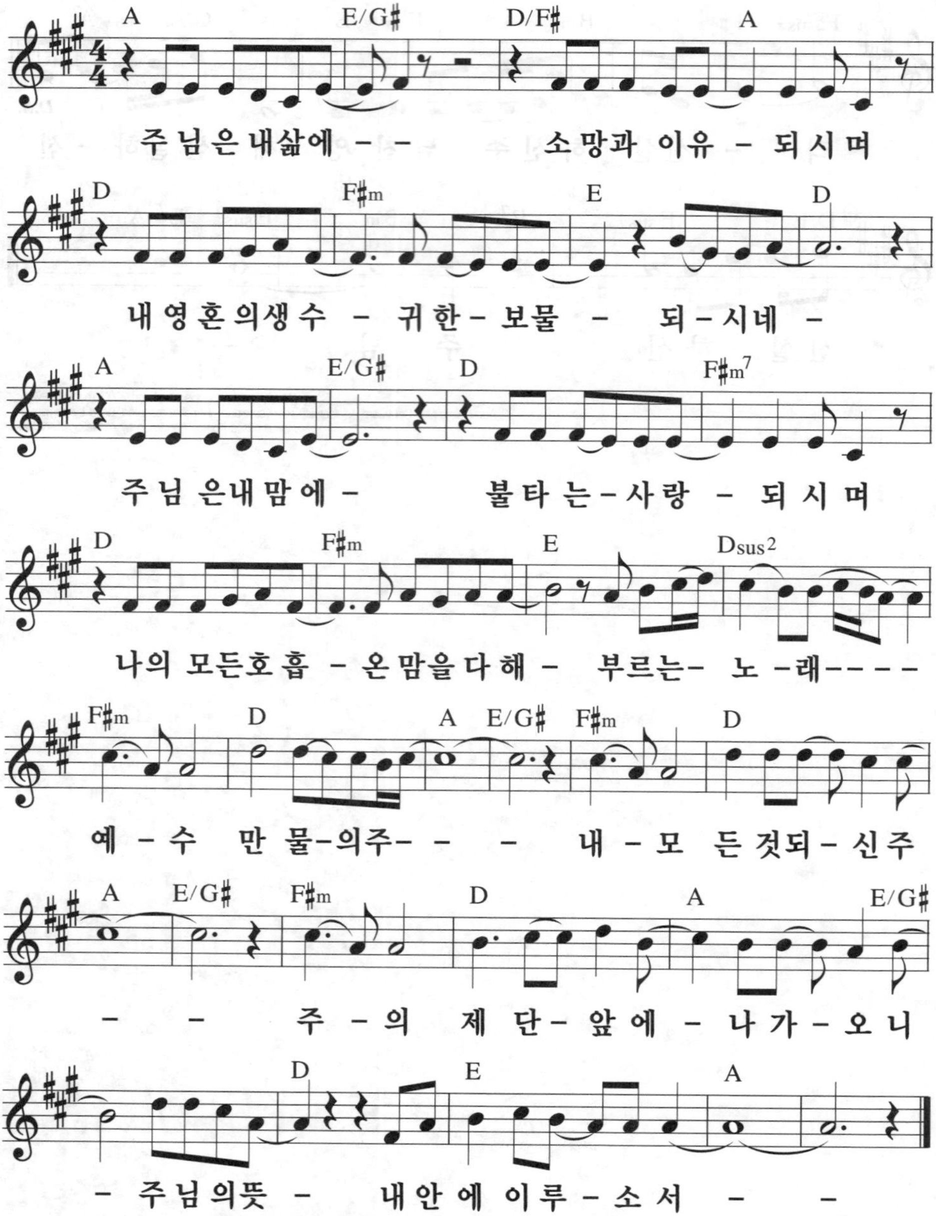
A E/G# D/F# A
주 님 은 내 삶 에 - - 소 망 과 이 유 - 되 시 며
D F#m E D
내 영 혼 의 생 수 - 귀 한 - 보 물 - 되 - 시 네 -
A E/G# D F#m7
주 님 은 내 맘 에 - 불 타 는 - 사 랑 - 되 시 며
D F#m E Dsus2
나 의 모 든 호 흡 - 온 맘 을 다 해 - 부 르 는 - 노 - 래 - - - -
F#m D A E/G# F#m D
예 - 수 만 물 - 의 주 - - - 내 - 모 든 것 되 - 신 주
A E/G# F#m D A E/G#
- - 주 - 의 제 단 - 앞 에 - 나 가 - 오 니
D E A
- 주 님 의 뜻 - 내 안 에 이 루 - 소 서 - -

메들리 곡 590/ 내 마음 다해 611/ 새 힘 얻으리 627/ 예수 열방의 소망

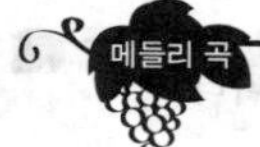

주님은 내 호흡 651

(Breathe)

Marie Barnett

A

652 주님은 아시네

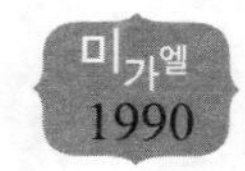

(King Of Majesty)

미가엘 1990

Marty Sampson

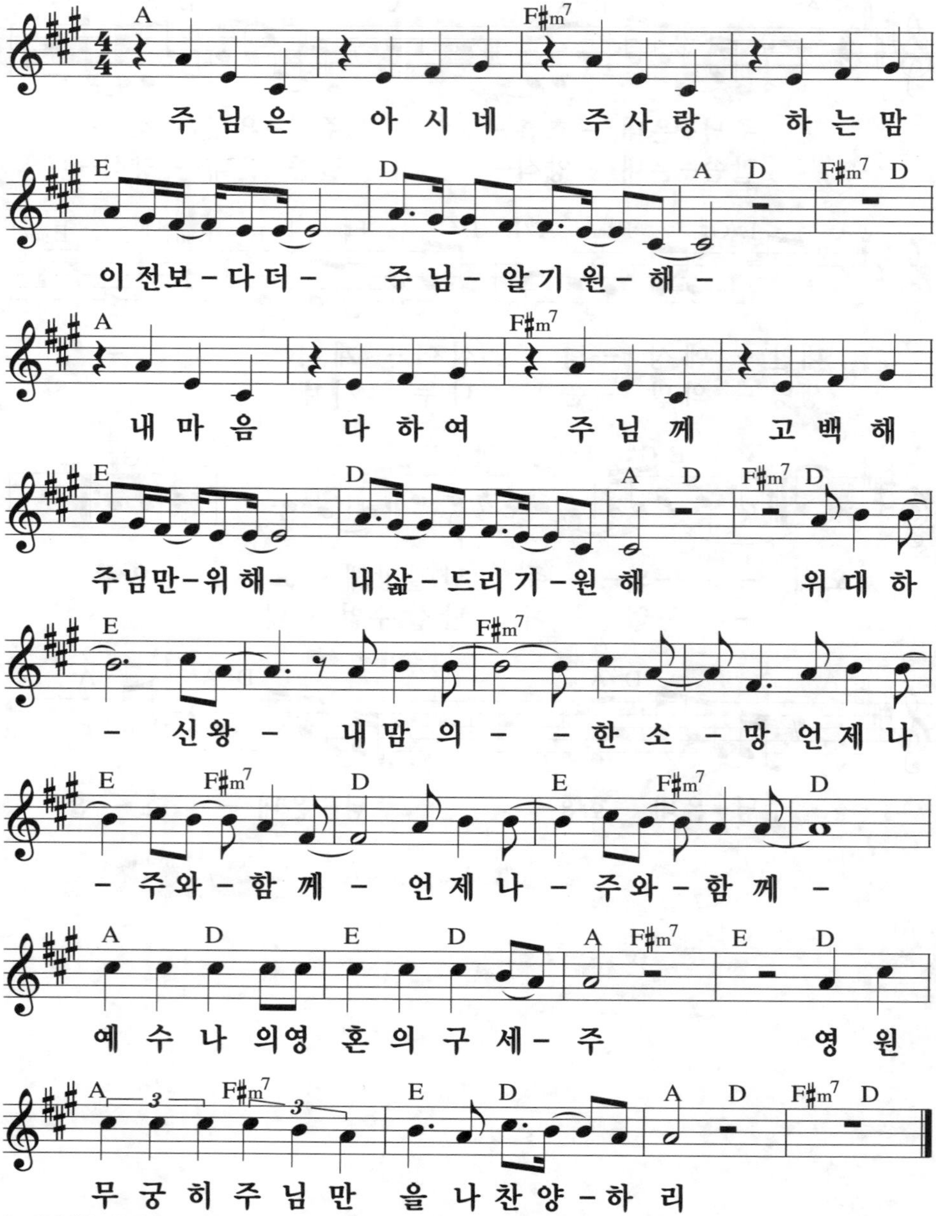
주 님 은 아 시 네 주 사 랑 하 는 맘
이 전 보 - 다 더 - 주 님 - 알 기 원 - 해 -
내 마 음 다 하 여 주 님 께 고 백 해
주 님 만 - 위 해 - 내 삶 - 드 리 기 - 원 해 위 대 하
- 신 왕 - 내 맘 의 - - 한 소 - 망 언 제 나
- 주 와 - 함 께 - 언 제 나 - 주 와 - 함 께 -
예 수 나 의 영 혼 의 구 세 - 주 영 원
무 궁 히 주 님 만 을 나 찬 양 - 하 리

메들리 곡

590/ 내 마음 다해 611/ 새 힘 얻으리 613/ 성령이여 내 영혼에

주님이 주신 땅으로 653

(이 산지를 내게 주소서)

홍진호

A D² E
주님 이 주신 땅으로- 한걸 음씩 - 나아

D/A A Amaj⁷ C♯m F♯m/C♯
갈 때에 수많 은 적들과 견고한성이 - 나를

Bm Bm⁷ Esus⁴ E⁷ F♯m
두렵게- 하지 만 주님 을 신뢰

C♯m Dmaj⁷ E
함으로- 주님 을 의지 함으로- 주님

F♯m C♯m D B⁷
이 주시는 담대함으로 - 큰 소리외치며 -나아가

Esus⁴ E⁷ Amaj⁷ E D
네 이산지 를 내게주 소-서- 그날 에 -주께서

A/E E⁷ Amaj⁷ E
말 씀-하신 이제내 가 주 님의 이 름으로- 그땅

1. D Bm⁷/D Esus⁴ E⁷ 2. D Bm/D Esus⁴ E⁷ D/A A
을 취하리 니 이산지 을 취 하 리 니 -

567/ 강하고 담대하라 571/ 교회여 일어나라 577/ 나의 믿음 주께 있네

654 주님의 그 모든 것이

(부족함 없네 / Enough)

Louie Giglio & Chris Tomlin

주님의 - 그모-든것 -이 내삶을 - 가-득채우

-네 내모든 - 갈 -증과필 -요 주사랑

-으로만족시-키니 - 부족함 없네 -

나의공-급자 - 또내-생명- 놀라우 -신하나님-
내죄위-하여 - 대속-하신- 놀라우 -신하나님-

주나의-상급-삶-의-이유- 놀라우-신하나님-주님의
다시오-실왕-나의모-든것- 놀라우

-신하나님- 내가원-하는 모든것-보다- - -부족함

Esus4
A
D2
Esus4
D2
- 없는나 - 의주님 내가말 - 하고 아는것 - 보다
A/C#
D2
1.Esus4
2.Esus4
- - - 더욱더 - 놀라운 - - 놀라우 - 신주님의
A
D2/F#
Esus4
D2
A
D2/F#
Esus4
D2
- 그모 - 든것 - 이 내삶을 - 가 - 득채우 - 네 내모든
A
D2/F#
Esus4
D2
A/C#
D2
Esus4
A
- 갈 - 증과필 - 요 주사랑 - 으로만족시 - 키니 - 부족함없네 -

A

655 주님 큰 영광 받으소서

(Jesus shall take the highest honor)

Chris Bowater

A Bm7 C♯m7 G/A A7 Dmaj7 E/D C♯m7 F♯m7

주님 큰 영광 받 - 으 소서 - 홀로 찬양 받으 - 소 서 모든

이름 위에 - 뛰어 난 그 이름 - 온 땅과 하 - 늘이 다 찬 - 양 해

겸손하 - 게 우리 무 - 릎 꿇고 - 주 이름 앞 - 에 영광 돌 - 리 세 모

두 절하세 - 독생자 예 - 수 - 주님께 - 찬양드 - 리리 모든

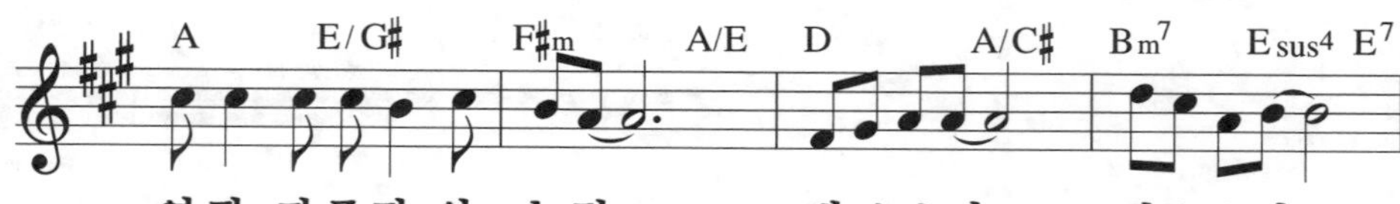

영광 과 존귀 와 능력 - 받으소서 - 받으소서 -

영광 과 존귀 와 능력 - 받으소서 - 받으소서 -

그리 스도 살아 계신 - 하나 님 -

주님한 분 밖에는 656

(나는 행복해요)

김석균

주 님한분 밖에 는 아는 사람없어 요
주 님한분 밖에 는 사 랑 할이없어 요

가 슴깊 이숨어 있 는 주를 사랑하는 맘
작 은가 슴뜨거 웁 게 주님 피가흘러 요

주 님 한분밖에 는 기 억 하지못해 요
주 님 한분밖에 는 약 속 한이없어 요

처 음 주를 만난 그 날 울 며 고백하던 말
나 를 믿고 따르는 자 반 석 위에서리 라

나 는 행복해 요 죄 사 함 -받았으 니 아버
사랑 이 -샘솟으 니 이세

지 -품 안 에 서 떠나 살 기 싫어 요 고도남아 요
상 -무 엇 이 든 채우

573/ 나 가진 재물 없으나 580/ 나의 모든 행실을 585/ 나의 힘이 되신 여호와여

657 주 발 앞에 무릎 꿇고

(주의 옷자락 만지며)

Saul Morales

주 보혈날 씻었네

(It's Your Blood)

Michael Christ

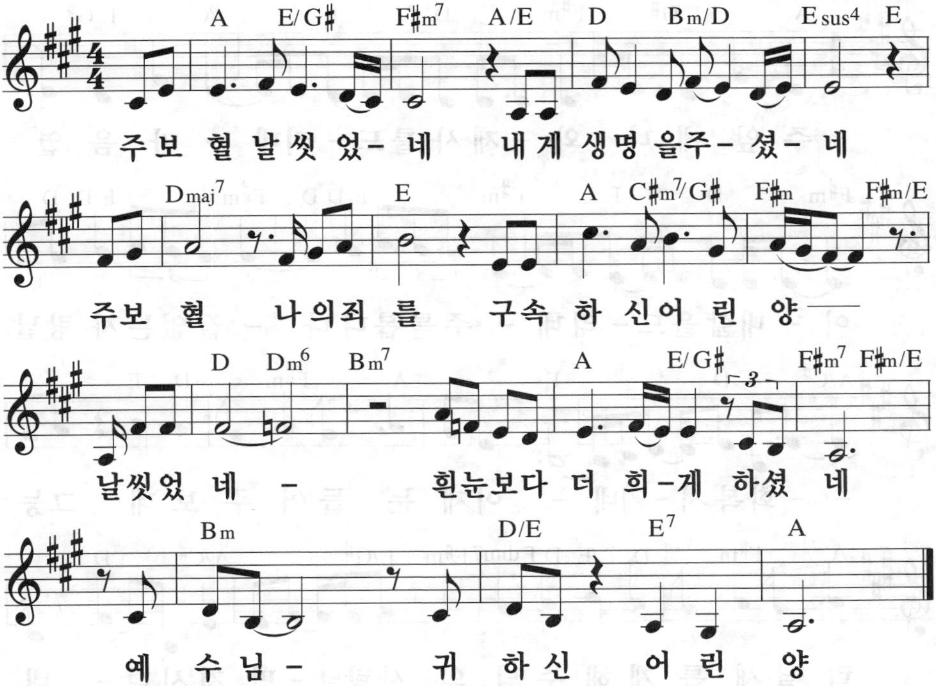

A E/G♯ F♯m7 A/E D Bm/D Esus4 E

주보 혈날씻 었-네 내게생명을주-셨-네

Dmaj7 E A C♯m7/G♯ F♯m F♯m/E

주보 혈 나의죄를 구속하신어린 양

D Dm6 Bm7 A E/G♯ F♯m7 F♯m/E

날씻었 네 - 흰눈보다 더 희-게 하셨 네

Bm D/E E7 A

예 수님- 귀 하신 어린 양

A

569/ 고개 들어 574/ 나는 찬양하리라 654/ 주님의 그 모든 것이

659 주 앞에 나와 제사를 드리네

(온전케 되리 / Complete)

Andrew Ulugla

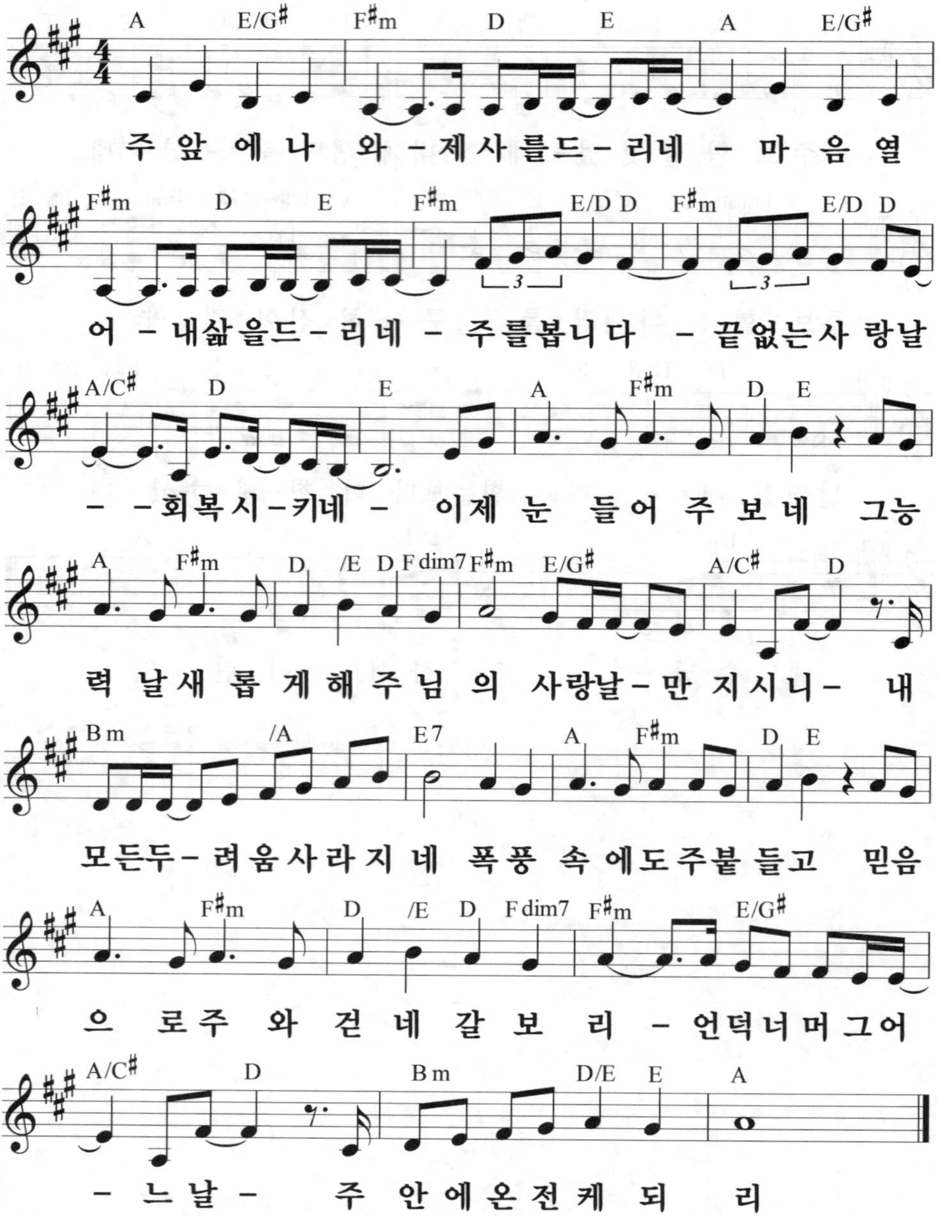

주 앞 에 나 와 - 제 사 를 드 - 리 네 - 마 음 열
어 - 내 삶 을 드 - 리 네 - 주 를 봅 니 다 - 끝 없 는 사 랑 날
- - 회 복 시 - 키 네 - 이 제 눈 들 어 주 보 네 그 능
력 날 새 롭 게 해 주 님 의 사 랑 날 - 만 지 시 니 - 내
모 든 두 - 려 움 사 라 지 네 폭 풍 속 에 도 주 붙 들 고 믿 음
으 로 주 와 걷 네 갈 보 리 - 언 덕 너 머 그 어
- 느 날 - 주 안 에 온 전 케 되 리

592/ 내 모든 것 나의 생명 604/ 모든 능력과 모든 권세 654/ 주님의 그 모든 것이

미가엘 798

주 여호와는 광대하시도다 660

(Great is the Lord)

Steve McEwan

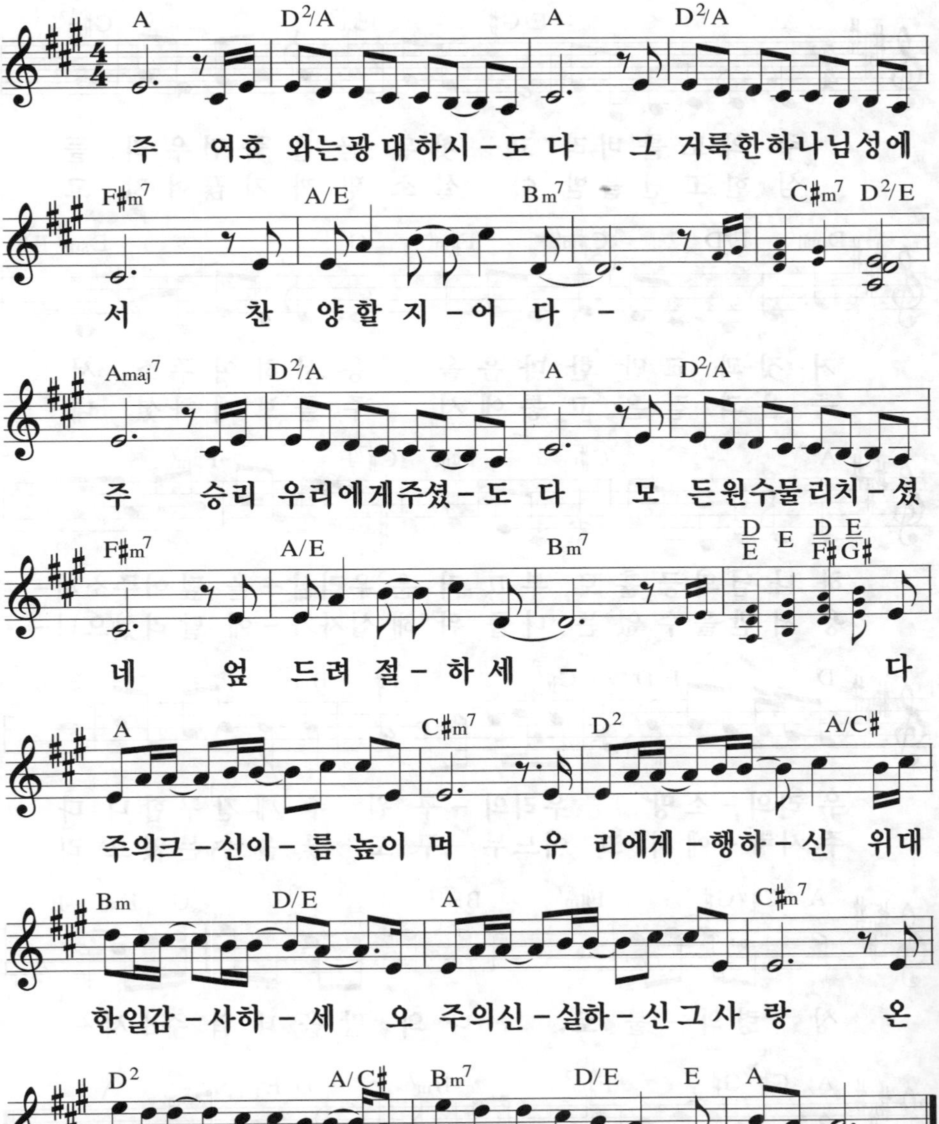

주 여호 와는광대하시-도다 그 거룩한하나님성에

서 찬 양할 지-어 다-

주 승리 우리에게주셨-도다 모 든원수물리치-셨

네 엎 드려 절-하세 - 다

주의크-신이-름높이 며 우 리에게-행하-신 위대

한일감-사하-세 오 주의신-실하-신그사 랑 온

땅과하-늘위에게-셔 홀로 영원하신 이 름--

A

584/ 나의 영혼이 잠잠히 592/ 내 모든 것 나의 생명까지 615/ 소망없는 내 삶에

661 주의 도를 버리고

(성령의 불로 / Holy Spirit)

미가엘 1982

Stephen Hah

주 의도를버리 고 헛된 꿈 을 좇던우리 들
심 한고난을받 아 살소 망 까 지끊어지 고

거 짓과 교 만 한마음을 용서하여주소 서
죽 음과 같은 고 통에서 주 를보게하셨 네

하 나 님의긍휼로 부끄 러 운우리삶-을 덮어주소서-
용 서 받을수 없는 나를 위 해 십자가-에 달리셨으니-

우 리의-소망 우리의-구 원 주 께 간구합니 다
주사랑-에서 그 어느누-구도 끊 을수는없으 리

성 령의-불 로 나 의 맘을 태워 주소서-

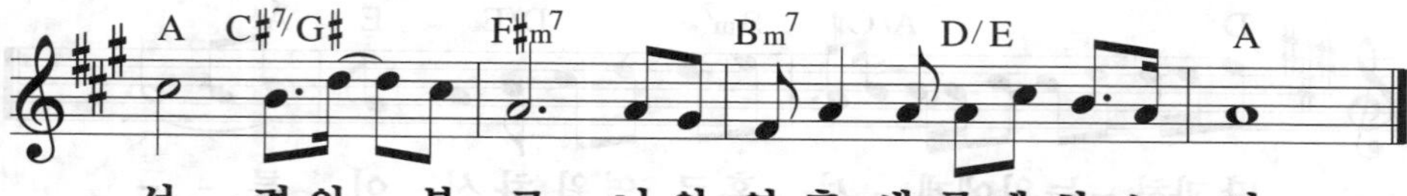

성 령의-불 로 나의영혼 새롭게하소 서

585/ 나의 힘이 되신 여호와여 615/ 소망없는 내 삶에 632/ 우리 보좌 앞에 모였네

주의 집에 영광이 가득해 662

(Redeemed)

John Barnett

주의－집－에－영 －광－이가－득해 주의－집－에－

영 －광－이가 －득해 주의－집－에－ 찬 － 양－이가－득해

주의－집－에－찬 －양－이가－득해

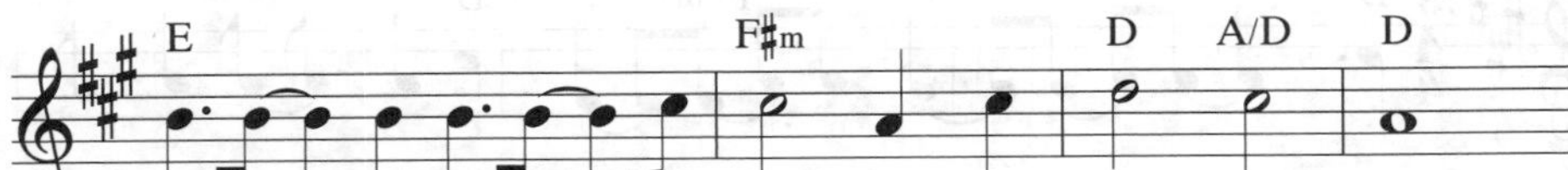

주나－를구원－했네 영 광 돌 리 세

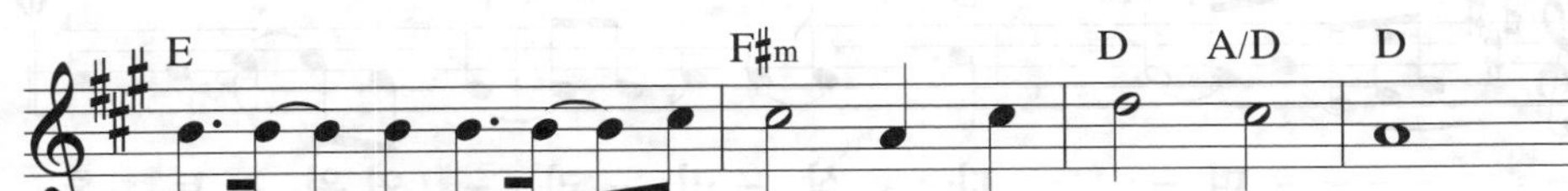

주나－를구원－했네 찬 양 드 리 세

주나－를구원－했네 와 서 경 배 해

영 원－ 히 영원히－ 영원－ 히 영 원히 －

605/ 무화과 나뭇잎이 마르고 607/ 믿음따라 620/ 아버지여 당신의 의로

663 주 크신 사랑 세상 가득히

미가엘 1872

(주의 집에 나 살리라 / Dwell in Your House)

주 크신 사랑 세상 가득히

A

664 주 하나님 독생자 예수

미가엘 780

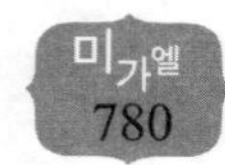

(하나님의 독생자 / Because He Lives)

Gloria Gaither & William J. Gaither

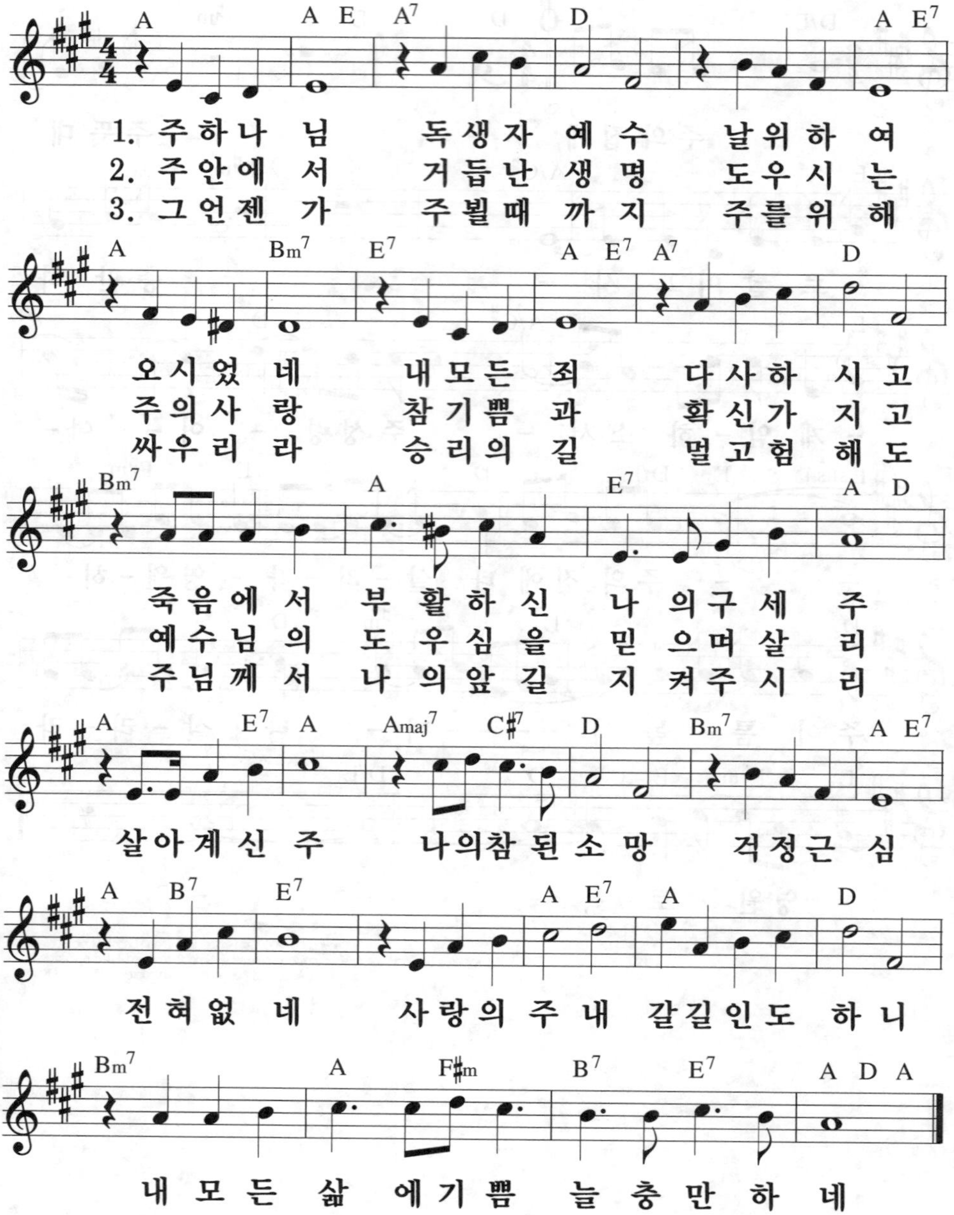
1. 주하나 님 독생자 예 수 날위하 여
2. 주안에 서 거듭난생 명 도우시 는
3. 그언젠 가 주뵐때 까 지 주를위 해
오시었 네 내모든 죄 다사하 시 고
주의사 랑 참기쁨 과 확신가 지 고
싸우리 라 승리의 길 멀고험 해 도
죽음에 서 부활하 신 나의구 세 주
예수님 의 도우심 을 믿으며 살 리
주님께 서 나의앞 길 지켜주 시 리
살아계신 주 나의참된소 망 걱정근 심
전혀없 네 사랑의주 내 갈길인도 하 니
내 모 든 삶 에기쁨 늘 충 만 하 네

메들리 곡

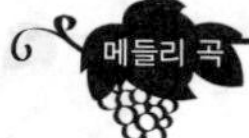

565/ 갈릴리 마을 572/ 그날이 도적 같이 620/ 아버지여 당신의 의로

미가엘 1898

지금 우리는 마음을 합하여 665

(일어나 새벽을 깨우리라)

조동희

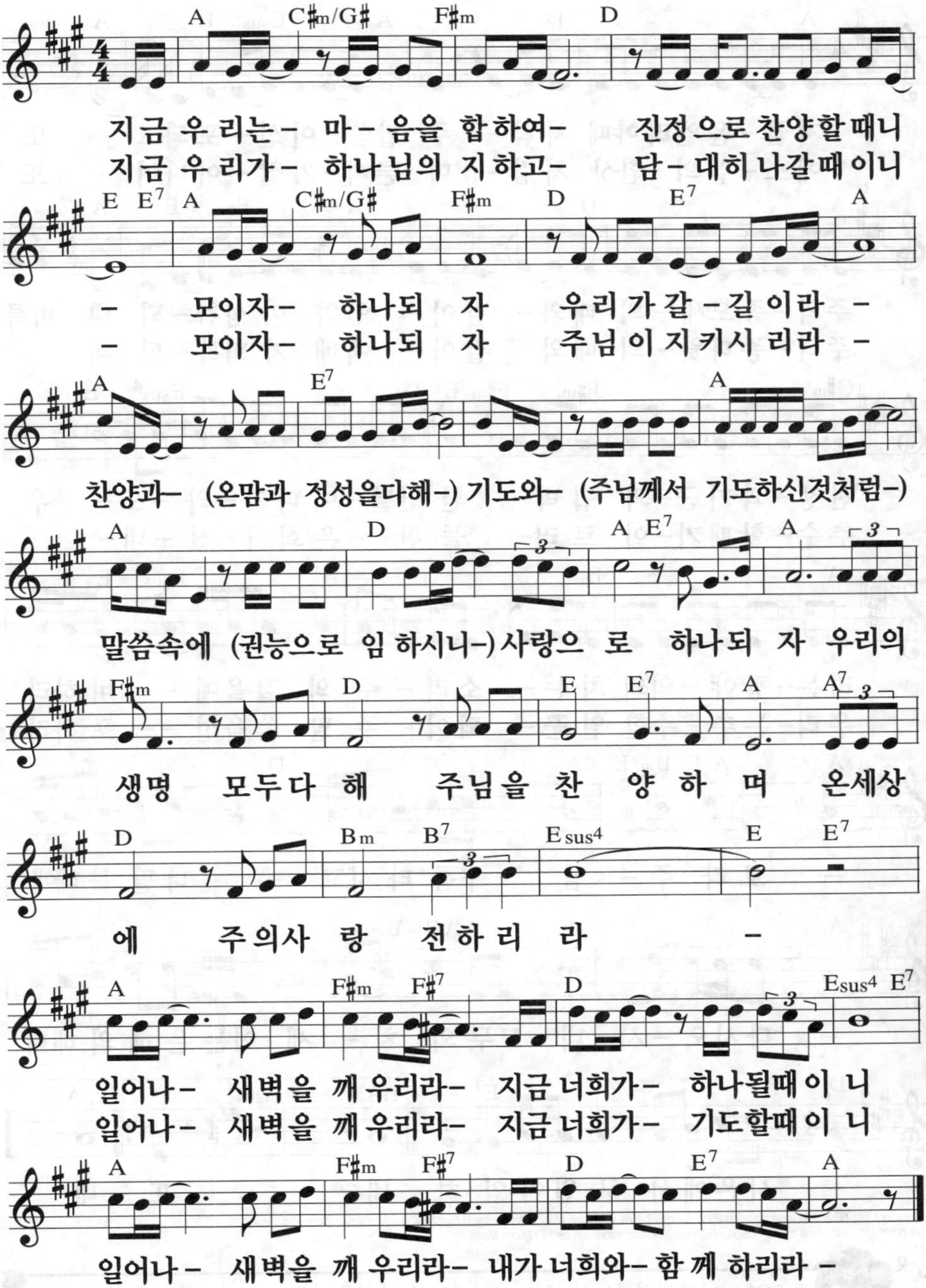
지금 우 리는 - 마 - 음을 합 하여 - 진정으로 찬양할 때니
지금 우 리가 - 하나 님의 지 하고 - 담 - 대히 나갈 때 이니
- 모이자 - 하나되 자 우리 가 갈 - 길 이라 -
- 모이자 - 하나되 자 주님 이 지 키시 리라 -
찬양과 - (온맘과 정성을 다해 -) 기도와 - (주님께서 기도하신 것처럼 -)
말씀속에 (권능으로 임 하시니 -) 사랑으 로 하나되 자 우리의
생명 모두다 해 주님을 찬 양 하 며 온세상
에 주의사 랑 전하 리 라 -
일어나 - 새벽을 깨 우리라 - 지금 너희가 - 하나될때 이 니
일어나 - 새벽을 깨 우리라 - 지금 너희가 - 기도할때 이 니
일어나 - 새벽을 깨 우리라 - 내가 너희와 - 함 께 하리라 -

A

666 지금은 엘리야 때처럼

미가엘 1706

(Day of Elijah)

Robin Mark

메들리 곡

581/ 나의 반석이신 하나님 590/ 내 마음 다해 611/ 새 힘 얻으리

찬양이 언제나 넘치면 667

김석균

1. 찬 양이 언제나 넘치면 - 은혜로 얼굴이 환 해요 -
2. 감 사가 언제나 넘치면 - 은혜로 얼굴이 환 해요 -
3. 사 랑이 언제나 넘치면 - 은혜로 얼굴이 환 해요 -
4. 기 도가 언제나 넘치면 - 은혜로 얼굴이 환 해요 -

성 령의 충만한 모 - 습을 - 서로 가느 - 껴 요

할렐루 할렐루 손뼉치 - 면서 할 렐루 할렐루 소리 외 - 치며

할 렐루 할렐루 두손을 - 들고 주님을찬양해 요

메들리 곡 575/ 나의 가장 낮은 마음 605/ 무화과 나뭇잎이 마르고 625/ 예수 나의 첫사랑

668 찬양하세

(Come let Us Sing)

Danny Reed

E7sus A D2/A A Bm Bm7

찬 양 하 세 – 찬 양 하 세 – 왕 께

D 1.E A 2.E A

소 리높–여 찬 양 드 리 세 찬 양드–리 세

G/A D E/D C#m F#m7

찬 양 받 기 에 합 당 하 신 주 님 –

Bm7 E A G6/A

언 제 나 동 일 하 신 주 –

D E/D C#m7 F#

무 릎 꿇 고 서 주 이 름 외 치 세

Bm A/C# D Bm A/C# D

예 수 나 의 왕 예 수 나 의 왕

Bm A/C# D E7 A D/A A

예 수 나 의 왕 아 멘 –

586/ 나 자유 얻었네 605/ 무화과 나뭇잎이 마르고 607/ 믿음따라

미가엘 793

평강의 왕이요

(I Extol You)

Jennifer Randolph

A E/G♯ G Bm7 Esus4 E

평강의- 왕이요- 자비의- 하나님 -

A E/G♯ G

만 군의- 주 시요- 다 시오- 실

Bm7 D/E A F♯m7 E

영 원하신왕- 주를 찬 -양주님을 찬 -양 온땅

Dmaj7 A/C♯ Bm7 D/E E A D

위 에높- 으신- 주를 모든만- 물찬양 주를 찬 -양주님을

A

메들리 곡 577/ 나의 믿음 주께 있네 604/ 모든 능력과 모든 권세 628/ 예수 우리 왕이여

670 풀은 마르고

김영진

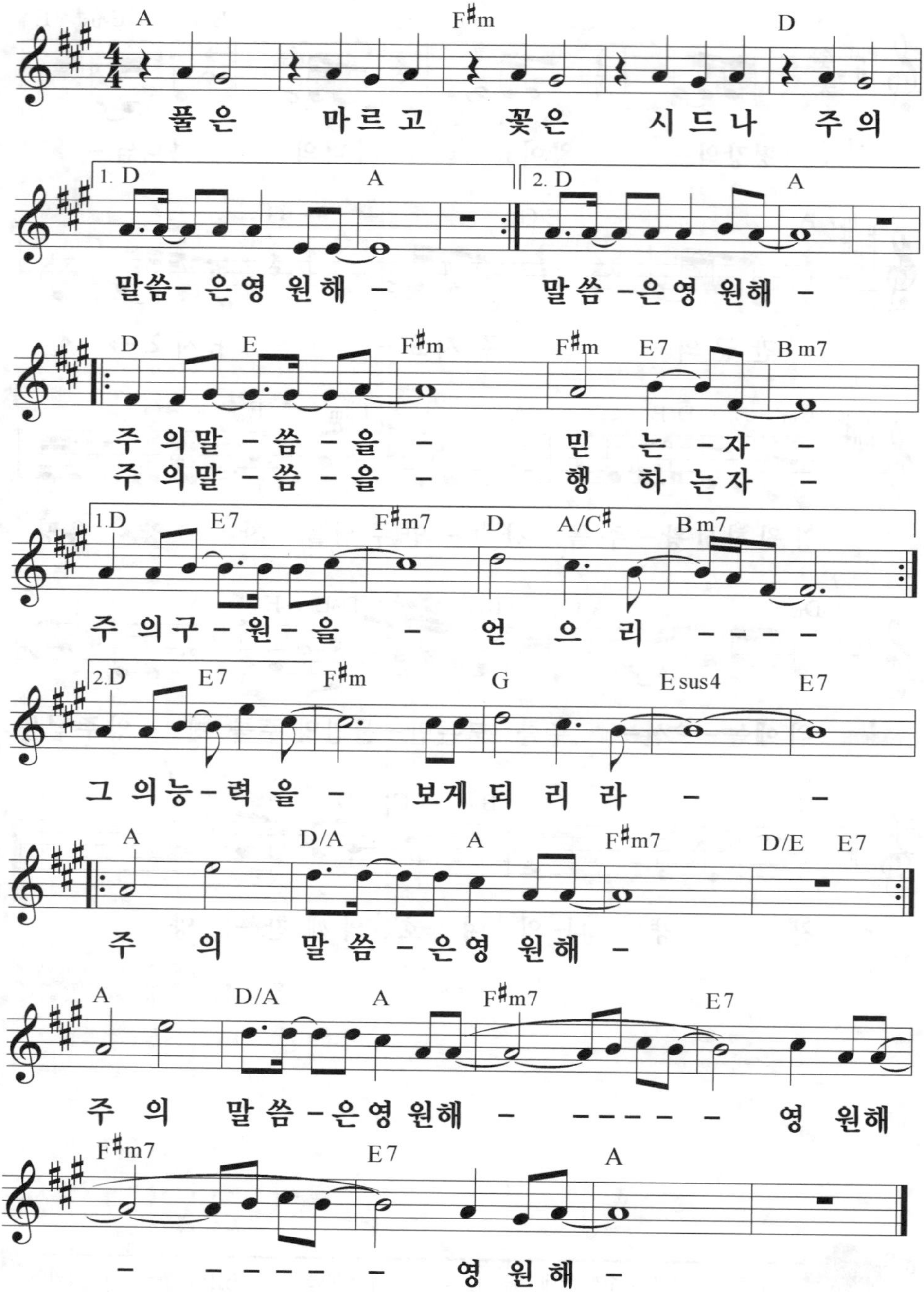

풀은 마르고 꽃은 시드나 주의

말씀 - 은영 원해 - 말씀 - 은영 원해 -

주 의말 - 씀 - 을 - 믿 는 - 자 -
주 의말 - 씀 - 을 - 행 하 는자 -

주 의구 - 원 - 을 - 얻 으 리 - - - -

그 의능 - 력 을 - 보게 되 리 라 - -

주 의 말 씀 - 은영 원해 -

주 의 말 씀 - 은영 원해 - - - - - - 영 원해

- - - - - - 영 원 해 -

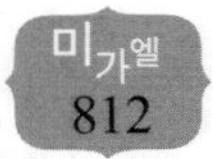

미가엘
812

하나님 어린양

671

(Lamb of God)

Chris Bowater

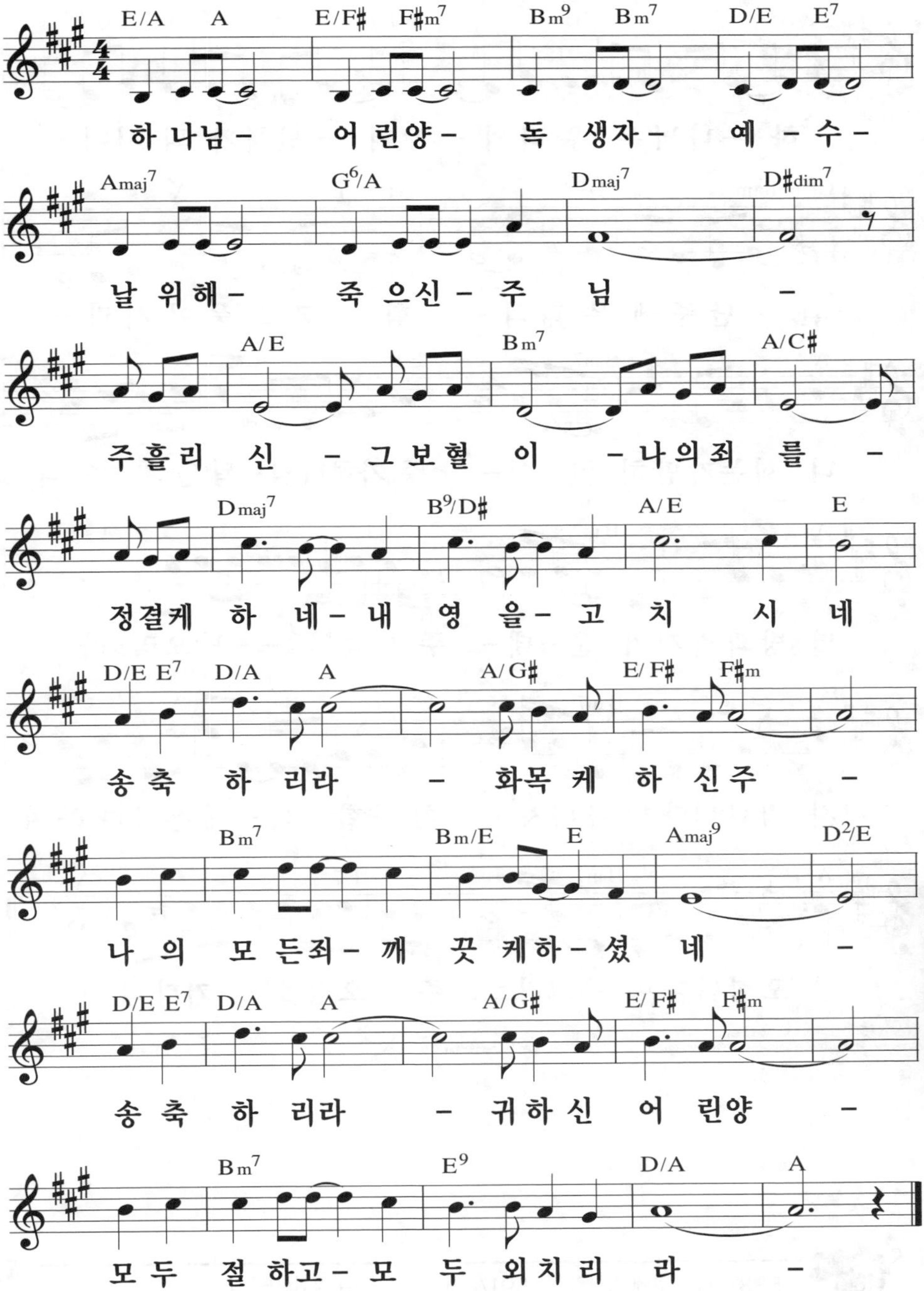
E/A A E/F♯ F♯m7 Bm9 Bm7 D/E E7
하 나님- 어 린양- 독 생자- 예 -수-
Amaj7 G6/A Dmaj7 D♯dim7
날 위해- 죽 으신-주 님 -
A/E Bm7 A/C♯
주흘리 신 -그보혈 이 -나의죄 를 -
Dmaj7 B9/D♯ A/E E
정결케 하 네-내 영 을-고 치 시 네
D/E E7 D/A A A/G♯ E/F♯ F♯m
송축 하 리라 - 화목 케 하 신주 -
Bm7 Bm/E E Amaj9 D2/E
나 의 모 든죄-깨 끗 케하-셨 네 -
D/E E7 D/A A A/G♯ E/F♯ F♯m
송 축 하 리라 - 귀하신 어 린양 -
Bm7 E9 D/A A
모 두 절 하고-모 두 외치 리 라 -

A

672 하나님은 우리의 피난처가

미가엘 1870

(너희는 가만히 있어 / Psalm 46)

Stephen Hah

하나님의 사랑을 사모하는자 673

(주만 바라 볼지라)

박성호

하나 님의사-랑을 사모하는자하나 님의평-안을 바라보는자
님께찬-양과 경배하는자하나 님의선하심을 닮아가는자

너의 모든것창조하신 우리주님이너를 얼마나사랑하시는 지 하나

자 녀 삼으 셨 네 하나 님 사 랑 의 눈 으로 -

너를 어느때나바라 보시 고 하나 님 인자 한 귀 로써 -

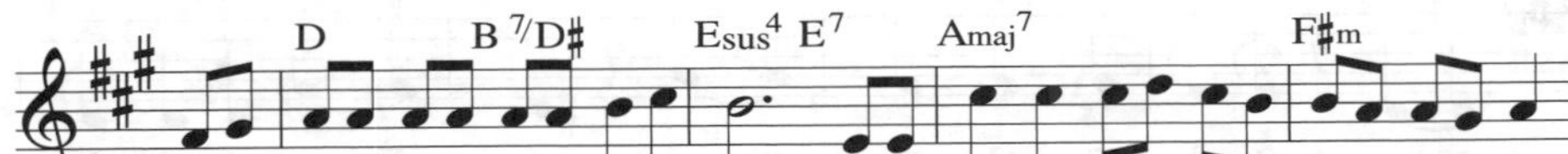

언제 나너에게기울이시 니 어두 움 에 밝은빛을 비춰주시고

너의 작 은 신음에도 응답하시 니 너는 어느곳에있-든지

주를 향하 고 주만 바 라 볼 찌 라 하나

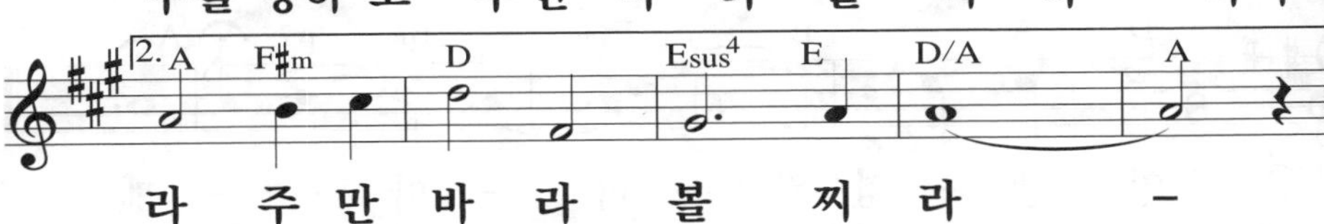

라 주 만 바 라 볼 찌 라 -

577/ 나의 믿음 주께 있네 585/ 나의 힘이 되신 여호와여 632/ 우리 보좌 앞에

674 하늘에 계신 아버지

(주기도문 / The Lord's Prayer)

Albert Malotte(d.1964) & Peter Henry Mooney

A E7 A D E7 A
하 늘 에 - 계 신 아 버 지 - 이 름 거

D A F♯m A
룩 하 사 주 님 나 라

F♯m E7 D A
임 하 시 고 뜻 이 이 루 어 지

D A D A D A Bm
이 다 일 용 할 양 식 주 시

A F♯m C♯m F♯m
고- 우 리 들 의 큰 죄 - 다 용 - 서 하 옵

Cdim A Bm B
시 고 또 시 험에 들 게 마 시 고 악 에 서 구 원 하

D E7 A C♯m Bm C♯m Bm
소 서 대 개 주 의 나 라 - 주 의 권 세 - 주 의

D A E F♯m Bm E7 A
영 광 - 영 원 - 히 - 아 - - 멘

569/ 고개 들어 628/ 예수 우리 왕이여

하늘 위에 주님 밖에 675

(주는 나의 힘이요 / God is the Strength of My Heart)

Eugene Greco

하늘위 에주 – 님 – 밖에 – 내가

사모할자 이세상 – 에 – 없 – 네 –

내맘과힘 은 믿 을수 – 없네 –

오직한가 지 그 진리를 – 믿네 주는나의

– 힘이요 – 주는나의 – 힘이요 –

주는 나의 – 힘이요 – 영 원히 – 주를

의 지 – 하리 주는나의 영 원 – – 히 –

A

590/ 내 마음 다해 611/ 새 힘 얻으리 625/ 예수 나의 첫사랑 되시네

676 하늘의 문을 여소서

(임재)

조영준

하늘의문을여 소서 - 이곳을 주목하소서 - 주를

향한노래가 -꺼지 지않으니- 하늘을열고보

소서 - 이곳에 임재하 소서 - 주님을

기다 립니다 - 기도 의 향기가 - 하늘 에 닿으니 -

주여임 재하여 주 소서 - 이곳에오셔

서 -이곳에앉으 소서 -이곳에서드 리는 -예배를받으소

서 주님의이름이 -주님의이름만이 - 오직주의이

름만 - 이곳에 있습니 다 이곳에오셔 다

할렐루야 할렐루야 전능하신 677

(어린 양 / Agnus Dei)

Michael W. Smith

A D/A A D/A

할 – – 렐 루 – 야 – 할 – – 렐 루 – – – 야

E/A D/A A

– 전 능 하 – 신 주 다 – 스 리 네 – –

A D/F# E/G# D/F# E/G# A

할 – – 렐 루 – – – 야 – 거 – – 룩
명
력

E/A A D/A A F#m

– 거 – 룩 – 전 능 하 신 – 주 – 하 나
– 생 – 명 – 생 명 되 신 – 주 – 예 수
– 능 – 력 – 능 력 되 신 – 주 – 성 령

E Bm7 A/C# D Bm7 A/C#

님 – 존 귀 하 신 주 – 존 귀 하 신

D 1.D 2.D E A

주 주 는 거 – – 아 – – 멘 –
주 는 생 – –
주 는 능 – –

A

628/ 예수 우리 왕이여 632/ 우리 보좌 앞에 634/ 우리 죄 위해 죽으신 주

678 햇빛보다 더 밝은 곳

1. 햇빛보다더밝은곳 내집 있네 햇빛보다더밝은곳 내집 있네
2. 예수믿고구원됐네 예수 믿어 예수믿고구원됐네 예수 믿어
3. 예수님은다시오네 다시 오네 예수님은다시오네 다시 오네

햇빛보다더밝은곳 내집 있네 - 푸 른하늘 저 편
예수믿고구원됐네 예수 믿어 - 예 수믿으 시 오
예수님은다시오네 다시 오네 - 우 리데려 가 리

내주여내주여 날 들으소서 내주 여내주여 날 들으소서

내주 여내 주 여 날 들으 소 서 - 푸 른하 늘 저 편

미가엘 799

형제여 우리 모두 다 함께 679

정종원

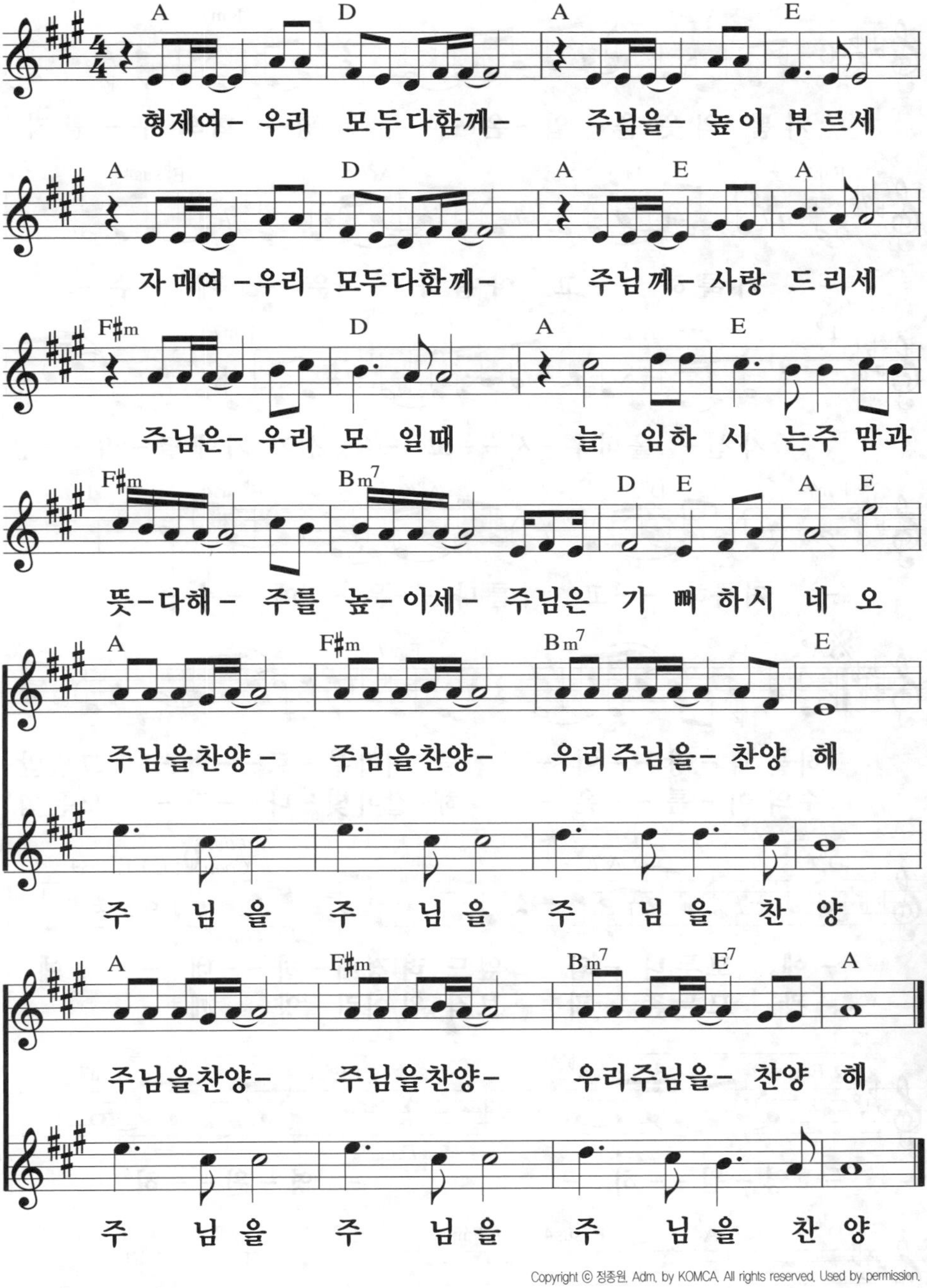
A D A E
형제여- 우리 모두다함께- 주님을- 높이 부르세
A D A E A
자매여 -우리 모두다함께- 주님께- 사랑 드리세
F♯m D A E
주님은- 우리 모 일때 늘 임하 시 는주 맘과
F♯m Bm7 D E A E
뜻-다해- 주를 높-이세- 주님은 기 뻐 하시 네 오
A F♯m Bm7 E
주님을찬양 - 주님을찬양- 우리주님을- 찬양 해
주 님 을 주 님 을 주 님 을 찬 양
A F♯m Bm7 E7 A
주님을찬양- 주님을찬양- 우리주님을- 찬양 해
주 님 을 주 님 을 주 님 을 찬 양

A

680 기쁨의 옷을 입은

(거룩하고 아름다운 / Holy And Beautiful Jesus)

김지혜 & 전필구

F m7
D♭2
A♭2
E♭
하 - 늘 - - 이 - 열 - 리 - - 고 빛비 - 추 네 -
F m7
D♭2
A♭2
구 - 원 - - 이 - 온 - 땅 - - 에 선포 - 되 네
E♭
E♭sus4
A♭2
D.S. al Coda
- - 영 - 원 - - 히 -

A

681 내 영혼에 주의 빛

(내 영혼에 빛)

심형진

A♭ Fm7

내 영 혼 - 에 - 주 의 빛 비 춰 주 - 시 니

Fm7 D♭ E♭sus4

- 내 영 혼 - 은 - 참 평 - 안 얻 - 네 -

E♭ A♭ Fm7

하 나 님 - 의 - 임 재 가 득 - - 한 이 - 곳 에

Fm7 D♭ E♭sus4 A♭

- 주 의 영 - 광 의 빛 비 - 추 - 시 네 -

1. A♭ 2. A♭ D♭ A♭

내 영 혼 모 든 어 - 둠 - 물 러 - 가 고 - 새
하 신 - 주 의 - 이 름 - 온

D♭ A♭ Fm7

- 아 침 - 밝 아 - 오 네 - 왕 - 되 신 - 주
- 땅 에 - 높 으 - 신 주 - 주 - 님 만 - 주

D♭ 1. B♭m7 *1st time to coda*

- 님 께 - 엎 드 려 - 경 배 할 - 때 - 경 배 하
- 님 만 - 높

2. B♭m7
E♭sus4
3. B♭m7
E♭sus4
드려-경배할-때 - 승리 임 받으소 -서 -
E♭
A♭
F m7
경배하 -리 - 신-령과 --진정-으 로
F m7
D♭
E♭sus4
- 내삶다 -해 - 내힘-다해 -
E♭
A♭
F m7
하나님 -이 - 다스리시 --는이-곳에 - 주의나
D♭
E♭sus4 E♭
last time to
A♭
D.S.
A♭
-라 임하- 시네 - 모든어 -

A

682 내 안에 주를 향한 이 노래

미가엘 2283

(아름다우신)

심형진

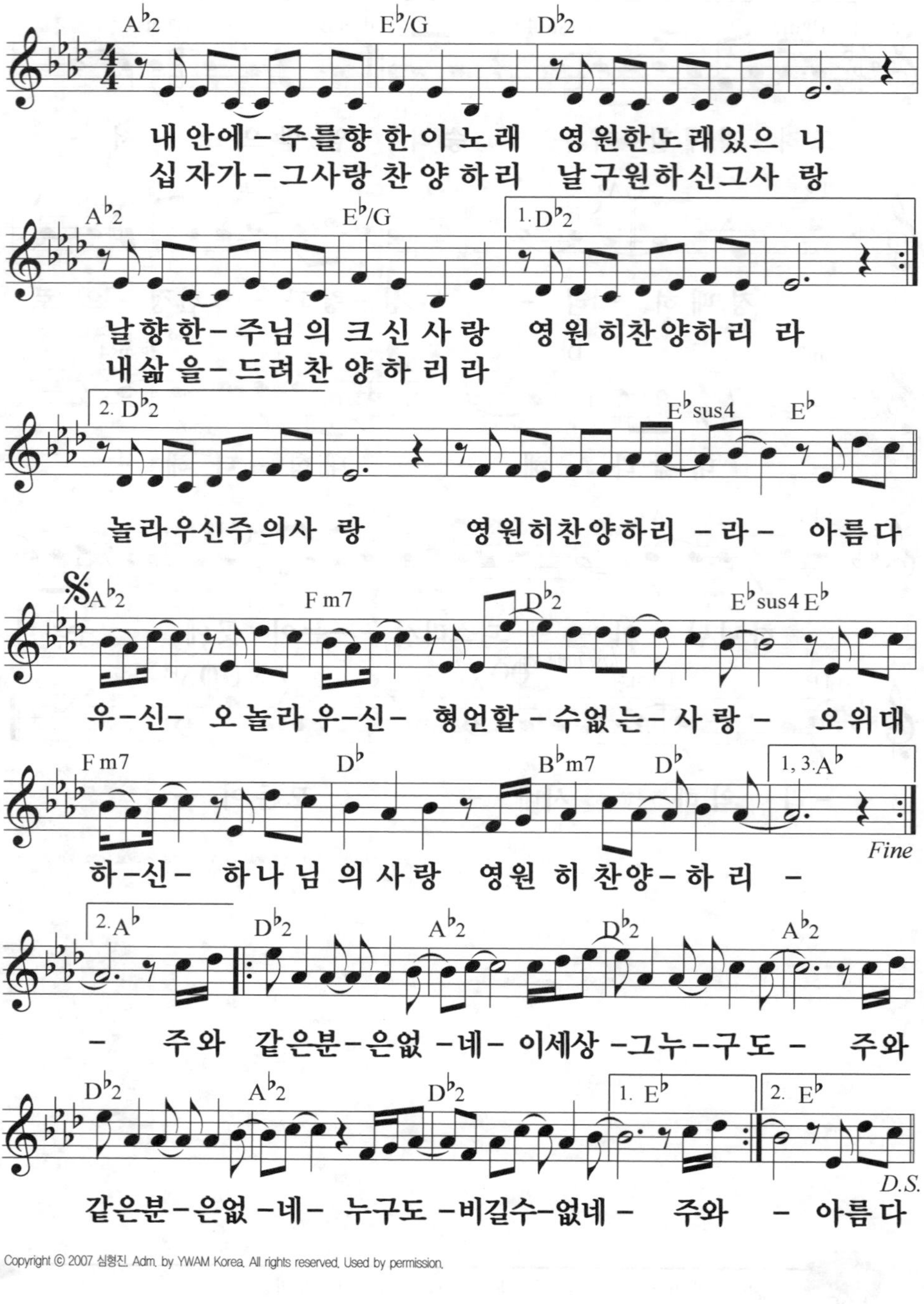

A♭2
E♭/G
D♭2
내안에－주를향 한이노래 영원한노래있으 니
십자가－그사랑 찬 양하리 날구원하신그사 랑
1. D♭2
날향한－주님의 크신 사 랑 영원 히찬양하리 라
내삶을－드려찬 양하 리라
2. D♭2
E♭sus4
E♭
놀라우신주 의사 랑 영원히찬양하리 －라－ 아름다
F m7
E♭sus4 E♭
우－신－ 오놀라 우－신－ 형언할 －수없는－사 랑－ 오위대
D♭
B♭m7
1, 3. A♭
Fine
하－신－ 하나 님 의 사랑 영원 히 찬양－하 리 －
2. A♭
－ 주와 같은분－은없 －네－ 이세상 －그누－구 도－ 주와
1. E♭
2. E♭
D.S.
같은분－은없 －네－ 누구도 －비길수－없네－ 주와 － 아름다

영원전에 나를 향한 683

(하나님의 꿈)

천관웅

영원전에 - 나 -를향한 - 하늘 아 버지 - 의 - 꿈 -
그누구도 - 알 -지못한 - 하늘 아 버지 - 의 - 꿈 -

아들예수 - 죽이기 - 까지 - 포기할수 - 없던꿈 -
성자예수 - 외면할 - 만큼 - 포기할수 - 없던꿈 -

죄로죽어 - 깨 - 져버린 - 하나 님 의형 - 상 - 을 -
하나님의 - 아 - - 들이 - 사람 이 되신 - 것 - 은 -

회복하여 - 아 - 들삼아 - 하늘보좌 - 앉 - 히셨네 - -
사람들을 - 하 - 나님의 - 아들삼기 - 위 - 함이라 - - 찬양

하 세 하나님사 - 랑 그누 구 - - - 도 끊을수 - 없네 경배

하 세 위대한사 - 랑 - 하 나님 - 의꿈 -

A

684 아버지의 마음

심형진
A♭ D♭/A♭ E♭/G
아 버 지의 - 마음 - 열 방을 사 랑
아 버 지의 - 마음 - 가 난한 자 억
Fm7 A♭/C D♭
하 시 는 - 한 - 영 혼을 천 - 하 보 다 - 귀 하
울 한 자 - 빛 이 없 는 - 자 - 들 에 게 - 구 원
1. E♭ A♭ 2. E♭
게 여 기 는 마 음 - 의 의 를 알 리 는 마 음 가 서 전 하
A♭ E♭ Fm
-세 - 아 버 지 사 -랑 - - 잃 어 버 린 영 -혼 돌 아 오 도
E♭ A♭ E♭
록 가 서 나 누 - 세 - 아 버 지 사 -랑 - -모
Fm Last time to coda E♭ 1. A♭ 2. A♭
든 열 방 - 구 원 에 이 르 도 록 가 서 전 하 록

D♭ A♭ E♭ Fm D♭ A♭ E♭ A♭/C
내눈을-여 -소 -서 - 내맘을 -여-소-서 -
D♭ A♭ E♭ Fm D♭ A♭ 1. E♭ A♭
내눈을 -여-소-서 - 내맘을-여-소 -서 -
2. E♭ D.S. al Coda A♭
- 서 - 가 서 전 하 록

685 이 세상의 부요함보다

(Better than Life)

Marty Sampson

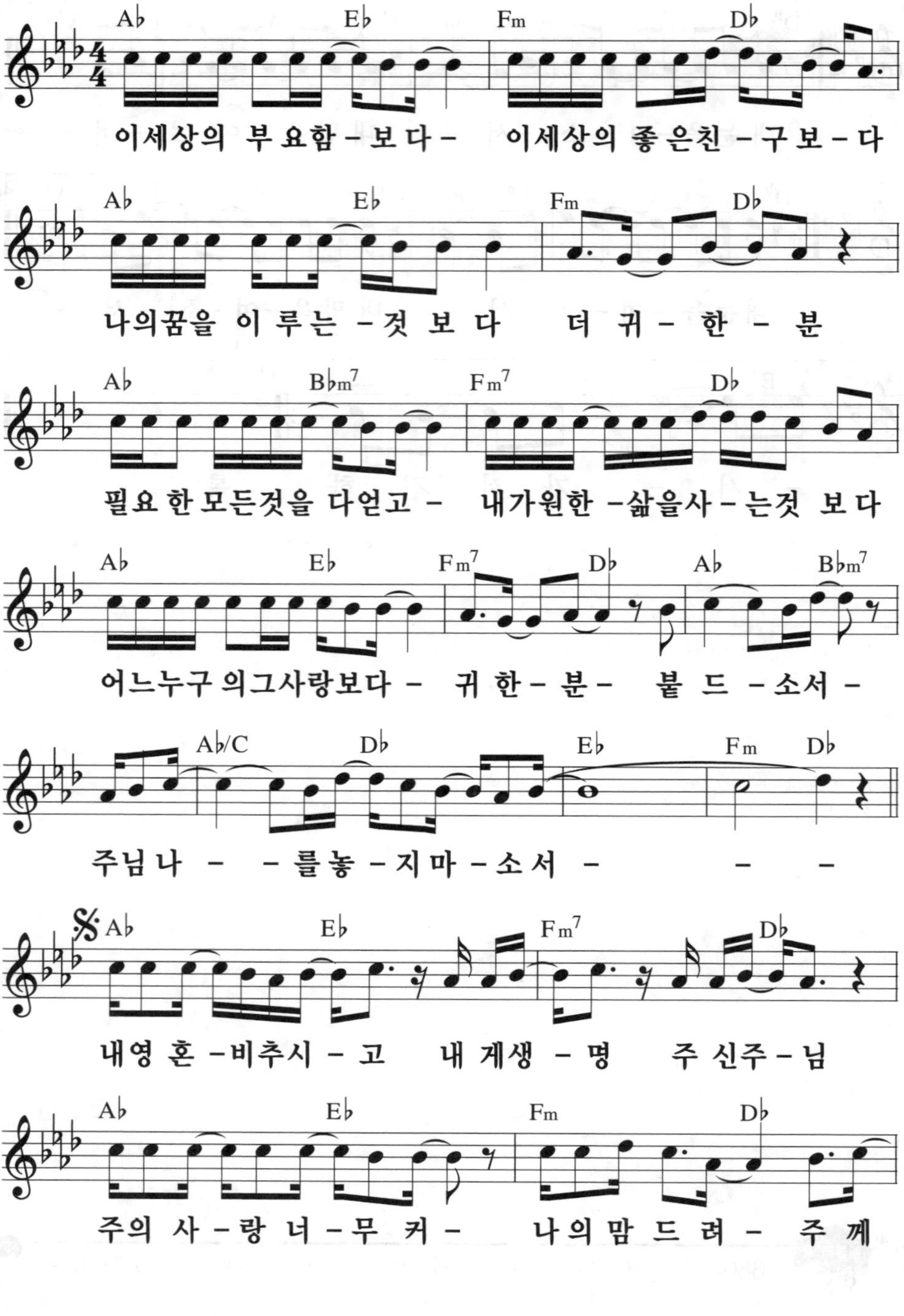

A♭ E♭ Fm D♭
이세상의 부요함－보다－ 이세상의 좋은친－구보－다

A♭ E♭ Fm D♭
나의꿈을 이루는－것 보 다 더 귀－한－분

A♭ B♭m7 Fm7 D♭
필요한모든것을 다얻고－ 내가원한－삶을사－는것 보다

A♭ E♭ Fm7 D♭ A♭ B♭m7
어느누구의그사랑보다－ 귀 한－분－ 붙 드－소서－

A♭/C D♭ E♭ Fm D♭
주님나－ －를놓－지마－소서－ － －

𝄋 A♭ E♭ Fm7 D♭
내영 혼－비추시－고 내 계생－명 주 신주－님

A♭ E♭ Fm D♭
주의 사－랑 너－무 커－ 나의맘 드 려－ 주 께

A♭
E♭
Fm
- 주 님 만 영 원 히 사 - 랑 해 - 나 의 사 랑
D♭
Last time to Coda
1.3. A♭
2.A♭ B♭m7 A♭/C D♭ E♭
멈 추 - 지 않 - 으 리 - 주 님 만 -
Fm D♭ A♭ B♭m7 A♭/C D♭ E♭ Fm D♭
붙 드 - 소 서 - 주 님 나 - - 틀 놓 - 지 마 - 소 서 - -
D.S al Coda
A♭ B♭m7 A♭/C D♭ E♭ Fm D♭ A♭
붙 드 - 소 서 - 주 님 나 - - 틀 놓 - 지 마 - 소 서 - - -

686

내 삶에 소망

(예수 닮기를)

심형진

C#M7
F#
C#M7
F#
완전하신 예 수
새롭게하 시 -네-
C#M7
D#M7
E
F#
연약한내 영 -혼-
온전하게 되 -리-
D.S.

687 오 나의 주님

미가엘 2193

오 나의 주님

B E G#m7 F#7 B E G#m7 F#7
날마다 - 주 따라 가리 날마다 - 주 함께 걸으
E B G#m F# 1.E B G#m F#
리
2.E B G#m F# B E
나 주만 - 위 - 해 - 살
G#m7 F# B E G#m7 F#
- 겠 네 - 나 주만 - 위 - 해 - 살 - 겠네 - 나
B E G#7 F#7 E B G#m F#
주만 - 위 - 해 - 살 - 겠네 - - -

B

688 잃은 영혼 구원 얻으며

(받아주소서 / take it all)

Matt Crocker, Scott Ligertwood &
Marty Sampson

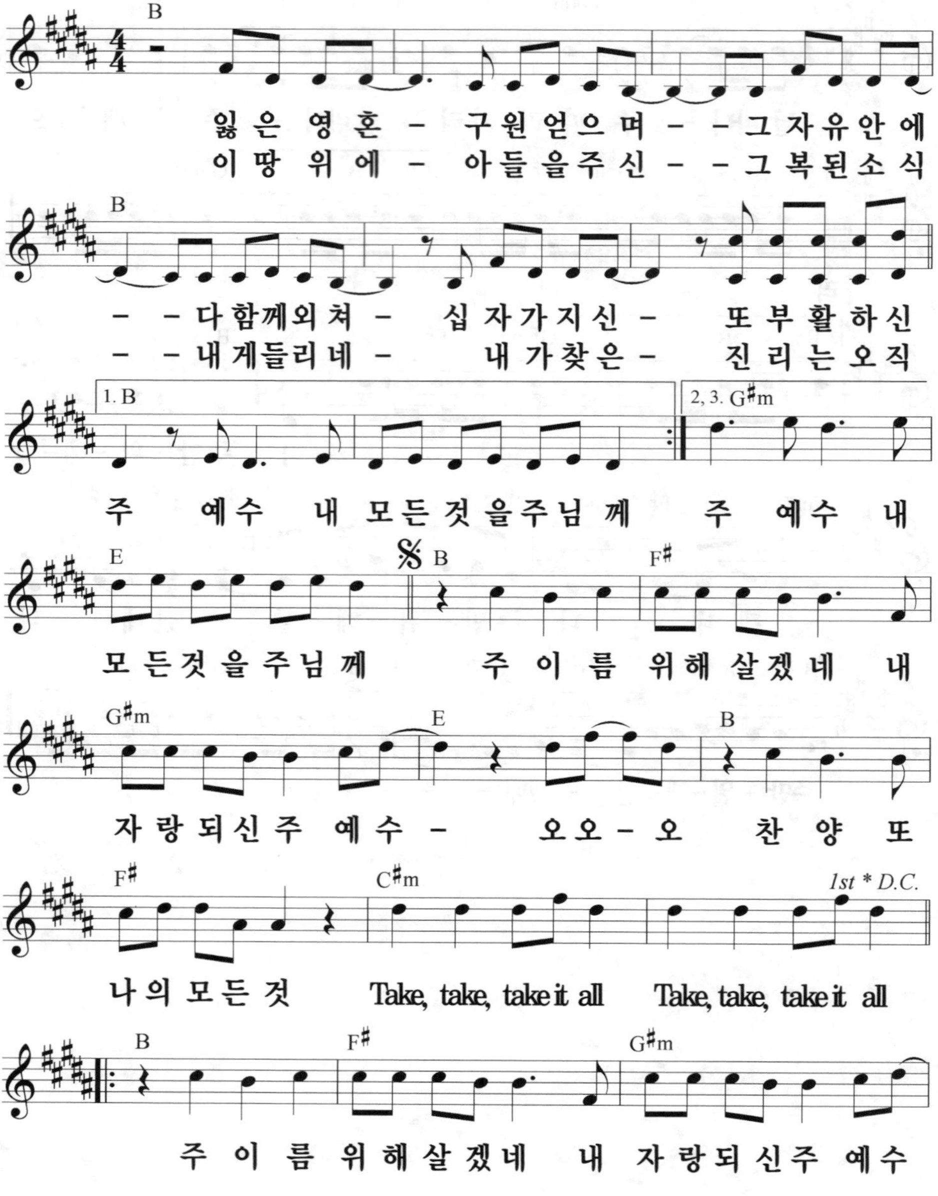
B
잃 은 영 혼 – 구 원 얻 으 며 – – 그 자 유 안 에
이 땅 위 에 – 아 들 을 주 신 – – 그 복 된 소 식
B
– – 다 함 께 외 쳐 – 십 자 가 지 신 – 또 부 활 하 신
– – 내 게 들 리 네 – 내 가 찾 은 – 진 리 는 오 직
1. B
2, 3. G#m
주 예 수 내 모 든 것 을 주 님 께 주 예 수 내
E
B
F#
모 든 것 을 주 님 께 주 이 름 위 해 살 겠 네 내
G#m
E
B
자 랑 되 신 주 예 수 – 오 오 – 오 찬 양 또
F#
C#m
1st * D.C.
나 의 모 든 것 Take, take, take it all Take, take, take it all
B
F#
G#m
주 이 름 위 해 살 겠 네 내 자 랑 되 신 주 예 수

잃은 영혼 구원 얻으며

E
B
F♯
Last To Coda
– 오 오 – 오 찬 양 또 나 의 모 든 것
C♯m
Rpt*2 al coda last time only
B
Take, take, take it all Take, take, take it all
C♯m G♯m F♯ E
주 님 어 둔 내 눈 여 시 네 – –
C♯m G♯m F♯ C♯m G♯m F♯
그 빛 따 라 가 리 라 – 구 원 의 능 력 오 직
E B
주 안 에 있 네 – – –
B
D.S. al Coda
C♯m
B
Take, take, take it all Take, take, take it all Take, take, take it all

B

689 주 발 앞에 나 엎드려

(오직 예수 / One Way)

Joel Houston & Jonathon Douglass

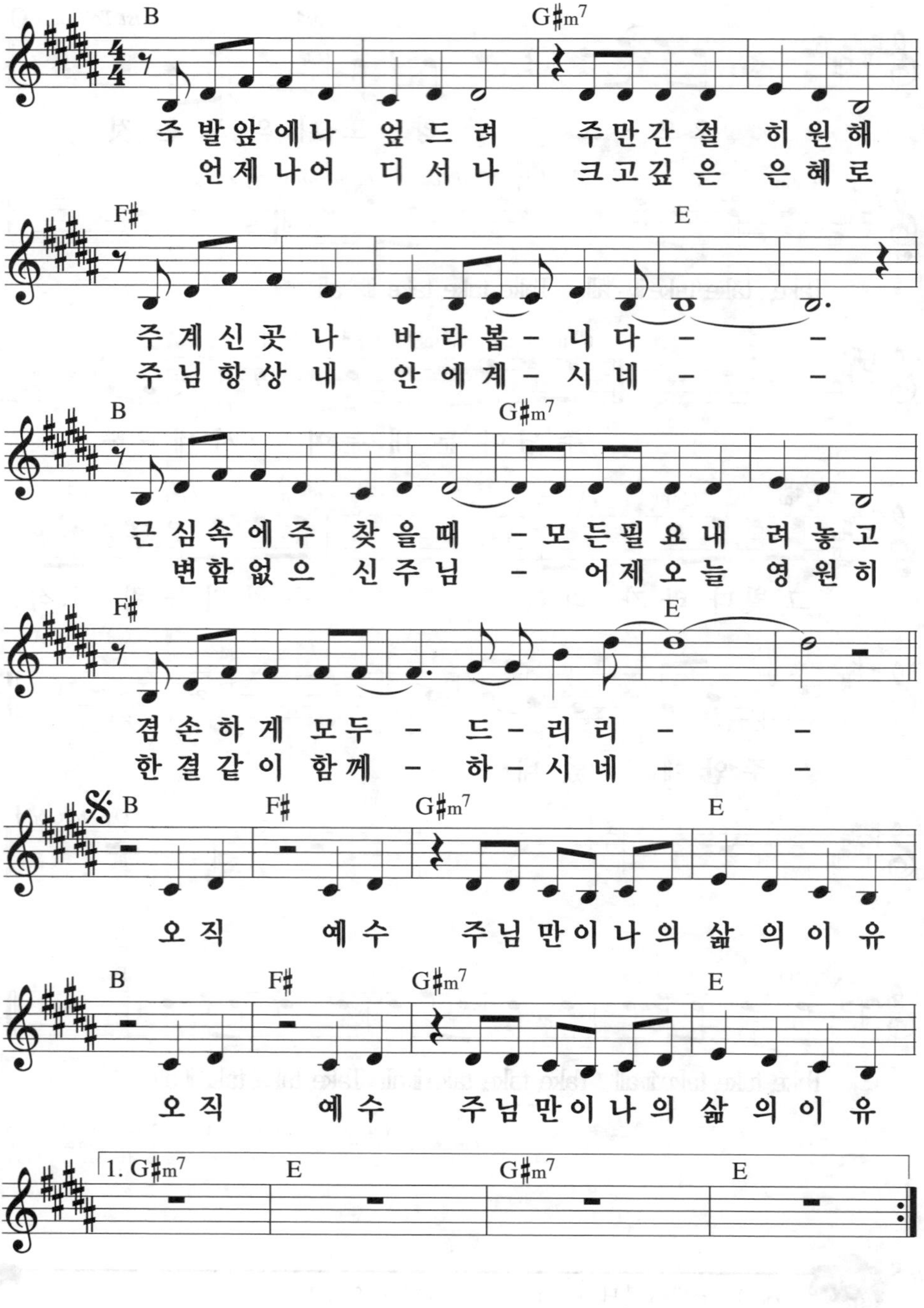

B G♯m7

주발앞에나 엎드려 주만간절 히원해
언제나어 디서나 크고깊은 은혜로

F♯ E

주계신곳나 바라봅–니다 – –
주님항상내 안에계–시네 – –

B G♯m7

근심속에주 찾을때 –모든필요내 려놓고
변함없으 신주님 – 어제오늘 영원히

F♯ E

겸손하게 모두 – 드–리리 – –
한결같이 함께 – 하–시네 – –

𝄋 B F♯ G♯m7 E

오직 예수 주님만이나의 삶 의이유

B F♯ G♯m7 E

오직 예수 주님만이나의 삶 의이유

1. G♯m7 E G♯m7 E

2.3. B
F♯
G♯m7
E
오 직 예 수 주 님 만 이 나 의 삶 의 이 유
B
F♯
Last time to Coda
G♯m7
A
오 직 예 수 주 님 만 이 나 의 삶 의 이 유
B
F♯
G♯m7
주 님 은 길 과 진 - 리 생 명 나 는 - 오 직 - 믿 음
E
G♯m7
F♯
E
1-3.
- 으 로 - 살 리 - 주 만 - 위 해 - 살 리 - -
4.
Coda
G♯m7
A
B
D.S.al Coda
- 주 님 만 이 나 의 삶 의 이 유 -

690

주 이름 찬양

(Blessed Be Your Name)

Beth Redman & Matt Redman

1. 주 –이 름 –찬 양–풍 요 의 강 –물 흐 –르 는–부 요
주 –이 름 –찬 양–거 치 른 광 –야 와 –같 은–인 생
2. 주 –이 름 –찬 양–햇 살 이 나 –를 비 –추 고–만 물
주 –이 름 –찬 양–가 는 길 험 –할 지 –라 도–고 통

한 땅 –에 살 –때 에 – 주 님 –찬 양 해 –
길 걸 –어 갈 –때 도 – 주 님 –찬 양 해 –
이 새 –롭 게 –될 때 – 주 님 –찬 양 해 –
이 따 –를 지 –라 도 – 주 님 –찬 양 해 –

Last time to Coda
B
F♯
G♯m7
E
을 찬 - 양 - 해 - 영화로운주 이름 - 찬 양 -
1. D.C.
2.E
주 님 은주 시 며 주
님 은찾으시 네 내맘 에 하 는 말 주
1.E
2.E
D.S.
찬 양 합 니 다- 주 다- 주의이름

691 거절 할 수 없는 주의 부르심

(발걸음)

원종수

거절 할수없- 는 주의부- 르심 -속에- 믿음

으로나- 아가는발- 걸음 - 처음 가 는- 길이기 -에

두 려 움 도 있- 지 만- 나 의 갈 - 길 을 - -주 - 가

예 비 하-심을- 나를 부르신- 주의뜻- 을믿 -기에- 어떤

장애물- 이앞에있 -어도 - 나 보 다 더- 앞서가 -신

주의걸음뒤 -따라- 나의걸 - 음을- 믿음으로옮길 수있네 -

우 - - - 나 의발 - 걸음- -온전히 주만바 - 라며 -

거절 할 수 없는 주의 부르심

692 나를 기가 막힐 웅덩이와

(하나님의 조건없는 사랑)

내게 능력 주시는자 안에서 693

홍정식

B♭ F/A Gm B♭/F B♭ Cm F

내 게 능력 - 주시는자안에서- 내가 모든것을 - 할 수 있 네 어떤

B♭ F/A Gm B♭/F B♭ F F/B♭ B♭

형 편 과 환 경 속에서- 내가 만 족의비결 배 웠 노 라 능력

F B♭ F B♭ D7/A

의 주 예 수 내 맘 에 계 시 네 살아 계

Gm D7/F♯ B♭/F Cm B♭/F F

신 주 - 예 수 내 맘 에 계 - 시 네 어 떤

B♭ D7/A Gm B♭/F E♭ B♭/D Cm F7

형 편 과 환 경 속에서 - 내가 만족의비 결 배 웠노라 - 내가

B♭ F/A Gm B♭/F E♭ Cm F7 E♭/F B♭

능력 - 주시는자 안에서 - 내가 모든것을 - 할 수 있 네

B

570/ 괴로울 때 주님의 얼굴 보라 583/ 나의 모든 기도가 694/ 내 구주 예수님

694 내 구주 예수님

미가엘 1614

(Shout to the Lord)

Darlene Zschech

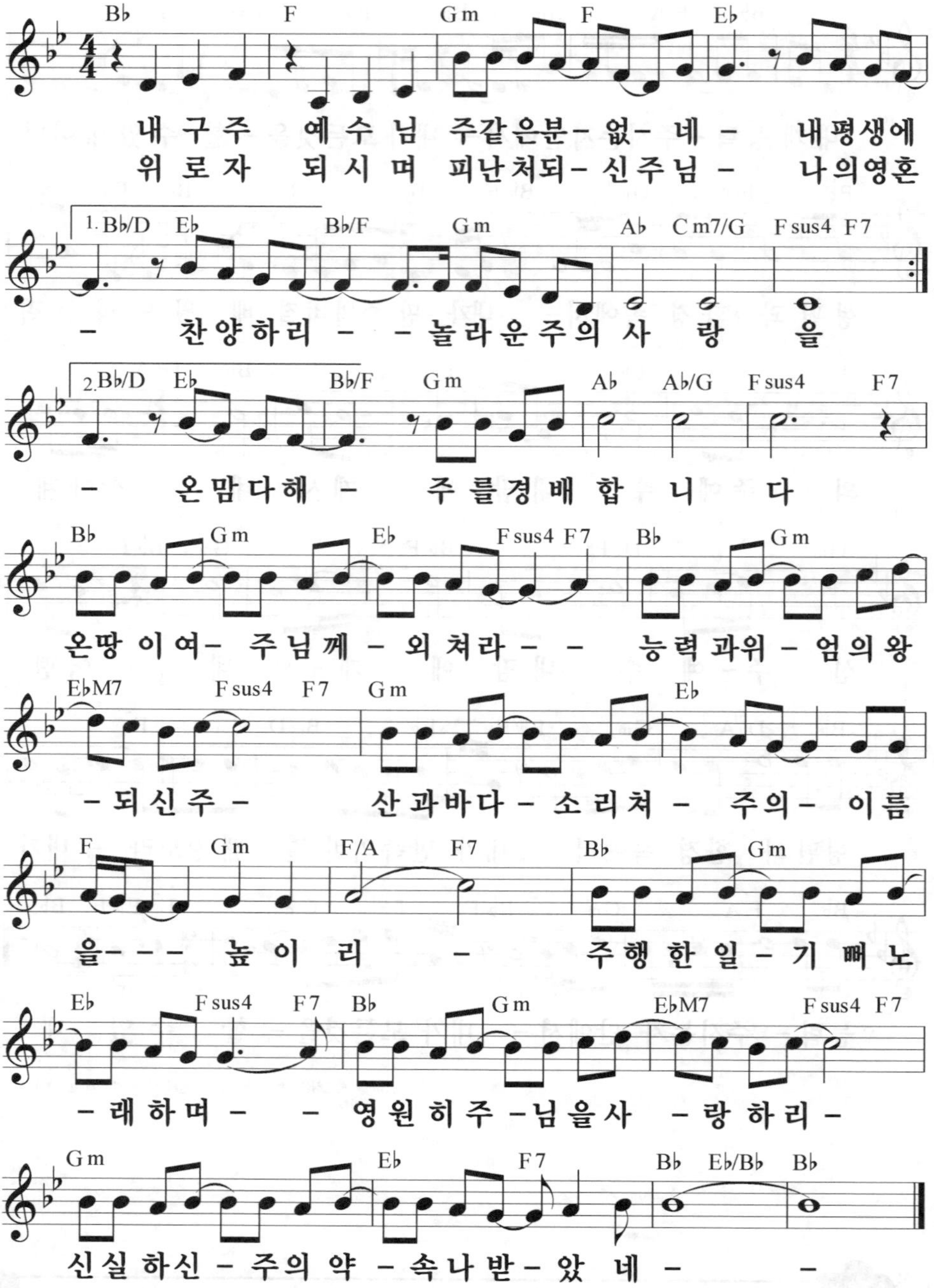
B♭ F Gm F E♭
4/4
내 구 주 예 수 님 주같은분-없- 네- 내평생에
위 로 자 되 시 며 피난처되-신주님- 나의영혼
1. B♭/D E♭ B♭/F Gm A♭ Cm7/G Fsus4 F7
- 찬양하리 - - -놀라운주의사 랑 을
2. B♭/D E♭ B♭/F Gm A♭ A♭/G Fsus4 F7
- 온맘다해 - 주를경배합 니 다
B♭ Gm E♭ Fsus4 F7 B♭ Gm
온땅이여- 주님께 - 외쳐라- - 능력과위 - 엄의왕
E♭M7 Fsus4 F7 Gm E♭
-되신주 - 산과바다 - 소리쳐 - 주의- 이름
F Gm F/A F7 B♭ Gm
을--- 높 이 리 - 주행한일 - 기 뻐 노
E♭ Fsus4 F7 B♭ Gm E♭M7 Fsus4 F7
-래하며 - - 영원히주 -님을사 -랑하리-
Gm E♭ F7 B♭ E♭/B♭ B♭
신실하신 - 주의약 - 속나받-았 네 - -

내일 일은 난 몰라요

(I know who holds my hand)

Ira F. Stanphill

B

696 목적도 없이

(험한 십자가 능력있네 / The old rugged cross made the difference)

미가엘 1155

William J. Gaither

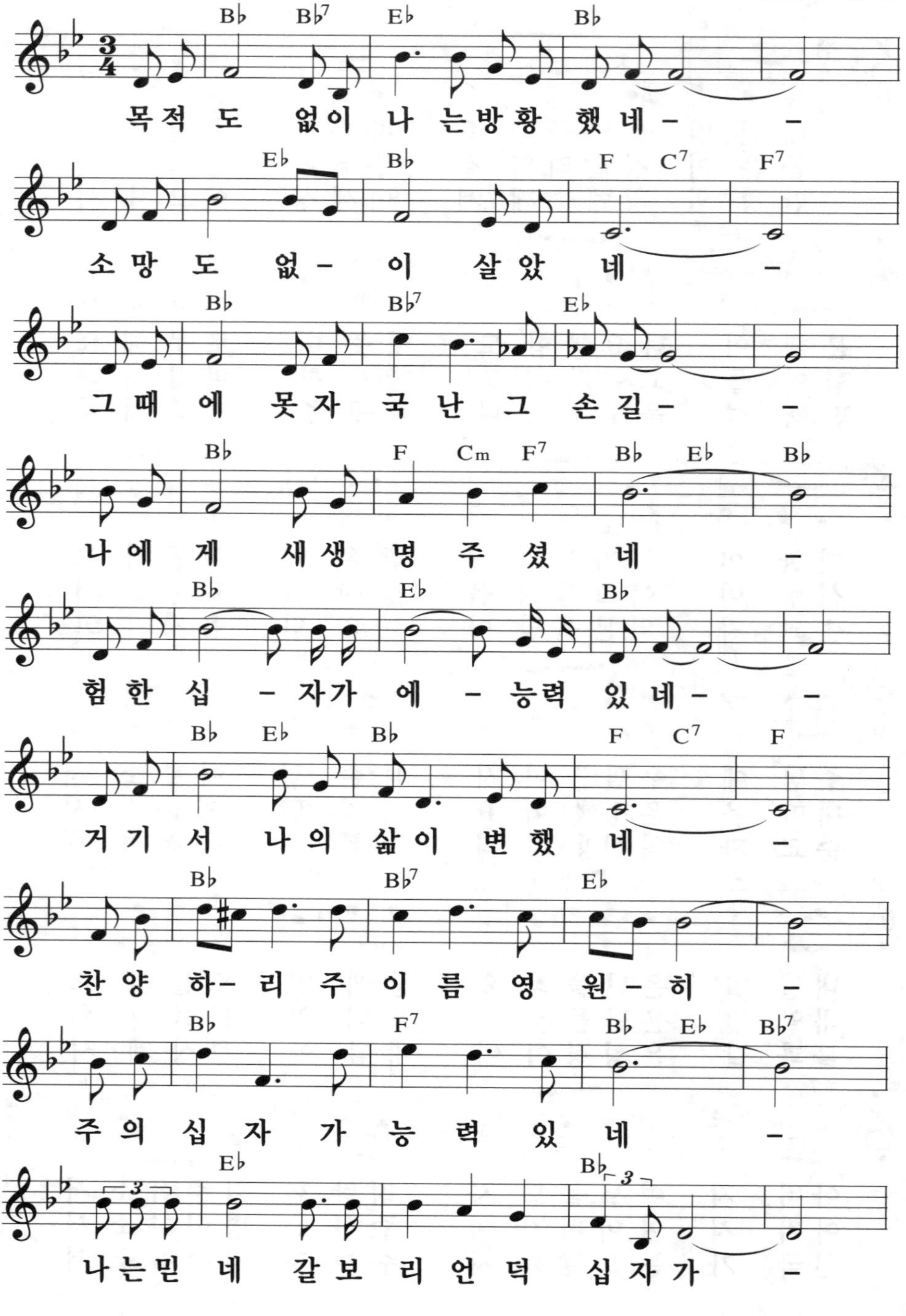

목 적 도 없이 나 는방황 했네 – –
소 망 도 없 – 이 살았 네 –
그 때 에 못자 국 난 그 손길 – –
나 에 게 새생 명 주 셨 네 –
험 한 십 – 자가 에 – 능력 있 네 – –
거 기 서 나의 삶이 변했 네 –
찬 양 하 – 리 주 이 름 영 원 – 히 –
주 의 십 자 가 능 력 있 네 –
나는믿 네 갈 보 리 언 덕 십 자 가 –

목적도 없이

Gm C7 F F7
나는믿 네 그 누가 뭐 라해도 -
B♭ D7 Gm C7
이세상 다지나고 끝날 이와 도
F F7 B♭
험한 십 자가 붙 들 겠 네 -
B♭7 E♭ B♭ E♭ B♭
나는믿 네 십자 가 에서 못 박 힌 주
F B♭maj7 B♭7
오 늘 도 새삶 을 주 시 네 -
E♭6 E♭m B♭ Gm Dm
날새롭게 하 셨네 나는 새 피 조 물
Cm F7 E♭ F B♭ B♭7
십 자 가 잡고 살 아 가 리 -
E♭ B♭ D.S
나는믿 네 갈보 리언덕 십자가 - 나는믿
E♭ F7 B♭
- 험한 십 자가 붙 들 겠 네 -

B

697 우리에게 한 제단이 있으니

(불의 제단)

예수 십자가에 흘린 피로써 개사 & E.A.Hoffman

1. 우리 에게 한제단이있으니십자 가제단에나아가
2. 무너 진제 단을다시쌓고서기도 의향불을올리자
3. 십자 가로 참사랑알게되니그사 랑내게도주시사
4. 오순 절에 불로 오신성령이여우리 교회지금태우사
5. 불로 응답 하는 신이참신이라믿 - 고구하면주시네
6. 이불 이붙 었으 면좋겠다고탄식 을하시던주시여
7. 제단 에붙 은불 을끄지말라아침 저녁제단에나가

우리 모든죄를씻어 버리고 단상 의 생활을 보내 자
제사 장의큰사명을 위하여 기도 의 전력을 바치 자
원수 위해달게죽을 수있는 끓는 가 슴을주 옵소 서
모든 성도남김없이 녹이어 부흥 의 역사주 옵소 서
바알 신을믿는저이 들에게 살아 계 신주를 보이 자
이교 회에그불을던 지시사 영광 이 충전케 합소 서
신앙 의나무들을벌 려놓고 기도 의 바람을 불어 라

하늘의 불로 써 이제 다 태워주 옵소 서

엘리 야의때와같이 지 금 도 돌과 흙 까지태 우소 서

565/ 갈릴리 마을 575/ 나의 가장 낮은 마음 586/ 나 자유 얻었네

이제 내가 살아도

최배송

1. 이 제 내 가 - - 살 아 도 주 위 해 살 고
하 늘 영 광 - - 보 여 주 며 날 오 라 하 네
2. 이 제 내 가 - - 떠 나 도 저 천 국 가 고
우 리 예 수 - - 찬 송 하 며 나 는 가 겠 네

이 제 내 가 - - 죽 어 도 주 위 해 죽 네 다
할 렐 루 야 - - 찬 송 하 며 주 께 갑 니
이 제 내 가 - - 있 어 도 주 위 해 있 네 네
천 군 천 사 - - 나 팔 불 며 마 중 나 오

그 러 므 로 나 는 사 나 죽 으 나 주 님 의 것 이 요

사 나 - 죽 으 나 - - - 사 나 - 죽 으 나

날 위 해 피 흘 리 - 신 내 주 님 의 것 이 요

692/ 나를 기가 막힐 웅덩이와 693/ 내게 능력 주시는 자 699/ 허무한 시절

699 허무한 시절 지날 때

(성령이 오셨네)

미가엘 2216

김도현

허무한시절지날때 - 깊은한숨내쉴때- 그런풍경보-시며-탄식
억눌린자갇힌자 - 자유함이없는자- 피난처가되-시는- 성

하는분-있네- 고아같이너희를-- 버려두지 않으리-
령님계-시네- 주의영이계신곳에- 참자유가 있 다네-

내 가너희와영원히- 함께하-리라- 성령이 오- 셨네-
진- 리- 의 영이신- 성 령이오-셨네-

성 -령이 오셨네 - 내주의보내신- 성 령이오-셨네-

우리 인생 가운데 - 친히찾아-오셔서- 그나라꿈꾸게하시네

감당 못 할 고난이 닥쳐와도 700

(내가 승리 하리라)

김석균

Gm F B♭ D7

1. 감 당 못 할 고 난 이 닥 쳐 와 도 - 나 는 두 렵 지 않 네
2. 소 돔 같 은 재 앙 이 온 다 해 도 - 나 는 두 렵 지 않 네
3. 원 치 않 는 질 병 이 찾 아 와 도 - 나 는 두 렵 지 않 네
4. 부 귀 영 화 명 예 가 떠 나 가 도 - 나 는 두 렵 지 않 네

Gm E♭ F Gm

여 호 와 의 손 잡 고 일 어 나 - 반 드 시 승 리 하 리 라
여 호 와 는 내 방 패 이 시 며 - 피 난 처 되 시 는 도 다
여 호 와 의 치 료 의 손 길 이 - 내 몸 을 감 싸 주 시 네
여 호 와 로 인 하 여 감 사 와 - 기 쁨 이 넘 쳐 나 도 다

Gm D7

여 호와- 만군의하-나님이 나 에게- 능 력을-주시니
여 호와- 구원의하-나님이 나 에게- 새 힘을-주시니
여 호와- 창조의하-나님이 나 에게- 새 생명-주시니
여 호와- 전능의하-나님이 나 에게- 지 혜를-주시니

Gm D7 Gm

무 슨- 일 을만 -나든지 내 가 승리하리 라
무 슨- 일 을만 -나든지 항 상 찬송하리 라
무 슨- 일 을만 -나든지 항 상 기뻐하리 라
무 슨- 일 을만 -나든지 항 상 감사하리 라

570/ 괴로울 때 주님의 얼굴 693/ 내게 능력 주시는 자 안에서 699/ 허무한 시절

- 한국에서 가장 많이 불리는 은혜로운 찬양 BEST 700곡 수록(**최신곡 포함**)
- 누구나 쉽게 찬양인도를 할 수 있도록 **메들리** 수록
- 철야예배, 수요예배 등 소모임에서 이용 가능
- 곡 찾기 용이(코드별 가나다순 편집, 가사첫줄 · 원제목 가나다순 목차, 코드색인)
- 청 · 장년이 보기 편한 큰가사 **큰글씨**
- **미가엘 반주기 번호** 수록

초판 발행일 : 2014년 11월 1일
2판 발행일 : 2017년 3월 10일
펴 낸 이 : 김수곤
펴 낸 곳 : 선교횃불CCM2U
출 판 등 록 : 1999년 9월 21일 제54호
악 보 편 집 : 노수정, 위은애
업 무 지 원 : 기태훈, 김한희
주 소 : 서울시 송파구 삼전동 103번지
전 화 : (02) 2203-2739
F A X : (02) 2203-2738
E - mail : ccm2you@gmail.com
Homepage : www.ccm2u.com